2009

中国金融理财产品市场年报

CHINA FINANCIAL PRODUCTS REPORT

中国人民银行上海总部金融市场管理部

Financial Market Management Department
People's Bank of China Shanghai Head Office

中国经济出版社
CHINA ECONOMIC PUBLISHING HOUSE

图书在版编目(CIP)数据

2009年中国金融理财产品市场年报 / 中国人民银行上海总部金融市场管理部编。
—北京:中国经济出版社,2010.8
ISBN 978—7—5136—0087—3
Ⅰ.①2… Ⅱ.①中… Ⅲ.①金融—产品—中国—2009—年报 Ⅳ.①F832.5—54
中国版本图书馆CIP数据核字(2010)第140486号

出版发行:中国经济出版社(100037·北京市西城区百万庄北街3号)
网　　址:www.economyph.com
责任编辑:张路中
经　　销:各地新华书店
承　　印:北京画中画印刷有限公司
开　　本:889mm×1194mm　1/16
字　　数:500千字　　印　　张:26.5
版　　次:2010年8月第1版
印　　次:2010年8月第1次印刷
书　　号:ISBN 978—7—5136—0087—3/F·8434
定　　价:298.00元

2009年中国金融理财产品市场年报

编写委员会

主编： 周荣芳　王欣欣

成员（按姓氏笔画排序）：

王卫东　王贵亚　华若鸣　孙丽娜　陈世涌　陈晓燕　张　东　张旭阳
杨　晓　李　彬　章　砚　樊燕明

统稿： 唐　烈　曾梓梁

供稿（按姓氏笔画排序）：

马　炼　马　莉　马政毅　王乃苗　王庆丰　水泽人　付英军　刘笑飞
刘　琪　刘文雯　齐丹丹　朱海亚　李　克　李　坤　李　超　李学刚
李　嘉　李　颀　李蕴莹　张旭阳　张兴胜　张伟成　张华英　陈吉媌
陈文涛　陈杰奕　宋旻岚　步恒钰　吴　巍　吴　玮　吴　聆　沈大伟
杨成茜　杜永生　邹海平　周　伟　周　璟　郑　敏　林　敏　林华俤
金　路　金淑燕　孟庆薇　尚　祎　施峥嵘　骆克龙　唐　烈　唐　燕
秦吉士　徐军斌　徐　盛　高　琴　高　翔　盛　超　梁敬弘　曾梓梁
刘长卫　戴　勇

序一

我国在古代先秦时期就开始有“理财”的思想，《礼记·王制》里就提出“量入以为出”的财政总原则。尽管古代社会的“理财”主要是讨论治理国家的财政与经济，但是关于理财的“量入以为出”和“民富国富”的思想在千百年来一直影响中华民族的储蓄和消费习惯。当代社会讲的“理财”，主要是指帮助老百姓管理财富，是老百姓把资金委托给专业的金融机构进行投资。不仅如此，还形成了庞大的理财产品市场。这是时代和社会的进步。

理财产品市场在我国是一个新兴市场。经过最近十几年的发展，理财产品市场取得了长足的进步，越来越受到各方的关注。20 世纪 90 年代，理财产品市场以基金和保险类产品为主，2005 年之后，银行理财产品发展迅速，证券公司集合资产管理计划和信托公司集合资金信托计划也陆续投入理财产品市场。理财产品市场呈现加速发展的趋势，市场规模迅速扩大，市场创新日新月异，市场功能不断增强。截至 2009 年末，各类理财产品的规模达到 5 万亿元。产品的类别有银行理财产品、基金、保险、证券公司集合理财计划和信托公司集合资金信托计划等。理财产品的投资方向涵盖了货币市场、债券市场、证券市场、外汇、商品等各个子市场。涌现出商品类、汇率类、信用类和利率类等类型丰富的结构性产品。可以说，理财市场正在成为中国金融市场的重要组成部分。

理财产品市场的形成与发展，是与经济社会发展的内在需求相适应的。2003 年，我国人均 GDP 突破 1000 美元，这标志着我国已经进入了一个新的发展阶段，经济增长以及结构调整都将进入新时期，社会消费结构面临升级。理财市场恰恰可以成为居民合理安排储蓄、消费和投资行为的重要工具，拓宽了居民参与金融市场的重要渠道，在满足客户多元化需求的同时，也给居民带来了持续稳定的财产性收益。

理财市场逐渐成为金融机构扩大中间业务比重、转变经营模式的重要业务领域。从国际经验来看，大型商业银行的中间业务比重占到 70% 以上。我国银行业离这一指标还有相当差距。在经历了银行业对外开放的过渡期后，国内金融业的竞争态势加剧，促使国内机构拓宽业务范围，促进金融机构的经营模式从传统的以存贷款为主转向注重中间业务。理财业务的发展改善了金融机构的收入结构，并且要求金融机构提高自身的竞争力。

理财市场是金融创新层出不穷的前沿阵地。但是当前的创新动力与以前有明显的不同。在 20 世纪的 70 年代，美国的金融创新最主要的动力来自于规避严厉的金融监管，后来逐渐回归到以产品创新来满足微观主体的金融需求为目的，以个性化服务取得竞争优势为目的。我国的金融创新更多是以制度创新先行，存在着政府推动的路径依赖。与之不同的是，理财市场的创新主要是市场推动，而不是靠政府主导。在金融理财市场上，出现了更多的交叉性金融工具和结构性产品，在一定程度上满足了不同风险偏好的投资者需求。

2009 年，我国人均 GDP 达到 3600 美元，储蓄率为 51.4%，这表明我国的财富管理和理财产品市场将面临一个崭新的时期。中国人民银行上海总部金融市场管理部紧紧围绕上海总部建设“两个平台、一个窗口、一个中心”的目标，即总行公开市场操作的平台、金融市场运行监测的平台、对外交往的重要窗口和一部分金融服务与研究和开发业务的中心，搭建了国内理财产品市场的监测体系，成为中国金融市场全方位监测体系中的重要组成部分。目前已取得阶段性成果，列入监测范围的产品包括银行个人理财产品、信托公司集合资金信托计划以及证券公司集合资产管理计划，监测的机构包括 31 家主要商业银行（包括国有银行、股份制商业银行、城市商业银行和外资银行）、13 家信托公司和 14 家证券公司。建立了理财产品信息数据库，是目前为止数据最全、信息量最大、真实性最高的理财产品数据库。金融市场管理部以此为基础进行了大量的基础性研究，产生了一批高质量的研究成果，为总行货币政策制定和维护金融稳定提供了决策依据，收到了良好的效果。

我们应该看到，市场的发展离不开管理部门和市场参与各方的共同努力。理财市场总体上还处于刚刚起步的阶段，还存在着诸多问题亟待解决。比如分业监管、公平问题、信息透明度、法律关系、产品评级制度、统一的统计数据和分类标准、投资工具不能满足市场需要等。

《2009 年中国金融理财产品市场年报》的编写是一个良好的开始，该报告集中了管理部门和部分金融机构的研究成果，收录了各家机构的理财产品详细信息，是一部翔实的数据库。该年报的出版，有利于监管部门和金融机构间加强沟通与合作，共同梳理理财产品市场发展中存在的主要问题，共同促进我国理财产品市场规范、健康发展。

中国人民银行副行长兼上海总部副主任 马德伦

2010 年 4 月

序二

金融理财产品市场在近几年发展较快，是金融创新最活跃的领域，是与老百姓紧密相关的一个市场，也是金融市场中一股重要的力量。据不完全统计，截至2009年末，商业银行、基金管理公司、信托公司、证券公司、保险公司等各类金融机构发行的理财产品存量规模已超过5万亿元。金融理财产品市场不仅为居民提供了更多财产性收入的渠道、让他们更好地分享金融市场和资本市场发展以及经济增长的成果，而且为商业银行等金融机构转变业务经营模式、调整业务结构、实现自身持续健康发展等提供了有效渠道，在深化金融业整体改革、推动利率市场化进程以及国民经济发展等方面发挥了重要作用。

金融理财产品市场的发展离不开金融市场的持续快速健康发展。改革开放以来，在中央正确领导下，在人民银行和各金融监管部门的政策引导和监督管理下，我国金融市场持续快速健康发展。

第一，市场规模持续扩大。2009年，银行间同业拆借市场累计成交19.35万亿元，是1997年的22.3倍；银行间债券市场债券发行量从1997年的0.4万亿元增加到2009年的4.7万亿元（不含央票），增长了10倍；债券交易量从1997年的1.7万亿元增加到2009年的122.1万亿元，增长了71倍；债券托管量从1997年末的0.5万亿元增加到2009年末的17.11万亿元，增长了33倍。

第二，产品创新和制度创新不断涌现。债券品种从单一的国债、政策性金融债发展到包括央行票据、商业银行金融债券、企业债券、短期融资券、中期票据、中小企业集合票据、资产支持证券、国际开发机构人民币债券、美元债券等多个品种；交易方式在初期现券买卖和质押式回购等基础方式上，逐步推出买断式回购、债券远期、债券借贷、利率互换和远期利率协议等其他交易方式。

第三，市场基础性建设不断完善。从法律制度看，《人民银行法》、《物权法》、《合同法》、《破产法》和《证券法》等法律和有关规章制度互为补充，为维护市场秩序、保护各方权益提供了有力的制度支持；2007年7月，人民银行在总结银行间同业拆借市场发展和管理经验基础上，配合SHIBOR报价制改革，顺应市场参与者需求，颁布了《同业拆借管理办法》，这对提升同业拆借市场的深度和广度、增强同业拆借利率的信号功能等发挥了重要作用；同时为配合债券产品和交易工具创新，人民银行及有关部门出台了一系列的配套制度方法，进一步完善了市场制度体系。从基础设施建设看，交易、托管、结算等基础设施建设进步明显，特别是银行间市场券款对付结算方式和数据直通式处理等相继实现，为保证市场的持续健康发展提供了有力的技术支持。

第四，自律组织作用不断发挥。在政府转变经济管理职能的背景下，2007 年 9 月，中国银行间市场交易商协会应运而生，填补了银行间市场自律组织长期缺失的空白。协会成立后，市场自律管理职能不断充实和发挥，建立了非金融企业债务融资工具发行注册机制，提高了市场管理效率。在自律管理模式下，协会于 2009 年 3 月发布了《NAFMII 主协议》，确立了中国场外金融衍生产品市场的统一标准；组织市场成员相继推出了中小企业短期融资券、含权中期票据、美元中期票据和中小企业集合票据等创新产品，推动了非金融企业债务融资工具的创新。

第五，市场功能逐步发挥。银行间市场已成为中国宏观经济金融调控、财政政策和货币政策实施的平台，为财政政策顺利实施和货币政策有效执行创造了有利条件；是金融机构和非金融企业投资和资产管理的重要平台，有效拓展了企业利润空间，促进资产结构优化；定价功能和避险功能不断发挥，为中国加快利率市场化进程及维护金融稳定等方面做出了重要贡献。

面对规模不断扩大的金融理财产品市场，如何通过科学规划、统筹安排，以积极推动产品持续健康发展，确保经济金融平稳健康运行，是市场各方，特别是人民银行一个时期以来着力研究的重要课题。其中，理财产品监测分析工作的重要性和紧迫性日益突出。

一是，随着金融市场的发展，以信贷为主要渠道的货币政策传导机制逐渐发生转变，利率和资产价格等渠道在货币政策传导机制中的作用越来越大。因此，我们不但要关注信贷的变化、金融市场的变化，还要关注资产价格本身变化以及对货币政策的影响。资产价格对货币政策的传导主要通过财富变动影响居民的消费需求和产出。对金融理财产品的监测分析，有助于及时跟踪利率水平和资产价格的变化，为货币政策决策提供依据。

二是，人民银行作为宏观经济管理部门，主要是通过对金融活动的日常监测，及时发现金融运行中的不稳定因素，并采取对策，防止金融风险的积累及其向金融危机转化。金融理财产品本身具有一定的独特性，其风险控制更应该受到重视。一方面，金融理财产品具有交叉性金融工具属性，其投资领域涵盖拆借、债券、票据、股票、股权、商品和衍生品等市场，交叉性金融工具是金融创新的重要组成部分，但由于其具有的内生性风险，给金融稳定和金融监管尤其是我国分业监管体系下的金融监管增加了不确定因素，这不仅考验着金融机构的经营管理与风险控制水平，而且也考验着金融监管部门的智慧；另一方面，金融理财产品投资者大多数是普通居民，涉及面广，社会影响大，一旦出现任何问题，容易影响金融和社会稳定。

三是，为了促进市场健康发展，更好服务社会。人民银行通过对金融理财市场的监测，将市场发展过程中所存在的问题反馈给金融机构，促进金融机构健全理财业务风险管理制度，在开拓业务、进行产品创新的同时，最大限度地防范由此带来的风险。从这次金融危机当中我们可以发现，贝尔斯登、雷曼兄弟、美林、华盛顿互惠银行等美国著名金融机构的危机甚至破产，其中重要原因就是金融机构内部经营管理机制的薄弱和风险控制机制的失效。因此，健全金融机构的经营管理机制，强化风险控制制度，是保证我国理财市场健康发展、促进金融市场稳健运行的根本环节。此外，通过建立集中统一的监管信息数据库，可以在一定程度上避免了目前分业监管带来的信息障碍，有利于监管信息共享，有利于金融机构掌握业内动态，降低了监管成本和商业银行的信息搜寻成本。

防范金融风险，推动金融改革，确保经济金融平稳健康运行，是我国金融市场发展的永恒主题，也是中央对金融部门的明确要求。

近年来，中国人民银行上海总部金融市场管理部根据职能要求，紧紧围绕上海总部“两个平台、一个窗口、一个中心”的工作规划，即总行公开市场操作的平台、金融市场运行监测的平台、对外交往的重要窗口、一部分金融服务与研究和开发业务中心的工作任务，从 2007 年起开始着手建立国内金融理财产品监测分析体系。2007 年 7 月，人民银行上海总部分别下发《关于建立商业银行理财产品信息报送制度的通知》（银总部发［2007］24 号）、《关于建立信托公司产品信息报送制度的通知》（银总部发［2007］29 号）、《关于建立证券公司产品信息报送制度的通知》（银总部发［2007］28 号）。目前，纳入监测范围的机构包括 32 家国内主要商业银行、13 家信托公司和 14 家证券公司。

2008 年，金融市场管理部为了提高数据报送与处理的效率，开始着手开发人民银行上海总部金融市场监测分析系统。将数据报送手段从以前的电子邮件方式改为专线网络报送，在中国外汇交易中心的中国货币网建立数据处理服务器，增强了系统的安全性，通过增加校验程序功能，提升了数据质量。金融市场管理部经过多次调研，在征求各商业银行意见的基础上，分步完善了理财产品信息报送口径。目前，金融市场监测分析系统经过前期需求研究、软件开发、网络布设，已经于 2009 年底完成系统的测试。

金融理财产品监测分析体系的建立，填补了我国金融理财产品统计的空白，为人民银行在履行管理金融市场、制定货币政策和维护金融稳定等职能提供了信息数据。在对理财产品信息统计的基础上，金融市场管理部开展了大量的研究工作，针对理财市场出现的一些突出问题展开专题研究，撰写了一系列的研究报告，产生了一批高质量的研究成果。2008 年，针对媒体反映金融机构贷款类理财产品的风险问题，上海总部金融市场管理部召集在沪 10 家金融机构召开专题座谈会，就商业银行开展贷款转让和贷款类理财业务相关风险问题进行了研究，并撰写了《在沪金融机构贷款类理财产品风险情况》；针对“银信合作”逐渐发展成为国内理财产品的主要运作平台，已成为商业银行规避从紧货币政策的渠道。撰写了《“银信合作”理财模式的发展现状及风险研究》；就地方政府融资平台通过理财产品融资问题，撰写了《地方政府背景的理财产品的现状、风险及对策》。

金融市场管理部与多家金融机构共同开展长三角地区银行理财产品的需求调研以及居民的理财知识调查，了解当前居民的金融素质、需求结构；与中欧陆家嘴国际金融研究院于 2009 年 2 月在上海共同发起了中国财富管理论坛，邀请各监管部门、金融机构及研究机构，就理财市场发展的思路进行研究探讨。通过这个形式，形成了一定程度上对理财市场发展的共识，促进了业内的经验交流，达到了预期的效果。

为了进一步推动和规范金融理财产品市场的健康发展，2010 年 4 月，金融市场管理部在上海召开了全国商业银行理财产品业务座谈暨发展研讨会，与商业银行共同研究了当前银行理财产品发展所遇到的问题及未来趋势，并就推动理财产品信息共享平台建设、银行理财产品在银行间债券市场开立债券托管账户等事宜进行了充分探讨。这次会议为监管部门与商业银行以及商业银行之间提供了良好的沟通交流平台，促进了金融理财产品市场的健康持续发展。”

金融理财产品市场作为金融市场的新生力量，无论从中国经济增长还是居民的投资理财需求来看，其未来发展空间巨大。《2009 年中国金融理财产品市场年报》从中央银行、金融机构等不同角度对我国金融理财产品市场的建立和发展进行了深入研究和探讨，并在此基础上提出了众多有益的启示。本书的出版，是对中国金融理财产品市场发展的阶段性总结，是人民银行金融理财产品监测分析工作的重要成果，也是市场各方进行理财业务交流的平台。这将有利于今后中国金融理财产品市场的进一步发展，特别是在当前全球经济金融形势正经历着一系列深刻而复杂的变化，中国经济金融处于发展的关键时期这样的背景下，相信可以作为宏观经济金融管理部门制定政策的参考依据，成为市场参与者和研究机构的良师益友。

中国人民银行金融市场司司长兼上海总部金融市场管理部主任

穆怀朋

2010 年 4 月

目　录

报告篇

商业银行个人理财产品市场运行分析报告

一、运行情况

2009 年，31 家样本商业银行①共发行商业银行个人理财产品（以下简称“银行理财产品”）6662 期，同比减少 14.3%；募集资金量 31957.2 亿元，同比增长 38.6%。其中，商业银行个人人民币理财产品（以下简称“人民币理财产品”）和商业银行个人外币理财产品（以下简称“外币理财产品”）分别发行 5698 期和 964 期，同比分别减少 1.3% 和 52.5%；人民币理财产品募集资金量为 31294 亿元，同比增长 47.2%，外币理财产品募集资金量 663 亿元，同比减少 63%。

（一）人民币理财产品

1. 发行规模

2009 年，样本 31 家商业银行共发行人民币理财产品 5698 期，同比减少 1.3%，募集资金量 31294 亿元，同比增长 47.2%。

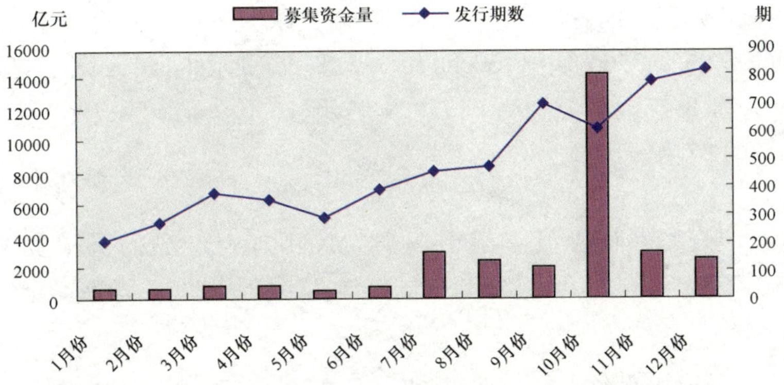

图 1－1－1　2009 年人民币理财产品逐月发行情况

2. 类型分布

2009 年，普通类和结构类人民币理财产品的发行期数分别为 4854 期和 844 期，分别占同期人民币理财产品发行总期数的 85.2% 和 14.8%；募集资金量分别为 25072.2 亿元和 6221.8 亿元，分别占同期人民币理财产品募集资金总量的 80.1 和 19.9%，同比分别增长了 22.1% 和 763%。

3. 收益类型

2009 年，非保本浮动收益类人民币理财产品占比居多，发行期数和募集资金量分别为 3376 期和 19160.3 亿元，分别占同期人民币理财产品发行期数和募集资金总量的 59.7% 和 61.3%；其他依次是保证收益类和保本浮动收益类：发行期数分别是 1321 期和 961 期，募集资金量分别是 3031.1 亿元和 9077.6 亿元，分别占同期人民币理财产品募集资金总量的 9.7% 和 29%。

① 本报告所统计的银行理财产品数据来源于 31 家商业银行，具体是：工行、农行、中行、建行、交行、华夏、中信、光大、广发、深发展、招商、浦发、兴业、民生、北京、上海、厦门、深平安、南京、宁波、徽商、恒丰、浙商、汇丰、渣打、花旗、东亚、荷兰、恒生、华侨和德意志银行。（排名不分先后）

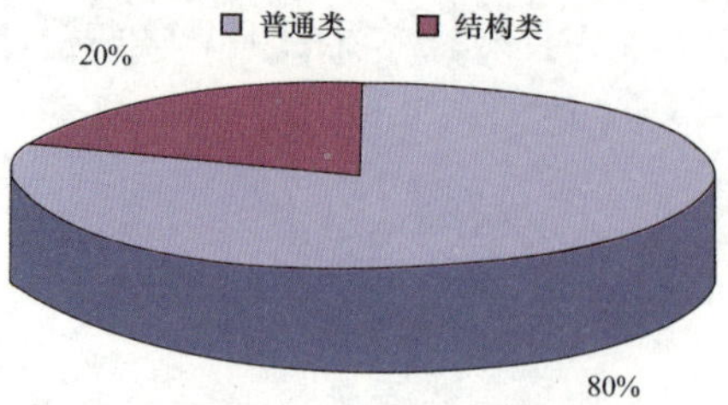

图1－1－2　2009年普通类和挂构类人民币理财产品募集资金量占比情况

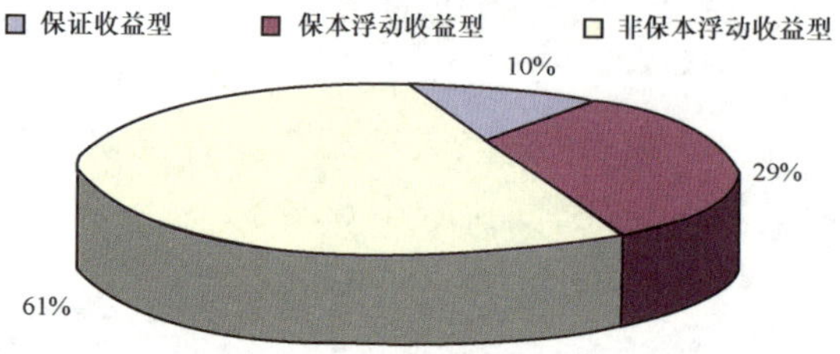

图1－1－3　2009年保证收益型、保本浮动收益型和非保本浮动收益型
人民币理财产品募集资金量占比情况

4. 期限结构

2009年，6个月内（含6个月）品种的发行规模居多，其次是6～12个月（含12个月）和12～24个月（含24个月），发行期数分别为3765期、1160期和557期，分别占同期人民币理财产品发行总期数的66.1%、20.4%和9.8%；募集资金量分别为27339.9亿元、1650.2亿元和1367.4亿元，分别占同期人民币理财产品募集资金量的87.4%、5.3%和4.4%。

5. 投资方向

2009年，资产池类、混合类和债券及货币市场类人民币理财产品的募集资金量占比较高，分别为8792.1亿元、6482.8亿元和6298.2亿元，分别占同期人民币理财产品募集资金总量的28.1%、20.7%和20.1%。

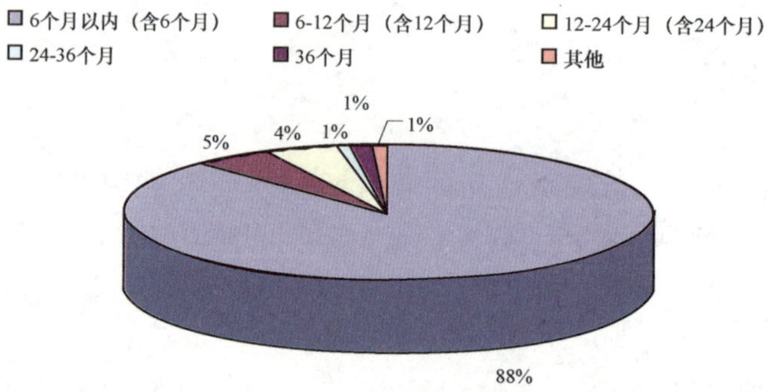

图1－1－4　2009年人民币理财产品各期限品种募集资金量占比情况

6. 流动性

2009年，非开放式人民币理财产品的募集资金规模较大，发行期数和募集资金量分别为5216期和17279亿元，分别占同期人民币理财产品发行期数和募集资金量的91.5%和55.2%。

7. 发行主体

2009年，人民币理财产品发行主体集中在中资上市股份制银行，其发行期数和募集资金量分别为5015期和30919.7亿元，分别占同期人民币理财产品发行期数和募集资金总量的88%和98.8%，募集资金量同比增长了52.8%。其他中资银行和外资银行的募集资金量分别为76.3亿元和298亿元。

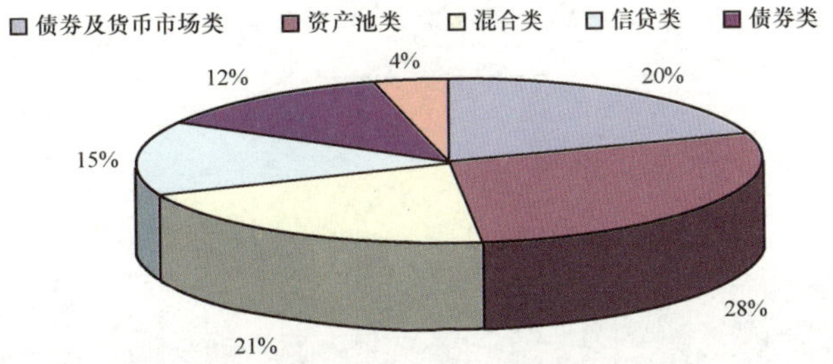

图 1－1－5　2009 年人民币理财产品主要投资方向募集资金量占比情况

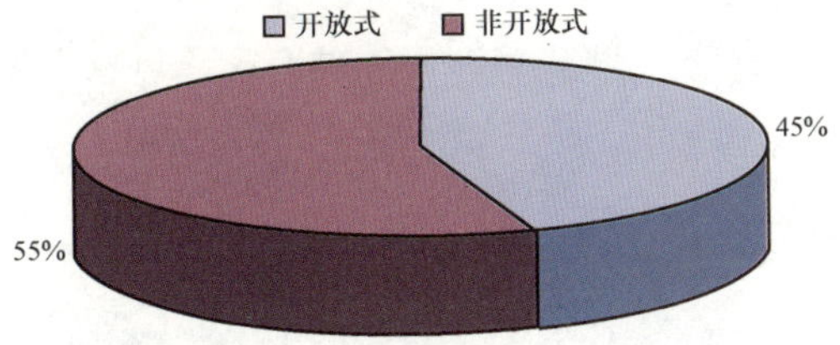

图 1－1－6　2009 年开放式和非开放式人民币理财产品的募集资金量占比情况

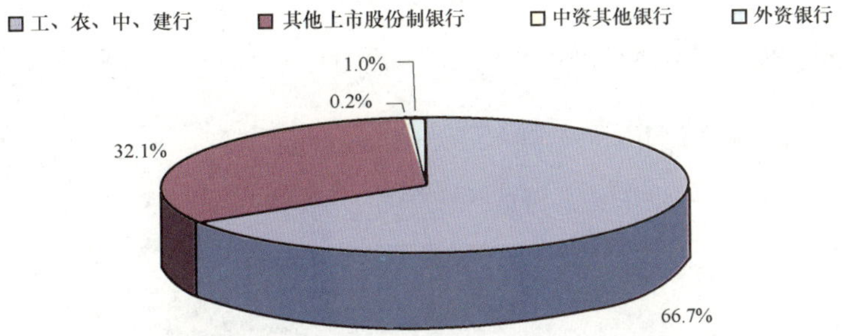

图 1－1－7　2009 年各类型商业银行发行的人民币理财产品募集资金量占比情况

从收益类型情况看，中资银行以发行非保本浮动收益类和保本浮动收益类人民币理财产品为主，募集资金总量分别为 10606. 7 亿元和 8088. 9 亿元，分别占同期中资银行人民币理财产品募集资金总量的 34. 2% 和 26. 1%；外资银行以发行保本浮动收益类人民币理财产品为主，募集资金量为 256 亿元，占同期外资银行人民币理财产品募集资金总量的 86%。

（二）外币理财产品

1. 发行规模

2009 年，样本 31 家商业银行共发行外币理财产品 964 期，同比减少 52. 5%，募集资金量 663 亿元，同比减少 63%。

2. 类型分布

2009 年，普通类和结构类外币理财产品的发行期数分别为 613 期和 351 期，分别占同期外币理财产品发行总期数的 63. 6% 和 36. 4%；募集资金量分别为 509. 3 亿元和 154 亿元，分别占同期外币理财产品募集资金总量的 76. 7 和 23. 3%，同比分别减少了 31% 和 585%。

3. 收益类型

2009 年，保本浮动收益类外币理财产品占比居多，发行期数和募集资金量分别为 337 期和 447. 1 亿元，分别占同期外币理财产品发行总期数和募集资金量的 35. 3% 和 67. 4%；其他依次是非保本浮动收益类和保证收益类：发行期数分别是 240 期和 379 期，募集资金量分别是 117 亿元和 99. 1 亿元，分别占

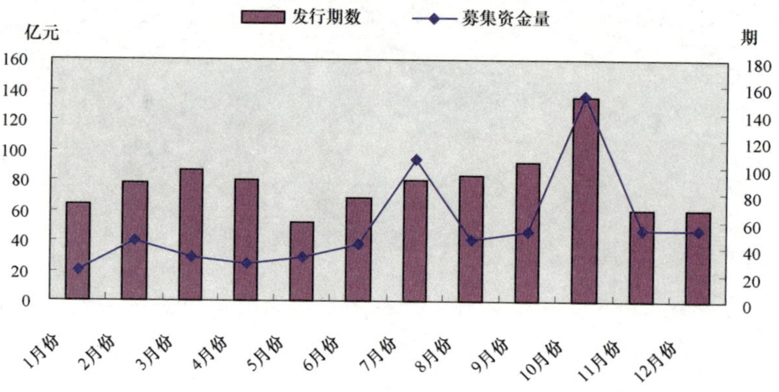

图 1-1-8　2009 年外币理财产品逐月发行情况

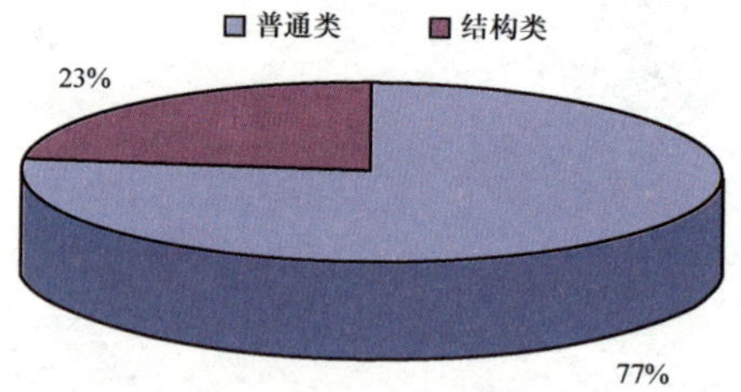

图 1-1-9　2009 年普通类和挂构类外币理财产品募集资金量占比情况

同期外币理财产品募集资金总量的 17.7% 和 15%。

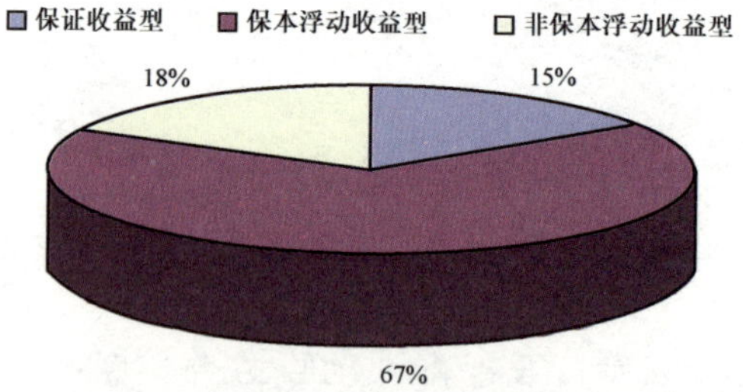

图 1-1-10　2009 年保证收益型、保本浮动收益型和非保本浮动收益型外币理财产品募集资金量占比情况

4. 期限结构

2009 年，6 个月内（含 6 个月）品种的发行规模居多，其次是 6 ~ 12 个月（含 12 个月）和 12 ~ 24 个月（含 24 个月），发行期数分别为 498 期、277 期和 130 期，分别占同期外币理财产品发行总期数的 51.7%、28.7% 和 13.5%；募集资金量分别为 454.1 亿元、140 亿元和 54 亿元，分别占同期外币理财产品募集资金量的 68.4%、21.1% 和 8.1%。

5. 投资方向

2009 年，债券类、同业拆借类和其他类（具体方向未披露）外币理财产品的募集资金量占比较高，分别为 111.5 亿元、139.7 亿元和 324.4 亿元，分别占同期外币理财产品募集资金总量的 16.8%、21% 和 48.9%。

6. 投资币种

2009 年，外币理财产品主要投资于美元和澳元，相应的募集资金量分别为 441.4 亿元和 114.8 亿元，分别占同期外币理财产品募集资金总量的 66.6% 和 17.3%；其他依次是欧元和港币，募集资金量分别为 59.4 亿元和 30.5 亿元。分别占同期外币理财产品募集资金总量的 9% 和 4.6%。

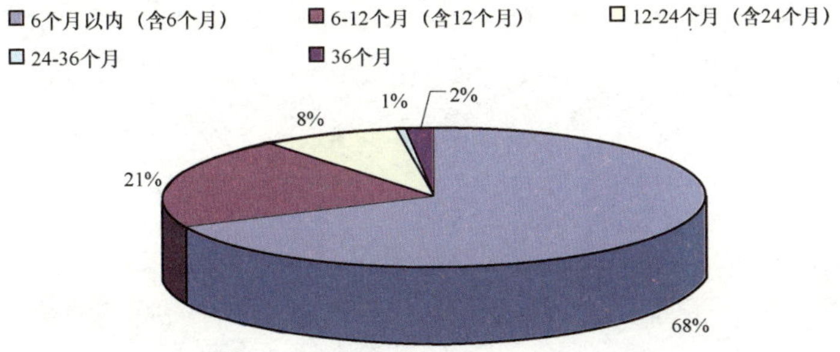

图 1－1－11　2009 年外币理财产品各期限品种募集资金量占比情况

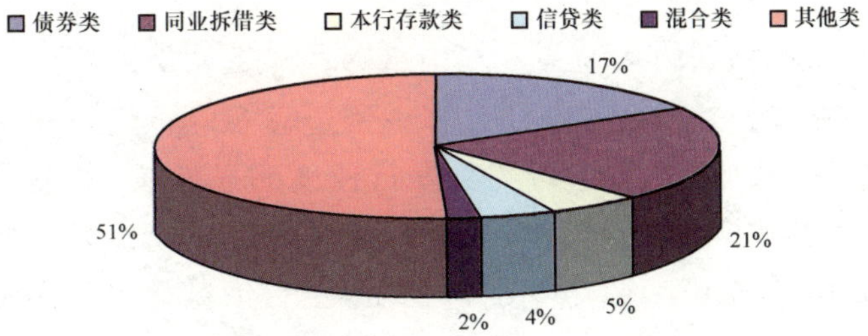

图 1－1－12　2009 年外币理财产品各投资方向的募集资金量占比情况

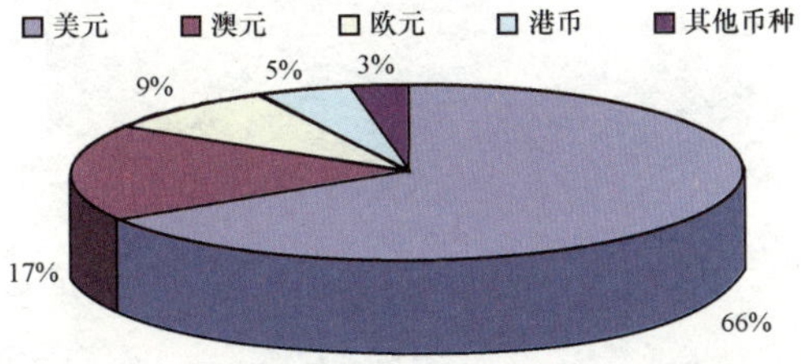

图 1－1－13　2009 年外币理财产品各币种的募集资金量占比情况

7. 流动性

2009 年，非开放式外币理财产品的募集资金规模较大，发行期数和募集资金量分别为 784 期和 522.9 亿元，分别占同期外币理财产品发行期数和募集资金量的 81.3% 和 78.8%。

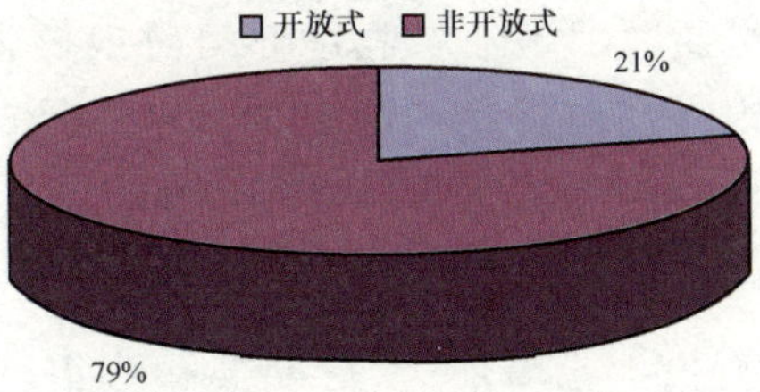

1－1－14　2009 年开放式和非开放式外币理财产品的募集资金量占比情况

8. 发行主体

2009 年，外币理财产品发行主体集中在中资上市股份制银行，其发行期数和募集资金量分别为 692 期和 598.4 亿元，分别占同期外币理财产品发行期数和募集资金总量的 71.8% 和 90.1%，募集资金量同比减少了 799.6 亿元。其他中资银行和外资银行的募集资金量分别为 4.8 亿元和 60 亿元。

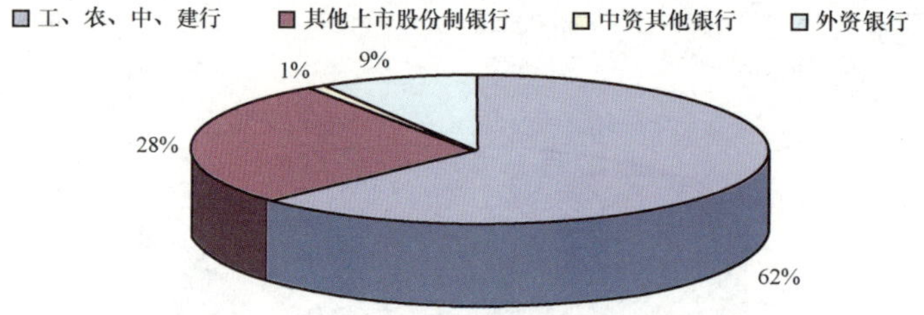

图 1－1－15　2009 年各类型商业银行发行的外币理财产品募集资金量占比情况

二、运行主要特点

（一）人民币理财产品发行量创历史新高，外币理财产品发行量萎缩

2009 年，人民币理财产品发行速度明显加快，募集资金总量达 3.1 万亿元，创历史新高，同比增长 47.2%。另一方面，受金融危机影响，外币理财产品发行速度明显放缓，募集资金量 663 亿元，同比减少 63%，仅占当年银行理财产品募集资金总量的 2%。且投资币种集中于美元和澳元，相应的募集资金量分别为 441.4 亿元和 114.8 亿元，分别占同期外币理财产品募集资金总量的 66.6% 和 17.3%。

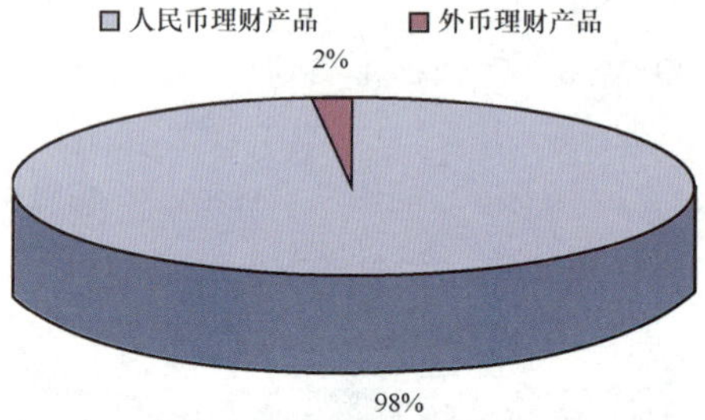

图 1－1－16　2009 年人民币和外币理财产品的年募集资金量占比情况

（二）信托类人民币理财产品募集资金量大幅增长

2009 年，信托类人民币理财产品发行速度明显加快，其中主要是 4 季度尤其是 10 月份的发行放量：4 季度银行理财产品募集资金量近 2 万亿元，占当年银行理财产品募集资金总量的 63%。其中 10 月份人民币理财产品募集资金 1.4 万亿元，占当年人民币理财产品募集资金量的 46%，月环比增长 6.3 倍。从投资方向看，主要以信托类产品和债券及货币市场类产品为主，当月募集资金量分别达 6931 亿元和 6067 亿元。出现上述现象的主要原因是随着监管部门对银行新增贷款的控制以及银行自身受资本充足率等核心指标的约束，商业银行的放贷受到抑制，但市场对资金需求仍然旺盛，且银行的资金流动性需求也不断增强，使得信托类理财产品的发行速度不断加快，发行规模随之增长。

（三）普通类理财产品的市场份额增加

2009 年，普通类理财产品的发行量大幅增加，发行期数和募集资金量分别为 5467 期和 25581.5 亿元，分别占同期银行理财产品总发行期数和募集资金量的 82.1% 和 80.1%。相比之下，结构性理财产品的市场份额减小，主要原因是受金融危机的影响，结构类理财产品不断出现负收益，有关监管部门因此加强了对结构类理财产品的风险控制，发行审批较为严格。

（四）浮动收益类理财产品占比较高

2009 年，浮动收益类理财产品占比较高，发行期数和募集资金量分别为 4914 期和 19607.4 亿元，分别占同期银行理财产品发行期数和募集资金总量的 73.8% 和 61.4%。其中人民币理财产品以非保本浮动收益类为主，募集资金量为 19160.3 亿元；外币理财产品以保本浮动收益类为主，募集资金量为 447.1 亿元。

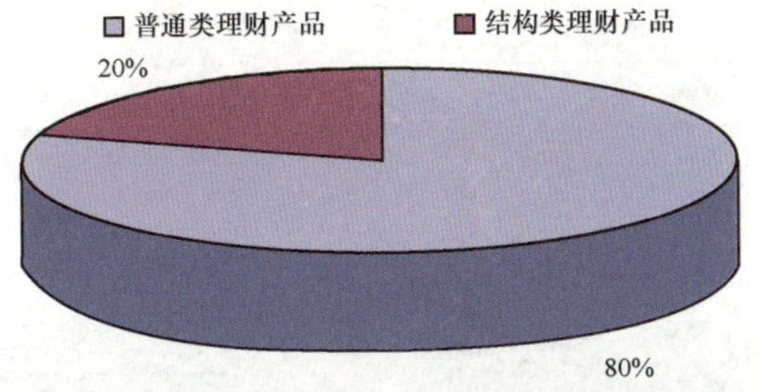

图 1－1－17　2009 年普通类和结构类理财产品的年募集资金量占比情况

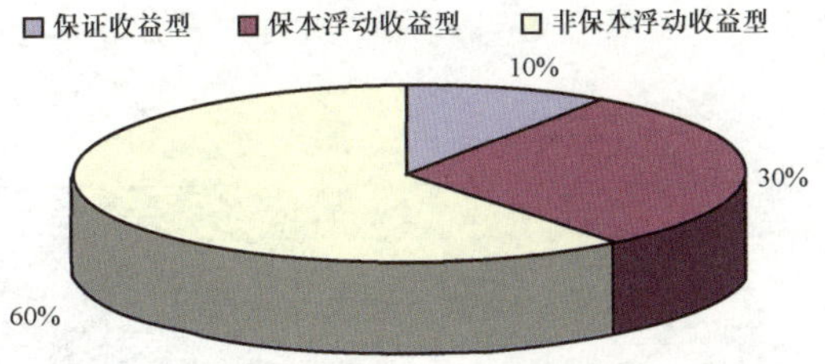

图 1－1－18　2009 年保证收益类和浮动收益类理财产品的年募集资金量占比情况

（五）期限结构短期化特征明显

2009 年，银行理财产品的发行期限主要集中在 6 个月内（含 6 个月）、6～12 个月（含 12 个月）和 12～24 个月（含 24 个月）这三个短期品种，当年募集资金量分别为 27794 亿元、1790.2 亿元和 1421.4 亿元，分别占同期银行理财产品募集资金总量的 89.6%、5.6% 和 4.5%，三个品种的募集资金总量占同期银行理财产品募集资金总量的 99.7%。

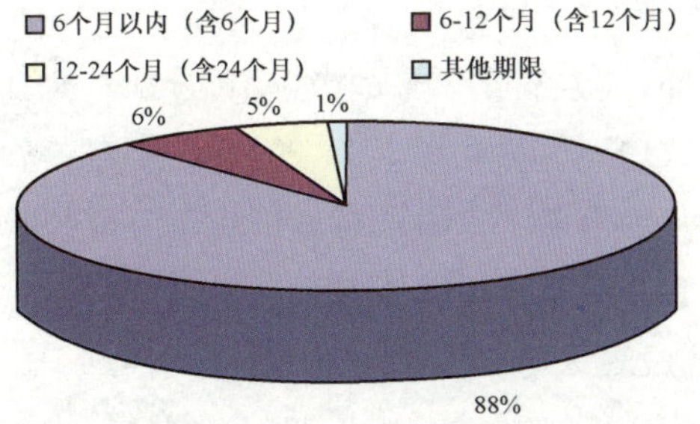

图 1－1－19　2009 年银行理财产品各期限品种募集资金量占比情况

（六）中资银行以普通类产品为主，外资银行以结构类产品为主

统计结果表明，2009 年，中资银行主要以发行普通类人民币理财产品为主，募集资金量为 25577.4 亿元，分别占同期中资银行的人民币理财产品和银行理财产品（即人民币和外币理财产品的总称）募集资金总量的 82.5% 和 80%。外资银行基于其业务综合性、跨领域的特征以及丰富的海外投资经验和人才方面的优势，以发行结构类人民币理财产品作为主打类型，募集资金量为 294.4 亿元，分别占同期外资银行的人民币理财产品和银行理财产品募集资金总量的 98.8% 和 82.2%。

三、运行影响评估

（一）有利于商业银行改善业务结构，增加利润增长点

面对国内金融市场的全面深入发展以及利率市场化改革进程的不断推进，商业银行必须尽快调整业务结构，实施业务转型以适应外部市场环境的不断变化。另一方面，随着我国银行业的全面开放，外

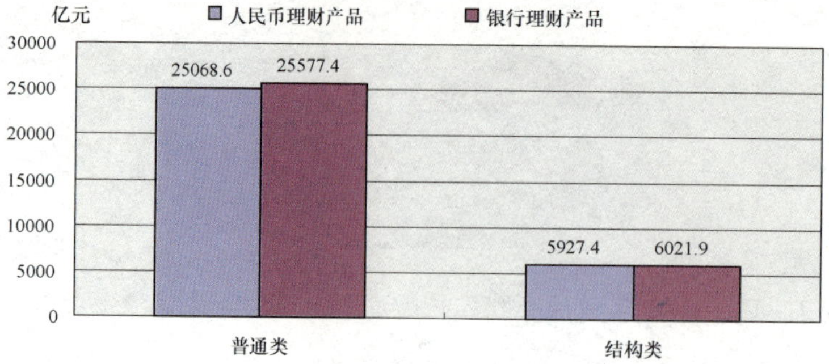

图 1－1－20　2009 年中资银行普通和结构类理财产品募集资金量及占比情况

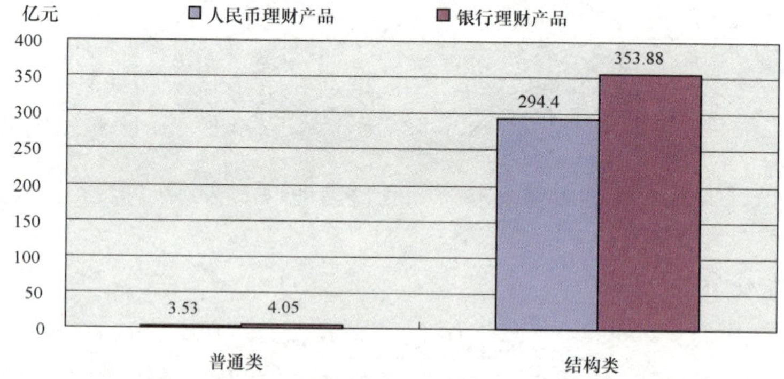

图 1－1－21　2009 年外资银行普通和结构类理财产品募集资金量及占比情况

资银行数量不断增加，从发达国家银行业看，无风险业务收入或中间业务收入已经占商业银行总收入的 40% 左右，而中国银行业的业务转型近年来刚刚开始，因此，以传统存贷业务为主的我国银行业正面临着以存贷和理财业务为核心的外资银行的全面竞争。作为具有高附加值的银行理财产品，由于其占用资金少、风险低、收益高的特点，已成为商业银行实现业务转型、增加利润增长点的重要方式。目前银行理财产品费率主要包括：认购费、管理费、托管费、赎回费和超额收益业绩报酬。以 2009 年为例，当年银行理财产品新增募集规模为 3. 2 万亿元，按 0. 1% 的费率计算，银行理财产品业务收入约 320 亿。

（二）拓宽投资渠道，丰富了投资人选择

近年来，随着国民收入水平的不断提高，中国进入了一个前所未有的理财时代，富裕居民群体扩大，各类投资者的理财理念得以提升，理财需求大大增强。银行理财产品的出现，将商业银行客户关系管理、资金管理与投资组合管理等有效地结合在一起，向投资者提供了综合化、个性化、低风险的服务产品，可以有效满足各类投资者的理财需求，已逐渐成为投资者资产配置中重要的组成部分：首先，相对于国内其他类型金融机构，商业银行具有良好信誉和丰富的营业网点，且资本雄厚，其发行的理财产品具有良好的信用基础；其次，依托银行间债券市场丰富的资源和绝对优势，商业银行已成为固定收益类理财产品的主要提供者；此外，随着综合化经营的拓展，商业银行能够接触的投资市场面广，可用的投资工具多，可以在更宽泛的范围内为投资者提供资产配置方案和风险管理方案。可以看出，银行理财业务将国内居民财富迅速扩张对金融服务在深度与广度上的外在要求与银行自身进行金融创新以实现战略转型的内在需求有效地结合在一起，发展空间较大。

（三）有利于加快利率市场化进程

从美国利率市场化过程可以看出，正是经济发展的需要以及商业银行对利润最大化的追逐，迫使商业银行进行金融创新以绕过利率管制的束缚，成为利率市场化的第一推动力，这些创新活动发展到

一定程度后得到政府认可后，又进一步加速了利率市场化进程。在我国，随着利率市场化改革的不断深入，商业银行之间的竞争逐渐从原来的规模竞争转向规模和价格竞争并重，转向风险定价和金融创新的竞争。银行理财产品的出现，在丰富了投资人选择的同时，也成为商业银行突破自身传统业务的一种有效方式。这种突破来自于商业银行追求利润最大化的内在要求，更来自于广大投资者的投资需求。这种自发于市场供求双方的推动力正是利率市场化改革最亟需的原始推动力。可以预见，随着银行理财产品市场的不断发展，这种自发于市场的金融创新力量将进一步加快我国利率市场化改革步伐。

（四）银行理财产品规模的迅速扩大加大了货币监测与定义的难度，对货币政策带来挑战

银行理财产品中信托类理财产品的投资方向主要包括信贷资产、票据资产和信贷转让资产。运作方式是：银行与信托公司签订协议，银行将存量或新增贷款替换为"信托 + 理财"产品，由信托公司开发设计，通过银行网络销售，同时，银行对信托理财产品进行担保增信，募集资金由信托公司用做信托贷款，专项用于替换商业银行的存量贷款或向企业发放新贷款，从而把银行"表内业务"转为"表外业务"。2009 上半年，商业银行信贷规模高速增长，以至到下半年不得不通过发行信托类理财产品来替换存量贷款或新发贷款，信托类产品规模出现了大幅增长，这对货币政策提出了挑战：一方面，银行理财产品的表外业务特性，规避了中央银行对商业银行信贷规模的窗口指导，信贷政策效率下降；银行理财产品的实质和表内存款差异不大，但计入银行表外业务，在存款准备金率影响范围之外，影响了货币政策效应。另一方面，目前银行理财产品的期限大多在 1 年左右，许多产品在期满 1 月、1 季或半年时还可以赎回。从流动性来看，这些理财产品至少和定期存款相当，但却没有被记入货币范畴。此外，信托类理财产品使储蓄存款转化为企业存款，不仅存在融资行为，而且还创造派生存款，但这一变化在人民银行的货币定义和各类报表上也并不体现。货币监测和定义的难度也随之加大。

（五）应重点关注的主要问题

第一是法律关系不明确。银行理财业务是在商业银行自主创新和监管机构后续监管的互动中不断推进的，目前还缺乏一个明晰的法律框架。这种不清晰的状态导致银行理财产品的设计及客户间合约安排存在一定不确定性，容易产生纠纷，同时也造成商业银行在开展理财业务过程中受到诸多限制。

第二是信息披露机制不健全，风险管理有待加强。部分商业银行未建立完整的事前、事中和事后信息披露制度，不能向投资者提供方便、及时、准确的资产变动、期末资产估值等重要信息。在经营管理中往往把重点放在产品营销上，对基础资产后续风险状况的持续监控力度不够，尚未建立完整的风险管理机制。

第三是缺乏完整的统计信息，无法全面了解产品情况。银行理财市场发展迅速，产品类型和投资方向推陈出新，金融创新不断，但由于没有建立相关的统计制度，缺乏获取全面数据信息的途径，监管部门、商业银行和投资者等均难以获取完整信息，不利于银行理财市场的健康有序发展。

第四是营销人员素质有待加强。部分商业银行对产品营销人员的管理不到位，没有建立相应的理财业务人员资格考核与认定、继续培训、跟踪评价等管理制度，相关人员缺乏必要的专业知识、行业知识和管理能力，缺乏对所从事业务有关法律法规和规章制度的充分了解，缺乏对所推介产品风险特性的理解。

四、政策性建议

（一）明确法律关系，规范产品发展

多年来悬而未决的银行理财产品法律关系已给该类产品的发展形成了障碍，建议相关部门尽快出台规定，明确银行理财产品的法律关系，以解决银行理财产品进入银行间债券市场、会计准则等诸多相

关问题，规范银行理财业务。

（二）进一步强化信息披露和风险管理

商业银行必须在理财产品的售前、售中和售后持续披露风险信息，在经营管理中应加强对基础资产后续风险状况的持续监控力度，健全风险管理机制。同时，针对理财产品跨市场投资的特性，各监管部门应加强信息沟通和工作协调，形成工作合力，杜绝监管漏洞，以保护投资者利益，共同防范和化解风险。

（三）扩大货币监测范围，建立产品统计信息体系

认真研究银行理财产品特性，建立银行理财产品统计体系，把银行理财产品纳入金融统计范畴，着力改进货币统计监测制度。建立产品统计信息体系，制定统一的产品分类标准、统计口径和发布渠道，加强信息共享。

（四）加强营销等业务人员培训

为确保营销人员准确理解产品特性，及时准确向投资者揭示风险，商业银行应高度重视理财业务人员的培训工作。同时建立理财人员从业资格标准，促使业务人员在开展工作中重视合规要求，而非短期的销售业绩，防止因短期利益发生错误销售和误导销售。

证券公司集合资产管理计划市场运行分析报告

一、运行情况

（一）发行规模

2009 年，30 家证券公司共发行证券公司集合资产管理计划（以下简称“集合资产管理计划”）46 期，同比增长 130%，募集资金量 632 亿元，同比增长 277%。

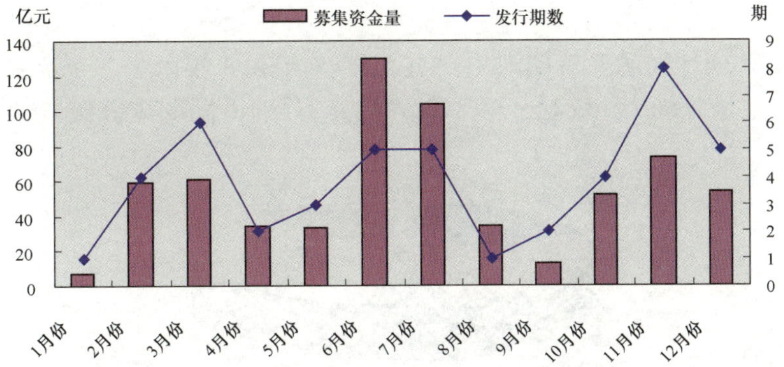

图 1－2－1　2009 年集合资产管理计划逐月发行情况

数据来源：财汇资讯①

自 2005 年第一期集合资产管理计划推出至 2009 年末，集合资产管理计划累计发行 79 期，募集资金量共计 1158.66 亿元，截至 2009 年末，未到期集合资产管理计划共有 76 期，总份额为 921.9 亿份。

（二）类型分布

2009 年，非限定类集合资产管理计划的发行占比较高，发行期数和募集资金量分别为 30 期和 339 亿元，分别占同期集合资产管理计划发行期数和募集资金量的 65% 和 53.6%，同比分别增长了 290% 和 132%。

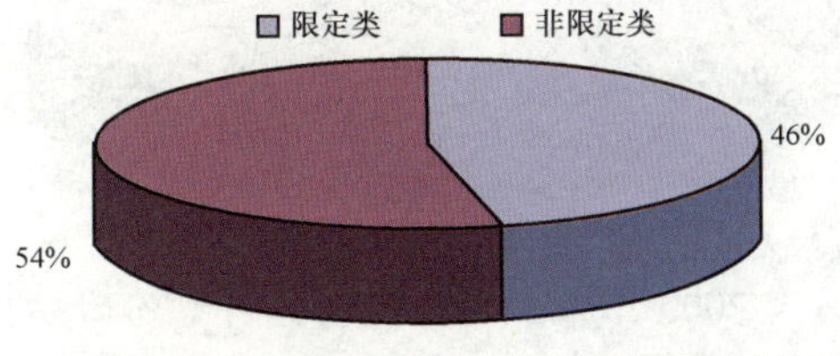

图 1－2－2　2009 年限定类和非限定类集合资产管理计划募集资金占比情况

截至 2009 年末，在未到期集合资产管理计划中，非限定类的规模占比仍然较高，其期数和份额分别为 55 期和 609.9 亿份，分别占同期未到期集合资产管理计划期数和份额的 72.4% 和 66%。

从历年情况看，除 2005 年外，非限定类集合资产管理计划的年募集资金规模占比均保持在 50% 以上，2005～2009 年非限定类集合资产管理计划的年募集资金量分别占同期集合资产管理计划募集资金总量的 16.2%、52.6%、100%、87.4% 和 53.6%。

① 本分报告数据来源：财汇资讯。

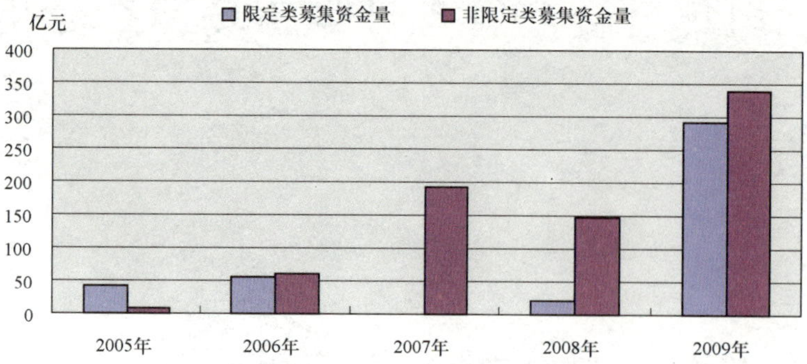

图 1－2－3　2005 年以来限定类和非限定类集合资产管理计划发行情况

（三）期限结构

2009 年，集合资产管理计划的发行期限主要有 5 年、8 年和 8 年以上三个品种，其中，5 年和 8 年期品种较多，当年募集资金量分别为 233 亿元和 163.6 亿元，分别占同期集合资产管理计划募集资金总量的 38% 和 25.9%。

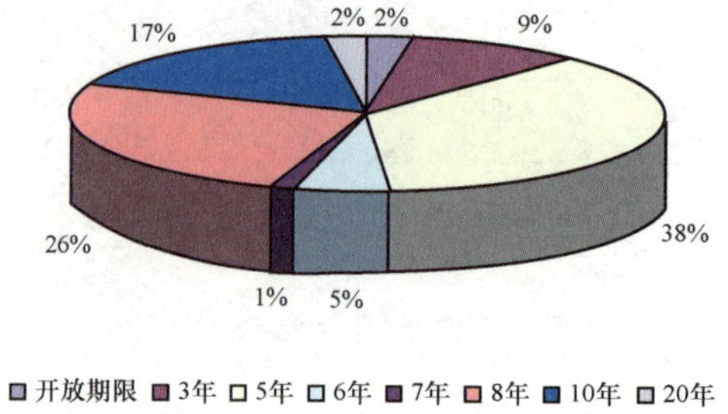

图 1－2－4　2009 年集合资产管理计划各期限品种募集资金量占比情况

截至 2009 年末，5 年、8 年、10 年和 3 年期品种的份额较高，分别为 337 亿份、203.2 亿份、157.4 亿份和 143 亿份。

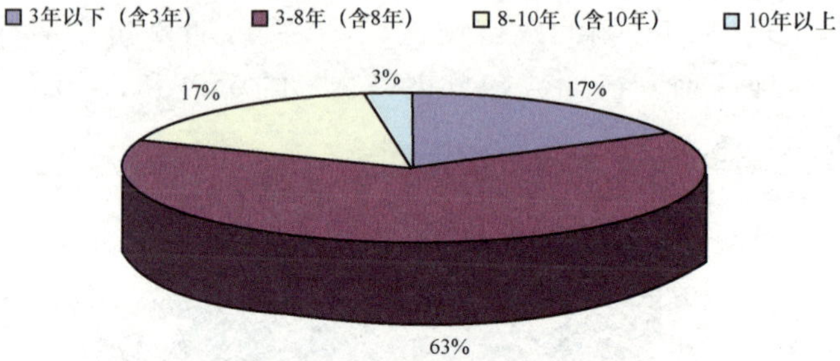

图 1－2－5　截至 2009 年末集合资产管理计划份额按期限结构统计

自 2005 年以来，集合资产管理计划的期限结构不断丰富，从最初 2005 年的 3 年和 10 年期两个品种逐渐发展到 2009 年末的 1 年以下、2 年、3 年、5 年、6 年、7 年、8 年、10 年和 20 年期等九个期限品种。

（四）投资方向

2009 年，债券型和混合型集合资产管理计划的募集资金量占比较高，分别为 240.51 亿元和 223.15 亿元，分别占同期集合资产管理计划总募集资金量的 38.1% 和 35.3%；其他依次是 FOF 型和股票型，募集资金量分别为 100.53 亿元和 65.2 亿元。

截至 2009 年末，混合型、FOF 型和债券型集合资产管理计划的份额较高，分别为 352.5 亿份、183.9 亿份和 182.9 亿份，分别占同期集合资产管理计划总份额的 38.3%、20% 和 19.9%。

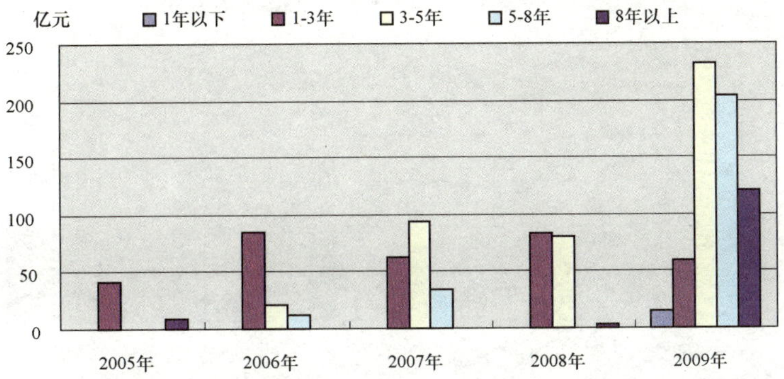

图 1－2－6　2005 年以来集合资产管理计划各期限品种的年募集资金量情况

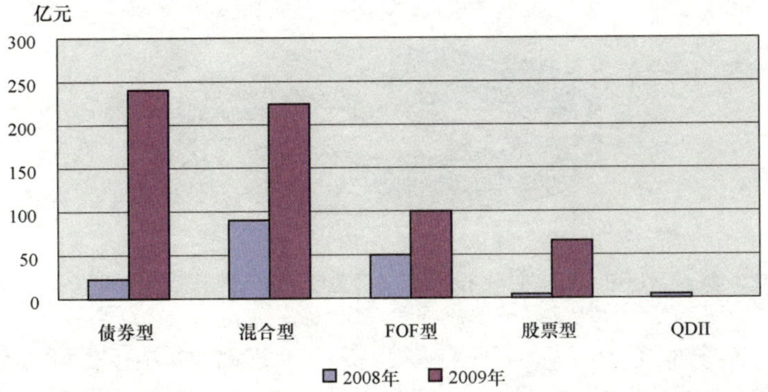

图 1－2－7　2008 和 2009 年主要投资方向集合资产管理计划年募集资金量的同比情况

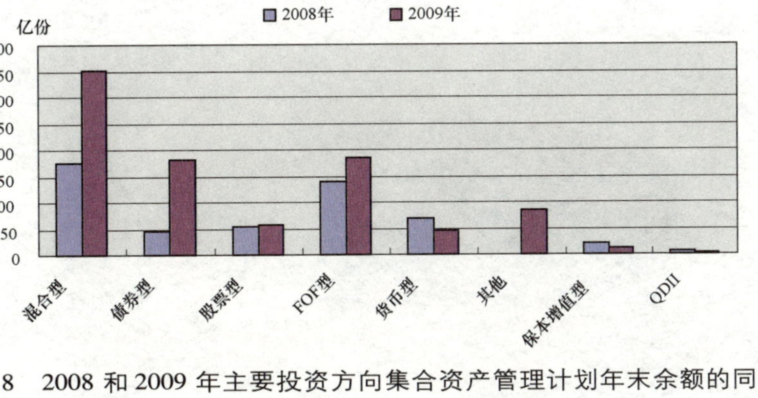

图 1－2－8　2008 和 2009 年主要投资方向集合资产管理计划年末余额的同比情况

从历年情况看，集合资产管理计划的投资方向不断丰富，从 2005 年仅有的股票型、债券型和货币型不断发展到 2009 年包括股票性、债券型、货币型、FOF 型、QDII 型、混合型、保本增值型等在内的多种投资方向。

（五）赎回情况

截至 2009 年末，所有类型集合资产管理计划的份额均出现下降，其中货币市场类产品的赎回数量居前，赎回份额达 77 亿份；FOF 类产品次之，赎回份额为 43 亿份；其他依次是债券类、混合类和股票类产品，赎回份额分别是 38 亿份、32 亿份和 17 亿份。

（六）发行人和管理人

2009 年，具有集合资产管理计划发行和管理资格的证券公司有 32 家。其中有 30 家证券公司发行

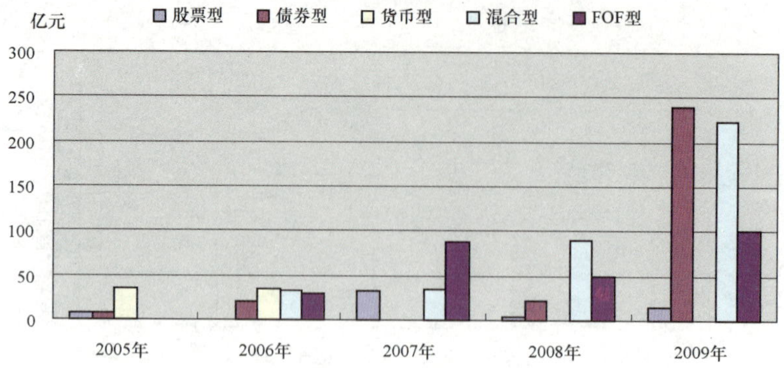

图 1－2－9　2005 年以来主要投资方向集合资产管理计划的年募集资金量情况

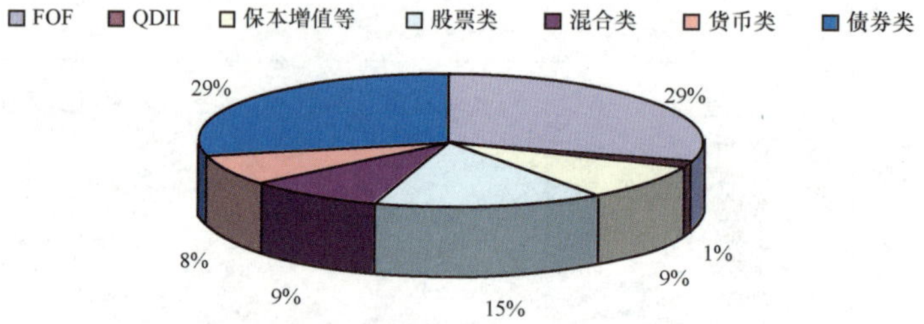

图 1－2－10　截至 2009 年末主要投资方向集合资产管理计划的赎回份额占比情况

了集合资产管理计划，同比增加了 19 家，且所有集合资产管理计划均由发行人管理。光大证券、中信证券和华泰证券的募集资金量靠前，分别为 93.4 亿元、77.3 亿元和 68.7 亿元，分别占同期集合资产管理计划募集资金总量的 14.8%、12.2% 和 10.9%。

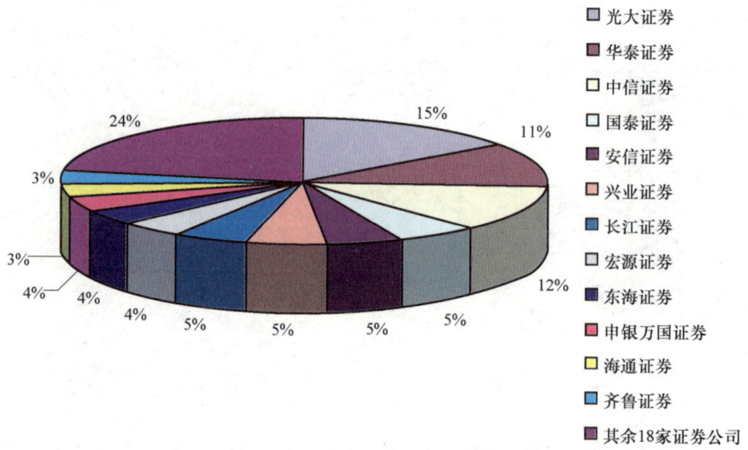

图 1－2－11　2009 年各证券公司发行和管理的集合资产管理计划募集资金量占比情况

截至 2009 年末，华泰证券、光大证券和中信证券的份额数量靠前，分别为 131.2 亿份、110.3 亿份和 102.2 亿份，三家份额合计占同期集合资产管理计划总份额的 37.3%。

2005 年以来，参与发行和管理集合资产管理计划的证券公司逐渐增多，类型不断丰富（详见“附录 3”）。其中，华泰证券、中信证券和光大证券的累计发行规模排列靠前，自 2005 年以来的募集资金总量分别为 172.2 亿元、123.9 亿元和 117.8 亿元，分别占同期集合资产管理计划募集资金总量的 14.9%、10.7% 和 10.2%。

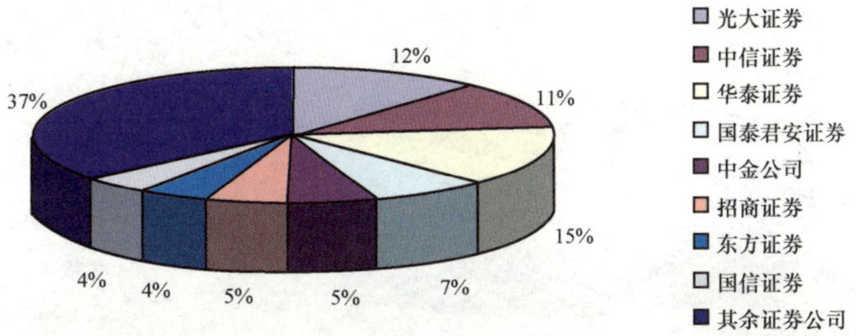

图 1－2－12　截至 2009 年末各证券公司管理的集合资产管理计划份额占比情况

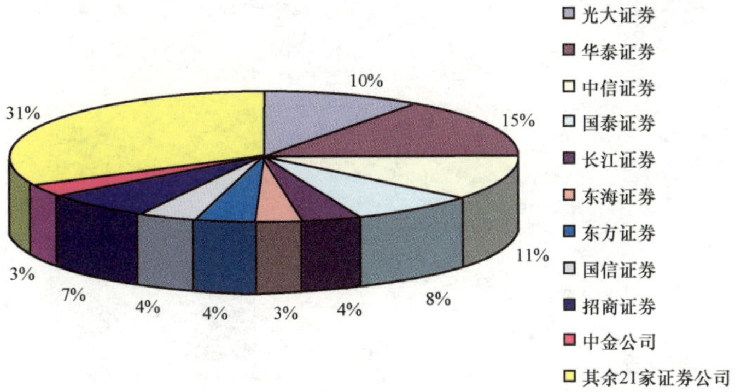

图 1－2－13　2005 年以来各证券公司发行的集合资产管理计划累计募集资金量占比情况

（七）托管人

2009 年，具有集合资产管理计划托管资格的商业银行有 17 家。其中有 11 家商业银行开展了集合资产管理计划托管业务，同比增加了 4 家。截至 2009 年末，建设银行、招商银行和交通银行的托管量靠前，分别为 155.4 亿元、138.4 亿元和 129.4 亿元，分别占同期集合资产管理计划募集资金总量的 16.9%、15% 和 14%。

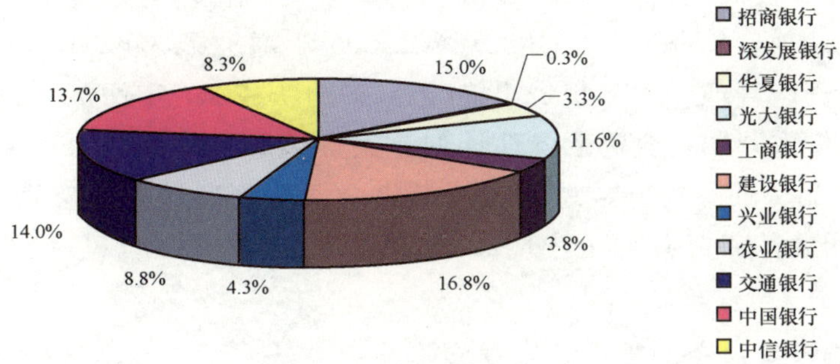

图 1－2－14　2009 年发行的集合资产管理计划中各商业银行托管量占比情况

从历年情况看，开展集合资产管理计划托管业务的商业银行数量从 2005 年的 2 家增加到 2009 年末的 11 家，期间，由于在 2007 年 3～7 月份，监管部门暂停发行审批，托管银行减少至 3 家。

二、运行特点

（一）发行规模创历史新高

2009 年，集合资产管理计划规模迅速扩大，发行期数和募集资金量均创历史新高，同比分别增长了 1.9 倍和 2.8 倍，比 2005 年集合资产管理计划发展之初分别增长了 14.3 倍和 11.5 倍；呈跨越性增长态势。

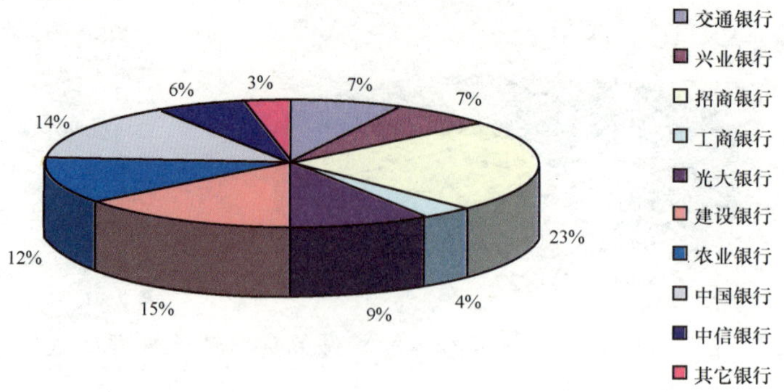

图 1－2－15　2005 年以来主要商业银行托管的集合资产管理计划年资金量占比情况

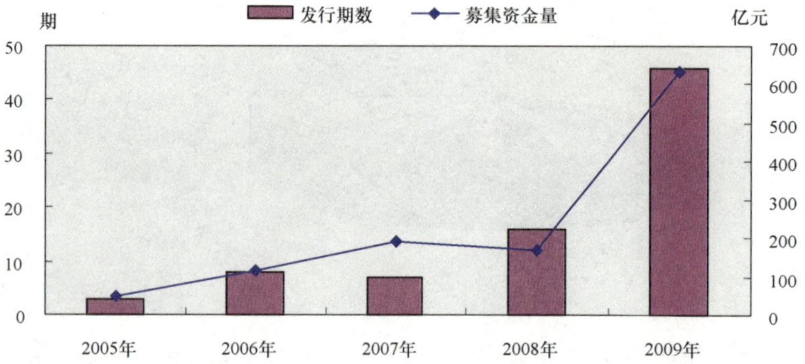

图 1－2－16　集合资产管理计划的发行规模逐年变化情况

（二）期限结构呈中长期化趋势

2009 年，集合资产管理计划的发行期限主要集中在 5 年、8 年和 8 年以上这三个中长期品种，当年募集资金量分别占同期集合资产管理计划募集资金总量的 36.8%、25.9% 和 19.9%，三个品种的募集资金总量占同期集合资产管理计划募集资金总量的 82.6%。从历年趋势看，集合资产管理计划的期限品种逐年丰富，且逐渐向中长期端延伸：2005 年发行的集合资产管理计划集中在 3 年期品种，募集资金量占同期集合资产管理计划募集资金总量的 82.4%；2006 年增加了 5 年和 6 年期品种，两个品种的募集资金总量占同期集合资产管理计划募集资金总量的 27.4%；2007 年增加了 7 年期品种，5 年期以上中期品种的募集资金总量占同期集合资产管理计划募集资金总量的 67%；2008 年增加了 2 年和 10 年期品种，5 年期以上中期品种的募集资金总量占同期集合资产管理计划募集资金总量的 50%；2009 年增加了 8 年期和 20 年期品种，5 年期以上中期品种的募集资金总量占同期集合资产管理计划募集资金总量的 88.1%。

（三）混合型和债券型集合资产管理计划发展迅速

2009 年，混合型和债券型集合资产管理计划的募集资金量占比较高，分别占同期集合资产管理计划募集资金总量的 38.1% 和 35.3%，二者合计占比为 73.4%，同比分别增长了 1.5 倍和 10.4 倍；FOF 型集合资产管理计划规模也增长较快，其募集资金量占同期集合资产管理计划募集资金总量的 15.9%，同比增长了 1.1 倍。相对而言，股票型的募集资金占比则呈下降态势，2009 年的募集资金占比为 2.42%，与 2008 年基本持平，与 2007 年的 21.3% 相比，募集资金量占比明显下降；QDII 型在 2009 年没有新增量，货币型自 2007 年以后没有新增量。

（四）发行人、管理人和托管人数量和类型不断丰富

2009 年，集合资产管理计划发行规模迅速扩大，参与集合资产管理计划发行和管理的证券公司数量大幅增加，从 2005 年市场发展之初的仅有 3 家逐渐增加到 2009 年的 32 家。

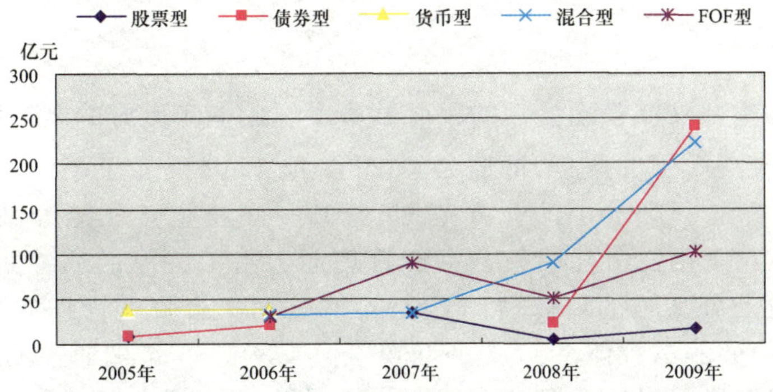

图 1－2－17　2005 年以来主要投资方向集合资产管理计划的募集资金量变化情况

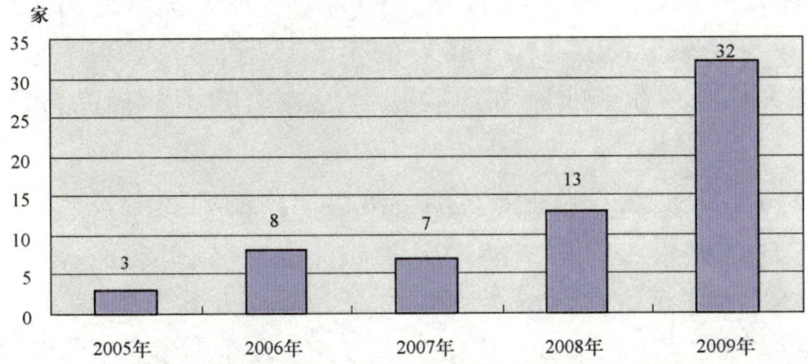

图 1－2－18　2005 年以来参与发行集合资产管理计划的证券公司情况

同时，开展集合资产管理计划托管业务的商业银行数量也在增长。截至 2009 年末，集合资产管理计划托管人的数量从 2005 年仅有 2 家发展到 2009 年末的 11 家，涵盖了工、农、中、建、交以及中小股份制商业银行。

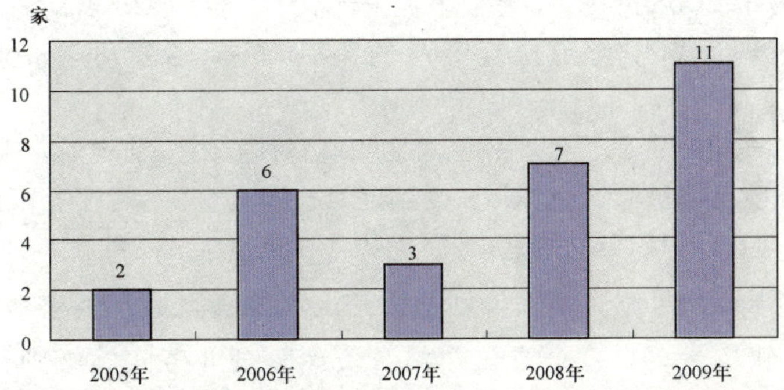

图 1－2－19　2005 年以来开展集合资产管理计划托管业务的商业银行情况

（五）市场份额较集中于少数证券公司和商业银行

自 2005 年以来，开展集合资产管理计划的证券公司和商业银行数量逐年增多，但市场份额一直较为集中在少数证券公司和商业银行，从发行规模情况看，2005～2009 年，募集资金量排名前 4 位的证券公司的募集资金总量为 508.7 亿元，占同期集合资产管理计划募集资金总量的 44%；托管资金量排名前 5 位的商业银行的募集资金总量为 844.5 亿元，占同期集合资产管理计划托管资金总量的 53%。从市场份额情况看，截至 2009 年末，市场份额数排名前 5 位的证券公司的募集资金总量为 461.7 亿元，占同期集合资产管理计划募集资金总量的 50%；托管份额排名前 5 位的商业银行的募集资金总量为 656.1 亿元，占同期集合资产管理计划托管资金总量的 71.2%。证券公司和商业银行的参与度有待提高。

三、运行影响评估

（一）规范的监管为集合资产管理计划的平稳健康发展创造了良好的制度环境

为规范证券公司集合资产管理业务，证监会于2003年12月发布了《证券公司客户资产管理业务试行办法》，对证券公司客户资产管理的业务范围、业务资格及业务规范等做出了明确界定，其后于2004年10月发布了《关于证券公司开展集合资产管理业务有关问题的通知》，于2008年5月发布了《证券公司定向资产管理业务实施细则（试行）》和《证券公司集合资产管理业务实施细则（试行）》，建立了证券公司资产管理业务的法规体系，为确保证券公司集合资产管理业务的顺利健康发展提供了制度保障。同时，监管部门加快了对集合资产管理计划的审批速度，放松了存续期和规模限制；允许证券公司申报限额特定理财产品（小集合），且小集合与大集合资产管理计划的审批通道互不冲突，并且在上报材料后10个工作日内即可批复。上述制度建设均有力支持了证券公司集合资产管理业务的发展，为证券公司资产管理业务的进一步发展提供了良好的生态环境。可以看出，在监管部门的有效监管和大力推动下，随着国内证券行业在业务水平和风险控制能力上的不断提高，证券公司集合资产管理业务将进入新的发展阶段。

（二）拓宽了证券公司和商业银行的业务范围，提供了新的利润增长点

证券公司集合资产管理业务规模的不断增长拓宽了证券公司和商业银行的业务范围，提供了新的利润增长点。从证券公司看，自2005～2009年末，参与发行和管理集合资产管理计划的证券公司已从最初的3家发展到目前的32家，其中既有大型综合类证券公司，也有中小型证券公司，除业绩报酬外，从管理费情况看，按照限定类0.8%的管理费率、非限定类1.5%的管理费率计算，证券公司固定的管理费收入合计就有近15亿元；此外，证券公司以自有资金参与集合资产管理计划的那部分收益也成为了证券公司新的利润增长点。从商业银行看，截至2009年末，累计发行的80期集合资产管理计划分别托管在11家商业银行，而2005年参与集合资产管理计划托管的银行只有2家。同时，在经历了2008年公募基金发行困境的阶段后，更多的商业银行，尤其是股份制商业银行，将集合资产管理计划作为了托管资产的突破口，证券公司与商业银行在此领域的合作有拓深的趋势。

但我们也看到，证券公司集合资产管理业务也面临困境，对内，由于其规模有限，对证券公司整体收入贡献不大，业务影响力和关注度可能被边缘化；对外，受到证券投资基金“一对多”、银行理财产品以及保险产品等多方位同类产品的竞争，原有的私募证券投资专属优势存在被侵蚀的可能性。

（三）得益于政策支持，集合资产管理计划的投资人和投资渠道不断丰富

从一级市场看，2008年7月1日，《证券公司集合资产管理业务实施细则》生效。与试点期间的规定相比，该细则并未对开展集合资产管理业务的证券公司类型加以限制。随后的2009年3月，证监会首次批准了两家非创新类证券公司成为集合资产管理计划发行人，这意味着该项业务的发行人队伍将不断壮大，相应的投资人范围也随之逐步扩大，集合资产管理计划的市场功能将不断增强。这也是2009年集合资产管理计划的发行规模迅速扩大的重要原因。从二级市场看，2009年7月16日，中国人民银行发布了2009年第11号公告，允许集合资产管理计划进入全国银行间债券市场开展业务。公告规定，证券公司在银行间债券市场从事证券资产管理业务时，应为其设立的各资产管理计划分别开立单独的专用债券账户，各资产管理计划可直接进行债券交易结算，也可以委托银行间债券市场债券结算代理人进行债券交易结算。这项制度安排大大丰富了集合资产管理计划的交易投资品种，拓宽了该产品的投资渠道，提高了产品的流动性，从而为管理人管理产品的成本和流动性等风险提供了有效途径，投资吸引力也随之大大增强。

（四）集合资产管理计划整体规模在我国理财市场的份额依然较小，市场影响力有限

自2005年第一期证券公司集合资产管理计划正式成立以来，经历5年多的时间，证券公司集合资产管理业务迎来了前所未有的快速发展阶段。但与国内的证券投资基金、银行理财产品和保险产品相比，无论是总体规模还是单一产品规模依然偏小。从2009年度看，集合资产管理计划共发行46期，募集资金量632亿元，平均单个计划的募集资金量仅为13.7亿元；而同期证券投资基金共发行120只，募集资金量3882.5亿元，是同期集合资产管理计划的5.1倍，平均单个基金的募集资金量为32.4亿元；银行理财产品发行6662期，募集资金量达3.2万亿元，是同期集合资产管理计划的50.6倍。可以看出，相对于其他理财产品，证券公司集合资产管理计划的总体规模尚小，市场影响力较为局限，其功能有待进一步拓展。

（五）需重点关注的两方面问题

第一是规模尚小，功能贡献度低。违规的资产管理业务曾经是造成证券公司大面积系统风险的主要原因，之前证券公司综合治理的重点就是资产管理业务。有鉴于此，虽然目前集合资产管理业务诸方面情况已有很大改善，但监管部门在审批中十分审慎，2007年3～7月，受多方面因素影响，监管部门一度暂停受理申报。此外，集合资产管理业务不能宣传推广、门槛较高、缺乏电子合同和稳定的机构投资者基础也是影响其规模发展的重要原因。

相对于银行等其他金融机构发行的理财产品来说，集合资产管理计划总体规模依然较小，无法形成规模效应，直接降低了该项业务的功能贡献度。集合资产管理计划在销售过程中不能宣传推广、投资者门槛高、缺乏电子合同和稳定的机构投资者基础是影响其规模发展的重要原因。

第二是信息披露。主要表现在以下四个方面：一是及时性，对于集合资产管理计划的临时报告没有相关时限要求，只规定了应“及时”披露，这种笼统性的要求可能在产品出现问题时引起纠纷。二是准确性，关于产品相关指标的概念、计算公式等编报规则在相关法规中没有明确，影响了信息数据的准确性。三是完整性，已发布的产品报告中关于份额变化情况、分红情况、所持证券的数量等信息的披露程度不一，导致了相关信息披露的不充分。四是规范性，在信息披露的内容、格式以及时间上不统一，缺乏规范性。

四、政策性建议

（一）优化生态环境，推动集合资产管理业务的健康持续发展

一项业务的健康持续发展需要适宜的生态环境，包括制度、市场、人才等各方面的配合。目前，应进一步加快对符合要求集合资产管理计划的审批速度，扩大发行人范围，制定证券公司集合资产管理业务的激励机制，健全对证券公司的问责和处罚机制，为证券公司集合资产管理业务的正常运行创造良好的制度环境。另一方面，证券公司自身必须严格执行有关监管规定，制定完整的业务操作规范，建立健全风险控制机制，以共同创造集合资产管理业务的新契机。

（二）进一步规范信息披露制度

结合集合资产管理计划自身特点，制定专门针对集合资产管理计划的信息披露实施细则，制定信息披露内容与格式的编制标准，统一相关指标的计算公式、统计口径等披露要求，强化对违规信息披露行为的责任追究和惩罚机制，以进一步提高信息披露质量，切实保护投资者权益。

（三）大力推行电子合同文本、丰富机构投资者类型

投资人参与集合资产管理计划必需签订三方合同，一直以来使用的纸质合同在签订、回收和保管等环节非常繁琐，限制了集合理财产品的发行规模。而电子合同不仅能降低成本，提高效率，也使得证券公司资产管理业务正规化，消除其服务的后顾之忧。目前电子合同已经开始启动，但推行速度有待提高。

此外，应进一步丰富社保基金、企业年金等机构投资者的资产管理人范围，为集合资产管理计划建立稳定的机构投资者基础，以推动该项业务的持续健康发展。

信托公司信托理财产品市场运行分析报告

一、运行情况

（一）发行规模

2009 年，13 家样本信托公司①新增集合资金信托计划较去年同期有大幅增长，单一资金信托计划规模小幅下降。截至 2009 年末，共设立集合资金信托计划 387 只，同比增长 30%，募集资金 832 亿元，同比增长 52 %。共设立单一资金信托计划 1505 只，同比减少 26%，募集金额 4073. 8 亿元，同比减少 20 %。

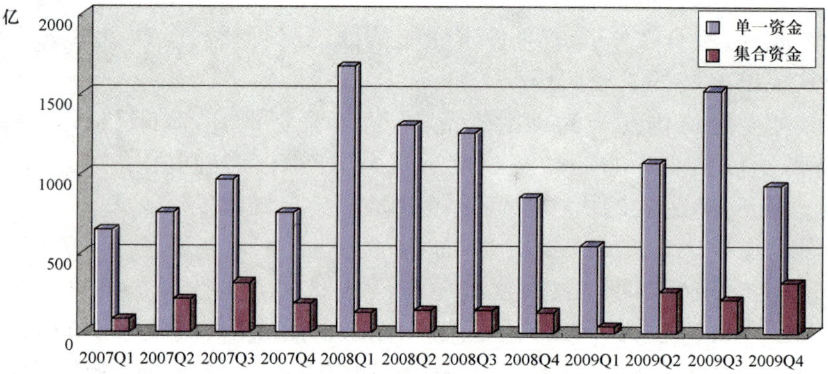

图 1－3－1　信托理财产品募集资金规模

（二）产品期限

随着经济形势的好转，金融市场出现反弹，投资者的投资意愿有所增强，信托理财计划期限较有所延长。全年发行的信托计划中，单一资金信托计划平均期限为 1. 91 年，比上年同期增长 1. 14 年，集合资金信托计划平均期限为 2. 67 年，比上年同期的 1. 25 年增长 1. 42 年。

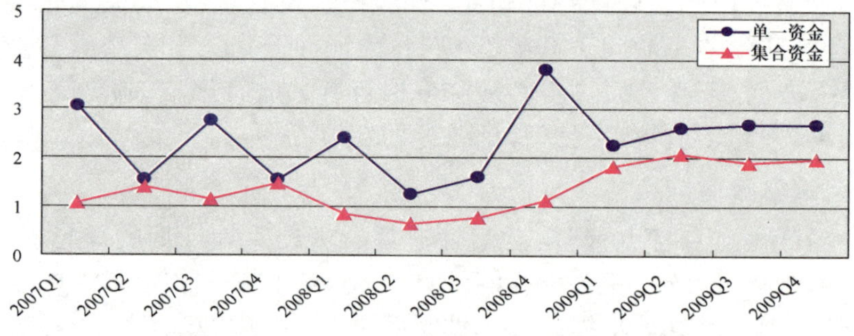

图 1－3－2　信托理财产品平均期限走势

（三）预期收益率

2009 年，集合资金信托平均预期收益率为 7. 2%，单一资金信托计划平均预期收益率为 4. 65%。

① 13 家信托公司分别是：中信信托、中诚信托、平安信托、北京国投、华宝信托、上海国投、中国外贸信托、华润深圳国投、天津信托、吉林信托、山东信托、重庆信托和江苏信托。

上半年，在宽松的货币政策作用下，信托理财产品的预期收益率随之下降。到第 3 季度，由于商业银行新增贷款放缓，市场对信贷增量能否继续维持快速增长存有疑虑，通过信托理财产品融资的利率水平开始上升。

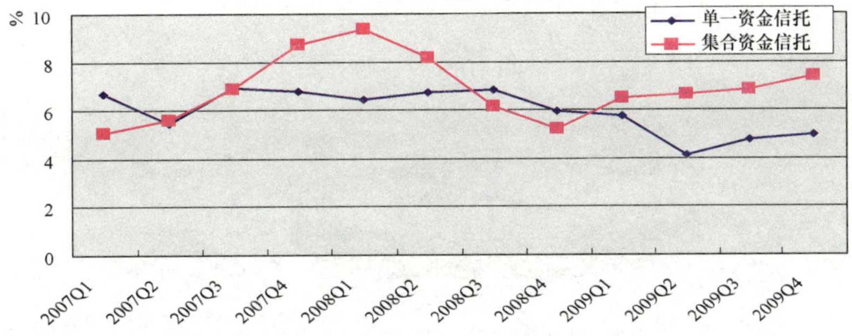

图 1－3－3　信托理财产品预期收益率走势

第 3 季度开始，发行的单一资金信托平均预期收益率结束了 3 个季度的下降趋势，开始呈现回升势头（图 3），当季为 4.77%，较 2 季度上升 55 个基点，第 4 季度攀升至 4.98%。集合资金信托产品的预期收益率则在第 2 季度就提前出现回升状态，第 3 季度的加权平均收益率为 6.83%，比 2 季度上升了 16 个基点。第 4 季度攀升至 7.37%。

（四）资金运用结构

2009 年，信托理财产品的资金运用方式主要是贷款，与 2008 年相比，信贷资产转让和组合投资等投资方式增长较快。

单一资金信托的运用方式主要是贷款、信贷资产转让、组合投资、股权投资，对应规模分别是 1871.7 亿、602.3 亿、585.9 亿和 462.7 亿，占比分别为 48%、16%、15% 和 12%。与 2008 年相比，贷款类产品的比例上升了 6.6%，信贷资产转让类产品上升了 8.6%，组合投资类产品上升了 14%，证券类产品则下降了 25%。

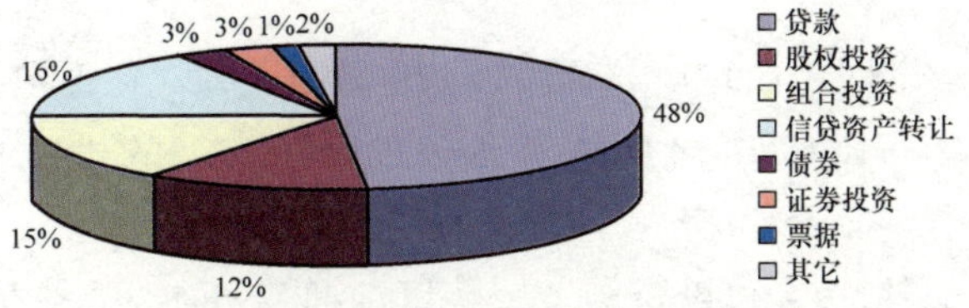

图 1－3－4　单一资金信托计划资金运用方式分布

集合资金信托的运用方式主要是证券投资（图 5），全年发行证券类信托集合计划规模为 442.7 亿元，占集合资金信托计划总量的 53%，同比增长 25%，其余为贷款、股权投资和组合投资。其中组合类产品大幅增长，全年成立 23 只，募集金额 108 亿，而上年同期没有成立同类产品；股权投资类产品占比为 15%，同比上升了 2%；贷款类产品的比例同比下降 13%。

（五）行业投向结构

单一资金信托计划主要投向金融业、基础设施、工商企业和房地产（图 6），资金投向规模分别为 1510 亿元、1367 亿元、851 亿元和 340 亿元。

投向房地产业与基础设施的单一资金信托计划实现正增长，同比分别增长了 67% 和 38%。投向金

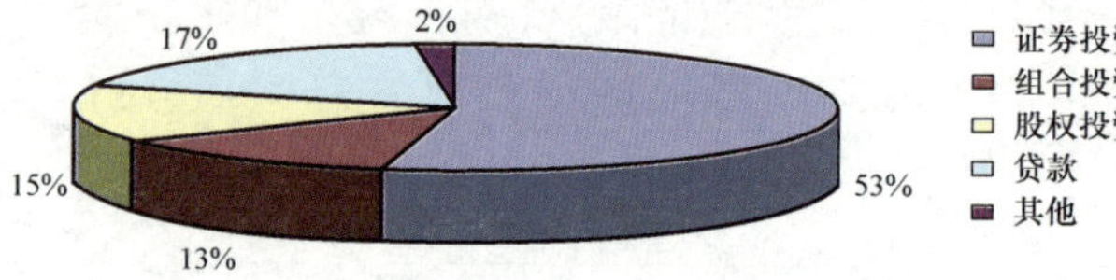

图 1-3-5　集合资金信托计划运用方式分布

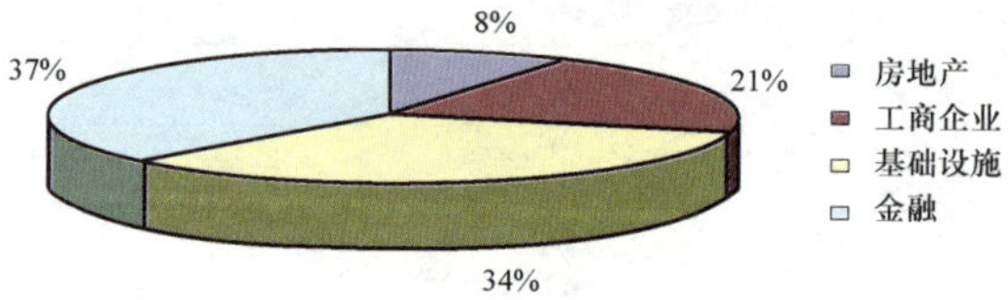

图 1-3-6　单一资金行业投向分布

融与工商企业类的单一资金信托计划同比分别下降了 45% 和 10.5%。

集合资金信托计划主要投向金融与房地产，其余依次为基础设施工和商企业（图 7）。其中投向金融业的规模为 488 亿，同比增长 69%；投向房地产的资金规模为 215 亿，同比增长 40%；投向基础设施和工商企业分别为 62.5 亿和 60 亿，同比分别增长 101% 和 58%。

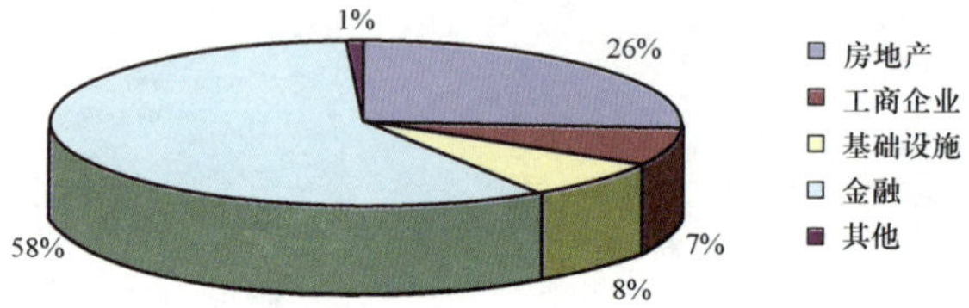

图 1-3-7　集合资金信托行业投向分布

二、运行主要特点

（一）业务创新呈现良性态势

2009 年信托公司紧跟市场需求，在理财产品的创新上做文章，主要包括投资领域、服务对象创新，同时对企业年金、QDII、TOT（Trust of Trust）信托等业务进行了有益的尝试和探索。

1. 并购融资及产权交易市场基金创新

信托公司的一大优势在于其广泛的投资领域，是目前唯一准许同时在资本市场、货币市场和实业领域投资的金融机构。以中信信托发行了创新型产品“中信乾景－汇联产权交易市场投资基金”为例，主要为有超额抵/质押资产担保①的、在国内产权交易所（重点选择北京、上海、天津和重庆四大产权交易所）进行交易的项目提供过桥融资，以及投资于在上述产权交易所挂牌或重点推荐的优质项目；次要投向有价值、易变现的超额抵/质押资产担保（抵/质押率原则上不高于 30%）的优质融资项目等。

2. 中小企业融资服务

中小企业融资一直是一个难题，中信同盈 2 号基金集合资金信托计划在这方面作了探索。该计划信托期限为 3 年，优先级信托受益人预期年收益率为 10%，所募集资金主要运用于向中小企业及其他符合条件的企业发放中短期贷款的债权投资、符合特定条件的股权投资、收购兼并、收购处置不良资产或者其他形式的权益投资。闲置资金可用于银行存款、货币市场短期投资、信贷资产买卖、证券一级市

① 保证金不低于 50% 比例或抵/质押率不高于 30%。

场申购、债券投资以及其他低风险且收益稳定的有价证券投资。

3. 企业年金管理

信托公司在巩固传统业务的同时，开始在企业年金管理方面进行有序开拓。目前，中信信托发起的日本瑞穗企业年金信托项目和深圳康泰年金项目，管理规模分别为424万和221万。由平安信托发行的“招行福瑞一生分红型集合资金信托”和山东信托发行的“首联鑫河1号证券投资集合资金信托计划”，均投资于证券市场，规模分别达到8700万和7500万。

4. TOT 产品创新

2009年4月，平安信托推出国内首支TOT(Trust of Trust)——产品“平安财富＊东海盛世1号”，投资于多个具有不同操作风格和投资理念的证券投资资金信托计划，所选择的核心私募池包括星石、从容、汇利、金中和、涌金、朱雀和武当等私募机构。相对目前确定资金投向的信托产品而言，TOT能够扩大投资顾问选择范围，分散投资到不同的私募信托产品，实现投资顾问的组合，增强产品的抗风险能力，有利于提高风险调整后的收益水平，具有多方面的优势。最重要的是实际上TOT可以成为一个无限期的开放性的信托，而子信托的期限可以是短期的，这样在时间上形成了信托计划的多重时间结构，有利于信托公司加强主动管理角色，更有利于资金信托计划规模的做大。

（二）贷款类产品发行规模创新高

贷款类信托计划主要集中在单一资金信托计划，主要的委托方是商业银行，商业银行通过发理财产品募集资金，继而通过信托渠道对客户发放贷款。

3季度，贷款类信托计划共募集资金805.1亿元，创造了近2年来的最新纪录(图8)。由于商业银行的资本约束以及风险控制的要求，贷款增速在下半年开始减缓，于是一部分贷款需求转移到信托理财市场，造成了贷款类信托产品的快速增长。

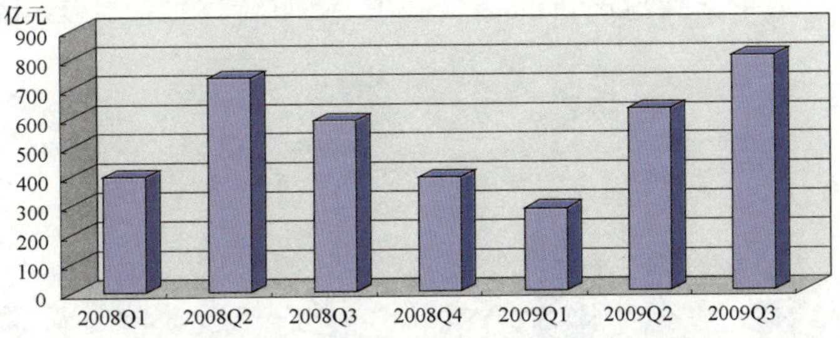

图1－3－8　贷款类产品发行规模变化

从资金信托的规模来看，最大的信托合同是贷款类产品，规模达到100亿元，从规模排名前十大信托计划来看，有6只是贷款类产品(表1－3－1)。

表1－3－1　资金信托计划规模前十

公司名称	信托计划名称	金额	预期收益率	资金投向	运用方式
华宝信托	2009ZX023－信托贷款资金信托合同	1000000	0.00%	交通运输、仓储和邮政业	贷款
外贸信托	招行开放式固定收益类投资单一资金信托	692110		其他	组合投资
中诚信托	2009年廊坊市城乡基础设施投资单一信托	600000	6.50%	基础设施	股权投资
华宝信托	2009信贷资产转让1号资金信托合同	371330	0.00%	金融业	信贷资产转让

续表

公司名称	信托计划名称	金额	预期收益率	资金投向	运用方式
华宝信托	2009011202026 - 信贷资产1号资金信托合同	324219	0.00%	金融业	信贷资产转让
华宝信托	2009011202005 - 信托贷款合同1	300000	0.00%	制造业	贷款
中诚信托	2009年农行理财大唐发电单一信托	300000		工商企业	贷款
北京国投	北京8代线液晶显示项目单一资金信托	300000	5.10%	工商企业	股权投资
中诚信托	中行理财河北分行信贷资产单一信托	294000		金融业	信贷资产转让
华宝信托	2009011202014 - 组合投资资金信托合同	283245	0.00%	金融业	组合投资

（三）资金快速流向基础设施产业

全年投向基础设施类的信托计划有321只，金额为1367.4亿元，同比增长43.8%（图9）。投向基础设施产业的信托资金快速增长的主要原因是基础设施建设项目大量开工而带来的融资需求。自中央提出4万亿刺激经济计划后，各地方政府迅速实行在高速公路、铁路、轨道交通以及电力、能源等基础设施项目投资建设。尽管商业银行大幅增加贷款规模，但是由于基础设施项目规模大、资金需求量大且建设周期长的特点，仍不能完全满足项目的资金需求，从而转移到信托渠道进行融资。

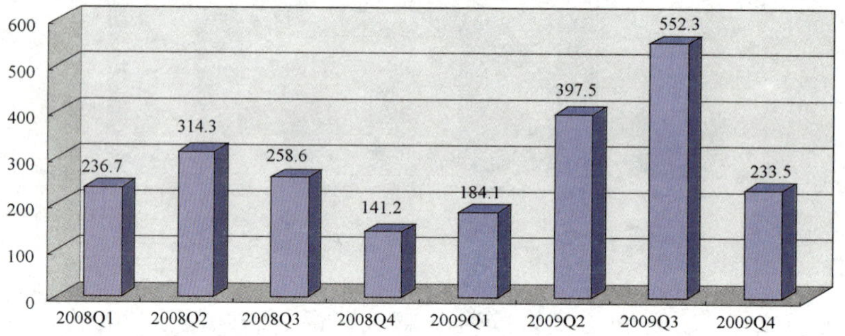

图1-3-9　基础设施类信托产品快速增长

（四）证券投资类产品开始反弹

受次贷危机影响，证券类信托计划发行总量相对上年同期呈现巨幅萎缩。截至12月底，全年发行证券投资类信托产品的规模共计546.7亿元，同比下降65%。随着A股市场的反弹，投资者信心得到一定程度提升，证券类产品在第2季度开始出现反弹（图10）。以中信信托为例，第2季度发行的集合资金产品全部是证券投资类，中信信托稳健理财项目2期集合资金信托计划还创下单只证券类产品超过80亿元的纪录。第4季度发行的证券类产品达到194亿元，是第一季度的8.7倍。

在市场行情上升驱动下，私募基金得到快速发展。全年与私募基金合作的产品有138只，金额111.7亿元，占证券投资类产品的31.7%。以11月为例，全国有9只阳光私募产品发行，武当、淡水泉、

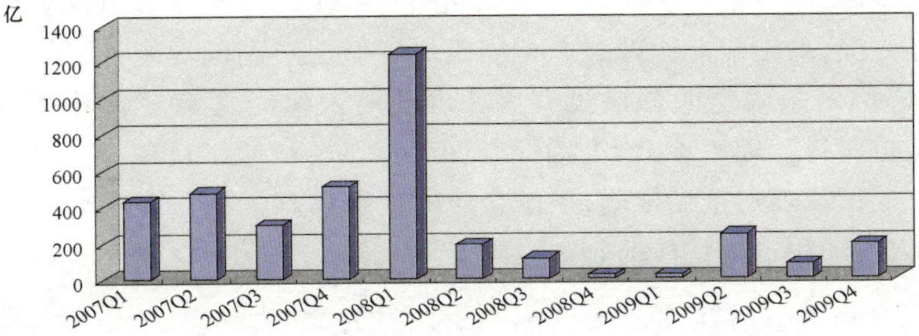

图 1－3－10　证券类产品发行规模变化

涌金、朱雀、远策等私募基金均有产品成立。截至年末，淡水泉私募基金管理的基金达到 9 只，武当和朱雀等基金分别为 16 只和 11 只。

三、需关注的重点问题

（一）行业结构趋于集中，市场发展不平衡

一是资金信托类型不平衡，单一资金信托占主导地位。13 家样本公司设立的所有信托理财产品市场募集金额 4906 亿元，其中单一资金信托占比达到 83%。

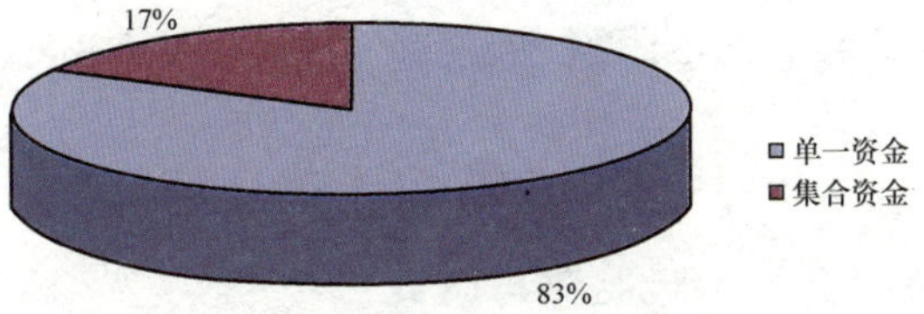

图 1－3－11　资金信托类型分布

二是前几家信托公司的业务规模占绝大比重。由于各家公司的资本规模及业务能力不均衡，信托资产集中于小数机构。以集合资金信托为例，中信信托一家的新增规模为 323 亿，占样本公司总规模的 39%。三是产品同质化现象严重，主要集中于贷款类产品。信托理财市场缺乏层次化和差异化，难以满足投资者的个性化和多样化需求。

（二）地方政府通过信托平台融资项目的风险监测有待加强

目前，地方政府的投资活动主要集中在基础设施产业，其融资渠道来自于各方面，以银行贷款为主，也包含信托融资。资金需求缺口显而易见，许多地方成立带有政府背景的城建投资公司，以其为平台进行融资。融资方式以信托贷款为主，还包括信贷资产转让、股权投资等形式。此类信托产品的风险主要在于：一是产品的存续周期长，存在政府换届等各种不确定因素；二是存在地方政府的负债率持续上升、财政收入压力以及隐性担保等偿债风险；三是经济形势有所好转，但是并不稳固，境内外部各种不利因素仍然存在。

（三）银信合作面临新局面

商业银行与信托公司两者各具优势，银行主要有客户资源和资金优势，信托公司则具有制度优势，可以投资于多种渠道。当前的现状是，信托公司大量业务属于“通道型”业务，这种业务主要是通过银信合作模式进行操作，信托公司的管理职能没有体现出来。截至 12 月底，通过银信合作模式发行的信托计划规模达到 3625 亿元，占单一资金信托计划的 89.9%。

银监会于年底前下发了《中国银监会关于进一步规范银信合作有关事项的通知》，要求以保护有关

当事人的合法权益为基础,引导信托公司以受人之托、代人理财为本发展自主管理类信托业务。在涉及投资于权益类产品方面,对银信合作理财产品的投资者做出更高的要求,必须符合《信托公司集合资金信托计划管理办法》第六条确定的合格投资者标准。对银信间真实贷款转让也做出了更严格的界定。要求信托公司亲自履行管理职责,禁止将资产管理职能转交给银行或第三方。新的规定出台将在一定程度上改变现有的信托理财市场格局,银信合作的现有模式受到一定冲击。

(四) 商业银行通过信贷资产转让规避资本约束

2009年样本信托公司成立信贷资产转让类信托计划的规模为602亿,占单一资金信托计划总和的16%,仅次于贷款类产品①。信贷资产类产品快速增长的原因主要有:一是银行为了满足自身发行理财产品增长的需求,通过成立信托计划对接,并受让信贷资产作为投资标的;二是贷款客户的实际需求;三是银行为了改善资产负债状况,更多的发放贷款,应对资本金监管的要求。此类产品的快速增长带来的影响是:一方面,造成全社会贷款规模的快速膨胀;另一方面,贷款资产从商业银行的表内转移到表外,信用风险未受贷款损失拨备覆盖。

(五) 股权收益权类集合产品的融资风险值得关注

随着证券市场在过去一年内的逐步回暖,股权收益权类集合产品开始逐渐涌现。此类产品尚不是真正的股权投资类产品,主要是以处在限售期的股权进行质押融资,一般来说,平均年收益率在7%左右,质押率在30%左右,并设定了补仓条款以及回购条款。由于此类产品是集合类产品,涉及面广,面临证券市场风险和信用风险等多重不确定因素,当产品达到一定规模时,潜在的风险也逐渐凸现。

四、政策性建议

(一) 加强对地方政府融资平台的风险监测与研究

应加强对地方政府通过信托融资平台投资于基础设施项目的风险监测与控制,切实防范金融风险,维护金融稳定。首先,从整体上对地方政府融资平台(包括信托融资平台)分别进行总量监测、区域监测和结构性监测。其次,相关监管部门应强化对信托公司此类业务的风险管理指引。此外,可以开始着手研究地方政府融资平台的贷款风险转移问题。

(二) 信托公司应该提高自我创新能力

信托公司要不仅加大产品研发和创新的力度,变被动经营为主动经营,还要提高资产管理的能力,提高交易的安全性和合理性,进一步深化银信合作,适应新的市场需求和监管环境。

(三) 加强对股权收益权类信托计划的风险管理

要加强对股权收益权信托计划的风险管理,首先,管理部门从整体上对该类产品进行动态监测,并评估风险;其次,加强对信托公司开展股权收益权类信托计划的风险指引,强化风险管理和风险控制程序;最后,信托公司要从优化产品的结构设计、售前风险提示和运行中的信息披露工作等方面降低运营风险。

① 不包括通过组合投资放入资产池的信贷资产。

专题篇

商业银行理财业务运作发展研究

一、我国商业银行理财业务的发展

（一）理财业务规模迅速增长

我国银行理财业务近年来展示出爆发式增长态势，显示出了旺盛的市场需求。2005～2008 年，我国境内银行机构发售理财产品规模分别为 2000 亿、4046 亿、8190 亿和 37000 亿元，年度增长率分别为 292%、105%、100% 和 352%。法国安盛保险集团 2008 年初的一项调查报告显示，未来 10 年我国个人理财市场将以年均 30% 的速度增长，大约 40% 的私人客户将持有 4 种以上的金融理财产品，中国的个人理财市场将成为继美国、日本和德国之后极具潜力的国家，各家商业银行将以各具特色的理财服务和产品吸引各类投资人的关注，中国理财市场的迅速发展将快速改变中国银行业在全球理财业务市场的竞争地位。

（二）理财产品发售数量及产品品牌快速增长

我国商业银行理财产品发售数量快速增长。2005、2006 年，我国商业银行分别发行了 593 和 1158 款理财产品。2007 年共发行 2404 款理财产品，平均每月发行 200 款左右；2008 年共发行了 5846 款理财产品，平均每月发行近 500 款，相当于每天有 16 款理财产品面世（不包括滚动发行超短期理财产品），理财产品发行量连续 3 年实现了 100% 以上的增长。各行理财产品品牌建设步伐不断加快，工商银行“稳得利”、“珠联币合”、“汇财通”、“灵通快线”，招商银行“金葵花”理财，建设银行“利得赢”、“汇得赢”、“大丰收”、“财富系列”，中国银行“搏．弈理财”、“汇聚宝”，农业银行“汇利丰”、“本利丰”，光大银行“阳光理财”，民生银行“非凡理财”等，均具有较广泛的市场影响，理财业务品牌价值快速增长。

（三）理财业务监管体系不断完善

自 2005 年 9 月以来，银监会相继制定发布了《商业银行个人理财业务管理暂行办法》、《商业银行个人理财办法专业指引》、《商业银行代客境外理财业务管理暂行办法》、《银行与信托公司业务合作指引》、《关于进一步规范商业银行个人理财业务有关问题的通知》、《中国银行业监督管理委员会办公厅关于商业银行开展个人理财业务风险提示的通知》等一系列文件，有效规范了商业银行理财业务的发展，理财业务的监管体系不断完善，各行制度及内控建设步伐迅速加快。

（四）理财业务市场竞争日益激烈

理财业务是目前中外资银行激烈竞争的重点业务之一。2006 年 12 月《外资银行管理条例》正式发布实施后，外资银行全面参与中国银行业竞争，并凭借结构性产品开发的技术优势及理财业务发展的丰富经验，不断开拓竞争高端客户理财业务市场。理财业务也是中资银行相互激烈竞争的重点业务之一，各行纷纷采取将理财产品销售额纳入存款考核体系、制订专门的理财产品销售奖励政策等措施，强化理财业务的竞争能力，并不断创新开发具有市场竞争优势的理财产品，使理财业务的市场竞争日益激烈。

二、商业银行综合理财业务运作及其风险管理

（一）商业银行综合理财业务运作

综合理财业务运作包括产品设计、产品发行、投资管理、损益分配等四个环节，通过信用“错配”、期限“错配”和市场“错配”进行产品开发并相应管理“错配”风险，是理财业务创新发展的基本思路。

1. 产品设计

1）通过信用“错配”，设计信用资产投资类理财产品。信用“错配”即商业银行利用信用风险评估管理的技术优势和专业经验，选择信用资产并进行专业化管理从而降低整体投资风险，为客户创造可投资的低风险产品。具体产品设计中，一是凭借商业银行信用债评估管理的技术优势和专业经验，通过对信用债（包括中期票据、短期融资券、公司债、信贷资产支持证券等）进行（发行人）尽职调查、（债券）信用评级及投资授信等，精心选择适合投资的信用债券并相应设计合理的品种和期限结构，进行专业化的资产组合管理及投后风险监测管理，显著降低信用债投资风险，开发出适合普通客户投资的风险较低的信用债投资型理财产品；二是凭借商业银行信贷管理的技术优势和专业经验，通过对借款人尽职调查、信用评估、授信（客户项评估）和贷款方式（包括保证形式）的风险评估（债项评估），并通过提供银行备用贷款等增信方式，降低信托贷款资产的投资风险，开发信贷资产投资型理财产品；三是利用商业银行了解上市公司资信及财务状况、具有专业化投资管理能力的技术优势，通过集合客户资金进行新股申购或者精选股票基金组合方式等，开发资本市场投资类理财产品；四是运用产品风险分级及对冲管理技术，按照偿付次序将产品分为“优先级”与“次级”，普通投资人投资“优先级”产品，银行合作机构或具有较高风险承受能力的特定机构投资人投资“次级”产品，降低普遍投资人的投资风险，开发出其他类型风险资产投资型理财产品。通过信用“错配”开发理财产品，避免了理财产品投资人直接面对高风险信用债、贷款、股票等资产的投资风险，也解决了客户直接投资这些信用资产时面临的信用债品种选择、期限安排、借款企业资信评估、投后监测等方面的现实困难，在提高客户投资便捷性的同时显著降低投资风险。银行作为理财资金的投资管理人，运用信用风险评估管理的技术优势和专业经验，精心选择高风险信用债券、贷款、股票等资产，向客户发售经过银行进行信用风险管理及信用增级的低风险产品，实现了信用“错配”，既为客户创造了适宜投资的产品种类，自身也获取了风险管理收益。

2）通过期限“错配”，设计期限结构多样、赎回安排灵活的滚动发行理财产品。商业银行发售给客户的滚动发行理财产品投资对象包括国债、央票、银行承兑汇票、公司债、信贷资产支持证券、优质信托贷款等多种金融工具，为了提高投资收益水平，投资工具以1年以上的中长期产品居多。银行依靠投资组合管理的技术优势和专业经验，适当安排备付现金、低风险投资工具、高风险投资工具的比例（目前工商银行“灵通快线”滚动发行理财产品投资结构为现金、低风险债券、高风险信托贷款各占1/3），就可以开发出期限结构丰富的理财产品。工商银行目前已开发出了包括7天、14天、28天滚动发行（客户如不赎回则自动转入下期投资）、“T+0”赎回的超短期理财产品。运用期限“错配”技术进行资产组合管理，既满足了客户的灵活赎回需求，提高了产品流动性，又保证了产品收益水平和市场竞争力。运用期限“错配”技术设计理财产品时，银行承担并管理产品的流动性风险，为客户及自身创造了风险收益。

3）通过市场“错配”，设计套利交易型理财产品。商业银行具有丰富的市场交易经验，可以寻求并利用不同货币利率、汇率之间及不同交易类型（即、远、掉期交易）间的市场套利机会，开发套利交易型理财产品。具体操作中，一是利用人民币即、远、掉期交易市场的套利机会，开发人民币套利交易型理财产品；二是利用人民币与澳元、美元等存在较大利率差的机会，通过即远期货币掉期交易锁定掉期汇率后套取不同货币间的利率差，实现无风险套利。工商银行自2008年以来积极寻找人民币与美元、美

元与澳元等不同货币间的套利机会，设计并推出了多款套利交易型外币代客理财产品，迄今已发行了6期（发行量近17亿元）套利交易型理财产品，客户收益率都在3%以上（最高一期3个月产品收益率达到7%），取得了良好的市场效果。

2. 产品发行

理财产品发行要实现“将合适的产品推荐给合适的客户”的目标，需要全面披露产品风险、审慎评测客户风险承受能力、规范产品营销行为并积极进行客户经理教育。

1）严格披露产品风险。《产品说明书》首页显著位置要列明预期收益的测算依据，详细提示产品风险；在风险揭示条款，要详细进行各种情况下产品收益和风险的情景分析，充分揭示最不利的投资情况，并对各种条件下产品收益风险情况进行举例说明。

2）客户风险评测。2008年工商银行投产了个人客户风险评估系统，根据个人客户财务状况、投资目的、投资经验、风险偏好、风险认知度、风险承受能力、投资预期等多项内容，风险评估系统可以自动对客户进行风险评级（分为保守型、稳健型、平衡型、成长型、进取型五种类型），并在系统中保存各项客户信息。凡未经过风险评估的客户，银行在销售理财产品时首先对其进行风险提示，并对其交易行为进行限制；各产品均设定投资客户类别并相应进行产品推荐，努力“向合适的客户推荐合适的产品”。

3）规范产品营销。理财产品营销过程中，客户经理必须以通俗易懂的语言向客户详细解释产品面临的各类风险，不得向风险属性不匹配的投资人推介产品；工商银行明确要求对非固定收益类理财产品，不得使用“预期收益率”或“最高收益率”的描述；对非保本类产品，不得做出任何本金及收益的保证承诺。

4）强化从业人员管理。从2008年6月1日起，工商银行全面实行理财业务从业人员持证上岗制度，未获得个人理财业务资格认证的人员将不得销售理财产品。同时，工商银行还建立了理财业务人员的处罚和退出机制，对发生多次或较严重误导销售的业务人员，取消其从业资格，并追究管理人员的责任。

3. 投资管理

理财产品发行结束后，银行将按照产品说明书的约定选择投资工具，制订严格的投资审批流程及信用资产风险评估流程，积极分析市场走势并确定投资策略与方案。

1）严格按照产品约定投资。银行理财产品均要严格按照产品说明书约定的投资范围，选择优质投资工具进行投资组合管理；产品投资必须兼顾客户收益要求与赎回需求，寻求安全性、盈利性和流动性的统一。

2）制订严格的投资审批流程。银行理财产品开发过程中必须相应制订投资管理办法（明确投资管理流程）和相关产品投资指引（明确产品投资工具选择及投资组合管理要求），明确投资审批权限。银行内部设立投资决策委员会定期审议各产品线的投资报告，制定各项资产配置的战略和策略，投资交易人员根据投资决策委员会决议和市场变化选择投资品、确定买卖价位、时机和技巧等。

3）分析市场走势并确定主权债投资策略。银行通过研究分析银行间市场债券发行利率、二级市场收益率及资金拆放、回购利率变化，制订主权债投资策略与方案，确定主权债投资品种、期限并进行审批，根据市场利率变化寻求套利交易机会。

4）建立严格的信用资产评估流程及投后管理制度。贷款、信用债等信用资产投资前，必须由银行专门部门进行尽职调查、风险评级及投资授信，并按照贷款、信用债审批流程进行严格的投前审批。理财资金投资人员根据投资审批意见确认前提条件是否落实，并相应进行投资管理。投资后银行相关部门相应进行借款人、发行人风险监控及抵押品、担保人资信监测，积极进行投后管理和风险处置。

4. 核算分配

理财资金由第三方托管且必须独立核算，由银行清算部门与托管行进行双边记账及估值核对，及时进行审计检查并严格按照产品说明书约定进行损益分配。

1）第三方托管。银行理财资金均由第三方托管核算，托管行负责理财产品日常资金清算、证券结算、账务核算等，并对理财资产管理人（银行）的投资及资金划拨行为进行审核及监督。

2）产品独立核算。每个理财产品独立记帐、单独核算，托管行与理财资产管理人（银行）对每个理财产品建立独立的资产池，分别出具会计报表，避免资产池之间的垫款及资金侵占。

3）双边记帐和估值核对。理财产品日常估值由托管行及银行清算部门共同完成，双方按照相同的会计准则及约定的估值方法，分别进行独立核算，对于资产池的账务处理及核算双方必须核对一致，相互监督，保证估值、核算、账务处理、收益分配的准确性。

4）审计检查。理财产品运作及产品结束后，都接受内、外部审计机构进行的检查与审计，接受监管机构的监督、检查。

5）严格按产品说明书进行损益分配。理财产品客户端损益分配严格按照产品说明书的约定进行，固定收益类产品按年或按季分批下划产品收益，类基金产品、QDII 产品、新股申购类产品“开放日”客户可按照银行公布资产净值选择赎回，银行在“支付日”按约定兑付客户本金及投资收益。

6）及时披露。工行理财产品投资、收益等需要公布的事项都通过银行网站、销售网点公告及定向告知等方式，对投资者进行信息披露。对影响理财资产变化的重大事项银行将及时披露，使客户及时了解所投资产品收益及资产净值变化情况，确保客户的知情权。

（二）商业银行综合理财业务风险管理

1. 建立有效的理财业务风险管理体系

建立有效的理财业务风险管理体系，实现自营业务与理财业务、表内理财业务与表外理财业务、前中后台业务的有效分离及协同运作，是综合理财业务有效风险管理的前提。工商银行自 2006 年以来积极建立有效的理财业务风险管理体系，取得了较明显的成效。

1）自营业务与资产管理业务有效隔离。2006 年工商银行组建金融市场部后，部内下设“自营业务部”和“资产管理部”两个二级部，确保自营业务与资产管理业务（代客理财业务）在制度、人员、机构、系统和空间等方面实现完全的风险隔离，自营业务和资产管理业务设立不同的风险报告路线。目前正在制订自营业务部与资产管理部分设为金融市场一部、二部的方案，将进一步实现自营业务与资产管理业务的有效隔离。

2）表内理财业务与表外理财有效分离。表外理财业务是以客户名义进行投资管理、银行收取管理费用但不承担投资风险的业务，按照现行的会计准则在银行资产负债表外单设账务核算体系，对每只理财产品单独建账、独立核算，单独编制财务会计报告。表内理财产品则视为银行特殊负债，在银行资产负债表内核算，两类产品的会计核算和业务运作有效分离。

3）前中后台有效隔离和分工协作。总行个人金融业务部、结算与现金管理部、公司业务一部等作为理财的前台营销部门，负责理财产品的营销、推广及产品后评价；金融市场部作为理财产品设计及理财资金投资运作部门，负责产品设计、投资、损益分配；风险管理部等部门发挥风险管理等相关职能，逐月向高管层和风险管理委员会上报理财业务风险报告。清算中心作为后台清算部门，负责资金清算汇划、产品估值核对等。

2. 强化流动性风险、利率风险和信用风险管理

1）强化流动性风险管理。一是制订滚动发行理财产品流动性管理方案，规定流动性风险监测、处理的流程及相关处室的职责。二是实时监控滚动发行理财产品的日间申赎情况，产品净赎回份额达到

约定警戒点时及时进行风险提示，并相应启动流动性风险管理预案。三是根据产品申赎情况及股票市场变化等适时调整投资组合，动态优化低风险债券、高风险资产、现金储备的比例，保证产品的流动性。

2）强化利率风险管理。一是跟踪研究经济发展形势及货币政策变化，分析预测国债收益率走势、收益率曲线变动、市场波动性走势，研究分析利率产品的相对投资价值，制定资产配置策略。二是根据利率变化动态调整债券品种及组合权重，提高资产池整体收益水平。三是密切关注滚动发行理财产品客户端收益率及投资资产收益率变化，避免出现客户端收益率与投资资产收益率“倒挂”引发利率风险。四是建设理财业务收益和风险分析系统，实现对固定收益类理财产品的收益分析、风险指标分析，增强利率风险管理的主动性。

3）强化信用风险管理。一是建立理财资金投资信用资产的授信、审批流程，强化信用资产投前管理；二是强化信用资产存续期管理，密切关注信用产品发行人、贷款借款人信用评级变化，及时进行信用风险扩大资产/产品的处置；三是强化合作机构及交易对手信用风险管理，制定合作机构及交易对手选择办法并阶段性调整机构名单，避免因合作机构及交易对手信用风险扩大影响产品声誉。

3. 强化合规性风险及操作风险管理

1）强化合规性风险管理。一是严格按照监管要求进行业务、产品报批及报备，并根据“业务发展，制度先行”的原则制定相关业务的管理制度及操作规程，奠定合规性检查及合规性风险管理的基础。二是创新产品均进行严格的法律审查，由法律事务部负责对理财产品交易涉及的协议、合同等法律文本、产品说明书和宣传材料进行合规性审查。三是设立合规性审查专岗进行业务运作合规性的日常审查，对新开发理财产品或业务进行事前风险评价并提出风险控制措施。四是定期提交合规审查情况报告，对风险事项提交《风险提示书》，提示相关人员予以改进。

2）强化操作风险管理。一是强化系统硬控制功能。工商银行“理财产品管理系统”将理财产品的募集成立、投资管理、权限控制、申赎清算、账务核算、收益分配等操作环节纳入系统进行管理，形成一个完整的自动化程度较高的控制系统，对权限管理和操作流程实现事前硬控制，最大限度地降低理财业务操作风险。二是加强日常风险控制，建立差错报告制度及工作日志制度。每日汇总相关业务岗位的差错记录，逐月进行系统检查报告，详细记录所有产品从产品说明书确认阶段至结束后清算的整个过程，并据此进行产品运作监控。三是强化风险教育，增强业务人员的风险意识，及时组织操作风险隐患排查。

三、商业银行理财业务发展的特殊作用

（一）理财业务发展为银行客户提供了投资理财的新选择

投资意识觉醒、理财需求旺盛是目前商业银行优质客户金融消费的重要特点，多样化、具有竞争力的理财产品已成为各行竞争优质客户的重要工具。银行理财产品中发行量最大、余额占比最高的固定收益类理财产品与同期限银行存款比较，收益水平相对较高，期限结构更为丰富，赎回安排更为多样化，为客户提供了投资银行间市场金融工具及其他固定收益类产品的畅通渠道，为暂时没有结算需求的存款客户提供了投资理财的新选择。境内外资本市场投资类理财产品可以更好地满足风险承受能力较强、乐意进行境内外资本市场投资客户的投资需求，提供了集合理财资金进行境外投资的便捷条件，新股申购型产品与个人进行新股申购比较还具有中签率及投资回报高等优点。从风险水平看，银行理财产品设计较为稳健，管理人信誉高，信息披露充分，在市场风险高发时期比股票、基金更具投资价值，成为稳健型投资人的优选产品，更好地满足了银行客户多样化投资理财需求。

（二）理财业务发展推动了商业银行的转型发展

1. 理财业务发展有助于客户资金持续保留在银行服务体系内。在多层次金融市场快速发展、客户投资理财需求日趋旺盛的情况下，开发设计投资范围广泛、期限结构丰富的理财产品，商业银行才能够更好

地满足客户投资理财需求，避免客户资金不断向保险、基金、股票等非银行金融机构产品流失导致的银行资金“脱媒化”，保证客户资金持久保留在银行体系内。从全球银行发展历史看，理财业务是商业银行应对多层次金融市场发展、多类型金融机构竞争导致的“脱媒化”挑战的关键业务。

2. 理财业务发展有助于商业银行优化经营结构。在业务发展中动态优化资产、负债和资本结构，是商业银行可持续发展的重要要求，理财业务在优化银行资产负债结构中具有特殊作用。从优化资产结构的角度看，理财业务是高息存款的“转化器”。1 季度工商银行累计发售银行理财产品 11794. 95 亿元亿元，季末余额 1924. 83 亿元，大多数由本行存款转化而来。如无相应规模理财产品发售，大多将转化为定期存款，进一步推高存款付息率。从优化资本配置结构的角度看，理财业务是银行缓释资本需求的“调节仪”。通过开发信托融资型理财产品，银行优质贷款资产转化为客户投资资产，才能够在满足更多优质客户融资、理财需求的同时，真正缓释银行资本需求。从利率风险管理的角度看，理财业务发展有助于缓释银行存款付息率与债券投资收益率“倒挂”风险。1 季度工行各项存款余额增加 12135 亿元，存款平均付息率约为 1. 87%。目前一年期央票收益率已降到 0. 96% 以下，一年期国债收益率在 0. 96% 左右，我行面临的存款利率与新增债券投资收益率“倒挂”风险较大。理财业务加速发展并发挥高息存款“转化器”、缓释资本需求的“调节仪”的作用，有助于解决当前面临的流动性被动增长和债券投资业务利率风险扩大的现实问题。

3. 理财业务发展有利于提升银行产品创新能力并扩大中间业务收入。理财业务的快速发展迅速提升了银行理财产品创新能力并培养一批理财业务人才，推动了我国理财业的长期发展。理财业务的发展有助于更为审慎地评测了解客户投资理财需求及风险承受能力，提升客户服务品质。理财业务是近年来我国商业银行中收入增长速度最快的中间业务种类，已成为重要的盈利增长来源。2006 ~ 2008 年，工商银行理财业务收入分别为 8. 16 亿、12. 69 亿和 32. 5 亿元，年度增长率分别为 48%、55. 51% 和 156. 11%。始终保持了高速增长的良好态势。

（三）理财业务推动了多层次金融市场发展

1. 银行理财业务发展丰富了中国金融市场的产品种类。目前各行相继创新推出的新股申购型、基金精选型、基金股票双重精选型、信托融资型、票据投资型等多类型人民币理财产品，以及人民币代客境外理财产品（QDII）、Quanto 产品等投资于境外金融工具或衍生产品的理财产品，显著丰富了我国金融市场产品种类。

2. 银行理财业务发展丰富了中国金融市场的投资者类型。银行作为理财资金的受托管理人按照产品合约进行投资管理，成为我国金融市场投资范围广泛、资金实力雄厚、风险管理能力卓越的特殊投资主体，丰富了我国金融市场的投资者类型，增强了金融市场竞争发展的活力。

3. 银行理财业务推动了金融市场的联结与融合。理财业务的发展使我国居民及普通法人客户能够投资银行间债券市场多样化的主权债、信用债，使境内居民能够顺畅地进行境外市场多类型金融工具的投资，使低风险承受能力的客户通过投资优先级产品在分享高风险工具投资收益的同时降低投资风险，推动了境内外金融市场、境内货币市场与资本市场的联结与融合。

四、理财业务发展中的问题与相关政策建议

（一）理财业务发展中的主要问题

1. 市场风险高发导致部分理财产品“零收息”、“负收益”

2008 年随着全球金融危机蔓延扩散，全球金融市场进入市场风险、产品风险高发期，急剧的市场变化导致银行发行的投资于境内外股票及衍生产品的理财产品出现“零收息”、“负收益”问题。同业比较看，境内银行和外资银行境内发行的 100 多只银行系 QDII 产品中，基金系 QDII 产品单位净值处于

0.3830～0.9880元之间，成为风险高发产品。

工商银行发行理财产品中，低风险的债券投资型、票据投资型和信托融资型等固定收益类产品占理财产品存量的93%（该类型已到期产品均能达到预期收益率），资本市场类理财产品目前存续产品16只，仅1只海通证券定向增发股票收益权优先级产品（规模1.38亿元）市值略低于投资成本，衍生产品投资型外币理财产品均能保本，已发行的4只QDII产品净值在0.5424～0.9911元左右，在同业同类产品中净值表现均处于中上水平，客户反应平稳。

2. 结构性理财产品自主开发能力不足

银行理财产品的技术含量和开发门槛最高的是结构性产品①，中国市场自2002年出现结构性理财产品后近年来获得了突飞猛进的发展，挂钩标的、收益条件、产品期限日益多样化、复杂化，结构性产品正渐次成为商业银行理财产品竞争发展的重要领域。中国境内银行整体上结构性产品研发、交易技术严重不足，目前境内银行发售的结构性产品大多属于“引进型”产品，通过发售产品筹集资金并购买零息债券，用债券利息或小部分本金购买境外银行推出的期权合约，对期权合约的结构剖析不够，风险识别、评估能力不足，普遍不具备对期权合约的自主定价能力。这种“引进型”产品销售过程中，对产品交易运作的内在机制解释较少，风险揭示普遍停留在原则性的定性揭示阶段。在急剧的市场变化中，投资者往往对“引进型”结构性产品的风险及收益水平缺少足够的认识，客观上存在着境外高风险结构性产品向风险识别、承受能力较低的普通投资者无序转移的危险。高端产品研发、定价、风险评估和交易能力不足，使得境内银行在激烈的竞争中处于技术劣势地位，迫切需要通过提升自主开发能力增强核心竞争力。

3. 存在产品风险揭示不足及个别行的诱导性营销行为

境内理财业务市场竞争日益激烈，导致一些银行在激烈的市场竞争中存在风险误导问题，加剧了客户投资风险。近年来商业银行理财产品的风险揭示日益规范，监管要求日益明确。但仍然存在重风险揭示形式、轻风险揭示实质，重业务规模、轻风险控制，用实现概率极低的“预期最高收益”类含混的名词迷惑、误导投资者的现象。社会机构对各行理财产品进行外部评价时，往往选用产品说明书中的“预期收益率”数据进行产品收益水平比较，可比产品的实际收益率比较分析不足，影响了外部评估的准确性。

4. 客户风险评估较为困难

境内理财产品市场目前处于起步发展阶段，客户金融投资知识有限，对产品风险识别、评估能力不足，过于注重产品收益水平且普遍抱有过高的收益期望，投资风险承担能力不足，往往将银行理财产品作为储蓄存款的替代产品，“买者自负”的心理准确不足。银行客户资产状况、收入来源信息不足，商业银行由于客户信息等所限，客户风险评测及产品适用范围评估存在较大困难，给理财业务稳健发展带来潜在挑战。

（二）推动理财业务发展的政策建议

1. 推动监管部门进一步明确立法，规范理财市场的发展

目前银行理财资金投资于银行间市场债券以外产品时，都通过银信合作并投资专项信托计划的方

① 又叫联动债券、合成债券，是由固定收益证券和衍生合约结合而成的特殊金融产品，是近年来风行全球的金融投资工具。发行机构利用金融工程技术，针对投资人的不同特点，以分解组合债券加衍生合约的方式设计出本金全部或部分保护、收益取决于嵌入期权价值的多类型结构性产品，可以有效满足不同风险偏好、投资期望客户的投资或风险管理需求。20世纪80年代末，在欧美国家股市长期低迷、银行利率走低的大背景下，传统的的银行存款产品已无法满足投资者需求，结构性产品问世并受到了投资者的普遍青睐，获得爆发式的增长。目前结构性产品余额已超过全球投资资产的22%，产品挂钩标的从最早的股票延伸到股指、利率、汇率、商品指数等多种类型，不同金融机构还逐步形成了不同的结构性产品设计风格和运作特长。

式实现，比照中国银监会2006年12月28日通过的《信托公司集合资金信托计划管理办法》的相关条款，存在合规性瑕疵。《信托公司集合资金信托计划管理办法》规定“合格投资者”是能够识别、判断和承担信托计划相应风险的人，并要求符合投资一个信托计划的最低金额不少于100万元、个人或家庭金融资产总计在其认购时超过100万元且能提供相关财产证明、个人收入在最近三年内每年收入超过20万元或者夫妻双方合计收入在最近三年内每年收入超过30万元且能提供相关收入证明等要求。《商业银行个人理财业务管理暂行办法》规定银行理财产品销售起点为5万元并应进行风险评测，与《信托公司集合资金信托计划管理办法》中“合格投资者”的规定并不一致。《信托公司集合资金信托计划管理办法》第五条规定，信托公司设立集合资金信托计划应该符合“单个信托计划的自然人人数不得超过50人”且“信托期限不少于一年”的规定。实际情况是银行发售信托贷款类理财产品的投资人都大大超出50人的限制，理财产品的投资期限也未必均在一年以上。银行理财业务的发展客观上需要监管机构进一步完善相关法规，解决《商业银行个人理财业务管理暂行办法》与《信托公司集合资金信托计划管理办法》等相互衔接问题，为理财业务的健康发展提供更为宽松的法律环境。从理财业务发展方向看，针对高端客户的私人理财业务从产品风险、投资人资信、理财服务范围等均与个人理财业务存在很大差异，需要监管部门进一步完善有关政策法规，为理财业务的精细化发展创造条件。

2. 建议对银信合作予以明确的立法支持

银行机构和信托公司合作能够较好地发挥信托制度下风险隔离、信托财产运用形式多样性等优点，近年来REITs试点、信托型股权投资基金、信托受益权流通、信托税制的完善等，都为银信合作的深化创造了条件。2008年12月22日，银监会发布了《银行与信托公司业务合作指引》，为银行和信托公司开展理财业务合作的规范化提供了基础。理财业务的发展及银信合作的深入，需要立法机构进一步修改完善《信托法》、《信托公司管理办法》和《信托公司集合资金信托计划管理办法》等相关法规，从法律上保障银信合作模式并推动理财产品的创新发展。

3. 赋予银行理财资金在股权投资、银行间市场开户等方面同等的法律地位

证监会《公开发行证券的公司信息披露内容与格式准则》规定，待上市公司申报材料中有信托公司作为IPO发起人股东时，由于缺乏有效登记制度、无法确认信托公司的代持关系，暂时不予审批。在A股市场股票、基金直接投资管理中，目前保险公司除了直接投资外还可以设立股权投资基金，券商直投业务已重新开闸。商业银行理财资金尚未能获得A股市场股票、基金直接投资资格及上市公司IPO前发起人股东资格，只能通过银信合作方式进行，也不允许发起设立和管理股权投资基金，不仅增加了理财资金进行资本市场工具投资的成本，也加大了代理人风险和操作风险。在银行间市场债券投资交易中，目前银行理财资金只能在银行间市场开设丙类帐户，该类帐户不能直接联网银行间债券交易系统进行交易，只能通过传真纸质合同在交易系统外进行网下交易，效率低下，操作风险大，严重约束了银行理财资金在银行间市场的投资交易效率，建议给予银行理财资金在银行间市场开立独立的债券账户、在资本市场直接进行新股、基金、流通股、可转债投资及作为发起人股东的平等待遇，降低理财资金投资成本，推动银行理财业务的快速发展。

4. 明确客户理财投资收益免征资本利得税

我国现行税法并没有对银行理财收益课税问题作出明确规定，财政部规定从1994年起对股票转让所得暂免征收个人所得税，直接投资国债、央行票据等免税证券的理财产品是否应免征资本利得税也没有明确。银行客户投资理财产品的同时承担了投资风险，在股票转让所得及存款利息均免征利得税的情况下，建议对银行理财产品也明确免征利得税，在体现平等课税原则的同时促进银行理财业务发展。

（中国工商银行总行资产管理部张兴胜　供稿）

商业银行理财市场现状与展望

中国的银行理财市场在2006年开始进入高速发展阶段，2008年因金融危机影响略有收缩，但受经济刺激计划的帮助，在2009年形成了爆发性增长，全年理财产品发行期数超过7500期，理财市场已成为国内金融市场的一个重要组成部分。

理财对于银行来讲，作用不仅仅是增加中间业务收入，或者通过理财产品调节表内表外的资产，其更重要的是能够改善银行的经营结构，协调银行的存款、贷款、投资等协同发展，以有余补不足，改进客户结构，增加银行对客户的粘性，以及利用理财产品探索金融创新，通过理财业务确立部分其他业务的市场优势。

一、影响理财市场的两个重要因素

（一）经济基本状况

影响银行理财市场发展的根本性因素是经济情况。所谓皮之不存，毛将焉附。银行理财市场的发展离不开宏观经济的状况。总体说来，宏观经济发展得越好，理财市场就会得到更加充分的发展，各项金融创新也会不断的涌现，如2006、2007两年，各种金融创新层出不穷，国际国内的理财市场都得到了蓬勃的发展。而一旦经济萎缩，理财市场亦会随着经济下滑而受限，因为在经济下行周期，人们的投资欲望减少，取而代之的是生存要求。

但在经济调整和变化的阶段，理财市场受到的影响却存在着不确定性。这一点在2009年显示得极为充分。2009年初，各家银行等金融机构（包括研究机构）普遍看淡当年的理财业务，银行主要精力投入于对2008年以前发售产品的清理处置。但随着国家4万亿经济刺激计划的有力推进，庞大的融资需求、充沛的流动性以及宽松的利率水平都为银行理财业务提供了难得的发展机会，全年理财产品发售款数超过2004年近70倍。虽然海外市场风险难测令QDII业务几近于无，但国内的人民币理财则大行其道，银信合作，银政信合作等层出不穷，供需两旺的热情持续不减。

到2010年一季度，随着银监会持续控制贷款规模，央行通过重启3年期央票发行，持续正回购和三次上调存款准备金等措施收紧流动性，融资方对理财市场的渴求更加迫切。

从一季度的数据来看，美国宏观经济数据持续向好，消费者信心指数由2月份的46.0上升到了52.5；但欧盟的近况则不太乐观，尽管德国同意与IMF一道向希腊提供约1100亿欧元的资金支持，但并不确定这将绝对挽救希腊和欧元的地位。当年小小的次债尚且引燃了全球性的金融危机，PIGS四国会有多大的影响力，很难估算。

根据中国社会科学院金融研究所的数据，2010年一季度中国的各项经济数据全面好转。一季度国内生产总值80577亿元，按可比价格计算，同比增长11.9%；全社会固定资产投资35320亿元，同比增长25.6%；社会消费品零售总额35374亿元，同比增长17.9%，比上年同期加快2.9个百分点；居民消费价格同比上涨2.2%。

在进出口方面，2009年3月贸易逆差72.4亿美元，为自2004年5月以来首次出现。但这主要缘于国家对欧盟和美国的大额采购，可以视作是偶尔性因素。剔除此项因素，从用工荒与订单来看，国内的出口仍处于恢复状态。

在原材料价格方面，受益于世界经济体的恢复，石油、铜、铁矿石、粮、糖等价格也在不断上升。价格的提升会给理财市场带来机会，也会刺激投资者的需求。

总体而言，从宏观经济方面来看，2010年的理财市场仍有可为之处。

国内方面，预期煤电水油等基本生产资料的价格将持续上升，铁矿石谈判几近完败等因素进一步加深了对通货膨胀的预期，而加息的呼声虽然连绵不断，但显然因经济的复杂性和投鼠忌器的考虑因而迟迟未能到来。在2月份CPI达以2.7%这一年内高点后，投资者更加急于为手中的资金寻找到可以抵御通胀的手段。两会之后的楼价飞涨，黄金、农产品及茶叶等经济作物价格飞升就是这种焦虑心态的事实反映。

国际方面，欧元区的动荡使整个世界经济波动加大，商品、汇率价格的变化以及对利率市场的预期都会增加理财需求，为理财市场创造机会。

（二）宏观经济政策

宏观经济政策对银行理财业务的发展影响非常明显。

受金融危机的影响，2009年大量的理财产品表现不佳，多款产品亏蚀本金，令投资人大为不满。为平衡市场，监管部门在“买者自负，卖者有责”的策略执行上偏重于后者。由此引至各银行纷纷缩减理财规模，停发部分类型产品，并将大量的人力物力投入到平息投诉，安抚客户当中，令整个一季度的产品从数量到类型大幅减少。

与此同时，监管机构还大幅度加强了对信息披露、投资管理等方面的要求，相继发布了《中国银监会关于进一步规范商业银行个人理财业务投资管理有关问题的通知》、《关于进一步规范商业银行个人理财业务报告管理有关问题的通知》等文件，改发售理财产品事后报备为事前报告，并限定了投资范围，依照有无投资经验划分不同类型的投资者，严格了银行对产品和投资者的管理。

到了2010年初，受对未来通胀预期及汇率等因素影响，国家开始持续地收紧流动性，并对有可能影响到民生的房地产市场进行了更加严厉的调控。而在一年多前还相当宽松的政府投融资平台则率先受到了监管机构的重视。

随着《关于加强信托公司结构化信托业务监管有关问题的通知》、《关于加强信托公司房地产业务监管有关问题的通知》等规范性文件的下发，界定了次级受益人资格需符合《信托公司集合资金信托计划管理办法》规定，规定了单一公司股票的投资不高于信托资产净值的20%；要求信托公司不得以信托资金发放土地储备贷款，商业银行个人理财产品投资房地产信托产品的，理财客户应符合《信托公司集合资金信托计划管理办法》中有关合格投资者的规定。大幅度地提高了投资人的准入门槛，严格了信托投资范围，使银行+信托公司的理财模式受到了控制。

二、当前银行理财产品发售特点

银行理财产品的投资方向与金融市场走势通常会保持一致。2006、2007年国内股市走好，理财市场中股票类理财产品成为热点。2008年9月后，经过短暂的萎缩，投资于股票、商品、汇率等产品发行量大幅下降，取而代之的是固定收益和信托贷款类理财产品的快速增长。

受加息预期和经济不确定的影响，银行理财产品期限结构呈现出明显的短期化趋势。从发行的款数上来看，2009年有超过60%的产品期限在6个月以内，超过1年期的产品则不到10%。

在投资结构方面，资产池类、混合类产品渐多。通过期限错配，以长养短的方式提高收益率和流动性，开放式产品也得到了广泛发展。

在风险偏好方面，银行理财产品由保本型为主向非保本型为主转化，但产品的风险等级总体而言仍然较低。根据农行现有的数据来看，在五级分类的情况下，保守型投资者仅占全部投资者2%左右，而能够承受中等以上风险的投资者超过半数。

在投资币种方面，人民币仍是市场的主流，且占比高于2008年，但随着全球经济的复苏的资源型国家的加息，外币理财产品正在重拾升势。

在收益率方面，因低利率货币政策的影响，除一些特殊定制产品外，2009 年理财产品的预期收益率水平总体不高。2010 年一季度，银行理财产品共发售产品 1532 款，平均期望收益和平均最差值分别为 2.25% 和 0.89%，略好有转。

三、农业银行理财业务的现状及特点

农业银行一贯重视理财业务的发展，将理财业务视为业务转型的重要环节。近几年来业务发展迅速，呈现出良好的态势。

在内部架构方面，农业银行搭建了完善的管理体系，制定了一大批规章制度，保证了业务的合规性；同时，农业银行也建立了独立的投资运作、风险管理及后台结算体系，保证了业务的有序发展。

产品发售方面，农业银行初步建立起了多品种、多业务的产品体系。其中，"本利丰"系列是投资于债券市场、信贷资产的保本型产品，"安心得利"系列是投资于债券市场、信贷资产的非保本型产品，"安心快线"系列是投资于债券市场、信贷资产的开放式产品，"汇利丰"系列则是挂钩各类资产标的的结构性存款产品。这些产品从不同的投资标的、不同的风险维度、不同的产品收益方面满足了客户的多样化需求。

产品运作方面，农业银行坚持稳健为主的投资原则，2009 年以来到期兑付的产品，全部达到了预期收益率，受到了客户及媒体的好评。近年来，农业银行先后获得《理财周报》、《金融时报》等多家机构评选的年度最佳外币理财银行、年度最佳 QDII 产品奖、年度最佳结构性产品奖、最佳私人理财产品奖及最佳营销创新奖等奖项。

四、银行理财产品发展趋势

为延续经济发展，保证中国经济健康恢复，2010 年政府提出了高达 8500 亿的财政赤字，各 2000 亿的国债和地方债以及 7.5 万亿的新增贷款规模。但为防止通胀，严格的规模控制和非常规货币政策调整使企业融资成本提升，进入 2010 年 4 月以来，民间借贷利率有增无减，企业融资迫切。

同时，随着中国城镇化的进程不断提高以及农村市场的发展，资金的集中度将会进一步提升。这些都将为近两年理财市场的发展提供有力支持。总体而言，理财市场将呈现出以下几个发展趋势。

（一）收益率缓慢升高，期限由短变长

受房地产调控影响，将会有大量投资与投机资金从房地产市场挤出，而资金链的收紧和债务增加将令融资需求大为增加。且当经济企稳后，加息也箭在弦上，这些因素相加，将推升理财产品的收益率。

在加息的靴子尚未落地之前，产品的收益率仍将维持短期化的情况，但 6 个月至 1 年期产品的比例会有所提高。因为一方面银行需要消化期限错配的压力以应对加息，另一方面随着经济的向好，投资人将有勇气把投资期限逐步延长。

（二）产品与服务进一步结合

收益率指标虽然重要，但不会再成为产品受欢迎的唯一标准。随着市场细分与客户细分的发展，"产品服务化、服务产品化"将成为理财产品发展的方向。尽管与投资股票、基金、保险、纸黄金等相比，认购银行理财产品的客户群体更加宽泛，但越来越多的事实证明，客户更加倾向于多元化投资，很少会只单独投资于某一类的产品。在兼顾收益的情况下，提供更好的流动性，帮助投资者有效规划资金使用和资产摆布，以及更加便捷的产品认购、赎回、查询等会在市场竞争中胜出。设计、销售和服务三者之间将会更加紧密地融合，共同作用于所有的客户理财，这对银行的理财业务发展提出更高，更综合的要求。

（三）分类标准逐渐确立

目前监管部门对银行设计发售理财产品有严格的风险管理要求，但对于产品分类标准则倾向于粗线条管理。这给予了产品发展相当的自由度。随着银行理财市场的不断发展壮大，产品风险等级分类、客户风险等级分类以及理财产品的统计标准将会逐渐趋同。这种趋同性将有助于市场份额不高的竞争者提高竞争力，也会信息共享，有效分析，建立统一全面的统计体系创造条件。

（四）投资者风险承受力逐渐增强

中国的股票市场在经历了十多年的风风雨雨后使投资者逐步摆脱了对政府的依赖，因此尽管风险水平更高，但对于要进入股票市场的投资者，“股市有风险，入市须谨慎”十个字的风险提示已经足够，因为所有的投资者对于股票市场已经有了比较理性的认识。

相对于股票市场，银行理财市场显得更加年轻。2009 年前的理财业务的发展基本是一个以学习为主的过程，学习 QDII，学习基金，学习证券化、学习资产池管理等。但对购买由银行设计发售理财产品的投资者来讲，存有一种类似购买存款的信任，这与对基金、保险产品的态度大不相同。

尽管银行已经在产品说明书、协议和宣传品上进行了比较充分的揭示，但纸面上的提示仅仅是一种合规性选择，并不能立即改变传统中的观念。2008 年金融危机到来之后，这一情况表现得非常明显，发生了多起的投诉、诉讼甚至一些过激行为。这种事情的发生一方面使银行和监管部门对信息披露和风险防范和警示更加重视，同时在客观上也起到了警示投资者的作用。

在未来相当长的一段时间里，投资者对于从银行购买的，由银行发售的理财产品，仍会有一种超出普通产品的信任，但其对理财产品将有更理智的认识，风险承受力也将慢慢加强。

（五）农业银行理财业务未来发展策略

农业银行将继续坚持稳健发展的原则，在未来逐步将理财业务发展成为中间业务收入的重要来源。

一是继续坚持合规运作，完善制度与管理体系。逐步制定下发资产池类产品的管理办法及会计核算办法，择机出台对公信托融资类理财产品的管理办法。

二是继续丰富产品品种，不断创新产品种类。以“安心快线”产品为重点，做大做强开放式理财产品，实现每日开放赎回。此外，以股指期货推出为契机，努力研发推出挂钩股指期货的新产品。

三是继续加强风险控制。对我行理财产品投资的信托贷款及信用债等品种做好检查工作，防止融资客户违约。

四是坚持与客户共赢，在发展本行理财业务的同时，保证客户资金的保值增值。

五、两点建议

（一）完善规则，加强银行理财业务市场基础建设

进一步明确银行理财业务法律主体定位将更好地保护投资者的利益。目前监管部门对个人理财和定向理财都制定了相应的管理规定，但银行仍然难免身兼资产管理人和投资管理人的双重角色，一方面为自身理财，一方面在为客户理财，很难完全分割利益和责任。将银行管理资产和投资资产进行有效区分或者合理融通，对银行和投资者的保障都具有重要意义。

随着金融脱媒的不断发展，包括银行在内的金融机构需要宽泛的市场环境和一个规范、透明和公正的交易市场，以用于银行间理财产品的买卖和转换。这将有助于提高资金的使用效率，对于规范标准、合理监管、有效掌握理财市场情况有着重要的意义。

（二）完善金融环境，促进银行理财业务健康发展

目前投资者对银行理财市场高度关注，但信息来源主要从银行及不同的研究机构获得，准确性和权威性都得不到有效保障。市场缺少银行理财产品业务的权威统计口径、客观信息评价以及有效发布渠道。建立和完善理财市场的统计信息体系，加强信息共享，将会有效推动银行理财产品业务市场业务的健康、规范、有序开展。

从市场交易原则方面讲，“买者自负，卖者有责”是一种平衡关系，在理财市场形势好的时候强调“买者自负”，形势相对困难时候强调“卖者有责”从长远来看不利于建设良好的投资环境。在未来的发展过程中，既要强调银行的设计、销售和服务责任，也要明晰投资人的权责。

（中国农业银行金融市场部刘笑飞　付英军　供稿）

商业银行理财业务发展现状及相关政策性建议

国内银行理财业务始于2004年,发展历时虽短,但自出现以来,发行数量及资金存量每年都以两位数的速度增长。在连续几年的高速发展过程中,配合市场变化及监管环境的变化,被市场和客户认同的热点产品不断涌现,2009年,银行理财产品募集规模超过5万亿元。

一、银行理财业务的发展历程

自2004年以来,商业银行理财业务展迅速。主要推动因素如下:

(一)监管环境的变化

2006年4月29日,银监会批准商业银行开展代客境外理财业务,并陆续开放投资区域和范围,使商业银行能够利用代客境外理财执照和购汇渠道将境内资金投资于境外金融市场,还放开了银行此前不能涉及的股票市场。

2007年,有关信托公司集合信托资金计划管理办法打开了银信合作的通道,使商业银行发售理财产品募集资金可以通过信托公司渠道投资于资本市场,投资于股权、债权等多种类别资产,而且引入了托管制度,理财资金独立于银行资产负债表之外运作的特征逐渐突出。

(二)银行业务的本身需求

在利率没有完全市场化之前,存贷款利差所形成的空间巨大,而投资者又需要高于存款利率的投资收益,且多数不愿承担风险,在此情况之下,以理财产品的名义,发售与存款产品相近的理财产品成为了银行夯实自身客户基础,部分放弃存贷利差以追求综合收益的一种手段,在此之上形成了绝大多数类活期存款的高流动性理财产品。

2008年关于商业银行信贷规模的限制,为信托贷款类理财产品带来了发展契机,贷款类信托理财产品随之诞生并壮大,在满足投资者需求的同时,也成为了银行主动减低自身贷款规模的一种手段。

随着经济发展与广大投资者财富的累积,投资者结构出现细分,财富管理级客户、私人银行级客户出现,他们需要多样化的银行产品,不仅限于存款等利率产品,从而银行通过代销或贴牌的模式,发行了股权投资类、投资基金类、投资私募基金类、另类资产投资类等专属化产品;

(三)市场环境的变化

众多企业和个人投资者尚不能直接进入银行间市场,而在2003~2009年间,银行间市场利率长期大幅高于存款利率,银行利用自身的市场参与资格,发行了投资于银行间市场工具的理财产品。

境内市场独特的股票一级市场定价制度,使银行利用自身渠道的广阔,发行集合打新股理财产品的优势明显,既能满足投资者需求,进行股票一级市场无风险套利,又能留住客户,一定程度上形成成本更低的活期存款。

二、理财市场现状分析

经过6年的高速发展期,当前的理财产品市场呈现出如下特点:

(一)投资者偏好趋于稳健

金融危机后,投资者对自身的风险收益偏好有了更成熟的认识,银行理财市场基于自身特性,更大程度上吸引着稳健型投资者,而银行方面,也进一步认同"卖者有责"的理念,当前定位上整体呈现稳健、谨慎、偏于保守的特点。

（二）客户服务差异化

随收入分化及高收入阶层的财富积累，银行对理财客户细分进一步深化，差异化定位进一步显现，针对不同风险收益偏好客户定制不同理财产品成为继单一性产品之后的新趋势；

（三）产品方面呈现如下趋势

信贷资产类理财产品及银行间市场工具类产品仍占主流，2009 年此类产品占到发售的所有理财产品的 87%；期限上，与国外理财市场中长期产品为主的特点相反，国内市场仍明显青睐短期限产品，2009 年发售产品中 6 个月内短期限产品占 71.2%；币种上较之外币产品人民币产品份额进一步加大，2009 年外币产品发行 1002 款，同比降幅达 30.6%，人民币产品发行 4996 款人民币产品，同比涨幅 25.4%。配合当前人民币升值及加息预期，预计产品方面这类趋势仍将延续。

展望未来理财市场发展，随着居民财富的积累和理财意识的增强，理财需求必将迅速增加，另一方面，伴随国内金融市场快速发展，理财产品投资渠道不断拓宽，预计理财市场将继续其高速发展态势。

三、理财业务发展中存在的主要问题及相关建议

尽管近年来我国理财市场高速发展，形势喜人，但鉴于发展历时较短，市场参与者经验有限，各方面皆处于不断的探索完善中。我们认为目前的国内理财市场存在以下几个问题：

（一）产品同质化，价格竞争激烈

现阶段，理财产品市场的竞争异常激烈，由于产品结构信息公开，一家银行新推出的产品很容易被另一家模仿。在大量同质化产品共存的市场中，价格优势便成为竞争的主要手段，各家银行为了争夺客户，纷纷采取各种手段，间接或者直接让利给客户。低层次的价格竞争压缩了银行的盈利空间，长远来说也不利于理财市场的健康发展。

（二）对单一产品的依赖度过高

理财市场自起步以来，始终存在阶段性单一产品独领风骚的状况，如 2003～2005 的结构性存款，2007 年的打新股类产品，2008 年以后的信托贷款理财产品；这种现象的出现与我国理财市场不够成熟、产品创新能力弱、相关投资市场处于起步阶段有关。这种状况不仅限制了客户的选择面、也令银行的风险控制难度加大。一旦某一产品因政策、市况变化而消失，银行理财业务将受到重大影响。

（三）银行自主定价、自主对冲能力不高

目前银行理财产品，特别是一些挂钩型理财产品，在产品设计及后期风险对冲时，往往要依赖外资行的报价能力与交易能力，自主性不强，这样等同于将外资行的产品转手卖给中国客户，不仅丧失了很大的利润空间，而且还被动承担了产品设计不成功的风险。

（四）客户风险意识不够

许多客户一谈到理财，想到的就是不承担任何风险，并获得尽可能高的收益。银行在推出相对较高风险的产品时，要特别强调对投资者的风险意识教育和引导，产品说明书中也要进行充分的风险揭示，否则容易产生投诉和纠纷。

（五）政策性建议

针对上述问题，我们的建议是：

第一，加大创新力度，避免恶性竞争。银行理财市场经历了近十年的发展，品种已经极为丰富，创新的难度也越来越大，这就要求银行做好市场细分，在设计产品时真正做到以客户为中心，集思广益、大胆创新，

用差异化产品、差异化服务来吸引客户，避免单纯的价格竞争。

第二，加大对理财客户教育，加强风险揭示。正确引导客户，形成正确理财观念，加大风险揭示，避免大规模投诉。

四、中国银行理财业务情况介绍

（一）中行理财业务的开端

中行发售理财产品始于2003年，产品类型为表内结构性存款，且期初以外币型理财产品为主，其推动原因包括以下几点：第一，低存款利率的市场环境下，投资者寻求高资金收益的愿望强烈。第二，境外市场大量存在的结构型存款产品在收益特征上能满足境内投资者需要，且以发售理财产品的形式叙做结构型存款产品的方式打通了引入该产品的渠道。第三，低波动率的市场环境下，构造结构型存款所需的衍生产品相应更为容易，能提供多样化的产品满足投资者需求。该类产品的本质是结构型存款，即银行在发售理财产品进行主动负债吸存的同时，利用该笔吸存资金的资金收益构建衍生产品组合，形成风险更为多样、收益结构较于存款更为复杂的理财产品。对于银行而言，理财资金始终存在于银行资产负债表之上。目前中行发售的此类产品包括“汇聚宝（外币）”、“博弈（人民币）”等。

2006年后，伴随着监管政策带来的投资渠道和客户需求的不断多样化，中国银行理财产品由表内结构性存款到表外资产管理型产品走出了一条创新和发展的道路。

目前中国银行已经形成较为丰富的理财产品系列：包括类存款型的“中银安稳回报”系列，挂钩于境内外金融市场的“中银进取”系列，T+0高流动性的“日积月累”系列，超短期理财“周末理财”，自动滚续理财“七日有约”，投资于境外市场的中银QDII、投资于境内资本市场的“中银精选基金”等。

中国银行理财产品由金融市场总部、公司金融总部和个人金融总部等负责设计发售。其中，金融市场总部负责与金融市场相关的理财产品发售；公司金融总部负责办理信用类理财产品的发售，主要是信托贷款和股权信托；个人金融总部主要负责引入一些外部产品贴牌或直接通过私行或零售渠道进行销售。

（二）理财产品运作模式

就金融市场总部来说，我们的理财产品运作模式主要包括：

1. 表内理财资金运作模式

银行发售理财产品募集的资金停留在银行资产负债表之上，银行将该资金以银行的名义运用于金融市场工具和衍生产品，提供投资者期限和收益可变的结构型产品。投资者承担金融工具的市场风险和相应的收益，并与存款一样，需要承担银行的信用风险。银行以赚取金融工具运用价差的形式产生理财业务收入。

2. 表外理财资金运作模式

1）银行发售理财产品募集的资金直接进入信托公司或托管银行的账户，银行以代理人的身份运用该笔资金于债券、股票、基金、贷款资产、私募股权等多种资产。投资者具有上述资产的所有权，承担投资资产所有的风险和相应的收益。银行不以自身提供信用担保或保本承诺，以赚取管理费、销售服务费等中间业务收入形成理财业务收入。

3. 中行理财产品研发的模式

第一，运用自身金融市场运作能力研发产品。即通过中国银行自营业务积累经验，结合金融市场工具来设计和开发理财产品，对相关理财资金进行自主投资运作。

第二，与第三方合作研发产品。该类产品主要投资于中国银行所不熟悉的境内外股票市场、商品市场、另类投资市场。

（三）中国银行在开展理财业务中积累的主要经验

1. 明确理财定位，针对不同客户群进行量体裁衣，定制产品和差别定价

在财富飞速增长、理财观念不断升级的今天，中国银行基于对市场和客户需求的准确洞悉和理解，不断对客户群体进行细分，明确提出了“三级财富管理”体系——中银理财、中银财富管理、私人银行业务，全面覆盖各个层级的理财需求。

在产品设计中，针对不同客户推出不同风险收益类型的产品，例如中国银行的“精英汇”理财计划投资于多个阳光私募基金，由于非保本、高风险和高收益的特性，因而将起点金额定为300万元，主要面向高端客户，即财富管理和私人银行级的客户，这样有利于进行有针对性的产品推广，相当于为客户进行了产品的初次筛选，也节约了客户的时间。

对财富管理和私人银行级的客户进行产品定制，由客户经理向产品经理提交需求，针对客户需求定制产品；

此外，中国银行还对客户进行分层，对不同类型客户进行差别定价。

2. 注重品牌建设，形成稳定客户群

中国银行现有品牌较为丰富，包括主打人民币结构性理财的“博弈”系列、主打外币结构性理财的“汇聚宝”系列、以信托贷款为依托的“中银智富”理财计划，以及投资于股票基金的QDII、精选基金等理财计划。这些品牌推出以来，经历了市场的考验，每个品牌都有其自身的特色，在每个系列下，还可以推出新的子系列，进一步细分市场，既便于产品创新，又利于客户对产品的理解，让客户一见到品牌名称，就能很自然的联想到相应的产品和服务，最终形成各自品牌下的稳定客户群。

3. 始终强调产品创新，不断推出特色产品

在理财市场高度竞争的格局下，设计推出有特色的产品成为最重要的竞争手段。以中国银行的“周末理财”产品为例，在短期理财产品受到市场热捧的情况下，中国银行推出了这款超短期理财产品，并针对炒股人群明确提出了“周末理财”的概念，在不影响投资的同时，保证资金在股市休市时间也可以增值。此外，中国银行的“中银进取”系列产品，挂钩标的丰富、结构多样，投资者手持人民币，即可分享全球商品、股票、债券、外汇等多个市场的投资机会，每期产品的设计都经过充分的讨论，以保证产品的成功率，经过一段时间的运作，逐步树立起良好的品牌形象。

（中国银行总行金融市场总部（代客） 供稿）

在规范中发展理财业务

一、建设银行理财业务管理架构

建设银行理财业务的牵头决策和协调机构为总行投资与理财业务委员会（以下简称“理财委”），主要负责组织研究理财业务的市场定位和发展方向；组织起草并按照授权审议理财业务重要规章制度、中长期发展规划；审议理财创新产品；规划与管理理财产品品牌；协调处理其他与理财业务相关的事务。理财委主任为分管副行长。

理财委下设办公室（挂靠投行部）、理财创新产品评审专家小组和理财产品销售协调小组。办公室负责委员会日常工作；理财创新产品评审专家小组负责理财创新产品评审的相关工作；理财产品销售协调小组负责理财产品销售协调的相关工作。理财委组成部门为投资银行部和金融市场部。

二、相关部门职责分工

（一）理财产品开发及管理部门

金融市场部。负责设计开发与利率、汇率等通过掉期交易的结构性理财产品、在银行间市场投资的理财产品、QDII 类理财产品及以前述产品为主的组合类理财产品；支持销售部门对销售人员进行理财产品知识培训等相关工作。

投资银行部。负责设计开发信贷类、票据类、应收帐款类、资本市场类、商品类、另类投资类等理财产品及以前述产品为主的组合类理财产品；支持销售部门对销售人员进行理财产品知识培训等相关工作。

（二）理财产品销售部门

公司业务部、集团客户部、机构业务部负责组织理财产品对公营销、对理财销售人员进行培训等相关工作。

个人存款与投资部、财富管理与私人银行部负责根据部门客户定位组织理财产品对私销售、理财业务个人客户的风险评估和风险提示、对理财销售人员进行培训等相关工作。个人理财产品销售协调等工作由个人存款与投资部门牵头负责。

电子银行部门负责理财产品的电子银行渠道销售、网上信息披露、网站维护、网上投诉等相关工作。

（三）理财业务支持保障部门

财务会计部负责理财业务的资源配置、牵头进行理财产品盈利性分析、会计核算制度制定及按照理财产品开发及管理部门和销售部门需求设计和调整会计核算科目等相关工作。

信息统计部负责汇总统计理财业务数据并向监管部门报送统计报表等相关工作。

风险管理部负责制定理财业务风险管理制度，进行理财业务风险管理和风险监督等相关工作。

审计部负责理财业务的审计监督工作。

投资托管服务部负责理财资产托管等相关工作。

营运管理部负责理财产品的资金划付、参数维护、后台处理、对账等相关工作。

法律合规部负责对理财产品的合法性以及理财产品相关法律性文件进行合法性审查、理财产品知识产权申报和保护等相关工作。

（四）一级分行

一级分行负责根据总行授权或理财产品发行和销售方案做好理财产品的发行、销售、基础资产管理和运营、资金兑付、客户投诉、信息披露、人员培训等相关工作。

三、建设银行在理财产品运作中积累的经验

（一）确定牵头部门，明确职责分工

建设银行于2008年成立了投资与理财业务委员会（以下简称理财委），作为全行理财产品发行决策机构。从实践效果看，理财委不仅提高了产品审批效率，同时加强了部门协调和总行集中统一管理，在确保建设银行理财产品风险与收益的平衡上发挥了重要作用。

同时，理财委还按照理财产品运营管理流程，将产品研发管理和客户渠道管理进行了明确的职责分工，力求做到风险责任落实到位。其中，建设银行产品研发管理部门主要负责理财产品的研发设计、投资运营以及后续管理等工作，并对理财产品的设计和投资风险负责；客户管理部门和电子银行渠道部门负责维护客户关系、收集客户信息、细分客户需求、揭示产品风险、确保销售合规等工作，并对理财产品的销售合规风险负责。

（二）突出联动优势，促进整体发展

理财业务是一项跨条线、跨部门、跨层级、跨平台的综合型业务，建设银行要求相关部门和分行在理财业务经营过程中要有大局观念，要从银行整体利益出发，做到相互协调、相互配合，加强部门之间、总分行之间的业务联动，共同促进建设银行理财业务的整体发展。

在部门联动方面，产品研发管理部门在前期开发时，客户、风险、法律等部门就参与产品的研发和决策，产品发行后客户部门也会将客户需求和对产品的优化建议及时向产品研发管理部门反馈，以便产品研发管理部门及时进行产品后续优化。

在总分行联动方面，由于资产、客户资源都集中在分行，但目前分行在产品研发和销售能力上相对较弱，总行会及时指导分行并整合全行产品设计、资产和、客户资源，确保全行理财业务的总体均衡发展。

（三）建立有效的产品创新审查机制

对于产品创新流程，建设银行于去年6月下发了《中国建设银行产品创新流程管理规程》，建立了产品创新决策、实施、管理、支持四位一体的产品创新责任体系，明确产品创新工作过程中各个层面的角色和职责，为进一步建立健全产品创新激励约束机制奠定了基础。同时为提高理财产品的发行审批效率，建设银行于今年制订了《中国建设银行理财创新产品审查规程》，将理财创新产品审批流程原则上分为申请、受理、评审、审批、后评价五个阶段，并规定由理财委下设的理财创新产品评审专家小组具体负责对理财创新产品的创新特点、交易结构、收益测算、风险控制、信息披露、合法合规等方面进行综合评审，并提出专家评审意见和建议，为审批理财创新产品提供决策支持和依据。

（四）分类实施切实有效的风险管理措施

去年建设银行下发了《理财产品风险政策底线》，对各类理财业务规定了风险底线，增强了建设银行对理财业务的风险控制能力。同时在产品经营过程中，建设银行还根据产品的不同投资方向分类实施不同的风险控制措施：如对信贷类产品，一是要求严格执行融资方准入标准，二是要求严格控制理财资金的投资范围，三是要求加强贷后管理和持续监控；对于组合类产品，一是严格限制资产准入，二是明确规定产品基础资产的选择范围及资产池中资产配置比例，三是在产品结构中设计了单一客户大额

赎回预约和金额限制、单日客户赎回总量限制等限制条款；对于资本市场类产品，一是加强对投资顾问的管理和选拔，要求必须具有较强的风险控制能力和优良的经营业绩；二是切实做好产品市场风险识别和市场风险计量工作，督促投资顾问按照建设银行要求履行职责；三是制定相应的风险规避和风险转移方案，定期与投资管理人沟通市场变化和产品投资策略来防范风险。

（五）对理财业务进行定期审计

去年建设银行审计部门对部分分行理财业务的运营情况进行了定期审计，及时指出了分行在理财业务经营过程中出现的基础管理及操作性问题，提出了下一步整改建议，并出具了相应的审计报告。建设银行高管层高度重视本次理财业务的专项审计报告，召开专题会议进行研究，要求对审计报告中涉及的相关问题逐条提出整改措施和要求，提高建设银行理财业务的基础管理水平。

（六）及时调整发展思路，优化业务流程

去年建设银行根据监管部门对理财业务的相关要求及时调整发展思路，适时推出了基础设施类、股权类、组合类理财创新产品，同时进一步优化业务流程，制订并下发了一系列业务操作规程，对全行理财业务的发展进行规范。同时在理财相关部门的职责划分、设计审批流程、风险控制、销售合规、后续管理等基础管理方面采取多项措施，确保理财业务健康发展。

四、理财产品运行中应重视的主要问题

（一）分类建立基础资产准入标准

由于理财资金所投资资产的风险直接导致产品本身的兑付风险，监管部门要求面向大众客户销售的理财产品不得投资于高风险资产，银行应针对不同销售对象的理财产品设置相应的基础资产准入标准，从源头上确保理财产品风险可控、期限匹配以及销售合规。如面向大众个人客户销售的资产池产品中不宜配置投资于资本市场的股票、基金或公司股权类资产。

（二）资产管理和持续监控

理财产品项下基础资产不能够按期偿还将直接导致产品不能到期正常兑付本息，因此对基础资产风险状况的持续监控至关重要。银行在理财业务经营管理时常常把主要精力放在产品营销工作上，而对于产品的后续管理重视程度不足，不能定期提供融资客户还款能力报告、产品后评估报告及持续改进建议。因此，银行要高度重视产品发行后的资产管理和持续监控，确保产品能够到期正常兑付。

（三）人员培训问题

由于理财业务是新兴业务，理财产品研发能力不足、少数销售人员业务水平有限等问题在一定程度上客观存在。为确保销售人员能够准确理解产品特性，及时向客户充分揭示风险，银行需高度重视对理财业务销售人员的培训工作。

（四）投资者教育问题

理财业务虽然是新兴业务，但客户群体数量庞大。如果投资者不具备健全、充分的金融知识和风险意识，个体投资者的风险也会有可以发展成为理财业务的系统性风险。根据银监会要求，银行应更加积极主动地承担投资者教育的社会责任，向公众普及相关金融知识，不断提高公众识别和防范风险的能力，这符合银行业金融机构自身长远健康发展需要。

五、政策性建议

（一）建立银行理财产品的统一分类标准

理财业务作为商业银行的一项新兴业务，近年来发展势头迅猛，产品种类层出不穷，但各行对理财产品的分类有着不同的标准与方法，如按产品销售对象可分为对公类和对私类；按产品运作模式可分为信托类与非信托类；按产品收益特征可分为保本保收益类、保本浮动收益类、非保本浮动收益类；按产品基础资产可分为信贷类、票据类、应收帐款类、资本市场类、债券及货币市场类、结构类、组合资产类等。理财产品分类标准的不统一对数据统计与管理将会产生一定影响。

为提高理财业务数据统计效率和同业数据对比分析质量，建议监管部门建立统一的理财产品分类口径与标准，确保各行以同一口径、同一标准向监管部门报送理财业务相关数据信息。从建设银行实际情况看，相同基础资产理财产品的交易结构、收益水平、风险特征等均较为类似，把基础资产作为理财产品的主要分类依据和标准，可以更为直观地了解理财产品的市场收益水平和风险状况，有利于加强对不同类别理财产品的预期收益和风险状况的评估与监控力度。

（二）建立理财业务同业数据共享平台

银行理财业务目前在国内尚处于初期发展阶段，市场需求旺盛，同业竞争激烈。为了更好地促进理财业务发展，加强对各行理财业务的监督管理，准确掌握各行理财业务数据信息和业务排名，增强同业间业务交流与合作，建议由监管部门牵头建立国内同业理财数据共享平台，及时将关键信息在规定范围内定期发布。

同时为了及时应对外资银行市场竞争，准确把握理财业务发展方向，建议由监管部门牵头，各商业银行定期发起并组织理财业务专业研讨或座谈，及时对国际国内理财业务的发展趋势、同业状况、市场需求、客户结构、创新方向、盈利模式、交易结构、风险管理等方面进行交流和探讨，建立一个长期的国内银行间理财业务信息交流机制，更好地促进国内银行理财业务持续健康发展。

（三）探索建立银行间权益类资产交易市场

“银监发〔2009〕111 号”文件名明确规定“银信合作理财产品不得投资于理财产品发行银行自身的信贷资产或票据资产”，而“银监发〔2009〕113 号”文件针对银行业金融机构开展信贷资产转让进行了规定。为充分利用国内银行间信贷资源，加强同业合作，建议由监管部门参考同业拆借市场模式，支持并指导建立银行间权益类资产公开交易市场，一方面有利于国内银行间信贷和股权类理财产品提供优质的基础资产选择，另一方面也便于监管机构监督和管理银行信贷资产的转让和投资情况。

（中国建设银行总行理财委办公室马炼　供稿）

规范我国商业银行理财市场发展刍议

金融机构利用现代理财知识、金融工具为客户提供理财服务，是我国商业银行提升竞争实力、进行全面创新的突破口。由于理财业务本身具有创新性，不可避免会对现有的监管体系和监管框架造成影响，同时随着市场环境的变化、监管体系的完善，银行理财业务本身也在不断发生变化。为促进理财业务健康、有序发展，需要明确理财业务对商业银行以及在金融体系中的定位，并对理财业务在发展过程中存在的问题进行梳理，从而制定相应的解决方案。

一、我国理财业务发展现状

（一）历史简述

我国商业银行办理个人理财业务始于90年代中期。随着外资银行开始介入我国境内个人理财市场，个人理财业务越来越成为各家商业银行业务竞争的焦点，成为其产品和服务创新的主要领域。90年代末期，我国一些商业银行开始尝试向客户提供专业化的投资顾问和个人外汇理财服务。2004年9月后，部分商业银行开始开展人民币理财业务。

近年来，我国居民的个人可支配资产快速增长，居民金融需求多样化和个人金融资产多元化的格局逐步形成，这为个人理财市场带来了广阔前景。目前，我国商业银行的个人理财业务发展迅速，各银行纷纷创立了个人理财业务品牌，个人理财产品不断丰富，出现了“个人理财中心”、“个人理财工作室”、“金融超市”等机构形式。

随着金融开放和金融国际化的发展，我国商业银行金融创新步伐加快，为金融消费者提供综合化、个性化金融服务的理财业务逐渐成为一些商业银行业务发展的重点，也将成为各类商业银行业务拓展的必然趋势。

（二）现状简述

经过多年的发展，我国银行理财业务于2005年开始进入快速增长的轨道。产品数量和销售规模呈现快速增长态势。

表1－1　2005～2008我国商业银行理财产品销售规模　（单位：亿元）

年份	2005	2006	2007	2008
理财产品销售规模	2000	4000	8200	37000

数据来源：相关材料整理

据相关统计，2009年个人理财产品市场规模已经突破了5万亿元，理财产品数量超过7100款。随着市场环境的变化，理财产品的市场结构和特征也在不断调整。

受全球性金融危机的影响，2009年低风险和固定收益类投资明显增多，出现了大量多种组合投资的理财产品。高流动性产品占据了市场主流，一些开放式产品受到客户的青睐，这类产品投资期限和投资方式灵活，客户可以自己根据需求进行主动投资管理，从而落实个人理财理念。

（三）业务发展特征

综观我国银行理财业的发展，它具有以下几个特征：

1. 业务发展迅速，产品形式多样

随着我国经济高速增长，我国理财业务发展速度快，对客户争夺导致理财业务市场竞争剧烈，为了维系客户关系，商业银行不断进行理财产品开发，通过开发特征多样的理财产品吸引不同的客户群。

2. 业务模式复杂，市场高度敏感

为了适应复杂的市场变化，各商业银行理财业务根据自身的情况采取不同的模式。由于理财业务是客户驱动型的业务模式，客户对理财产品的接受程度是理财产品的基本条件。因此，理财业务发展对市场具有较高的敏感度。

3. 风险管理滞后，产品导向显著

由于理财业务是一种新兴业务，涉及到的投资领域广，相关利益主体多，市场范围大。对于传统的以资产负债风险管理为主要手段的商业银行来说，新的风险需要通过新的方式进行管理。一些商业银行在追求丰富产品线的同时，相关风险管理也需要完善。虽然理财业务是以客户为中心的业务，但目前以产品导向问题比较明显。

4. 行业竞争激烈，监管层次较多

在看到理财业务带来中间业务明显提升的示范性效应之后，很多银行都将理财业务作为重点发展业务，导致市场竞争加剧。理财产品数量、产品规模的快速增长就是竞争的直接表现。为了规范市场的发展，一些监管部门出台一些相关政策都会通过市场直接或间接影响到商业银行的理财业务。

二、理财业务的定位

目前，我国理财业务的提供商包括银行、证券、基金、信托等机构，这些机构的目标市场以及提供的理财产品具有一定程度的交叉。因此理财业务从市场竞争规范、风险监控和业务监管上都存在一定的难度。受金融法律制度、金融管理体制和金融市场发育程度等方面的制约，我国商业银行的个人理财业务在快速发展的同时，也存在一些基本问题需要解决，其中就包括理财业务的定位。

对商业银行来说，理财业务会增加中间业务收入，改善业务结构，优化客户结构，从而提升综合竞争力。但由于业务发展速度较快，一些方面已突破了原有的商业银行管理框架。理财业务是传统业务的补充还是银行主营业务之一都需要进行明确的定位，只有在明确的定位前提下，商业银行个人理财业务的管理框架体系才能得到更多的关注，业务发展模式才能得到改善。在明确银行理财业务定位前提下，产品开发战略、市场和客户拓展以及品牌建设才能得到更多的关注。

从监管层面来看，理财业务的发展改变了原有的金融市场格局，给监管带来新的问题。理财业务的监管是以理财产品的存量监管还是以销量监管都会遇到理财业务的数据和统计问题。由于理财产品的标准化程度较差，统计上存在归类难度大，不同的产品投资标的不同、风险点不同。同一个产品由于在设计过程中涉及到多个机构参与，在统计上出现重复计算，在投资上存在交叉，管理上存在分头监管的情况。这些都是制约监管机构对理财产品进行科学监管的障碍。因此，监管机构需要对理财业务进行明确定位，根据市场情况对理财产品进行科学分类，制定完善的统计方案，科学评估风险，避免因为监管的难度较高而限制业务的发展。

从客户角度来看，经过多年的发展，银行理财产品具有广泛的客户群。商业银行个人理财业务可以为客户提供财产或资产保值增值功能、交易功能和财富转移功能，丰富了客户的投资渠道。

三、理财业务发展存在的问题

由于业务发展迅速，市场环境变化快，在我国商业理财业务中存在一些需要解决的问题，具体来说有以下几个方面：

首先，以客户为导向的个人理财理念尚未完全树立，理财业务以产品为导向特征明显。理财是以客户为中心的服务，而非以银行产品为导向。一般来说，银行应该在明了客户的真正需求后，根据客户需要和客户资金来“量身定做”适合客户本人的资产组合，令客户满意。受分业经营和其他一些监管规则的制约，商业银行很难通过自身渠道为客户提供一揽子解决方案，因此一些业务只能以理财顾问形式和产品代销形式来提供。理财顾问形式对业务发展没有实质性便利，代销形式容易产生声誉风险。在这种环境下，理财业务就表现为产品为导向。一些银行的理财业务从属于日常的销售，理财师也就是销售人员，在业务指标的压力下，大多以推销自己银行的产品为主，而不是客户的需求，有时甚至将不适合客户的产品推销给客户。

其次，有些方面缺乏必要的风险管控措施。从银行来看，理财业务本身与创新是分不开的，而创新同时就伴随着风险。银行的内控和风险管理是财富管理的基础，但是在产品创新和理财服务提供过程中风险管理难以跟上脚步，风险控制能力不足。从客户角度来看，理财业务从某种角度是对客户的资金进行投资管理，是一种表外业务，对银行而言没有实质上的风险暴露，但由于商业银行在提供服务过程中往往承担了更多的信用责任，因此给银行也带来了风险，尤其是出现客户资金损失的情况下，很容易遭受客户投诉，而投诉的重点往往是银行的不当销售。

第三，理财业务管理机制不健全，理财产品的销售、管理和会计核算等有待完善。目前，一些商业银行的理财业务组织机构和运行机制等等管理模式在一些方面仍在探索中，产品设计流程、客户服务流程、营销推广流程等等仍在不断完善过程中，理财业务的管理机制尚待完善。

第四，受金融法律、政策以及管理体制的制约，理财业务的法律风险十分突出。当前国内理财市场发展的一个重要特征就是外部环境变化快。其中包括国内的金融法律、政策以及管理体制方面的变化。这些外部因素是市场发展的必要保障，但不可避免会增加理财业务的法律风险。

第五，业务主体复杂，业务类型多样，监管难度较大。目前从事理财业务的银行主体众多，不仅包括国有商业银行、股份制商业银行，城市商业银行以及外资银行等等，各家银行所从事的理财业务不仅有个人理财还包括公司理财，主体成份的复杂和业务类型的多样化给监管带来了难度。随着竞争的加剧，理财市场需要更加规范的秩序。

总体上，从银行来看，理财业务经验不足，客户为中心的理念未完全树立，理财业务管理机制不健全；从客户来看，投资者教育不足；从外部环境来看，监管体系不完善。这些都是理财业务发展亟需解决的问题。

四、解决方案和建议

鉴于理财市场已具规模，为共同促进商业银行个人理财业务的健康发展，需要商业银行、监管机构和市场三方共同努力。

（一）商业银行角度

为促进理财业务的发展需要树立以客户为中心的服务理念，完善个人理财业务的管理体系，加强业务风险评估和风险控制，提升服务品牌。

措施一：以客户为中心——树立个人理财服务理念

首先，建立个人理财业务管理机制必须全面了解客户。包括客户的收入、支出，资产和负债。在合适的时机向合适的客户提供适合的理财服务，包括制定理财计划提供理财产品。这是商业银行理财业务的一项重要工作。完成这一工作需要商业银行在建立个人理财业务管理机制时必须做好客户分层、市场细分等等，全面了解客户情况。

其次，以客户为中心必须成为客户可信赖的机构。根据麦肯锡曾做的一份调查显示，富裕客户在寻求理财咨询对象的决策参考中，以值得信赖机构为首。因此，成为客户可信赖的机构是个人理财业务管理的目标之一。

再次，以客户为中心必须在关键时刻留住客户，为客户提供良好的投资建议。培养客户的忠诚度是商业银行理财业务未来发展至关重要，因此在当前关键时刻留住客户是以客户为中心理念的集中体现。

再其次，以客户为中心需要提供全面理财服务。不同的客户对不同的理财业务具有不同需求（客户的收入状况、财富水平、年龄、家庭），这些需求具有不同的特征，决定了个人理财业务需要全面发展，以提供全面的金融服务作为重要的发展方向。

最后，以客户为中心，还应体现在理财产品的开发上。由于产品风险而引发的客户投诉和索赔已经成为全球理财市场关注的焦点。因此，围绕客户需求，调整理财产品开发也是当前应对市场挑战的措施。银行的理财产品开发应将风险作为首要考量因素。

措施二：完善个人理财业务管理机制，加强风险控制

健全理财业务管理流程。业务流程应根据客户建议的业务流程来完善。首先要对客户进行分层，然后了解客户，在了解客户基础上判断客户的风险属性、进行理财规划测算。通过测算结果向客户提供理财意见，客户在接受意见后进行资产调整，根据市场情况和客户需求对资产进行检察，并向客户反馈检察结果的信息。这一流程是完善个人理财业务管理机制参照和依据。

在完善个人理财业务管理机制的同时，还应充分揭示理财业务的风险来源，加强风险控制。包括加强对理财产品的风险监控；优化风险管理流程；完善投诉处理机制；控制销售环节的操作风险以及建立应急风险预案等等。

措施三：提升个人理财业务品牌影响

对客户而言，建立强势品牌是客户选择银行重要考量因素之一；对银行而言，建立强势品牌是代表产品与服务的品质，是持续经营客户关系的关键之一。

增强服务能力。提升个人理财业务品牌的影响需要增强服务能力，包括理财服务的事前、事中和事后三个方面的服务，通过能力加强提升理财业务品牌，通过品牌影响，形成发展特色。为了达到增强服务能力的目标，商业银行需要建立完整细致的服务训练和监督模式。开发推广一套标准化、操作性强、可监督的服务训练体系，将理财业务的服务培训提升到服务训练。

（二）从监管机构角度

为促进理财业务发展需要建立统一的理财业务规范体系，监管部门之间需要就各自监管职能进行合作共享，在监管方式上从数量监管转移至规模监管，从客户端的销量监管到产品端的存量监管，定期组织业务机构进行交流促进规范化管理。

措施一：建立管理标准，规范业务管理

理财业务规范体系包括理财产品的分类标准、业务风险评估标准、客户准入标准、标准化产品管理指引和非标准化产品的监管原则、理财业务分类监管体系等等。

由于理财业务发展较快，市场环境、监管环境以及客户需求变化快，理财业务尤其是理财产品创新不断，对理财业务的信息搜集、分析需要有一个权威的标准。在此标准下，理财业务的发展情况才能完全搞清。目前，制约理财业务监管的最大问题就是标准不统一，理财数据在统计口径和统计原则上存在缺陷，依据有缺陷的数据进行监管不仅不利于业务的发展，也会影响到宏观政策的有效性。

在监管部门的指导下，各行都对自己的理财产品的风险评估和客户准入条件进行了规范。但在实际操作中，商业银行自己制定风险评估标准和客户准入条件，在激烈的市场竞争中，这些规范的约束力会出现软化。

随着理财业务的发展，目前理财产品出现标准化和个性化的两个趋势，一些标准化的产品，从投资标的、管理模式上都具有标准化的基础，对于这部分产品的监管可以采用统一指导原则。对于个性化

的产品可以依据产品的投资标的和风险特征进行分类监管。

措施二:改进监管方式,完善分类管理

目前监管机构的监管受制于理财业务信息的可获得性,往往采用产品数量的监管模式。不仅如此,产品数量的来源往往采用第三方的数据资料。这些数据不仅失真,而且还会因统计口径问题导致数据遗漏和误差。例如,在实际产品设计过程中,商业银行往往依据客户的需求特征对产品要素进行调整,客户需求的多元化导致理财产品数量增加。客户对流动性需求上升,短期理财产品数量就会增加,但若理财产品的存量规模没有发生变化,该产品的投资风险就不存在扩大问题。因此依据理财产品数量监管存在重大缺陷。

随着业务竞争的加剧,大量中小银行、信用社开始进入理财业务领域,其中一些机构缺少完善的风险管理体系为理财业务的健康发展埋下了隐患。同时,随着理财业务的发展,公司理财(机构理财)业务和个人理财业务逐渐形成了不同的特征,而目前公司理财缺少可执行的监管制度和风险管理指引,仅参照个人理财业务管理办法。此外,随着私人银行业务的发展,相关的监管相对滞后。为此需要建立完善的理财业务分类监管体系。

此外,由于前面提到由于理财产品的开发涉及多个主体,在进行统计的过程中,往往出现重复计算,从而片面扩大了理财产品的影响。因此,建议对于理财产品的监管方式应改从数量监管转移至规模监管,减少客户端的销量监管,而增加产品端的存量监管。

措施三:组织机构交流,推动业务发展

由于理财业务是商业银行的一项新业务,监管部门有责任引导理财业务管理规范。目前,各家银行都根据自身的发展特色和管理模式对理财业务进行管理,都具有一定的经验。这些经验值得进行交流,需要一个交流平台,从而促进整个行业的规范化管理。

(三)从市场角度

随着理财业务的发展,理财产品市场需要进一步培育,这个市场不同于股票和债券市场等等,在规范化管理以及第三方风险评估和信用评级机构健全的情况下,为促进业务的进一步发展,有必要建立银行间资产转让市场。目前,该市场已经处于萌芽阶段。理财业务需要在商业银行进一步分工,一些产品开发能力强的银行可以借助这一平台获得更多的产品开发资源,而那些产品开发能力弱的银行可以利用这一平台获得资产价值更大化的利用。

从完善理财产品市场角度来看,理财机构的信用评估机制、理财产品的风险评估标准以及理财产品的交易机制都可以通过统一的框架进行规范。通过建立统一的框架体系可以提升资产的流动性,满足客户的交易需求;商业银行可以利用这一体系为客户提供全方位的理财服务;监管机构可以通过这一平台将原监管体系下难以控制的社会资金管控起来,促进金融市场稳定。

(交通银行个人金融部施峥嵘　骆克龙　供稿)

商业银行理财产品发展路径思考

随着金融监管部门推进金融深化的力度加大,利率、汇率等金融市场价格要素逐渐引入市场化的决定机制,各类金融机构的业务交叉拓展与综合经营的趋势日见明显,市场参与者的金融需求日趋多样化,使得商业银行金融创新的速度大大加快。商业银行理财业务的迅速开展就是在这一背景下,中资银行进行产品创新与服务创新的集中反映。自2004年以来,国内银行理财业务迅猛发展,银行个人理财产品发行规模分别从2004年至2007年的1000亿、2000亿、4000亿、8600亿跃至2008年的3.8万亿元,年末余额达到8295亿元。2009年底,商业银行个人理财产品余额为9221亿元,包括对公理财产品余额合计近2万亿元(同期基金公司管理资产规模2.67万亿元)。2010年2月底,根据几个主要理财产品发行银行的内部交换数据,工行、建行、光大、招商、中信、中行、交行、农行等8家银行的个人理财产品余额已达1.01万亿元,以此推算,中资银行理财产品余额已经超过2万亿,接近基金公司管理资产规模。银行理财产品已经成为个人投资者资产配置的重要组成部分以及银行零售业务的主要业务品种和中间业务收入来源。

但不可否认是,在银行理财产品火爆发行的背后,产品设计、销售、后续服务方面的某些问题也不断显现,特别是银行理财产品下一步如何发展已经成为监管机构和业内人士需要回答的紧迫问题。因此,在银行理财业务快速发展的六年后,我们确实需要在后金融危机的背景下,梳理银行理财产品近年来的发展脉络,进而探究其未来发展思路。

一、银行理财产品究竟是什么

银行理财产品与银行理财业务是两个不同的概念。

银行理财业务是银行在市场细分的基础上,根据不同客户或者客户群的金融服务需求,将客户关系管理、财务规划、投资产品代销、资金管理、投资组合管理等融合在一起形成的综合化、个性化的一种金融服务方式,实质是财富管理业务(Wealth Management)并进一步向私人银行业务深化(Private Banking)。

而银行理财产品是一种投资工具,与债券、股票、基金或是券商集合资产管理计划并无本质区别。银行通过发行银行理财产品或理财计划,为客户提供受托投资管理与增值服务,实质是资产管理业务(Asset Management)。

这两者的区别实际在银监会2005年11月发布的《商业银行个人理财业务管理暂行办法》中也已清楚区分,该文件规定:"个人理财业务,是指商业银行为个人客户提供的财务分析、财务规划、投资顾问、资产管理等专业化服务活动",个人理财业务包括理财顾问服务和综合理财服务,后者指"银行接受客户委托和授权,按约定的投资计划与方式进行投资与资产管理"。但由于其后监管机构对银行理财产品没有进一步出台更为细致的法律规定,随着银行理财产品不断推陈出新,银行理财产品究竟是一种什么样的投资工具,反而越来越难以回答了。正所谓"理财产品是个筐,什么都能往里装",同时也不排除一些银行假借理财之名,行规避监管之实。

下表是光大银行理财产品近年来的发展轨迹,大致也代表了商业银行理财产品的开发进程。从表可以看出,国内商业银行理财业务不仅仅规模从小到大,理财产品的种类与结构日渐丰富,银行理财产品的设计已经融入了本外币衍生产品交易与开发、债券集合交易、直接融资渠道扩展、资本项下可自由兑换,资产证券化、利率市场化等等概念与趋势,体现了利率市场化与金融自由化的取向,并直接连通投资与融资。

2003年	光大推出个人外汇结构化理财产品；
2004年	9月，光大银行获批推出第一个银行人民币理财产品--阳光理财B计划，使商业银行人民币理财产品真正起步；
2005年	4月，光大银行获外汇局批准，推出第一个人民币quanto结构化理财产品--阳光理财A+计划，实现人民币资金间接投资海外金融市场； 12月，光大银行推出首个内嵌信用衍生工具的人民币信用关联理财产品；
2006年	3月，借助双层信托的机制，光大等行推出与信托对接理财产品，实现了理财资金与信贷工具的对接，并发展出多种模式； 6月，监管机构批准商业银行发行直接代客境外理财产品； 9月，光大银行推出新股申购理财产品，实现理财资金与证券市场的对接；
2007年	3月，光大银行首个推出基金投资组合理财产品； 7月，光大等行等推出投资于二级市场的仿制基金理财产品； 8月，光大银行推出第一个内嵌A股股票期权的结构化理财产品，成为投资国内股票市场的新工具； 9月，其他银行开始推出股权私募（PE）理财产品；借助信托平台，银行陆续推出内含夹层融资、红酒信托、艺术品信托、房地产信托等另类投资理财产品；
2008年	4月，光大银行推出自主管理的基金化理财产品--稳健1号
2009年	4月，光大银行发行第一支伞型基金类理财产品　阳光资产配置计划 8月，光大银行推出阳光私募基金宝

尽管银行理财产品的形式多种多样，但究其法律关系，大体可以分为三类，即结构化存款理财产品（表内核算，销售购买关系）、资产证券化类理财产品（表外核算，委托代理＋信托关系）、基金化理财产品（表外核算，信托关系）。

（一）结构化存款理财产品

结构化理财产品是内嵌期货、远期、期权、互换等金融衍生工具的投资品种，其基本构成是债券投资或存款等无风险投资＋期权交易。当无风险资产投资是发行银行自身的存款时，结构化理财产品就成为结构化存款。法律关系上，在结构化存款理财产品是银行发行的负债工具，与投资者之间是销售与购买的关系。结构化存款并不会因内嵌了衍生工具，就成为一些人眼中的“洪水猛兽”，特别是银行大多推出的是保本型的结构化理财产品，即通过投资于无风险资产以便在产品期末达到投资本金保护水平，而期权交易一般是买入期权，即最多损失期权费而不会侵害本金，衍生品的引入是为了将原生金融产品期限、收益、风险等各种固有的特质重组打包，将投资者对于未来市场变化的预期转化为真实的投资行为。因此，结构化理财产品实际上是在对利率、汇率、信用、股票、基金、商品等基础资产走势判断的基础上，权衡衍生交易成本、潜在收益、风险等因素后，利用不同类型的远期、期货、期权、互换等衍生交易的杠杆性质，为投资者构造的一个静态投资组合。通过下图，我们可以发现，结构化理财产品与开放式基金、对冲基金一样，也是一种投资形态，无所谓好坏，只是体现了不同的投资理念与原则。

由于结构化投资产品内嵌期货、期权、互换等衍生工具，可以为投资者带来以下价值：(1) 衍生工具本身的卖空与杠杆作用；(2) 波动性交易（Volatility Trading）、相关性交易（ Correlation Trading ）与息差交易（Carry Trades）；(3) 结构化产品使投资者接触到不能接触到的市场；(4) 最主要的是，对于中小投

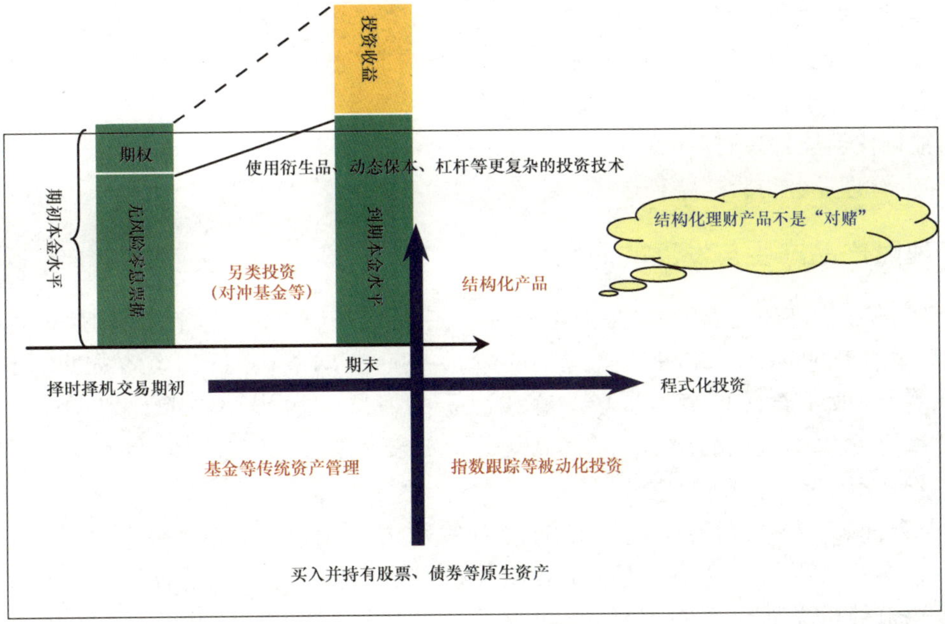

资者而言，当他们的资金不足以进行分散投资时，可以利用结构性产品实现本金保护的目的。

经过2008年金融危机的市场洗礼后，结构化理财产品也开始强调更多的资产配置（复合资产挂钩）与更灵活的动态管理（挂钩资产为可调整的灵活指数）。

（二）资产证券化类理财产品

信贷理财产品是目前银行理财产品的主流类型，占银行理财产品余额的80%以上。在信贷理财产品的结构中，银行首先以理财产品为载体，与投资者建立委托代理关系，在获得投资者委托的基础上，以受托人的角色与信托公司签订资金信托合同，在信托合同中以单一委托人的身份设立信托计划，并最终将投资者的资金投资于信贷资产也包括票据、夹层融资、房地产信托等任何具有未来现金流的资产。对比资产证券化的法律结构，通过信托的介入，这种银行表外核算的“委托代理＋信托模式”也起到了破产隔离、独立清算等证券化的目的，银行发行这类理财产品的过程本质上是资产证券化的过程。

（三）基金化理财产品

2008年以来，包括光大银行在内的部分银行还开始发行由银行担任管理人或银行选择基金公司、证券公司等外部投资顾问担任管理人的开放式理财产品。如光大银行2008年发行的投资于债券及其他固定收益类资产、每月开放认购赎回的理财产品—阳光理财稳健一号资产管理计划。在这个产品的募集说明书中明确该计划是“指以光大银行作为投资管理人，根据国家有关法律、法规、政策和投资人的投资意愿，按照投资人与银行双方约定的投资管理原则，将投资人委托的资金投资于境内债券类和准债券类低风险产品，根据事先约定的原则实施动态管理，以实现所委托资金收益最大化的业务。投资收益和投资风险由投资人承担，光大银行除收取认/申购费外，并按事先约定收取投资管理费”。在这一类银行理财产品中，依旧是通过银行理财产品与信托计划的对接，并增加银行托管机制，以建立客户资金的明晰的法律地位，保证代客资产的独立清算与破产隔离，同时借助信托公司的交易出口为银行理财产品获取了对资本市场的投资渠道。

但同样是表外核算，同样是与信托计划对接，这类银行理财产品在银行与客户的法律关系方面与资产证券化理财产品不同，并不能完全以委托代理关系来定义，而更接近于信托关系。如果我们对照《证券投资基金法》和《证券公司集合资产管理业务实施细则（试行）》中的有关规定，就会发现，基金和券商集合资产管理计划通过以上法律、法规的契约安排，实际也是一种信托关系。如2008年5月证监会颁布《证券公司集合资产管理业务实施细则（试行）》中第七条规定："集合计划资产独立于证券公司和资产托管机构的自有资产。证券公司、资产托管机构不得将集合计划资产归入其自有资产。证券公司、资产托管机构破产或者清算时，集合计划资产不属于其破产财产或者清算财产"。

因此，包括银行代客境外理财产品（QDII）在内的银行基金化理财产品复制了与基金同样的法律关系，成为银行开展资产管理业务可行的路径选择。

二、银行理财产品产生与发展的必然性

宏观层面，外部金融环境与客户需求变化要求银行发展理财业务。当前，中国金融业进入一个包括一下特征的显著变化时期：（1）利率市场化的前景；（2）后金融危机时代，资本充足率约束强化，与股东要求的资本回报形成矛盾；（3）资本市场与直接融资的发展，"脱媒"作用日益明显；（4）多元化经营的趋势，不同类型金融机构直接的融合与竞争加剧，这就要求银行要在以往"借给人钱赚钱"的盈利模式中逐步增加"给人管理钱赚钱"的成分。

在客户需求方面，私人财富持续增长、经济权力多元化，金融市场复杂性增强，社会阶层与财富水平分化，使得个人客户金融需求从资产增值、资产保持、资产转移、资产负债风险管理到杠杆翘动等不断提高，不同客户群体的金融需求明显异化；同时，随金融环境日趋自由化、企业年金等机构投资者日益丰富、企业盈利能力持续提高，机构及企业理财市场面临巨大的发展空间。因此，银行传统的产品与服务模式已不能适应客户的需要。

在微观层面上，理财业务作为商业银行实现发展战略调整与业务转型的重要手段，其作用更为明显。理财对客户而言是作为一种投资行为，对银行而言是中间业务，依托一定的交易结构为客户带来收益，没有依靠银行信用为产品提供本金或收益的保证。例如一些保本型理财产品，往往是通过零息票、CPPI、OBPI等静态或动态保本技术达到的。因此，在规范的理财业务中，银行仅是产品提供者，风险由投资者承担，真正体现了银行金融中介职能的回归。在光大银行经营实践中，我们深刻地体会到，发展理财业务有利于从目前以存款为单一导向的负债结构，向有效负债、主动负债的概念转化；有利于银行调整资产运作方向，缓释风险，缓解资本金的硬约束；有利于改善银行的收益结构，转变银行的经济增长方式，提高银行在激烈竞争环境下的生存能力；有利于通过构建差异化的业务竞争优势和特色鲜明的金融品牌，巩固扩大银行的基础客户群；有利于完善银行的金融服务功能，推动商业银行向综合化金融服务的方向发展。

传统银行业务模式必然面临资本充足率与资本收益率之间的两难选择，以理财业务开拓综合化经营之路是商业银行的必然趋向。混业经营也应选择以商业银行为主导的模式，强调与客户的长期依存才能避免过度杠杆化。如果说混业经营是2008年金融危机的催化因素之一的话，也是因为欧美国家的混业经营已经逐渐演变为投资银行主导的模式。在这一模式下，商业银行传统的与客户建立密切关系的经营方式被抛之脑后，取而代之是投行为卖而买的交易模式。贷款的贷前调查、贷中检查与贷后管理被放松，因为贷款将被迅速的证券化或通过信用违约互换交易将信用风险转移出去，银行利用腾挪出的资本再一次进行杠杆放大。

通过分析银行理财产品的法律结构，我们也能发现银行理财产品在目前阶段更具不可或缺的作用。在资产证券化暂时停滞的情况下，资产证券化类理财产品对活化银行信贷资产、促进经济增长与金融体系稳定具有重要意义，而基金化理财产品是商业银行开展资产管理业务的发轫之所。

三、银行理财产品创新对投资者的现实意义

一般而言，理财的收益主要来自以下三个方面：一是管制套利，即突破管制带来的无风险套利机

会；二是承担某种类型风险所产生的风险收益；三是资产配置能力。在金融实践中，银行理财产品的创新也按照以上思路展开，通过创新为投资者提供新的投资渠道，使投资者突破金融管制，接触到以前无法企及的投资领域；为投资者提供新的投资工具，使其承担其愿意承担的风险并获得相应的收益；为投资者提供新的交易技术，以提高资产配置的效能。

管制与监管是截然不同的两个概念。前者是指人为地对市场要素流动或价格加以限制。金融机构为规避管制或获取市场区隔产生的套利机会，进行了大量的创新。如美国对存款利率上限加以管制的Q条例直接导致货币市场基金账户等产品的兴起。2004年光大银行首家推出的银行人民币理财产品—阳光理财B计划也是一个例子。B计划采用先投资银行间债券市场交易的债券建立资产池，再以资产池的收益为保证发行理财产品，实际上是打通了银行间债券市场对个人投资者的进入壁垒，在当时央票发行利率高于同期储蓄存款利率的情况下，为投资者带来了无风险收益。目前大量发行的信贷理财产品其价值来源也主要是存贷款的利率管制。

所谓风险，在金融学中定义为不确定性，即市场变量的实际走势与预期之间的差异。除直接投资风险资产以获取风险收益外，结构化理财产品也通过内嵌衍生品交易的方式，让投资者承担了这样或那样的市场风险，而且通过衍生金融工具将原生金融产品各种固有的特质重组打包，构造出新的金融要素组合，从而满足了投资者在期限、流动性、收益、风险方面的个性需求。我们可以预见，随着股指期货的推出以及人民币利率、汇率市场化，人民币基准利率曲线将不断完善，基于其上的利率互换、利率期权、货币期权等人民币金融衍生品不断发育，人民币结构化理财产品将会发生质的飞跃。

而资产配置能力是长期投资组合绩效的主要决定性因素，择时操作、证券挑选只起次要作用。但在中国目前的金融市场上，包括基金在内的很多投资品种或是分业经营的限制、或是因为调整成本、或是因为监管法规对投资仓位的约束，难于根据市场的变化更为灵活的调整资产组合，投资管理人的资产配置能力受到了限制。但如图显示，银行理财产品从目前情况来看能够接触到的市场面最广，可以在更宽泛的范围内为投资者提供资产配置与风险管理方案。

通过“管制套利”、“风险收益”、“资产配置能力”三方面的收益增强与结合，银行理财产品对投资者最大的意义在于，填补了中国金融市场投资谱系中风险收益配比的断点，通过创新，补充并平滑了风险收益曲线，从而满足了投资者的需要。

在中国目前金融投资产品体系当中，已经有了储蓄、国债这样低风险产品。但是比储蓄、国债风险更低的品种，如美国的通货膨胀保护债（TIPS：Treasury Inflation Protected Securities，美国国债的一种，收益率随通货膨胀指数调整，从而给投资者提供了对冲通胀风险的工具）目前还未出现。在高风险产品端，我们已经有了股票、股票型基金，但比股票风险更高的杠杆基金、卖空、衍生品等高波动性产品也十分稀缺。在储蓄与股票之间，对中小投资者而言也往往非黑既白，缺少风险与收益配比的多样化组合。因此，要么承担储蓄与国债的负利率风险（2007年~2009年，储蓄存款收益经通货膨胀调整后的收益为-2%左右），要么忍受股票市场过山车一样的跌荡起伏。而银行理财产品的出现，恰恰补充并平滑了中国金融市场中投资风险收益曲线，尽管有极少数产品出现了负收益或零收益，但在金融危机大的背景下，按规模统计，96%以上的银行理财产品实现了预期收益，使银行理财产品整体跑赢了通货膨胀，为投资者实现了资产的保值增值，增加了居民的财产性收入。

当然，随着中国金融市场新的投资工具不断出现和其他金融机构的创新，如股指期货、融资融券、分层基金、股票期权等的出现，银行理财产品在补充、平滑投资曲线中的作用在减弱。但我相信，在中国金融环境大变革的时代，理财业务将国内居民财富迅速扩张对金融服务在深度与广度上的外在要求与银行自身进行金融创新以实现战略转型与差异化经营的内在需求有效地结合在一起，因此具有强大

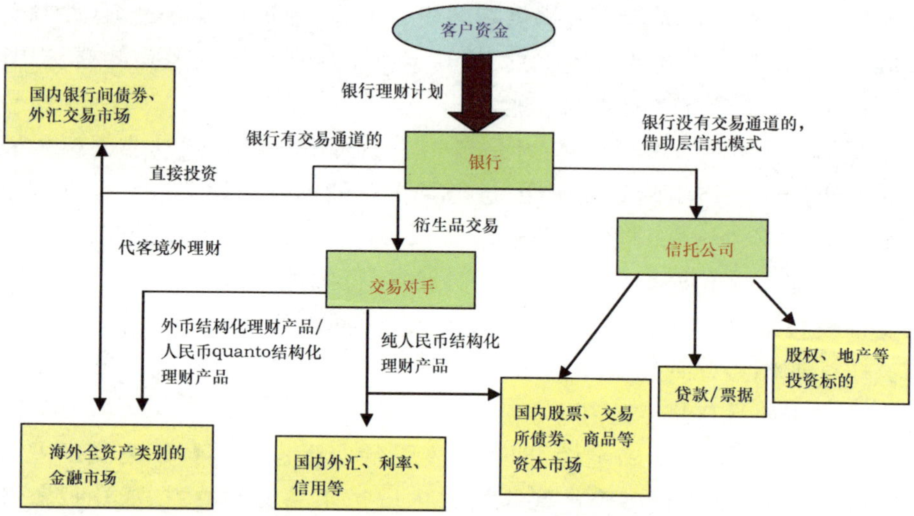

的生命力。而商业银行稳健的经营原则、强大的金融人才储备、良好的信誉背景、内外畅通的交易渠道，都决定了在理财业务等金融创新领域，银行具有一定的领先优势。可以预见，商业银行理财产品仍会不断推陈出新，产品的结构与层次也将是丰富多彩的。

四、银行理财业务面临的问题

（一）不同层面的误解

很多人没有意识到在中国金融市场完善过程中，银行理财产品的探路与试验作用，简单将其定位为“监管套利”；没有意识到银行理财产品对中国资本市场投资品种谱系的补充作用及由此带给投资者的利益；对银行理财产品的多样性及收益机制没有全面了解，以偏盖全，一定程度上误导了投资者。

（二）资产证券化类理财产品存在机制缺陷

在资产证券化类理财产品中，由于将发起人、发行人、服务商、保管人等角色银行合为一体，存在利益冲突，银行不可避免承担道义责任，信用风险无法充分转移给客户。从香港“迷你债”风波也可看出，信用风险向个人客户转移存在一定难度。信用风险无法实质转移所隐含的银行资产负债表业务的放大，降低了资本充足率管理的效力，扩大了资本杠杆倍数。

（三）银行自身定位不清，在能力建设、风险管理方面缺乏投入

主要表现在：(1)部分银行缺乏在理财业务发展目标、客户、产品、团队建设等方面的定位及相应投入，简单将理财业务作为过渡性产品或表内业务表外化的工具；(2)在投资研究方面缺乏团队建设，对不同资产类别没有专人研究，产品成功率低；(3)简单将理财业务等同于理财产品销售，缺乏对销售渠道的人员管理与培训，销售电子化系统投入也不足，存在不当销售与过度销售问题；(4)对理财产品的后续管理不当，包括信息披露、事件处理等方面；(5)产品设计与投资过程中隐藏的道德风险。

（四）理财产品的法律地位不明，投资机制不畅，投资者群体受限制

由于银行理财产品没有明确的法律框架支持，加之我国分业经营，使得银行理财产品往往借助信托计划作为载体，法律关系复杂。保险、年金、社保等机构投资者投资银行理财产品也因此存在政策障碍。由于没有固化的法律框架，可以用“草根阶层、山寨创新、夹缝求生、方向不明”来形容银行理财产品。

（五）统计信息不全，信息无法共享，各银行适用的会计准则不一致

主要包括(1)银行理财产品缺乏完全的信息，难以反映银行理财产品的全貌，银行不了解整体市场发展情况，也难于定位；(2)不同外部审计师对银行理财产品的会计处理准则尺度不一致，没有全面反映银行在理财业务上承担的风险敞口。

五、银行理财产品下一步的发展建议

（一）对监管机构的建议

第一，制订关于银行理财产品的法律法规，明确银行理财产品的法律架构，并进一步解决银行理财产品开户、交易等通道问题。

第二，区分理财产品公募与私募的不同性质，对公募性质的产品实行强制性的更为严格信息披露与销售控制，实行更为严格的核算与账务处理要求，实行更为严格投资限制。

第三，以组织架构、内部管控、投资研究、团队配备等能力评价为基础，对银行进行分类管理，实行业务、产品、地区、对象的不同准入标准，以加强银行的自律。

第四。，提高对理财产品、理财业务的统计、监测的时效性，数据共享，以弱化银行以存款为中心的考核，而用管理客户资产量这一指标反映各行的客户粘合度。

第五，组织对银行理财产品与银行理财业务的正面宣传与介绍。

（二）对商业银行的相关建议

对银行自身而言，要不断加强银行的自律与自省，切实提高银行理财业务的能力建设。长期看，尽管信贷资产仍可能成为理财投资的领域，但资产证券化类理财产品将随规范化的资产证券化运作重新开启以及利率市场化进程延伸到存贷款领域而失去生存空间，基金化产品为代表的资产管理业务是银行理财产品最终的生存形态，因此，加强投资研究能力与风险管理能力建设对有进取心的银行而言刻不容缓，相应的组织架构调整、人员投入、系统建设应随之跟上，包括：

首先，设立资产管理业务专门的机构与人员，实现前、中、后台分离；

其次，提升投资研究与风险管理能力、辅之以相应的 IT 系统建设，使业务模式向资产管理业务拓展；

第三，加强客户细分，保证合规性销售；

第四，整合银行传统业务，从产品销售向为客户提供财务规划与资产配置方案过渡；

第五，以产品收益实现能力和客户资产总量为核心分别考核投研与销售人员。

总之，中国金融市场已经进入一个加速发展的时期，金融快速变革与发展已经成为一个不可逆转的趋势。银行传统的产品在未来，可能既不适合市场与客户的需求，也不适应银行业竞争的需要。商业银行理财业务的迅速开展是银行进行产品创新与服务创新的集中反映，发展理财业务也是银行业应对金融环境变迁、外资银行及非银行金融机构挑战，催生资产管理、金融衍生产品交易、私人银行等新兴业务领域的必由之路。银行也应从自律及良好实践角度出发，采取更为尽责的做法，在自身能力范围内开展理财业务，发行与管理好理财产品，履行受托责任，并为理财业务进一步的延伸创造条件与空间。

（光大银行总行零售业务部总经理兼财富管理中心主任张旭阳 供稿）

招商银行个人理财业务发展现状及展望

一、理财产品的发展概况

近几年来，商业银行个人理财业务迅速发展，在个人投资者的理财体系中占据了重要地位。银行理财产品的大量涌现与创新实践不仅拓展了广大客户的投资理财渠道，满足了国内居民的理财需求，也进一步拓宽了银行的业务范围，大大推动了国内金融市场的创新与发展。

2002 年，招商银行针对高端客户，在国内率先推出了统一的高端客户服务体系——“金葵花”理财服务品牌及服务体系；2003 年 1 月，在业内率先推出“金葵花”人民币受托理财计划，创下国内理财市场人民币理财产品先河；2003 年 5 月，率先推出“金葵花”外币受托理财计划，丰富客户外币投资工具和理财选择。

经过几年来的稳健发展，目前招商银行已形成了焦点联动、日日金、安心回报、新股申购、招银进宝、A 股掘金、纵横四海、海外寻宝等八大系列的理财产品体系，同时建立理财产品的多层次管理架构：面向大众客户发行的稳健收益类理财产品，满足客户的稳健型投资需求；与此同时，面向钻石和私人银行客户发行了以权益类、债券套利类、结构化类等多样化产品，满足高端客户的资产配置需求。

（一）面向零售客户发行的理财产品

根据零售客户追求稳健收益的理财特点，向零售客户发行的理财产品以稳健收益类理财产品为主，主要包括保本预期固定收益的安心回报系列、岁月流金系列，非保本但预期稳健收益的招银进宝系列，保本浮动收益的焦点联动系列，以及日日金系列等。

2009 年，招商银行各系列产品发行情况占比如下：

各系列产品发行数量占比

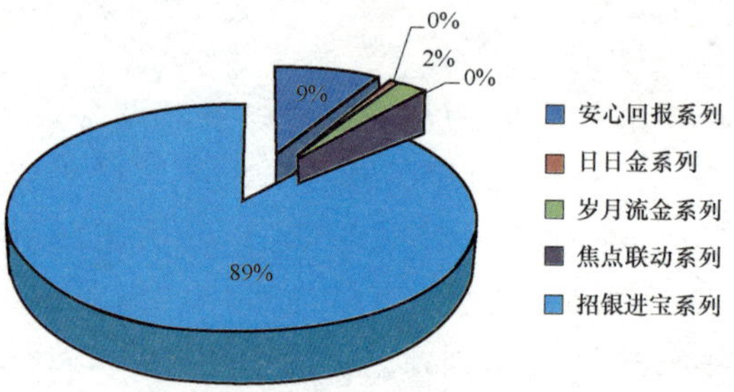

从产品发行数量来看，招银进宝系列由于包括信贷资产转让项目、各类信托融资贷款项目、资产池类项目等，占比最高，约占全年理财产品发行总数量的 89%，其次为安心回报产品，占比约 9%。

各系列产品发行规模占比如下：

从产品发行规模来看，日日金系列产品占比最高，约占全行理财产品发行总规模的 76%；其次为岁月流金系列，占比约 14%。招银进宝系列发行规模排名第三，占比约 9%。

（二）面向钻石、私人银行客户发行的产品

为了满足钻石、私人银行客户投资和资产配置的需求，我们重点在权益类产品、结构性产品、债券

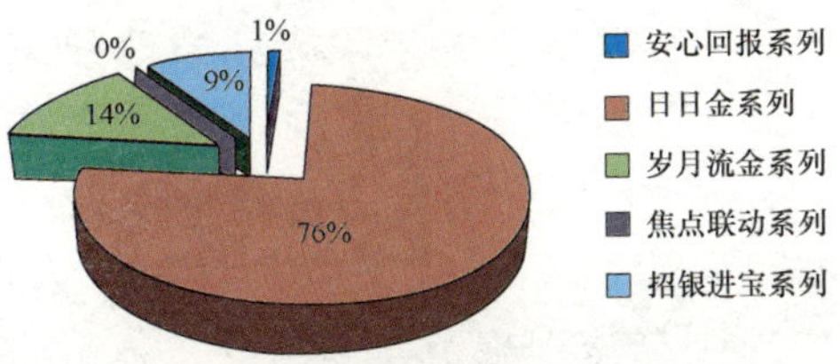

套利系列产品进行了创新和发展。现将上述产品发行与运营情况分别报告如下：

1. 权益类理财产品

在权益类理财产品的开发设计过程中，招商银行采取明星公司、明星基金经理的策略，优选基金公司基金经理担任我行理财产品的投资顾问。从前期的合作情况来看，投资表现比较理想。

2. "优化结构"系列理财产品

优化结构系列产品系根据客户的需求和金融市场的变化灵活定制或发行的结构性理财产品。招商银行产品团队根据市场判断和分析，优选产品收益结构，向客户提供不同类型的结构性产品，以丰富客户的投资选择。

以挂钩石油类资产走势为例，我行曾发行产品表现挂钩于美国证交所挂牌的美国石油基金和香港交易所上市的3只石油类股：中国海洋石油有限公司、中国石油天燃气股份有限公司、中国石油化工股份有限公司的结构性产品。从产品收益表现来看，如石油类资产如客户所预期，投资者将获得预期收益且产品自动提前终止。

3. 套利系列产品

套利系列产品是招商银行针对私人银行客户追求绝对回报、可以接受适度杠杆交易的需求研发的类对冲基金的产品。

2009年我行在债券产品方面创新研发并先后推出了两款套利产品，利用债券杠杆工具，投资于国内银行间和交易所债券市场，投资策略都采用了债券套利策略。非凡常在理财计划在产品结构上创新引入了优先、次级受益人，以适应不同风险收益偏好的客户。

目前上述两款产品的投资运作良好，产品净值稳步上升。

二、个人理财客户结构

在我行认购个人理财产品的客户均通过我行风险承受能力测试，约57%的客户风险承受能力测评结果为A3～A4，为风险收益平衡型客户；约30%的客户风险承受能力测评结果为A1～A2，为风险回避型客户；约13%的客户风险承受能力测评结果为A5～A6，为风险偏好型客户。

根据监管机构的有关要求，我行个人理财产品的最低起点认购金额为人民币五万元，因此上述客户均为我行"金卡"或"金葵花"以上级别的中高端客户，具有一定的专业能力、投资经验，风险意识较强。

三、系统建设和理财制度体系完善情况

（一）进一步加强产品管理的制度建设

为控制资金运用风险，确保产品研发及运作合规，加强理财产品的交易、运作和相关风险管理，我行已相继制定若干管理办法和操作规范，构建起了较为完备的个人理财业务中后台制度体系，成为我行个人理财业务长期稳健发展的坚实基础。具体包括：《招商银行代客理财业务管理办法》、《招商银行总行资金交易部代客理财业务操作规程》等。

与此同时，为控制理财产品的销售风险，提高理财产品销售及售后服务水平，切实保护客户利益，确保“将合适的产品销售给合适的客户”，根据相关法律法规精神和监管机构有关规定，自2005年起我行先后制定了《招商银行个人理财业务管理办法》、《招商银行理财客户经理工作流程》、《招商银行零售银行产品经理管理办法》、《招商银行零售银行客户经理管理办法》等内部制度与业务规范，从产品组织与销售管理、风险管理、操作流程、资金清算、系统支持及对从业人员的资格准入和培训考核等各方面明确了个人理财业务开办的基本原则与流程规范。

伴随着近年来金融市场的不断创新与快速发展，根据监管部门有关文件指导精神及国内外金融市场和个人理财市场的新特点，我行不断修订和完善个人理财业务相关制度体系，先后制定了如下管理办法和补充规范：

1. 强化从业人员资格管理和理财产品销售流程

招商银行全面施行理财业务从业人员持证上岗制度，明确个人理财业务从业人员持证上岗的要求，以及个人理财业务从业资格认定的方法、流程、后续培训和监督管理。

与此同时，为进一步规范理财经理的销售流程，通过相关制度明确客户经理向客户提供理财服务的具体标准：理财产品的“四步销售法”，即“了解客户、介绍产品、完成销售、延续服务”的四步销售流程，具体落实客户风险承受能力评估、产品适合度评估等合规销售的要求。

2. 进一步加强客户售后服务和投诉管理

建立了总、分、支三级机构投诉受理和处理岗位构成的投诉管理组织体系，明确了各机构职责，详细规范了各种投诉渠道的投诉受理和处理办法，进一步健全了包括投诉处理原则、投诉处理渠道与时限要求、投诉管理组织体系、岗位职责与责任认定、各渠道投诉处理流程、投诉记录与信息报送以及投诉预警与改进等各项内容的全行客户投诉处理机制，确保为客户提供合理的投诉途径，公平公正、及时有效地处理客户投诉，充分保障客户的利益。

3. 进一步规范全行零售投资理财类产品营销宣传工作

根据中国银行业监督管理委员会关于控制理财产品销售风险的指示精神，为确保合规销售，控制业务风险，强化零售条线投资理财类产品的营销宣传管理，招商银行规定，零售投资理财类产品的相关宣传资料由总行相关部门统一设计和发布，从谨慎的原则出发，进行充分的风险提示，避免误导投资者。

（二）不断完善和提升IT系统对理财业务的支持

为了适应不断变化的监管政策和市场需求，2009年我们对受托理财系统做了以下升级和开发：

1. 客户端信息展示方面

为提高理财产品的信息透明度，做好客户信息通达工作，提高客户体验，在客户端信息展示方面，我们开发了理财产品净值短信通知功能，支持产品经理在合适的情况下向客户批量发送产品净值通知；开发了历史交易查询功能，方便客户通过网上银行查询到购买理财产品的流程信息；针对不同类型的理财产品展示不同的信息，便于客户清晰的了解所购买产品的具体情况。

2. 加强产品的售中与售后管理

为了提升高端客户服务满意度、完善产品生命周期管理，2009年我们在以下几个方面进一步提升了零售产品，尤其是权益类等高风险产品的售中与售后管理：针对私人银行和钻石客户，建立资产配置销售模型，严格按客户风险度进行资产配置，对单只产品按配置比例进行销售；密切跟踪合作伙伴动态，建立合作机构的准入与退出制度；紧密跟踪产品发行后的投资管理人动态和投资情况，及时将市场变化和投资管理人的应对策略、产品净值与运作状况传递给客户。

四、理财市场未来可能的发展趋势和产品创新策略

（一）未来市场可能的发展趋势

1. 利率市场化前，低风险、稳健类产品将蓬勃发展

近几年来，商业银行个人理财业务快速发展。我们认为，快速发展的主要原因之一为储蓄存款的理财化，在存款理财化初期，由于投资者专业能力有限，以及国内市场低风险投资工具仍有待继续发展等原因，低风险、稳健收益类产品极大地满足了大部分客户的投资需求。

在利率市场化之前，该部分客户需求持续存在。综合考虑高净值客户的资产配置需求，我们认为，以优质信贷资产、融资类项目、票据等为主要投资方向的低风险、稳健类产品将有较大的市场需求。

2. 交易类产品将获得快速发展机会

储蓄理财化的同时，伴随着投资者理财能力的提升，我们认为，越来越多的投资标的将进入投资者的理财视角，如外汇、黄金。以黄金类产品为例，实物及现货黄金买卖将可以满足高净值客户的规避通胀主题投资需求，黄金期货、T+D 延期交割等方式更满足了部分投资能力强的客户的理财需求，交易类投资产品将获得快速发展机会。

3. 结构性产品发展空间将被打开

2000 年以来，结构性产品（境外或称结构性存款）在欧洲、美国、香港、新加坡等市场快速发展。伴随着衍生期权结构的不断创新，结构性产品极大地丰富了投资者的不同投资需求，如：想参与看好标的资产未来投资机会，但又不愿意承担本金投资风险的投资者，可通过投资保本类结构性产品满足其投资需求。

结合境外市场发展经验，结构性产品快速发展需要如下关键条件：

首先，投资者的投资识别能力。从目前国内理财市场情况来看，部分投资者依然从低风险、预期固定收益角度来理解、选择和投资结构性产品，并没有结合自己对市场未来走势的判断、对自身资金流动性需求等因素来决定投资与否。

其次，国内资本市场投资工具的完善和健全。从产品本质来看，客户是否选择某只结构性产品，与该结构性产品的挂钩标的、收益特点、风险等有着必然的联系。目前，由于国内资本市场欠成熟，许多投行在设计结构性产品时，只能以境外股票、商品、指数等作为标的，这在一定程度上降低了国内投资者的参与热情。伴随着国内股指期货的推出，如果结构性产品的投资标的能拓展至国内股票、指数等，将较大地提高客户的投资意愿。

伴随着国内投资者专业投资能力的提升，以及国内资本市场不同投资工具的健全，结构性产品未来发展空间将被打开。

（二）未来产品创新发展策略

“稳健发展，持续创新”策略：结合理财市场的创新发展和政策监管要求，继续发展低风险、稳健收益的理财产品，满足大部分客户的投资需求；通过持续产品创新，跟随市场发展趋势，面向有投资经验客户、高资产净值客户推出各类创新型产品，是未来理财产品创新发展的方向。

五、困难与建议

（一）商业银行创新能力仍需进一步提高

目前国内大部分商业银行在固定收益类产品的投资领域具有较强的投资和研究能力，以及投资经验，但在衍生产品市场、权益类投资市场仍处于发展初期，商业银行创新能力仍需进一步提高。

（二）现行监管政策、制度发展需求和建议

近几年来，为进一步保证和推动商业银行个人理财业务快速发展，监管部门就商业银行个人理财业务制定了专门的管理制度、风险指引和一系列的规范性文件，为理财业务的持续快速健康发展奠定了坚实的基础和创造了不可或缺的条件。

伴随着业务持续创新，结合境外监管政策和同类产品监管经验，根据近年来在个人理财业务方面的经营管理实践，对有关监管政策及制度提出如下建议：

1. 进一步完善《商业银行个人理财业务管理暂行办法》和《风险管理指引》相关制度

建议对理财法律关系予以明确界定。目前，在商业银行个人理财法律关系界定方面，实践中存在“代理关系”和“信托关系”两种不同认识。这种不清晰的状态导致银行理财产品的设计及与客户间合约安排存在一定不确定性，也使商业银行在开展理财业务的过程中受到诸多限制。建议将理财关系明确为“信托关系”，为银行理财业务的进一步开展打好基础。

2. 进一步加强理财业务的统计和信息发布工作

经济的发展，居民财富的积累，居民财富已经不再以储蓄存款的单一形式存在，基金、保险、理财产品等在内的理财资产也已经成为客户金融资产的重要组成部分。为能更清楚地描述国内居民的金融资产状况，建议人民银行在已有统计报表体系下，增加统计并公布理财业务、管理客户金融资产等情况，增加商业银行在管理客户金融资产上的统计和比较，有利于推动理财业务的进一步发展。结合目前实际情况，建议管理客户金融资产的范围包括：储蓄存款、公募基金产品、券商集合资产管理计划、基金专户管理产品、黄金产品、保险产品等。

2010 年，我们将积极迎接挑战，以提升专业能力为手段，以深化客户经营为重点，以强化产品与服务创新为保障，坚持战略资源投入，进一步打造招商银行个人理财业务的核心竞争能力。

（招商银行总行零售银行部周伟　林敏　供稿）

外资银行理财业务在中国的发展和经验

一、外资银行在华理财业务的发展历程和现状

自2004年监管部门允许外资银行推出个人外汇理财产品至今，外资银行在中国的理财业务经历了春夏秋冬一个四季的轮回，基本上可以用四个阶段来概括外资银行理财业务在中国的发展历程。

（一）第一阶段：2005 ~2006 年

2004年中旬，政府允许外资银行推出个人外汇理财产品。由于人民币业务尚未对外资银行开放，且外资银行尚未获准本地化。外资银行理财市场呈现以下特点：

1. 监管尚未放开，外资银行争相抢占潜在市场

受到监管环境和市场景气程度等影响，外资银行理财业务还没有完整的产品链，限制了其理财业务的质量和规模。但当时各家外资银行纷纷增设营业网点争夺客户，为理财业务的未来发展抢占市场。

2. 理财客户局限于高端群体，依靠差异化服务为客户增值

在此阶段，受经营网络不足，且尚不能对内地居民开办人民币业务等限制，外资银行客户群较小，而且理财客户都是日均存款余额在一定额度（10 ~ 15 万美元左右，各家银行不等）以上的贵宾级客户。当时外资银行并不能为客户提供更高的存款增值，而是以为客户营造尊贵的氛围和差异化服务取胜。

3. 产品以外汇结构性产品为主，各家银行产品趋同性明显

当时人民币个人业务对于外资银行还是禁区，外币结构性存款成为当时外资银行提升个人银行附加值、巩固贵宾客户的重要手段。

按照风险程度，外资银行推出的理财产品约可归为三类：

（1）两种外币组合的外币期权投资产品：外资银行的常态理财产品，一般可随时办理，不保本不保息，风险和收益都较高。

（2）与金融市场衍生工具挂钩的结构性理财产品：这类理财产品多为保本型产品，其投资回报与所挂钩的汇率、利率、股票、债券、指数、商品等市场表现相联系，且挂钩方式繁多。

（3）优惠利率的固定收益类理财产品：外币协议储蓄理财产品。

（二）第二阶段：2006 年中~2008 年中

自2006年4月，市场开始出现新业务和新机会，如代客境外理财业务的出现和完善。

2006年4月17日，银监会发布《商业银行开办代客境外理财业务管理暂行办法》。同年，银监会发布《关于商业银行开展代客境外理财业务有关问题的通知》。2006年12月11日，多家外资银行获准对内地居民开展百万元以上人民币定期存款业务。2007年外资银行获批在内地注册法人银行。2007年5月10日，银监会发布《关于调整商业银行代客境外理财业务境外投资范围的通知》。银行理财市场开始走向快速发展，尤其是外资银行的理财产品开始出现一些新特点：

1. 随着市场竞争激烈，市场出现一些明星产品和产品创新

在这个阶段，走在市场前列的外资银行开始思考适合自己的产品策略和竞争策略，也开始不断创新产品以试探理财市场的接受度，并逐渐形成自己银行品牌的特色。

2. 代客境外理财计划的开放式产品线成为理财市场的亮点之一

随着监管环境对代客境外理财业务的完善和支持，各家外资银行纷纷搭建开放式产品平台。这

类产品线的主要目的是帮助国内的投资者捕捉海外的投资机会，同时具有较高的流动性和灵活性，可每日申购和赎回。

（三） 第三阶段：2007 年 7 月 ~2008 年底

2007 年 7 月，环球股市首度因美国次级房屋信贷问题而出现大跌。2008 年 4 月，中国银监会发布第 47 号文，强调代客境外理财计划的产品设计，规范宣传材料和强调银行做好信息披露的重要性。2008 年 10 月，中国银监会发布第 259 号文，强调产品设计中需要考虑的市场风险、交易对手风险、法律风险和客户投诉等内容，使理财市场在风险控制和客户投资方面的制度更加完善。监管环境和市场环境的变化促使外资银行加强风险控制举措。

面临环球市场的系统性风险和更为严格的监管环境，外资银行理财业务策略也纷纷从大力开拓市场走向更为稳健的风险控制和发展的平衡之路，在理财产品销售前、中、后各个环节均进行风险控制：销售前，在产品设计上加强风险控制，特别是针对产品的适合度、复杂度、目标客户的细分等方面体现；销售中，注重销售环节的不当或错误销售，主要强调产品风险与客户风险承受能力的匹配；销售后，信息披露是各外资银行非常注重的环节。多数外资银行通过公开网站或个人网银向客户披露产品存续期的投资表现和市场参考价格，使客户充分了解所投资的理财产品的表现。

（四） 第四阶段：2008 年底 ~至今

自 2009 年 3 月中旬，全球股市跌至过去 6 年的最低以来，随着以美国为首的发达经济体纷纷出台一系列救市政策。截至 2009 年年底，环球各大经济体的复苏，国内理财市场也转暖。在当前国内的理财投资市场上显示出三个比较突出的特征：

1. 公众理财需求持续旺盛

社会大众投资理念、观念已经深入人心，成为中国金融市场发展不可或缺的重要组成部分。

2. 公众理财需求呈现多元化的结构发展

日益开放的投资环境，国际交流往来的增多和百姓金融知识的扩充，使得公众理财逐渐多元化、丰富多彩。

3. 公众理财市场仍然处于起步阶段

尽管公众投资需求增长快速，市场发展迅猛，但总体的投资风险意识还是比较薄弱的。理财风险教育尚处于起步阶段，仍不完善。尤其是近两年来国际金融危机更加突显了风险防范的重要性。

目前，广大的商业银行已经成为公众投资理财的重要场所，也是最平民化的金融理财服务场所，除了传统的储蓄产品以外，银行还提供了大量包括基金、债券、保险、黄金、信托等多种投资服务方式，以满足公众多元化的投资需求。近几年商业银行理财业务发展实践过程当中，尤其经历了全球性金融危机的过程当中，我们观察到商业银行理财业务竞争现状当中也存在一些亟待完善的问题，这些问题往往根源于商业银行对理财业务认知当中存在的误区或者困惑。

二、 外资银行在华开展理财业务的经验

（一）外资银行理财业务的共同特点

基于上述理财市场的现状，各大外资银行在经过思索之后，在未来的理财业务上不断地探索更为平衡和可持续发展的财富管理之路。

1. 客户分类

相比较中资银行，外资银行的客户群体以中高端为主，成熟度较高、资金量大，这也是外资银行的一大优势。同时，各大外资银行业非常重视客户群体的细分，以及针对不同群体客户所开展的一系列活动。

2. 客户沟通

如何与客户建立良性的沟通，是各大外资银行在经历多年理财之路后的思考之一。于是，各大外资银行加强与客户沟通的活动和渠道，如投资者教育活动和宣传手册、积极开办理财知识讲座和论坛，以家庭、健康、子女教育等为主题的财富管理论坛等活动。

3. 全球化平台

外资银行可凭借其国际品牌和全球一体化的网络平台，为客户提供无国界的、全球统一的银行服务。随着我国对外开放的进程加快，有海外商旅需求人群逐渐增多，外资银行的全球化平台可使其客户无论身处何地都能享受到高水准的金融理财服务。很多外资银行为客户提供全方位的全球金融服务，例如为客户开立海外账户，提供海外信用支持等，可满足客户商务、旅游、留学、移民等多种国际金融服务需求。

4. 财富管理新理念—全方位理财

不同于以往只重视理财产品的销售理念，各大外资银行通过不断思考和总结，推出了全方位的理财观念。

此外，各大外资银行还积极推广财富管理系统（Wealth Management System）。客户可通过外资银行公开网站的财富管理系统了解自身的财富规划以及风险承受能力，最后了解匹配的产品信息。整个过程可帮助客户从需求角度出发挖掘理财需求，让客户更充分的了解风险和收益的管理。

（二） 外资银行理财业务挑战

1. 网络渠道有限

虽然自法人化以来，开展零售业务的外资银行就开始在内地市场积极布点，但相比中资银行庞大的网络优势，零售网点不足仍是外资银行开展零售业务的最大“短板”。

2. 客户信心需要恢复

在经历环球市场的次贷危机之后，虽然环球市场的复苏已经确定和体现，但国内投资者在遭受国外产品表现不佳之后，对外资银行所发行的产品的信心仍未完全恢复。于是，各大外资银行纷纷通过投资者教育，积极开办理财知识讲座，专家市场展望等活动建立和客户的良性互动沟通。

3. 新业务的探索与监管的开放

在2007年外资银行本地法人化后，多数外资银行才财富管理业务一般包括以结构性理财产品和代客境外理财计划为主的投资产品和银保业务。2009年下半年以来，部分外资银行积极着手申请代销本地证券基金业务，并希望通过新业务可以进一步丰富产品线，为外资银行客户提供更多的投资组合选择。但是，由于本地新业务的申请何时正式开放，仍是一个未知数。未来的新业务的开展，在很大程度上也取决于监管的政策和态度。

（三） “平衡” 发展之路

平衡发展已成为各外资银行探寻的稳健之路。个人理财也贯彻了一个平衡的思想，在金融危机的动荡影响之后，特别推出了“家庭理财”的概念，帮助客户将家庭面临的子女教育，退休养老，购房按揭等各方面财务需求进行综合考量，权衡安置，这一做法帮助了客户在具有未知性与动荡性的经济环境中，实现平衡稳健的理财。总之，外资银行在开展理财业务中，既要考虑保障需求，又要考虑资产增值；既要考虑经营业绩的目标，又要考虑长期的客户关系的维护；同时积极探索新业务，以促进外资银行理财业务的健康持续发展。

（汇丰银行（中国）有限公司　供稿）

走进新时代的证券公司集合资产管理计划

一、 发展情况回顾

整体看来，2009 年是证券公司集合资产管理业务开始全面加速发展的一年。受益于政策规范的日益完善和具体业务监管的逐步宽松，无论是获批推出集合资产管理计划的证券公司数量，还是集合产品发行、成立数量与规模，均在这一年得到了急剧增长。

（一） 业务主体阵营加速扩容

2004 年发布的《关于证券公司开展集合资产管理业务有关问题的通知》规定，暂时仅允许创新试点类券商办理集合资产管理业务。2007 年 8 月，经过综合治理，行业进入常规监管阶段。2008 年以来，伴随着《证券公司监督管理条例》《证券公司集合资产管理业务实施细则》等一系列政策规范的出台，获准开展集合资产管理业务的券商开始呈现加速扩容的态势。不仅一些较晚获创新资格的券商集合理财产品获批，越来越多的非创新类券商也相继发行集合资产管理计划。

截至 2010 年 4 月，已知获准推出集合资产管理计划的券商已达 40 家。这表明，2008 年以前长期由十多家创新类大券商垄断集合资产管理市场的历史已经一去不复返了，行业竞争程度显著提高。预计一两年内，拥有集合资产管理计划的证券公司数量有可能将不少于基金管理公司。

表 1 历年新增获批开展集合资产管理业务的证券公司一览（截至 2010. 4. 30）

	2005	2006	2007	2008	2009	2010
数量（家）	11	3	1	8	15	2
新增券商	光大、广发、长江、中信、招商、东方、中金、国信、国泰君安、华泰、海通	东海、国元、国都	上海	平安、申万、中投、南京、中银国际、大通、银河、兴业	宏源、安信、第一创业、东北、齐鲁、国海、民生、东莞、中信建投、国联、浙商、中山、东吴、华西、山西	方正、财富

资料来源：公开信息、招商证券资产管理总部

（二） 管理规模首次接近千亿元

截至 2009 年末，证券公司集合资产管理业务总规模达到 979. 74 亿元，超过了 2007 年末的 825 亿元，首次接近千亿大关。而公募基金业 2009 年末管理总规模则低于 2007 年末水平。券商集合总规模之所以能够创出历史新高，主要还是源于其 2009 年的急剧扩容态势，2005 至 2009 年，集合资产管理计划发行数依次为 12、11、7、22、47 只，2009 年一年的发行数量几乎相当于之前 4 年之和，而在 2010 年仅仅过去 1/3 之际，券商集合产品发行数已达到了 27 只，快于 2009 年。

（三） 整体营收贡献仍有限， 部分券商突出

目前，集合资产管理是证券公司资产管理业务最主要的规模及收入组成部分。而整体来看，资产管理业务尚未成为国内证券公司营收的主要来源，其贡献度甚至在近三年呈现出一定的下降态势。

但我们认为，这种下降状况只是暂时的，资产管理业务在我们方兴未艾，2009 开始的行业爆发式增长终将反映在其对券商营收的贡献度上。从国际领先券商的经验来看，资管业务收入贡献率的提高也应是大势所趋，国内券商资产管理业务任重而道远。

接下来，我们考察了这几年主要券商资产管理业务的营收情况。综合各重要方面表现，选定资产管理业 14 家主要券商作为比较范围。2005～2009 年，东方、招商、中金累计创造了最多的资产管理业务收入，三家均超过 5 亿元，合计占全行业的将近一半。前 10 家券商每家均累计创收 2 亿元以上，资产管理已初步成为这些券商重要的收入来源。招商、东方、中金、西部证券资产管理业务累计收入贡献率达到或超过了 4%，东海证券资产管理收入贡献度也超过了主要券商的平均水平。

表 2　2007 年几大国际券商资产管理业务收入及占比

公司名	资产管理业务收入	占总收入比
Merrill Lynch Investment Managers（美林）	16740	38. 30%
Morgan Stanley Investment Management（摩根史坦利）	12118	43. 24%
Citigroup Asset Management（花旗）	12986	15. 90%
Goldman Sachs Asset Management（高盛）	7206	15. 67%
Nomura Holdings Inc（野村证券）	426	9. 40%

资料来源：公开信息、招商证券资产管理总部

表 3　2005～2009 年度主要券商资产管理业务累计净收入及贡献率一览

排名	公司名称	营业总收入（万元）	资产管理净收入（万元）	行业占比	贡献率
1	东方证券	1，409，851. 99	146986. 96	21. 67%	10. 43%
2	招商证券	2，654，490. 47	115139. 29	16. 97%	4. 34%
3	中金公司	1，526，902. 35	61088. 81	9. 01%	4. 00%
4	国泰君安	4，431，127. 17	58522. 05	8. 63%	1. 32%
5	国信证券	3，100，663. 33	55247. 18	8. 14%	1. 78%
6	华泰证券	3，194，626. 02	51341. 16	7. 57%	1. 61%
7	中信证券	7，733，540. 95	50706. 91	7. 48%	0. 66%
8	广发证券	3，949，381. 40	48210. 36	7. 11%	1. 22%
9	光大证券	2，139，482. 66	31462. 89	4. 64%	1. 47%
10	西部证券	496，371. 29	26092. 79	3. 85%	5. 26%
11	东海证券	697，515. 57	18933. 06	2. 79%	2. 71%
12	国元证券	838，189. 20	15176. 85	2. 24%	1. 81%
13	长江证券	1172117. 78	8971. 27	1. 32%	0. 77%
14	海通证券	3，139，318. 86	7852. 65	1. 16%	0. 25%
	合计	36，483，579. 05	695732. 24	102. 57%	1. 91%

注：暂缺中金公司 2009 年度资管业务净收入数据

资料来源：各公司年报，Wind，招商证券资产管理总部

（四） FoF 和混合型产品是主流

迄今为止发行和存续的集合理财产品中，FoF、混合型和债券型占有较大比重。结合各年产品发行的持续性可以发现，整体上 FoF 和混合型更受券商青睐，每年都有发行。因公募基金投资于其他证券投资基金的限制，FoF 一定意义上是券商相对于基金公司公募产品的独门武器，混合型产品大多则突出灵活配置、精选个股，如 0～90% 的股票类资产投资比例，与公募股票和混合型基金相比具有一定优势。

表 4　2005～2009 年度各类型集合理财产品发行规模及占比　（单位：亿元）

	2005	2006	2007	2008	2009	合计	占比
现金管理型	69.88				52.55	122.43	8.98%
债券型	33.67	26.44		88.17	184.6	332.88	24.42%
混合型	22.38	39.74	69.4	79.65	179.94	391.11	28.69%
FoF	13.58	53.1	90.13	48.79	118.13	323.73	23.74%
股票型		46.08	38.73	9.95	98.47	193.23	14.17%
合计	139.52	165.34	198.26	226.55	633.7	1363.37	100.00%

资料来源：Wind，招商证券资产管理总部

从 2005～2009 五年间各类集合理财产品平均单只发行规模来看，除适应大量超短期资金配置需求的现金管理型产品外，FoF 类产品的平均单只发行量最大。这在相当程度上说明作为最能区别于公募基金的产品类别，其在发行阶段较其他类别产品相对更受认可。

表 5　2005～2009 年度各类集合理财产品平均单只发行规模　（单位：亿元）

	2005	2006	2007	2008	2009	平均
现金管理型	34.94				52.55	40.81
债券型	8.42	8.81		14.7	11.54	11.1
混合型	5.6	13.25	34.7	9.96	10.58	11.17
FoF	13.58	17.7	30.04	9.76	19.69	17.99
股票型		23.04	19.37	3.32	14.07	14.86

资料来源：Wind，招商证券资产管理总部

二、 主要成果综述

（一） 行业监管政策日趋成熟

2004 年施行的《证券公司客户资产管理业务试行办法》《关于证券公司开展集合资产管理业务有关问题的通知》为证券公司集合资产管理业务指明了基本的业务规范。

2008 年的《证券公司监督管理条例》则从宏观高度表明了鼓励证券公司资产管理业务创新发展的基调。第四条：“国家鼓励证券公司在有效控制风险的前提下，依法开展经营方式创新、业务或者产品创新、组织创新和激励约束机制创新。国务院证券监督管理机构、国务院有关部门应当采取有效措施，促进证券公司的创新活动规范、有序进行”，鼓励业务创新。第五条：“证券公司按照国家规定，可以发行、交易、销售证券类金融产品”，明确了证券公司资产管理业务的法律地位。第四十

五条：“证券公司可以依照《证券法》和本条例的规定，从事接受客户的委托、使用客户资产进行投资的证券资产管理业务。投资所产生的收益由客户享有，损失由客户承担，证券公司可以按照约定收取管理费用”，明确了受托管理的性质和“买者自负”的原则。第五章在客户资产保护方面的规定，首度以法规的形式赋予客户委托证券公司管理的资产以等同于独立信托资产的地位，明确了券商资产管理产品的法律地位，是根本性的一大进步。

业务规范方面，《条例》《实施细则》《资产管理业务了解客户规则》《必备条款》（风险揭示书、合同、说明书）等等，则对业务申报、推广设立、投资交易、风险控制、客户服务、信息披露、资料管理等进行了详尽的规定，奠定了业务常规运作的规范基础。2009 年 7 月发布的《证券公司集合资产管理电子签名合同试点指引》则在交易流程上迈出了一大步，使得客户参与集合资产管理计划的大部分程序可以通过网络完成，增强了券商集合理财产品的便利性和吸引力。

（二） 投资视野和业务模式逐步拓宽

证券公司集合资产管理业务投资视野和业务模式的扩展也相当程度上受益于监管环境的日益完善。

2007 年 7 月 5 日起施行的《合格境内机构投资者境外证券投资管理试行办法》打开了证券公司资产管理业务进行境外证券投资的大门。截至目前，至少已有 9 家券商获得了 QDII 资格，而已经发行了 QDII 集合资产管理计划的仅有中金公司一家，其在 2008 年初成立的中金大中华 QDII 集合计划截至 2010 年 4 月 30 日累计净值 1.235，运作结果优于首批 QDII 基金和同期很多银行 QDII 产品。中金首只 QDII 之后监管机关对券商 QDII 产品审批的谨慎，客观上起到了规避境外金融海啸风险的作用，也一定程度上维护证券公司 QDII 的市场形象。目前，券商正再次积极申报 QDII。

2009 年 7 月中国人民银行公告（2009）第 11 号允许证券公司为开展证券资产管理业务在全国银行间债券市场开立债券账户，大大延伸了证券公司资产管理业务的境内投资范围。由于银行间债券市场的品种更多、规模更多、交易更活跃，此项投资的放开将有助于提升证券公司资产管理产品的业绩和流动性。

2010 年 4 月《证券公司参与股指期货交易指引》的出台，将有效促进证券公司资产管理业务产品设计、投资管理的品种、手段和策略的丰富和多元化，比如可以运用套利、Alpha、套期保值、保本等策略设计多种产品，加强资产配置和流动性管理。证券公司资产管理业务作为机构投资者的参与，也对完善市场投资者结构、促进股指期货和现货的理性定价具有重要意义。

2009 年末，招商、东方、光大三家券商的首只小集合产品获准发行，标志着证券公司限额特定资产管理业务全面启动，这种参与起点 100 万、参与人数上限 200 人的集合性理财业务，是介于集合和定向资产管理业务之间、类似于基金一对多的新业务模式。由此，券商也拥有了能够与基金一对多、集合资金信托同台竞技的利器，实质上弥合了证券公司资产管理业务中低端和高端之间的断层，将可能部分解决定向资产管理业务开展的成本效益难题，有助于避免自身部分中高端客户可能的向基金一对多、信托和私人银行理财产品的流失。

（三） 发展速度加快，市场影响力扩大

得益于证券公司监管和治理水平的提高以及资产管理行业监管政策的日趋成熟，伴随着获准开展集合资产管理业务的证券公司阵营日益扩大、投资视野和业务模式逐步拓宽，证券公司集合资产管理计划的获批和发行进程明显加快。同时，在计划存续期限和规模上限等方面的限制也逐步放松甚至取消对部分券商的限制，2009 年以来发行的不少集合产品已经不设固定存续期和存续规模上限，这将极大提高证券公司开展集合资产管理业务的投入产出比和增强长期价值投资和规范服务的理念和意识。可以预期的是，在这种良性发展的环境下，证券公司集合资产管理业务的市场规模和影响

力将继续扩大，终将可能发展成为我国资本市场上重要的一支机构投资者力量。

2009 年以来，券商集合产品申报的多通道（传统集合、创新集合、小集合即限额特定资产管理、QDII）办法明显加速了产品面市速度，缩小了与同样享受多通道申报便利的基金公司推出产品速度的差距。从上图可以看出，除 2005 年证券公司集合资产管理业务刚推出时由于获准开展此业务的券商数量很少致使户均发行数与基金接近以外，其他年份券商户均发行产品数均远远低于基金公司，而这一相对劣势在 2008 和 2009 年连续缩窄。今年以来由于进一步提速，券商年化户均发行集合产品数（2. 25 只）已逼近基金公司年化户均发行数（2. 3 只）。

（四） 体系逐步成型， 能力持续提升

经有效治理和规范，这几年国内证券行业进入了一个新的发展阶段，特别是一些优质券商已经在业务水平和风险控制能力上有了质的飞跃。由于多方面的优势，包括强大的证券研究力量、雄厚的企业和行业资源、作为资本市场综合平台的金融创新优势、相对于基金公司更庞大的营业网络和客户资源等，证券公司资产管理业务具备发展壮大的先天条件。经过 2005 年以来的规范发展，券商资产管理业务取得了很大成绩，部分券商的投资管理水平和业务规范程度已经不亚于基金公司。近几年重点发展的集合资产管理业务在产品报批、投资运作、信息披露、托管登记结算体系等方面的运作模式接近于公募基金，并已经积累了丰富的成功经验。

目前所有券商均由独立的资产管理部门开展集合资产管理业务，其中大部分券商已建立起了较为完备的业务体系，涵盖了从产品设计、营销管理到投资运作、风险控制、客户服务的整个业务环节。部分券商已设立与其他大类业务平行的资产管理总部、其下再根据业务链条设立相应的子部门，如招商证券 2005 年即以客户为中心，将主要业务划分为理财、机构、个人业务服务体系，2009 年初成立了资产管理总部、零售经纪总部、投资银行总部三大业务中心。除业务体系的逐步完善外，部分优质券商的核心能力已崭露头角，在产品创新和投资管理上初步建立了自己的品牌，如招商证券现金牛和基金宝、光大阳光、国信金理财等。

（五） 券商系资产管理公司起航

近日，在证券公司资产管理业务开展 5 年之后，国内首家券商系资产管理公司——上海东方证券资产管理公司日前已获中国证监会批复开始筹建。其核准的注册资本为 3 亿元人民币，业务范围为证券资产管理业务，包括合格境内机构投资者境外证券投资管理业务（QDII 业务）。随着融资融券、股指期货等创新业务的陆续推出，2010 年无疑成为中国证券市场的创新年，而券商系资产管理公司的成立，也使得中国资本市场迎来新的机构参与者。

从发展的角度来看，证券公司资产管理业务的独立运作将进一步优化券商、特别是大型券商的业务结构，有利于券商资产管理业务做大做强；另一方面，券商系资产管理公司也会进一步丰富国内资本市场上机构投资者的层次和类型，进而对资本市场发展起到积极的推动作用。从和谐稳定的角度来看，这种独立运作模式可以实现资产管理业务的风险、资本、人员、机构等的高度隔离，能更好地为投资者服务，也有利于监管机关实行更有针对性的、高效的监管，促进和谐稳定的资本市场环境的形成。

三、 主要问题及建议

（一） 整体规模和分量偏小

一是过去几年，证券公司集合资产管理计划年度发行量逐年递增，发展态势良好；二是相对于其他各类理财产品，券商集合产品的发行量还很低。券商集合理财市场整体规模和分量还小，面临的外部竞争大于行业内部，拓展空间十分巨大。因此，不拘于券商资产管理业内比较，而放眼整个

资产管理市场，充分发挥证券公司自身专业能力，积极开展与其他资产管理机构的互惠合作，应是一条可取之道。

（二） 客户认购方式仍有更加简化的空间

2009年7月证券业协会发布《证券公司集合资产管理电子签名合同试点指引》，标志监管机构已允许投资者采用电子化方式进行认购并签订资产管理合同。但与基金相比，身在同一个市场、发售面向同一客户群体、利用相同的代销机构的情况下，按上述指引要求，投资者在首次使用电子系统认购某集合理财产品之前仍须临柜签订“书面”的《电子签名约定书》，这将制约客户认购的积极性，也给大型代销渠道带来操作和管理上的不便。我们认为为了能使券商集合理财业务的开展既便于监管、便于客户，又便于券商及其参与机构，建议加快并逐步放开集合资产管理电子签名合同的监管，尽可能与基金采用相同的电子化认购方式。其次，在试点基础上，拿出一套老集合理财产品（至少针对存续期在3年以上的集合理财产品）的申购亦同样电子化的衔接及转换措施。

（三） 交易途径偏少制约流动性

目前，证券公司集合资产管理计划获得流动性的途径主要只有申购赎回，而此种方式的交易成本通常较高。当前的监管要求规定券商资产管理计划的持有人不得转让其所持有的份额，而集合信托计划则允许有条件的转让，封闭式基金、ETF、LOF基金和部分创新开放式分级基金则可以在交易所进行交易。我们建议结构化等创新性产品放开份额转让的限制，允许集合和专项资产管理计划在证券公司柜台挂牌交易，有效提高其市场流动性，甚至考虑在时机合适时，在交易所挂牌交易。

（招商证券沈大伟　供稿）

2009

中国金融理财产品市场年报

中国人民银行上海总部金融市场管理部

数据篇

数据篇

总量数据

表3－1　金融理财产品发行总体情况表　　单位：期、亿元

年份	商业银行理财产品			证券公司集合资产管理计划			信托公司信托理财产品		
	发行数	发行量	余额	发行数	发行量	余额	发行数	发行量	余额
2007	3665	8389	4551.2	7	191.4	359.2	1526	3914	4187
2008	7675	27159	7509.4	16	167.4	484.3	2330	5637	5081
2009	8257	35009	9955.7	48	683.1	1070.2	1892	4906	6784

数据来源：商业银行、信托公司、财汇资讯

表3－2　商业银行个人理财产品市场发行情况表　　单位：期、亿元

年份	发行数	拟发行量	实际发行量	总余额	人民币产品实际发行量	人民币产品余额
2007	3665	8105.36	8389.31	4551.2	6665.9	3668.8
2008	7675	25479.86	27158.89	7509.39	25949.36	6536.63
2009	8257	33947.62	35009.31	9955.74	33995.24	9322.27

数据来源：商业银行

表3－3　证券公司集合资产管理计划和信托公司信托理财产品发行情况表　　单位：期、亿元

年份	证券公司集合资产管理计划			信托公司信托理财产品		
	发行数	募集资金量	余额	发行数	募集资金量	余额
2007	7	191.4	359.2	1526	3914	4187
2008	16	167.4	484.3	2330	5637	5081
2009	48	683.1	1070.2	1892	4906	6784

数据来源：信托公司、财汇资讯

机构数据

表3－4　2009年工商银行个人人民币理财产品发行明细　　单位：万元人民币

序号	产品名称	发行日	到期日	拟发行量	投资方向	预期收益率
1	东方之珠一期	2009－1－1	2009－12－31	不确定	股票	不确定
2	东方之珠三期	2009－1－1	2009－12－31	不确定	股票	不确定
3	工行增强型新股申购人民币理财产品	2009－1－1	2009－12－31	不确定	打新股	不确定
4	工行基金股票双重精选人民币理财产品——第三期	2009－1－1	2009－12－31	不确定	混合	不确定
5	工行基金股票双重精选人民币理财产品——2007年第一期	2009－1－1	2009－12－31	不确定	混合	不确定
6	工行基金股票双重精选人民币理财产品——2007年第2期	2009－1－1	2009－12－31	不确定	混合	不确定

续表

序号	产品名称	发行日	到期日	拟发行量	投资方向	预期收益率
7	灵通快线无固定期限超短期产品	2009－1－1	2009－12－31	不确定	混合	不确定
8	2008年灵通快线固定期限超短期人民币理财产品(四周滚动型)	2009－1－1	2009－12－31	不确定	混合	1.80%
9	2008年灵通快线固定期限超短期人民币理财产品2期(四周滚动型)	2009－1－1	2009－12－31	不确定	混合	1.80%
10	灵通快线七天滚动型人民币理财产品(周一起息)	2009－1－1	2009－12－31	不确定	混合	1.60%
11	灵通快线七天滚动型人民币理财产品(周四起息)	2009－1－1	2009－12－31	不确定	混合	1.60%
12	2008年第19期"工银财富"人民币理财产品信托投资型A款(12个月)	2009－1－4	2010－1－4	15000	信托贷款	4.60%
13	2008年第19期"工银财富"人民币理财产品信托投资型B款(12个月)	2009－1－4	2010－1－4	14975	信托贷款	4.20%
14	2008年第65期"稳得利"人民币理财产品(增强型信托投资－16天)	2009－1－4	2009－1－19	98562	混合	2.50%
15	2008年第61期"稳得利"人民币理财产品(一年期)	2009－1－5	2010－1－5	60423	信托贷款	4.10%
16	2008年第65期"稳得利"人民币理财产品(增强型信托投资－30天)	2009－1－5	2009－2－3	149750	混合	2.65%
17	2008年第66期"稳得利"人民币理财产品	2009－1－5	2009－3－30	199601	转让贷款	2.90%
18	"稳得利"人民币理财产品(3个月)	2009－1－8	2009－4－8	19980	购买债券	2.90%
19	2009年第2期"稳得利"信托投资型人民币理财产品(一年期)	2009－1－12	2010－1－12	70463	信托贷款	3.70%
20	2009年第3期"稳得利"人民币理财产品(增强型信托投资—30天)	2009－1－13	2009－2－11	199968	混合	2.60%
21	2009年第1期"稳得利"票据投资型人民币理财产品(61天)	2009－1－14	2009－3－15	399895	购买票据	2.70%
22	"稳得利"信托投资型人民币理财产品(3个月)	2009－1－14	2009－4－14	20000	信托贷款	3.00%
23	"稳得利"信托投资型人民币理财产品(75天)	2009－1－15	2009－3－30	12049	信托贷款	2.95%
24	"稳得利"债券型人民币理财产品(1个月)	2009－1－19	2009－2－19	30000	购买债券	2.52%
25	"稳得利"债券型人民币理财产品(14天)	2009－1－21	2009－2－3	49996	购买债券	2.30%
26	"稳得利"债券型人民币理财产品(21天)	2009－1－21	2009－2－10	49977	购买债券	2.40%
27	2009年第1期"工银财富"专属票据投资型人民币理财产品(54天)	2009－1－21	2009－3－15	51333	购买票据	3.00%

续表

序号	产品名称	发行日	到期日	拟发行量	投资方向	预期收益率
28	2009年第4期“稳得利”票据投资型人民币理财产品(62天)	2009-1-21	2009-3-23	400000	购买票据	2.50%
29	2009年第1期“工银财富”专属信托投资型人民币理财产品(三年期)	2009-1-22	2012-1-22	20099	转让贷款	5.00%
30	“稳得利”票据投资型人民币理财产品(10天)	2009-1-23	2009-2-1	29999	购买票据	2.15%
31	2009年第2期“理财金账户”专属人民币理财产品(增强型信托投资—29天)	2009-1-23	2009-2-20	14972	混合	2.40%
32	“稳得利”票据投资型人民币理财产品(9天)	2009-1-24	2009-2-1	29999	购买票据	2.20%
33	2009年第5期“稳得利”人民币理财产品说明书(增强型信托投资—30天)	2009-2-2	2009-3-3	200000	混合	1.90%
34	2009年第1期“理财金账户”专属信托投资型人民币理财产品(一年)	2009-2-3	2010-2-3	19995	信托贷款	3.60%
35	“稳得利”债券型人民币理财产品(14天)	2009-2-4	2009-2-17	49997	购买债券	2.30%
36	2009年第6期“稳得利”人民币理财产品说明书(增强型信托投资—60天)	2009-2-9	2009-4-9	200000	混合	1.90%
37	2009年第2期工银财富专属人民币理财产品信托3个月重庆	2009-2-10	2009-5-10	30000	信托贷款	3.78%
38	2009年第6期“稳得利”人民币理财产品说明书(增强型信托投资—91天)	2009-2-10	2009-5-11	199932	混合	2.00%
39	2009年人民币理财产品债券型21天上海	2009-2-11	2009-3-3	50000	购买债券	2.00%
40	2009年第7期人民币理财产品增强信托30天	2009-2-11	2009-3-12	19998	混合	2.00%
41	2009年第3期工银财富专属人民币理财产品债券30天	2009-2-11	2009-3-12	19527	购买债券	2.10%
42	2009年第8期人民币理财产品债券13天	2009-2-13	2009-2-25	500000	购买债券	1.70%
43	2009年第3期理财金账户专属人民币理财产品债券型14天	2009-2-18	2009-3-3	39998	购买债券	1.90%
44	2009年第4期工银财富专属人民币理财产品债券型1个月	2009-2-19	2009-3-19	20000	购买债券	2.10%
45	2009年第9期人民币理财产品增强型信托36天	2009-2-19	2009-3-26	150000	混合	1.92%
46	2009年人民币理财产品债券型60天北京	2009-2-20	2009-4-20	29992	购买债券	2.00%
47	2009年第5期工银财富专属人民币理财产品债券2个月(仅限上海)	2009-2-26	2009-4-26	19995	购买债券	2.20%
48	2009年第7期工银财富专属产品信托180天(仅深圳销售)	2009-2-26	2009-8-24	9998	信托贷款	3.50%
49	2009年第6期工银财富专属人民币理财产品信托投资型1年	2009-2-26	2010-2-26	39612	信托贷款	3.60%

续表

序号	产品名称	发行日	到期日	拟发行量	投资方向	预期收益率
50	北京2009年人民币理财产品债券型60天(仅限北京地区销售)	2009-02-27	2009-04-27	30000	购买债券	2.00%
51	2009年第10期人民币理财产品增强信托25天	2009-3-2	2009-3-26	150000	混合	1.80%
52	2009年第11期人民币理财产品债券26天	2009-3-2	2009-3-27	291953	购买债券	1.80%
53	2009年第8期工银财富专属人民币理财产品增强型信托30天	2009-3-2	2009-3-31	19909	混合	2.00%
54	2009年第4期理财金账户专属债券14天(仅上海销售)	2009-3-4	2009-3-17	39998	购买债券	1.80%
55	2009年第4期理财金账户专属债券型21天(仅上海销售)	2009-3-4	2009-3-24	49999	购买债券	1.90%
56	2009年第5期理财金账户专属信托51天(仅深圳销售)	2009-3-5	2009-4-24	24659	信托贷款	2.20%
57	2009年第9期工银财富专属信托51天(仅深圳销售)	2009-3-5	2009-4-24	14982	信托贷款	2.30%
58	北京2009年人民币理财产品债券型60天(仅限北京地区销售)	2009-3-6	2009-5-4	29999	购买债券	2.00%
59	2009年第12期人民币理财产品增强信托30天ZQXT0908	2009-3-9	2009-4-7	140139	混合	1.80%
60	2009年第10期财富专属产品信托6个月(京沪穗销售)	2009-3-9	2009-9-9	24991	信托贷款	1.60%
61	2009年第12期工银财富专属产品信托163天SZXT0905(深圳)	2009-3-12	2009-8-21	20004	信托贷款	3.70%
62	2009年第6期理财金专属人民币理财产品信托163天SZXT0904(深圳)	2009-3-12	2009-8-21	20005	信托贷款	3.60%
63	2009年第11期工银财富专属产品信托6个月CFXT0905	2009-3-12	2009-9-12	54867	信托贷款	3.10%
64	北京2009年人民币理财产品债券型60天BJZQ0904	2009-3-13	2009-5-11	29211	购买债券	2.00%
65	山东2009年人民币理财产品信托型201天SDXT0901	2009-3-13	2009-9-29	1200	信托贷款	3.50%
66	2009年第12期工银财富专属产品信托15天SZXT0906(深圳)	2009-3-13	2009-3-27	30005	信托贷款	2.60%
67	2009年第12期工银财富专属产品信托180天SZXT0907(深圳)	2009-3-16	2009-9-11	15003	信托贷款	3.70%
68	2009年第13期人民币理财产品增强信托29天ZQXT0909	2009-3-17	2009-4-14	5000	混合	1.80%

续表

序号	产品名称	发行日	到期日	拟发行量	投资方向	预期收益率
69	2009年第13期工银财富专属产品信托6个月THXT0901	2009-3-17	2009-9-17	20288	信托贷款	3.10%
70	上海2009年人民币理财产品债券型14天SHZQ0911	2009-3-18	2009-3-31	8001	购买债券	1.70%
71	2009年第12期工银财富专属产品信托178天SZXT0908(深圳)	2009-3-18	2009-9-11	36402	信托贷款	3.70%
72	2009年第7期理财金专属信托13天(仅深圳销售)	2009-3-18	2009-3-30	19996	信托贷款	2.50%
73	上海2009年人民币理财产品债券型21天SHZQ0912	2009-3-19	2009-4-8	19996	购买债券	1.80%
74	2009年广州信托213天(仅广州销售)	2009-3-20	2009-10-18	15000	信托贷款	3.20%
75	上海2009年人民币理财产品债券型21天	2009-3-25	2009-4-14	40000	购买债券	1.70%
76	2009年第14期工银财富专属产品信托70天SHXT0902	2009-3-25	2009-6-2	28456	信托贷款	2.40%
77	2009年第15期工银财富专属信托178天(仅深圳销售)	2009-3-25	2009-9-18	25096	信托贷款	3.70%
78	北京2009年人民币理财产品债券型60天(仅限北京销售)	2009-3-25	2009-5-23	12009	购买债券	1.80%
79	2009年第15期工银财富专属信托63天(仅深圳销售)	2009-3-27	2009-5-28	19978	信托贷款	2.60%
80	山东2009年人民币理财产品信托型6个月SDXT0902(仅山东销售)	2009-3-30	2009-9-30	286514	信托贷款	2.70%
81	2009年第14期人民币理财信托1年ZQXT0910(仅广东销售)	2009-3-30	2010-3-29	29961	信托贷款	3.20%
82	2009年第14期人民币理财产品信托2年ZQXT0911(仅广东销售)	2009-3-30	2011-3-29	323746	信托贷款	3.69%
83	2009年第15期人民币理财产品增强信托50天ZQXT0912	2009-3-30	2009-5-18	374313	混合	1.85%
84	2009年第15期人民币理财产品增强信托75天ZQXT0913	2009-3-30	2009-6-12	20007	混合	2.00%
85	2009年第16期工银财富专属信托180天(仅深圳销售)	2009-3-30	2009-9-25	5875	信托贷款	3.60%
86	山东2009年人民币理财产品信托型12个月(仅山东销售)	2009-3-30	2010-3-30	6596	信托贷款	3.00%
87	2009年上海债券型14天(仅上海销售)	2009-4-1	2009-4-14	29968	购买债券	1.60%

续表

序号	产品名称	发行日	到期日	拟发行量	投资方向	预期收益率
88	2009 年第 8 期理财金专属信托 62 天 SZXT0913(深圳)	2009－4－1	2009－6－1	6853	信托贷款	2.60%
89	2009 年第 17 期工银财富专属产品信托 99 天 SZXT0914(深圳)	2009－4－3	2009－7－10	30009	信托贷款	3.50%
90	2009 年第 18 期工银财富专属产品信托 102 天 SZXT0914(深圳)	2009－4－3	2009－7－13	20007	信托贷款	3.50%
91	2009 年第 9 期理财金专属信托 176 天 SZXT0916(深圳)	2009－4－3	2009－9－25	47101	信托贷款	3.60%
92	2009 年第 17 期人民币理财产品增强信托 1 年 ZQXT0915	2009－4－3	2010－4－2	2680	混合	3.20%
93	2009 年第 18 期人民币理财产品信托 24 个月	2009－4－3	2011－4－2	99955	信托贷款	4.00%
94	2009 年第 16 期人民币理财产品增强信托 175 天(区域销售)	2009－4－3	2009－9－24	20395	混合	3.60%
95	2009 年第 19 期人民币理财产品增强信托 3 个月	2009－4－7	2009－7－7	258270	信托贷款	2.20%
96	上海 2009 年人民币理财产品债券型 1 个月 SHZQ0916	2009－4－8	2009－5－8	19998	购买债券	1.80%
97	上海 2009 年人民币理财产品债券型 21 天 SHZQ0915	2009－4－9	2009－4－29	19998	购买债券	1.70%
98	2009 年第 20 期人民币理财产品信托 6 个月	2009－4－10	2009－10－9	5100	信托贷款	4.00%
99	江苏 2009 年人民币理财产品信托投资型 6 个月 JSXT0902	2009－4－10	2009－10－9	40000	信托贷款	3.20%
100	2009 年第 10 期理财金专属信托 30 天 SZXT0916(深圳)	2009－4－13	2009－5－12	9000	信托贷款	2.60%
101	2009 年第 21 期人民币理财产品信托 6 个月	2009－4－14	2009－10－14	335156	信托贷款	2.50%
102	上海 2009 年人民币理财产品债券型 14 天	2009－4－15	2009－4－28	29999	购买债券	1.60%
103	上海 2009 年人民币理财产品债券型 21 天	2009－4－15	2009－5－5	39998	购买债券	1.70%
104	北京 2009 年人民币理财产品债券型 60 天 BJZQ0906(仅限北京销售)	2009－4－16	2009－6－14	29989	购买债券	1.80%
105	2009 年第 11 期理财金账户专属信托 180 天 SZXT0918	2009－4－16	2009－10－12	6000	信托贷款	3.60%
106	2009 年第 12 期理财金专属人民币理财产品信托 6 个月 LCXT0903	2009－4－17	2009－10－17	409692	信托贷款	3.00%
107	2009 年第 22 期人民币理财产品信托 2 年	2009－4－17	2011－4－17	76303	信托贷款	3.69%
108	2009 年第 11 期理财金账户专属信托 127 天 SZXT0920	2009－4－20	2009－8－24	14753	信托贷款	3.40%

续表

序号	产品名称	发行日	到期日	拟发行量	投资方向	预期收益率
109	2009 年第 19 期工银财富专属产品中海绿城房地产 3 年	2009－4－20	2012－4－20	110728	其他	6.50%
110	江苏 2009 年信托 729 天 JSXT0903(仅江苏销售)	2009－4－21	2011－4－19	30000	信托贷款	5.00%
111	2009 年上海债券型 1 个月 SHZQ0919	2009－4－22	2009－5－22	29997	购买债券	1.80%
112	2009 年第 20 期工银财富专属产品世茂新城地产 12 个月	2009－4－23	2010－4－22	19692	信托贷款	3.40%
113	2009 年第 20 期工银财富专属产品世茂置业地产 12 个月	2009－4－23	2010－4－22	29893	信托贷款	3.40%
114	2009 年第 13 期理财金账户专属信托 155 天 SZXT0921	2009－4－24	2009－9－25	7259	信托贷款	3.40%
115	2009 年第 21 期工银财富专属信托 155 天 SZXT0922	2009－4－24	2009－9－25	20009	信托贷款	3.50%
116	2009 年第 23 期人民币理财产品增强信托 175 天	2009－4－24	2009－10－15	55602	混合	3.60%
117	2009 年上海信托 180 天 SHXT0903	2009－4－24	2009－10－20	59997	信托贷款	3.00%
118	2009 年上海债券型 2 个月 SHZQ0920	2009－4－27	2009－6－27	19996	购买债券	1.90%
119	2009 年上海债券型 21 天 SHZQ0921	2009－4－29	2009－5－19	49996	购买债券	1.70%
120	2009 年第 24 期人民币理财产品增强信托 301 天	2009－4－29	2010－2－23	48031	混合	2.90%
121	2009 年广州信托型 307 天 GZXT0902(仅广州销售)	2009－4－30	2010－3－2	30235	信托贷款	3.30%
122	2009 年第 25 期人民币理财产品增强信托 3 个月(仅粤销售)ZQXT0921	2009－5－4	2009－8－4	119999	混合	2.30%
123	2009 年第 23 期财富专属产品债券 30 天 CFZQ0902	2009－5－5	2009－6－3	2500	购买债券	1.80%
124	2009 年上海债券型 21 天 SHZQ0922(仅上海销售)	2009－05－06	2009－05－26	39997	购买债券	1.70%
125	2009 年第 22 期工银财富专属信托 174 天 SZXT0923(仅深圳销售)	2009－05－06	2009－10－26	20019	信托贷款	3.70%
126	2009 年上海债券型 1 个月 SHZQ0923(仅上海销售)	2009－05－08	2009－06－08	39999	购买债券	1.80%
127	2009 年广东信托型 229 天 GDXT0901(仅广东销售)	2009－05－11	2009－12－25	13000	信托贷款	3.50%
128	2009 年第 25 期工银财富专属信托 183 天 SZXT0924(仅深圳销售)	2009－05－12	2009－11－10	24865	信托贷款	3.6%～3.7%

续表

序号	产品名称	发行日	到期日	拟发行量	投资方向	预期收益率
129	2009年上海债券型14天SHZQ0924(仅上海销售)	2009－05－13	2009－05－26	39999	购买债券	1.60%
130	2009年山东信托3个月SDXT0904(仅山东销售)	2009－05－14	2009－08－14	4999	信托贷款	2.10%
131	2009年第27期工银财富专属信托138天SZXT0925(仅深圳销售)	2009－05－14	2009－09－28	19998	信托贷款	3.20%
132	2009年江苏信托型215天JSXT0904(仅江苏销售)	2009－05－14	2009－12－14	6000	信托贷款	3.40%
133	2009年山东信托9个月SDXT0905(仅山东销售)	2009－05－14	2010－02－15	1696	信托贷款	2.70%
134	2009年第14期理财金专属信托90天LCXT0904	2009－05－15	2009－8－12	14899	信托贷款	2.20%
135	2009年第26期财富专属人民币理财产品信托1年THXT0906	2009－05－15	2010－05－14	20000	信托贷款	3.78%
136	2009年上海债券型21天SHZQ0925(仅上海销售)	2009－05－20	2009－06－09	30000	购买债券	1.70%
137	2009年上海债券型2个月SHZQ0926(仅上海销售)	2009－05－20	2009－07－20	39998	购买债券	1.90%
138	2009年江苏信托型183天JSXT0905(仅江苏销售)	2009－05－20	2009－11－18	28000	信托贷款	3.40%
139	灵通快线七天滚动型人民币理财产品(周二起息)	2009－5－21	2009－12－31		混合	1.60%
140	2009年上海债券型1个月SHZQ0927(仅上海销售)	2009－05－22	2009－06－22	30000	购买债券	1.80%
141	2009年第27期财富专属信托92天BJXT0901(仅北京销售)	2009－05－25	2009－08－24	9829	信托贷款	2.50%
142	2009年第28期人民币理财产品增强信托3个月ZQXT0923	2009－05－25	2009－8－25	43747	混合	2.10%
143	2009年第26期中海绿城信托1061天XT0902	2009－05－25	2012－04－19	59999	其他	6.50%
144	2009年上海债券型21天SHZQ0928(仅上海销售)	2009－05－27	2009－06－16	59997	购买债券	1.70%
145	2009年第28期人民币理财产品增强信托34天ZQXT0924	2009－5－27	2009－6－29	55228	混合	1.80%
146	2009年第28期财富专属增强信托3个月ZQXT0925(仅闽津)	2009－5－27	2009－8－27	19975	混合	2.30%

续表

序号	产品名称	发行日	到期日	拟发行量	投资方向	预期收益率
147	2009年第28期财富专属增强信托6个月ZQXT0926(仅闽鄂陕)	2009-5-27	2009-11-27	10000	混合	3.50%
148	2009年第27期人民币理财产品增强信托177天ZQXT0922	2009-05-31	2009-11-23	74971	混合	3.60%
149	2009年第29期工银财富信托184天ZJXT0901(仅浙江销售)	2009-6-3	2009-12-3	10000	信托贷款	3.50%
150	2009年上海债券型14天SHZQ0929(仅上海销售)	2009-06-04	2009-06-17	49998	购买债券	1.60%
151	2009年15期理财金信托83天SHXT0904(仅上海销售)	2009-06-04	2009-08-25	29999	信托贷款	2.30%
152	2009年山东第6期信托1年SDXT0906(仅山东销售)	2009-06-05	2010-6-5	29996	信托贷款	3.60%
153	北京2009年人民币理财产品债券型30天BJZQ0907(仅北京销售)	2009-6-5	2009-7-4	19977	购买债券	1.70%
154	2009年上海债券型1个月SHZQ0930(仅上海销售)	2009-06-09	2009-07-09	39999	购买债券	1.80%
155	灵通快线七天滚动型人民币理财产品(周三起息)	2009-6-10	2009-12-31	29984	混合	1.60%
156	2009年上海债券型21天SHZQ0931(仅上海销售)	2009-06-10	2009-06-30		购买债券	1.70%
157	2009年山东第7期信托1年SDXT0907(仅山东销售)	2009-06-10	2010-6-10	29972	信托贷款	3.60%
158	北京2009年8期人民币理财产品信托90天BJXT0902(仅北京)	2009-6-11	2009-9-8	20000	信托贷款	2.30%
159	北京2009年9期人民币理财产品债券30天BJZQ0908(仅北京)	2009-6-12	2009-7-11	30000	购买债券	1.70%
160	2009年上海债券型21天SHZQ0932(仅上海销售)	2009-06-17	2009-07-07	49995	购买债券	1.70%
161	2009年上海债券型14天SHZQ0933(仅上海销售)	2009-06-18	2009-07-01	34007	购买债券	1.60%
162	2009年第29期信托30天XT0903	2009-06-18	2009-07-17	250000	信托贷款	1.70%
163	2009年第30期信托90天XT0904	2009-06-19	2009-09-16	29997	信托贷款	1.90%
164	2009年第16期理财金专属信托90天LCXT0905	2009-06-19	2009-9-16	18826	信托贷款	2.10%
165	2009年第31期个人人民币理财产品	2009-06-19	2009-12-15	2959	信托贷款	3.00%

续表

序号	产品名称	发行日	到期日	拟发行量	投资方向	预期收益率
166	2009 年第 17 期理财金专属信托 180 天 LCXT0906（仅鄂）	2009－06－19	2009－12－15	60000	信托贷款	3.40%
167	2009 年上海债券型 3 个月 SHZQ0934（仅上海销售）	2009－06－22	2009－09－22	9896	购买债券	1.70%
168	2009 年第 30 期财富专属增强信托 182 天 ZQXT0927	2009－06－23	2009－12－21	15648	信托贷款	3.60%
169	2009 年上海债券型 1 个月 SHZQ0935（仅上海销售）	2009－06－24	2009－07－24	54046	购买债券	1.80%
170	北京 2009 年第 10 期人民币理财产品信托 180 天 BJXT0903（仅北京销售）	2009－06－26	2009－12－22	25169	信托贷款	3.00%
171	北京 2009 年第 11 期理财产品债券型 62 天 BJZQ0909（仅北京）	2009－6－26	2009－8－26	3306	购买债券	1.80%
172	北京 2009 年第 12 期理财产品债券 62 天 BJZQ0910（仅北京销售）	2009－6－29	2009－8－29	1707	购买债券	1.80%
173	2009 年上海债券型 2 个月 SHZQ0936（仅上海销售）	2009－06－29	2009－08－29	26354	购买债券	1.90%
174	2009 年上海信托型 182 天 SHXT0905（仅上海销售）	2009－06－30	2009－12－28	58748	信托贷款	3.00%
175	2009 年上海债券型 21 天 SHZQ0937（仅上海销售）	2009－07－01	2009－07－21	15125	购买债券	1.70%
176	2009 年上海债券型 14 天 SHZQ0938（仅上海销售）	2009－07－02	2009－07－15	14126	购买债券	1.60%
177	2009 年第 32 期增强信托 82 天 ZQXT0929	2009－07－02	2009－9－21	37026	混合	1.90%
178	2009 年第 19 期理财金专属增强信托 82 天 ZQXT0928	2009－07－02	2009－09－21	46586	混合	2.10%
179	2009 年天津第 1 期理财产品信托型 1 年 TJXT0901（仅天津）	2009－07－02	2010－07－01	19000	信托贷款	3.57%
180	2009 年第 18 期理财金专属信托 366 天 LCXT0907	2009－07－02	2010－07－02	198253	信托贷款	3.25%
181	2009 年第 21 期理财金专属信托 12 个月（仅山东销售）	2009－07－03	2010－07－03	9989	信托贷款	4.00%
182	2009 年第 33 期信托 84 天 XT0906（仅京）	2009－07－06	2009－09－27	26948	信托贷款	2.20%
183	2009 年第 23 期理财金专属信托 176 天 LCXT0909（仅京）	2009－07－06	2009－12－28	49977	信托贷款	3.00%
184	2009 年第 24 期理财金专属宁沪高速 98 天 JSXT0907（仅江苏）	2009－07－07	2009－10－12	20000	信托贷款	2.70%

续表

序号	产品名称	发行日	到期日	拟发行量	投资方向	预期收益率
185	山东2009年人民币理财产品信托1年(仅山东销售)SDXT0909	2009-07-08	2010-07-08	19999	信托贷款	4.00%
186	2009年上海债券型21天SHZQ0939(仅上海销售)	2009-07-08	2009-07-28	35473	购买债券	1.70%
187	2009年第22期理财金专属信托171天LCXT0908(仅渝)	2009-07-08	2009-12-25	60000	信托贷款	3.6%~3.8%
188	2009年上海债券型1个月SHZQ0940(仅上海销售)	2009-07-10	2009-08-10	72885	购买债券	2.00%
189	2009年第31期工银财富专属信托97天(仅深圳)SZXT0926	2009-07-10	2009-10-14	20002	信托贷款	3.00%
190	灵通快线两周滚动型人民币理财产品第1期LTGD0808	2009-7-13	2009-12-31		混合	1.70%
191	2009年第34期信托投资型理财产品半年XT0907	2009-07-13	2010-01-13	99947	信托贷款	2.50%
192	2009年天津第20期理财金账户专属产品信托型257天TJXT0902(仅天津)	2009-07-13	2010-03-26	35000	信托贷款	3.42%
193	灵通快线四周滚动型人民币理财产品第3期LTGD0807	2009-7-14	2009-12-31		混合	1.80%
194	2009年第35期增强信托91天ZQXT0930	2009-07-15	2009-10-13	193573	混合	1.90%
195	2009年上海债券型14天SHZQ0941(仅上海销售)	2009-07-16	2009-07-29	20726	购买债券	1.60%
196	2009年第36期信托投资型理财产品32天XT0908	2009-07-16	2009-08-16	250000	信托贷款	1.70%
197	北京2009年第13期人民币理财产品信托92天BJXT0904(仅北京销售)	2009-07-17	2009-10-16	1211	信托贷款	2.30%
198	北京2009年第14期人民币理财产品信托180天BJXT0905(仅北京销售)	2009-07-17	2010-01-12	3302	信托贷款	3.00%
199	2009年第37期增强信托180天ZQXT0931	2009-07-17	2010-01-12	173606	混合	2.50%
200	2009年上海债券型2个月SHZQ0942(仅上海销售)	2009-07-21	2009-09-21	9955	购买债券	1.90%
201	2009年上海信托投资型92天SHXT0906(仅上海销售)	2009-07-21	2009-10-20	17677	信托贷款	2.40%
202	2009年第37期增强信托240天ZQXT0932	2009-07-21	2010-03-17	88960	混合	2.60%
203	山东2009年人民币理财产品信托1年(仅鲁)SDXT0910	2009-07-21	2010-07-21	9966	信托贷款	4.00%
204	2009年第37期增强信托366天ZQXT0933	2009-07-21	2010-07-21	99998	混合	3.00%

续表

序号	产品名称	发行日	到期日	拟发行量	投资方向	预期收益率
205	2009年上海债券型21天SHZQ0943(仅上海销售)	2009-07-22	2009-08-11	15127	购买债券	1.70%
206	2009年第32期工银财富专属理财产品信托171天CFXT0907	2009-07-22	2010-01-08	48342	转让贷款	3.00%
207	2009年第38期信托投资型理财产品365天XT0909	2009-07-27	2010-07-26	179687	转让贷款	3.10%
208	2009年第33期工银财富专属理财产品信托2年CFXT0908	2009-07-28	2011-07-27	38919	信托贷款	4.00%
209	2009年第25期理财金专属理财产品信托投资365天LCXT0910	2009-07-31	2010-7-30	279649	信托贷款	3.50%
210	2009年第39期理财产品新股申购结构化优先份额6个月XGYX0901	2009-08-03	2010-02-01	50994	打新股	3.20%
211	2009年第39期理财产品新股申购结构化进取份额6个月XGJQ0901	2009-08-03	2010-02-01	4900	打新股	见产品说明书
212	2009年第26期理财金专属理财产品信托投资90天LCXT0911	2009-08-05	2009-11-02	470481	转让贷款	2.80%
213	2009年第34期财富专属理财产品信托1年(仅沪)CFXT0909	2009-08-05	2010-08-04	10000	转让贷款	4.20%
214	2009年第27期理财金专属理财产品信托投资365天LCXT0912	2009-08-07	2010-08-06	146323	转让贷款	3.50%
215	2009年第29期理财金专属理财产品信托投资182天LCXT0914	2009-08-10	2010-02-07	200002	转让贷款	3.00%
216	2009年第30期理财金专属理财产品信托投资48天LCXT0915	2009-08-11	2009-09-27	279556	转让贷款	2.10%
217	2009年第35期工银财富专属理财产品信托投资184天(仅浙)CFXT0910	2009-08-11	2010-02-10	15538	转让贷款	3.50%
218	2009年第28期理财金专属理财产品信托投资320天(仅桂)LCXT0913	2009-08-12	2010-06-27	9120	转让贷款	3.80%
219	2009年第40期信托投资型理财产品30天XT0912	2009-08-17	2009-09-15	119882	转让贷款	1.70%
220	2009年第31期理财金专属理财产品增强信托163天ZQXT0934	2009-08-17	2010-01-26	218621	转让贷款	2.9%~3.5%
221	2009年第40期信托投资型理财产品177天XT0910	2009-08-17	2010-02-09	182853	转让贷款	3.0%~3.5%
222	2009年第40期信托投资型理财产品365天XT0911	2009-08-17	2010-08-16	152297	转让贷款	3.4%~4.0%

续表

序号	产品名称	发行日	到期日	拟发行量	投资方向	预期收益率
223	2009 年第 41 期信托投资型理财产品 91 天 XT0915	2009-08-24	2009-11-22	199890	转让贷款	2.4%~2.9%
224	2009 年第 33 期理财金专属理财产品信托投资 127 天(仅鄂)LCXT0917	2009-08-24	2009-12-28	70274	转让贷款	2.90%
225	2009 年第 41 期信托投资型理财产品 183 天 XT0913	2009-08-24	2010-02-22	199933	转让贷款	3.0%~3.5%
226	2009 年第 41 期信托投资型理财产品 365 天 XT0914	2009-08-24	2010-08-23	199907	转让贷款	3.4%~4.0%
227	2009 年第 32 期理财金专属理财产品信托投资 125 天(仅晋)LCXT0916	2009-08-26	2009-12-28	151172	信托贷款	3.2%~3.5%
228	2009 年第 1 期高净值客户专属人民币理财产品平衡配置型	2009-8-26		49999	混合	不确定
229	2009 年第 42 期信托投资型理财产品 90 天 XT0916	2009-08-27	2009-11-24	199834	转让贷款	2.4%~2.9%
230	2009 年第 42 期信托投资型理财产品 270 天 XT0917	2009-08-27	2010-05-23	156550	转让贷款	3.1%~3.6%
231	2009 年第 43 期信托投资型理财产品 182 天 XT0918	2009-09-01	2010-03-01	199497	转让贷款	3.0%~3.5%
232	2009 年第 43 期信托投资型理财产品 365 天 XT0919	2009-09-01	2010-08-31	198798	转让贷款	3.4%~4.0%
233	2009 年第 44 期信托投资型理财产品 102 天 XT0920	2009-09-03	2009-12-13	166466	转让贷款	2.2%~2.7%
234	2009 年第 44 期信托投资型理财产品 270 天 XT0921	2009-09-03	2010-05-30	100874	转让贷款	3.0%~3.5%
235	稳得利债券型产品 2009 年 35 天(仅上海销售)	2009-09-07	2009-10-11	21235	购买债券	1.90%
236	2009 年第 45 期信托投资型理财产品 182 天 XT0923	2009-09-07	2010-03-07	103330	转让贷款	2.8%~3.3%
237	2009 年第 45 期信托投资型理财产品 365 天 XT0924	2009-09-07	2010-09-06	135809	转让贷款	3.4%~4%
238	2009 年第 44 期信托投资型理财产品 540 天 XT0922	2009-09-07	2011-02-28	46947	转让贷款	3.80%
239	2009 年第 46 期信托投资型理财产品 102 天 XT0925	2009-09-10	2009-12-20	146558	转让贷款	2.2%~2.7%
240	2009 年第 46 期信托投资型理财产品 270 天 XT0926	2009-09-10	2010-06-06	103139	转让贷款	3.0%~3.5%

续表

序号	产品名称	发行日	到期日	拟发行量	投资方向	预期收益率
241	稳得利债券型产品 2009 年 1 个月 SHZQ0945	2009－09－11	2009－10－11	17926	购买债券	1.90%
242	2009 年第 47 期信托投资型理财产品 182 天 XT0928	2009－09－14	2010－03－14	95982	转让贷款	2.8%～3.3%
243	2009 年第 47 期信托投资型理财产品 365 天 XT0929	2009－09－14	2010－09－13	131490	转让贷款	3.4%～4%
244	2009 年第 46 期信托投资型理财产品 730 天 XT0927	2009－09－14	2011－09－13	23286	转让贷款	4.00%
245	稳得利债券型产品 2009 年 2 个月	2009－09－15	2009－11－15	8553	购买债券	2.10%
246	2009 年教师节专属理财产品 BJXT0906（仅京）	2009－09－15	2010－03－15	5466	信托贷款	3.50%
247	稳得利信托投资型产品 2009 年 2 年期 SHXT0907	2009－09－15	2011－09－15	11543	信托贷款	4.50%
248	2009 年第 48 期信托投资型理财产品 102 天 XT0930	2009－09－17	2009－12－27	99796	转让贷款	2.2%～2.7%
249	稳得利信托型产品 2009 年 182 天（仅沪）SHXT0908	2009－09－17	2010－03－17	13452	信托贷款	3.10%
250	2009 年第 48 期信托投资型理财产品 265 天 XT0931	2009－09－17	2010－06－08	99477	转让贷款	3.0%～3.5%
251	2009 年第 36 期财富专属理财产品信托投资 3 年（仅赣）JXXT0901	2009－09－17	2012－09－17	5000	信托贷款	5.80%
252	稳得利债券型产品 2009 年 1 个月 SHZQ0947（仅沪）	2009－09－18	2009－10－18	23565	购买债券	1.90%
253	2009 年第 49 期信托投资型理财产品 182 天 XT0933	2009－09－21	2010－03－21	99960	转让贷款	2.8%～3.3%
254	2009 年第 49 期信托投资型理财产品 359 天 XT0934	2009－09－21	2010－09－14	159963	转让贷款	3.4%～4%
255	2009 年第 48 期信托投资型理财产品 540 天 XT0932	2009－09－21	2011－03－14	45295	转让贷款	3.80%
256	稳得利债券型产品 2009 年 21 天（仅沪）SHZQ0948	2009－09－22	2009－10－12	17520	购买债券	1.75%
257	2009 年第 50 期信托投资型理财产品 104 天 XT0935	2009－09－24	2010－01－05	99536	转让贷款	2.2%～2.7%
258	2009 年第 50 期信托投资型理财产品 270 天 XT0936	2009－9－24	2010－6－20	85636	转让贷款	3.0%～3.5%
259	稳得利债券型产品 2009 年 1 个月（仅沪）SHZQ0949	2009－9－25	2009－10－25	14032	购买债券	1.80%
260	稳得利债券型产品 2009 年 1 个月 SHZQ0950	2009－9－28	2009－10－28	11454	购买债券	1.80%
261	2009 年第 34 期理财金专属理财产品信托投资 4 个月 LCXT0918	2009－9－28	2010－1－27	50000	信托贷款	2.70%

续表

序号	产品名称	发行日	到期日	拟发行量	投资方向	预期收益率
262	2009 年第 35 期理财金专属理财产品信托投资 5 个月 THXT0907	2009－9－28	2010－02－27	62018	信托贷款	3.00%
263	2009 年第 36 期理财金专属信托理财产品 181 天(仅苏)JSXT0908	2009－9－28	2010－03－27	27000	信托贷款	3.60%
264	2009 年第 51 期信托投资型理财产品 182 天 XT0938	2009－9－28	2010－03－28	132222	转让贷款	2.8%～3.3%
265	2009 年第 50 期信托投资型理财产品 730 天 XT0937	2009－09－28	2011－09－27	19300	转让贷款	4.00%
266	2009 年第 51 期信托投资型理财产品 365 天 XT0939	2009－09－28	2010－09－27	133746	转让贷款	3.4%～4%
267	稳得利债券型产品 2009 年 13 天 SHZQ0951	2009－09－29	2009－10－11	29913	购买债券	1.70%
268	稳得利债券型产品 2009 年 1 个月 SHZQ0952	2009－10－9	2009－11－9	6636	购买债券	1.80%
269	2009 年第 52 期信托投资型理财产品 185 天 XT0940	2009－10－9	2010－04－11	159584	转让贷款	2.8%～3.3%
270	2009 年第 52 期信托投资型理财产品 368 天 XT0941	2009－10－9	2010－10－11	219800	转让贷款	3.4%～4%
271	2009 年第 52 期信托投资型理财产品 536 天 XT0942	2009－10－9	2011－03－28	15036	转让贷款	3.80%
272	2009 年第 53 期人民币理财产品增强信托 93 天 ZQXT0935	2009－10－10	2010－01－10	226220	混合	2.30%
273	稳得利债券型产品 2009 年 1 个月 SHZQ0953	2009－10－12	2009－11－12	10518	购买债券	1.80%
274	稳得利信托投资型人民币理财产品 2009 年 150 天 SHXT0909	2009－10－12	2010－03－10	29999	信托贷款	3.00%
275	2009 年第 54 期信托投资型理财产品 90 天 XT0943	2009－10－15	2010－01－12	305341	转让贷款	2.2%～2.7%
276	2009 年第 54 期信托投资型理财产品 270 天 XT0944	2009－10－15	2010－07－11	191667	转让贷款	3.20%
277	稳得利债券型产品 2009 年 1 个月 SHZQ0954	2009－10－19	2009－11－19	30060	购买债券	1.80%
278	2009 年第 55 期信托投资型理财产品 182 天 XT0946	2009－10－19	2010－04－18	214519	转让贷款	2.8%～3.3%
279	2009 年第 54 期信托投资型理财产品 540 天 XT0945	2009－10－19	2011－04－11	170781	转让贷款	3.80%
280	2009 年第 55 期信托投资型理财产品 365 天 XT0947	2009－10－19	2010－10－18	55411	转让贷款	3.50%

续表

序号	产品名称	发行日	到期日	拟发行量	投资方向	预期收益率
281	稳得利信托投资型人民币理财产品 2009 年 59 天 SHXT0910	2009－10－20	2009－12－17	9998	信托贷款	2.30%
282	2009 年第 37 期理财金账户专属人民币理财产品 6 个月 GDXT0902(仅粤)	2009－10－21	2010－04－20	29895	信托贷款	3.10%
283	2009 年第 57 期债券投资型人民币理财产品一个月 SHZQ0955	2009－10－22	2009－11－22	36514	购买债券	1.90%
284	2009 年第 58 期信托投资型理财产品 180 天 XT0949	2009－10－22	2010－04－19	99719	转让贷款	2.8% ~3.3%
285	2009 年第 55 期信托投资型理财产品 732 天 XT0948	2009－10－22	2011－10－23	33021	转让贷款	4.00%
286	2009 年第 56 期信托投资型人民币理财产品 2009 年 183 天 SHXT0911	2009－10－23	2010－04－23	9999	信托贷款	3.10%
287	2009 年第 57 期债券投资型人民币理财产品一个月 SHZQ0956	2009－10－26	2009－11－26	39983	购买债券	1.90%
288	2009 年第 59 期人民币理财产品增强信托 93 天 ZQXT0936	2009－10－26	2010－01－26	109092	混合	2.40%
289	2009 年第 60 期信托投资型理财产品 93 天 BJXT0907(仅京)	2009－10－26	2010－01－26	2265	信托贷款	2.40%
290	2009 年第 58 期信托投资型理财产品 365 天 XT0950	2009－10－26	2010－10－25	99938	信托贷款	3.50%
291	2009 年第 39 期理财金账户专属人民币理财产品 92 天 GDXT0903(仅粤)	2009－10－27	2010－01－26	26996	信托贷款	2.70%
292	2009 年第 38 期财金账户专属人民币理财产品 4 个月 THXT0908(仅苏)	2009－10－27	2010－02－26	20000	信托贷款	3.20%
293	2009 年第 62 期信托投资型人民币理财产品 12 天 SHZQ0957	2009－10－29	2009－11－9	39999	购买债券	1.75%
294	2009 年第 61 期人民币理财产品 72 天 GDXT0904(仅粤)	2009－10－29	2010－01－08	10000	信托贷款	2.10%
295	2009 年第 61 期人民币理财产品 85 天 GDXT0905(仅粤)	2009－10－29	2010－01－21	24000	信托贷款	2.30%
296	2009 年第 63 期人民币理财产品 270 天 XT0951	2009－10－29	2010－07－25	99929	转让贷款	3.20%

续表

序号	产品名称	发行日	到期日	拟发行量	投资方向	预期收益率
297	2009 年第 37 期工银财富专属人民币理财产品 365 天 CFXT0911	2009－11－2	2010－11－1	55180	转让贷款	4.00%
298	2009 年第 63 期人民币理财产品 365 天 XT0952	2009－11－2	2010－11－01	101497	转让贷款	3.50%
299	2009 年第 61 期人民币理财产品 79 天 GDXT0906（仅粤）	2009－11－03	2010－1－20	14380	信托贷款	2.30%
300	2009 年第 64 期债券投资型理财产品 1 个月 SHZQ0958（仅沪）	2009－11－05	2009－12－5	47562	购买债券	1.90%
301	2009 年第 39 期工银财富专属人民币理财产品 368 天 CFXT0912（仅苏）	2009－11－05	2010－11－07	99876	信托贷款	4.00%
302	2009 年第 65 期人民币理财产品 180 天 XT0953	2009－11－5	2010－05－03	17314	信托贷款	2.80%
303	2009 年第 61 期人民币理财产品 130 天 GDXT0907（仅粤）	2009－11－06	2010－03－15	5000	信托贷款	2.80%
304	2009 年第 66 期债券投资型理财产品 23 天 SHZQ0959（仅沪）	2009－11－09	2009－12－1	34326	购买债券	1.80%
305	2009 年第 65 期人民币理财产品 91 天 XT0954	2009－11－09	2010－02－07	99987	转让贷款	2.10%
306	2009 年第 38 期工银财富专属人民币理财产品 182 天 CFXT0912	2009－11－09	2010－05－09	97577	信托贷款	3.30%
307	2009 年第 65 期人民币理财产品 541 天 XT0954	2009－11－09	2011－05－03	99941	转让贷款	3.80%
308	2009 年第 67 期人民币理财产品 182 天 GDXT0908（仅粤）	2009－11－10	2010－05－10	48000	信托贷款	3.40%
309	2009 年第 68 期人民币理财产品 368 天 XT0956	2009－11－12	2010－11－14	99999	信托贷款	3.50%
310	2009 年第 40 期理财金专属人民币理财产品增强信托 180 天 ZQXT0937	2009－11－12	2010－05－10	99995	混合	2.90%
311	2009 年第 69 期债券投资型理财产品 1 个月 SHZQ0960（仅沪）	2009－11－13	2009－12－13	37544	购买债券	1.90%
312	2009 年第 41 期理财金专属人民币理财产品 55 天 GDXT0909（仅粤）	2009－11－13	2010－1－6	39000	信托贷款	2.25%
313	2009 年第 68 期人民币理财产品增强信托 182 天 ZQXT0938	2009－11－16	2010－5－16	99998	混合	2.80%
314	2009 年第 42 期理财金专属人民币理财产品 182 天 BJXT0908（仅京）	2009－11－16	2010－05－16	19997	信托贷款	3.00%

续表

序号	产品名称	发行日	到期日	拟发行量	投资方向	预期收益率
315	2009年第66期信托投资型理财产品183天SHXT0912(仅沪)	2009－11－16	2010－05－17	29997	信托贷款	3.10%
316	2009年第68期人民币理财产品273天XT0958	2009－11－16	2010－8－15	99986	转让贷款	3.20%
317	2009年第68期人民币理财产品730天XT0957	2009－11－16	2011－11－15	44146	转让贷款	4.00%
318	2009年第70期人民币理财产品信托74天ZJXT0902(仅浙)	2009－11－17	2010－1－29	17005	信托贷款	2.40%
319	2009年第70期人民币理财产品信托143天ZJXT0903(仅浙)	2009－11－17	2010－4－8	9208	信托贷款	3.00%
320	2009年第69期债券投资型理财产品2个月SHZQ0961(仅沪)	2009－11－19	2010－1－19	31799	购买债券	2.10%
321	2009年第71期人民币理财产品180天XT0959	2009－11－19	2010－5－17	99871	转让贷款	2.80%
322	第43期理财金专属产品信托182天SHXT0913(仅沪)	2009－11－19	2010－5－19	19959	信托贷款	3.10%
323	第72期债券型理财产品1个月(仅沪)	2009－11－23	2009－12－23	23345	购买债券	1.90%
324	2009年第44期理财金专属人民币理财产品67天GDXT0910(仅粤)	2009－11－23	2010－1－28	32000	信托贷款	2.30%
325	2009年第71期人民币理财产品91天XT0961	2009－11－23	2010－2－21	99982	转让贷款	2.10%
326	2009年第73期理财产品信托93天BJXT0910(仅京)	2009－11－23	2010－2－23	30000	信托贷款	2.30%
327	2009年第41期财富专属理财产品信托96天BJXT0909(仅京)	2009－11－23	2010－2－26	4066	信托贷款	2.60%
328	2009年第71期人民币理财产品增强信托182天ZQXT0939	2009－11－23	2010－5－23	49982	混合	2.80%
329	2009年第40期工银财富专属人民币理财产品365天CFXT0914	2009－11－23	2010－11－22	79717	信托贷款	4.00%
330	2009年第71期人民币理财产品540天XT0960	2009－11－23	2011－5－16	49994	转让贷款	3.80%
331	2009年第42期财富专属理财产品信托365天CFXT0915(仅沪)	2009－11－24	2010－11－23	7930	信托贷款	4.20%
332	2009年第74期人民币理财产品368天XT0962	2009－11－26	2010－11－28	24834	转让贷款	3.50%
333	第72期债券型理财产品2个月(仅沪)	2009－11－26	2010－1－26	149666	购买债券	2.10%
334	2009年第74期人民币理财产品增强信托180天ZQXT0940	2009－11－27	2010－5－25	49941	混合	2.80%

续表

序号	产品名称	发行日	到期日	拟发行量	投资方向	预期收益率
335	2009年第45期理财金专属理财产品信托6个月THXT0909(仅陕京沪)	2009－11－27	2010－5－26	40298	信托贷款	3.10%
336	2009年第75期债券投资型理财产品1个月SHZQ0964(仅沪)	2009－11－30	2009－12－30	37241	购买债券	1.90%
337	2009年第43期财富专属理财产品信托93天BJXT0911(仅京)	2009－12－1	2010－3－3	16975	信托贷款	2.60%
338	2009年第76期理财产品信托93天BJXT0912(仅京)	2009－12－1	2010－3－3	16647	信托贷款	2.30%
339	2009年第74期人民币理财产品273天XT0964	2009－12－1	2010－8－30	149612	转让贷款	3.20%
340	2009年第74期人民币理财产品729天XT0963	2009－12－1	2011－11－29	26743	转让贷款	4.00%
341	2009年第77期债券投资型理财产品28天SHZQ0965(仅沪)	2009－12－3	2009－12－30	36938	购买债券	1.90%
342	2009年第47期理财金专属人民币理财产品89天GDXT0911(仅粤)	2009－12－7	2010－3－5	13500	信托贷款	2.40%
343	2009年第78期人民币理财产品91天XT0965	2009－12－7	2010－3－7	214348	转让贷款	2.10%
344	2009年第78期人民币理财产品182天XT0966	2009－12－7	2010－6－6	114380	转让贷款	2.80%
345	2009年第46期理财金专属理财产品信托275天SDXT0911(仅鲁)	2009－12－7	2010－9－7	29985	信托贷款	3.67%
346	2009年第78期人民币理财产品365天XT0967	2009－12－7	2010－12－6	163348	信托贷款	3.50%
347	2009年第79期债券投资型理财产品1个月SHZQ0966(仅沪)	2009－12－7	2010－1－7	19239	购买债券	1.90%
348	2009年第48期理财金专属人民币理财产品275天GDXT0912(仅粤)	2009－12－8	2010－9－8	18474	信托贷款	3.40%
349	2009年第44期工银财富专属人民币理财产品180天CFXT0916	2009－12－9	2010－6－6	92321	信托贷款	3.30%
350	2009年第48期理财金专属人民币理财产品174天GDXT0913(仅粤)	2009－12－10	2010－6－1	23000	信托贷款	3.20%
351	2009年第49期理财金专属人民币理财产品48天JSXT0909(仅南京)	2009－12－11	2010－1－27	10000	信托贷款	2.40%
352	2009年第81期债券投资型理财产品59天SHZQ0967(仅沪)	2009－12－14	2010－02－10	25424	购买债券	2.10%
353	2009年第80期人民币理财产品增强信托90天ZQXT0941	2009－12－14	2010－3－13	103560	混合	2.10%

续表

序号	产品名称	发行日	到期日	拟发行量	投资方向	预期收益率
354	2009年第45期财富专属人民币理财产品365天CFXT0917(仅沪)	2009-12-14	2010-12-13	5000	信托贷款	4.00%
355	2009年第53期理财金专属人民币理财产品91天GDXT0914(仅粤)	2009-12-15	2010-3-15	12000	信托贷款	2.40%
356	2009年第80期人民币理财产品181天XT0968	2009-12-15	2010-6-13	90724	信托贷款	2.80%
357	2009年第80期人民币理财产品365天XT0969	2009-12-15	2010-12-14	87994	信托贷款	3.50%
358	2009年第50期理财金专属人民币理财产品365天LCXT0919	2009-12-15	2010-12-14	92873	信托贷款	3.60%
359	2009年第80期人民币理财产品540天XT0970	2009-12-15	2011-6-7	8984	信托贷款	3.80%
360	2009年第52期理财金专属理财产品债券30天ZQ0903	2009-12-16	2010-1-14	299171	购买债券	2.00%
361	2009年第54期理财金专属理财产品44天JSXT0911(仅苏京沪闽)	2009-12-16	2010-1-28	42344	信托贷款	2.28%
362	2009年第51期理财金专属人民币理财产品90天JSXT0910(仅苏)	2009-12-16	2010-3-15	9655	信托贷款	2.70%
363	2009年第83期债券投资型理财产品1个月SHZQ0968(仅沪)	2009-12-18	2010-01-18	20000	购买债券	1.90%
364	2009年第82期人民币理财产品21天GZXT0903(仅广州)	2009-12-18	2010-1-7	15245	信托贷款	1.9%~2.0%
365	2009年第82期人民币理财产品39天GZXT0904(仅广州)	2009-12-18	2010-1-25	40000	信托贷款	2.1%~2.2%
366	2009年第82期人民币理财产品47天GZXT0905(仅广州)	2009-12-18	2010-2-2	20000	信托贷款	2.2%~2.3%
367	2009年第56期理财金专属理财产品64天GDXT0915(仅粤)	2009-12-21	2010-2-22	29750	信托贷款	2.25%
368	2009年第84期人民币理财产品182天ZQXT0942	2009-12-21	2010-6-20	84545	混合	2.80%
369	2009年第85期信托投资型理财产品91天SHXT0914(仅沪)	2009-12-22	2010-03-22	13842	信托贷款	2.20%
370	2009年第56期理财金专属理财产品261天GDXT0916(仅粤)	2009-12-22	2010-9-8	3500	信托贷款	3.60%
371	2009年第86期信托投资型理财产品64天SHXT0915(仅沪)	2009-12-23	2010-02-24	2918	信托贷款	2%~2.3%
372	2009年第84期人民币理财产品90天XT0971	2009-12-23	2010-3-22	98058	转让贷款	2.10%

续表

序号	产品名称	发行日	到期日	拟发行量	投资方向	预期收益率
373	2009 年第 57 期理财金专属产品信托 195 天 BJXT0913(仅京)	2009－12－23	2010－07－05	11080	信托贷款	3.00%
374	2009 年第 46 期工银财富专属人民币理财产品 270 天 CFXT0918	2009－12－23	2010－9－18	35323	转让贷款	3.50%
375	2009 年第 55 期理财金专属理财产品阳山新城 9 个月 THXT0912	2009－12－23	2010－9－22	29939	信托贷款	3.60%
376	2009 年第 55 期理财金专属理财产品太仓城投 12 个月 THXT0911(仅苏)	2009－12－23	2010－12－22	19994	信托贷款	3.80%
377	2009 年第 55 期理财金专属理财产品苏州物流 12 个月 THXT0913	2009－12－23	2010－12－22	11983	信托贷款	3.80%
378	2009 年第 84 期人民币理财产品 733 天 XT0972	2009－12－23	2011－12－25	16928	转让贷款	4.00%
379	2009 年第 85 期债券投资型理财产品 1 个月 SHZQ0969(仅沪)	2009－12－24	2010－01－24	5212	购买债券	1.90%
380	2009 年第 58 期理财金专属理财产品债券 30 天 ZQ0904	2009－12－25	2010－1－23	377083	购买债券	2.30%
381	2009 年第 87 期理财产品 32 天 GZXT0906(仅广州)	2009－12－25	2010－1－25	35660	信托贷款	2.1%～2.5%
382	2009 年第 60 期理财金专属理财产品 45 天 GDXT0918(仅粤)	2009－12－25	2010－2－7	45600	信托贷款	2.40%
383	2009 年第 60 期理财金专属理财产品 90 天 GDXT0917(仅粤)	2009－12－25	2010－3－24	30000	信托贷款	3.00%
384	2009 年第 59 期理财金专属理财产品 299 天 THXT0914	2009－12－25	2010－10－19	29990	信托贷款	3.40%
385	2009 年第 88 期信托投资型理财产品 59 天 SHXT0917(仅沪)	2009－12－28	2010－02－24	19986	信托贷款	2.3%～2.5%
386	2009 年第 86 期信托投资型理财产品 180 天 SHXT0916(仅沪)	2009－12－28	2010－06－25	28169	信托贷款	2.9%～3.1%
387	2009 年第 61 期理财金专属理财产品信托 15 天 ZQXT0943	2009－12－29	2010－1－12	166985	混合	2.10%
388	2009 年第 61 期理财金专属理财产品债券 30 天 ZQ0905	2009－12－29	2010－1－27	154809	购买债券	2.40%
389	2009 年第 89 期债券投资型理财产品 1 个月 SHZQ0970(仅沪)	2009－12－30	2010－01－30	49395	购买债券	2.3%～2.5%
390	2009 年第 60 期理财金专属理财产品 40 天 GDXT0919(仅粤)	2009－12－30	2010－2－7	48695	信托贷款	2.40%

数据来源：中国工商银行

表3－5　2009年工商银行个人外币理财产品发行情况表　　单位:万元发行币种

序号	产品名称	币种	发行日	到期日	拟发行量	投资方向	预期收益率
1	2009年第1期"安享回报"外币理财产品	美元	2009－1－13	2009－7－13	1740	备注	1.30%
2	2009年第2期"安享回报"外币理财产品(6个月)	美元	2009－1－16	2009－7－16	794	备注	1.30%
3	2009年第3期外币理财产品安享回报港币6个月	港币	2009－2－23	2009－8－24	14567	备注	1.0%
4	2009年第4期外币理财产品安享回报美元6个月	美元	2009－2－25	2009－8－25	4348	备注	1.20%
5	2009年第5期外币理财产品安享回报美元6个月	美元	2009－3－3	2009－9－3	1421	备注	1.20%
6	2009年第5期外币理财产品安享回报澳元6个月	澳元	2009－3－4	2009－9－4	253	备注	2.10%
7	2009年第6期外币理财产品安享回报美元6个月 USD0905	美元	2009－3－17	2009－9－17	1019	备注	1.20%
8	2009年第6期外币理财产品安享回报美元3个月 USD0906	美元	2009－3－17	2009－6－17	561	备注	1.00%
9	2009年第7期外币理财产品安享回报港币6个月 HKD0902	港币	2009－3－24	2009－9－24	3509	备注	1.00%
10	2009年第7期外币理财产品安享回报美元6个月 USD0907	美元	2009－3－24	2009－9－24	781	备注	1.20%
11	2009年第8期外币理财产品安享回报欧元179天 EUR0901	欧元	2009－3－31	2009－9－25	565	备注	1.40%
12	2009年第8期外币理财产品安享回报港币179天 HKD0903	港币	2009－3－31	2009－9－25	2505	备注	1.00%
13	2009年第9期外币理财产品安享回报美元6个月 USD0908	美元	2009－04－08	2009－10－9	769	备注	1.20%
14	2009年第9期外币理财产品安享回报港币6个月 HKD0904	港币	2009－04－08	2009－10－9	2240	备注	1.00%
15	2009年第1期"工银财富"专属外汇理财产品 USD0909	美元	2009－09－02	2010－03－02	3097	备注	1.5%～1.8%
16	2009年第10期"安享回报"外币理财产品美元6个月 USD0910	美元	2009－09－17	2010－03－17	3821	备注	1.5%～1.8%
17	2009年第11期"安享回报"外币理财产品欧元3个月 EUR0902	欧元	2009－10－27	2010－01－27	455	备注	1.00%
18	2009年第12期"安享回报"外币理财产品美元6个月 USD0911	美元	2009－11－10	2010－05－10	3842	备注	1.5%～1.9%

续表

序号	产品名称	币种	发行日	到期日	拟发行量	投资方向	预期收益率
19	2009年第1期汇财通澳元理财产品浮动收益1年901AUD1Y(仅沪)	澳元	2009-11-17	2010-11-17	339	备注	见产品说明书
20	2009年第13期"安享回报"外币理财产品美元6个月USD0912	美元	2009-12-03	2010-06-03	2446	备注	1.5%~1.9%

备注:本产品通过在产品起始日利用外汇市场掉期工具为客户锁定投资汇率风险的技术保障机制,规避产品市场风险。主要投资于国有控股商业银行(包括工商银行,下同)和全国性股份制商业银行提供的存量信贷资产转让项目和新增贷款项目以及企业信托融资项目、国有控股商业银行和全国性股份制商业银行已贴现(转贴现)银行承兑汇票、银行间市场发行的各类债券、货币市场基金、债券基金以及其他货币资金市场投资工具。

数据来源:中国工商银行

表3-6　2009年农业银行个人人民币理财产品发行情况表　　单位:万元人民币

序号	产品名称	发行日	到期日	拟发行量	投资方向	预期收益率
1	2009年本利丰第1期"金钥匙·本利丰"人民币理财"安心得利"稳健系列第五期	2009-2-25	2009-3-25	142099	备注1	1.70%
2	2009年本利丰第2期	2009-2-27	2011-2-26	29400	股权投资	4.70%
3	2009年本利丰第四期	2009-4-17	2010-4-17	95000	股权投资	5.00%
4	2009年本利丰第3期	2009-5-8	2011-5-8	91998	信托贷款	8.20%
5	2009年本利丰第5期"金钥匙·本利丰"人民币理财"安心得利"稳健系列第六期	2009-5-20	2009-7-20	99980	备注1	1.60%
6	2009年本利丰第7期	2009-7-3	2009-8-5	195161	备注1	1.60%
7	2009年本利丰第8期	2009-7-3	2009-9-29	274659	备注1	2.00%
8	2009年本利丰第17期	2009-8-5	2009-9-2	109430	备注1	1.65%
9	2009年本利丰第18期	2009-8-5	2009-11-4	59427	备注1	2.00%
10	2009年本利丰第19期	2009-8-12	2009-9-9	49664	备注1	1.70%
11	2009年本利丰第20期	2009-8-19	2009-9-16	67449	备注1	1.70%
12	2009年本利丰第21期	2009-8-17	2009-11-17	85100	备注1	2.20%
13	2009年本利丰第22期	2009-8-26	2009-9-23	49852	备注1	1.70%
14	2009年本利丰第24期	2009-9-2	2009-9-28	49414	备注1	1.70%
15	2009年本利丰第25期	2009-9-2	2009-11-4	47169	备注1	1.85%
16	2009年本利丰第26期	2009-9-9	2009-10-28	189001	备注1	1.80%
17	2009年本利丰第27期	2009-9-16	2009-11-18	111141	备注1	1.85%
18	2009年本利丰第28期	2009-9-23	2009-10-21	282869	备注1	1.80%
19	2009年本利丰第29期	2009-9-23	2009-11-18	158756	备注1	2.00%
20	2009年本利丰第30期	2009-9-25	2009-10-10	99999	备注1	1.55%
21	2009年本利丰第31期	2009-9-28	2009-10-28	102418	备注1	1.75%

续表

序号	产品名称	发行日	到期日	拟发行量	投资方向	预期收益率
22	2009 年本利丰第 32 期	2009－9－28	2009－12－2	44978	备注 1	1.95%
23	2009 年本利丰第 33 期	2009－9－28	2009－12－30	32082	备注 1	2.00%
24	2009 年本利丰第六期优质企业贷款融资信托理财计划	2009－9－16	2011－9－16	95000	股权投资	7.00%
25	2009 年本利丰第 34 期	2009－10－14	2009－11－11	136845	备注 1	1.75%
26	2009 年本利丰第 35 期	2009－10－14	2009－12－15	137528	备注 1	1.90%
27	2009 年本利丰第 36 期	2009－10－15	2009－10－29	205059	备注 1	1.55%
28	2009 年本利丰第 37 期	2009－10－15	2009－11－5	81238	备注 1	1.60%
29	2009 年本利丰第 38 期	2009－10－21	2009－11－4	194452	备注 1	1.65%
30	2009 年本利丰第 39 期	2009－10－21	2009－11－18	113073	备注 1	1.75%
31	2009 年本利丰第 40 期	2009－10－27	2010－1－5	65568	备注 1	1.90%
32	2009 年本利丰第 41 期	2009－10－27	2010－1－27	132336	备注 1	2.05%
33	2009 年本利丰第 42 期	2009－10－27	2010－4－28	78035	备注 1	一档 2.3%　二档 2.6%
34	2009 年本利丰第 43 期	2009－10－27	2010－7－28	87565	备注 1	2.80%
35	2009 年本利丰第 44 期	2009－10－29	2009－11－12	299895	备注 1	1.70%
36	2009 年本利丰第 45 期	2009－10－29	2009－11－26	299967	备注 1	1.80%
37	2009 年本利丰第 46 期	2009－11－3	2010－2－3	157498	备注 1	2.20%
38	2009 年本利丰第 47 期	2009－11－3	2010－5－5	86032	备注 1	2.60%
39	2009 年本利丰第 48 期	2009－11－3	2010－8－4	79059	备注 1	2.90%
40	2009 年本利丰第 49 期	2009－11－3	2009－11－17	199989	备注 1	1.70%
41	2009 年本利丰第 50 期	2009－11－3	2009－12－1	299959	备注 1	1.85%
42	2009 年本利丰第 51 期	2009－11－10	2010－1－12	117404	备注 1	2.00%
43	2009 年本利丰第 52 期	2009－11－10	2010－2－3	193940	备注 1	2.20%
44	2009 年本利丰第 53 期	2009－11－10	2009－11－24	199850	备注 1	1.70%
45	2009 年本利丰第 54 期	2009－11－10	2009－12－8	298476	备注 1	1.85%
46	2009 年本利丰第 55 期	2009－11－12	2009－11－26	209995	备注 1	1.70%
47	2009 年本利丰第 56 期	2009－11－12	2009－12－10	241036	备注 1	一档 1.85%　二档 1.90%
48	2009 年本利丰第 57 期	2009－11－17	2010－1－20	134060	备注 1	一档 2.00%　二档 2.15%
49	2009 年本利丰第 58 期	2009－11－17	2010－2－10	199680	备注 1	一档 2.2%　二档 2.4%
50	2009 年本利丰第 59 期	2009－11－17	2009－12－1	200000	备注 1	1.70%
51	2009 年本利丰第 60 期	2009－11－17	2009－12－15	299846	备注 1	一档 1.85%　二档 1.90%
52	2009 年本利丰第 61 期	2009－11－19	2009－12－3	299546	备注 1	1.70%
53	2009 年本利丰第 62 期	2009－11－24	2010－1－27	126680	备注 1	一档 2.00%　二档 2.15%
54	2009 年本利丰第 63 期	2009－11－24	2010－2－24	149998	备注 1	一档 2.2%　二档 2.4%
55	2009 年本利丰第 64 期	2009－11－24	2010－5－26	129982	备注 1	一档 2.6%　二档 2.8%
56	2009 年本利丰第 65 期	2009－11－24	2009－12－8	299961	备注 1	1.70%

续表

序号	产品名称	发行日	到期日	拟发行量	投资方向	预期收益率
57	2009 年本利丰第 66 期	2009 - 11 - 24	2009 - 12 - 22	299994	备注 1	一档 1.85% 二档 1.90%
58	2009 年本利丰第 67 期	2009 - 11 - 26	2009 - 12 - 10	293030	备注 1	1.70%
59	2009 年本利丰第 68 期	2009 - 12 - 1	2010 - 2 - 1	138909	备注 1	一档 2.00% 二档 2.15%
60	2009 年本利丰第 69 期	2009 - 12 - 1	2010 - 3 - 3	209080	备注 1	一档 2.2% 二档 2.4%
61	2009 年本利丰第 70 期	2009 - 12 - 1	2009 - 12 - 15	299870	备注 1	1.70%
62	2009 年本利丰第 71 期	2009 - 12 - 1	2009 - 12 - 28	299898	备注 1	一档 1.85% 二档 1.90%
63	2009 年本利丰第 72 期	2009 - 12 - 3	2009 - 12 - 17	299797	备注 1	1.70%
64	2009 年本利丰第 73 期	2009 - 12 - 8	2010 - 2 - 4	149949	备注 1	一档 2.00% 二档 2.15%
65	2009 年本利丰第 74 期	2009 - 12 - 8	2010 - 3 - 10	118919	备注 1	一档 2.2% 二档 2.4%
66	2009 年本利丰第 75 期	2009 - 12 - 8	2010 - 6 - 9	99994	备注 1	一档 2.6% 二档 2.8%
67	2009 年本利丰第 76 期	2009 - 12 - 8	2010 - 1 - 5	299990	备注 1	一档 1.85% 二档 1.90%
68	2009 年本利丰第 77 期	2009 - 12 - 10	2010 - 1 - 7	200000	备注 1	一档 1.85% 二档 1.90%
69	2009 年本利丰第 78 期	2009 - 12 - 15	2010 - 2 - 4	99989	备注 1	一档 2.00% 二档 2.15%
70	2009 年本利丰第 79 期	2009 - 12 - 15	2010 - 3 - 17	152985	备注 1	一档 2.2% 二档 2.4%
71	2009 年本利丰第 80 期	2009 - 12 - 15	2010 - 12 - 15	94094	备注 1	一档 3.1% 二档 3.3%
72	2009 年本利丰第 81 期	2009 - 12 - 15	2010 - 1 - 12	200000	备注 1	一档 1.85% 二档 1.90%
73	2009 年本利丰第 82 期	2009 - 12 - 24	2010 - 3 - 25	99991	备注 1	一档 2.2% 二档 2.4%
74	2009 年本利丰第 83 期	2009 - 12 - 24	2010 - 6 - 24	134643	备注 1	一档 2.6% 二档 2.8%
75	2009 年本利丰第 84 期	2009 - 12 - 24	2010 - 1 - 21	299998	备注 1	一档 1.85% 二档 1.90%

备注 1：购买债券、信托、回购等资产

备注 2：预期收益率中一档为 5 万 - 100 万（不含），二档为 100 万以上

数据来源：中国农业银行

表 3 - 7 2009 年农业银行个人外币理财产品发行情况表

单位：万元发行币种

序号	产品名称	币种	发行日	到期日	拟发行量	投资方向	预期收益率
1	2009 年第一期“金钥匙·汇利丰”A 款产品	人民币	2009 - 7 - 28	2009 - 8 - 28	26601	同业拆借	1.70%
2	2009 年第一期“金钥匙·汇利丰”B 款产品	人民币	2009 - 7 - 28	2009 - 10 - 28	12222	同业拆借	2.00%
3	2009 年第一期“金钥匙·汇利丰”C 款产品	人民币	2009 - 7 - 28	2010 - 1 - 28	6845	同业拆借	2.30%
4	2009 年第二期“金钥匙·汇利丰”A 款产品	美元	2009 - 7 - 29	2009 - 8 - 28	112	备注	0.50%
5	2009 年第二期“金钥匙·汇利丰”B 款产品	美元	2009 - 7 - 29	2009 - 10 - 27	923	备注	1.00%

续表

序号	产品名称	币种	发行日	到期日	拟发行量	投资方向	预期收益率
6	2009年第二期“金钥匙·汇利丰”C款产品	美元	2009-7-29	2010-1-25	1000	备注	1.20%
7	2009年第二期“金钥匙·汇利丰”A2款产品	美元	2009-9-4	2009-10-12	1533	备注	0.50%
8	2009年第二期“金钥匙·汇利丰”B2款产品	美元	2009-9-4	2009-12-3	278	备注	0.90%
9	2009年第二期“金钥匙·汇利丰”C2款产品	美元	2009-9-4	2010-3-3	347	备注	1.10%
10	2009年第二期“金钥匙·汇利丰”D1款产品	港币	2009-9-4	2010-3-3	9513	备注	0.70%
11	农行“金钥匙·汇利丰”2009年第3期产品A款	人民币	2009-10-16	2009-11-16	29212	购买保本理财产品	2.25%
12	农行“金钥匙·汇利丰”2009年第3期产品B款	人民币	2009-10-16	2010-1-18	31469	购买保本理财产品	2.70%
13	农行“金钥匙·汇利丰”2009年第4期产品A款	人民币	2009-12-3	2009-12-10	17336	购买保本理财产品	1.60%
14	农行“金钥匙·汇利丰”2009年第4期产品B款	人民币	2009-12-3	2009-12-17	33354	购买保本理财产品	1.90%
15	农行“金钥匙·汇利丰”2009年第4期产品C款	人民币	2009-12-8	2010-1-8	12699	购买保本理财产品	2.20%
16	农行“金钥匙·汇利丰”2009年第4期产品D款	人民币	2009-12-8	2010-2-8	3031	购买保本理财产品	2.50%
17	农行“金钥匙·汇利丰”2009年第4期产品E款	人民币	2009-12-8	2010-3-8	3959	购买保本理财产品	2.70%
18	2009年第6期“金钥匙·汇利丰”美元理财产品	美元	2009-12-17	2010-6-15	326	备注	1.30%
19	2009年第5期“金钥匙·汇利丰”美元理财产品	美元	2009-12-18	2010-3-18	869	备注	1.05%
20	2009年第7期“金钥匙·汇利丰”美元理财产品	美元	2009-12-18	2010-12-13	181	备注	1.80%
21	2009年第8期“金钥匙·汇利丰”欧元理财产品	欧元	2009-12-18	2010-3-18	67	备注	0.94%

备注：购买债券、信托回购等资产

数据来源：中国农业银行

表3－8　2009年中国银行个人人民币理财产品发行情况表　　单位：万元人民币

序号	产品名称	发行日	到期日	发行量	投资方向	预期收益率
1	搏·弈 BY0901A7D	2009－1－9	2009－1－16	7306	混合	0.80%
2	搏·弈 BY0901A14D	2009－1－9	2009－1－23	8936	混合	0.90%
3	中银货币市场增值理财计划2009年第1期	2009－2－26	2009－5－19	24730	混合	1.91%
4	中银货币市场增值理财计划2009年第2期	2009－3－5	2009－4－14	30458	混合	1.91%
5	搏·弈 BY0903A7D	2009－3－17	2009－3－24	72417	混合	1.40%
6	搏·弈 BY0903A14D	2009－3－17	2009－3－31	96221	混合	1.42%
7	搏·弈 BY0903A1M	2009－3－26	2009－4－24	33570	混合	1.60%
8	搏·弈 BY0903B14D	2009－3－26	2009－4－9	13805	混合	1.42%
9	中银平稳收益理财计划0901	2009－3－26	2010－3－26	50800	信托贷款	4.00%
10	中银货币市场增值理财计划2009年第3期	2009－3－30	2009－5－11	8699	混合	1.91%
11	搏·弈 BY0903A4M	2009－4－1	2009－8－3	24695	混合	1.90%
12	中银货币理财计划之日积月累	2009－4－8		2679650	购买债券	1.58%
13	搏·弈 BY0904A6M	2009－4－8	2009－9－30	22540	混合	2.05%
14	中银智富理财计划0901	2009－4－13	2011－4－27	77000	股权投资	5.00%
15	搏·弈 BY0904B3M	2009－4－15	2009－7－15	47373	混合	1.86%
16	搏·弈 BY09029－V（汇市争锋）	2009－4－17	2009－7－17	7056	混合	见产品说明书
17	搏·弈 BY0904C3M	2009－4－23	2009－7－23	48176	混合	1.86%
18	中银平稳收益理财计划0902	2009－4－24	2010－4－23	20086	信托贷款	3.80%
19	搏·弈 BY0905A3M	2009－5－5	2009－8－5	65981	混合	1.86%
20	搏·弈 BY09035－V（汇市争锋）	2009－5－8	2009－8－7	1408	混合	见产品说明书
21	搏·弈 BY0905B3M	2009－5－12	2009－8－12	23132	混合	1.86%
22	搏·弈 BY0905B6M	2009－5－12	2009－11－12	24858	混合	2.05%
23	搏·弈 BY09040（分行定制）	2009－5－13	2009－7－13	24683	混合	1.93%
24	“中银进取系列”ZYJQ09001A－人民币港股挂钩产品	2009－5－15	2010－5－14	8188	混合	见产品说明书
25	搏·弈 BY0905C2M	2009－5－20	2009－7－20	34124	混合	1.82%
26	搏·弈 BY0905C6M	2009－5－20	2009－11－20	47634	混合	2.10%
27	搏·弈 BY0905D2M	2009－5－27	2009－7－27	7318	混合	1.80%
28	搏·弈 BY0905D3M	2009－5－27	2009－8－27	23948	混合	1.86%
29	搏·弈 BY0906A2M	2009－6－2	2009－7－31	3071	混合	1.80%
30	搏·弈 BY0906A3M	2009－6－2	2009－9－2	15832	混合	1.86%

续表

序号	产品名称	发行日	到期日	发行量	投资方向	预期收益率
31	"中银进取系列"ZYJQ09002A－人民币标普高盛能源超额回报指数挂钩产品	2009－6－3	2010－6－3	16101	混合	见产品说明书
32	搏·弈 BY0906B6M	2009－6－10	2009－12－10	31440	混合	2.08%
33	搏·弈 BY0906B3M	2009－6－10	2009－9－10	23256	混合	1.86%
34	搏·弈 BY0906B1M－1	2009－6－10	2009－7－10	8216	混合	1.70%
35	搏·弈 BY0906B1M－2(中银财富专享)	2009－6－10	2009－7－10	15045	混合	1.75%
36	搏·弈 BY0906B1M－3(中银财富专享)	2009－6－10	2009－7－10	75053	混合	1.80%
37	搏·弈 BY09046－V(汇市争锋)	2009－6－10	2009－9－10	1843	混合	见产品说明书
38	搏·弈 BY0906C1M－1	2009－6－19	2009－7－19	5126	混合	1.70%
39	搏·弈 BY0906C1M－2(中银财富专享)	2009－6－19	2009－7－19	10937	混合	1.75%
40	搏·弈 BY0906C1M－3(中银财富专享)	2009－6－19	2009－7－19	64192	混合	1.80%
41	搏·弈 BY0906C2M	2009－6－19	2009－8－19	6373	混合	1.80%
42	搏·弈 BY0906C3M	2009－6－19	2009－9－19	27889	混合	1.86%
43	搏·弈 BY09051－V(汇市争锋)	2009－6－23	2009－9－23	1192	混合	见产品说明书
44	"中银进取系列"ZYJQ09003A－人民币标普高盛原油和铜超额回报指数挂钩产品	2009－6－23	2010－6－23	15055	混合	见产品说明书
45	中银平稳收益理财计划 0904A	2009－6－25	2010－6－25	174703	信托贷款	见产品说明书
46	搏·弈 BY0906D7D－1	2009－6－26	2009－7－3	9677	混合	1.50%
47	搏·弈 BY0906D7D－2(中银财富专享)	2009－6－26	2009－7－3	11363	混合	1.55%
48	搏·弈 BY0906D7D－3(中银财富专享)	2009－6－26	2009－7－3	96239	混合	1.60%
49	搏·弈 BY0906D14D－1	2009－6－26	2009－7－10	3849	混合	1.58%
50	搏·弈 BY0906D14D－2(中银财富专享)	2009－6－26	2009－7－10	6364	混合	1.63%
51	搏·弈 BY0906D14D－3(中银财富专享)	2009－6－26	2009－7－10	39416	混合	1.68%
52	搏·弈 BY0906D1M－1	2009－6－26	2009－7－27	5469	混合	1.65%
53	搏·弈 BY0906D1M－2(中银财富专享)	2009－6－26	2009－7－27	10799	混合	1.70%
54	搏·弈 BY0906D1M－3(中银财富专享)	2009－6－26	2009－7－27	80612	混合	1.75%
55	搏·弈 BY0906D2M	2009－6－26	2009－8－26	14947	混合	1.80%
56	搏·弈 BY0906D3M	2009－6－26	2009－9－28	37927	混合	1.85%
57	搏·弈 BY09053(分行定制)	2009－6－26	2009－9－28	2433	混合	1.86%
58	搏·弈 BY0905GX7D－8(七日有约)	2009－6－30	2009－7－7	17150	混合	1.50%
59	搏·弈 BY0907A7D－1	2009－7－3	2009－7－10	15812	混合	1.45%
60	搏·弈 BY0907A7D－2(中银财富专享)	2009－7－3	2009－7－10	24318	混合	1.50%
61	搏·弈 BY0907A7D－3(中银财富专享)	2009－7－3	2009－7－10	270646	混合	1.55%
62	搏·弈 BY0907A14D	2009－7－3	2009－7－17	19379	混合	1.52%

续表

序号	产品名称	发行日	到期日	发行量	投资方向	预期收益率
63	搏·弈 BY0907A21D－1	2009－7－3	2009－7－24	863	混合	1.50%
64	搏·弈 BY0907A21D－2(中银财富专享)	2009－7－3	2009－7－24	4122	混合	1.55%
65	搏·弈 BY0907A21D－3(中银财富专享)	2009－7－3	2009－7－24	34220	混合	1.60%
66	搏·弈 BY0907A1M－1	2009－7－3	2009－7－30	6031	混合	1.60%
67	搏·弈 BY0907A1M－2(中银财富专享)	2009－7－3	2009－7－30	11567	混合	1.65%
68	搏·弈 BY0907A1M－3(中银财富专享)	2009－7－3	2009－7－30	158419	混合	1.70%
69	搏·弈 BY0907A2M	2009－7－3	2009－8－31	26259	混合	1.80%
70	搏·弈 BY0907A3M	2009－7－3	2009－9－30	60925	混合	1.86%
71	搏·弈 BY09056(周末理财)	2009－7－3	2009－7－6	1106437	混合	见产品说明书
72	中银智富理财计划 0904	2009－7－7	2010－7－7	97900	股权投资	5.00%
73	搏·弈 BY0905GX7D－9(七日有约)	2009－7－7	2009－7－14	35314	混合	1.50%
74	搏·弈 BY09057(周末理财)	2009－7－10	2009－7－13	1521855	混合	见产品说明书
75	搏·弈 BY0907B7D－1	2009－7－13	2009－7－20	11114	混合	1.45%
76	搏·弈 BY0907B7D－2(中银财富专享)	2009－7－13	2009－7－20	16869	混合	1.48%
77	搏·弈 BY0907B7D－3(中银财富专享)	2009－7－13	2009－7－20	131846	混合	1.51%
78	搏·弈 BY0907B14D－1	2009－7－13	2009－7－27	3935	混合	1.48%
79	搏·弈 BY0907B14D－2(中银财富专享)	2009－7－13	2009－7－27	8441	混合	1.51%
80	搏·弈 BY0907B14D－3(中银财富专享)	2009－7－13	2009－7－27	54710	混合	1.54%
81	搏·弈 BY0907B1M－1	2009－7－13	2009－8－13	8023	混合	1.55%
82	搏·弈 BY0907B1M－2(中银财富专享)	2009－7－13	2009－8－13	13220	混合	1.58%
83	搏·弈 BY0907B1M－3(中银财富专享)	2009－7－13	2009－8－13	46903	混合	1.61%
84	搏·弈 BY0907B1M－4(中银私行专享)	2009－7－13	2009－8－13	27979	混合	1.64%
85	搏·弈 BY0907B2M	2009－7－13	2009－9－14	10296	混合	1.76%
86	搏·弈 BY0907B3M	2009－7－13	2009－10－13	48693	混合	1.80%
87	搏·弈 BY0905GX7D－10(七日有约)	2009－7－14	2009－7－21	59533	混合	1.48%
88	中银平稳收益理财计划 0906	2009－7－15	2010－7－15	101200	信托贷款	4.00%
89	中银平稳收益理财计划 0904C	2009－7－16	2010－7－16	257300	信托贷款	4.00%
90	搏·弈 BY09058(分行定制)	2009－7－16	2009－7－23	106479	混合	1.51%
91	搏·弈 BY09059(周末理财)	2009－7－17	2009－7－20	1832491	混合	见产品说明书
92	搏·弈 BY0907C7D－1	2009－7－21	2009－7－28	19456	混合	1.45%
93	搏·弈 BY0907C7D－2(中银财富专享)	2009－7－21	2009－7－28	25421	混合	1.48%
94	搏·弈 BY0907C7D－3(中银财富专享)	2009－7－21	2009－7－28	247700	混合	1.51%
95	搏·弈 BY0907C1M－1	2009－7－21	2009－8－21	7430	混合	1.55%

续表

序号	产品名称	发行日	到期日	发行量	投资方向	预期收益率
96	搏·弈 BY0907C1M－2(中银财富专享)	2009－7－21	2009－8－21	12910	混合	1.58%
97	搏·弈 BY0907C1M－3(中银财富专享)	2009－7－21	2009－8－21	107141	混合	1.61%
98	搏·弈 BY0907C2M	2009－7－21	2009－9－21	23360	混合	1.70%
99	搏·弈 BY0907C3M	2009－7－21	2009－10－21	34699	混合	1.80%
100	搏·弈 BY0907C6M	2009－7－21	2010－1－21	35842	混合	2.05%
101	搏·弈 BY09060(分行定制)	2009－7－21	2009－7－28	5002	混合	1.58%
102	搏·弈 BY0905GX7D－11(七日有约)	2009－7－21	2009－7－28	71299	混合	1.48%
103	搏·弈 BY09061(周末理财)	2009－7－24	2009－7－27	2032592	混合	见产品说明书
104	搏·弈 BY0905GX7D－12(七日有约)	2009－7－28	2009－8－4	71751	混合	1.48%
105	搏·弈 BY0907D7D－1	2009－7－29	2009－8－5	16818	混合	1.45%
106	搏·弈 BY0907D7D－2(中银财富专享)	2009－7－29	2009－8－5	21907	混合	1.48%
107	搏·弈 BY0907D7D－3(中银财富专享)	2009－7－29	2009－8－5	240644	混合	1.51%
108	搏·弈 BY0907D21D－1	2009－7－29	2009－8－19	3220	混合	1.50%
109	搏·弈 BY0907D21D－2(中银财富专享)	2009－7－29	2009－8－19	4996	混合	1.53%
110	搏·弈 BY0907D21D－3(中银财富专享)	2009－7－29	2009－8－19	26363	混合	1.56%
111	搏·弈 BY0907D1M－1	2009－7－29	2009－8－31	6297	混合	1.55%
112	搏·弈 BY0907D1M－2(中银财富专享)	2009－7－29	2009－8－31	10823	混合	1.58%
113	搏·弈 BY0907D1M－3(中银财富专享)	2009－7－29	2009－8－31	51069	混合	1.61%
114	搏·弈 BY0907D1M－4	2009－7－29	2009－8－31	34128	混合	1.64%
115	搏·弈 BY0907D2M－1	2009－7－29	2009－9－29	11184	混合	1.70%
116	搏·弈 BY0907D2M－2	2009－7－29	2009－9－29	13253	混合	1.75%
117	搏·弈 BY0907D3M	2009－7－29	2009－10－29	58535	混合	1.80%
118	搏·弈 BY09063(分行定制)	2009－7－29	2009－8－5	1500	混合	1.58%
119	"中银进取系列"ZYJQ09004A－人民币港股盈富基金挂钩产品	2009－7－29	2010－7－29	128759	混合	见产品说明书
120	搏·弈 BY09062(分行定制)	2009－7－30	2009－10－30	9037	混合	1.90%
121	搏·弈 BY09065(分行定制)	2009－7－31	2009－10－30	1000	混合	1.95%
122	搏·弈 BY09064(周末理财)	2009－7－31	2009－8－3	1922260	混合	见产品说明书
123	搏·弈 BY0908A7D－1	2009－8－4	2009－8－11	9121	混合	1.45%
124	搏·弈 BY0908A7D－2(中银财富专享)	2009－8－4	2009－8－11	10942	混合	1.48%
125	搏·弈 BY0908A7D－3(中银财富专享)	2009－8－4	2009－8－11	128051	混合	1.51%
126	搏·弈 BY0908A14D	2009－8－4	2009－8－18	5561	混合	1.48%
127	搏·弈 BY0908A21D－1	2009－8－4	2009－8－25	1490	混合	1.50%
128	搏·弈 BY0908A21D－2(中银财富专享)	2009－8－4	2009－8－25	3078	混合	1.53%

续表

序号	产品名称	发行日	到期日	发行量	投资方向	预期收益率
129	搏·弈 BY0908A21D－3(中银财富专享)	2009－8－4	2009－8－25	27926	混合	1.56%
130	搏·弈 BY0908A1M－1	2009－8－4	2009－8－31	3881	混合	1.55%
131	搏·弈 BY0908A1M－2(中银财富专享)	2009－8－4	2009－8－31	7888	混合	1.58%
132	搏·弈 BY0908A1M－3(中银财富专享)	2009－8－4	2009－8－31	73740	混合	1.61%
133	搏·弈 BY0908A2M	2009－8－4	2009－9－30	11103	混合	1.70%
134	搏·弈 BY0908A3M	2009－8－4	2009－10－30	34870	混合	1.80%
135	搏·弈 BY0905GX7D－13(七日有约)	2009－8－4	2009－8－11	79508	混合	1.48%
136	搏·弈 BY09066(周末理财)	2009－8－7	2009－8－10	3367584	混合	见产品说明书
137	搏·弈 BY0905GX7D－14(七日有约)	2009－8－11	2009－8－18	82735	混合	1.48%
138	中银智富理财计划 0903B	2009－8－12	2012－8－10	82600	股权投资	6.50%
139	搏·弈 BY0908B7D－1	2009－8－12	2009－8－19	15361	混合	1.45%
140	搏·弈 BY0908B7D－2(中银财富专享)	2009－8－12	2009－8－19	20942	混合	1.48%
141	搏·弈 BY0908B7D－3(中银财富专享)	2009－8－12	2009－8－19	319289	混合	1.51%
142	搏·弈 BY0908B14D－1	2009－8－12	2009－8－26	3103	混合	1.48%
143	搏·弈 BY0908B14D－2(中银财富专享)	2009－8－12	2009－8－26	8210	混合	1.51%
144	搏·弈 BY0908B14D－3(中银财富专享)	2009－8－12	2009－8－26	143989	混合	1.54%
145	搏·弈 BY0908B1M－1	2009－8－12	2009－9－14	6246	混合	1.55%
146	搏·弈 BY0908B1M－2(中银财富专享)	2009－8－12	2009－9－14	10832	混合	1.58%
147	搏·弈 BY0908B1M－3(中银财富专享)	2009－8－12	2009－9－14	42528	混合	1.61%
148	搏·弈 BY0908B1M－4(中银私行专享)	2009－8－12	2009－9－14	18758	混合	1.64%
149	搏·弈 BY0908B2M(中银私行专享)	2009－8－12	2009－10－12	5755	混合	1.75%
150	搏·弈 BY0908B3M	2009－8－12	2009－11－12	54745	混合	1.80%
151	搏·弈 BY09067(周末理财)	2009－8－14	2009－8－17	3198126	混合	见产品说明书
152	搏·弈 BY09068(分行定制)	2009－8－18	2009－11－18	2000	混合	1.95%
153	搏·弈 BY0905GX7D－15(七日有约)	2009－8－18	2009－8－25	87361	混合	1.53%
154	搏·弈 BY0908C7D－1	2009－8－20	2009－8－27	17022	混合	1.50%
155	搏·弈 BY0908C7D－2(中银财富专享)	2009－8－20	2009－8－27	22731	混合	1.53%
156	搏·弈 BY0908C7D－3(中银财富专享)	2009－8－20	2009－8－27	444873	混合	1.56%
157	搏·弈 BY0908C1M－1	2009－8－20	2009－9－21	7935	混合	1.60%
158	搏·弈 BY0908C1M－2(中银财富专享)	2009－8－20	2009－9－21	10996	混合	1.63%
159	搏·弈 BY0908C1M－3 (中银财富专享)	2009－8－20	2009－9－21	66068	混合	1.66%
160	搏·弈 BY0908C2M	2009－8－20	2009－10－20	13392	混合	1.75%
161	搏·弈 BY0908C3M	2009－8－20	2009－11－20	37968	混合	1.85%
162	搏·弈 BY0908C6M	2009－8－20	2010－2－22	26823	混合	2.05%
163	搏·弈 BY09069(周末理财)	2009－8－21	2009－8－24	3462556	混合	见产品说明书
164	搏·弈 BY09071(分行定制)	2009－8－24	2009－8－28	24855	混合	1.50%

续表

序号	产品名称	发行日	到期日	发行量	投资方向	预期收益率
165	搏·弈 BY09070(分行定制)	2009-8-25	2009-12-25	1820	混合	1.90%
166	搏·弈 BY0905GX7D-16(七日有约)	2009-8-25	2009-9-1	85642	混合	1.50%
167	搏·弈 BY09072(分行定制)	2009-8-26	2009-8-28	44114	混合	1.00%
168	搏·弈 BY0908D7D-1	2009-8-27	2009-9-3	12263	混合	1.50%
169	搏·弈 BY0908D7D-2(中银财富专享)	2009-8-27	2009-9-3	14553	混合	1.53%
170	搏·弈 BY0908D7D-3(中银财富专享)	2009-8-27	2009-9-3	565567	混合	1.56%
171	搏·弈 BY0908D14D-1	2009-8-27	2009-9-10	2522	混合	1.53%
172	搏·弈 BY0908D14D-2(中银财富专享)	2009-8-27	2009-9-10	3833	混合	1.56%
173	搏·弈 BY0908D14D-3(中银财富专享)	2009-8-27	2009-9-10	71657	混合	1.59%
174	搏·弈 BY0908D1M-1	2009-8-27	2009-9-28	5474	混合	1.60%
175	搏·弈 BY0908D1M-2(中银财富专享)	2009-8-27	2009-9-28	8441	混合	1.63%
176	搏·弈 BY0908D1M-3(中银财富专享)	2009-8-27	2009-9-28	28222	混合	1.66%
177	搏·弈 BY0908D1M-4(中银私行专享)	2009-8-27	2009-9-28	30386	混合	1.70%
178	搏·弈 BY0908D2M-1(中银财富专享)	2009-8-27	2009-10-27	36802	混合	1.75%
179	搏·弈 BY0908D2M-2(中银私行专享)	2009-8-27	2009-10-27	16481	混合	1.80%
180	搏·弈 BY09076(分行定制)	2009-8-28	2010-2-26	5000	混合	2.11%
181	搏·弈 BY09073(周末理财)	2009-8-28	2009-8-31	3899037	混合	见产品说明书
182	搏·弈 BY09075(分行定制)	2009-8-31	2009-9-4	55743	混合	1.40%
183	搏·弈 BY0909A7D-1	2009-9-1	2009-9-8	431	混合	1.45%
184	搏·弈 BY0909A7D-2(中银财富专享)	2009-9-1	2009-9-8	170	混合	1.48%
185	搏·弈 BY0909A7D-3(中银财富专享)	2009-9-1	2009-9-8	1320	混合	1.51%
186	搏·弈 BY0909A21D-1	2009-9-1	2009-9-22	91	混合	1.50%
187	搏·弈 BY0909A21D-2(中银财富专享)	2009-9-1	2009-9-22	70	混合	1.53%
188	搏·弈 BY0909A21D-3(中银财富专享)	2009-9-1	2009-9-22	2151	混合	1.56%
189	搏·弈 BY0909A1M-1	2009-9-1	2009-9-30	66	混合	1.55%
190	搏·弈 BY0909A1M-2(中银财富专享)	2009-9-1	2009-9-30	244	混合	1.58%
191	搏·弈 BY0909A1M-3(中银财富专享)	2009-9-1	2009-9-30	1535	混合	1.61%
192	搏·弈 BY0909A2M	2009-9-1	2009-10-30	372	混合	1.70%
193	搏·弈 BY0909A3M	2009-9-1	2009-11-30	1253	混合	1.80%
194	搏·弈 BY09074(分行定制)	2009-9-1	2009-9-3	108312	混合	0.85%
195	搏·弈 BY0905GX7D-17(七日有约)	2009-9-1	2009-9-8	79628	混合	1.50%
196	中银智富理财计划 0906	2009-9-2	2010-9-2	97500	股权投资	5.50%
197	"中银进取系列"ZYJQ09005A-人民币黄金挂钩产品	2009-9-2	2010-9-2	117321	混合	见产品说明书
198	搏·弈 BY09079(分行定制)	2009-9-4	2009-12-4	1039	混合	见产品说明书
199	搏·弈 BY09078(周末理财)	2009-9-4	2009-9-7	2471844	混合	见产品说明书

续表

序号	产品名称	发行日	到期日	发行量	投资方向	预期收益率
200	搏·弈 BY0905GX7D－18(七日有约)	2009－9－8	2009－9－15	77173	混合	1.48%
201	搏·弈 BY09077－V(汇市争锋)	2009－9－9	2010－3－9	4343	混合	见产品说明书
202	搏·弈 BY0909B7D－1	2009－9－10	2009－9－17	368	混合	1.45%
203	搏·弈 BY0909B7D－2(中银财富专享)	2009－9－10	2009－9－17	273	混合	1.48%
204	搏·弈 BY0909B7D－3(中银财富专享)	2009－9－10	2009－9－17	3001	混合	1.51%
205	搏·弈 BY0909B14D	2009－9－10	2009－9－24	404	混合	1.48%
206	搏·弈 BY0909B1M－1	2009－9－10	2009－10－9	311	混合	1.55%
207	搏·弈 BY0909B1M－2(中银财富专享)	2009－9－10	2009－10－9	226	混合	1.58%
208	搏·弈 BY0909B1M－3(中银财富专享)	2009－9－10	2009－10－9	564	混合	1.61%
209	搏·弈 BY0909B1M－4(中银私行专享)	2009－9－10	2009－10－9	320	混合	1.65%
210	搏·弈 BY0909B2M－1	2009－9－10	2009－11－10	452	混合	1.70%
211	搏·弈 BY0909B2M－2(中银私行专享)	2009－9－10	2009－11－10	224	混合	1.75%
212	搏·弈 BY0909B3M	2009－9－10	2009－12－10	1470	混合	1.80%
213	搏·弈 BY09080(周末理财)	2009－9－11	2009－9－14	1865554	混合	见产品说明书
214	中银智富理财计划 0907	2009－9－14	2012－9－14	63900	股权投资	6.50%
215	搏·弈 BY0905GX7D－19(七日有约)	2009－9－15	2009－9－22	73126	混合	1.48%
216	搏·弈 BY09081(周末理财)	2009－9－18	2009－9－21	2124063	混合	见产品说明书
217	搏·弈 BY0909C7D－1	2009－9－21	2009－9－28	151	混合	1.45%
218	搏·弈 BY0909C7D－2(中银财富专享)	2009－9－21	2009－9－28	277	混合	1.48%
219	搏·弈 BY0909C7D－3(中银财富专享)	2009－9－21	2009－9－28	2125	混合	1.51%
220	搏·弈 BY0909C21D－1	2009－9－21	2009－10－12	368	混合	1.50%
221	搏·弈 BY0909C21D－2(中银财富专享)	2009－9－21	2009－10－12	273	混合	1.53%
222	搏·弈 BY0909C21D－3(中银财富专享)	2009－9－21	2009－10－12	3001	混合	1.56%
223	搏·弈 BY0909C1M－1	2009－9－21	2009－10－21	562	混合	1.55%
224	搏·弈 BY0909C1M－2(中银财富专享)	2009－9－21	2009－10－21	400	混合	1.58%
225	搏·弈 BY0909C1M－3(中银财富专享)	2009－9－21	2009－10－21	1911	混合	1.61%
226	中银智富理财计划 0908	2009－9－22	2010－9－22	96100	股权投资	5.50%
227	中银平稳收益理财计划 0910	2009－9－22	2010－9－22	72503	信托贷款	3.90%
228	搏·弈 BY0905GX7D－20(七日有约)	2009－9－22	2009－9－29	74658	混合	1.48%
229	中银智富理财计划 0909	2009－9－25	2010－9－25	86220	股权投资	5.50%
230	搏·弈 BY09082(周末理财)	2009－9－25	2009－9－28	1601501	混合	见产品说明书
231	中银平稳收益理财计划 0911	2009－9－28	2010－3－28	20656	信托贷款	3.20%
232	搏·弈 BY0909D14D－1	2009－9－29	2009－10－13	6664	混合	1.48%
233	搏·弈 BY0909D14D－2(中银财富专享)	2009－9－29	2009－10－13	10727	混合	1.51%
234	搏·弈 BY0909D14D－3(中银财富专享)	2009－9－29	2009－10－13	66852	混合	1.54%
235	搏·弈 BY0909D21D－1	2009－9－29	2009－10－20	10280	混合	1.50%

续表

序号	产品名称	发行日	到期日	发行量	投资方向	预期收益率
236	搏·弈 BY0909D21D－2(中银财富专享)	2009－9－29	2009－10－20	12910	混合	1.53%
237	搏·弈 BY0909D21D－3(中银财富专享)	2009－9－29	2009－10－20	40868	混合	1.56%
238	搏·弈 BY0909D1M－1	2009－9－29	2009－10－29	45704	混合	1.55%
239	搏·弈 BY0909D1M－2(中银财富专享)	2009－9－29	2009－10－29	1389	混合	1.58%
240	搏·弈 BY0909D1M－3(中银财富专享)	2009－9－29	2009－10－29	1983	混合	1.61%
241	搏·弈 BY0909D1M－4(中银私行专享)	2009－9－29	2009－10－29	10067	混合	1.65%
242	搏·弈 BY09083(假日理财)	2009－9－29	2009－10－9	242309	混合	见产品说明书
243	搏·弈 BY0905GX7D－21(七日有约)	2009－9－29	2009－10－9	67330	混合	1.48%
244	搏·弈 BY09084(周末理财)	2009－10－9	2009－10－12	1490561	混合	见产品说明书
245	搏·弈 BY0905GX7D－22(七日有约)	2009－10－9	2009－10－16	54350	混合	1.48%
246	搏·弈 BY0910A7D－1	2009－10－13	2009－10－20	4377	混合	1.45%
247	搏·弈 BY0910A7D－2(中银财富专享)	2009－10－13	2009－10－20	4108	混合	1.48%
248	搏·弈 BY0910A7D－3(中银财富专享)	2009－10－13	2009－10－20	48655	混合	1.51%
249	搏·弈 BY0910A14D－1	2009－10－13	2009－10－27	2375	混合	1.48%
250	搏·弈 BY0910A14D－2(中银财富专享)	2009－10－13	2009－10－27	3604	混合	1.51%
251	搏·弈 BY0910A14D－3(中银财富专享)	2009－10－13	2009－10－27	39480	混合	1.54%
252	搏·弈 BY0910A1M－1	2009－10－13	2009－11－13	10043	混合	1.55%
253	搏·弈 BY0910A1M－2(中银财富专享)	2009－10－13	2009－11－13	14266	混合	1.58%
254	搏·弈 BY0910A1M－3(中银财富专享)	2009－10－13	2009－11－13	85240	混合	1.61%
255	搏·弈 BY09085(周末理财)	2009－10－16	2009－10－19	1839027	混合	见产品说明书
256	搏·弈 BY0905GX7D－23(七日有约)	2009－10－16	2009－10－23	58865	混合	1.45%
257	搏·弈 BY0910B7D－1	2009－10－21	2009－10－28	5196	混合	1.43%
258	搏·弈 BY0910B7D－2(中银财富专享)	2009－10－21	2009－10－28	7700	混合	1.45%
259	搏·弈 BY0910B7D－3(中银财富专享)	2009－10－21	2009－10－28	88268	混合	1.47%
260	搏·弈 BY0910B14D－1	2009－10－21	2009－11－4	2013	混合	1.45%
261	搏·弈 BY0910B14D－2(中银财富专享)	2009－10－21	2009－11－4	3216	混合	1.47%
262	搏·弈 BY0910B14D－3(中银财富专享)	2009－10－21	2009－11－4	17343	混合	1.49%
263	搏·弈 BY0910B21D－1	2009－10－21	2009－11－11	8092	混合	1.47%
264	搏·弈 BY0910B21D－2(中银财富专享)	2009－10－21	2009－11－11	10764	混合	1.49%
265	搏·弈 BY0910B21D－3(中银财富专享)	2009－10－21	2009－11－11	82322	混合	1.51%
266	搏·弈 BY09086(周末理财)	2009－10－23	2009－10－26	2320871	混合	见产品说明书
267	搏·弈 BY0905GX7D－24(七日有约)	2009－10－23	2009－10－30	59086	混合	1.43%
268	搏·弈 BY0910C7D－1	2009－10－29	2009－11－5	5537	混合	1.40%
269	搏·弈 BY0910C7D－2(中银财富专享)	2009－10－29	2009－11－5	6546	混合	1.42%
270	搏·弈 BY0910C7D－3(中银财富专享)	2009－10－29	2009－11－5	66980	混合	1.44%
271	搏·弈 BY0910C21D－1	2009－10－29	2009－11－19	8545	混合	1.44%

续表

序号	产品名称	发行日	到期日	发行量	投资方向	预期收益率
272	搏·弈 BY0910C21D－2(中银财富专享)	2009－10－29	2009－11－19	11802	混合	1.46%
273	搏·弈 BY0910C21D－3(中银财富专享)	2009－10－29	2009－11－19	81462	混合	1.48%
274	搏·弈 BY09087(周末理财)	2009－10－30	2009－11－2	1929470	混合	见产品说明书
275	搏·弈 BY0905GX7D－25(七日有约)	2009－10－30	2009－11－6	55092	混合	1.40%
276	搏·弈 BY0911A7D－1	2009－11－4	2009－11－11	10914	混合	1.40%
277	搏·弈 BY0911A7D－2(中银财富专享)	2009－11－4	2009－11－11	10025	混合	1.42%
278	搏·弈 BY0911A7D－3(中银财富专享)	2009－11－4	2009－11－11	111120	混合	1.44%
279	搏·弈 BY0911A21D－1	2009－11－4	2009－11－25	7262	混合	1.44%
280	搏·弈 BY0911A21D－2(中银财富专享)	2009－11－4	2009－11－25	10299	混合	1.46%
281	搏·弈 BY0911A21D－3(中银财富专享)	2009－11－4	2009－11－25	67803	混合	1.48%
282	搏·弈 BY09088(周末理财)	2009－11－6	2009－11－9	2764454	混合	见产品说明书
283	搏·弈 BY0905GX7D－26(七日有约)	2009－11－6	2009－11－13	62223	混合	1.40%
284	搏·弈 BY0911B7D－1	2009－11－12	2009－11－19	27917	混合	1.60%
285	搏·弈 BY0911B7D－2(中银财富专享)	2009－11－12	2009－11－19	27887	混合	1.62%
286	搏·弈 BY0911B7D－3(中银财富专享)	2009－11－12	2009－11－19	263105	混合	1.65%
287	搏·弈 BY0911B21D－1	2009－11－12	2009－12－3	6096	混合	1.65%
288	搏·弈 BY0911B21D－2(中银财富专享)	2009－11－12	2009－12－3	5766	混合	1.67%
289	搏·弈 BY0911B21D－3(中银财富专享)	2009－11－12	2009－12－3	32945	混合	1.70%
290	搏·弈 BY0911B1M－1	2009－11－12	2009－12－14	21425	混合	1.70%
291	搏·弈 BY0911B1M－2(中银财富专享)	2009－11－12	2009－12－14	25430	混合	1.72%
292	搏·弈 BY0911B1M－3(中银财富专享)	2009－11－12	2009－12－14	161007	混合	1.75%
293	搏·弈 BY09089(周末理财)	2009－11－13	2009－11－16	3274633	混合	见产品说明书
294	搏·弈 BY0905GX7D－27(七日有约)	2009－11－13	2009－11－20	84008	混合	1.60%
295	搏·弈 BY0911C7D－1	2009－11－19	2009－11－26	20841	混合	1.60%
296	搏·弈 BY0911C7D－2(中银财富专享)	2009－11－19	2009－11－26	18407	混合	1.62%
297	搏·弈 BY0911C7D－3(中银财富专享)	2009－11－19	2009－11－26	204984	混合	1.65%
298	搏·弈 BY0911C21D－1	2009－11－19	2009－12－10	3691	混合	1.65%
299	搏·弈 BY0911C21D－2(中银财富专享)	2009－11－19	2009－12－10	3537	混合	1.67%
300	搏·弈 BY0911C21D－3(中银财富专享)	2009－11－19	2009－12－10	25782	混合	1.70%
301	搏·弈 BY0911C1M－1	2009－11－19	2009－12－21	14312	混合	1.70%
302	搏·弈 BY0911C1M－2(中银财富专享)	2009－11－19	2009－12－21	17011	混合	1.72%
303	搏·弈 BY0911C1M－3(中银财富专享)	2009－11－19	2009－12－21	73289	混合	1.75%
304	搏·弈 BY0911C1M－4(中银私行专享)	2009－11－19	2009－12－21	81598	混合	1.80%
305	搏·弈 BY0911C7M	2009－11－19	2010－6－21	35539	混合	2.15%
306	搏·弈 BY09091(周末理财)	2009－11－20	2009－11－23	3054354	混合	见产品说明书
307	搏·弈 BY0905GX7D－28(七日有约)	2009－11－20	2009－11－27	107968	混合	1.60%

续表

序号	产品名称	发行日	到期日	发行量	投资方向	预期收益率
308	搏·弈 BY09092(分行定制)	2009-11-25	2010-1-25	6368	混合	1.85%
309	搏·弈 BY0911D7D-1	2009-11-26	2009-12-3	17823	混合	1.60%
310	搏·弈 BY0911D7D-2(中银财富专享)	2009-11-26	2009-12-3	19875	混合	1.62%
311	搏·弈 BY0911D7D-3(中银财富专享)	2009-11-26	2009-12-3	165310	混合	1.65%
312	搏·弈 BY0911D21D-1	2009-11-26	2009-12-17	3431	混合	1.65%
313	搏·弈 BY0911D21D-2(中银财富专享)	2009-11-26	2009-12-17	4593	混合	1.67%
314	搏·弈 BY0911D21D-3(中银财富专享)	2009-11-26	2009-12-17	45611	混合	1.70%
315	搏·弈 BY0911D1M-1	2009-11-26	2009-12-28	13448	混合	1.70%
316	搏·弈 BY0911D1M-2(中银财富专享)	2009-11-26	2009-12-28	14283	混合	1.72%
317	搏·弈 BY0911D1M-3(中银财富专享)	2009-11-26	2009-12-28	68510	混合	1.75%
318	搏·弈 BY0911D1M-4(中银私行专享)	2009-11-26	2009-12-28	42324	混合	1.80%
319	搏·弈 BY0911D4M	2009-11-26	2010-3-26	28630	混合	1.90%
320	搏·弈 BY09093(周末理财)	2009-11-27	2009-11-30	2619745	混合	见产品说明书
321	搏·弈 BY0905GX7D-29(七日有约)	2009-11-27	2009-12-4	120382	混合	1.60%
322	搏·弈 BY0912A7D-1	2009-12-1	2009-12-8	12879	混合	1.60%
323	搏·弈 BY0912A7D-2(中银财富专享)	2009-12-1	2009-12-8	10937	混合	1.62%
324	搏·弈 BY0912A7D-3(中银财富专享)	2009-12-1	2009-12-8	101218	混合	1.65%
325	搏·弈 BY0912A14D-1	2009-12-1	2009-12-15	2467	混合	1.62%
326	搏·弈 BY0912A14D-2(中银财富专享)	2009-12-1	2009-12-15	3052	混合	1.64%
327	搏·弈 BY0912A14D-3(中银财富专享)	2009-12-1	2009-12-15	27160	混合	1.67%
328	搏·弈 BY0912A1M-1	2009-12-1	2009-12-30	10075	混合	1.70%
329	搏·弈 BY0912A1M-2(中银财富专享)	2009-12-1	2009-12-30	33552	混合	1.72%
330	搏·弈 BY0912A1M-3(中银财富专享)	2009-12-1	2009-12-30	124578	混合	1.75%
331	搏·弈 BY0912A4M	2009-12-1	2010-3-31	12877	混合	1.90%
332	中银进取 09007A-人民币 SPDR 标普 500 指数基金挂钩产品	2009-12-2	2010-12-2	20858	混合	见产品说明书
333	搏·弈 BY09090	2009-12-4	2009-12-30	69002	混合	1.90%
334	搏·弈 BY09095(周末理财)	2009-12-4	2009-12-7	2892366	混合	见产品说明书
335	搏·弈 BY0905GX7D-30(七日有约)	2009-12-4	2009-12-11	109594	混合	1.62%
336	搏·弈 BY0912B7D-1	2009-12-9	2009-12-16	15231	混合	1.60%
337	搏·弈 BY0912B7D-2(中银财富专享)	2009-12-9	2009-12-16	17418	混合	1.62%
338	搏·弈 BY0912B7D-3(中银财富专享)	2009-12-9	2009-12-16	119943	混合	1.65%
339	搏·弈 BY0912B14D-1	2009-12-9	2009-12-23	2224	混合	1.62%
340	搏·弈 BY0912B14D-2(中银财富专享)	2009-12-9	2009-12-23	3475	混合	1.64%
341	搏·弈 BY0912B14D-3(中银财富专享)	2009-12-9	2009-12-23	22585	混合	1.67%
342	搏·弈 BY0912B21D-1	2009-12-9	2009-12-30	12567	混合	1.65%

续表

序号	产品名称	发行日	到期日	发行量	投资方向	预期收益率
343	搏·弈 BY0912B21D－2(中银财富专享)	2009－12－9	2009－12－30	15280	混合	1.67%
344	搏·弈 BY0912B21D－3(中银财富专享)	2009－12－9	2009－12－30	62704	混合	1.70%
345	搏·弈 BY0912B21D－4(中银私行专享)	2009－12－9	2009－12－30	36440	混合	1.75%
346	搏·弈 BY09098(周末理财)	2009－12－11	2009－12－14	1648025	混合	见产品说明书
347	搏·弈 BY0905GX7D－31(七日有约)	2009－12－11	2009－12－18	100173	混合	1.62%
348	中银精选基金 0901	2009－12－16		10333	基金	无
349	搏·弈 BY09096－V－人民币金上加金	2009－12－16	2010－3－16	4838	混合	0.36－2.3%
350	搏·弈 BY0912C7D－1	2009－12－17	2009－12－24	12855	混合	1.60%
351	搏·弈 BY0912C7D－2(中银财富专享)	2009－12－17	2009－12－24	16584	混合	1.62%
352	搏·弈 BY0912C7D－3(中银财富专享)	2009－12－17	2009－12－24	89773	混合	1.65%
353	搏·弈 BY0912C13D－1	2009－12－17	2009－12－30	4812	混合	1.62%
354	搏·弈 BY0912C13D－2(中银财富专享)	2009－12－17	2009－12－30	5849	混合	1.64%
355	搏·弈 BY0912C13D－3(中银财富专享)	2009－12－17	2009－12－30	44702	混合	1.67%
356	搏·弈 BY0912C1M－1	2009－12－17	2010－1－18	21416	混合	1.70%
357	搏·弈 BY0912C1M－2(中银财富专享)	2009－12－17	2010－1－18	24761	混合	1.72%
358	搏·弈 BY0912C1M－3(中银财富专享)	2009－12－17	2010－1－18	189959	混合	1.75%
359	搏·弈 BY09094	2009－12－17	2009－12－30	22829	混合	1.70%
360	搏·弈 BY09099(周末理财)	2009－12－18	2009－12－21	1397578	混合	见产品说明书
361	搏·弈 BY0905GX7D－32(七日有约)	2009－12－18	2009－12－25	97899	混合	1.62%
362	搏·弈 BY09097	2009－12－23	2010－1－25	20138	混合	1.82%
363	搏·弈 BY09100	2009－12－23	2009－12－30	73209	混合	1.98%
364	搏·弈 BY0912D7D	2009－12－23	2009－12－30	90213	混合	1.60%
365	搏·弈 BY09102(周末理财)	2009－12－25	2009－12－28	1187424	混合	见产品说明书
366	搏·弈 BY0905GX7D－33(七日有约)	2009－12－25	2009－12－30	95491	混合	1.62%
367	搏·弈 BY09103(周末理财)	2009－12－30	2010－1－4	56841	混合	见产品说明书
368	搏·弈 BY0905GX7D－34(七日有约)	2009－12－30	2010－1－6	88170	混合	1.62%

数据来源：中国银行

表3－9　2009年中国银行个人外币理财产品发行情况表

单位：万元发行币种

序号	产品名称	币种	发行日	到期日	发行量	投资方向	预期收益率
1	汇聚宝 HJB09008－美元期限可变产品	美元	2009－1－9	2009－7－9	136	混合	1.50%
2	汇聚宝 HJB0901D－澳元期限可变产品	澳元	2009－1－14	2009－7－14	700	混合	1.70%
3	汇聚宝 HJB0901B－港币期限可变产品	港币	2009－1－14	2009－7－14	3662	混合	1.00%
4	汇聚宝 HJB0901C－欧元期限可变产品	欧元	2009－1－14	2009－7－14	579	混合	1.65%
5	汇聚宝 HJB09003－英镑期限可变产品	英镑	2009－1－14	2009－7－14	258	混合	1.50%
6	汇聚宝 HJB09011－澳元期限可变产品	澳元	2009－1－21	2009－7－21	4	混合	3.25%

续表

序号	产品名称	币种	发行日	到期日	发行量	投资方向	预期收益率
7	汇聚宝 HJB0901H－澳元期限可变产品	澳元	2009－1－22	2009－7－22	2564	混合	2.00%
8	汇聚宝 HJB0901F－港币期限可变产品	港币	2009－1－22	2009－7－22	4891	混合	1.00%
9	汇聚宝 HJB0901G－欧元期限可变产品	欧元	2009－1－22	2009－7－22	1552	混合	1.80%
10	汇聚宝 HJB09018－澳元期限可变产品	澳元	2009－2－4	2009－8－4	2792	混合	2.00%
11	汇聚宝 HJB09019－澳元期限可变产品	澳元	2009－2－4	2009－8－4	443	混合	2.10%
12	汇聚宝 HJB09017－欧元期限可变产品	欧元	2009－2－4	2009－8－4	1460	混合	1.80%
13	汇聚宝 HJB0902D－澳元期限可变产品	澳元	2009－2－13	2009－8－13	3988	混合	2.00%
14	汇聚宝 HJB0902B－港币期限可变产品	港币	2009－2－13	2009－8－13	5856	混合	1.00%
15	汇聚宝 HJB0902F－加元期限可变产品	加元	2009－2－13	2009－8－13	315	混合	1.00%
16	汇聚宝 HJB0902C－欧元期限可变产品	欧元	2009－2－13	2009－8－13	1801	混合	1.40%
17	汇聚宝 HJB0902E－英镑期限可变产品	英镑	2009－2－13	2009－8－13	337	混合	1.50%
18	汇聚宝 HJB0902G－美元期限可变产品	美元	2009－2－24	2009－8－17	10433	混合	2.00%
19	汇聚宝 HJB0902L－澳元期限可变产品	澳元	2009－2－27	2009－8－27	3511	混合	2.00%
20	汇聚宝 HJB0902I－港币期限可变产品	港币	2009－2－27	2009－8－27	7463	混合	0.70%
21	汇聚宝 HJB0902J－欧元期限可变产品	欧元	2009－2－27	2009－8－27	2305	混合	1.40%
22	汇聚宝 HJB0903C－澳元期限可变产品	澳元	2009－3－10	2009－8－31	2037	混合	3.00%
23	汇聚宝 HJB0903B－港币期限可变产品	港币	2009－3－10	2009－8－31	3387	混合	1.50%
24	汇聚宝 HJB0903A－美元期限可变产品	美元	2009－3－10	2009－8－31	4167	混合	2.00%
25	汇聚宝 HIB0903G－澳元期限可变产品	澳元	2009－3－13	2009－7－13	4335	混合	1.80%
26	汇聚宝 HJB0903E－港币期限可变产品	港币	2009－3－13	2009－9－14	2238	混合	0.70%
27	汇聚宝 HJB0903I－加元期限可变产品	加元	2009－3－13	2009－7－13	1633	混合	0.80%
28	汇聚宝 HJB0903D－美元期限可变产品	美元	2009－3－13	2009－7－13	1523	混合	0.60%
29	汇聚宝 HJB0903F－欧元期限可变产品	欧元	2009－3－13	2009－7－13	2244	混合	1.30%
30	汇聚宝 HJB0903H－英镑期限可变产品	英镑	2009－3－13	2009－7－13	716	混合	1.40%
31	汇聚宝 HJB09039－欧元期限可变产品	欧元	2009－3－17	2009－9－17	159	混合	1.50%
32	汇聚宝 HJB09044－港币期限可变产品	港币	2009－3－24	2009－9－24	2539	混合	1.00%
33	汇聚宝 HJB0904B－港币期限可变产品	港币	2009－4－9	2009－7－9	4179	混合	0.60%
34	汇聚宝 HJB0904E－英镑期限可变产品	英镑	2009－4－9	2009－7－9	582	混合	1.10%
35	汇聚宝 HJB0904G－港币期限可变产品	港币	2009－4－17	2009－7－17	4949	混合	0.70%
36	汇聚宝 HJB0904J－加元期限可变产品	加元	2009－4－17	2009－7－17	664	混合	0.80%
37	汇聚宝 HJB09055－澳元期限可变产品	澳元	2009－4－23	2009－7－23	1634	混合	2.40%
38	汇聚宝 HJB09054－欧元期限可变产品	欧元	2009－4－23	2009－7－23	318	混合	1.10%
39	汇聚宝 HJB09053－加元期限可变产品	加元	2009－4－24	2009－10－26	212	混合	2.00%
40	汇聚宝 HJB09052－美元期限可变产品	美元	2009－4－24	2009－10－26	339	混合	1.50%
41	汇聚宝 HJB0904L－港币期限可变产品	港币	2009－4－28	2009－7－28	3277	混合	0.70%
42	汇聚宝 HJB0904P－加元期限可变产品	加元	2009－4－28	2009－7－28	632	混合	0.80%

续表

序号	产品名称	币种	发行日	到期日	发行量	投资方向	预期收益率
43	汇聚宝 HJB0904O－英镑期限可变产品	英镑	2009－4－28	2009－7－28	558	混合	1.20%
44	汇聚宝 HJB09059－澳元期限可变产品	澳元	2009－5－5	2009－8－5	1521	混合	2.55%
45	汇聚宝 HJB09058－美元期限可变产品	美元	2009－5－5	2009－8－5	2218	混合	1.25%
46	汇聚宝 HJB09057－加元期限可变产品	加元	2009－5－8	2009－11－9	45	混合	2.00%
47	汇聚宝 HJB09064－欧元期限可变产品	欧元	2009－5－13	2009－8－13	228	混合	1.30%
48	汇聚宝 HJB0905D－澳元期限可变产品	澳元	2009－5－15	2009－7－15	7270	混合	2.20%
49	"中银进取系列"ZYJQ09001B－澳元港股挂钩产品	澳元	2009－5－15	2009－11－13	682	混合	备注1
50	汇聚宝 HJB0905B－港币期限可变产品	港币	2009－5－15	2009－8－17	3194	混合	0.70%
51	汇聚宝 HJB0905A－美元期限可变产品	美元	2009－5－15	2009－7－15	13028	混合	1.10%
52	汇聚宝 HJB0905C－欧元期限可变产品	欧元	2009－5－15	2009－7－15	2103	混合	1.20%
53	汇聚宝 HJB09066－澳元期限可变产品	澳元	2009－5－27	2009－8－27	3884	混合	2.30%
54	汇聚宝 HJB0905F－港币期限可变产品	港币	2009－5－27	2009－8－27	3566	混合	0.60%
55	汇聚宝 HJB0905I－加元期限可变产品	加元	2009－5－27	2009－8－27	245	混合	0.70%
56	汇聚宝 HJB09065－美元期限可变产品	美元	2009－5－27	2009－8－27	7378	混合	1.10%
57	"中银进取系列"ZYJQ09002B－美元标普高盛能源超额回报指数挂钩产品	美元	2009－6－3	2010－6－3	903	混合	备注2
58	汇聚宝 HJB0906D－澳元期限可变产品	澳元	2009－6－12	2009－7－13	3968	混合	1.90%
59	汇聚宝 HJB09068－澳元期限可变产品	澳元	2009－6－12	2009－9－11	5104	混合	2.20%
60	汇聚宝 HJB0906B－港币期限可变产品	港币	2009－6－12	2009－9－14	4324	混合	0.60%
61	汇聚宝 HJB0906A－美元期限可变产品	美元	2009－6－12	2009－7－13	7784	混合	0.90%
62	汇聚宝 HJB09067－美元期限可变产品	美元	2009－6－12	2009－9－11	10807	混合	1.00%
63	汇聚宝 HJB0906C－欧元期限可变产品	欧元	2009－6－12	2009－7－13	930	混合	0.80%
64	汇聚宝 HJB09076－美元期限可变产品	美元	2009－6－18	2009－7－20	600	混合	1.05%
65	汇聚宝 HJB0906I－1－澳元期限可变产品	澳元	2009－6－19	2009－7－20	135	混合	1.90%
66	汇聚宝 HJB0906I－2－澳元期限可变产品（中银财富专享）	澳元	2009－6－19	2009－7－20	324	混合	2.00%
67	汇聚宝 HJB0906J－1－澳元期限可变产品（VIP）	澳元	2009－6－19	2009－9－21	568	混合	2.20%
68	汇聚宝 HJB0906J－2－澳元期限可变产品（中银财富专享）	澳元	2009－6－19	2009－9－21	1042	混合	2.30%
69	汇聚宝 HJB0906G－港币期限可变产品	港币	2009－6－19	2009－9－21	1117	混合	0.60%
70	汇聚宝 HJB09072－港币期限可变产品	港币	2009－6－19	2009－9－21	1746	混合	0.80%
71	汇聚宝 HJB0906E－1－美元期限可变产品	美元	2009－6－19	2009－7－20	206	混合	0.90%

续表

序号	产品名称	币种	发行日	到期日	发行量	投资方向	预期收益率
72	汇聚宝 HJB0906E－2－美元期限可变产品（中银财富专享）	美元	2009－6－19	2009－7－20	1021	混合	1.00%
73	汇聚宝 HJB0906F－1－美元期限可变产品（VIP）	美元	2009－6－19	2009－9－21	736	混合	1.00%
74	汇聚宝 HJB0906F－2－美元期限可变产品（中银财富专享）	美元	2009－6－19	2009－9－21	3481	混合	1.10%
75	汇聚宝 HJB0906H－欧元期限可变产品	欧元	2009－6－19	2009－9－21	474	混合	1.10%
76	"中银进取系列"ZYJQ09003B－美元标普高盛原油和铜超额回报指数挂钩产品	美元	2009－6－23	2010－6－23	603	混合	备注3
77	汇聚宝 HJB0906O－澳元期限可变产品	澳元	2009－6－26	2009－7－27	378	混合	1.90%
78	汇聚宝 HJB0906P－1－澳元期限可变产品	澳元	2009－6－26	2009－9－28	560	混合	2.20%
79	汇聚宝 HJB0906P－2－澳元期限可变产品（中银财富专享）	澳元	2009－6－26	2009－9－28	1352	混合	2.30%
80	汇聚宝 HJB0906M－港币期限可变产品	港币	2009－6－26	2009－9－28	960	混合	0.60%
81	汇聚宝 HJB0906K－美元期限可变产品	美元	2009－6－26	2009－7－27	845	混合	0.90%
82	汇聚宝 HJB0906L－1－美元期限可变产品	美元	2009－6－26	2009－9－28	1079	混合	1.00%
83	汇聚宝 HJB0906L－2－美元期限可变产品（中银财富专享）	美元	2009－6－26	2009－9－28	6465	混合	1.10%
84	汇聚宝 HJB0906N－欧元期限可变产品	欧元	2009－6－26	2009－9－28	417	混合	1.10%
85	汇聚宝 HJB09078－港币期限可变产品	港币	2009－6－30	2009－9－30	4279	混合	0.75%
86	汇聚宝 HJB09079－欧元期限可变产品	欧元	2009－7－2	2010－1－4	75	混合	1.20%
87	汇聚宝 HJB0907E－澳元期限可变产品	澳元	2009－7－8	2009－8－10	1151	混合	1.90%
88	汇聚宝 HJB0907F－1－澳元期限可变产品	澳元	2009－7－8	2009－9－30	1737	混合	2.20%
89	汇聚宝 HJB0907F－2－澳元期限可变产品（中银财富专享）	澳元	2009－7－8	2009－9－30	5246	混合	2.30%
90	汇聚宝 HJB0907C－港币期限可变产品	港币	2009－7－8	2009－9－30	9308	混合	0.60%
91	汇聚宝 HJB0907A－美元期限可变产品	美元	2009－7－8	2009－8－10	2287	混合	0.90%
92	汇聚宝 HJB0907B－1－美元期限可变产品	美元	2009－7－8	2009－9－30	2482	混合	1.00%
93	汇聚宝 HJB0907B－2－美元期限可变产品（中银财富专享）	美元	2009－7－8	2009－9－30	9265	混合	1.10%
94	汇聚宝 HJB0907D－欧元期限可变产品	欧元	2009－7－8	2009－9－30	1961	混合	1.10%
95	汇聚宝 HJB0907G－英镑期限可变产品	英镑	2009－7－8	2009－9－30	306	混合	1.10%
96	汇聚宝 HJB0907K－1－澳元期限可变产品	澳元	2009－7－17	2009－10－19	2330	混合	2.05%

续表

序号	产品名称	币种	发行日	到期日	发行量	投资方向	预期收益率
97	汇聚宝 HJB0907K－2－澳元期限可变产品（中银财富专享）	澳元	2009－7－17	2009－10－19	4691	混合	2.10%
98	汇聚宝 HJB0907I－港币期限可变产品	港币	2009－7－17	2009－10－19	4187	混合	0.50%
99	汇聚宝 HJB0907L－加元期限可变产品	加元	2009－7－17	2009－10－19	1064	混合	0.50%
100	汇聚宝 HJB0907H－1－美元期限可变产品	美元	2009－7－17	2009－10－19	2183	混合	0.85%
101	汇聚宝 HJB0907H－2－美元期限可变产品（中银财富专享）	美元	2009－7－17	2009－10－19	7521	混合	0.90%
102	汇聚宝 HJB0907J－欧元期限可变产品	欧元	2009－7－17	2009－10－19	2594	混合	1.00%
103	汇聚宝 HJB09081－V－欧元汇市争锋（私人银行）	欧元	2009－7－20	2009－9－21	150	混合	备注 4
104	汇聚宝 HJB09082－美元期限可变产品	美元	2009－7－21	2009－8－21	635	混合	0.80%
105	汇聚宝 HJB0907P－1－澳元期限可变产品	澳元	2009－7－29	2009－10－29	2773	混合	2.00%
106	汇聚宝 HJB0907P－2－澳元期限可变产品（中银财富专享）	澳元	2009－7－29	2009－10－29	7438	混合	2.05%
107	汇聚宝 HJB0907N－港币期限可变产品	港币	2009－7－29	2009－10－29	7746	混合	0.40%
108	汇聚宝 HJB0907R－加元期限可变产品	加元	2009－7－29	2009－10－29	563	混合	0.40%
109	汇聚宝 HJB0907M－1－美元期限可变产品	美元	2009－7－29	2009－9－29	2537	混合	0.70%
110	汇聚宝 HJB0907M－2－美元期限可变产品（中银财富专享）	美元	2009－7－29	2009－9－29	4893	混合	0.75%
111	汇聚宝 HJB09080－美元期限可变产品	美元	2009－7－29	2009－10－29	7679	混合	0.90%
112	“中银进取系列”ZYJQ09004B－美元港股盈富基金挂钩产品	美元	2009－7－29	2010－7－29	1738	混合	备注 5
113	汇聚宝 HJB0907O－欧元期限可变产品	欧元	2009－7－29	2009－10－29	2789	混合	0.80%
114	汇聚宝 HJB0907Q－英镑期限可变产品	英镑	2009－7－29	2009－10－29	728	混合	0.70%
115	汇聚宝 HJB0908D－1－澳元期限可变产品	澳元	2009－8－5	2009－8－31	733	混合	1.95%
116	汇聚宝 HJB0908D－2－澳元期限可变产品（中银财富专享）	澳元	2009－8－5	2009－8－31	899	混合	2.00%
117	汇聚宝 HJB0908B－港币期限可变产品	港币	2009－8－5	2009－11－5	3423	混合	0.40%
118	汇聚宝 HJB0908E－加元期限可变产品	加元	2009－8－5	2009－11－5	518	混合	0.40%
119	汇聚宝 HJB0908A－1－美元期限可变产品	美元	2009－8－5	2009－8－31	772	混合	0.55%

续表

序号	产品名称	币种	发行日	到期日	发行量	投资方向	预期收益率
120	汇聚宝 HJB0908A－2－美元期限可变产品(中银财富专享)	美元	2009－8－5	2009－8－31	1168	混合	0.60%
121	汇聚宝 HJB0908C－欧元期限可变产品	欧元	2009－8－5	2009－11－5	774	混合	0.80%
122	汇聚宝 HJB09085－美元期限可变产品	美元	2009－8－11	2009－9－11	350	混合	0.65%
123	汇聚宝 HJB09084－澳元期限可变产品	澳元	2009－8－12	2009－12－14	3021	混合	2.20%
124	汇聚宝 HJB09083－美元期限可变产品	美元	2009－8－12	2009－12－14	6359	混合	1.00%
125	汇聚宝 HJB0908I－1－澳元期限可变产品	澳元	2009－8－13	2009－9－14	1017	混合	1.95%
126	汇聚宝 HJB0908I－2－澳元期限可变产品(中银财富专享)	澳元	2009－8－13	2009－9－14	2041	混合	2.00%
127	汇聚宝 HJB0908G－港币期限可变产品	港币	2009－8－13	2009－11－13	4258	混合	0.40%
128	汇聚宝 HJB0908F－1－美元期限可变产品	美元	2009－8－13	2009－9－14	1210	混合	0.50%
129	汇聚宝 HJB0908F－2－美元期限可变产品(中银财富专享)	美元	2009－8－13	2009－9－14	2751	混合	0.55%
130	汇聚宝 HJB0908H－欧元期限可变产品	欧元	2009－8－13	2009－11－13	1153	混合	0.80%
131	汇聚宝 HJB0908J－英镑期限可变产品	英镑	2009－8－13	2009－11－13	319	混合	0.60%
132	汇聚宝 HJB09088－澳元期限可变产品	澳元	2009－8－20	2009－12－21	105	混合	2.60%
133	汇聚宝 HJB09089－美元期限可变产品	美元	2009－8－21	2010－2－22	486	混合	1.10%
134	汇聚宝 HJB09090－美元期限可变产品	美元	2009－8－21	2009－9－21	500	混合	0.80%
135	汇聚宝 HJB0908N－1－澳大利亚元期限可变产品	澳元	2009－8－26	2009－11－26	2137	混合	2.10%
136	汇聚宝 HJB0908N－2－澳大利亚元期限可变产品(中银财富专享)	澳元	2009－8－26	2009－11－26	3199	混合	2.15%
137	汇聚宝 HJB09092－澳元期限可变产品	澳元	2009－8－26	2009－11－26	520	混合	2.30%
138	汇聚宝 HJB0908L－港币期限可变产品	港币	2009－8－26	2009－11－26	6222	混合	0.40%
139	汇聚宝 HJB0908K－1－美元期限可变产品	美元	2009－8－26	2009－11－27	1883	混合	0.75%
140	汇聚宝 HJB0908K－2－美元期限可变产品(中银财富专享)	美元	2009－8－26	2009－11－27	4488	混合	0.80%
141	汇聚宝 HJB0908M－欧元期限可变产品	欧元	2009－8－26	2009－11－26	1490	混合	0.80%
142	汇聚宝 HJB09091－欧元期限可变产品	欧元	2009－8－26	2009－11－26	245	混合	0.90%
143	汇聚宝 HJB09087－澳元期限可变产品	澳元	2009－8－28	2009－12－29	1602	混合	2.20%
144	汇聚宝 HJB09086－美元期限可变产品	美元	2009－8－28	2009－12－28	4255	混合	1.00%
145	“中银进取系列”ZYJQ09005B－美元黄金挂钩产品	美元	2009－9－2	2010－9－2	703	混合	备注6

续表

序号	产品名称	币种	发行日	到期日	发行量	投资方向	预期收益率
146	汇聚宝 HJB0909D－1－澳元期限可变产品	澳元	2009－9－3	2009－10－30	1849	混合	2.05%
147	汇聚宝 HJB0909D－2(中银财富专享)－澳元期限可变产品	澳元	2009－9－3	2009－10－30	3447	混合	2.10%
148	汇聚宝 HJB0909B－港币期限可变产品	港币	2009－9－3	2009－12－3	6890	混合	0.40%
149	汇聚宝 HJB0909A－1－美元期限可变产品	美元	2009－9－3	2009－10－30	1454	混合	0.65%
150	汇聚宝 HJB0909A－2(中银财富专享)－美元期限可变产品	美元	2009－9－3	2009－10－30	3803	混合	0.70%
151	汇聚宝 HJB0909C－欧元期限可变产品	欧元	2009－9－3	2009－12－3	1282	混合	0.75%
152	汇聚宝 HJB0909E－英镑期限可变产品	英镑	2009－9－3	2009－12－3	392	混合	0.60%
153	汇聚宝 HJB09094－澳元期限可变产品	澳元	2009－9－9	2010－1－11	1221	混合	2.20%
154	汇聚宝 HJB09093－美元期限可变产品	美元	2009－9－9	2010－1－11	3718	混合	1.00%
155	汇聚宝 HJB0909I－1－澳元期限可变产品	澳元	2009－9－15	2009－12－15	1803	混合	2.10%
156	汇聚宝 HJB0909I－2(中银财富专享)－澳元期限可变产品	澳元	2009－9－15	2009－12－15	4096	混合	2.15%
157	汇聚宝 HJB0908G－港币期限可变产品	港币	2009－9－15	2009－12－15	5553	混合	0.40%
158	汇聚宝 HJB0909J－加元期限可变产品	加元	2009－9－15	2009－12－15	440	混合	0.40%
159	汇聚宝 HJB0909F－1－美元期限可变产品	美元	2009－9－15	2009－12－15	1812	混合	0.75%
160	汇聚宝 HJB0909F－2(中银财富专享)－美元期限可变产品	美元	2009－9－15	2009－12－15	5749	混合	0.80%
161	汇聚宝 HJB0909H－欧元期限可变产品	欧元	2009－9－15	2009－12－15	978	混合	0.75%
162	汇聚宝 HJB09097－美元期限可变产品	美元	2009－9－22	2009－10－22	400	混合	0.60%
163	汇聚宝 HJB0909N－1－澳元期限可变产品	澳元	2009－9－24	2009－12－24	1770	混合	2.05%
164	汇聚宝 HJB0909N－2－澳元期限可变产品(中银财富专享)	澳元	2009－9－24	2009－12－24	4553	混合	2.10%
165	汇聚宝 HJB09096－澳元期限可变产品	澳元	2009－9－24	2009－10－26	404	混合	2.00%
166	汇聚宝 HJB0909L－港币期限可变产品	港币	2009－9－24	2009－12－24	4861	混合	0.40%
167	汇聚宝 HJB0909K－1－美元期限可变产品	美元	2009－9－24	2009－12－24	1745	混合	0.65%
168	汇聚宝 HJB0909K－2－美元期限可变产品(中银财富专享)	美元	2009－9－24	2009－12－24	6524	混合	0.70%
169	汇聚宝 HJB09095－美元期限可变产品	美元	2009－9－24	2009－10－26	1401	混合	0.60%

续表

序号	产品名称	币种	发行日	到期日	发行量	投资方向	预期收益率
170	汇聚宝 HJB0909M－欧元期限可变产品	欧元	2009－9－24	2009－12－24	592	混合	0.75%
171	汇聚宝 HJB0909O－英镑期限可变产品	英镑	2009－9－24	2009－12－24	227	混合	0.60%
172	汇聚宝 HJB09098－澳元期限可变产品	澳元	2009－9－25	2009－11－25	62	混合	2.50%
173	汇聚宝 HJB09099－美元期限可变产品	美元	2009－9－28	2009－12－28	320	混合	0.80%
174	汇聚宝 HJB09100－美元期限可变产品	美元	2009－10－9	2009－11－9	570	混合	0.60%
175	汇聚宝 HJB0910D－1－澳元期限可变产品	澳元	2009－10－15	2009－11－16	3104	混合	1.95%
176	汇聚宝 HJB0910D－2－澳元期限可变产品	澳元	2009－10－15	2009－11－16	9813	混合	2.00%
177	汇聚宝 HJB0910B－港币期限可变产品	港币	2009－10－15	2010－1－15	14192	混合	0.40%
178	汇聚宝 HJB0910E－加元期限可变产品	加元	2009－10－15	2010－1－15	547	混合	0.40%
179	汇聚宝 HJB0910A－1－美元期限可变产品	美元	2009－10－15	2009－11－16	2859	混合	0.50%
180	汇聚宝 HJB0910A－2－美元期限可变产品	美元	2009－10－15	2009－11－16	11918	混合	0.55%
181	汇聚宝 HJB0910C－欧元期限可变产品	欧元	2009－10－15	2010－1－15	2576	混合	0.75%
182	汇聚宝 HJB09102－V－澳元汇市争锋产品	澳元	2009－10－23	2010－1－25	1162	混合	备注7
183	汇聚宝 HJB09101－V－美元汇市争锋产品	美元	2009－10－23	2010－1－25	2118	混合	见产品说明书
184	汇聚宝 HJB0910G－1－澳大利亚元期限可变产品	澳元	2009－10－28	2010－1－28	2322	混合	2.20%
185	汇聚宝 HJB0910G－2－澳大利亚元期限可变产品	澳元	2009－10－28	2010－1－28	5269	混合	2.25%
186	汇聚宝 HJB0910F－美元期限可变产品	美元	2009－10－28	2009－12－28	6767	混合	0.40%
187	“中银进取系列”ZYJQ09006－澳元黄金挂钩产品	澳元	2009－11－11	2010－8－11	816	混合	备注8
188	汇聚宝 HJB0911D－1－澳元期限可变产品	澳元	2009－11－12	2010－2－12	1686	混合	2.25%
189	汇聚宝 HJB0911D－2－澳元期限可变产品	澳元	2009－11－12	2010－2－12	3819	混合	2.30%
190	汇聚宝 HJB0911B－港币期限可变产品	港币	2009－11－12	2010－2－12	9146	混合	0.40%
191	汇聚宝 HJB0911E－加元期限可变产品	加元	2009－11－12	2010－2－12	1089	混合	0.35%
192	汇聚宝 HJB0911A－1－美元期限可变产品	美元	2009－11－12	2009－12－14	1444	混合	0.40%

续表

序号	产品名称	币种	发行日	到期日	发行量	投资方向	预期收益率
193	汇聚宝 HJB0911A－2－美元期限可变产品	美元	2009－11－12	2009－12－14	7870	混合	0.45%
194	汇聚宝 HJB09103－美元期限可变产品	美元	2009－11－12	2010－2－12	570	混合	0.50%
195	汇聚宝 HJB0911C－欧元期限可变产品	欧元	2009－11－12	2010－2－12	1656	混合	0.75%
196	汇聚宝 HJB0911K－1－澳大利亚元期限可变产品	澳元	2009－11－25	2010－2－25	2538	混合	2.35%
197	汇聚宝 HJB0911K－2－澳大利亚元期限可变产品	澳元	2009－11－25	2010－2－25	7229	混合	2.40%
198	汇聚宝 HJB0911H－港币期限可变产品	港币	2009－11－25	2010－2－25	4322	混合	0.40%
199	汇聚宝 HJB0911F－1－美元期限可变产品	美元	2009－11－25	2009－12－28	381	混合	0.40%
200	汇聚宝 HJB0911F－2－美元期限可变产品	美元	2009－11－25	2009－12－28	1671	混合	0.45%
201	汇聚宝 HJB0911G－1－美元期限可变产品	美元	2009－11－25	2010－2－25	2186	混合	0.60%
202	汇聚宝 HJB0911G－2－美元期限可变产品	美元	2009－11－25	2010－2－25	8862	混合	0.65%
203	汇聚宝 HJB0911J－欧元期限可变产品	欧元	2009－11－25	2010－2－25	1411	混合	0.75%
204	汇聚宝 HJB0911L－英镑期限可变产品	英镑	2009－11－25	2010－2－25	767	混合	0.60%
205	中银进取 09007B－澳元 SPDR 标普 500 指数基金挂钩产品	欧元	2009－12－2	2010－12－2	483	混合	备注 9
206	汇聚宝 0912E－1－澳大利亚元期限可变产品	澳元	2009－12－9	2010－3－9	1802	混合	2.40%
207	汇聚宝 0912E－2－澳大利亚元期限可变产品	澳元	2009－12－9	2010－3－9	4237	混合	2.45%
208	汇聚宝 0912C－港币期限可变产品	港币	2009－12－9	2010－3－9	8467	混合	0.40%
209	汇聚宝 0912F－加拿大元期限可变产品	加元	2009－12－9	2010－3－9	433	混合	0.35%
210	汇聚宝 0912A－1－美元期限可变产品	美元	2009－12－9	2010－1－11	375	混合	0.40%
211	汇聚宝 0912A－2－美元期限可变产品	美元	2009－12－9	2010－1－11	2839	混合	0.45%
212	汇聚宝 0912B－1－美元期限可变产品	美元	2009－12－9	2010－4－9	1433	混合	0.65%
213	汇聚宝 0912B－2－美元期限可变产品	美元	2009－12－9	2010－4－9	3912	混合	0.70%
214	汇聚宝 0912D－欧元期限可变产品	欧元	2009－12－9	2010－3－9	1606	混合	0.75%
215	汇聚宝 09107－美元期限可变产品	美元	2009－12－11	2010－1－11	450	混合	0.50%
216	汇聚宝 09106－V－澳元金上加金	澳元	2009－12－16	2010－3－16	1018	混合	备注 10
217	汇聚宝 09104－美元期限可变产品	美元	2009－12－16	2010－3－16	75	混合	1.00%
218	汇聚宝 09105－V－美元金上加金	美元	2009－12－16	2010－3－16	2006	混合	备注 11

续表

序号	产品名称	币种	发行日	到期日	发行量	投资方向	预期收益率
219	汇聚宝 0912L－1－澳大利亚元期限可变产品	澳元	2009－12－23	2010－4－23	1279	混合	2.45%
220	汇聚宝 0912L－2－澳大利亚元期限可变产品	澳元	2009－12－23	2010－4－23	3667	混合	2.50%
221	汇聚宝 0912J－港币期限可变产品	港币	2009－12－23	2010－3－23	7639	混合	0.40%
222	汇聚宝 0912G－1－美元期限可变产品	美元	2009－12－23	2010－1－25	464	混合	0.40%
223	汇聚宝 0912G－2－美元期限可变产品	美元	2009－12－23	2010－1－25	2155	混合	0.45%
224	汇聚宝 0912H－1－美元期限可变产品	美元	2009－12－23	2010－4－23	1394	混合	0.65%
225	汇聚宝 0912H－2－美元期限可变产品	美元	2009－12－23	2010－4－23	8903	混合	0.70%
226	汇聚宝 0912K－欧元期限可变产品	欧元	2009－12－23	2010－3－23	1476	混合	0.75%
227	汇聚宝 0912M－英镑期限可变产品	英镑	2009－12－23	2010－3－23	345	混合	0.60%

备注 1：四只挂钩股票在观察期内每个观察日的收市价均大于或等于其各自的期初价格的 65%，则 7%；否则 0.36%

备注 2：挂钩指标的期末价格达到或超过期初价格的 135%，则 4.7%；否则 0.1%；挂钩指标为标普高盛能源超额回报指数

备注 3：两个挂钩指标的期末价格均大于或等于其期初价格的 110%，则 4.5%；否则 0.1%

备注 4：如果在观察期内某个观察日挂钩指标曾经等于或低于观察水平，则 1.7%；否则 0.1%

备注 5：如果挂钩指标的期末价格大于或者等于其期初价格的 115%（即期初价格 * 115%）并且触发事件发生，则 6%；如果挂钩指标的期末价格大于或者等于其期初价格的 115%（即期初价格 * 115%）并且触发事件未发生，则 2%；否则 0.36%；触发事件为挂钩指标在观察期内某一观察日的收市价曾经小于或者等于其期初价格的 95%

备注 6：观察期内若未发生出发事件，则 0.5 *（期末价格/期初价格 －1），保底 0.1%；若发生，则 0.1%；触发事件为在观察期内挂钩指标曾经大于期初价格 * 140%

备注 7：如果在观察期内某个观察日，挂钩指标曾经高于或者等于观察水平，则 4%；否则 1%（观察水平为期初价格 +3.50）

备注 8：如果挂钩指标的期末价格大于或者等于其期初价格的 110%（即期初价格 * 110%），则 7%；如果挂钩指标的期末价格大于或者等于其期初价格，但是小于其期初价格的 110%（即期初价格 * 110%），则 3%；否则 1%

备注 9：如果挂钩指标的期末价格大于或者等于其期初价格的 115%，并且触发事件没有发生，则 8%；如果挂钩指标的期末价格大于或者等于其期初价格的 105%，但小于其期初价格的 115%，并且触发事件没有发生，则 6%，否则 1%（触发事件：挂钩指标在观察期内某一观察日的收市价曾经大于其期初价格的 130%）

备注 10：如果在观察期内某个观察日，挂钩指标曾经高于或者等于观察水平，则 4%，否则 1%（观察水平：期初价格 +35）

备注 11：如果在观察期内某个观察日，挂钩指标曾经高于或者等于观察水平，则 1.18%，否则 0.2%（观察水平：期初价格 + 35）

数据来源：中国银行

表 3－10　2009 年建设银行个人人民币理财产品发行情况表　　单位：万元人民币

序号	产品名称	发行日	到期日	拟发行量	投资方向	预期收益率
1	大丰收低篮子			174660	混合	1.50%
2	利得盈债券型(1 个月)2009 第 1 期理财产品	2009－1－9	2009－2－6	299194	购买债券	1.60%
3	乾元二号	2009－1－14	2011－1－13	19000	股权投资	

续表

序号	产品名称	发行日	到期日	拟发行量	投资方向	预期收益率
4	江西“建行财富”股权投资	2009－1－14	2010－1－17	30000	股权投资	3.75%
5	建行财富三号四期	2009－1－15	2014－1－14	53000	股权投资	
6	利得盈债券型(1个月)2009第2期理财产品	2009－1－16	2009－2－13	299652	购买债券	1.60%
7	利得盈定2009年第1期	2009－1－21	2010－1－21	29996	信托贷款	3.78%
8	利得盈定2009年第2期	2009－1－21	2009－9－24	9999	转让贷款	3.35%
9	建行财富2009年第1期	2009－1－21	2009－6－29	10000	转让贷款	3.60%
10	财富债券类2009年第1期－CF0901	2009－1－22	2009－2－3	99960	购买债券	1.60%
11	利得盈债券型(1个月)2009第3期理财产品	2009－1－23	2009－2－20	298547	购买债券	1.60%
12	利得盈债券型(13天)2009第1期理财产品	2009－2－6	2009－2－19	199990	购买债券	1.50%
13	利得盈债券型(1个月)2009第4期理财产品	2009－2－6	2009－3－6	299790	购买债券	1.60%
14	利得盈定2009年第3期	2009－2－13	2009－3－24	15000	信托贷款	2.58%
15	利得盈定2009年第4期	2009－2－13	2009－12－8	12000	转让贷款	3.54%
16	建行财富2009年第2期	2009－2－13	2009－5－29	17840	转让贷款	3.42%
17	利得盈债券型(1个月)2009第5期理财产品	2009－2－13	2009－3－13	299871	购买债券	1.60%
18	建行财富2009年第5期	2009－2－17	2009－2－26	4983	转让贷款	2.40%
19	建行财富2009年第6期	2009－2－17	2009－3－29	5000	转让贷款	3.00%
20	利得盈定2009年第5期	2009－2－18	2009－4－16	9995	转让贷款	2.37%
21	建行财富2009年第3期	2009－2－18	2009－3－16	10000	转让贷款	2.00%
22	建行财富2009年第3期	2009－2－18	2009－3－16	0	转让贷款	2.20%
23	利得盈定2009年第7期	2009－2－19	2009－11－16	9900	转让贷款	3.48%
24	广东分行利得盈应收账款型2009年第1期	2009－2－19	2009－3－30	3000	应收账款	2.50%
25	利得盈定2009年第6期	2009－2－20	2009－10－9	19998	转让贷款	3.36%
26	建行财富2009年第4期	2009－2－20	2009－10－9	7824	转让贷款	3.72%
27	财富债券类2009年第2期－CF0902	2009－2－20	2009－3－20	99730	购买债券	1.65%
28	利得盈债券型(1个月)2009第6期理财产品	2009－2－20	2009－3－20	299939	购买债券	1.60%
29	利得盈定2009年第9期	2009－2－24	2009－7－24	49960	信托贷款	3.08%
30	建行财富2009年第7期	2009－2－24	2009－3－4	4835	转让贷款	2.40%
31	建行财富2009年第8期	2009－2－24	2009－3－30	4970	转让贷款	3.00%
32	利得盈定2009年第8期	2009－2－25	2010－2－24	19994	信托贷款	3.78%
33	利得盈定2009年第10期	2009－2－25	2009－3－25	3998	转让贷款	2.10%

续表

序号	产品名称	发行日	到期日	拟发行量	投资方向	预期收益率
34	利得盈定 2009 年第 10 期	2009－2－25	2009－6－5	4653	转让贷款	2.91%
35	利得盈定 2009 年第 10 期	2009－2－25	2009－9－24	3895	转让贷款	3.33%
36	利得盈全 2009 年第 1 期	2009－2－27	2009－8－26	44990	信托贷款	3.18%
37	利得盈债券型(1 个月)2009 第 7 期理财产品	2009－2－27	2009－3－27	299839	购买债券	1.60%
38	利得盈定 2009 年第 11 期	2009－3－2	2009－12－11	9998	转让贷款	3.51%
39	利得盈定 2009 年第 11 期	2009－3－2	2010－1－7	20000	转让贷款	3.57%
40	建行财富 2009 年第 9 期	2009－3－3	2010－3－2	8600	信托贷款	3.00%
41	建行财富 2009 年第 10 期	2009－3－4	2009－7－30	9970	转让贷款	3.51%
42	建行财富 2009 年第 11 期	2009－3－4	2009－9－25	10000	转让贷款	3.72%
43	利得盈定 2009 年第 12 期	2009－3－6	2009－6－5	5000	信托贷款	2.85%
44	利得盈债券型(1 个月)2009 第 8 期理财产品	2009－3－6	2009－4－2	299965	购买债券	1.60%
45	利得盈定 2009 年第 13 期	2009－3－10	2009－5－21	11979	转让贷款	2.61%
46	利得盈定 2009 年第 14 期	2009－3－13	2009－7－13	19970	信托贷款	2.98%
47	利得盈债券型(28 天)2009 第 1 期定向理财产品	2009－3－13	2009－4－10	18725	购买债券	1.60%
48	利得盈债券型(1 个月)2009 第 9 期理财产品	2009－3－13	2009－4－10	299965	购买债券	1.60%
49	苏州股权投资类人民币理财产品	2009－3－17	2014－3－23	100000	股权投资	
50	利得盈定 2009 年第 15 期	2009－3－19	2009－7－20	90000	信托贷款	2.95%
51	建行财富 2009 年第 12 期	2009－3－19	2009－7－30	4000	转让贷款	3.20%
52	建行财富 2009 年第 13 期	2009－3－19	2009－10－29	4000	转让贷款	3.60%
53	建行财富 2009 年第 14 期	2009－3－19	2009－11－13	4000	转让贷款	3.60%
54	建行财富 2009 年第 15 期	2009－3－19	2009－4－24	5000	转让贷款	2.55%
55	利得盈定 2009 年第 16 期	2009－3－20	2009－5－4	34897	信托贷款	2.30%
56	利得盈定 2009 年第 23 期	2009－3－20	2009－4－2	9994	转让贷款	1.71%
57	利得盈应收账款型 2009 年第 1 期	2009－3－20	2011－3－20	32988	应收账款	4.39%
58	利得盈债券型(1 个月)2009 第 10 期理财产品	2009－3－20	2009－4－17	299920	购买债券	1.60%
59	财富债券类 2009 年第 3 期－CF0903	2009－3－20	2009－4－17	48226	购买债券	1.65%
60	广东分行利得盈应收账款型 2009 年第 2 期	2009－3－23	2009－4－30	3000	应收账款	2.50%
61	利得盈定 2009 年第 17 期	2009－3－24	2009－11－13	30000	转让贷款	3.39%
62	利得盈定 2009 年第 20 期	2009－3－24	2009－12－29	6500	转让贷款	3.48%
63	利得盈定 2009 年第 21 期	2009－3－24	2009－12－15	25496	转让贷款	3.45%
64	利得盈定 2009 年第 22 期	2009－3－24	2009－6－5	2000	转让贷款	2.70%
65	建行财富 2009 年第 16 期	2009－3－25	2009－9－25	5000	转让贷款	4.00%
66	建行财富 2009 年第 17 期	2009－3－25	2009－4－24	5000	转让贷款	2.67%
67	建行财富 2009 年第 18 期	2009－3－25	2009－5－24	5000	转让贷款	2.91%

续表

序号	产品名称	发行日	到期日	拟发行量	投资方向	预期收益率
68	建行财富 2009 年第 19 期	2009－3－25	2009－6－21	5000	转让贷款	3.12%
69	建行财富 2009 年第 20 期	2009－3－25	2009－7－21	9950	转让贷款	3.26%
70	建行财富 2009 年第 21 期	2009－3－25	2009－8－18	5000	转让贷款	3.42%
71	建行财富 2009 年第 22 期	2009－3－25	2009－9－2	10000	转让贷款	3.54%
72	利得盈 5·12 灾后建设理财产品 1 号	2009－3－26	2013－3－19	49940	股权投资	5.43%
73	利得盈定 2009 年第 18 期	2009－3－27	2010－3－26	19950	信托贷款	3.39%
74	利得盈定 2009 年第 19 期	2009－3－27	2010－3－26	23994	信托贷款	3.39%
75	利得盈定 2009 年第 24 期	2009－3－27	2010－1－26	24989	信托贷款	3.57%
76	利得盈定 2009 年第 25 期	2009－3－27	2009－9－23	15000	信托贷款	3.18%
77	利得盈定 2009 年第 26 期	2009－3－27	2010－3－26	99927	信托贷款	3.78%
78	建行财富 2009 年第 23 期	2009－3－27	2009－5－20	1480	转让贷款	2.88%
79	建行财富 2009 年第 24 期	2009－3－27	2009－7－7	2140	转让贷款	3.18%
80	建行财富 2009 年第 25 期	2009－3－27	2009－8－4	1990	转让贷款	3.36%
81	建行财富 2009 年第 26 期	2009－3－27	2009－9－3	1500	转让贷款	3.54%
82	建行财富 2009 年第 27 期	2009－3－27	2009－8－22	3300	转让贷款	3.45%
83	建行财富 2009 年第 28 期	2009－3－27	2009－11－17	2240	转让贷款	3.75%
84	利得盈债券型(1 个月)2009 第 11 期理财产品	2009－3－27	2009－4－24	205285	购买债券	1.60%
85	利得盈定 2009 年第 27 期	2009－3－30	2009－6－11	9897	转让贷款	2.67%
86	利得盈定 2009 年第 27 期	2009－3－30	2009－6－28	10000	转让贷款	2.85%
87	利得盈定 2009 年第 27 期	2009－3－30	2009－7－11	9950	转让贷款	2.91%
88	建行财富深圳分行新股申购	2009－4－1	2009－5－31	22967	打新股	
89	建行财富广东分行新股申购第二期	2009－4－1	2009－5－4	69501	打新股	
90	建行财富 2009 年第 29 期	2009－4－1	2010－2－1	10000	信托贷款	3.80%
91	建行财富 2009 年第 30 期	2009－4－1	2010－4－1	10000	信托贷款	4.00%
92	建行财富 2009 年第 31 期	2009－4－3	2009－11－3	10000	信托贷款	3.80%
93	建行财富 2009 年第 34 期	2009－4－3	2009－11－17	2490	转让贷款	3.66%
94	建行财富 2009 年第 35 期	2009－4－3	2009－11－13	3300	转让贷款	3.66%
95	利得盈债券型(1 个月)2009 年第 12 期理财产品	2009－4－3	2009－5－4	293218	购买债券	1.40%
96	利得盈定 2009 年第 30 期	2009－4－7	2009－7－9	8000	转让贷款	2.88%
97	利得盈定 2009 年第 30 期	2009－4－7	2009－9－24	6000	转让贷款	3.06%
98	建行财富 2009 年第 32 期	2009－4－8	2009－9－25	9970	转让贷款	3.45%
99	建行财富 2009 年第 33 期	2009－4－8	2009－10－28	10000	转让贷款	3.57%
100	云南分行乾元二号人民币理财产品	2009－4－9	2012－4－9	99959	股权投资	6.00%

续表

序号	产品名称	发行日	到期日	拟发行量	投资方向	预期收益率
101	天津分行乾元五号 2009 - 1 投资类	2009 - 4 - 9	2009 - 10 - 8	4194	另类投资	
102	天津分行乾元五号 2009 - 2 投资类	2009 - 4 - 9	2010 - 10 - 8	1036	另类投资	
103	利得盈定 2009 年第 29 期	2009 - 4 - 10	2009 - 6 - 29	28000	转让贷款	2.70%
104	建行财富 2009 年第 36 期	2009 - 4 - 10	2009 - 7 - 3	29620	转让贷款	3.09%
105	建行财富 2009 年第 37 期	2009 - 4 - 10	2009 - 12 - 4	9450	转让贷款	3.65%
106	利得盈 2009 年第 1 期现金选择权理财产品	2009 - 4 - 10	2011 - 4 - 30	139915	另类投资	4.50%
107	利得盈债券型(1 个月)2009 年第 13 期理财产品	2009 - 4 - 10	2009 - 5 - 8	317345	购买债券	1.40%
108	利得盈定 2009 年第 28 期	2009 - 4 - 15	2010 - 4 - 14	99959	信托贷款	3.78%
109	建行财富 2009 年第 38 期	2009 - 4 - 16	2009 - 11 - 15	8000	转让贷款	3.51%
110	建行财富 2009 年年 39 期	2009 - 4 - 16	2009 - 6 - 18	20000	转让贷款	2.85%
111	深圳分行建行财富双月盈 0902 期	2009 - 4 - 16	2011 - 4 - 30	56353	另类投资	3.00%
112	利得盈定 2009 年第 31 期	2009 - 4 - 17	2010 - 4 - 16	9970	信托贷款	3.78%
113	利得盈债券型(1 个月)2009 年第 14 期理财产品	2009 - 4 - 17	2009 - 5 - 15	335233	购买债券	1.40%
114	财富债券类 2009 年第 4 期 - CF0904	2009 - 4 - 17	2009 - 5 - 15	86519	购买债券	1.50%
115	广东分行利得盈应收账款型 2009 年第 3 期	2009 - 4 - 20	2009 - 5 - 29	2700	应收账款	2.30%
116	利得盈定 2009 年第 32 期	2009 - 4 - 23	2010 - 4 - 23	20000	信托贷款	3.78%
117	建行财富 2009 年年 40 期	2009 - 4 - 24	2009 - 5 - 15	3000	转让贷款	1.98%
118	建行财富 2009 年年 41 期	2009 - 4 - 24	2009 - 6 - 12	3000	转让贷款	2.70%
119	建行财富 2009 年年 42 期	2009 - 4 - 24	2009 - 9 - 18	2000	转让贷款	3.36%
120	建行财富 2009 年年 43 期	2009 - 4 - 24	2009 - 11 - 27	3000	转让贷款	3.42%
121	建行财富 2009 年年 44 期	2009 - 4 - 24	2009 - 8 - 21	2990	转让贷款	3.21%
122	建行财富 2009 年年 45 期	2009 - 4 - 24	2009 - 9 - 12	2900	转让贷款	3.36%
123	建行财富 2009 年年 46 期	2009 - 4 - 24	2009 - 10 - 13	5000	转让贷款	3.60%
124	建行财富 2009 年年 47 期	2009 - 4 - 24	2009 - 12 - 16	5490	转让贷款	3.42%
125	利得盈债券型(1 个月)2009 年第 15 期理财产品	2009 - 4 - 24	2009 - 5 - 22	149981	购买债券	1.40%
126	利得盈债券增强收益型(1 个月)2009 年第 1 期理财产品	2009 - 4 - 24	2009 - 5 - 22	52464	购买债券	1.45%
127	利得盈定 2009 年第 34 期	2009 - 4 - 29	2009 - 10 - 29	34999	信托贷款	3.18%
128	江苏分行利得盈应收账款型 2009 年第 1 期	2009 - 4 - 29	2009 - 7 - 29	3000	应收账款	3.00%
129	建行财富三号六期	2009 - 4 - 29	2014 - 4 - 28	70000	股权投资	12.00%
130	广东分行乾元三号 2009 年第 1 期股权收益权投资类人民币理财产品	2009 - 4 - 29	2011 - 4 - 28	20000	股权投资	
131	利得盈定 2009 年第 33 期	2009 - 4 - 30	2010 - 4 - 30	39996	信托贷款	3.78%

续表

序号	产品名称	发行日	到期日	拟发行量	投资方向	预期收益率
132	建行财富 2009 年第 50 期	2009－4－30	2009－12－19	10000	转让贷款	3.52%
133	建行财富 2009 年第 51 期	2009－4－30	2010－4－30	10000	信托贷款	4.00%
134	建行财富 2009 年第 52 期	2009－4－30	2009－10－26	10000	信托贷款	3.46%
135	广东分行利得盈应收账款型 2009 年第 4 期	2009－5－8	2009－6－30	2800	应收账款	2.20%
136	利得盈债券型(1 个月)2009 年第 16 期理财产品	2009－5－8	2009－6－5	149933	购买债券	1.40%
137	利得盈债券增强收益型 1 个月 2009 年第 2 期理财产品	2009－5－8	2009－6－5	115880	购买债券	1.45%
138	利得盈定 2009 年第 35 期	2009－5－12	2010－5－12	39985	信托贷款	3.78%
139	利得盈定 2009 年第 36 期	2009－5－12	2010－5－12	20000	信托贷款	3.78%
140	利得盈定 2009 年第 39 期	2009－5－14	2009－8－26	1995	转让贷款	2.91%
141	利得盈定 2009 年第 40 期	2009－5－14	2009－8－26	2997	转让贷款	2.91%
142	利得盈定 2009 年第 41 期	2009－5－14	2009－9－26	5000	转让贷款	3.03%
143	建行财富 2009 年第 53 期	2009－5－14	2009－8－12	30000	信托贷款	3.25%
144	利得盈定 2009 年第 37 期	2009－5－15	2010－5－14	39985	信托贷款	3.78%
145	建行财富 2009 年第 54 期	2009－5－15	2010－5－14	10000	信托贷款	4.00%
146	建行财富 2009 年第 55 期	2009－5－15	2009－12－8	2150	转让贷款	3.57%
147	利得盈债券型(1 个月)2009 年第 17 期理财产品	2009－5－15	2009－6－12	149991	购买债券	1.40%
148	财富债券类 2009 年第 5 期－CF0905	2009－5－15	2009－6－12	87947	购买债券	1.50%
149	利得盈债券增强收益型 2009 年第 3 期理财产品	2009－5－15	2009－6－12	95535	购买债券	1.45%
150	利得盈定 2009 年第 38 期	2009－5－18	2009－11－16	119997	信托贷款	3.18%
151	广东分行利得盈应收账款型 2009 年第 5 期	2009－5－18	2009－6－30	3100	应收账款	2.10%
152	内蒙分行利得盈股权型(定)2009 年第 1 期(2 年期)	2009－5－18	2011－5－18	24000	股权投资	8.00%
153	内蒙分行利得盈股权型(定)2009 年第 1 期(3 年期优先)	2009－5－18	2012－5－18	36000	股权投资	9.00%
154	内蒙分行利得盈股权型(定)2009 年第 1 期(3 年期次级)	2009－5－18	2012－5－18	10000	股权投资	9.00%
155	利得盈定 2009 年第 43 期	2009－5－22	2009－6－19	8000	转让贷款	1.80%
156	利得盈债券型(1 个月)2009 年第 18 期理财产品	2009－5－22	2009－6－19	128280	购买债券	1.40%
157	利得盈债券增强收益型 2009 年第 4 期理财产品	2009－5－22	2009－6－19	150077	购买债券	1.45%

续表

序号	产品名称	发行日	到期日	拟发行量	投资方向	预期收益率
158	福建分行乾元四号1期人民币理财产品	2009－5－25	2011－5－25	45700	股票、基金	
159	利得盈定2009年第42期	2009－5－26	2010－2－23	20000	信托贷款	3.30%
160	利得盈定2009年第44期	2009－5－26	2009－6－19	11999	转让贷款	1.98%
161	建行财富2009年第56期	2009－5－26	2009－8－27	2000	转让贷款	3.00%
162	建行财富2009年第57期	2009－5－26	2010－2－6	910	转让贷款	3.66%
163	建行财富2009年第58期	2009－5－26	2010－3－20	990	转让贷款	3.81%
164	利得盈定2009年第47期	2009－5－27	2009－11－23	5100	转让贷款	3.18%
165	利得盈定2009年第48期	2009－5－27	2009－11－23	4900	转让贷款	3.18%
166	建行财富2009年第59期	2009－5－27	2009－6－25	10000	转让贷款	2.25%
167	利得盈定2009年第45期	2009－6－1	2010－5－31	19995	信托贷款	3.78%
168	利得盈定2009年第46期	2009－6－1	2009－10－18	14995	转让贷款	3.00%
169	湖南分行利得盈股权型(定)2009年年第2期理财产品	2009－6－1	2012－5－31	49984	股权投资	6.00%
170	建行财富2009年第60期	2009－6－3	2009－12－2	30000	信托贷款	3.80%
171	广东分行利得盈应收账款型2009年第6期	2009－6－4	2009－7－31	2600	应收账款	2.00%
172	建行财富2009年第61期	2009－6－5	2009－12－8	5000	转让贷款	4.00%
173	建行财富2009年第62期	2009－6－5	2009－10－20	3960	转让贷款	3.42%
174	利得盈债券型(1个月)2009年第19期理财产品	2009－6－5	2009－7－3	150000	购买债券	1.40%
175	利得盈债券增强收益型2009年第5期理财产品	2009－6－5	2009－7－3	110264	购买债券	1.45%
176	利得盈定2009年第49期	2009－6－8	2010－6－8	45728	信托贷款	3.78%
177	建行财富2009年第68期	2009－6－10	2010－6－9	49860	信托贷款	3.90%
178	利得盈定2009年第50期	2009－6－12	2010－3－9	49638	信托贷款	3.48%
179	利得盈定2009年第50期	2009－6－12	2010－6－11	50000	信托贷款	3.78%
180	利得盈定2009年第52期	2009－6－12	2009－7－6	4500	转让贷款	1.98%
181	利得盈定2009年第52期	2009－6－12	2009－7－30	5499	转让贷款	2.10%
182	建行财富2009年第63期	2009－6－12	2009－7－24	2000	转让贷款	2.91%
183	建行财富2009年第64期	2009－6－12	2009－7－10	2000	转让贷款	2.25%
184	建行财富2009年第65期	2009－6－12	2009－7－29	1500	转让贷款	2.40%
185	利得盈债券型(1个月)2009年第20期理财产品	2009－6－12	2009－7－10	149987	购买债券	1.40%
186	利得盈债券增强收益型2009年第6期理财产品	2009－6－12	2009－7－10	75887	购买债券	1.45%
187	财富债券类2009年第6期－CF0906	2009－6－12	2009－7－10	64693	购买债券	1.50%

续表

序号	产品名称	发行日	到期日	拟发行量	投资方向	预期收益率
188	利得盈定 2009 年第 51 期	2009－6－15	2010－5－11	20000	信托贷款	3.60%
189	江苏分行乾元二号 09 年第 1 期	2009－6－15	2012－6－14	19985	股权投资	5.50%
190	建行财富 2009 年第 66 期	2009－6－16	2009－12－9	5000	转让贷款	3.48%
191	建行财富 2009 年第 69 期	2009－6－18	2009－12－20	10000	转让贷款	3.27%
192	广东分行利得盈应收账款型 2009 年第 7 期	2009－6－18	2009－7－31	3300	应收账款	2.10%
193	利得盈定 2009 年第 53 期	2009－6－19	2009－8－10	79628	转让贷款	2.73%
194	利得盈定 2009 年第 54 期	2009－6－19	2009－8－27	15787	转让贷款	2.30%
195	利得盈定 2009 年第 54 期	2009－6－19	2009－11－27	10000	转让贷款	3.10%
196	利得盈定 2009 年第 54 期	2009－6－19	2009－11－28	4630	转让贷款	3.10%
197	青岛分行利得盈应收账款型 2009 年第 1 期	2009－6－19	2009－11－19	1000	应收账款	2.90%
198	利得盈债券型(1 个月)2009 年第 21 期理财产品	2009－6－19	2009－7－17	150000	购买债券	1.40%
199	利得盈债券增强收益型 2009 年第 7 期理财产品	2009－6－19	2009－7－17	99524	购买债券	1.45%
200	江苏分行乾元二号 09 年第 2 期	2009－6－22	2012－6－21	26464	股权投资	5.50%
201	利得盈定 2009 年第 55 期	2009－6－23	2010－6－23	9950	信托贷款	3.78%
202	建行财富 2009 年第 70 期	2009－6－23	2010－5－4	39560	转让贷款	3.69%
203	建行财富 2009 年第 71 期	2009－6－23	2010－5－14	3000	转让贷款	3.40%
204	建行财富 2009 年第 72 期	2009－6－23	2009－11－18	2910	转让贷款	3.90%
205	利得盈定 2009 年第 58 期	2009－6－25	2010－2－16	3000	转让贷款	3.50%
206	苏州分行利得盈应收帐款型 2009 年第 1 期	2009－6－25	2009－9－25	5000	应收账款	2.75%
207	苏州分行利得盈应收帐款型 2009 年第 2 期	2009－6－25	2009－12－25	5000	应收账款	3.08%
208	苏州分行利得盈应收帐款型 2009 年第 3 期	2009－6－25	2010－3－25	5000	应收账款	3.38%
209	苏州分行利得盈应收帐款型 2009 年第 4 期	2009－6－25	2010－6－25	7000	应收账款	3.70%
210	江西分行乾元一号非上市公司股权收益权信托理财产品	2009－6－25	2009－8－25	4300	股权投资	2.75%
211	湖北分行乾元一号 2009 年 1 期股权投资类人民币理财产品	2009－6－25	2011－6－24	40000	股权投资	5.20%
212	利得盈定 2009 年第 57 期	2009－6－26	2010－4－1	56680	转让贷款	3.30%
213	利得盈定 2009 年第 59 期	2009－6－26	2009－8－21	2993	转让贷款	2.37%
214	利得盈定 2009 年第 59 期	2009－6－26	2009－9－2	3000	转让贷款	2.52%
215	利得盈定 2009 年第 59 期	2009－6－26	2009－9－25	3800	转让贷款	2.85%
216	利得盈定 2009 年第 59 期	2009－6－26	2009－11－12	4699	转让贷款	3.02%
217	利得盈定 2009 年第 59 期	2009－6－26	2009－11－24	3500	转让贷款	3.06%
218	利得盈定 2009 年第 60 期	2009－6－26	2009－12－9	1500	转让贷款	3.12%

续表

序号	产品名称	发行日	到期日	拟发行量	投资方向	预期收益率
219	利得盈定 2009 年第 60 期	2009－6－26	2010－1－19	1999	转让贷款	3.25%
220	利得盈定 2009 年第 60 期	2009－6－26	2010－2－4	2200	转让贷款	3.33%
221	利得盈定 2009 年第 60 期	2009－6－26	2010－5－6	997	转让贷款	3.61%
222	利得盈定 2009 年第 61 期	2009－6－26	2009－9－12	2386	转让贷款	2.66%
223	利得盈定 2009 年第 61 期	2009－6－26	2009－9－18	3999	转让贷款	2.74%
224	利得盈定 2009 年第 61 期	2009－6－26	2009－10－8	2995	转让贷款	2.91%
225	建行财富 2009 年第 67 期	2009－6－26	2010－2－21	6000	信托贷款	3.51%
226	利得盈债券型（1 个月）2009 年第 22 期理财产品	2009－6－26	2009－7－24	80000	购买债券	1.40%
227	利得盈定 2009 年第 62 期	2009－6－29	2009－10－27	3136	转让贷款	2.98%
228	利得盈定 2009 年第 62 期	2009－6－29	2010－1－5	1996	转让贷款	3.20%
229	利得盈定 2009 年第 62 期	2009－6－29	2010－3－3	2999	转让贷款	3.30%
230	利得盈定 2009 年第 62 期	2009－6－29	2010－3－26	2993	转让贷款	3.48%
231	利得盈定 2009 年第 63 期	2009－6－29	2009－12－18	5000	转让贷款	3.00%
232	利得盈定 2009 年第 64 期	2009－6－29	2009－12－22	5000	转让贷款	3.00%
233	吉林分行乾元五号凭证式国债 2009 年第 1 期	2009－6－29	2009－8－30	2369	购买债券	2.00%
234	江苏分行利得盈基础设施建设型（定）2009 年第 1 期	2009－6－29	2011－6－28	39996	股权投资	5.30%
235	利得盈定 2009 年第 65 期	2009－6－30	2009－7－23	5000	转让贷款	2.30%
236	利得盈定 2009 年第 67 期	2009－6－30	2010－6－30	99985	信托贷款	3.78%
237	建行财富福建分行新股申购	2009－10－1	2009－12－31	1146760	打新股	
238	深圳分行滚动组合类产品			21143750	混合	1.80%
239	广东分行滚动组合类产品			33992006	混合	1.70%
240	宁波分行滚动组合类产品			626592	混合	1.90%
241	厦门分行滚动组合类产品			213039	混合	2.30%
242	大丰收中篮子	2009－10－1	2009－12－31	0	信托贷款	
243	"海盈 1 号"代客境外理财产品	2009－10－1	2009－12－31		基金	
244	"摩根富林明亚洲创富精选"代客境外理财产品	2009－10－1	2009－12－31		基金	
245	建行财富四号一期	2007－6－5	2010－6－4	0	混合	15.00%
246	建行财富四号二期华夏 A 股精选理财产品	2008－1－11	2011－1－10	0	混合	15.00%
247	建行财富四号三期	2008－11－18	2011－11－17	0	混合	
248	利得盈股票基金双重优选			0	混合	15.00%
249	利得盈 2007 年第 75 期开放式新股申购理财计划	2009－10－1	2009－11－13	0	打新股	

续表

序号	产品名称	发行日	到期日	拟发行量	投资方向	预期收益率
250	到期第三方保本浮动收益型理财产品			53942	混合	6.00%
251	利得盈 定2009年第69期	2009-7-1	2009-7-26	59980	转让贷款	2.10%
252	利得盈 定2009年第66期	2009-7-2	2010-3-19	19996	转让贷款	3.45%
253	建行财富2009第73期	2009-7-3	2009-10-15	4000	转让贷款	3.30%
254	建行财富2009第74期	2009-7-3	2009-10-27	6000	转让贷款	3.36%
255	建行财富2009第75期	2009-7-3	2009-12-7	7000	转让贷款	3.41%
256	深圳分行乾元一号2009-股权投资类人民币理财产品	2009-7-3	2011-1-2	50000	股权投资	
257	利得盈债券增强收益型2009第8期理财产品	2009-7-3	2009-7-31	69053	购买债券	1.45%
258	利得盈债券型(1个月)2009第23期理财产品	2009-7-3	2009-7-31	136778	购买债券	1.40%
259	利得盈 定2009年第70期	2009-7-6	2009-12-3	20000	转让贷款	3.06%
260	内蒙分行利得盈2009年第2期	2009-7-8	2012-7-7	85995	股权投资	
261	利得盈 定2009年第68期	2009-7-9	2010-7-9	8995	信托贷款	3.78%
262	利得盈 定2009年第71期	2009-7-9	2009-12-4	4992	转让贷款	3.06%
263	利得盈 定2009年第72期	2009-7-9	2009-8-28	29999	转让贷款	2.40%
264	利得盈 定2009年第72期	2009-7-9	2009-9-22	20000	转让贷款	2.55%
265	建行财富2009第76期	2009-7-9	2009-8-6	10000	转让贷款	2.50%
266	苏州分行乾元二号2009-001人民币理财产品	2009-7-9	2012-7-9	50000	股权投资	
267	利得盈 定2009年第56期	2009-7-10	2010-7-9	10000	信托贷款	3.78%
268	利得盈 定2009年第73期	2009-7-10	2010-1-30	9599	转让贷款	3.24%
269	利得盈 定2009年第74期	2009-7-10	2010-3-10	4000	转让贷款	3.39%
270	利得盈 定2009年第75期	2009-7-10	2010-1-12	1998	转让贷款	3.18%
271	利得盈 定2009年第76期	2009-7-10	2010-1-6	3999	转让贷款	3.18%
272	利得盈债券增强收益型2009第9期理财产品	2009-7-10	2009-8-7	75203	购买债券	1.45%
273	利得盈债券型(1个月)2009第24期理财产品	2009-7-10	2009-8-7	149997	购买债券	1.40%
274	江苏分行利得盈(定)2009年第4期理财产品	2009-7-14	2011-7-13	29999	股权投资	5.30%
275	重庆分行滚动组合类产品			683604	混合	1.80%
276	山东分行滚动组合类产品			1181771	混合	1.95%

续表

序号	产品名称	发行日	到期日	拟发行量	投资方向	预期收益率
277	安徽分行利得盈（定）2009 年第 3 期理财产品	2009－7－17	2012－7－16	100000	股权投资	5.00%
278	建行财富 2009 第 78 期	2009－7－20	2010－1－4	4350	转让贷款	3.14%
279	建行财富 2009 第 77 期	2009－7－22	2009－8－29	70000	转让贷款	2.05%
280	建行财富 2009 第 79 期	2009－7－23	2010－4－19	6680	转让贷款	3.40%
281	建行财富 2009 第 81 期	2009－7－24	2010－7－24	10050	信托贷款	4.00%
282	广东分行应收账款型理财产品 2009 年第 8 期	2009－7－27	2009－8－31	2200	应收账款	2.10%
283	上海分行滚动组合类产品			1253018	混合	
284	建行财富 2009 第 82 期	2009－7－30	2009－10－30	10000	转让贷款	2.50%
285	利得盈 定 2009 年第 77 期	2009－7－31	2010－7－30	17000	信托贷款	3.78%
286	利得盈 定 2009 年第 78 期	2009－7－31	2010－3－9	30000	信托贷款	3.30%
287	利得盈 定 2009 年第 78 期	2009－7－31	2010－7－30	30000	信托贷款	3.78%
288	利得盈 定 2009 年第 79 期	2009－7－31	2010－4－27	22951	信托贷款	3.48%
289	建行财富 2009 第 83 期	2009－7－31	2010－1－4	4000	转让贷款	2.80%
290	建行财富 2009 第 84 期	2009－8－7	2009－9－25	850	转让贷款	2.70%
291	建行财富 2009 第 85 期	2009－8－7	2009－12－17	1730	转让贷款	3.09%
292	建行财富 2009 第 86 期	2009－8－7	2009－11－11	1500	转让贷款	3.33%
293	建行财富 2009 第 87 期	2009－8－7	2009－9－17	9000	转让贷款	2.10%
294	建行财富 2009 第 92 期	2009－8－7	2009－9－23	50000	转让贷款	2.10%
295	建行财富 2009 第 93 期	2009－8－7	2009－10－16	27510	转让贷款	2.30%
296	建行财富 2009 第 94 期	2009－8－7	2009－12－8	1990	转让贷款	3.00%
297	上海分行乾元五号凭证式国债类理财产品	2009－8－7	2009－10－6	10700	购买债券	3.39%
298	利得盈定 2009 年第 80 期	2009－8－11	2009－12－11	15000	信托贷款	2.98%
299	建行财富 2009 第 88 期	2009－8－13	2010－4－8	2410	转让贷款	3.30%
300	建行财富 2009 第 89 期	2009－8－13	2010－3－11	6820	转让贷款	3.20%
301	建行财富 2009 第 90 期	2009－8－13	2010－1－12	10000	转让贷款	3.00%
302	建行财富 2009 第 90 期	2009－8－13	2010－1－12	0	转让贷款	3.30%
303	建行财富 2009 第 91 期	2009－8－13	2010－6－8	4000	转让贷款	3.50%
304	利得盈定 2009 年第 81 期	2009－8－14	2010－4－9	2000	转让贷款	3.38%
305	利得盈定 2009 年第 82 期	2009－8－14	2010－4－9	14699	转让贷款	3.38%
306	深圳分行乾元三号股权收益权投资类人民币信托理财产品	2009－8－20	2011－8－20	25404	股权投资	7.20%
307	深圳分行乾元一号医疗保健行业股权项目 01 期	2009－8－24	2014－8－24	98997	股权投资	7.00%
308	利得盈全 2009 年第 2 期	2009－8－25	2010－6－25	49995	信托贷款	3.58%

续表

序号	产品名称	发行日	到期日	拟发行量	投资方向	预期收益率
309	利得盈全 2009 年第 3 期	2009－8－26	2010－2－21	49936	信托贷款	3.18%
310	建行财富 2009 第 95 期	2009－8－26	2009－10－16	14100	转让贷款	2.20%
311	利得盈定 2009 年第 83 期	2009－8－31	2010－1－29	5000	转让贷款	3.06%
312	利得盈定 2009 年第 83 期	2009－8－31	2010－3－11	4998	转让贷款	3.21%
313	利得盈定 2009 年第 83 期	2009－8－31	2010－3－12	4999	转让贷款	3.21%
314	利得盈定 2009 年第 83 期	2009－8－31	2010－3－19	5000	转让贷款	3.23%
315	利得盈定 2009 年第 83 期	2009－8－31	2010－3－20	6000	转让贷款	3.23%
316	利得盈定 2009 年第 83 期	2009－8－31	2010－4－17	5000	转让贷款	3.35%
317	利得盈定 2009 年第 83 期	2009－8－31	2010－4－24	5000	转让贷款	3.37%
318	利得盈定 2009 年第 83 期	2009－8－31	2010－4－28	6000	转让贷款	3.38%
319	利得盈定 2009 年第 83 期	2009－8－31	2010－5－25	5997	转让贷款	3.47%
320	利得盈定 2009 年第 83 期	2009－8－31	2010－5－30	4000	转让贷款	3.49%
321	利得盈定 2009 年第 84 期	2009－8－31	2010－3－8	19997	转让贷款	3.20%
322	利得盈定 2009 年第 85 期	2009－8－31	2010－3－23	5000	转让贷款	3.24%
323	北京分行滚动组合类产品			483455	混合	
324	利得盈定 2009 年第 86 期	2009－9－1	2009－9－28	20000	转让贷款	2.10%
325	利得盈定 2009 年第 86 期	2009－9－1	2009－9－29	12850	转让贷款	2.10%
326	利得盈定 2009 年第 88 期	2009－9－1	2010－6－1	20000	信托贷款	3.40%
327	苏州分行建行财富新股申购	2009－10－1	2009－12－31	72500	打新股	
328	利得盈定 2009 年第 87 期	2009－9－2	2010－3－2	10995	信托贷款	3.18%
329	利得盈定 2009 年第 89 期	2009－9－3	2010－9－3	49207	信托贷款	3.78%
330	建行财富 2009 第 96 期	2009－9－8	2010－5－21	5000	转让贷款	3.58%
331	安徽分行乾元中小企业信托贷款集合型理财产品基本情况汇总	2009－9－8	2010－9－7	8257	信托贷款	4.20%
332	上海分行建行财富新股申购	2009－9－8	2009－9－30	19598	打新股	5.00%
333	新疆分行乾元一号(股权投资类人民币理财产品	2009－9－9	2012－9－8	15000	股权投资	5.66%
334	江西分行乾元一号 2009－2 非上市公司股权类人民币理财产品	2009－9－9	2011－9－9	44210	股权投资	5.32%
335	利得盈定 2009 年第 90 期	2009－9－15	2010－3－30	7990	转让贷款	3.24%
336	利得盈定 2009 年第 90 期	2009－9－15	2010－6－24	7000	转让贷款	3.51%
337	利得盈定 2009 年第 91 期	2009－9－15	2009－11－23	6000	转让贷款	2.70%
338	利得盈定 2009 年第 92 期	2009－9－15	2010－4－23	39994	转让贷款	3.28%
339	利得盈定 2009 年第 93 期	2009－9－15	2009－12－14	9999	信托贷款	2.80%
340	利得盈定 2009 年第 94 期	2009－9－15	2009－12－28	9998	转让贷款	2.80%

续表

序号	产品名称	发行日	到期日	拟发行量	投资方向	预期收益率
341	利得盈定 2009 年第 95 期	2009 - 9 - 15	2009 - 11 - 9	1996	转让贷款	2.64%
342	利得盈定 2009 年第 95 期	2009 - 9 - 15	2009 - 11 - 23	1496	转让贷款	2.67%
343	利得盈定 2009 年第 95 期	2009 - 9 - 15	2009 - 12 - 21	1496	转让贷款	2.85%
344	利得盈定 2009 年第 96 期	2009 - 9 - 15	2009 - 12 - 4	2998	转让贷款	2.82%
345	利得盈定 2009 年第 97 期	2009 - 9 - 15	2009 - 10 - 6	1200	转让贷款	2.40%
346	利得盈定 2009 年第 98 期	2009 - 9 - 15	2009 - 10 - 31	3000	转让贷款	2.64%
347	利得盈定 2009 年第 98 期	2009 - 9 - 15	2009 - 12 - 31	1000	转让贷款	2.82%
348	建行财富 2009 第 97 期	2009 - 9 - 15	2009 - 12 - 4	1600	转让贷款	2.94%
349	建行财富 2009 第 98 期	2009 - 9 - 15	2009 - 12 - 29	1500	转让贷款	3.03%
350	利得盈定 2009 年第 99 期	2009 - 9 - 17	2010 - 3 - 9	9687	转让贷款	3.10%
351	利得盈定 2009 年第 103 期	2009 - 9 - 18	2009 - 12 - 18	19996	信托贷款	2.85%
352	利得盈定 2009 年第 100 期	2009 - 9 - 21	2010 - 5 - 23	47528	转让贷款	3.36%
353	利得盈定 2009 年第 101 期	2009 - 9 - 23	2010 - 7 - 23	8000	信托贷款	3.51%
354	利得盈定 2009 年第 105 期	2009 - 9 - 23	2010 - 5 - 10	4998	转让贷款	3.35%
355	利得盈定 2009 年第 106 期	2009 - 9 - 23	2010 - 1 - 3	5000	转让贷款	2.89%
356	利得盈定 2009 年第 104 期	2009 - 9 - 25	2009 - 12 - 9	10000	转让贷款	2.31%
357	利得盈定 2009 年第 107 期	2009 - 9 - 25	2009 - 12 - 25	29999	转让贷款	2.85%
358	利得盈定 2009 年第 108 期	2009 - 9 - 25	2010 - 1 - 19	29996	转让贷款	3.00%
359	建行财富 2009 第 99 期	2009 - 9 - 25	2009 - 10 - 20	3000	转让贷款	2.61%
360	建行财富 2009 第 100 期	2009 - 9 - 25	2009 - 10 - 30	3000	转让贷款	2.70%
361	利得盈定 2009 年第 102 期	2009 - 9 - 29	2009 - 12 - 20	19999	信托贷款	2.85%
362	利得盈定 2009 年第 109 期	2009 - 9 - 29	2010 - 3 - 26	9989	转让贷款	3.18%
363	利得盈定 2009 年第 110 期	2009 - 9 - 29	2010 - 1 - 19	10182	转让贷款	3.00%
364	利得盈定 2009 年第 111 期	2009 - 9 - 29	2009 - 11 - 25	5998	转让贷款	2.40%
365	利得盈定 2009 年第 111 期	2009 - 9 - 29	2009 - 12 - 7	19999	转让贷款	2.50%
366	利得盈定 2009 年第 111 期	2009 - 9 - 29	2009 - 12 - 17	15000	转让贷款	2.60%
367	利得盈定 2009 年第 111 期	2009 - 9 - 29	2010 - 2 - 26	14000	转让贷款	3.30%
368	利得盈定 2009 年第 112 期	2009 - 9 - 29	2010 - 2 - 23	30000	转让贷款	3.30%
369	利得盈定 2009 年第 113 期	2009 - 9 - 29	2010 - 3 - 29	14995	信托贷款	3.18%
370	厦门分行乾元一号股权收益权类理财产品（一年期款）	2009 - 9 - 29	2010 - 9 - 25	20000	股权投资	5.00%
371	厦门分行乾元一号股权收益权类理财产品（两年期款）	2009 - 9 - 29	2011 - 9 - 25	50000	股权投资	6.50%
372	青岛分行股权投资类人民币理财产品	2009 - 9 - 30	2011 - 9 - 30	25000	股权投资	7.50%

续表

序号	产品名称	发行日	到期日	拟发行量	投资方向	预期收益率
373	江西分行乾元三号 2009－1 上市公司股权收益权投资类理财产品	2009－9－30	2011－3－31	10000	股权投资	4.92%
374	利得盈 2009（定）第 114 期	2009－10－20	2010－3－19	10000	转让贷款	3.06%
375	利得盈 2009（定）第 115 期	2009－10－20	2010－2－4	5983	转让贷款	2.91%
376	利得盈 2009（定）第 116 期	2009－10－23	2010－5－23	12472	转让贷款	3.27%
377	利得盈 2009（定）第 117 期	2009－10－29	2010－1－15	1497	转让贷款	2.76%
378	利得盈 2009（定）第 117 期	2009－10－29	2010－2－27	994	转让贷款	2.94%
379	利得盈 2009（定）第 117 期	2009－10－29	2010－5－19	1500	转让贷款	3.24%
380	利得盈 2009（定）第 117 期	2009－10－29	2010－7－30	1246	转让贷款	3.30%
381	利得盈 2009（定）第 118 期	2009－10－30	2010－3－7	25000	转让贷款	3.00%
382	利得盈 2009（定）第 119 期	2009－11－6	2010－9－2	15993	信托贷款	3.49%
383	利得盈 2009（定）第 120 期	2009－11－4	2009－12－29	20000	转让贷款	2.37%
384	利得盈 2009（定）第 121 期	2009－11－6	2010－11－5	39998	信托贷款	3.78%
385	利得盈 2009（定）第 122 期	2009－11－13	2010－5－12	49579	信托贷款	3.18%
386	利得盈 2009（定）第 123 期	2009－11－27	2010－3－26	34989	信托贷款	3.00%
387	利得盈 2009（定）第 124 期	2009－12－8	2010－2－22	15000	转让贷款	2.65%
388	利得盈 2009（定）第 125 期	2009－12－17	2010－7－15	19991	信托贷款	3.39%
389	利得盈 2009（全）第 4 期	2009－10－16	2010－4－15	99739	信托贷款	3.18%
390	利得盈 2009（全）第 5 期	2009－12－15	2010－5－14	99797	信托贷款	3.08%
391	利得盈 2009（全）第 6 期	2009－12－16	2010－3－18	29999	转让贷款	2.86%
392	利得盈 2009（全）第 7 期	2009－12－17	2010－7－16	9997	转让贷款	3.27%
393	利得盈 2009（全）第 7 期	2009－12－17	2010－8－22	6999	转让贷款	3.39%
394	利得盈 2009（全）第 7 期	2009－12－17	2010－9－22	8000	转让贷款	3.48%
395	利得盈 2009（全）第 8 期	2009－12－17	2010－3－11	39997	转让贷款	2.82%
396	利得盈 2009（全）第 8 期	2009－12－17	2010－3－20	40000	转让贷款	2.85%
397	利得盈 2009（全）第 9 期	2009－12－18	2010－10－22	11997	转让贷款	3.60%
398	利得盈 2009（全）第 9 期	2009－12－18	2010－11－7	10000	转让贷款	3.66%
399	利得盈 2009（全）第 9 期	2009－12－18	2010－11－14	11790	转让贷款	3.68%
400	利得盈 2009（全）第 9 期	2009－12－18	2010－11－29	10000	转让贷款	3.73%
401	利得盈 2009（全）第 10 期	2009－12－18	2010－6－16	50000	信托贷款	3.18%
402	建行财富 2009 第 101 期	2009－10－29	2009－12－27	750	转让贷款	2.82%
403	建行财富 2009 第 102 期	2009－10－29	2010－3－20	1500	转让贷款	3.12%
404	建行财富 2009 第 103 期	2009－10－27	2010－4－23	24880	信托贷款	3.23%
405	建行财富 2009 第 104 期	2009－10－26	2010－10－26	20000	信托贷款	4.00%
406	建行财富 2009 第 105 期	2009－11－10	2010－11－10	20000	信托贷款	4.00%

续表

序号	产品名称	发行日	到期日	拟发行量	投资方向	预期收益率
407	建行财富 2009 第 106 期	2009－11－6	2010－8－28	2500	转让贷款	3.81%
408	建行财富 2009 第 107 期	2009－11－6	2010－6－23	870	转让贷款	3.40%
409	建行财富 2009 第 108 期	2009－11－6	2010－4－27	1000	转让贷款	3.20%
410	建行财富 2009 第 109 期	2009－11－4	2010－4－24	1000	转让贷款	3.21%
411	建行财富 2009 第 110 期	2009－11－4	2010－4－13	2500	转让贷款	3.18%
412	建行财富 2009 第 111 期	2009－11－13	2010－5－11	5000	信托贷款	3.23%
413	建行财富 2009 第 112 期	2009－11－13	2009－12－30	1200	转让贷款	2.80%
414	建行财富 2009 第 113 期	2009－11－13	2010－4－10	2370	转让贷款	3.20%
415	建行财富 2009 第 114 期	2009－11－13	2010－4－28	1650	转让贷款	3.25%
416	建行财富 2009 第 115 期	2009－11－13	2010－5－21	1000	转让贷款	3.30%
417	建行财富 2009 第 116 期	2009－11－16	2010－1－14	30000	转让贷款	2.48%
418	建行财富 2009 第 117 期	2009－11－18	2010－11－18	32340	信托贷款	3.90%
419	建行财富 2009 第 118 期	2009－11－18	2010－11－18	10000	信托贷款	3.90%
420	建行财富 2009 第 119 期	2009－11－18	2010－2－23	8000	信托贷款	3.21%
421	建行财富 2009 第 120 期	2009－11－19	2010－1－21	10000	转让贷款	2.85%
422	建行财富 2009 第 121 期	2009－11－19	2010－3－25	29990	转让贷款	3.06%
423	建行财富 2009 第 122 期	2009－11－19	2010－3－7	10000	转让贷款	3.03%
424	建行财富 2009 第 124 期	2009－11－19	2010－6－1	1000	转让贷款	3.33%
425	建行财富 2009 第 125 期	2009－11－25	2010－11－25	24300	信托贷款	4.00%
426	建行财富 2009 第 126 期	2009－11－20	2010－5－19	49890	信托贷款	3.30%
427	建行财富 2009 第 127 期	2009－11－25	2010－5－24	30000	信托贷款	3.30%
428	建行财富 2009 第 128 期	2009－11－26	2010－11－25	27990	信托贷款	3.90%
429	建行财富 2009 第 129 期	2009－11－27	2010－9－20	9590	转让贷款	3.80%
430	建行财富 2009 第 130 期	2009－11－27	2010－10－18	1990	转让贷款	3.90%
431	建行财富 2009 第 131 期	2009－11－30	2009－12－24	6000	转让贷款	2.61%
432	建行财富 2009 第 132 期	2009－11－30	2010－1－21	1990	转让贷款	2.76%
433	建行财富 2009 第 133 期	2009－11－30	2010－2－24	5000	转让贷款	2.88%
434	建行财富 2009 第 134 期	2009－11－30	2010－3－6	4990	转让贷款	2.94%
435	建行财富 2009 第 135 期	2009－11－30	2010－4－1	3990	转让贷款	3.00%
436	建行财富 2009 第 136 期	2009－11－30	2010－4－13	2980	转让贷款	3.06%
437	建行财富 2009 第 137 期	2009－11－30	2009－12－18	4970	转让贷款	2.60%
438	建行财富 2009 第 138 期	2009－11－30	2010－1－22	10000	转让贷款	2.48%
439	建行财富 2009 第 139 期	2009－11－30	2010－4－25	25050	转让贷款	3.20%
440	建行财富 2009 第 140 期	2009－11－30	2010－3－1	11960	转让贷款	2.94%
441	建行财富 2009 第 141 期	2009－11－30	2010－8－20	9760	转让贷款	3.50%

续表

序号	产品名称	发行日	到期日	拟发行量	投资方向	预期收益率
442	建行财富 2009 第 142 期	2009－12－4	2010－4－7	10300	转让贷款	3.03%
443	建行财富 2009 第 143 期	2009－12－4	2010－3－25	7650	转让贷款	2.94%
444	建行财富 2009 第 144 期	2009－12－4	2010－4－25	2900	转让贷款	3.12%
445	建行财富 2009 第 145 期	2009－12－8	2010－4－9	4500	转让贷款	3.18%
446	建行财富 2009 第 146 期	2009－12－8	2010－1－5	2000	转让贷款	2.78%
447	建行财富 2009 第 147 期	2009－12－9	2010－9－3	2750	转让贷款	3.51%
448	建行财富 2009 第 148 期	2009－12－9	2010－6－7	4970	信托贷款	3.27%
449	建行财富 2009 第 149 期	2009－12－9	2010－3－2	9000	转让贷款	2.91%
450	建行财富 2009 第 150 期	2009－12－14	2010－7－17	19030	转让贷款	3.38%
451	建行财富 2009 第 151 期	2009－12－17	2010－1－4	2000	转让贷款	2.08%
452	建行财富 2009 第 152 期	2009－12－17	2010－1－27	1490	转让贷款	2.40%
453	建行财富 2009 第 153 期	2009－12－17	2010－2－10	2000	转让贷款	2.47%
454	建行财富 2009 第 154 期	2009－12－17	2010－3－18	3000	转让贷款	2.94%
455	建行财富 2009 第 155 期	2009－12－17	2010－5－12	4000	转让贷款	3.21%
456	建行财富 2009 第 156 期	2009－12－25	2010－7－23	8570	信托贷款	3.45%
457	建行财富 2009 第 157 期	2009－12－25	2010－12－24	25050	信托贷款	4.00%
458	建行财富 2009 第 158 期	2009－12－25	2010－2－26	11500	转让贷款	2.78%
459	建行财富 2009 第 159 期	2009－12－25	2010－3－19	10000	转让贷款	2.91%
460	建行财富 2009 第 160 期	2009－12－25	2010－3－25	3900	信托贷款	3.00%
461	建行财富 2009 第 161 期	2009－12－30	2010－6－28	29980	信托贷款	3.50%
462	2009 第一期"乾元"辽宁分行 2009 年第 1 期应收账款型理财产品	2009－11－13	2010－11－13	50000	应收账款	3.78%
463	上海分行凭证式国债 2006 年第五期(3 年期)	2009－10－7	2009－11－30	6000	购买债券	3.39%
464	上海分行凭证式国债 2004 年第六期(5 年期)	2009－10－7	2009－11－30		购买债券	3%
465	上海分行凭证式国债 2005 年第二期(5 年期)	2009－10－23	2010－4－30	2200	购买债券	3.81%
466	安徽分行中小企业集合贷款型理财产品 2009 年第 2 期	2009－12－29	2010－12－28	15000	信托贷款	3.96%
467	浙江分行滚动组合类产品			1878258	混合	1.80%
468	三峡分行滚动组合类产品			57871	混合	1.80%
469	福建分行滚动组合类产品			209639	混合	1.80%
470	江西分行滚动组合类产品			49027	混合	1.80%
471	乾元一号股权投资类人民币理财产品	2009－10－23	2012－10－23	28000	股权投资	5.80%
472	中国建设银行内蒙古区分行"乾元一号"2009－1 股权投资类人民币理财产品	2009－10－15	2012－10－14	60000	股权投资	8.00%

续表

序号	产品名称	发行日	到期日	拟发行量	投资方向	预期收益率
473	中国建设银行内蒙古区分行“乾元一号”2009－2股权投资类人民币理财产品	2009－10－22	2012－10－21	49684	股权投资	8.00%
474	中国建设银行湖北省分行乾元一号2009－2期非上市公司股权类人民币理财产品	2009－10－29	2010－7－28	59950	股权投资	4.20%
475	乾元一号股权投资类人民币理财产品	2009－10－29	2010－11－29	40000	股权投资	6.20%
476	中国建设银行上海分行“建行财富”理财产品A档	2009－10－19	2010－4－19	70000	股权投资	3.60%
477	中国建设银行上海分行“建行财富”理财产品B档优先级	2009－10－19	2011－10－19	67500	股权投资	7.00%
478	中国建设银行上海分行“建行财富”理财产品B档次级	2009－10－19	2011－10－19	7500	股权投资	7.00%
479	中国建设银行“建行财富三号”股权投资类人民币理财产品	2009－10－20	2012－10－20	26556	股权投资	7.00%
480	“乾元三号”股权投资类人民币理财产品	2009－10－20	2012－4－30	45000	股权投资	9.00%
481	江苏分行乾元一号2009－1期股权投资类	2009－11－16	2011－11－15	36500	股权投资	7.00%
482	中国建设银行湖北省分行“乾元六号”2009－1期商业物业租金收益投资类理财产品	2009－11－17	2012－5－31	9485	股权投资	4.98%
483	中国建设银行“乾元一号”2009－4非上市公司股权类理财产品	2009－11－30	2010－2－28	15000	股权投资	5.00%
484	“乾元三号”股权收益权类人民币理财产品	2009－11－25	2012－5－25	30000	股权投资	6.00%
485	“乾元三号”股权收益权类人民币理财产品	2009－11－13	2012－9－12	22000	股权投资	9.50%
486	中国建设银行福建省分行“乾元一号”2009年第1期股权投资类理财产品	2009－12－21	2011－1－21	39000	股权投资	6.00%
487	乾元一号2009股权投资类人民币理财产品(一期)	2009－12－31	2010－6－30	17035	股权投资	3.80%
488	黑龙江省分行“乾元一号”2009－1股权投资类人民币理财产品	2009－12－25	2011－12－24	29973	股权投资	6.20%
489	“天天大丰收”开放型理财产品	2009－12－10	2012－12－10	1852405	购买债券	1.45%
490	乾元一号2009股权投资类人民币理财产品(一期)	2009－12－31	2010－6－30	17035	股权投资	6.20%

数据来源：中国建设银行

表3－11　2009年交通银行个人人民币理财产品发行情况表　　单位：万元人民币

序号	产品名称	发行日	到期日	拟发行量	投资方向	预期收益率
1	2131090001	2009－1－13	2009－1－20	19443	购买债券	1.38%
2	2131090002	2009－1－21	2009－1－24	25861	购买债券	1.00%
3	新蓝192号	2009－1－5	2009－2－5	3025	购买贴现票据	5.10%
4	新蓝199号	2009－1－5	2009－1－24	73000	购买贴现票据	2.15%
5	GB09012	2009－1－6	2009－1－13	26354	购买债券	1.36%
6	GC09012	2009－1－6	2009－1－20	6794	购买债券	1.38%
7	海蓝108号	2009－1－6	2009－1－21	50000	转让贷款	1.80%
8	海蓝110号	2009－1－6	2009－1－21	50000	转让贷款	1.80%
9	海蓝109号	2009－1－8	2009－1－23	60000	转让贷款	1.80%
10	新蓝198号	2009－1－8	2009－2－2	7467	购买贴现票据	2.20%
11	新蓝200号	2009－1－9	2009－2－26	19686	购买贴现票据	1.41%
12	新蓝201号	2009－1－9	2009－2－26	11900	购买贴现票据	1.50%
13	GA09012	2009－1－14	2009－2－16	56852	购买债券	1.40%
14	"得利宝·新蓝203号"	2009－1－16	2009－4－16	5088	资产支持证券信托计划	2.70%
15	GE09012	2009－1－16	2009－4－17	63415	购买债券	1.80%
16	得利宝·新蓝203号	2009－1－16	2009－4－16	5088	购买债券	2.70%
17	海蓝99	2009－1－19	2009－7－24	5000	转让贷款	4.50%
18	新蓝205号	2009－1－19	2009－2－26	20000	购买贴现票据	1.80%
19	GC09022	2009－1－20	2009－2－3	70141	购买债券	1.38%
20	GA09022	2009－1－21	2009－2－23	114877	购买债券	1.48%
21	海蓝111号	2009－1－22	2010－1－9	36726	转让贷款	5.00%
22	海蓝112号	2009－1－22	2010－1－9	20926	转让贷款	5.00%
23	海蓝113号	2009－1－22	2010－1－9	38531	转让贷款	5.00%
24	海蓝114号	2009－1－22	2010－4－6	24584	转让贷款	7.40%
25	海蓝115号	2009－1－22	2009－7－22	25611	转让贷款	3.80%
26	海蓝116号	2009－1－22	2009－7－22	34366	转让贷款	3.80%
27	海蓝117号	2009－1－22	2009－2－17	25000	转让贷款	2.00%
28	海蓝118号	2009－1－22	2010－1－9	13311	转让贷款	4.00%
29	海蓝119号	2009－1－22	2010－1－9	4373	转让贷款	4.00%
30	海蓝120号	2009－1－22	2010－1－9	8469	转让贷款	4.00%
31	海蓝123号	2009－1－22	2009－2－17	9344	转让贷款	2.20%
32	海蓝124号	2009－1－22	2009－2－17	15634	转让贷款	2.20%
33	新蓝202号	2009－1－22	2009－2－25	7568	购买贴现票据	1.80%
34	得利宝·新蓝204号	2009－1－22	2009－3－23	100000	购买债券	2.00%
35	GE09022	2009－1－23	2009－4－24	22714	购买债券	1.72%

续表

序号	产品名称	发行日	到期日	拟发行量	投资方向	预期收益率
36	海蓝 125 号	2009－1－23	2009－2－17	90	转让贷款	2.20%
37	海蓝 126 号	2009－1－23	2010－1－9	154	转让贷款	4.00%
38	海蓝 89	2009－1－23	2009－4－30	5800	转让贷款	3.00%
39	新蓝 208 号	2009－1－23	2009－3－26	5169	购买贴现票据	2.00%
40	新蓝 209 号	2009－1－23	2009－2－4	5949	购买贴现票据	1.50%
41	新蓝 206 号	2009－1－24	2009－3－30	84671	购买贴现票据	2.00%
42	GB09032	2009－2－3	2009－2－10	47282	购买债券	1.36%
43	GC09032	2009－2－3	2009－2－17	30548	购买债券	1.38%
44	新蓝 207 号	2009－2－3	2009－4－29	51503	购买贴现票据	2.12%
45	GA09032	2009－2－4	2009－3－9	91812	购买债券	1.40%
46	GE09032	2009－2－6	2009－5－8	32908	购买债券	1.72%
47	新蓝 210 号	2009－2－6	2009－2－27	70000	购买贴现票据	1.80%
48	“得利宝·宝蓝 7 号”	2009－2－10	2011－2－10	9833	股票	5.50%
49	GB09042	2009－2－10	2009－2－17	52056	购买债券	1.36%
50	GC09042	2009－2－10	2009－2－24	42605	购买债券	1.38%
51	新蓝 211 号	2009－2－10	2009－3－10	6144	购买贴现票据	1.60%
52	GA09042	2009－2－11	2009－3－16	62840	购买债券	1.40%
53	GA99042	2009－2－11	2009－3－16	0	购买债券	1.42%
54	新蓝 212 号	2009－2－11	2009－3－24	5000	购买贴现票据	1.60%
55	新蓝 213 号	2009－2－11	2009－3－30	50000	购买贴现票据	1.90%
56	新蓝 214 号	2009－2－12	2009－2－26	5500	购买贴现票据	1.90%
57	GE09042	2009－2－13	2009－5－15	40775	购买债券	1.72%
58	新蓝 215 号	2009－2－16	2009－3－30	29560	购买贴现票据	1.85%
59	GB09052	2009－2－17	2009－2－24	69802	购买债券	1.36%
60	GC09052	2009－2－17	2009－3－3	19909	购买债券	1.38%
61	海蓝 127 号	2009－2－17	2010－2－4	24976	转让贷款	5.00%
62	海蓝 128 号	2009－2－17	2009－8－17	15659	转让贷款	3.80%
63	海蓝 129 号	2009－2－17	2009－8－17	9390	转让贷款	3.80%
64	海蓝 132 号	2009－2－17	2009－8－17	119	转让贷款	3.80%
65	新蓝 215(1)号	2009－2－17	2009－3－30	440	购买贴现票据	1.85%
66	GA09052	2009－2－18	2009－3－23	52306	购买债券	1.40%
67	GE09052	2009－2－20	2009－5－22	30016	购买债券	1.72%
68	新蓝 216 号	2009－2－20	2009－3－30	30000	购买贴现票据	1.75%
69	GB09062	2009－2－24	2009－3－3	44172	购买债券	1.36%
70	GC09062	2009－2－24	2009－3－10	20270	购买债券	1.38%
71	GA09062	2009－2－25	2009－3－30	52818	购买债券	1.40%

续表

序号	产品名称	发行日	到期日	拟发行量	投资方向	预期收益率
72	GE09062	2009-2-27	2009-5-29	28091	购买债券	1.72%
73	海蓝 130	2009-2-27	2009-8-28	7000	转让贷款	4.05%
74	海蓝 134	2009-2-27	2010-2-27	15000	信托贷款	3.70%
75	海蓝 135 号	2009-2-27	2009-5-28	10000	转让贷款	2.30%
76	新蓝 217 号	2009-2-27	2009-3-30	50000	购买贴现票据	1.55%
77	新蓝 218 号	2009-3-2	2009-3-30	153000	购买贴现票据	1.75%
78	得利宝天添利 A	2009-3-3	2009-3-31	20021	购买债券	1.35%
79	得利宝天添利 B	2009-3-3	2009-3-31	98590	购买债券	1.51%
80	新蓝 220 号	2009-3-3	2009-3-30	50000	购买贴现票据	1.50%
81	GA09072	2009-3-4	2009-4-6	36995	购买债券	1.40%
82	新蓝 219 号	2009-3-4	2009-3-30	9920	购买贴现票据	1.74%
83	GA09092	2009-3-6	2009-3-30	381756	购买债券	1.65%
84	GE09072	2009-3-6	2009-6-5	26658	购买债券	1.72%
85	海蓝 136 号	2009-3-6	2010-1-23	91670	转让贷款	3.70%
86	海蓝 137 号	2009-3-6	2009-4-29	9000	转让贷款	1.9%~2.1%
87	海蓝 139 号	2009-3-6	2010-1-12	6500	转让贷款	3.4%~3.6%
88	海蓝 140 号	2009-3-6	2009-9-27	10000	转让贷款	2.7%~2.9%
89	海蓝 146 号	2009-3-6	2010-1-23	52975	转让贷款	3.5%~3.7%
90	海蓝 147 号	2009-3-6	2010-1-23	330	转让贷款	3.70%
91	新蓝 221 号	2009-3-6	2009-3-26	6200	购买贴现票据	1.90%
92	新蓝 222 号	2009-3-6	2009-3-30	48424	购买贴现票据	1.60%
93	X108002	2009-3-6	2010-3-2	93	混合(其他类别)	0.00%
94	海蓝 151 号	2009-3-7	2010-1-23	25	转让贷款	3.70%
95	海蓝 145	2009-3-9	2009-3-28	6950	信托贷款	1.80%
96	XK08002	2009-3-9	2010-3-2	75	混合(其他类别)	0.00%
97	海蓝 148 号	2009-3-10	2010-1-15	10000	转让贷款	3.6%~3.7%
98	海蓝 149 号	2009-3-10	2010-1-15	5000	转让贷款	3.4%~3.6%
99	海蓝 150 号	2009-3-10	2010-1-14	7500	转让贷款	3.4%~3.6%
100	海蓝 152	2009-3-10	2009-3-28	50	信托贷款	1.80%
101	“得利宝·天蓝 5 号”	2009-3-11	2012-9-11	2288	混合(其他类别)	
102	GA09082	2009-3-11	2009-3-30	121752	购买债券	1.50%
103	新蓝 225 号	2009-3-11	2009-3-30	13203	购买贴现票据	1.60%
104	海蓝 131 号	2009-3-12	2009-12-18	55660	转让贷款	3.5%~3.7%
105	海蓝 133(1)号	2009-3-12	2009-12-18	4829	转让贷款	3.5%~3.7%
106	海蓝 133 号	2009-3-12	2009-12-18	44063	转让贷款	3.5%~3.7%
107	XL08002	2009-3-12	2010-3-2	4	混合(其他类别)	0.00%

续表

序号	产品名称	发行日	到期日	拟发行量	投资方向	预期收益率
108	GA091001	2009－3－13	2009－4－13	55720	购买债券	1.60%
109	GE09082	2009－3－13	2009－6－12	14315	购买债券	1.72%
110	海蓝 142	2009－3－13	2009－5－11	6000	信托贷款	2.50%
111	海蓝 143	2009－3－13	2009－5－11	6000	信托贷款	2.50%
112	海蓝 144	2009－3－13	2009－5－11	8000	信托贷款	2.50%
113	新蓝 223 号	2009－3－13	2009－3－27	4601	购买贴现票据	1.40%
114	新蓝 226 号	2009－3－13	2009－9－28	20000	购买贴现票据	3.20%
115	“得利宝·天蓝 6 号”	2009－3－17	2011－3－17	5598	股票	
116	GA091101	2009－3－17	2009－4－17	20835	购买债券	1.60%
117	新蓝 227 号	2009－3－17	2009－6－29	20000	购买贴现票据	2.05%
118	GD090101	2009－3－18	2009－5－18	25464	购买债券	1.75%
119	GE09092	2009－3－18	2009－6－18	68121	购买债券	1.85%
120	GA091201	2009－3－20	2009－4－20	22665	购买债券	1.60%
121	GA091301	2009－3－24	2009－4－24	13635	购买债券	1.60%
122	海蓝 154 号	2009－3－24	2009－8－11	32087	转让贷款	2.7%～2.9%
123	海蓝 155 号	2009－3－24	2009－8－11	23822	转让贷款	2.7%～2.9%
124	海蓝 156	2009－3－24	2009－9－28	10000	信托贷款	3.20%
125	海蓝 157	2009－3－24	2009－9－28	5000	信托贷款	2.80%
126	新蓝 228 号	2009－3－24	2009－9－28	4698	购买贴现票据	2.70%
127	GD090201	2009－3－25	2009－5－25	14813	购买债券	1.75%
128	GE09102	2009－3－25	2009－6－25	46030	购买债券	1.85%
129	海蓝 159 号	2009－3－25	2009－8－11	1913	转让贷款	2.7%～2.9%
130	海蓝 160 号	2009－3－25	2009－8－11	178	转让贷款	2.7%～2.9%
131	新蓝 228(1)号	2009－3－25	2009－9－28	302	购买贴现票据	2.70%
132	新蓝 229 号	2009－3－25	2009－7－30	20000	购买贴现票据	2.30%
133	海蓝 158	2009－3－26	2009－6－26	6000	信托贷款	2.20%
134	XW08002	2009－3－26	2010－3－2	22	混合(其他类别)	0.00%
135	GA091401	2009－3－27	2009－4－27	18841	购买债券	1.60%
136	海蓝 141 号	2009－3－27	2009－6－25	9609	转让贷款	2.7%～2.9%
137	XD08002	2009－3－28	2010－3－2	41	混合(其他类别)	0.00%
138	GA091501	2009－4－1	2009－4－29	29872	购买债券	1.60%
139	GD090301	2009－4－1	2009－5－29	19261	购买债券	1.75%
140	GE09112	2009－4－1	2009－6－30	50466	购买债券	1.85%
141	得利宝天添利 A	2009－4－1	2009－6－30	20021	购买债券	1.65%
142	得利宝天添利 B	2009－4－1	2009－6－30	98590	购买债券	1.65%
143	海蓝 161	2009－4－1	2009－11－18	50000	信托贷款	3.75%

续表

序号	产品名称	发行日	到期日	拟发行量	投资方向	预期收益率
144	新蓝 230 号	2009-4-1	2009-4-28	2980	购买贴现票据	1.60%
145	新蓝 232 号	2009-4-1	2009-4-29	155000	购买贴现票据	1.80%
146	新蓝 236 号	2009-4-1	2009-4-7	69491	购买贴现票据	2.05%
147	海蓝 162 号	2009-4-2	2009-4-16	50000	信托贷款	1.80%
148	新蓝 224 号	2009-4-2	2009-5-5	5019	购买贴现票据	2.20%
149	新蓝 233 号	2009-4-2	2009-6-26	4000	购买贴现票据	2.40%
150	海蓝 163 号	2009-4-3	2009-5-4	70000	信托贷款	2.00%
151	海蓝 164 号	2009-4-3	2009-6-25	70391	信托贷款	2.10%
152	新蓝 231 号	2009-4-3	2009-4-28	7946	购买贴现票据	1.68%
153	新蓝 234 号	2009-4-3	2009-4-27	2999	购买贴现票据	1.92%
154	新蓝 237 号	2009-4-3	2009-6-28	50000	购买贴现票据	2.20%
155	得利宝·新蓝 235(1)号	2009-4-3	2009-6-25	5912	购买债券	2.10%
156	得利宝·新蓝 235(2)号	2009-4-3	2009-6-25	1444	购买债券	2.10%
157	得利宝·新蓝 235 号	2009-4-3	2009-6-25	46444	购买债券	2.20%
158	GA091601	2009-4-7	2009-5-7	51608	购买债券	1.60%
159	新蓝 240 号	2009-4-7	2009-4-29	20000	购买贴现票据	1.65%
160	GD090401	2009-4-8	2009-6-8	25018	购买债券	1.65%
161	GE09122	2009-4-8	2009-7-8	51717	购买债券	1.85%
162	海蓝 165(1)号	2009-4-8	2009-10-8	13413	信托贷款	2.70%
163	海蓝 165 号	2009-4-8	2009-10-8	46587	信托贷款	2.70%
164	海蓝 166 号	2009-4-8	2009-7-3	60000	信托贷款	2.10%
165	海蓝 167 号	2009-4-8	2009-5-4	50000	信托贷款	3.65%
166	新蓝 241 号	2009-4-9	2009-4-29	4200	购买贴现票据	1.80%
167	GA091701	2009-4-10	2009-5-11	21407	购买债券	1.60%
168	新蓝 239 号	2009-4-10	2009-4-28	20000	购买贴现票据	1.75%
169	GA091801	2009-4-14	2009-5-14	6162	购买债券	1.60%
170	新蓝 238 号	2009-4-14	2009-6-29	250000	购买结构性票据	2.50%
171	GD090501	2009-4-15	2009-6-15	10088	购买债券	1.75%
172	GE09132	2009-4-15	2009-7-15	24184	购买债券	1.85%
173	海蓝 170 号	2009-4-15	2009-5-15	38000	信托贷款	1.80%
174	海蓝 171 号	2009-4-15	2009-6-15	64000	信托贷款	2.00%
175	海蓝 172 号	2009-4-15	2009-7-14	50000	信托贷款	2.10%
176	海蓝 174 号	2009-4-15	2009-6-29	23316	信托贷款	2.10%
177	海蓝 175 号	2009-4-15	2009-9-29	21065	信托贷款	2.50%
178	海蓝 173 号	2009-4-16	2009-5-14	50035	信托贷款	1.80%
179	海蓝 176 号	2009-4-16	2009-9-29	3619	信托贷款	2.50%

续表

序号	产品名称	发行日	到期日	拟发行量	投资方向	预期收益率
180	GA091901	2009－4－17	2009－5－18	27304	购买债券	1.60%
181	得利宝·宝蓝9号	2009－4－17	2011－4－17	15000	其他	6.40%
182	GA092001	2009－4－21	2009－5－21	27317	购买债券	1.65%
183	海蓝177号	2009－4－21	2009－10－20	40000	信托贷款	2.50%
184	新蓝246号	2009－4－21	2009－5－27	27565	购买贴现票据	1.65%
185	海蓝188	2009－4－22	2009－9－29	10000	信托贷款	2.80%
186	GD090601	2009－4－23	2009－6－23	14435	购买债券	1.75%
187	GE09142	2009－4－23	2009－7－23	66472	购买债券	1.85%
188	GA092101	2009－4－24	2009－5－25	25877	购买债券	1.65%
189	GA092201	2009－4－28	2009－5－28	5682	购买债券	1.65%
190	新蓝247号	2009－4－29	2009－5－29	1000	购买贴现票据	1.80%
191	GD090701	2009－5－1	2009－6－29	15873	购买债券	1.75%
192	GE09152	2009－5－1	2009－7－30	22178	购买债券	1.85%
193	海蓝189	2009－5－4	2009－10－15	5000	信托贷款	3.20%
194	新蓝248号	2009－5－4	2009－5－27	148864	购买贴现票据	1.80%
195	GA092301	2009－5－5	2009－6－5	15677	购买债券	1.65%
196	海蓝178号	2009－5－5	2009－6－4	70119	信托贷款	1.80%
197	海蓝179号	2009－5－5	2009－8－3	40075	信托贷款	2.10%
198	海蓝180号	2009－5－5	2009－6－3	10000	信托贷款	3.30%
199	得利宝·新蓝242号	2009－5－5	2009－6－29	173746	购买债券	2.00%
200	得利宝·新蓝243号	2009－5－5	2009－9－29	58506	购买债券	2.25%
201	得利宝·新蓝244号	2009－5－5	2009－11－27	16909	购买债券	2.35%
202	得利宝·新蓝245号	2009－5－5	2009－12－30	119690	购买债券	2.45%
203	GD090801	2009－5－6	2009－7－6	4550	购买债券	1.80%
204	GE09162	2009－5－6	2009－8－6	10861	购买债券	1.85%
205	海蓝190	2009－5－6	2010－5－6	10000	信托贷款	3.30%
206	海蓝181号	2009－5－7	2009－8－6	3990	信托贷款	2.10%
207	海蓝182号	2009－5－7	2009－6－9	4340	信托贷款	2.30%
208	海蓝191号	2009－5－7	2009－11－4	10000	信托贷款	3.70%
209	海蓝196号	2009－5－7	2009－8－6	11633	信托贷款	2.10%
210	新蓝250号	2009－5－7	2009－5－29	3000	购买贴现票据	1.85%
211	GA092401	2009－5－8	2009－6－8	30012	购买债券	1.65%
212	海蓝192	2009－5－8	2009－11－8	19000	信托贷款	2.60%
213	得利宝·新蓝249号	2009－5－8	2009－6－29	65000	购买债券	2.10%
214	GA092501	2009－5－12	2009－6－12	28787	购买债券	1.65%
215	新蓝252号	2009－5－12	2009－6－11	3000	购买贴现票据	1.85%

续表

序号	产品名称	发行日	到期日	拟发行量	投资方向	预期收益率
216	新蓝 254 号	2009－5－12	2009－5－27	30791	购买贴现票据	1.65%
217	GD090901	2009－5－13	2009－7－13	22433	购买债券	1.80%
218	GE09172	2009－5－13	2009－8－13	43647	购买债券	1.90%
219	海蓝 183 号	2009－5－14	2009－5－28	50105	信托贷款	1.80%
220	GA092601	2009－5－15	2009－6－15	33856	购买债券	1.65%
221	海蓝 184 号	2009－5－15	2009－8－4	38057	信托贷款	2.10%
222	新蓝 251 号	2009－5－15	2009－6－25	2992	购买贴现票据	2.10%
223	新蓝 256 号	2009－5－15	2009－5－27	1500	购买贴现票据	1.70%
224	新蓝 257 号	2009－5－15	2009－6－11	11260	购买贴现票据	1.65%
225	新蓝 258 号	2009－5－18	2009－6－15	6681	购买贴现票据	1.65%
226	GA092701	2009－5－19	2009－6－19	24086	购买债券	1.65%
227	GD091001	2009－5－20	2009－7－20	19593	购买债券	1.80%
228	GE09182	2009－5－20	2009－8－20	49502	购买债券	1.90%
229	海蓝 185 号	2009－5－20	2010－3－12	8828	信托贷款	2.90%
230	海蓝 185(1)号	2009－5－21	2010－3－12	1172	信托贷款	2.90%
231	GA092801	2009－5－22	2009－6－22	42757	购买债券	1.68%
232	海蓝 198 号	2009－5－26	2009－8－26	9502	信托贷款	2.10%
233	GA092901	2009－5－27	2009－6－26	41221	购买债券	1.68%
234	GA992901	2009－5－27	2009－6－26	5000	购买债券	1.80%
235	GD091101	2009－5－27	2009－7－27	16073	购买债券	1.80%
236	GE09192	2009－5－27	2009－8－27	47054	购买债券	1.90%
237	海蓝 198(1)号	2009－5－27	2009－8－26	498	信托贷款	2.10%
238	海蓝 205 号	2009－5－27	2010－5－27	12500	信托贷款	3.50%
239	海蓝 186 号	2009－5－28	2009－6－26	50138	信托贷款	1.80%
240	海蓝 200 号	2009－5－31	2009－11－27	65726	信托贷款	2.50%
241	海蓝 201 号	2009－5－31	2009－8－29	19400	信托贷款	2.10%
242	海蓝 202 号	2009－5－31	2010－5－31	30105	信托贷款	3.00%
243	海蓝 203 号	2009－5－31	2009－11－27	24308	信托贷款	2.50%
244	海蓝 204 号	2009－5－31	2009－8－29	12823	信托贷款	2.10%
245	GA093001	2009－6－1	2009－6－29	30580	购买债券	1.68%
246	海蓝 216 号	2009－6－1	2009－8－29	40688	信托贷款	2.10%
247	新蓝 260 号	2009－6－1	2009－6－29	136822	购买贴现票据	1.80%
248	得利宝久久添利	2009－6－2	2009－6－30	17619	购买债券	1.65%
249	海蓝 216(1)号	2009－6－2	2009－8－29	6950	信托贷款	2.10%
250	GD091201	2009－6－3	2009－8－3	9824	购买债券	1.80%
251	GE09202	2009－6－3	2009－9－3	26992	购买债券	1.90%

续表

序号	产品名称	发行日	到期日	拟发行量	投资方向	预期收益率
252	海蓝 197 号	2009－6－3	2009－7－2	9977	信托贷款	3.30%
253	海蓝 215 号	2009－6－3	2009－6－29	30000	信托贷款	1.80%
254	海蓝 187 号	2009－6－4	2009－7－7	70223	信托贷款	1.80%
255	海蓝 193	2009－6－4	2009－8－19	9000	信托贷款	2.40%
256	新蓝 261 号	2009－6－4	2009－8－10	3782	购买贴现票据	2.20%
257	新蓝 262 号	2009－6－4	2009－6－18	5000	购买贴现票据	1.60%
258	得利宝·新蓝 259 号	2009－6－4	2009－7－24	38527	购买债券	2.10%
259	GA093101	2009－6－5	2009－7－6	21293	购买债券	1.68%
260	海蓝 197(1)号	2009－6－5	2009－7－2	50	信托贷款	3.30%
261	新蓝 263 号	2009－6－5	2009－6－29	30000	购买贴现票据	1.80%
262	GA093201	2009－6－9	2009－7－9	4691	购买债券	1.65%
263	海蓝 207(1)	2009－6－9	2010－5－7	300	信托贷款	3.80%
264	海蓝 207(2)	2009－6－9	2010－5－7	284	信托贷款	4.00%
265	海蓝 207 号	2009－6－9	2010－5－7	2828	信托贷款	3.10%
266	GA093301	2009－6－10	2009－6－29	210000	购买债券	1.85%
267	GD091301	2009－6－10	2009－8－10	8589	购买债券	1.80%
268	GE09212	2009－6－10	2009－9－10	26543	购买债券	1.90%
269	海蓝 207(3)	2009－6－10	2010－5－7	858	信托贷款	3.10%
270	海蓝 207(4)	2009－6－10	2010－5－7	80	信托贷款	3.30%
271	新蓝 265 号	2009－6－10	2009－6－29	8176	购买贴现票据	1.60%
272	新蓝 264 号	2009－6－11	2009－6－29	80000	购买贴现票据	2.50%
273	GA093401	2009－6－12	2009－7－13	13637	购买债券	1.65%
274	海蓝 222 号	2009－6－12	2009－12－29	10000	信托贷款	2.80%
275	新蓝 266 号	2009－6－12	2009－7－20	7191	购买贴现票据	1.80%
276	新蓝 267 号	2009－6－12	2009－6－29	40000	购买贴现票据	2.50%
277	海蓝 208 号	2009－6－15	2009－9－15	64219	信托贷款	2.10%
278	海蓝 224 号	2009－6－15	2009－10－10	18929	信托贷款	2.20%
279	海蓝 225 号	2009－6－15	2009－9－15	2907	信托贷款	2.30%
280	海蓝 226 号	2009－6－15	2010－1－14	2100	信托贷款	2.80%
281	GA093501	2009－6－16	2009－7－16	9137	购买债券	1.65%
282	海蓝 228 号	2009－6－16	2009－9－15	7483	信托贷款	2.10%
283	GD091401	2009－6－17	2009－8－17	4720	购买债券	1.80%
284	GE09222	2009－6－17	2009－9－17	19865	购买债券	1.90%
285	海蓝 235 号	2009－6－17	2009－9－15	5032	信托贷款	2.10%
286	海蓝 236 号	2009－6－18	2009－9－15	5500	信托贷款	2.10%
287	GA093601	2009－6－19	2009－7－20	11985	购买债券	1.65%

续表

序号	产品名称	发行日	到期日	拟发行量	投资方向	预期收益率
288	新蓝 268 号	2009－6－19	2009－7－13	3224	购买贴现票据	1.65%
289	GA093701	2009－6－23	2009－7－23	8236	购买债券	1.65%
290	海蓝 229 号	2009－6－23	2009－10－10	18343	信托贷款	2.20%
291	海蓝 243 号	2009－6－23	2009－10－10	12747	信托贷款	2.40%
292	GD091501	2009－6－24	2009－8－24	4592	购买债券	1.80%
293	GE09232	2009－6－24	2009－9－24	9383	购买债券	1.90%
294	海蓝 209 号	2009－6－25	2009－9－29	80347	信托贷款	2.10%
295	GA093801	2009－6－26	2009－7－27	9124	购买债券	1.65%
296	海蓝 210(1)号	2009－6－29	2009－7－30	2793	信托贷款	3.00%
297	海蓝 210 号	2009－6－29	2009－7－30	47427	信托贷款	3.00%
298	海蓝 211 号	2009－6－29	2010－1－14	23421	信托贷款	2.55%
299	海蓝 245 号	2009－6－29	2009－7－6	30042	信托贷款	2.00%
300	GA093901	2009－7－1	2009－7－31	9713	购买债券	1.65%
301	GD091601	2009－7－1	2009－8－30	5403	购买债券	1.75%
302	GE09242	2009－7－1	2009－9－29	16527	购买债券	1.85%
303	得利宝久久添利	2009－7－1	2009－9－30	45174	购买债券	1.75%
304	得利宝天添利 A	2009－7－1	2009－9－30	30206	购买债券	1.45%
305	得利宝天添利 B	2009－7－1	2009－9－30	133485	购买债券	1.60%
306	海蓝 206 号	2009－7－1	2010－6－7	45000	转让贷款	3.65%
307	海蓝 230 号	2009－7－1	2009－10－9	40000	转让贷款	2.3%～2.7%
308	海蓝 231 号	2009－7－1	2010－1－5	60000	转让贷款	2.8%～3.2%
309	海蓝 232 号	2009－7－1	2010－4－2	50000	转让贷款	3.1%～3.5%
310	海蓝 233 号	2009－7－1	2010－7－1	49900	转让贷款	3.4%～3.8%
311	海蓝 234 号	2009－7－1	2010－7－1	100	转让贷款	4.00%
312	海蓝 238 号	2009－7－1	2010－1－5	2265	转让贷款	2.55%～2.75%
313	海蓝 242 号	2009－7－1	2010－7－1	30000	转让贷款	3.2%～3.6%
314	海蓝 246 号	2009－7－1	2009－9－29	27000	转让贷款	2.30%
315	海蓝 247 号	2009－7－1	2010－7－1	3000	转让贷款	3.50%
316	海蓝 248 号	2009－7－1	2009－9－1	19499	转让贷款	2%～2.15%
317	海蓝 250 号	2009－7－1	2010－1－4	10000	信托贷款	2.50%
318	海蓝 252 号	2009－7－1	2010－1－5	2735	转让贷款	2.75%
319	天蓝 7 号	2009－7－1	2009－9－28	18349	购买债券	2.3%
320	新蓝 269 号	2009－7－1	2009－7－30	79782	购买贴现票据	1.8%
321	海蓝 244 号	2009－7－2	2009－8－4	9828	转让贷款	3.30%
322	海蓝 248(1)号	2009－7－2	2009－9－1	501	转让贷款	2%～2.15%

续表

序号	产品名称	发行日	到期日	拟发行量	投资方向	预期收益率
323	得利宝·天蓝-新股连环打0901号	2009-7-2	2009-12-29	16711	混合(其他类别)	10.26%
324	海蓝212号	2009-7-3	2009-10-8	48876	转让贷款	2.1%~2.3%
325	海蓝213号	2009-7-3	2009-12-18	70423	转让贷款	1.80%
326	海蓝237号	2009-7-3	2009-10-8	1524	转让贷款	2.1%~2.3%
327	海蓝261号	2009-7-3	2009-8-4	226	转让贷款	3.30%
328	添利滚动发行系列	2009-7-3	2009-9-2	19912	转让贷款	2.00%
329	新蓝270号	2009-7-3	2009-9-29	10000	购买贴现票据	3.00%
330	至尊2号	2009-7-3	2014-7-3	8952	股权投资	
331	得利宝·海蓝194号	2009-7-3	2010-3-26	5000	信贷资产	3.50%
332	添利·双月滚动型第一期	2009-7-3	2009-9-2	20000	混合(其他类别)	2.00%
333	GA094001	2009-7-6	2009-8-6	33230	购买债券	1.65%
334	宝蓝10号	2009-7-6	2009-10-9	62080	购买债券	2.40%
335	海蓝249号	2009-7-6	2009-9-1	30054	转让贷款	2%~2.15%
336	新蓝272号	2009-7-6	2009-7-30	8862	购买贴现票据	1.75%
337	新蓝273号	2009-7-7	2009-7-20	3000	购买贴现票据	1.60%
338	GD091701	2009-7-8	2009-9-7	17971	购买债券	1.75%
339	GE09252	2009-7-8	2009-10-8	29013	购买债券	1.85%
340	海蓝253号	2009-7-8	2009-9-8	8000	信托贷款	2.30%
341	新蓝271号	2009-7-8	2009-8-27	25005	购买贴现票据	2.10%
342	新蓝274号	2009-7-8	2009-8-27	24995	购买贴现票据	2.10%
343	GA094101	2009-7-10	2009-8-10	27509	购买债券	1.65%
344	新蓝275号	2009-7-10	2009-7-30	11709	购买贴现票据	1.70%
345	GA094201	2009-7-14	2009-8-14	16210	购买债券	1.65%
346	海蓝240号	2009-7-14	2010-1-14	35263	转让贷款	2.5%~2.7%
347	海蓝262号	2009-7-14	2009-8-30	15000	转让贷款	2.50%
348	海蓝263	2009-7-14	2009-12-29	13000	信托贷款	2.80%
349	海蓝266	2009-7-14	2009-8-29	2000	信托贷款	3.30%
350	GD091801	2009-7-15	2009-9-15	11852	购买债券	1.75%
351	GE09262	2009-7-15	2009-10-15	31860	购买债券	1.85%
352	海蓝264号	2009-7-16	2010-6-29	10000	信托贷款	4.00%
353	GA094301	2009-7-17	2009-8-17	17288	购买债券	1.65%
354	新蓝276号	2009-7-17	2009-8-14	3646	购买贴现票据	1.70%
355	天蓝8号	2009-7-20	2009-10-19	7912	购买债券	2.30%
356	天蓝9号	2009-7-20	2009-10-19	2392	购买债券	2.50%
357	GA094401	2009-7-21	2009-8-21	10570	购买债券	1.65%
358	GD091901	2009-7-22	2009-9-22	8409	购买债券	1.75%

续表

序号	产品名称	发行日	到期日	拟发行量	投资方向	预期收益率
359	GE09272	2009-7-22	2009-10-22	15464	购买债券	1.85%
360	海蓝241号	2009-7-22	2010-3-5	26094	转让贷款	2.7%~2.9%
361	海蓝265号	2009-7-22	2009-9-16	35014	转让贷款	2.00%
362	GA094501	2009-7-24	2009-8-24	18340	购买债券	1.65%
363	新蓝277号	2009-7-24	2009-8-28	38640	购买贴现票据	1.90%
364	GA094601	2009-7-29	2009-8-28	10406	购买债券	1.65%
365	GD092001	2009-7-29	2009-9-29	7304	购买债券	1.75%
366	GE09282	2009-7-29	2009-10-30	17681	购买债券	1.85%
367	海蓝255号	2009-7-30	2009-8-28	50348	转让贷款	1.80%
368	海蓝277号	2009-7-30	2010-1-29	19527	信托贷款	3.00%
369	新蓝278号	2009-7-31	2009-10-30	5000	购买贴现票据	3.00%
370	新蓝279号	2009-7-31	2009-10-30	5000	购买贴现票据	3.10%
371	新蓝282号	2009-7-31	2009-8-13	2000	购买贴现票据	1.70%
372	海蓝269号	2009-8-1	2009-8-28	3105	转让贷款	2.00%
373	GA094701	2009-8-3	2009-9-3	5488	购买债券	1.65%
374	海蓝257号	2009-8-3	2009-9-1	40290	转让贷款	2.00%
375	海蓝268号	2009-8-3	2009-8-10	229979	转让贷款	2.6%~2.9%
376	海蓝282号	2009-8-3	2009-8-10	69999	转让贷款	2.7%~2.9%
377	天蓝10号	2009-8-3	2009-10-29	13493	购买债券	2.30%
378	天蓝11号	2009-8-3	2009-12-29	15593	购买债券	2.60%
379	新蓝280号	2009-8-3	2009-8-28	4615	购买贴现票据	1.80%
380	海蓝258号	2009-8-4	2009-9-3	10084	转让贷款	3.30%
381	海蓝259号	2009-8-4	2009-11-3	38243	转让贷款	2.1%~2.3%
382	海蓝271号	2009-8-4	2009-8-27	5000	信托贷款	3.00%
383	海蓝279号	2009-8-4	2009-11-4	10000	信托贷款	2.80%
384	海蓝283号	2009-8-4	2009-8-10	22	转让贷款	2.70%
385	新蓝281号	2009-8-4	2009-8-28	34234	购买贴现票据	2.00%
386	GD092101	2009-8-5	2009-10-8	3388	购买债券	1.75%
387	GE09292	2009-8-5	2009-11-5	13704	购买债券	1.85%
388	海蓝256号	2009-8-5	2009-9-3	70538	转让贷款	1.80%
389	海蓝270号	2009-8-5	2011-8-4	7356	信托贷款	7.00%
390	海蓝281号	2009-8-5	2009-9-3	288	转让贷款	3.30%
391	智慧添利14天	2009-8-5	2009-8-18	149	购买债券	1.65%
392	智慧添利28天	2009-8-5	2009-9-1	693	购买债券	1.75%
393	智慧添利7天	2009-8-5	2009-8-11	1553	购买债券	1.60%
394	海蓝260号	2009-8-6	2010-5-7	15708	转让贷款	2.9%~3.1%
395	海蓝267号	2009-8-6	2010-5-7	2000	转让贷款	15.00%

续表

序号	产品名称	发行日	到期日	拟发行量	投资方向	预期收益率
396	海蓝 278 号	2009－8－6	2010－3－26	5000	信托贷款	3.00%
397	智慧添利 14 天	2009－8－6	2009－8－19	616	购买债券	1.65%
398	智慧添利 28 天	2009－8－6	2009－9－2	3293	购买债券	1.75%
399	智慧添利 7 天	2009－8－6	2009－8－12	1168	购买债券	1.60%
400	GA094801	2009－8－7	2009－9－7	10506	购买债券	1.65%
401	海蓝 285 号	2009－8－7	2009－9－29	32084	转让贷款	2.20%
402	智慧添利 14 天	2009－8－7	2009－8－20	776	购买债券	1.65%
403	智慧添利 28 天	2009－8－7	2009－9－3	1883	购买债券	1.75%
404	智慧添利 7 天	2009－8－7	2009－8－13	2705	购买债券	1.60%
405	智慧添利 14 天	2009－8－10	2009－8－23	768	购买债券	1.65%
406	智慧添利 28 天	2009－8－10	2009－9－6	2598	购买债券	1.75%
407	智慧添利 7 天	2009－8－10	2009－8－16	4724	购买债券	1.60%
408	GA094901	2009－8－11	2009－9－11	9807	购买债券	1.65%
409	新蓝 283 号	2009－8－11	2009－8－28	8524	购买贴现票据	1.7%
410	至尊 2 号 2 期	2009－8－11	2014－7－3	3350	股权投资	
411	智慧添利 14 天	2009－8－11	2009－8－24	684	购买债券	1.65%
412	智慧添利 28 天	2009－8－11	2009－9－7	2022	购买债券	1.75%
413	智慧添利 7 天	2009－8－11	2009－8－17	3141	购买债券	1.60%
414	GD092201	2009－8－12	2009－10－12	5122	购买债券	1.75%
415	GE09302	2009－8－12	2009－11－12	14606	购买债券	1.85%
416	智慧添利 14 天	2009－8－12	2009－8－25	2607	购买债券	1.65%
417	智慧添利 28 天	2009－8－12	2009－9－8	3854	购买债券	1.75%
418	智慧添利 7 天	2009－8－12	2009－8－18	6029	购买债券	1.60%
419	智慧添利 14 天	2009－8－13	2009－8－26	2154	购买债券	1.65%
420	智慧添利 28 天	2009－8－13	2009－9－9	5426	购买债券	1.75%
421	智慧添利 7 天	2009－8－13	2009－8－19	8078	购买债券	1.60%
422	GA095001	2009－8－14	2009－9－14	16466	购买债券	1.65%
423	智慧添利 14 天	2009－8－14	2009－8－27	1029	购买债券	1.65%
424	智慧添利 28 天	2009－8－14	2009－9－10	3438	购买债券	1.75%
425	智慧添利 7 天	2009－8－14	2009－8－20	10924	购买债券	1.60%
426	智慧添利 14 天	2009－8－17	2009－8－30	4728	购买债券	1.65%
427	智慧添利 28 天	2009－8－17	2009－9－13	3374	购买债券	1.75%
428	智慧添利 7 天	2009－8－17	2009－8－23	12849	购买债券	1.60%
429	GA095101	2009－8－18	2009－9－18	9646	购买债券	1.65%
430	海蓝 291 号	2009－8－18	2009－10－10	10000	信托贷款	2.30%
431	海蓝 292 号	2009－8－18	2010－1－4	10000	信托贷款	2.70%
432	智慧添利 14 天	2009－8－18	2009－8－31	7262	购买债券	1.65%

续表

序号	产品名称	发行日	到期日	拟发行量	投资方向	预期收益率
433	智慧添利 28 天	2009－8－18	2009－9－14	3139	购买债券	1.75%
434	智慧添利 7 天	2009－8－18	2009－8－24	10137	购买债券	1.60%
435	GD092301	2009－8－19	2009－10－19	4842	购买债券	1.75%
436	GE09312	2009－8－19	2009－11－19	14811	购买债券	1.85%
437	沃德添利 1	2009－8－19	2009－9－16	15954	转让贷款	2.30%
438	智慧添利 14 天	2009－8－19	2009－9－1	1700	购买债券	1.65%
439	智慧添利 28 天	2009－8－19	2009－9－15	1637	购买债券	1.75%
440	智慧添利 7 天	2009－8－19	2009－8－25	12815	购买债券	1.60%
441	海蓝 287 号	2009－8－20	2010－1－5	9000	信托贷款	2.90%
442	海蓝 295 号	2009－8－20	2010－3－5	9596	转让贷款	2.60%
443	天蓝 12 号	2009－8－20	2009－11－26	5582	购买债券	2.35%
444	智慧添利 14 天	2009－8－20	2009－9－2	1488	购买债券	1.65%
445	智慧添利 28 天	2009－8－20	2009－9－16	2207	购买债券	1.75%
446	智慧添利 7 天	2009－8－20	2009－8－26	9690	购买债券	1.60%
447	GA095201	2009－8－21	2009－9－21	11292	购买债券	1.65%
448	海蓝 295(1)号	2009－8－21	2010－3－5	92	转让贷款	2.60%
449	智慧添利 14 天	2009－8－21	2009－9－3	1764	购买债券	1.65%
450	智慧添利 28 天	2009－8－21	2009－9－17	1503	购买债券	1.75%
451	智慧添利 7 天	2009－8－21	2009－8－27	15129	购买债券	1.60%
452	智慧添利 14 天	2009－8－24	2009－9－6	1518	购买债券	1.65%
453	智慧添利 28 天	2009－8－24	2009－9－20	1803	购买债券	1.75%
454	智慧添利 7 天	2009－8－24	2009－8－30	14946	购买债券	1.60%
455	海蓝 293 号	2009－8－25	2009－11－20	50000	转让贷款	2.3%～2.6%
456	智慧添利 14 天	2009－8－25	2009－9－7	0	购买债券	1.65%
457	智慧添利 28 天	2009－8－25	2009－9－21	684	购买债券	1.75%
458	智慧添利 7 天	2009－8－25	2009－8－31	14378	购买债券	1.60%
459	GA095301	2009－8－26	2009－9－28	6753	购买债券	1.65%
460	GD092401	2009－8－26	2009－10－26	2184	购买债券	1.75%
461	GE09322	2009－8－26	2009－11－26	8422	购买债券	1.85%
462	海蓝 284 号	2009－8－26	2010－6－2	14410	信托贷款	3.10%
463	海蓝 297 号	2009－8－26	2010－6－2	25590	信托贷款	3.10%
464	智慧添利 14 天	2009－8－26	2009－9－8	2253	购买债券	1.65%
465	智慧添利 28 天	2009－8－26	2009－9－22	869	购买债券	1.75%
466	智慧添利 7 天	2009－8－26	2009－9－1	11111	购买债券	1.60%
467	海蓝 294 号	2009－8－27	2009－9－25	5010	信托贷款	2.90%
468	智慧添利 14 天	2009－8－27	2009－9－9	1465	购买债券	1.65%
469	智慧添利 28 天	2009－8－27	2009－9－23	1993	购买债券	1.75%

续表

序号	产品名称	发行日	到期日	拟发行量	投资方向	预期收益率
470	智慧添利 7 天	2009－8－27	2009－9－2	13675	购买债券	1.60%
471	海蓝 288 号	2009－8－28	2009－12－1	46019	转让贷款	2.2%～2.4%
472	海蓝 289 号	2009－8－28	2009－10－15	50421	转让贷款	2.00%
473	海蓝 298 号	2009－8－28	2010－2－26	13233	转让贷款	2.7%～3.3%
474	海蓝 299 号	2009－8－28	2009－12－1	1019	转让贷款	2.1%～3.3%
475	沃德添利 2	2009－8－28	2009－12－1	20000	转让贷款	2.60%
476	智慧添利 14 天	2009－8－28	2009－9－10	1595	购买债券	1.65%
477	智慧添利 28 天	2009－8－28	2009－9－24	1282	购买债券	1.75%
478	智慧添利 7 天	2009－8－28	2009－9－3	14884	购买债券	1.60%
479	海蓝 298(1)号	2009－8－29	2010－2－26	200	转让贷款	3.00%
480	海蓝 300 号	2009－8－29	2009－12－29	2001	信托贷款	2.60%
481	智慧添利 14 天	2009－8－31	2009－9－13	1343	购买债券	1.65%
482	智慧添利 28 天	2009－8－31	2009－9－27	956	购买债券	1.75%
483	智慧添利 7 天	2009－8－31	2009－9－6	15346	购买债券	1.60%
484	GA095401	2009－9－1	2009－9－30	15964	购买债券	1.65%
485	海蓝 301 号	2009－9－1	2009－10－11	20074	转让贷款	1.95%～2.3%
486	海蓝 302 号	2009－9－1	2009－10－11	30155	转让贷款	1.95%～2.3%
487	智慧添利 14 天	2009－9－1	2009－9－14	2811	购买债券	1.65%
488	智慧添利 28 天	2009－9－1	2009－9－28	2383	购买债券	1.75%
489	智慧添利 7 天	2009－9－1	2009－9－7	22534	购买债券	1.60%
490	GD092501	2009－9－2	2009－11－2	3159	购买债券	1.75%
491	GE09332	2009－9－2	2009－12－3	13257	购买债券	1.85%
492	海蓝 302(1)号	2009－9－2	2009－10－11	4957	转让贷款	1.95%～2.3%
493	智慧添利 14 天	2009－9－2	2009－9－15	2929	购买债券	1.65%
494	智慧添利 28 天	2009－9－2	2009－9－29	2174	购买债券	1.75%
495	智慧添利 7 天	2009－9－2	2009－9－8	18584	购买债券	1.60%
496	海蓝 290 号	2009－9－3	2009－10－9	38509	转让贷款	1.90%
497	海蓝 303 号	2009－9－3	2010－2－25	5000	信托贷款	3.00%
498	天蓝 13 号	2009－9－3	2009－12－29	21025	购买债券	2.60%
499	智慧添利 14 天	2009－9－3	2009－9－16	2861	购买债券	1.65%
500	智慧添利 28 天	2009－9－3	2009－9－30	5339	购买债券	1.75%
501	智慧添利 7 天	2009－9－3	2009－9－9	16202	购买债券	1.60%
502	沃德添利 3	2009－9－4	2009－10－8	50470	转让贷款	2.30%
503	智慧添利 14 天	2009－9－4	2009－9－17	2578	购买债券	1.65%
504	智慧添利 28 天	2009－9－4	2009－10－9	2952	购买债券	1.98%
505	智慧添利 7 天	2009－9－4	2009－9－10	15474	购买债券	1.60%
506	GA095501	2009－9－7	2009－10－9	12281	购买债券	1.65%

续表

序号	产品名称	发行日	到期日	拟发行量	投资方向	预期收益率
507	新蓝 284 号	2009－9－7	2009－9－29	45965	购买贴现票据	1.75%
508	智慧添利 14 天	2009－9－7	2009－9－20	1744	购买债券	1.65%
509	智慧添利 28 天	2009－9－7	2009－10－9	3116	购买债券	1.98%
510	智慧添利 7 天	2009－9－7	2009－9－13	19078	购买债券	1.60%
511	智慧添利 14 天	2009－9－8	2009－9－21	3226	购买债券	1.65%
512	智慧添利 28 天	2009－9－8	2009－10－9	3327	购买债券	1.98%
513	智慧添利 7 天	2009－9－8	2009－9－14	19486	购买债券	1.60%
514	GD092601	2009－9－9	2009－11－9	7145	购买债券	1.75%
515	GE09342	2009－9－9	2009－12－9	13870	购买债券	1.85%
516	智慧添利 14 天	2009－9－9	2009－9－22	3309	购买债券	1.65%
517	智慧添利 28 天	2009－9－9	2009－10－9	3068	购买债券	1.98%
518	智慧添利 7 天	2009－9－9	2009－9－15	22497	购买债券	1.60%
519	新蓝 287 号	2009－9－10	2009－9－29	13473	购买贴现票据	1.75%
520	智慧添利 14 天	2009－9－10	2009－9－23	2784	购买债券	1.65%
521	智慧添利 28 天	2009－9－10	2009－10－9	7852	购买债券	1.98%
522	智慧添利 7 天	2009－9－10	2009－9－16	19442	购买债券	1.60%
523	GA095601	2009－9－11	2009－10－12	7598	购买债券	1.65%
524	海蓝 305 号	2009－9－11	2010－3－11	60000	转让贷款	2.7%～2.9%
525	海蓝 306 号	2009－9－11	2010－9－10	60000	转让贷款	3%～3.2%
526	海蓝 316 号	2009－9－11	2010－3－11	10000	转让贷款	2.7%～3.3%
527	海蓝 317 号	2009－9－11	2009－12－11	10000	转让贷款	2.3%～3.1%
528	沃德添利 4	2009－9－11	2009－12－11	30000	转让贷款	2.60%
529	智慧添利 14 天	2009－9－11	2009－9－24	1291	购买债券	1.65%
530	智慧添利 28 天	2009－9－11	2009－10－9	3057	购买债券	1.98%
531	智慧添利 7 天	2009－9－11	2009－9－17	16622	购买债券	1.60%
532	海蓝 319 号	2009－9－12	2009－12－11	232	转让贷款	2.60%
533	智慧添利 14 天	2009－9－14	2009－9－27	1559	购买债券	1.65%
534	智慧添利 28 天	2009－9－14	2009－10－11	3931	购买债券	1.98%
535	智慧添利 7 天	2009－9－14	2009－9－20	21700	购买债券	1.60%
536	海蓝 318 号	2009－9－15	2010－8－18	9449	信托贷款	3.70%
537	新蓝 285 号	2009－9－15	2009－9－29	39987	购买贴现票据	1.85%
538	智慧添利 14 天	2009－9－15	2009－9－28	5470	购买债券	1.65%
539	智慧添利 28 天	2009－9－15	2009－10－12	4271	购买债券	1.98%
540	智慧添利 7 天	2009－9－15	2009－9－21	22973	购买债券	1.60%
541	GA095701	2009－9－16	2009－10－16	1874	购买债券	1.65%
542	GD092701	2009－9－16	2009－11－16	3256	购买债券	1.75%
543	GE09352	2009－9－16	2009－12－16	8874	购买债券	1.85%

续表

序号	产品名称	发行日	到期日	拟发行量	投资方向	预期收益率
544	海蓝 307 号	2009－9－16	2010－1－14	35485	转让贷款	2.3%～2.5%
545	海蓝 315 号	2009－9－16	2010－1－14	4998	转让贷款	3.00%
546	沃德添利 5	2009－9－16	2010－1－14	10638	转让贷款	2.70%
547	新蓝 288 号	2009－9－16	2009－12－17	3000	购买贴现票据	3.10%
548	新蓝 289 号	2009－9－16	2009－12－17	7000	购买贴现票据	3.20%
549	智慧添利 14 天	2009－9－16	2009－9－29	3254	购买债券	1.65%
550	智慧添利 28 天	2009－9－16	2009－10－13	2437	购买债券	1.98%
551	智慧添利 7 天	2009－9－16	2009－9－22	23467	购买债券	1.60%
552	海蓝 324 号	2009－9－17	2010－1－14	11354	转让贷款	2.70%
553	天蓝 14 号	2009－9－17	2009－12－17	14732	购买债券	2.60%
554	智慧添利 14 天	2009－9－17	2009－9－30	7461	购买债券	1.65%
555	智慧添利 28 天	2009－9－17	2009－10－14	2702	购买债券	1.98%
556	智慧添利 7 天	2009－9－17	2009－9－23	20773	购买债券	1.60%
557	智慧添利 14 天	2009－9－18	2009－10－9	2045	购买债券	1.65%
558	智慧添利 28 天	2009－9－18	2009－10－15	1709	购买债券	1.98%
559	智慧添利 7 天	2009－9－18	2009－9－24	15372	购买债券	1.60%
560	GA095801	2009－9－21	2009－10－21	5143	购买债券	1.70%
561	智慧添利 14 天	2009－9－21	2009－10－9	1356	购买债券	1.65%
562	智慧添利 28 天	2009－9－21	2009－10－18	2237	购买债券	1.98%
563	智慧添利 7 天	2009－9－21	2009－9－27	22930	购买债券	1.60%
564	海蓝 311 号	2009－9－22	2009－12－22	19000	转让贷款	2.4%～3%
565	海蓝 312 号	2009－9－22	2010－4－2	50000	转让贷款	3%～3.2%
566	海蓝 313 号	2009－9－22	2010－7－1	67100	转让贷款	3.3%～3.5%
567	海蓝 314 号	2009－9－22	2010－10－9	39229	转让贷款	3.5%～3.7%
568	海蓝 323 号	2009－9－22	2009－12－21	41006	转让贷款	2.4%～2.6%
569	沃德添利 6	2009－9－22	2009－12－22	25000	转让贷款	2.80%
570	新蓝 286 号	2009－9－22	2009－9－29	12310	购买贴现票据	1.75%
571	至尊 3 号	2009－9－22	2012－9－22	19620	转让贷款	6.00%
572	智慧添利 14 天	2009－9－22	2009－10－9	3405	购买债券	1.88%
573	智慧添利 28 天	2009－9－22	2009－10－19	1186	购买债券	1.98%
574	智慧添利 7 天	2009－9－22	2009－9－28	16994	购买债券	1.80%
575	GB09072	2009－9－23	2009－9－29	73432	购买债券	1.95%
576	GD092801	2009－9－23	2009－11－23	3023	购买债券	1.75%
577	GE09362	2009－9－23	2009－12－23	3207	购买债券	1.90%
578	海蓝 328 号	2009－9－23	2010－4－3	12741	转让贷款	3.20%
579	海蓝 329 号	2009－9－23	2009－12－21	8994	转让贷款	2.80%
580	智慧添利 14 天	2009－9－23	2009－10－9	3149	购买债券	1.88%

续表

序号	产品名称	发行日	到期日	拟发行量	投资方向	预期收益率
581	智慧添利 28 天	2009－9－23	2009－10－20	3414	购买债券	1.98%
582	智慧添利 7 天	2009－9－23	2009－9－29	22183	购买债券	1.80%
583	智慧添利 14 天	2009－9－24	2009－10－9	3084	购买债券	1.88%
584	智慧添利 28 天	2009－9－24	2009－10－21	4076	购买债券	1.98%
585	智慧添利 7 天	2009－9－24	2009－9－30	24280	购买债券	1.80%
586	GA095901	2009－9－25	2009－10－26	0	购买债券	1.70%
587	海蓝 320 号	2009－9－25	2010－3－25	5706	信托贷款	2.80%
588	海蓝 321 号	2009－9－25	2010－3－25	4344	信托贷款	3.10%
589	海蓝 325 号	2009－9－25	2009－10－28	5022	信托贷款	2.90%
590	海蓝 330 号	2009－9－25	2009－12－24	9950	信托贷款	2.70%
591	新蓝 290 号	2009－9－25	2009－12－29	2000	购买贴现票据	3.10%
592	新蓝 291	2009－9－25	2009－12－29	4000	购买贴现票据	3.20%
593	新蓝 292 号	2009－9－25	2009－12－29	4000	购买贴现票据	3.20%
594	智慧添利 14 天	2009－9－25	2009－10－9	3538	购买债券	1.88%
595	智慧添利 28 天	2009－9－25	2009－10－22	2173	购买债券	1.98%
596	智慧添利 7 天	2009－9－25	2009－10－9	12507	购买债券	1.80%
597	GA096001	2009－9－28	2009－10－29	1901	购买债券	1.70%
598	GD092901	2009－9－28	2009－11－27	1942	购买债券	1.75%
599	GE09372	2009－9－28	2009－12－29	2409	购买债券	1.90%
600	海蓝 327 号	2009－9－28	2010－4－19	15237	信托贷款	4.00%
601	新蓝 293 号	2009－9－28	2010－3－12	20000	购买贴现票据	3.20%
602	智慧添利 14 天	2009－9－28	2009－10－11	5596	购买债券	1.88%
603	智慧添利 28 天	2009－9－28	2009－10－25	3129	购买债券	1.98%
604	智慧添利 7 天	2009－9－28	2009－10－9	20320	购买债券	1.80%
605	海蓝 310 号	2009－9－29	2010－1－14	25640	转让贷款	2.90%
606	海蓝 326 号	2009－9－29	2010－1－4	27154	转让贷款	3.00%
607	海蓝 331 号	2009－9－29	2010－7－16	24000	信托贷款	3.30%
608	海蓝 332 号	2009－9－29	2010－9－29	28886	转让贷款	3.5%～3.75%
609	沃德添利 7	2009－9－29	2010－1－14	12000	转让贷款	3.00%
610	新蓝 295 号	2009－9－29	2010－3－12	3207	购买贴现票据	3.20%
611	智慧添利 14 天	2009－9－29	2009－10－12	7228	购买债券	1.88%
612	智慧添利 28 天	2009－9－29	2009－10－26	3592	购买债券	1.98%
613	智慧添利 7 天	2009－9－29	2009－10－9	20528	购买债券	1.80%
614	智慧添利 14 天	2009－9－30	2009－10－13	5808	购买债券	1.88%
615	智慧添利 28 天	2009－9－30	2009－10－27	4324	购买债券	1.98%
616	智慧添利 7 天	2009－9－30	2009－10－9	28880	购买债券	1.80%
617	得利宝久久添利	2009－10－1	2009－12－31	45174	购买债券	1.75%

续表

序号	产品名称	发行日	到期日	拟发行量	投资方向	预期收益率
618	得利宝天添利 A	2009－10－1	2009－12－31	30206	购买债券	1.45%
619	得利宝天添利 B	2009－10－1	2009－12－31	133485	购买债券	1.60%
620	新蓝 296 号	2009－10－1	2009－10－8	81078	购买贴现票据	2.00%
621	GA096101	2009－10－9	2009－11－9	6829	购买债券	1.80%
622	GD093001	2009－10－9	2009－12－8	1440	购买债券	2.00%
623	GE09382	2009－10－9	2010－1－8	2466	购买债券	2.10%
624	海蓝 308 号	2009－10－9	2009－12－28	80579	转让贷款	2.60%
625	海蓝 309 号	2009－10－9	2010－1－5	40000	转让贷款	2.5%～2.7%
626	海蓝 341 号	2009－10－9	2009－12－28	10000	转让贷款	2.9%～3.0%
627	天蓝 15 号	2009－10－9	2009－12－29	4316	购买债券	2.80%
628	天蓝 16 号	2009－10－9	2010－3－29	1994	购买债券	3.00%
629	天蓝 17 号	2009－10－9	2009－12－29	2824	购买债券	2.50%
630	天蓝 18 号	2009－10－9	2010－3－29	1238	购买债券	2.75%
631	新蓝 294 号	2009－10－9	2009－10－30	15000	购买贴现票据	2.00%
632	智慧添利 14 天	2009－10－9	2009－10－14	3032	购买债券	1.88%
633	智慧添利 28 天	2009－10－9	2009－10－28	5105	购买债券	1.98%
634	智慧添利 7 天	2009－10－9	2009－10－14	23394	购买债券	1.80%
635	海蓝 333 号	2009－10－10	2009－11－2	27898	转让贷款	2.2%～2.4%
636	海蓝 334 号	2009－10－10	2009－12－3	18375	转让贷款	1.95－2.05%
637	海蓝 342 号	2009－10－10	2010－1－4	5109	转让贷款	3.00%
638	智慧添利 14 天	2009－10－10	2009－10－15	2168	购买债券	1.88%
639	智慧添利 14 天	2009－10－10	2009－10－18	1339	购买债券	1.88%
640	智慧添利 14 天	2009－10－10	2009－10－19	2570	购买债券	1.88%
641	智慧添利 14 天	2009－10－10	2009－10－20	2053	购买债券	1.88%
642	智慧添利 14 天	2009－10－10	2009－10－21	2749	购买债券	1.88%
643	智慧添利 14 天	2009－10－10	2009－10－22	1945	购买债券	1.88%
644	智慧添利 28 天	2009－10－10	2009－10－29	2495	购买债券	1.98%
645	智慧添利 28 天	2009－10－10	2009－11－1	2500	购买债券	1.98%
646	智慧添利 28 天	2009－10－10	2009－11－2	2141	购买债券	1.98%
647	智慧添利 28 天	2009－10－10	2009－11－3	1811	购买债券	1.98%
648	智慧添利 28 天	2009－10－10	2009－11－4	3467	购买债券	1.98%
649	智慧添利 28 天	2009－10－10	2009－11－5	2416	购买债券	1.98%
650	智慧添利 7 天	2009－10－10	2009－10－15	13970	购买债券	1.80%
651	智慧添利 7 天	2009－10－10	2009－10－11	32257	购买债券	1.80%
652	智慧添利 7 天	2009－10－10	2009－10－12	15718	购买债券	1.80%
653	智慧添利 7 天	2009－10－10	2009－10－13	14873	购买债券	1.80%
654	智慧添利 7 天	2009－10－10	2009－10－14	318	购买债券	1.80%

续表

序号	产品名称	发行日	到期日	拟发行量	投资方向	预期收益率
655	海蓝 343 号	2009－10－11	2009－12－28	19231	转让贷款	2.60%
656	智慧添利 7 天	2009－10－11	2009－10－15	245	购买债券	1.80%
657	海蓝 335 号	2009－10－12	2010－10－12	21114	转让贷款	3.5%～3.7%
658	海蓝 344 号	2009－10－12	2009－11－2	10034	信托贷款	1.95%
659	海蓝 345 号	2009－10－12	2009－12－3	2331	转让贷款	2.2%2.4%
660	海蓝 346 号	2009－10－12	2009－11－2	1749	转让贷款	1.95－2.05%
661	智慧添利 14 天	2009－10－12	2009－10－25	7672	购买债券	1.88%
662	智慧添利 28 天	2009－10－12	2009－11－8	11046	购买债券	1.98%
663	智慧添利 7 天	2009－10－12	2009－10－18	40636	购买债券	1.80%
664	宝蓝 11 号	2009－10－13	2009－12－29	62080	购买债券	3.00%
665	海蓝 336 号	2009－10－13	2010－6－7	16937	转让贷款	3.1%～3.3%
666	海蓝 337 号	2009－10－13	2010－7－22	25000	转让贷款	3.2%～3.4%
667	智慧添利 14 天	2009－10－13	2009－10－26	6252	购买债券	1.88%
668	智慧添利 28 天	2009－10－13	2009－11－9	9157	购买债券	1.98%
669	智慧添利 7 天	2009－10－13	2009－10－19	25649	购买债券	1.80%
670	GA096201	2009－10－14	2009－11－14	15817	购买债券	1.80%
671	GD093101	2009－10－14	2009－12－14	4637	购买债券	2.00%
672	GE09392	2009－10－14	2010－1－14	9116	购买债券	2.10%
673	智慧添利 14 天	2009－10－14	2009－10－27	5368	购买债券	1.88%
674	智慧添利 28 天	2009－10－14	2009－11－10	7470	购买债券	1.98%
675	智慧添利 7 天	2009－10－14	2009－10－20	26831	购买债券	1.80%
676	海蓝 338 号	2009－10－15	2009－12－28	25421	转让贷款	2.50%
677	沃德添利 8 号	2009－10－15	2009－12－28	25000	转让贷款	2.80%
678	智慧添利 14 天	2009－10－15	2009－10－28	5364	购买债券	1.88%
679	智慧添利 28 天	2009－10－15	2009－11－11	5201	购买债券	1.98%
680	智慧添利 7 天	2009－10－15	2009－10－21	27607	购买债券	1.80%
681	智慧添利 14 天	2009－10－16	2009－10－29	8784	购买债券	1.88%
682	智慧添利 28 天	2009－10－16	2009－11－12	6261	购买债券	1.98%
683	智慧添利 7 天	2009－10－16	2009－10－22	21084	购买债券	1.80%
684	GA096301	2009－10－17	2009－11－17	56274	购买债券	1.80%
685	智慧添利 14 天	2009－10－19	2009－11－1	2503	购买债券	1.88%
686	智慧添利 28 天	2009－10－19	2009－11－15	5461	购买债券	1.98%
687	智慧添利 7 天	2009－10－19	2009－10－25	43287	购买债券	1.80%
688	海蓝 339 号	2009－10－20	2010－1－19	25000	转让贷款	2.70%
689	海蓝 347 号	2009－10－20	2010－1－4	7800	转让贷款	2.80%
690	海蓝 348 号	2009－10－20	2010－1－19	3000	转让贷款	3.00%
691	海蓝 349 号	2009－10－20	2010－1－19	2000	转让贷款	3.20%

续表

序号	产品名称	发行日	到期日	拟发行量	投资方向	预期收益率
692	沃德添利9号	2009-10-20	2010-1-19	10000	转让贷款	2.80%
693	新蓝297号	2009-10-20	2009-10-27	5050	购买贴现票据	1.95%~1.9%
694	智慧添利14天	2009-10-20	2009-11-2	4631	购买债券	1.88%
695	智慧添利28天	2009-10-20	2009-11-16	4092	购买债券	1.98%
696	智慧添利7天	2009-10-20	2009-10-26	29425	购买债券	1.80%
697	GA096401	2009-10-21	2009-11-21	5010	购买债券	1.80%
698	GD093201	2009-10-21	2009-12-21	33633	购买债券	2.00%
699	GE09402	2009-10-21	2010-1-21	125039	购买债券	2.10%
700	智慧添利14天	2009-10-21	2009-11-3	2983	购买债券	1.88%
701	智慧添利28天	2009-10-21	2009-11-17	5983	购买债券	1.98%
702	智慧添利7天	2009-10-21	2009-10-27	31924	购买债券	1.80%
703	天蓝19号	2009-10-22	2010-3-29	27309	购买债券	3.00%
704	智慧添利14天	2009-10-22	2009-11-4	3608	购买债券	1.88%
705	智慧添利28天	2009-10-22	2009-11-18	6163	购买债券	1.98%
706	智慧添利7天	2009-10-22	2009-10-28	32334	购买债券	1.80%
707	智慧添利14天	2009-10-23	2009-11-5	3702	购买债券	1.88%
708	智慧添利28天	2009-10-23	2009-11-19	4895	购买债券	1.98%
709	智慧添利7天	2009-10-23	2009-10-29	25731	购买债券	1.80%
710	GA096501	2009-10-24	2009-11-24	10590	购买债券	1.80%
711	智慧添利14天	2009-10-26	2009-11-8	7334	购买债券	1.88%
712	智慧添利28天	2009-10-26	2009-11-22	4143	购买债券	1.98%
713	智慧添利7天	2009-10-26	2009-11-1	43509	购买债券	1.80%
714	GA996601	2009-10-27	2009-11-29	10000	购买债券	1.80%
715	GD093301	2009-10-27	2009-12-29	3389	购买债券	2.00%
716	GE09412	2009-10-27	2010-1-27	12301	购买债券	2.10%
717	新蓝298号	2009-10-27	2009-12-30	14824	购买贴现票据	2.10%
718	智慧添利14天	2009-10-27	2009-11-9	6062	购买债券	1.88%
719	智慧添利28天	2009-10-27	2009-11-23	5618	购买债券	1.98%
720	智慧添利7天	2009-10-27	2009-11-2	28675	购买债券	1.80%
721	宝蓝12号	2009-10-28	2011-4-28	4000	股票	5.50%
722	海蓝350号	2009-10-28	2009-11-26	5036	信托贷款	2.90%
723	新蓝299号	2009-10-28	2009-11-4	10000	购买贴现票据	2.00%
724	智慧添利14天	2009-10-28	2009-11-10	4648	购买债券	1.88%
725	智慧添利28天	2009-10-28	2009-11-24	3765	购买债券	1.98%
726	智慧添利7天	2009-10-28	2009-11-3	34130	购买债券	1.80%
727	GA096601	2009-10-29	2009-11-28	0	购买债券	1.80%
728	海蓝351号	2009-10-29	2010-10-29	10000	信托贷款	3.50%

续表

序号	产品名称	发行日	到期日	拟发行量	投资方向	预期收益率
729	新蓝 300 号	2009－10－29	2009－11－5	6686	购买贴现票据	1.95%～1.9%
730	智慧添利 14 天	2009－10－29	2009－11－11	4379	购买债券	1.88%
731	智慧添利 28 天	2009－10－29	2009－11－25	4802	购买债券	1.98%
732	智慧添利 7 天	2009－10－29	2009－11－4	32914	购买债券	1.80%
733	新蓝 302 号	2009－10－30	2010－1－5	20000	购买贴现票据	3.10%
734	智慧添利 14 天	2009－10－30	2009－11－12	4227	购买债券	1.88%
735	智慧添利 28 天	2009－10－30	2009－11－26	5425	购买债券	1.98%
736	智慧添利 7 天	2009－10－30	2009－11－5	27507	购买债券	1.80%
737	得利宝 GT09012	2009－10－30	2009－12－30	141270	购买债券	2.15%
738	海蓝 356 号	2009－11－2	2010－4－2	3790	信托贷款	3.30%
739	海蓝 357 号	2009－11－2	2010－4－2	14192	转让贷款	3.00%
740	智慧添利 14 天	2009－11－2	2009－11－15	3667	购买债券	1.88%
741	智慧添利 28 天	2009－11－2	2009－11－29	8522	购买债券	1.98%
742	智慧添利 7 天	2009－11－2	2009－11－8	47291	购买债券	1.80%
743	GA096701	2009－11－3	2009－12－1	10590	购买债券	1.80%
744	GD093401	2009－11－3	2010－1－4	5437	购买债券	2.00%
745	GE09422	2009－11－3	2010－2－3	18623	购买债券	2.10%
746	海蓝 355 号	2009－11－3	2010－11－3	23000	转让贷款	3.90%
747	海蓝 358 号	2009－11－3	2010－1－14	19043	转让贷款	2.60%
748	海蓝 360 号	2009－11－3	2010－1－14	5000	转让贷款	3.00%
749	沃德添利 10 号	2009－11－3	2010－1－14	10000	转让贷款	2.90%
750	新蓝 301 号	2009－11－3	2009－12－30	26354	购买贴现票据	2.05%
751	新蓝 304 号	2009－11－3	2009－11－27	15000	购买贴现票据	1.95%
752	智慧添利 14 天	2009－11－3	2009－11－16	6410	购买债券	1.88%
753	智慧添利 28 天	2009－11－3	2009－11－30	7241	购买债券	1.98%
754	智慧添利 7 天	2009－11－3	2009－11－9	36639	购买债券	1.80%
755	海蓝 359 号	2009－11－4	2010－1－29	10000	转让贷款	3.00%
756	海蓝 361 号	2009－11－4	2010－2－4	10000	信托贷款	3.00%
757	智慧添利 14 天	2009－11－4	2009－11－17	4218	购买债券	1.88%
758	智慧添利 28 天	2009－11－4	2009－12－1	5615	购买债券	1.98%
759	智慧添利 7 天	2009－11－4	2009－11－10	39347	购买债券	1.80%
760	智慧添利 14 天	2009－11－5	2009－11－18	4134	购买债券	1.88%
761	智慧添利 28 天	2009－11－5	2009－12－2	7033	购买债券	1.98%
762	智慧添利 7 天	2009－11－5	2009－11－11	35610	购买债券	1.80%
763	GA096801	2009－11－6	2009－12－7	13544	购买债券	1.80%
764	新蓝 303 号	2009－11－6	2009－11－16	2000	购买贴现票据	1.95%
765	智慧添利 14 天	2009－11－6	2009－11－19	4266	购买债券	1.88%

续表

序号	产品名称	发行日	到期日	拟发行量	投资方向	预期收益率
766	智慧添利 28 天	2009 - 11 - 6	2009 - 12 - 3	4940	购买债券	1.98%
767	智慧添利 7 天	2009 - 11 - 6	2009 - 11 - 12	35639	购买债券	1.80%
768	智慧添利 14 天	2009 - 11 - 9	2009 - 11 - 22	7171	购买债券	1.88%
769	智慧添利 28 天	2009 - 11 - 9	2009 - 12 - 6	11144	购买债券	1.98%
770	智慧添利 7 天	2009 - 11 - 9	2009 - 11 - 15	50278	购买债券	1.80%
771	智慧添利 14 天	2009 - 11 - 10	2009 - 11 - 23	6028	购买债券	1.88%
772	智慧添利 28 天	2009 - 11 - 10	2009 - 12 - 7	10552	购买债券	1.98%
773	智慧添利 7 天	2009 - 11 - 10	2009 - 11 - 16	39476	购买债券	1.80%
774	GA096901	2009 - 11 - 11	2009 - 12 - 11	11511	购买债券	1.80%
775	GD093501	2009 - 11 - 11	2010 - 1 - 11	7533	购买债券	2.00%
776	GE09432	2009 - 11 - 11	2010 - 2 - 11	24222	购买债券	2.10%
777	海蓝 367 号	2009 - 11 - 11	2009 - 12 - 28	38509	转让贷款	2.20%
778	智慧添利 14 天	2009 - 11 - 11	2009 - 11 - 24	6753	购买债券	1.88%
779	智慧添利 28 天	2009 - 11 - 11	2009 - 12 - 8	8808	购买债券	1.98%
780	智慧添利 7 天	2009 - 11 - 11	2009 - 11 - 17	40199	购买债券	1.80%
781	新蓝 305 号	2009 - 11 - 12	2009 - 12 - 30	10000	购买贴现票据	2.00%
782	智慧添利 14 天	2009 - 11 - 12	2009 - 11 - 25	6423	购买债券	1.88%
783	智慧添利 28 天	2009 - 11 - 12	2009 - 12 - 9	7447	购买债券	1.98%
784	智慧添利 7 天	2009 - 11 - 12	2009 - 11 - 18	38559	购买债券	1.80%
785	天蓝 21 号	2009 - 11 - 13	2010 - 3 - 29	50000	票据	2.60%
786	智慧添利 14 天	2009 - 11 - 13	2009 - 11 - 26	6015	购买债券	1.88%
787	智慧添利 28 天	2009 - 11 - 13	2009 - 12 - 10	7803	购买债券	1.98%
788	智慧添利 7 天	2009 - 11 - 13	2009 - 11 - 19	35397	购买债券	1.80%
789	GA097001	2009 - 11 - 16	2009 - 12 - 17	10097	购买债券	1.80%
790	智慧添利 14 天	2009 - 11 - 16	2009 - 11 - 29	4200	购买债券	1.88%
791	智慧添利 28 天	2009 - 11 - 16	2009 - 12 - 13	7894	购买债券	1.98%
792	智慧添利 7 天	2009 - 11 - 16	2009 - 11 - 22	51831	购买债券	1.80%
793	智慧添利 14 天	2009 - 11 - 17	2009 - 11 - 30	5759	购买债券	1.88%
794	智慧添利 28 天	2009 - 11 - 17	2009 - 12 - 14	5515	购买债券	1.98%
795	智慧添利 7 天	2009 - 11 - 17	2009 - 11 - 23	44102	购买债券	1.80%
796	GD093601	2009 - 11 - 18	2010 - 1 - 18	7571	购买债券	2.00%
797	GE09442	2009 - 11 - 18	2010 - 2 - 18	16100	购买债券	2.10%
798	新蓝 306 号	2009 - 11 - 18	2009 - 12 - 30	10000	购买贴现票据	2.00%
799	智慧添利 14 天	2009 - 11 - 18	2009 - 12 - 1	3597	购买债券	1.88%
800	智慧添利 28 天	2009 - 11 - 18	2009 - 12 - 15	6485	购买债券	1.98%
801	智慧添利 7 天	2009 - 11 - 18	2009 - 11 - 24	43147	购买债券	1.80%
802	智慧添利 14 天	2009 - 11 - 19	2009 - 12 - 2	3279	购买债券	1.88%

续表

序号	产品名称	发行日	到期日	拟发行量	投资方向	预期收益率
803	智慧添利 28 天	2009-11-19	2009-12-16	8132	购买债券	1.98%
804	智慧添利 7 天	2009-11-19	2009-11-25	38226	购买债券	1.80%
805	GA097101	2009-11-20	2009-12-21	12615	购买债券	1.80%
806	新蓝 307 号	2009-11-20	2010-1-29	15000	购买贴现票据	3.10%
807	智慧添利 14 天	2009-11-20	2009-12-3	5321	购买债券	1.88%
808	智慧添利 28 天	2009-11-20	2009-12-17	7276	购买债券	1.98%
809	智慧添利 7 天	2009-11-20	2009-11-26	36559	购买债券	1.80%
810	GA097201	2009-11-23	2009-12-24	3166	购买债券	1.80%
811	海蓝 354 号	2009-11-23	2011-11-23	4000	信托贷款	4.20%
812	智慧添利 14 天	2009-11-23	2009-12-6	8402	购买债券	1.88%
813	智慧添利 28 天	2009-11-23	2009-12-20	6169	购买债券	1.98%
814	智慧添利 7 天	2009-11-23	2009-11-29	45958	购买债券	1.80%
815	新蓝 308 号	2009-11-24	2009-12-30	5000	购买贴现票据	1.9%~2%
816	智慧添利 14 天	2009-11-24	2009-12-7	4608	购买债券	1.88%
817	智慧添利 28 天	2009-11-24	2009-12-21	8503	购买债券	1.98%
818	智慧添利 7 天	2009-11-24	2009-11-30	47569	购买债券	1.80%
819	GD093701	2009-11-25	2010-1-25	7839	购买债券	2.00%
820	GE09452	2009-11-25	2010-2-25	11433	购买债券	2.10%
821	天蓝 22 号	2009-11-25	2010-5-25	17782	购买债券	3.2%~3.3%
822	新蓝 309 号	2009-11-25	2009-12-29	60000	购买贴现票据	3.05%
823	智慧添利 14 天	2009-11-25	2009-12-8	7037	购买债券	1.88%
824	智慧添利 28 天	2009-11-25	2009-12-22	5257	购买债券	1.98%
825	智慧添利 7 天	2009-11-25	2009-12-1	33803	购买债券	1.80%
826	海蓝 372 号	2009-11-26	2009-12-25	2500	信托贷款	2.90%
827	智慧添利 14 天	2009-11-26	2009-12-9	4319	购买债券	1.88%
828	智慧添利 28 天	2009-11-26	2009-12-23	8363	购买债券	1.98%
829	智慧添利 7 天	2009-11-26	2009-12-2	34345	购买债券	1.80%
830	海蓝 363 号	2009-11-27	2010-5-28	13042	转让贷款	2.70%
831	海蓝 364 号	2009-11-27	2010-2-26	6958	转让贷款	2.7%~3.1%
832	海蓝 365 号	2009-11-27	2010-5-28	45226	转让贷款	2.8%~3.0%
833	海蓝 368 号	2009-11-27	2010-5-28	259	转让贷款	10.00%
834	沃德添利 11(1)号	2009-11-27	2010-2-26	3072	转让贷款	2.8%~2.9%
835	沃德添利 11 号	2009-11-27	2010-2-26	22032	转让贷款	2.8-2.9%
836	新蓝 310 号	2009-11-27	2009-12-30	74950	购买贴现票据	2.10%
837	智慧添利 14 天	2009-11-27	2009-12-10	6697	购买债券	1.88%
838	智慧添利 28 天	2009-11-27	2009-12-24	5252	购买债券	1.98%
839	智慧添利 7 天	2009-11-27	2009-12-3	33725	购买债券	1.80%

续表

序号	产品名称	发行日	到期日	拟发行量	投资方向	预期收益率
840	GA097301	2009－11－28	2009－12－30	11986	购买债券	1.80%
841	沃德添利11(2)号	2009－11－28	2010－2－26	2445	转让贷款	2.8%～2.9%
842	海蓝373号	2009－11－30	2010－5－28	50000	转让贷款	2.8%～3.0%；
843	海蓝374号	2009－11－30	2010－11－29	9379	信托贷款	3.60%
844	新蓝311号	2009－11－30	2009－12－30	40000	购买贴现票据	3.00%
845	智慧添利14天	2009－11－30	2009－12－13	4470	购买债券	1.88%
846	智慧添利28天	2009－11－30	2009－12－27	6525	购买债券	1.98%
847	智慧添利7天	2009－11－30	2009－12－6	44098	购买债券	1.80%
848	海蓝366号	2009－12－1	2010－3－2	64038	转让贷款	2.4%～2.6%
849	海蓝369号	2009－12－1	2010－6－28	20000	转让贷款	3.7%～3.95%
850	海蓝370号	2009－12－1	2010－9－28	30000	转让贷款	3.8%～4.05%
851	海蓝371号	2009－12－1	2010－9－28	10000	转让贷款	3.8%～4.7%
852	天蓝23号	2009－12－1	2009－12－29	14440	购买债券	2%　－2.1%
853	天蓝24号	2009－12－1	2009－12－29	0	购买债券	2%　－2.1%
854	新蓝312号	2009－12－1	2009－12－30	10065	购买贴现票据	1.9%～2%
855	智慧添利14天	2009－12－1	2009－12－14	4979	购买债券	1.88%
856	智慧添利28天	2009－12－1	2009－12－28	8209	购买债券	1.98%
857	智慧添利7天	2009－12－1	2009－12－7	42128	购买债券	1.80%
858	GD093801	2009－12－2	2010－2－2	6219	购买债券	2.00%
859	GE09462	2009－12－2	2010－3－2	8304	购买债券	2.10%
860	天蓝26号	2009－12－2	2010－5－27	18000	购买贴现票据	3.30%
861	智慧添利14天	2009－12－2	2009－12－15	4602	购买债券	1.88%
862	智慧添利28天	2009－12－2	2009－12－29	6868	购买债券	1.98%
863	智慧添利7天	2009－12－2	2009－12－8	34852	购买债券	1.80%
864	沃德添利12号	2009－12－3	2010－6－28	30000	转让贷款	3.3%～3.4%
865	新蓝313号	2009－12－3	2009－12－10	5000	购买贴现票据	1.95%
866	智慧添利14天	2009－12－3	2009－12－16	4625	购买债券	1.88%
867	智慧添利28天	2009－12－3	2009－12－30	6429	购买债券	1.98%
868	智慧添利7天	2009－12－3	2009－12－9	36900	购买债券	1.80%
869	GA097401	2009－12－4	2010－1－4	8465	购买债券	1.80%
870	新蓝315号	2009－12－4	2009－12－30	4506	购买贴现票据	2.10%
871	新蓝316号	2009－12－4	2009－12－30	79994	购买贴现票据	2.10%
872	智慧添利14天	2009－12－4	2009－12－17	5360	购买债券	1.88%
873	智慧添利28天	2009－12－4	2009－12－31	6756	购买债券	1.98%
874	智慧添利7天	2009－12－4	2009－12－10	32704	购买债券	1.80%
875	智慧添利14天	2009－12－7	2009－12－20	18657	购买债券	1.88%
876	智慧添利28天	2009－12－7	2010－1－4	12880	购买债券	1.98%

续表

序号	产品名称	发行日	到期日	拟发行量	投资方向	预期收益率
877	智慧添利7天	2009-12-7	2009-12-13	45274	购买债券	1.80%
878	海蓝376号	2009-12-8	2010-12-8	20000	信托贷款	3.80%
879	海蓝377号	2009-12-8	2010-3-26	50000	转让贷款	3.0%~3.4%
880	海蓝378号	2009-12-8	2010-6-28	29996	转让贷款	3.5%~4.0%
881	新蓝314号	2009-12-8	2009-12-30	10000	购买贴现票据	1.85% -1.95%
882	智慧添利14天	2009-12-8	2009-12-21	3639	购买债券	1.88%
883	智慧添利28天	2009-12-8	2010-1-4	7020	购买债券	1.98%
884	智慧添利7天	2009-12-8	2009-12-14	41296	购买债券	1.80%
885	GD093901	2009-12-9	2010-2-9	6330	购买债券	2.00%
886	GE09472	2009-12-9	2010-3-9	13915	购买债券	2.10%
887	智慧添利14天	2009-12-9	2009-12-22	6691	购买债券	1.88%
888	智慧添利28天	2009-12-9	2010-1-5	8276	购买债券	1.98%
889	智慧添利7天	2009-12-9	2009-12-15	35282	购买债券	1.80%
890	GA097501	2009-12-10	2010-1-11	16439	购买债券	1.80%
891	GA997501	2009-12-10	2010-1-6	10000	购买债券	1.80%
892	海蓝375	2009-12-10	2010-12-10	70000	转让贷款	4.40%
893	海蓝382号	2009-12-10	2010-6-28	20000	转让贷款	3.0%~3.2%;
894	海蓝401	2009-12-10	2010-12-10	30000	转让贷款	4.20%
895	沃德添利13号	2009-12-10	2010-6-28	30000	转让贷款	3.3%~3.4%;
896	智慧添利14天	2009-12-10	2009-12-23	5547	购买债券	1.88%
897	智慧添利28天	2009-12-10	2010-1-6	6528	购买债券	1.98%
898	智慧添利7天	2009-12-10	2009-12-16	37757	购买债券	1.80%
899	海蓝380号	2009-12-11	2010-12-11	46149	转让贷款	3.8%~4.05%
900	海蓝381号	2009-12-11	2010-3-11	31129	转让贷款	2.7%~3%
901	海蓝402号	2009-12-11	2010-12-11	3851	转让贷款	3.8%~4.05%
902	新蓝315号(1)	2009-12-11	2010-1-4	60000	购买贴现票据	2.20%
903	新蓝317号	2009-12-11	2009-12-30	40550	购买贴现票据	2.00%
904	至尊5号	2009-12-11	2009-12-31	139870	股票	
905	智慧添利14天	2009-12-11	2009-12-24	6821	购买债券	1.88%
906	智慧添利28天	2009-12-11	2010-1-7	5458	购买债券	1.98%
907	智慧添利7天	2009-12-11	2009-12-17	31532	购买债券	1.80%
908	GA097601	2009-12-14	2010-1-14	13268	购买债券	1.80%
909	智慧添利14天	2009-12-14	2009-12-27	5235	购买债券	1.88%
910	智慧添利28天	2009-12-14	2010-1-10	8626	购买债券	1.98%
911	智慧添利7天	2009-12-14	2009-12-20	44198	购买债券	1.80%
912	海蓝353号	2009-12-15	2010-4-15	8000	转让贷款	6.00%
913	智慧添利14天	2009-12-15	2009-12-28	5867	购买债券	1.88%
914	智慧添利28天	2009-12-15	2010-1-11	5949	购买债券	1.98%
915	智慧添利7天	2009-12-15	2009-12-21	41300	购买债券	1.80%

续表

序号	产品名称	发行日	到期日	拟发行量	投资方向	预期收益率
916	GD094001	2009－12－16	2010－2－16	8595	购买债券	2.00%
917	GE09482	2009－12－16	2010－3－16	15565	购买债券	2.10%
918	海蓝352号	2009－12－16	2010－12－16	10000	转让贷款	3.7%～4.0%
919	沃德添利14号	2009－12－16	2010－6－28	20000	转让贷款	3.3%～3.4%；
920	智慧添利14天	2009－12－16	2009－12－29	5811	购买债券	1.88%
921	智慧添利28天	2009－12－16	2010－1－12	6976	购买债券	1.98%
922	智慧添利7天	2009－12－16	2009－12－22	37600	购买债券	1.80%
923	智慧添利14天	2009－12－17	2009－12－30	6356	购买债券	1.88%
924	智慧添利28天	2009－12－17	2010－1－13	8304	购买债券	1.98%
925	智慧添利7天	2009－12－17	2009－12－23	38183	购买债券	1.80%
926	GA097701	2009－12－18	2010－1－18	5193	购买债券	1.80%
927	智慧添利14天	2009－12－18	2009－12－31	4301	购买债券	1.88%
928	智慧添利28天	2009－12－18	2010－1－14	4748	购买债券	1.98%
929	智慧添利7天	2009－12－18	2009－12－24	35235	购买债券	1.80%
930	GA097801	2009－12－21	2010－1－21	2327	购买债券	1.80%
931	智慧添利14天	2009－12－21	2010－1－4	6734	购买债券	1.88%
932	智慧添利28天	2009－12－21	2010－1－17	6349	购买债券	1.98%
933	智慧添利7天	2009－12－21	2009－12－27	42431	购买债券	1.80%
934	GD094101	2009－12－22	2010－2－22	2067	购买债券	2.00%
935	GE09492	2009－12－22	2010－3－22	5063	购买债券	2.10%
936	海蓝394号	2009－12－22	2010－3－30	5000	转让贷款	3.20%
937	智慧添利14天	2009－12－22	2010－1－4	3607	购买债券	1.88%
938	智慧添利28天	2009－12－22	2010－1－18	6153	购买债券	1.98%
939	智慧添利7天	2009－12－22	2009－12－28	41812	购买债券	1.80%
940	沃德添利15号	2009－12－23	2010－7－1	15000	转让贷款	3.40%
941	智慧添利14天	2009－12－23	2010－1－5	6395	购买债券	1.88%
942	智慧添利28天	2009－12－23	2010－1－19	4326	购买债券	1.98%
943	智慧添利7天	2009－12－23	2009－12－29	33342	购买债券	1.80%
944	海蓝379号	2009－12－24	2010－6－29	6000	信托贷款	3.70%
945	海蓝383号	2009－12－24	2010－7－2	37087	转让贷款	3.0%～3.4%。
946	海蓝391号	2009－12－24	2010－3－25	9950	信托贷款	3.00%
947	海蓝392号	2009－12－24	2010－2－14	3328	转让贷款	2.90%～3.00%
948	海蓝393号	2009－12－24	2010－4－16	2465	转让贷款	3.1%～3.3%
949	海蓝403号	2009－12－24	2010－4－16	22985	转让贷款	3.1%～3.3%
950	海蓝404号	2009－12－24	2010－2－14	8672	转让贷款	2.90%～3.00%
951	智慧添利14天	2009－12－24	2010－1－6	5528	购买债券	1.88%
952	智慧添利28天	2009－12－24	2010－1－20	6230	购买债券	1.98%
953	智慧添利7天	2009－12－24	2009－12－30	34791	购买债券	1.80%

续表

序号	产品名称	发行日	到期日	拟发行量	投资方向	预期收益率
954	GA097901	2009－12－25	2010－1－25	9794	购买债券	1.80%
955	宝蓝13号	2009－12－25	2010－3－22	52132	购买债券	3.10%
956	海蓝388	2009－12－25	2010－2－12	1950	转让贷款	2.90%
957	海蓝389	2009－12－25	2010－3－16	4750	转让贷款	3.10%
958	海蓝390	2009－12－25	2010－4－14	2550	转让贷款	3.30%
959	海蓝395号	2009－12－25	2010－12－25	30000	转让贷款	3.85%～4%
960	海蓝415号	2009－12－25	2010－7－3	913	转让贷款	3.0%～3.4%
961	海蓝417	2009－12－25	2010－5－24	6000	转让贷款	3.80%
962	海蓝418	2009－12－25	2010－6－24	5000	转让贷款	4.00%
963	智慧添利14天	2009－12－25	2010－1－7	7170	购买债券	1.88%
964	智慧添利28天	2009－12－25	2010－1－21	4152	购买债券	1.98%
965	智慧添利7天	2009－12－25	2009－12－31	26802	购买债券	1.80%
966	GD094201	2009－12－28	2010－2－26	4061	购买债券	2.00%
967	GE09502	2009－12－28	2010－3－29	3916	购买债券	2.10%
968	智慧添利14天	2009－12－28	2010－1－10	5489	购买债券	1.88%
969	智慧添利28天	2009－12－28	2010－1－24	6436	购买债券	1.98%
970	智慧添利7天	2009－12－28	2010－1－4	35722	购买债券	1.80%
971	得利宝·海蓝388(1)号	2009－12－28	2010－2－12	35	信贷资产	2.90%
972	得利宝·海蓝389(1)号	2009－12－28	2010－3－16	17	信贷资产	3.10%
973	得利宝·天蓝27号	2009－12－28	2010－6－21	10879	购买债券	
974	海蓝396号	2009－12－29	2010－1－7	4500	信托贷款	1.90%
975	海蓝397号	2009－12－29	2010－1－7	5000	信托贷款	1.90%
976	海蓝398号	2009－12－29	2010－1－7	4000	信托贷款	1.90%
977	海蓝405号	2009－12－29	2010－3－30	3000	信托贷款	3.40%
978	海蓝410号	2009－12－29	2010－6－28	15198	信托贷款	3.10%
979	智慧添利14天	2009－12－29	2010－1－11	7773	购买债券	1.88%
980	智慧添利28天	2009－12－29	2010－1－25	8452	购买债券	1.98%
981	智慧添利7天	2009－12－29	2010－1－4	34940	购买债券	1.80%
982	海蓝416号	2009－12－30	2010－1－29	100000	转让贷款	4.0%～4.6%
983	智慧添利14天	2009－12－30	2010－1－12	6467	购买债券	1.88%
984	智慧添利28天	2009－12－30	2010－1－26	5664	购买债券	1.98%
985	智慧添利7天	2009－12－30	2010－1－5	38097	购买债券	1.80%
986	得利宝元旦添利	2009－12－31	2010－1－4	200000	购买债券	2.00%
987	海蓝423号	2009－12－31	2010－12－29	9000	信托贷款	4.00%
988	智慧添利14天	2009－12－31	2010－1－13	6032	购买债券	1.88%
989	智慧添利28天	2009－12－31	2010－1－27	7317	购买债券	1.98%
990	智慧添利7天	2009－12－31	2010－1－6	56103	购买债券	1.80%
991	海蓝362号	200911－2	2010－4－2	12212	转让贷款	3.00%

数据来源：交通银行

表3－12　2009年交通银行个人外币理财产品发行情况表

单位：万元发行币种

序号	产品名称	币种	发行日	到期日	拟发行量	投资方向	预期收益率
1	2009年第一期得利宝	澳元	2009－1－23	2009－7－23	525	同业拆借	3.80%
2	2009年第一期得利宝	澳元	2009－1－23	2010－1－23	467	同业拆借	5.00%
3	2009年第二期得利宝	澳元	2009－1－23	2009－7－23	595	同业拆借	2.00%
4	2009年第一期得利宝	港币	2009－1－23	2009－7－23	87	同业拆借	3.80%
5	2009年第一期得利宝	港币	2009－1－23	2010－1－23	97	同业拆借	5.00%
6	2009年第一期得利宝	美元	2009－1－23	2009－7－23	1519	同业拆借	3.80%
7	2009年第一期得利宝	美元	2009－1－23	2010－1－23	1388	同业拆借	5.00%
8	2009年第二期得利宝	美元	2009－1－23	2009－7－23	4055	同业拆借	3.00%
9	2009年第一期得利宝	欧元	2009－1－23	2009－7－23	730	同业拆借	3.80%
10	2009年第一期得利宝	欧元	2009－1－23	2010－1－23	1021	同业拆借	5.00%
11	2009年第二期得利宝	欧元	2009－1－23	2009－7－23	90	同业拆借	1.80%
12	2009年第三期得利宝	澳元	2009－2－5	2009－8－5	3973	同业拆借	3.30%
13	2009年第三期得利宝	美元	2009－2－5	2009－8－5	5745	同业拆借	1.70%
14	2009年第三期得利宝	欧元	2009－2－5	2009－8－5	307	同业拆借	2.40%
15	2009年第四期得利宝	澳元	2009－2－20	2009－8－20	841	同业拆借	2.00%
16	2009年第四期得利宝	澳元	2009－2－20	2009－11－20	82	同业拆借	2.05%
17	2009年第四期得利宝	澳元	2009－2－20	2010－2－20	332	同业拆借	2.10%
18	2009年第五期得利宝	澳元	2009－2－20	2009－8－20	352	同业拆借	3.80%
19	2009年第五期得利宝	澳元	2009－2－20	2010－2－20	235	同业拆借	5.00%
20	2009年第五期得利宝	港币	2009－2－20	2009－8－20	19	同业拆借	3.80%
21	2009年第五期得利宝	港币	2009－2－20	2010－2－20	20	同业拆借	5.00%
22	2009年第四期得利宝	美元	2009－2－20	2009－8－20	4090	同业拆借	1.58%
23	2009年第四期得利宝	美元	2009－2－20	2009－11－20	557	同业拆借	1.60%
24	2009年第四期得利宝	美元	2009－2－20	2010－2－20	1611	同业拆借	1.62%
25	2009年第五期得利宝	美元	2009－2－20	2009－8－20	922	同业拆借	3.80%
26	2009年第五期得利宝	美元	2009－2－20	2010－2－20	640	同业拆借	5.00%
27	2009年第四期得利宝	欧元	2009－2－20	2009－8－20	393	同业拆借	2.38%
28	2009年第四期得利宝	欧元	2009－2－20	2009－11－20	78	同业拆借	2.40%
29	2009年第四期得利宝	欧元	2009－2－20	2010－2－20	153	同业拆借	2.42%
30	2009年第五期得利宝	欧元	2009－2－20	2009－8－20	233	同业拆借	3.80%
31	2009年第五期得利宝	欧元	2009－2－20	2010－2－20	312	同业拆借	5.00%
32	2009年第六期得利宝	美元	2009－3－6	2009－9－6	1043	同业拆借	1.05%
33	2009年第六期得利宝	美元	2009－3－6	2009－12－6	416	同业拆借	1.08%
34	2009年第六期得利宝	欧元	2009－3－6	2009－9－6	68	同业拆借	1.38%
35	2009年第六期得利宝	欧元	2009－3－6	2009－12－6	31	同业拆借	1.45%
36	2009年第六期得利宝	欧元	2009－3－6	2010－3－6	69	同业拆借	1.52%

续表

序号	产品名称	币种	发行日	到期日	拟发行量	投资方向	预期收益率
37	2009 年第七期得利宝	美元	2009 - 3 - 20	2009 - 9 - 20	1244	同业拆借	1.20%
38	2009 年第七期得利宝	美元	2009 - 3 - 20	2010 - 3 - 20	905	同业拆借	1.45%
39	2009 年第八期得利宝	澳元	2009 - 4 - 3	2009 - 10 - 3	1522	同业拆借	2.38%
40	2009 年第八期得利宝	澳元	2009 - 4 - 3	2010 - 4 - 3	343	同业拆借	2.55%
41	2009 年第八期得利宝	美元	2009 - 4 - 3	2009 - 10 - 3	917	同业拆借	1.14%
42	2009 年第八期得利宝	美元	2009 - 4 - 3	2010 - 4 - 3	393	同业拆借	1.33%
43	2009 年第九期得利宝	澳元	2009 - 4 - 17	2009 - 10 - 17	333	购买债券	2.60%
44	2009 年第九期得利宝	澳元	2009 - 4 - 17	2010 - 4 - 17	43	购买债券	2.70%
45	2009 年第十期得利宝	澳元	2009 - 4 - 30	2009 - 10 - 30	540	购买债券	2.70%
46	2009 年第十期得利宝	澳元	2009 - 4 - 30	2010 - 4 - 30	169	购买债券	2.90%
47	2009 年第十一期得利宝	美元	2009 - 4 - 30	2009 - 10 - 30	2499	购买债券	1.50%
48	2009 年第十二期得利宝	美元	2009 - 5 - 13	2009 - 11 - 13	585	购买债券	1.30%
49	2009 年第十三期得利宝	澳元	2009 - 6 - 5	2009 - 12 - 5	502	购买债券	2.50%
50	2009 年第十三期得利宝	澳元	2009 - 6 - 5	2010 - 6 - 5	234	购买债券	2.80%
51	2009 年第十四期得利宝	澳元	2009 - 7 - 31	2010 - 1 - 31	795	同业拆借	2.98%
52	2009 年第十四期得利宝	澳元	2009 - 7 - 31	2010 - 7 - 31	391	同业拆借	3.39%
53	2009 年第十五期得利宝	澳元	2009 - 8 - 21	2010 - 2 - 21	3253	同业拆借	3%
54	2009 年第十五期得利宝	美元	2009 - 8 - 21	2009 - 11 - 21	1754	同业拆借	1%
55	2009 年第十五期得利宝	美元	2009 - 8 - 21	2010 - 2 - 21	4017	同业拆借	1.20%
56	2009 年第十六期得利宝	澳元	2009 - 8 - 28	2010 - 2 - 28	889	同业拆借	3%
57	2009 年第十六期得利宝	美元	2009 - 8 - 28	2009 - 11 - 28	289	同业拆借	1%
58	2009 年第十六期得利宝	美元	2009 - 8 - 28	2010 - 2 - 28	1576	同业拆借	1.20%
59	2009 年第十七期得利宝	澳元	2009 - 9 - 5	2010 - 3 - 5	531	同业拆借	3%
60	2009 年第十七期得利宝	美元	2009 - 9 - 5	2009 - 12 - 5	168	同业拆借	0.90%
61	2009 年第十七期得利宝	美元	2009 - 9 - 5	2010 - 3 - 5	842	同业拆借	1.10%
62	2009 年第十八期得利宝	澳元	2009 - 9 - 18	2010 - 3 - 18	655	同业拆借	3%
63	2009 年第十八期得利宝	美元	2009 - 9 - 18	2009 - 12 - 18	333	同业拆借	0.90%
64	2009 年第十八期得利宝	美元	2009 - 9 - 18	2010 - 3 - 18	897	同业拆借	1.05%
65	2009 年第十九期得利宝	澳元	2009 - 9 - 28	2010 - 3 - 28	487	同业拆借	3%
66	2009 年第十九期得利宝	美元	2009 - 9 - 28	2009 - 12 - 28	361	同业拆借	1%
67	2009 年第十九期得利宝	美元	2009 - 9 - 28	2010 - 3 - 28	720	同业拆借	1.20%

数据来源：中国交通银行

表 3 - 13　2009 年华夏银行个人人民币理财产品发行情况表　　单位：万元人民币

序号	产品名称	发行日	到期日	拟发行量	投资方向	预期收益率
1	增盈 26 号	2009 - 1 - 21	2009 - 4 - 21	37660	购买债券	3.90%
2	增盈 26 号	2009 - 1 - 21	2009 - 7 - 21	7878	购买债券	3.80%
3	增盈 26 号	2009 - 1 - 21	2009 - 10 - 21	1203	购买债券	3.70%

续表

序号	产品名称	发行日	到期日	拟发行量	投资方向	预期收益率
4	增盈 26 号	2009－1－21	2010－1－21	9106	购买债券	3.60%
5	创盈 27 号	2009－1－22	2009－6－27	14199	信托贷款	4.60%
6	创盈 28 号	2009－1－22	2009－9－15	23770	信托贷款	5.20%
7	增盈 28 号	2009－1－23	2010－1－25	41215	购买债券	5.00%
8	创盈 31 号	2009－2－6	2009－12－30	540	信托贷款	7.67%
9	创盈 29 号	2009－2－11	2010－1－15	38900	信托贷款	5.50%
10	增盈 30 号（美元产品）	2009－2－11	2009－5－11	52	购买债券	1.10%
11	创盈 30 号	2009－2－11	2009－9－15	30000	信托贷款	5.20%
12	增盈 29 号	2009－2－12	2009－5－13	8779	购买债券	5.00%
13	增盈 29 号	2009－2－12	2009－8－12	8233	购买债券	5.00%
14	增盈 29 号	2009－2－12	2010－2－8	31795	购买债券	5.00%
15	创盈 32 号	2009－2－13	2009－7－20	57174	信托贷款	4.20%
16	增盈 31 号	2009－3－25	2009－6－25	13432	购买债券	3.10%
17	增盈 31 号	2009－3－25	2009－9－24	20923	购买债券	3.20%
18	增盈 32 号	2009－3－26	2009－4－2	511	购买债券	1.45%
19	增盈 32 号	2009－3－26	2009－4－9	555	购买债券	1.48%
20	增盈 32 号	2009－3－26	2009－4－16	123	购买债券	1.50%
21	增盈 32 号	2009－3－26	2009－4－23	4611	购买债券	1.55%
22	增盈 33 号	2009－4－2	2009－4－9	465	购买债券	1.50%
23	增盈 33 号	2009－4－2	2009－4－16	577	购买债券	1.55%
24	增盈 33 号	2009－4－2	2009－4－29	3445	购买债券	1.65%
25	创盈 33 号	2009－4－16	2010－4－16	14094	购买债券	3.80%
26	增盈 34 号	2009－4－16	2009－5－14	3487	购买债券	1.65%
27	增盈 35 号	2009－4－23	2009－5－21	5583	购买债券	1.65%
28	增盈 36 号	2009－4－30	2009－5－26	7282	购买债券	1.65%
29	增盈 38 号	2009－5－7	2009－6－4	5024	购买债券	1.68%
30	增盈 37 号	2009－5－8	2009－7－7	14	购买债券	1.20%
31	慧盈 19 号 A 款	2009－5－13	2009－8－13	6942	本行存款	4.41%
32	慧盈 19 号 B 款	2009－5－14	2009－8－14	1635	本行存款	5.32%
33	增盈 39 号	2009－5－14	2009－6－11	3794	购买债券	1.68%
34	增盈 40 号	2009－5－21	2009－6－18	3451	购买债券	1.68%
35	增盈 41 号	2009－5－27	2009－6－24	5179	购买债券	1.68%
36	增盈 42 号	2009－6－4	2009－7－2	7996	购买债券	1.68%
37	增盈 43 号	2009－6－11	2009－7－9	6373	购买债券	1.68%
38	增盈 44 号	2009－6－18	2009－7－16	3147	购买债券	1.68%
39	增盈 45 号	2009－6－25	2009－7－23	2030	购买债券	1.68%
40	增盈 46 号	2009－7－2	2009－7－30	3076	购买债券	1.72%
41	增盈 47 号	2009－7－8	2009－10－12	2204	购买债券	3.20%

续表

序号	产品名称	发行日	到期日	拟发行量	投资方向	预期收益率
42	增盈47号	2009-7-8	2010-1-8	1739	购买债券	3.30%
43	增盈48号	2009-7-9	2009-8-6	5545	购买债券	1.72%
44	增盈49号	2009-7-16	2009-8-13	3421	购买债券	1.72%
45	增盈50号	2009-7-30	2009-8-27	4094	购买债券	1.72%
46	增盈51号	2009-8-6	2009-9-3	2016	购买债券	1.72%
47	增盈52号	2009-8-13	2009-9-10	3252	购买债券	1.72%
48	增盈53号	2009-8-20	2009-9-17	2058	购买债券	1.72%
49	增盈54号	2009-8-27	2009-9-24	947	购买债券	1.72%
50	增盈56号	2009-9-2	2009-11-4	1105	购买债券	1.83%
51	增盈55号	2009-9-3	2009-10-9	2637	购买债券	1.80%
52	增盈57号	2009-9-10	2009-10-9	2582	购买债券	1.80%
53	增盈58号	2009-9-17	2009-10-15	1974	购买债券	1.80%
54	增盈58号	2009-9-17	2009-11-19	1912	购买债券	1.85%
55	增盈59号	2009-9-27	2010-3-29	665	购买债券	4.20%
56	增盈59号	2009-9-27	2010-9-27	2482	购买债券	4.60%
57	增盈61号	2009-9-27	2009-10-29	3708	购买债券	1.80%
58	增盈61号	2009-9-27	2009-11-26	3478	购买债券	1.85%
59	增盈60号	2009-10-16	2010-4-13	8022	购买债券	4.20%
60	增盈60号	2009-10-16	2010-10-11	26279	购买债券	4.60%
61	增盈62号	2009-10-15	2009-11-12	1509	购买债券	1.80%
62	增盈62号	2009-10-15	2009-12-17	3064	购买债券	1.85%
63	增盈63号	2009-10-22	2009-11-19	11528	购买债券	1.80%
64	增盈63号	2009-10-22	2009-12-24	2716	购买债券	1.85%
65	增盈64号	2009-10-29	2009-11-26	1086	购买债券	1.80%
66	增盈64号	2009-10-29	2009-12-30	1323	购买债券	1.85%
67	增盈65号	2009-11-5	2009-12-3	1813	购买债券	1.80%
68	增盈65号	2009-11-5	2010-1-7	695	购买债券	1.85%
69	创盈35号	2009-11-6	2010-8-24	2170	转让贷款	4.00%
70	创盈35号	2009-11-6	2010-8-24	3222	转让贷款	4.20%
71	创盈35号	2009-11-6	2010-8-24	4608	转让贷款	4.60%
72	增盈66号	2009-11-12	2009-12-10	1126	购买债券	1.80%
73	增盈66号	2009-11-12	2010-1-14	758	购买债券	1.85%
74	天天理财	2009-11-18		2652	购买债券	1.50%
75	增盈67号	2009-11-19	2009-12-17	1340	购买债券	1.80%
76	增盈67号	2009-11-19	2010-1-21	924	购买债券	1.85%
77	创盈37号	2009-11-25	2010-11-25	9078	转让贷款	4.00%
78	增盈68号	2009-11-26	2009-12-24	1174	购买债券	1.80%

续表

序号	产品名称	发行日	到期日	拟发行量	投资方向	预期收益率
79	增盈68号	2009－11－26	2010－1－28	903	购买债券	1.85%
80	增盈69号	2009－12－3	2009－12－29	1134	购买债券	1.80%
81	增盈69号	2009－12－3	2010－2－4	491	购买债券	1.85%
82	创盈38号	2009－12－3	2010－7－26	1898	转让贷款	3.80%
83	创盈38号	2009－12－3	2010－7－26	2315	转让贷款	4.00%
84	创盈38号	2009－12－3	2010－7－26	2845	转让贷款	4.40%
85	创盈39号	2009－12－9	2010－10－28	6682	转让贷款	4.20%
86	创盈39号	2009－12－9	2010－10－28	6088	转让贷款	4.40%
87	创盈39号	2009－12－9	2010－10－28	3277	转让贷款	4.60%
88	创盈40号	2009－12－9	2010－9－8	942	转让贷款	4.00%
89	创盈40号	2009－12－9	2010－9－8	662	转让贷款	4.10%
90	创盈40号	2009－12－9	2010－9－8	276	转让贷款	4.30%
91	创盈41号	2009－12－9	2010－5－27	2793	转让贷款	3.80%
92	创盈41号	2009－12－9	2010－5－27	4337	转让贷款	4.00%
93	创盈41号	2009－12－9	2010－5－27	4388	转让贷款	4.20%
94	创盈42号	2009－12－9	2010－9－23	291	转让贷款	4.00%
95	创盈42号	2009－12－9	2010－9－23	40	转让贷款	4.10%
96	创盈42号	2009－12－9	2010－9－23	200	转让贷款	4.30%
97	增盈70号	2009－12－10	2010－1－7	646	购买债券	1.80%
98	增盈70号	2009－12－10	2010－2－10	434	购买债券	1.85%
99	增盈71号	2009－12－17	2010－1－14	752	购买债券	1.80%
100	增盈71号	2009－12－17	2010－2－22	391	购买债券	1.85%
101	创盈43号	2009－12－18	2010－6－24	1411	转让贷款	3.80%
102	创盈43号	2009－12－18	2010－6－24	1157	转让贷款	4.00%
103	创盈43号	2009－12－18	2010－6－24	663	转让贷款	4.20%
104	创盈48号	2009－12－18	2010－8－27	2028	转让贷款	4.00%
105	创盈48号	2009－12－18	2010－8－27	1516	转让贷款	4.10%
106	创盈48号	2009－12－18	2010－8－27	457	转让贷款	4.30%
107	创盈49号	2009－12－18	2010－7－20	1649	转让贷款	4.00%
108	创盈49号	2009－12－18	2010－7－20	965	转让贷款	4.10%
109	创盈49号	2009－12－18	2010－7－20	634	转让贷款	4.30%
110	创盈50号	2009－12－18	2010－4－16	575	转让贷款	3.40%
111	创盈50号	2009－12－18	2010－4－16	520	转让贷款	3.60%
112	创盈50号	2009－12－18	2010－4－16	700	转让贷款	3.80%
113	创盈52号	2009－12－18	2010－2－24	1185	转让贷款	3.20%
114	创盈52号	2009－12－18	2010－2－24	1202	转让贷款	3.40%

续表

序号	产品名称	发行日	到期日	拟发行量	投资方向	预期收益率
115	创盈 52 号	2009－12－18	2010－2－24	1785	转让贷款	3.60%
116	创盈 60 号	2009－12－23	2010－7－19	1408	转让贷款	4.30%
117	创盈 60 号	2009－12－23	2010－7－19	1637	转让贷款	4.50%
118	创盈 60 号	2009－12－23	2010－7－19	3236	转让贷款	4.70%
119	创盈 45 号	2009－12－25	2010－7－31	1216	转让贷款	3.80%
120	创盈 45 号	2009－12－25	2010－7－31	994	转让贷款	4.00%
121	创盈 45 号	2009－12－25	2010－7－31	920	转让贷款	4.20%
122	创盈 46 号	2009－12－25	2010－7－3	1307	转让贷款	3.80%
123	创盈 46 号	2009－12－25	2010－7－3	1063	转让贷款	4.00%
124	创盈 46 号	2009－12－25	2010－7－3	1261	转让贷款	4.20%
125	创盈 53 号	2009－12－25	2010－2－17	959	转让贷款	3.00%
126	创盈 53 号	2009－12－25	2010－2－17	1500	转让贷款	3.20%
127	创盈 53 号	2009－12－25	2010－2－17	853	转让贷款	3.40%
128	增盈 72 号	2009－12－24	2010－1－21	615	购买债券	1.80%
129	增盈 72 号	2009－12－24	2010－1－21	729	购买债券	1.85%
130	增盈 73 号	2009－12－30	2010－1－28	873	购买债券	1.80%
131	增盈 73 号	2009－12－30	2010－3－4	442	购买债券	1.85%

数据来源：华夏银行

表 3－14　2009 年光大银行个人人民币理财产品发行情况表　　单位：万元人民币

序号	产品名称	发行日	到期日	拟发行量	投资方向	预期收益率
1	同赢十七号产品 1	2009－1－1	2009－1－6	不确定	打新股	不确定
2	同赢十八号产品 1	2009－1－1	2009－1－23	不确定	打新股	不确定
3	T 计划 2008 年财富客户第四十五期产品 4	2009－1－6	2009－4－2	6600	信托贷款	3.20%
4	T 计划 2008 年财富客户第四十五期产品 3	2009－1－6	2009－4－30	4255	信托贷款	3.40%
5	B 计划 2008 年定向第一期产品 2	2009－1－6	2010－1－6	137	购买债券	11.00%
6	B 计划 2009 年财富客户第一期产品 1	2009－1－7	2009－2－7	200	购买债券	2.10%
7	T 计划 2008 年财富客户第四十五期产品 2	2009－1－8	2009－3－30	31371	信托贷款	3.20%
8	T 计划 2009 年财富客户第一期产品 1	2009－1－8	2009－3－30	11352	信托贷款	3.20%
9	T 计划 2008 年第二十九期产品 1	2009－1－9	2009－3－9	51075	信托贷款	3.00%
10	T 计划 2008 年第二十九期产品 2	2009－1－9	2009－6－9	36400	信托贷款	4.00%
11	同赢二号承接产品 T 计划 2008 年定向第六十五期产品 1	2009－1－9	2010－1－9	32926	信托贷款	5.00%
12	T 计划 2009 年定向第一期产品 1	2009－1－9	2010－1－9	4813	信托贷款	4.50%
13	T 计划 2009 年财富客户第一期产品 2	2009－1－9	2010－1－9	2980	信托贷款	4.50%
14	T 计划 2009 年财富客户第一期产品 3	2009－1－9	2010－1－9	3400	信托贷款	4.80%

续表

序号	产品名称	发行日	到期日	拟发行量	投资方向	预期收益率
15	B 计划 2009 年财富客户第一期产品 3	2009 - 1 - 10	2009 - 2 - 10	500	购买债券	2. 10%
16	B 计划 2009 年财富客户第一期产品 2	2009 - 1 - 13	2009 - 2 - 13	23794	购买债券	2. 00%
17	T 计划 2008 年第二十九期产品 3	2009 - 1 - 15	2009 - 7 - 15	127927	信托贷款	3. 30%
18	T 计划 2009 年财富客户第一期产品 4	2009 - 1 - 16	2010 - 1 - 16	18491	信托贷款	3. 95%
19	T 计划 2009 年财富客户第一期产品 5	2009 - 1 - 20	2010 - 1 - 20	3000	信托贷款	3. 95%
20	T 计划 2009 年第一期产品 1	2009 - 1 - 20	2010 - 1 - 20	35000	信托贷款	3. 60%
21	T 计划 2009 年第一期产品 2	2009 - 1 - 20	2010 - 1 - 20	140204	信托贷款	3. 80%
22	T 计划 2009 年第一期产品 3	2009 - 1 - 22	2009 - 2 - 5	59651	信托贷款	1. 70%
23	T 计划 2009 年第一期产品 4	2009 - 1 - 24	2009 - 2 - 24	72855	信托贷款	1. 80%
24	B 计划 2009 年第一期产品 1	2009 - 2 - 3	2009 - 3 - 3	65950	购买债券	1. 80%
25	B 计划 2009 年第一期产品 2	2009 - 2 - 3	2009 - 3 - 3	10000	购买债券	2. 00%
26	B 计划 2009 年第一期产品 3	2009 - 2 - 3	2009 - 4 - 3	24922	购买债券	2. 30%
27	T 计划 2009 年财富客户第一期产品 7	2009 - 2 - 4	2009 - 3 - 30	1074	信托贷款	2. 50%
28	T 计划 2009 年第二期产品 5	2009 - 2 - 4	2009 - 8 - 9	68333	信托贷款	3. 50%
29	T 计划 2009 年第二期产品 6	2009 - 2 - 4	2009 - 8 - 9	13909	信托贷款	3. 70%
30	T 计划 2009 年第二期产品 7	2009 - 2 - 4	2009 - 8 - 9	1538	信托贷款	3. 50%
31	T 计划 2009 年定向第二期产品 1	2009 - 2 - 4	2010 - 8 - 30	13349	信托贷款	5. 20%
32	T 计划 2009 年第二期产品 1	2009 - 2 - 5	2009 - 4 - 5	53409	信托贷款	2. 30%
33	T 计划 2009 年第二期产品 2	2009 - 2 - 5	2009 - 4 - 5	19990	信托贷款	2. 60%
34	T 计划 2009 年财富客户第一期产品 6	2009 - 2 - 5	2009 - 4 - 5	0	信托贷款	3. 00%
35	T 计划 2009 年财富客户第一期产品 8	2009 - 2 - 5	2009 - 4 - 5	538	信托贷款	2. 60%
36	T 计划 2009 年第二期产品 3	2009 - 2 - 5	2009 - 7 - 5	33297	信托贷款	3. 30%
37	T 计划 2009 年第二期产品 4	2009 - 2 - 5	2009 - 7 - 5	19987	信托贷款	3. 40%
38	套餐计划 2009 年第一期产品 1(信用部分)	2009 - 2 - 5	2009 - 7 - 5	21700	本行存款	3. 00%
39	套餐计划 2009 年第一期产品 1(信托部分)	2009 - 2 - 5	2009 - 7 - 5	21700	信托贷款	3. 00%
40	套餐计划 2009 年第定向第一期产品 1(信用部分)	2009 - 2 - 5	2009 - 7 - 5	4998	本行存款	3. 00%
41	套餐计划 2009 年第定向第一期产品 1(信托部分)	2009 - 2 - 5	2009 - 7 - 5	4998	信托贷款	3. 00%
42	T 计划 2009 年财富客户第二期产品 6	2009 - 2 - 9	2009 - 4 - 28	0	信托贷款	2. 50%
43	T 计划 2009 年财富客户第二期产品 1	2009 - 2 - 9	2009 - 8 - 19	2458	信托贷款	3. 70%
44	T 计划 2009 年财富客户第二期产品 2	2009 - 2 - 9	2009 - 8 - 19	1500	信托贷款	3. 80%
45	T 计划 2009 年财富客户第二期产品 3	2009 - 2 - 9	2009 - 8 - 19	1924	信托贷款	3. 50%
46	T 计划 2009 年财富客户第二期产品 7	2009 - 2 - 10	2009 - 5 - 10	500	信托贷款	2. 60%
47	T 计划 2009 年财富客户第三期产品 1	2009 - 2 - 10	2009 - 5 - 10	500	信托贷款	2. 50%
48	T 计划 2009 年财富客户第三期产品 3	2009 - 2 - 10	2009 - 5 - 10	300	信托贷款	2. 50%

续表

序号	产品名称	发行日	到期日	拟发行量	投资方向	预期收益率
49	T 计划 2009 年财富客户第三期产品 2	2009－2－11	2009－4－28	623	信托贷款	2.50%
50	T 计划 2009 年财富客户第三期产品 4	2009－2－11	2009－5－10	3000	信托贷款	2.50%
51	T 计划 2009 年财富客户第二期产品 5	2009－2－11	2009－12－10	1000	信托贷款	4.10%
52	T 计划 2009 年财富客户第三期产品 6	2009－2－11	2009－12－10	688	信托贷款	4.00%
53	T 计划 2009 年财富客户第三期产品 7	2009－2－11	2009－12－10	500	信托贷款	4.00%
54	T 计划 2009 年财富客户第二期产品 4	2009－2－12	2009－3－12	500	信托贷款	2.00%
55	T 计划 2009 年财富客户第二期产品 10	2009－2－12	2009－3－12	912	信托贷款	2.00%
56	T 计划 2009 年财富客户第三期产品 5	2009－2－13	2009－5－10	1006	信托贷款	2.50%
57	T 计划 2009 年财富客户第三期产品 8	2009－2－13	2009－7－27	1176	转让贷款	3.20%
58	T 计划 2009 年财富客户第三期产品 10	2009－2－13	2009－7－31	2850	信托贷款	3.40%
59	T 计划 2009 年财富客户第四期产品 1	2009－2－16	2009－5－10	2815	信托贷款	2.50%
60	T 计划 2009 年财富客户第四期产品 2	2009－2－16	2009－7－31	3000	信托贷款	3.50%
61	T 计划 2009 年财富客户第四期产品 3	2009－2－16	2009－7－31	700	信托贷款	3.40%
62	T 计划 2009 年财富客户第四期产品 4	2009－2－16	2009－7－31	500	信托贷款	3.30%
63	T 计划 2009 年财富客户第一期产品 9	2009－2－17	2009－3－17	13803	信托贷款	2.00%
64	T 计划 2009 年财富客户第一期产品 10	2009－2－17	2009－3－17	6964	信托贷款	2.30%
65	T 计划 2009 年财富客户第四期产品 7	2009－2－17	2009－7－31	7800	信托贷款	3.40%
66	T 计划 2009 年第四期产品 1	2009－2－18	2010－2－18	147488	信托贷款	3.50%
67	T 计划 2009 年第四期产品 2	2009－2－18	2010－2－18	17992	信托贷款	3.50%
68	T 计划 2009 年财富客户第五期产品 1	2009－2－18	2010－2－18	14404	信托贷款	3.80%
69	T 计划 2009 年财富客户第二期产品 8	2009－2－19	2009－3－29	1000	信托贷款	2.10%
70	T 计划 2009 年财富客户第二期产品 9	2009－2－19	2009－3－29	1000	信托贷款	2.30%
71	T 计划 2009 年财富客户第四期产品 8	2009－2－19	2009－7－31	1000	信托贷款	3.30%
72	T 计划 2009 年第三期产品 1	2009－2－21	2009－7－14	23378	信托贷款	3.00%
73	T 计划 2009 年第三期产品 4	2009－2－21	2009－7－23	4482	信托贷款	3.10%
74	T 计划 2009 年第三期产品 2	2009－2－21	2009－8－22	8521	信托贷款	3.20%
75	T 计划 2009 年第三期产品 3	2009－2－21	2009－8－30	6442	信托贷款	3.20%
76	T 计划 2009 年财富客户第四期产品 9	2009－2－23	2009－5－10	879	信托贷款	2.40%
77	T 计划 2009 年财富客户第四期产品 10	2009－2－23	2009－7－31	500	信托贷款	3.40%
78	T 计划 2009 年定向第三期产品 1	2009－2－24	2010－2－24	20116	信托贷款	3.60%
79	T 计划 2009 年定向第四期产品 1	2009－2－25	2009－4－2	3275	转让贷款	1.50%
80	T 计划 2009 年定向第四期产品 2	2009－2－25	2009－4－6	12006	转让贷款	1.60%
81	T 计划 2009 年财富客户第五期产品 3	2009－2－27	2009－7－31	1000	信托贷款	3.20%
82	T 计划 2009 年财富客户第五期产品 4	2009－2－27	2009－7－31	500	信托贷款	3.30%
83	T 计划 2009 年财富客户第四期产品 5	2009－2－28	2009－6－27	1600	转让贷款	3.00%
84	T 计划 2009 年财富客户第四期产品 6	2009－2－28	2009－6－27	2283	转让贷款	3.00%

续表

序号	产品名称	发行日	到期日	拟发行量	投资方向	预期收益率
85	T计划2009年财富客户第五期产品2	2009-2-28	2009-7-31	1300	信托贷款	3.30%
86	T计划2009年财富客户第三期产品9	2009-2-28	2009-10-25	1300	转让贷款	3.60%
87	T计划2009年财富客户第五期产品6	2009-3-2	2009-4-13	1194	转让贷款	2.00%
88	T计划2009年财富客户第五期产品5	2009-3-2	2009-7-31	2600	信托贷款	3.20%
89	T计划2009年财富客户第五期产品8	2009-3-4	2009-7-31	2500	信托贷款	3.20%
90	T计划2009年财富客户第五期产品7	2009-3-5	2009-4-5	9549	信托贷款	1.90%
91	B计划2009年第二期产品1	2009-3-7	2009-4-7	87050	购买债券	1.50%
92	B计划2009年第二期产品2	2009-3-7	2009-4-7	8514	购买债券	1.50%
93	T计划2009年财富客户第六期产品2	2009-3-10	2009-8-6	433	信托贷款	3.30%
94	T计划-同福二号产品1	2009-3-10	2010-3-10	4999	信托贷款	3.50%
95	T计划-同福二号产品2	2009-3-10	2010-3-10	24999	信托贷款	3.70%
96	T计划2009年定向第五期产品2	2009-3-11	2009-3-31	14020	转让贷款	1.80%
97	T计划2009年定向第五期产品3	2009-3-11	2009-3-31	15977	转让贷款	2.00%
98	T计划2009年财富客户第五期产品9	2009-3-11	2009-7-31	7000	信托贷款	3.50%
99	T计划2009年财富客户第六期产品3	2009-3-11	2009-7-31	1300	信托贷款	3.20%
100	T计划2009年财富客户第六期产品4	2009-3-12	2009-7-31	0	信托贷款	3.20%
101	T计划2009年财富客户第五期产品10	2009-3-14	2009-4-28	9565	信托贷款	2.10%
102	T计划2009年定向第六期产品1	2009-3-14	2010-3-14	23508	信托贷款	3.60%
103	T计划2009年定向第六期产品2	2009-3-14	2010-3-14	3958	信托贷款	3.70%
104	T计划2009年定向第六期产品3	2009-3-14	2010-3-14	2489	信托贷款	3.80%
105	T计划2009年财富客户第六期产品6	2009-3-17	2009-7-31	2000	信托贷款	3.10%
106	T计划2009年财富客户第六期产品5	2009-3-17	2009-8-27	600	信托贷款	3.20%
107	T计划2009年财富客户第六期产品8	2009-3-17	2009-8-27	500	信托贷款	3.20%
108	T计划2009年财富客户第六期产品1	2009-3-18	2009-4-17	13007	信托贷款	1.90%
109	T计划2009年财富客户第六期产品7	2009-3-18	2009-4-28	2135	信托贷款	2.00%
110	T计划2009年财富客户第六期产品9	2009-3-18	2009-7-31	900	信托贷款	3.10%
111	T计划2009年定向第五期产品1同升七号承接	2009-3-18	2010-3-18	84510	信托贷款	3.80%
112	T计划2009年财富客户第七期产品1	2009-3-19	2009-4-28	5000	信托贷款	2.10%
113	T计划2009年财富客户第七期产品2	2009-3-20	2009-7-31	1011	信托贷款	3.10%
114	T计划2009年第五期产品1	2009-3-20	2010-3-20	48846	信托贷款	3.40%
115	T计划2009年第五期产品2	2009-3-20	2010-3-20	124727	信托贷款	3.50%
116	T计划2009年第五期产品3	2009-3-20	2010-3-20	128593	信托贷款	3.80%
117	T计划2009年第五期产品4	2009-3-20	2010-3-20	18592	信托贷款	3.50%
118	T计划2009年第五期产品5	2009-3-20	2010-3-20	4954	信托贷款	3.80%
119	T计划2009年财富客户第七期产品3	2009-3-23	2009-5-25	10018	信托贷款	2.40%

续表

序号	产品名称	发行日	到期日	拟发行量	投资方向	预期收益率
120	T 计划 2009 年财富客户第七期产品 5	2009－3－23	2009－5－25	550	信托贷款	2.10%
121	T 计划 2009 年财富客户第七期产品 7	2009－3－23	2009－5－25	1000	信托贷款	2.90%
122	T 计划 2009 年财富客户第七期产品 4	2009－3－23	2009－7－31	500	信托贷款	3.10%
123	T 计划 2009 年定向第八期产品 1	2009－3－23	2010－3－23	15465	信托贷款	3.50%
124	T 计划 2009 年财富客户第七期产品 9	2009－3－25	2009－4－28	1000	信托贷款	2.10%
125	T 计划 2009 年财富客户第七期产品 6	2009－3－25	2009－5－25	600	信托贷款	2.20%
126	T 计划 2009 年财富客户第七期产品 8	2009－3－26	2009－7－30	1500	信托贷款	3.20%
127	C 计划 2009 年定向第一期产品 1	2009－3－27	2009－6－27	2190	本行存款	2.10%
128	C 计划 2009 年定向第一期产品 2	2009－3－27	2009－6－27	10000	本行存款	2.40%
129	T 计划 2009 年定向第七期产品 1	2009－3－27	2010－3－27	9000	信托贷款	3.50%
130	T 计划 2009 年财富客户第七期产品 10	2009－3－27	2010－3－27	288	信托贷款	3.80%
131	T 计划 2009 年财富客户第八期产品 1	2009－3－30	2009－4－30	3157	信托贷款	2.00%
132	T 计划 2009 年财富客户第八期产品 2	2009－3－30	2009－4－30	16589	信托贷款	2.00%
133	T 计划 2009 年财富客户第八期产品 3	2009－3－30	2009－5－30	4747	信托贷款	2.40%
134	T 计划 2009 年财富客户第六期产品 10	2009－3－31	2009－6－28	1000	信托贷款	2.30%
135	T 计划 2009 年第六期产品 2	2009－3－31	2009－7－10	21703	信托贷款	3.00%
136	T 计划 2009 年第六期产品 4	2009－3－31	2009－7－10	8297	信托贷款	3.00%
137	T 计划 2009 年第六期产品 1	2009－3－31	2009－8－14	57266	信托贷款	2.80%
138	T 计划 2009 年第六期产品 3	2009－3－31	2009－8－14	20736	信托贷款	2.80%
139	套餐 09 年定向第二期同升 15、16 号专属承接产品（债券部分）	2009－3－31	2010－3－31	9501	购买债券	6.40%
140	套餐 09 年定向第二期同升 15、16 号专属承接产品（信托部分）	2009－3－31	2010－3－31	6334	信托贷款	6.40%
141	T 计划普通客户月月盈 2008 年第一期	2009－4－1	2009－4－30	3855	信托贷款	4.00%
142	T 计划 2009 年财富客户第八期产品 4	2009－4－1	2009－5－1	1000	信托贷款	2.10%
143	T 计划 2009 年定向第九期产品 1	2009－4－2	2009－5－31	3109	信托贷款	2.40%
144	T 计划 2009 年定向第九期产品 2	2009－4－2	2009－5－31	1467	信托贷款	2.60%
145	T 计划 2009 年定向第九期产品 3	2009－4－2	2009－5－31	2281	信托贷款	2.80%
146	T 计划 2009 年定向第九期产品 4	2009－4－2	2009－5－31	4939	信托贷款	3.00%
147	T 计划 2009 年定向第九期产品 5	2009－4－2	2009－5－31	6976	信托贷款	3.50%
148	T 计划 2009 年财富客户第八期产品 6	2009－4－3	2009－6－28	900	信托贷款	2.60%
149	T 计划 2009 年财富客户第八期产品 7	2009－4－8	2009－4－28	5112	信托贷款	1.80%
150	T 计划 2009 年财富客户第八期产品 8	2009－4－8	2009－4－28	1002	信托贷款	1.60%
151	B 计划 2009 年财富客户第一期产品 4	2009－4－13	2009－5－13	9000	购买债券	1.90%
152	B 计划 2009 年财富客户第一期产品 5	2009－4－13	2009－5－13	22903	购买债券	1.80%
153	套餐计划 2009 年第二期产品 1（结构性部分）	2009－4－13	2010－10－13	2970	本行存款	

续表

序号	产品名称	发行日	到期日	拟发行量	投资方向	预期收益率
154	套餐计划 2009 年第二期产品 1(信托部分)	2009-4-13	2010-10-13	2970	信托贷款	
155	B 计划 2009 年财富客户第一期产品 6	2009-4-15	2009-5-15	800	购买债券	2.00%
156	B 计划 2009 年财富客户第一期产品 7	2009-4-15	2009-5-15	700	购买债券	1.90%
157	T 计划 2009 年定向第十一期产品 1	2009-4-15	2009-6-30	18514	信托贷款	2.30%
158	T 计划 2009 年定向第十一期产品 2	2009-4-15	2009-6-30	15382	信托贷款	2.50%
159	T 计划 2009 年定向第十期产品 1	2009-4-15	2010-4-15	10295	信托贷款	3.60%
160	T 计划 2009 年定向第十期产品 2	2009-4-15	2010-4-15	4111	信托贷款	3.70%
161	T 计划 2009 年定向第十期产品 3	2009-4-15	2010-4-15	5312	信托贷款	3.80%
162	T 计划 2009 年第七期产品 1(攀钢钢钒现金选择权项目)	2009-4-21	2011-5-18	55990	其他	
163	T 计划 2009 年财富客户第八期产品 9	2009-4-23	2010-4-23	1100	信托贷款	3.90%
164	T 计划 2009 年财富客户第八期产品 10	2009-4-23	2010-4-23	8630	信托贷款	3.90%
165	T 计划 2009 年定向第十二期产品 1	2009-4-23	2010-4-23	12876	信托贷款	3.30%
166	T 计划 2009 年定向第十二期产品 2	2009-4-23	2010-4-23	4154	信托贷款	3.70%
167	T 计划 2009 年定向第十二期产品 3	2009-4-23	2010-4-23	1132	信托贷款	3.80%
168	C 计划 2009 年定向第二期产品 1	2009-4-30	2009-7-30	6699	本行存款	2.40%
169	T 计划 2009 年财富客户第九期产品 3	2009-4-30	2009-7-30	1970	信托贷款	2.80%
170	T 计划 2009 年财富客户第九期产品 5	2009-5-5	2009-8-5	1000	信托贷款	2.90%
171	T 计划 2009 年定向第十三期产品 1	2009-5-5	2010-5-5	2103	信托贷款	3.50%
172	T 计划 2009 年定向第十三期产品 2	2009-5-5	2010-5-5	234	信托贷款	3.80%
173	T 计划 2009 年财富客户第九期产品 4	2009-5-6	2009-8-6	2570	信托贷款	2.80%
174	T 计划 2009 年财富客户第九期产品 6	2009-5-6	2010-5-6	4956	信托贷款	3.90%
175	T 计划 2009 年定向第十四期产品 1	2009-5-6	2010-5-6	35448	信托贷款	3.50%
176	T 计划 2009 年定向第十四期产品 2	2009-5-6	2010-5-6	9456	信托贷款	3.80%
177	T 计划 2009 年财富客户第九期产品 7	2009-5-7	2009-8-7	1000	信托贷款	2.80%
178	T 计划 2009 年财富客户第九期产品 2	2009-5-8	2009-8-8	1896	信托贷款	3.00%
179	T 计划 2009 年财富客户第九期产品 8	2009-5-8	2009-8-8	6241	信托贷款	2.80%
180	T 计划 2009 年财富客户第十期产品 1	2009-5-8	2009-8-8	1000	信托贷款	2.60%
181	T 计划 2009 年财富客户第十期产品 3	2009-5-15	2009-8-15	1300	信托贷款	3.00%
182	T 计划 2009 年财富客户第十期产品 6	2009-5-16	2009-6-15	19352	信托贷款	2.00%
183	T 计划 2009 年财富客户第十期产品 9	2009-5-16	2009-6-15	1550	信托贷款	2.20%
184	T 计划 2009 年财富客户第十期产品 8	2009-5-16	2009-6-16	800	信托贷款	2.10%
185	T 计划 2009 年财富客户第十期产品 7	2009-5-16	2010-5-16	6985	信托贷款	3.80%
186	T 计划 2009 年第八期产品 1	2009-5-16	2010-5-16	51028	信托贷款	3.30%
187	T 计划 2009 年第八期产品 2	2009-5-16	2010-5-16	116982	信托贷款	3.40%
188	T 计划 2009 年第八期产品 3	2009-5-16	2010-5-16	62374	信托贷款	3.70%
189	T 计划 2009 年第八期产品 4	2009-5-16	2010-5-16	10518	信托贷款	3.40%

续表

序号	产品名称	发行日	到期日	拟发行量	投资方向	预期收益率
190	T 计划 2009 年财富客户第十期产品 5	2009－5－17	2009－6－16	12132	信托贷款	2.20%
191	T 计划 2009 年财富客户第十一期产品 2	2009－5－20	2009－6－20	600	信托贷款	2.20%
192	T 计划 2009 年财富客户第十一期产品 4	2009－5－20	2009－6－20	2000	信托贷款	2.30%
193	T 计划 2009 年财富客户第十一期产品 1	2009－5－22	2009－6－21	3873	信托贷款	2.20%
194	T 计划 2009 年财富客户第十一期产品 5	2009－5－22	2009－6－21	1000	信托贷款	2.10%
195	T 计划 2009 年财富客户第十一期产品 6	2009－5－22	2009－6－21	1000	信托贷款	2.10%
196	T 计划 2009 年财富客户第十一期产品 7	2009－5－22	2009－6－21	800	信托贷款	2.30%
197	T 计划 2009 年财富客户第十一期产品 3	2009－5－22	2010－5－22	1788	信托贷款	3.70%
198	T 计划 2009 年财富客户第十一期产品 8	2009－5－26	2009－6－25	1140	信托贷款	2.30%
199	T 计划 2009 年财富客户第十一期产品 9	2009－5－26	2009－6－25	1698	信托贷款	2.30%
200	T 计划 2009 年财富客户第十一期产品 10	2009－5－26	2009－9－26	400	信托贷款	3.80%
201	T 计划 2009 年财富客户第十三期产品 1	2009－5－26	2009－9－26	280	信托贷款	3.40%
202	T 计划 2009 年财富客户第十三期产品 2	2009－5－26	2009－9－26	108	信托贷款	3.40%
203	T 计划 2009 年定向第 15 期产品 1 同升 18 号承接	2009－5－26	2010－5－26	582	信托贷款	5.00%
204	T 计划 2009 年定向第 15 期产品 2 同升 6 号承接	2009－5－26	2010－5－26	14400	信托贷款	4.00%
205	C 计划 2009 年定向第三期产品 1	2009－5－27	2009－8－27	19104	本行存款	2.40%
206	C 计划 2009 年定向第三期产品 2	2009－5－27	2009－8－27	15000	本行存款	2.40%
207	T 计划 2009 年财富客户第十三期产品 3	2009－5－29	2010－5－29	517	信托贷款	3.70%
208	T 计划 2009 年财富客户第十期产品 4	2009－5－30	2009－6－27	3023	信托贷款	2.00%
209	C 计划 2009 年定向第四期产品 1	2009－6－1	2009－9－1	4998	本行存款	2.40%
210	T 计划 2009 年财富客户第十三期产品 4	2009－6－5	2009－7－3	18176	信托贷款	2.00%
211	T 计划 2009 年财富客户第十三期产品 5	2009－6－10	2009－9－10	26467	信托贷款	2.90%
212	T 计划 2009 年财富客户第十三期产品 6	2009－6－13	2009－7－13	4500	信托贷款	2.10%
213	T 计划 2009 年定向第 15 期产品 3	2009－6－13	2009－12－13	20336	信托贷款	3.00%
214	C 计划 2009 年定向第五期产品 1	2009－6－15	2009－9－15	1897	本行存款	2.40%
215	T 计划 2009 年财富客户第十三期产品 7	2009－6－18	2009－9－18	2305	信托贷款	2.80%
216	T 计划 2009 年财富客户第十三期产品 9	2009－6－20	2009－7－20	5046	信托贷款	2.10%
217	T 计划 2009 年财富客户第十三期产品 8	2009－6－22	2009－9－20	8108	信托贷款	2.80%
218	T 计划 2009 年第九期产品 1	2009－6－23	2009－12－23	80591	信托贷款	2.70%
219	T 计划 2009 年第九期产品 2	2009－6－23	2009－12－23	32091	信托贷款	3.00%
220	T 计划 2009 年第九期产品 4	2009－6－23	2009－12－23	8436	信托贷款	2.70%
221	T 计划 2009 年第九期产品 5	2009－6－23	2009－12－23	6184	信托贷款	3.00%
222	T 计划 2009 年第九期产品 3	2009－6－23	2011－6－23	62929	信托贷款	4.00%
223	T 计划 2009 年第九期产品 6	2009－6－23	2011－6－23	7736	信托贷款	4.00%

续表

序号	产品名称	发行日	到期日	拟发行量	投资方向	预期收益率
224	T计划2009年财富客户第十三期产品10	2009-6-24	2010-6-24	3500	信托贷款	4.00%
225	T计划2009年财富客户第十四期产品1	2009-6-24	2010-6-24	6817	信托贷款	3.80%
226	T计划2009年定向第十八期产品1	2009-6-24	2011-6-24	2997	信托贷款	4.30%
227	T计划2009年定向第十八期产品2	2009-6-24	2011-6-24	6996	信托贷款	4.50%
228	T计划2009年财富客户第十四期产品6	2009-6-25	2009-7-25	16939	信托贷款	2.10%
229	T计划2009年财富客户第十四期产品5	2009-6-25	2011-6-25	10329	信托贷款	4.50%
230	T计划2009年定向第十六期产品1	2009-6-26	2010-6-26	2999	信托贷款	3.30%
231	T计划2009年定向第十六期产品2	2009-6-26	2010-6-26	478	信托贷款	3.60%
232	T计划2009年定向第十六期产品3	2009-6-26	2010-6-26	499	信托贷款	3.80%
233	T计划2009年第十期产品1	2009-6-29	2009-12-29	30547	信托贷款	2.70%
234	T计划2009年财富客户第十四期产品7	2009-6-29	2011-6-29	300	信托贷款	4.50%
235	T计划2009年第十期产品4	2009-6-30	2009-9-28	2701	信托贷款	2.80%
236	T计划2009年财富客户第十四期产品2	2009-6-30	2010-6-30	500	信托贷款	4.00%
237	T计划2009年财富客户第十四期产品3	2009-6-30	2010-6-30	100	信托贷款	3.80%
238	T计划2009年财富客户第十四期产品8	2009-6-30	2010-6-30	5319	信托贷款	3.80%
239	T计划2009年定向第十九期产品1	2009-6-30	2010-6-30	31205	信托贷款	3.20%
240	T计划2009年第十期产品2	2009-6-30	2011-6-30	8363	信托贷款	4.00%
241	T计划2009年第十期产品3	2009-6-30	2011-6-30	10584	信托贷款	4.50%
242	T计划普通客户月月盈2008年第二期	2009-7-1	2009-8-25	3935	信托贷款	4.00%
243	T计划2009年财富客户第十四期产品9	2009-7-2	2009-8-2	1900	信托贷款	2.20%
244	T计划2009年财富客户第十四期产品10	2009-7-3	2009-12-3	2400	信托贷款	3.20%
245	T计划2009年财富客户第十五期产品4	2009-7-6	2009-8-6	1500	信托贷款	2.10%
246	T计划2009年财富客户第十五期产品3	2009-7-6	2009-12-6	1000	信托贷款	3.20%
247	T计划2009年第十二期产品1	2009-7-6	2010-7-6	68962	信托贷款	3.50%
248	T计划财富客户2009年第十二期产品1	2009-7-6	2011-1-6	14923	其他	6.00%
249	T计划2009年财富客户第十五期产品5	2009-7-7	2009-8-7	253	信托贷款	2.10%
250	T计划2009年财富客户第十五期产品6	2009-7-7	2009-8-7	3798	信托贷款	2.10%
251	T计划2009年第十二期产品2	2009-7-7	2010-7-7	19899	信托贷款	3.90%
252	T计划2009年第十二期产品3	2009-7-7	2010-7-7	826	信托贷款	3.50%
253	T计划2009年第十二期产品4	2009-7-7	2010-7-7	8980	信托贷款	3.80%
254	T计划2009年定向第二十一期产品1	2009-7-7	2010-7-7	8050	信托贷款	3.50%
255	T计划2009年第十一期产品1	2009-7-8	2010-1-8	75085	信托贷款	2.70%
256	T计划2009年定向第十七期产品1	2009-7-9	2009-10-7	181	信托贷款	2.80%
257	T计划2009年定向第十七期产品2	2009-7-9	2010-1-9	454	信托贷款	3.15%
258	T计划2009年第十一期产品2	2009-7-9	2010-1-9	26942	信托贷款	3.00%
259	T计划2009年第十一期产品3	2009-7-9	2010-1-9	2481	信托贷款	2.70%
260	T计划2009年定向第十七期产品3	2009-7-9	2010-7-9	1996	信托贷款	4.20%
261	T计划2009年定向第十七期产品4	2009-7-9	2010-7-9	999	信托贷款	4.20%

续表

序号	产品名称	发行日	到期日	拟发行量	投资方向	预期收益率
262	T计划2009年财富客户第十五期产品7	2009－7－10	2009－11－30	500	信托贷款	3.10%
263	教育理财E计划2009年第一期产品1	2009－7－10	2012－7－10	47365	信托贷款	
264	教育理财E计划2009年第一期产品2	2009－7－10	2012－7－10	32955	信托贷款	
265	T计划2009年财富客户第十五期产品9	2009－7－11	2009－7－24	2500	信托贷款	1.90%
266	T计划2009年定向第二十期产品1	2009－7－11	2010－1－11	9000	信托贷款	3.00%
267	T计划2009年财富客户第十五期产品8	2009－7－13	2009－12－3	1100	信托贷款	3.20%
268	T计划2009年财富客户第十五期产品1	2009－7－13	2009－12－13	1310	信托贷款	3.30%
269	T计划2009年财富客户第十六期产品1	2009－7－14	2009－11－29	230	信托贷款	3.10%
270	T计划2009年财富客户第十五期产品10	2009－7－15	2009－7－28	20185	信托贷款	1.80%
271	T计划2009年财富客户第十六期产品3	2009－7－15	2009－8－14	1000	信托贷款	2.20%
272	T计划2009年财富客户第十五期产品2	2009－7－15	2010－7－15	4882	信托贷款	4.20%
273	T计划2009年财富客户第十六期产品6	2009－7－16	2009－8－26	2000	信托贷款	2.20%
274	T计划2009年财富客户第十六期产品4	2009－7－16	2009－11－29	500	信托贷款	3.10%
275	T计划2009年财富客户第十六期产品5	2009－7－16	2009－11－29	2460	信托贷款	3.10%
276	T计划2009年定向第二十二期产品1	2009－7－16	2011－7－16	16707	股权投资	4.60%
277	T计划2009年定向第二十二期产品2	2009－7－16	2011－7－16	13211	股权投资	5.60%
278	T计划2009年定向第二十四期产品1	2009－7－17	2009－8－27	283	信托贷款	2.20%
279	T计划2009年财富客户第十六期产品8	2009－7－17	2009－8－27	2000	信托贷款	2.20%
280	T计划2009年财富客户第十六期产品7	2009－7－17	2009－11－29	500	信托贷款	3.50%
281	T计划2009年财富客户第十六期产品9	2009－7－20	2009－11－30	4000	信托贷款	3.10%
282	T计划2009年定向第二十三期产品1	2009－7－20	2010－7－20	4500	信托贷款	3.30%
283	教育理财E计划2009年第二期产品1	2009－7－22	2012－7－22	18712	信托贷款	
284	教育理财E计划2009年第二期产品2	2009－7－22	2012－7－22	14860	信托贷款	
285	T计划2009年财富客户第17期产品1	2009－7－23	2009－9－3	740	信托贷款	2.20%
286	T计划2009年财富客户第17期产品2	2009－7－23	2009－10－21	9010	信托贷款	2.90%
287	T计划2009年第十三期产品1	2009－7－23	2009－12－23	78971	信托贷款	2.60%
288	T计划2009年第十三期产品2	2009－7－23	2009－12－23	23572	信托贷款	2.80%
289	T计划2009年第十三期产品3	2009－7－24	2009－12－24	4301	信托贷款	2.60%
290	T计划2009年第十三期产品4	2009－7－24	2009－12－24	1072	信托贷款	2.80%
291	T计划2009年财富客户第16期产品10	2009－7－24	2010－4－15	300	信托贷款	3.70%
292	T计划2009年财富客户第17期产品3	2009－7－29	2009－9－9	2500	信托贷款	2.30%
293	T计划2009年定向第二十五期产品1	2009－7－29	2010－1－29	2562	信托贷款	3.00%
294	T计划2009年定向第二十六期产品1	2009－7－29	2010－1－29	4260	信托贷款	3.00%
295	T计划2009年定向第二十六期产品2	2009－7－29	2010－1－29	4577	信托贷款	3.20%
296	T计划2009年第十四期产品1	2009－7－29	2010－6－23	46137	信托贷款	4.00%
297	T计划2009年第十四期产品2	2009－7－29	2010－6－23	21063	信托贷款	4.30%
298	T计划2009年财富客户第17期产品4	2009－7－30	2009－9－10	500	信托贷款	2.20%
299	T计划2009年第十五期产品1	2009－7－30	2009－12－30	24792	信托贷款	2.60%

续表

序号	产品名称	发行日	到期日	拟发行量	投资方向	预期收益率
300	T计划2009年第十五期产品2	2009-7-30	2009-12-30	7536	信托贷款	2.80%
301	T计划2009年第十五期产品3	2009-7-30	2010-7-30	67827	信托贷款	
302	T计划2009年定向第二十七期产品1	2009-7-31	2009-12-31	1730	信托贷款	3.00%
303	T计划2009年财富客户第17期产品5	2009-7-31	2010-1-31	500	信托贷款	3.30%
304	T计划2009年第十五期产品6	2009-7-31	2010-7-31	4353	信托贷款	
305	T计划2009年第十六期产品	2009-8-1	2009-9-11	10476	信托贷款	2.10%
306	T计划2009年第十五期产品7	2009-8-1	2009-12-31	15275	信托贷款	2.60%
307	T计划2009年第十五期产品8	2009-8-1	2009-12-31	6330	信托贷款	2.80%
308	T计划2009年财富客户第17期产品6	2009-8-4	2010-2-4	500	信托贷款	3.30%
309	T计划2009年定向第二十八期产品1	2009-8-6	2010-2-6	2824	信托贷款	3.00%
310	T计划2009年定向第二十八期产品2	2009-8-6	2010-2-6	300	信托贷款	3.20%
311	T计划2009年财富客户第17期产品7	2009-8-7	2010-5-25	1100	信托贷款	3.80%
312	T计划2009年财富客户第17期产品8	2009-8-9	2010-5-27	1160	信托贷款	3.70%
313	A+计划2009年第一期产品	2009-8-11	2010-8-11	9166	本行存款	
314	T计划2009年第十七期产品1	2009-8-12	2009-12-27	42301	信托贷款	2.60%
315	T计划2009年第十七期产品2	2009-8-12	2009-12-27	15437	信托贷款	2.80%
316	T计划2009年第十七期产品3	2009-8-12	2010-8-12	39762	信托贷款	
317	T计划2009年第十七期产品4	2009-8-12	2011-8-12	18495	信托贷款	
318	T计划2009年财富客户第17期产品9	2009-8-14	2010-7-13	1000	信托贷款	4.00%
319	T计划2009年财富客户第18期产品1	2009-8-16	2010-7-15	520	信托贷款	4.10%
320	T计划2009年定向第三十期产品1	2009-8-18	2011-2-18	16947	信托贷款	4.60%
321	T计划2009年财富客户第17期产品10	2009-8-19	2010-5-27	2003	信托贷款	3.70%
322	T计划2009年财富客户第18期产品2	2009-8-19	2010-7-18	800	信托贷款	4.10%
323	T计划2009年财富客户第18期产品4	2009-8-20	2010-2-20	1300	信托贷款	3.20%
324	T计划2009年财富客户第18期产品3	2009-8-22	2010-7-21	26081	信托贷款	4.00%
325	阳光理财股权质押融资计划2009年第一期产品1	2009-8-22	2010-8-22	58667	股权质押贷款	6.20%
326	阳光理财股权质押融资计划2009年第一期产品2	2009-8-22	2010-8-22	38173	股权质押贷款	6.20%
327	阳光理财股权质押融资计划2009年第一期产品3	2009-8-22	2010-8-22	3101	股权质押贷款	6.20%
328	T计划2009年第十八期产品1	2009-8-24	2009-12-24	64186	信托贷款	2.60%
329	T计划2009年第十八期产品2	2009-8-24	2009-12-24	28358	信托贷款	2.80%
330	T计划2009年第十八期产品4	2009-8-24	2010-2-24	25193	信托贷款	3.00%
331	T计划2009年第十八期产品3	2009-8-24	2011-8-24	20865	信托贷款	
332	T计划2009年财富客户第18期产品5	2009-8-28	2010-6-6	700	信托贷款	3.95%
333	T计划2009年定向第二十九期产品2	2009-8-28	2010-7-27	1000	信托贷款	3.70%

续表

序号	产品名称	发行日	到期日	拟发行量	投资方向	预期收益率
334	T计划2009年定向第二十九期产品1	2009-8-28	2010-8-10	552	信托贷款	3.50%
335	T计划2009年财富客户第18期产品6	2009-9-3	2010-3-3	500	信托贷款	3.30%
336	T计划2009年第十九期产品1	2009-9-3	2010-6-3	81498	信托贷款	
337	T计划2009年第十九期产品2	2009-9-3	2011-9-3	29714	信托贷款	
338	T计划2009年定向第三十三期产品1	2009-9-4	2010-3-4	8959	信托贷款	3.00%
339	T计划2009年财富客户第18期产品8	2009-9-7	2009-12-7	2000	信托贷款	3.00%
340	T计划2009年定向第三十一期产品1	2009-9-8	2011-2-18	3052	信托贷款	4.60%
341	T计划2009年财富客户第三十二期产品	2009-9-8	2012-9-8	19954	信托贷款	
342	T计划2009年定向第三十四期产品1	2009-9-10	2010-8-10	4942	信托贷款	3.50%
343	T计划2009年财富客户第18期产品7	2009-9-10	2010-9-10	8643	信托贷款	4.00%
344	T计划2009年定向第三十四期产品2	2009-9-10	2010-9-10	4000	信托贷款	3.70%
345	T计划2009年定向第三十五期产品1	2009-9-10	2010-9-10	13462	信托贷款	4.10%
346	T计划2009年定向第三十五期产品2	2009-9-10	2010-9-10	12490	信托贷款	4.20%
347	T计划2009年财富客户第18期产品9	2009-9-11	2010-3-11	2375	信托贷款	3.20%
348	T计划2009年财富客户第18期产品10	2009-9-15	2010-8-14	500	信托贷款	4.00%
349	T计划2009年财富客户第19期产品4	2009-9-17	2010-3-17	2250	信托贷款	3.30%
350	T计划2009年财富客户第19期产品2	2009-9-18	2009-12-11	2800	信托贷款	3.00%
351	T计划2009年财富客户第19期产品3	2009-9-18	2009-12-11	1800	信托贷款	3.10%
352	T计划2009年第二十期产品1	2009-9-21	2010-9-15	159499	信托贷款	3.70%
353	T计划2009年第二十期产品2	2009-9-21	2010-9-15	39004	信托贷款	4.00%
354	T计划2009年财富客户第12期产品2	2009-9-21	2010-9-21	8479	其他	5.30%
355	T计划2009年第二十期产品3	2009-9-21	2011-9-21	26756	信托贷款	
356	T计划2009年财富客户第19期产品6	2009-9-23	2009-12-11	1000	信托贷款	3.10%
357	T计划2009年财富客户第19期产品5	2009-9-24	2009-12-17	1392	信托贷款	3.00%
358	T计划2009年财富客户第19期产品1	2009-9-26	2012-8-26	5149	信托贷款	5.20%
359	T计划财富客户2009年第12期产品4	2009-9-28	2011-9-30	8920	其他	6.00%
360	A+计划2009年第二期产品	2009-9-29	2009-12-29	13814	本行存款	
361	套餐计划2009年第三期产品1(结构性部分)	2009-9-29	2009-12-29	2573	本行存款	
362	套餐计划2009年第三期产品1(信托部分)	2009-9-29	2009-12-29	2573	信托贷款	
363	T计划2009年第二十一期产品1	2009-10-1	2009-10-9	129233	信托贷款	2.00%
364	T计划2009年第二十一期产品2	2009-10-1	2009-10-9	849099	信托贷款	2.40%
365	T计划2009年财富客户第19期产品8	2009-10-1	2009-12-11	9294	信托贷款	3.00%
366	T计划2009年财富客户第19期产品9	2009-10-1	2009-12-11	3700	信托贷款	3.10%
367	同赢五号产品2	2009-10-1	2009-10-21	0	基金	
368	同赢八号	2009-10-1	2009-12-31	0	基金	
369	光华精选	2009-10-1	2009-12-31	184	基金	

续表

序号	产品名称	发行日	到期日	拟发行量	投资方向	预期收益率
370	同享一号人民币	2009－10－1	2009－12－31	0	购买结构性票据	
371	同享二号	2009－10－1	2009－12－31	30	基金	
372	同赢五号产品3	2009－10－1	2009－12－31	24	基金	
373	稳健一号	2009－10－1	2009－12－31	112167	混合	
374	同赢五号四	2009－10－1	2009－12－31	5151	基金	
375	光大万丰稳健二期	2009－10－1	2009－12－31	19493	混合	
376	资产配置计划－稳健组合	2009－10－1	2009－12－31	194447	混合	
377	资产配置计划－增利组合	2009－10－1	2009－12－31	71123	混合	
378	资产配置计划－平衡组合	2009－10－1	2009－12－31	38529	混合	
379	资产配置计划－进取组合	2009－10－1	2009－12－31	18195	混合	
380	T计划季季盈2009年第一期产品1	2009－10－1	2009－12－31	199935	信托贷款	
381	T计划季季盈2009年第一期产品2	2009－10－1	2009－12－31	64999	信托贷款	
382	资产配置计划－激进组合	2009－10－1	2009－12－31	2394	股票	
383	T计划季季盈2009年第二期产品1	2009－10－1	2009－12－31	182177	信托贷款	
384	T计划季季盈2009年第二期产品2	2009－10－1	2009－12－31	58880	信托贷款	
385	光大万丰稳健一期	2009－10－1	2009－12－31	54202	混合	
386	光大万丰稳健三期	2009－10－1	2009－12－31	27302	混合	
387	光大万丰避险一期	2009－10－1	2009－12－31	10760	混合	
388	光大万丰避险二期	2009－10－1	2009－12－31	4153	混合	
389	T计划季季盈2009年第三期产品1	2009－10－1	2009－12－31	81349	信托贷款	
390	T计划季季盈2009年第三期产品2	2009－10－1	2009－12－31	40687	信托贷款	
391	T计划月月盈2009年第一期产品1	2009－10－1	2009－12－31	35711	信托贷款	
392	T计划月月盈2009年第一期产品2	2009－10－1	2009－12－31	18715	信托贷款	
393	T计划月月盈2009年第一期产品3	2009－10－1	2009－12－31	29030	信托贷款	
394	T计划月月盈2009年第二期产品1	2009－10－1	2009－12－31	23186	信托贷款	
395	T计划月月盈2009年第二期产品2	2009－10－1	2009－12－31	14897	信托贷款	
396	T计划月月盈2009年第二期产品3	2009－10－1	2009－12－31	19341	信托贷款	
397	阳光私募基金宝	2009－10－1	2009－12－31	141315	混合	
398	T计划2009年财富客户第19期产品7	2009－10－1	2010－9－10	1305	信托贷款	4.20%
399	T计划2009年财富客户第19期产品10	2009－10－1	2010－9－21	4844	信托贷款	4.30%
400	T计划2009年第二十一期产品3	2009－10－1	2010－9－21	105480	信托贷款	3.80%
401	T计划2009年第二十一期产品4	2009－10－1	2010－9－21	44123	信托贷款	4.10%
402	T计划2009年第二十一期产品9	2009－10－1	2010－9－21	17385	信托贷款	3.80%
403	T计划2009年定向第三十八期产品1	2009－10－1	2010－9－21	910	信托贷款	3.90%
404	T计划2009年定向第三十八期产品2	2009－10－1	2010－9－21	1187	信托贷款	4.00%
405	活期宝	2009－10－1	2009－12－31	283224	混合	1.68%
406	T计划2009年第二十一期产品5	2009－10－12	2010－10－12	99021	信托贷款	3.70%

续表

序号	产品名称	发行日	到期日	拟发行量	投资方向	预期收益率
407	T 计划 2009 年第二十一期产品 7	2009－10－12	2010－10－12	46128	信托贷款	3.80%
408	T 计划 2009 年第二十一期产品 8	2009－10－12	2010－10－12	19442	信托贷款	4.10%
409	T 计划 2009 年第二十一期产品 6	2009－10－12	2011－7－12	34655	信托贷款	4.00%
410	T 计划 2009 年定向第三十六期产品 1	2009－10－13	2010－10－13	15906	信托贷款	5.00%
411	T 计划 2009 年定向第三十六期产品 2	2009－10－13	2010－10－13	94	信托贷款	5.00%
412	T 计划 2009 年定向第三十七期产品 1	2009－10－13	2010－10－13	28576	信托贷款	4.30%
413	T 计划 2009 年财富客户第 12 期产品 3	2009－10－14	2010－10－22	9830	其他	5.30%
414	T 计划 2009 年财富客户第 20 期产品 1	2009－10－15	2010－10－15	6600	信托贷款	4.40%
415	T 计划 2009 年第二十一期产品 10	2009－10－16	2010－9－21	23718	信托贷款	3.80%
416	T 计划 2009 年第二十一期产品 11	2009－10－16	2010－10－12	29430	信托贷款	3.80%
417	T 计划 2009 年财富客户第 20 期产品 2	2009－10－19	2010－10－19	2588	信托贷款	4.40%
418	T 计划 2009 年第二十二期产品 1	2009－10－26	2010－10－26	65568	信托贷款	3.70%
419	T 计划财富客户 2009 年第 12 期产品 5	2009－10－27	2011－11－4	10000	其他	6.00%
420	T 计划 2009 年财富客户第 20 期产品 3	2009－10－28	2010－2－25	9870	信托贷款	3.50%
421	T 计划 2009 年财富客户第 20 期产品 4	2009－10－28	2010－2－25	27006	信托贷款	3.20%
422	T 计划 2009 年定向第三十九期产品 1	2009－10－28	2010－2－25	1800	信托贷款	2.80%
423	T 计划 2009 年第二十二期产品 3	2009－10－28	2010－2－25	28191	信托贷款	2.70%
424	T 计划 2009 年第二十二期产品 2	2009－10－28	2010－10－26	10432	信托贷款	3.70%
425	T 计划 2009 年财富客户第 20 期产品 5	2009－10－30	2010－2－25	1000	信托贷款	3.50%
426	T 计划 2009 年财富客户第 20 期产品 6	2009－11－3	2010－2－25	1000	信托贷款	3.50%
427	T 计划 2009 年财富客户第 20 期产品 7	2009－11－3	2010－2－25	1572	信托贷款	3.20%
428	B 计划 2009 年财富客户第一期产品 10	2009－11－5	2010－10－27	15222	购买债券	4.00%
429	B 计划 2009 年财富客户第二期产品 1	2009－11－5	2010－10－27	5000	购买债券	4.20%
430	B 计划 2009 年财富客户第二期产品 2	2009－11－9	2010－10－27	1770	购买债券	4.20%
431	T 计划 2009 年财富客户第 20 期产品 8	2009－11－10	2010－3－9	2903	信托贷款	3.40%
432	T 计划 2009 年财富客户第 20 期产品 9	2009－11－10	2010－3－9	1900	信托贷款	3.40%
433	同赢五号 2－二期	2009－11－12	2009－12－31	123720	混合	
434	T 计划 2009 年第二十三期产品 1	2009－11－13	2010－3－9	60000	信托贷款	2.70%
435	T 计划 2009 年第二十三期产品 2	2009－11－13	2010－3－9	21401	信托贷款	3.10%
436	T 计划财富客户 2009 年第 12 期产品 6	2009－11－13	2011－5－20	3400	其他	5.60%
437	T 计划 2009 年第二十四期产品 2	2009－11－19	2010－11－19	70495	信托贷款	3.80%
438	T 计划 2009 年第二十四期产品 3	2009－11－19	2010－11－19	22715	信托贷款	4.10%
439	T 计划 2009 年第二十四期产品 4	2009－11－19	2010－11－19	26352	信托贷款	3.80%
440	T 计划 2009 年定向第四十一期产品 2	2009－11－19	2010－11－19	10000	信托贷款	4.00%
441	T 计划 2009 年第二十四期产品 5	2009－11－20	2011－5－20	21000	信托贷款	4.30%
442	T 计划 2009 年定向第四十一期产品 1	2009－11－20	2011－5－20	5981	信托贷款	4.50%
443	T 计划财富客户 2009 年第 12 期产品 7	2009－11－20	2011－5－27	9750	其他	5.60%
444	T 计划 2009 年定向第四十二期产品 1	2009－11－23	2010－4－22	3523	信托贷款	3.20%

续表

序号	产品名称	发行日	到期日	拟发行量	投资方向	预期收益率
445	T 计划 2009 年第二十四期产品 1	2009－11－24	2010－5－12	51685	信托贷款	3.00%
446	T 计划 2009 年定向第四十一期产品 3	2009－11－24	2010－5－30	5726	信托贷款	3.20%
447	T 计划 2009 年第二十四期产品 8	2009－11－24	2011－6－24	15000	信托贷款	4.30%
448	T 计划 2009 年第二十五期产品 2	2009－11－25	2010－3－25	11554	信托贷款	3.20%
449	T 计划 2009 年财富客户第 22 期产品 2	2009－11－25	2010－3－25	10200	信托贷款	3.60%
450	T 计划 2009 年第二十五期产品 1	2009－11－25	2010－5－30	8411	信托贷款	3.40%
451	T 计划 2009 年财富客户第 22 期产品 1	2009－11－25	2010－5－30	4000	信托贷款	3.80%
452	T 计划 2009 年财富客户第 22 期产品 4	2009－11－25	2010－5－30	1000	信托贷款	3.80%
453	T 计划 2009 年财富客户第 22 期产品 5	2009－11－26	2010－11－19	500	信托贷款	4.30%
454	T 计划 2009 年财富客户第 22 期产品 3	2009－11－27	2010－3－25	1500	信托贷款	3.60%
455	T 计划 2009 年第二十四期产品 6	2009－11－27	2010－4－22	53378	信托贷款	2.90%
456	T 计划 2009 年第二十四期产品 7	2009－11－27	2010－4－22	13484	信托贷款	3.20%
457	T 计划 2009 年财富客户第 22 期产品 6	2009－11－30	2010－5－12	983	信托贷款	3.70%
458	T 计划 2009 年财富客户第 21 期产品 1	2009－11－30	2011－12－7	19340	其他	6.00%
459	T 计划 2009 年定向第四十期产品 1	2009－12－1	2010－12－1	8824	信托贷款	4.10%
460	T 计划 2009 年定向第四十期产品 2	2009－12－1	2010－12－1	1920	信托贷款	4.20%
461	T 计划 2009 年第二十六期产品 1	2009－12－2	2010－11－30	48444	信托贷款	4.00%
462	T 计划 2009 年第二十六期产品 2	2009－12－2	2010－11－30	30266	信托贷款	4.00%
463	T 计划 2009 年财富客户第 23 期产品 1	2009－12－4	2010－11－19	1000	信托贷款	4.30%
464	T 计划 2009 年定向第四十三期产品 1	2009－12－4	2010－11－30	16215	信托贷款	4.10%
465	T 计划 2009 年定向第四十三期产品 2	2009－12－4	2010－11－30	3988	信托贷款	4.30%
466	T 计划 2009 年财富客户第 21 期产品 2	2009－12－4	2011－6－10	8430	其他	5.60%
467	T 计划 2009 年财富客户第 23 期产品 2	2009－12－5	2010－3－25	4000	信托贷款	3.60%
468	T 计划 2009 年财富客户第 23 期产品 5	2009－12－5	2010－5－30	1000	信托贷款	3.80%
469	T 计划 2009 年财富客户第 23 期产品 4	2009－12－7	2010－11－19	1400	信托贷款	4.30%
470	T 计划 2009 年财富客户第 23 期产品 8	2009－12－8	2010－3－25	5800	信托贷款	3.40%
471	T 计划 2009 年财富客户第 23 期产品 7	2009－12－8	2010－5－30	2153	信托贷款	3.70%
472	T 计划 2009 年财富客户第 23 期产品 3	2009－12－9	2010－12－1	8384	信托贷款	4.20%
473	T 计划 2009 年第二十八期产品 1	2009－12－10	2010－12－7	25171	信托贷款	4.00%
474	T 计划 2009 年第二十八期产品 2	2009－12－11	2010－4－22	21085	信托贷款	3.00%
475	T 计划 2009 年财富客户第 21 期产品 3	2009－12－11	2011－6－17	4260	其他	5.60%
476	A＋计划 2009 年第三期产品	2009－12－14	2010－12－14	5469	本行存款	
477	T 计划 2009 年定向第四十五期产品 1	2009－12－14	2011－12－14	8000	其他	5.20%

续表

序号	产品名称	发行日	到期日	拟发行量	投资方向	预期收益率
478	T 计划 2009 年财富客户第 23 期产品 10	2009－12－16	2010－3－25	10954	信托贷款	3.35%
479	T 计划 2009 年财富客户第 23 期产品 9	2009－12－16	2010－5－30	4233	信托贷款	3.65%
480	T 计划 2009 年第二十八期产品 3	2009－12－17	2010－12－17	33244	信托贷款	4.00%
481	T 计划 2009 年第二十八期产品 4	2009－12－17	2010－12－17	12969	信托贷款	4.20%
482	T 计划 2009 年第二十八期产品 5	2009－12－17	2010－12－17	14888	信托贷款	4.30%
483	T 计划 2009 年定向第四十七期产品 2	2009－12－17	2010－12－17	9123	信托贷款	4.10%
484	T 计划 2009 年定向第四十七期产品 3	2009－12－17	2010－12－17	4118	信托贷款	4.20%
485	T 计划 2009 年定向第四十七期产品 4	2009－12－17	2010－12－17	2817	信托贷款	4.30%
486	T 计划 2009 年定向第四十八期产品 1	2009－12－17	2010－12－17	12000	信托贷款	5.00%
487	T 计划 2009 年财富客户第 24 期产品 1	2009－12－18	2010－1－18	5000	信托贷款	3.00%
488	T 计划 2009 年第二十九期产品 1	2009－12－18	2010－4－22	8585	信托贷款	3.10%
489	T 计划 2009 年第二十九期产品 2	2009－12－18	2010－6－18	26995	信托贷款	3.40%
490	T 计划 2009 年财富客户第 22 期产品 9	2009－12－18	2012－12－18	8699	信托贷款	5.40%
491	T 计划 2009 年财富客户第 24 期产品 2	2009－12－21	2010－12－21	1000	信托贷款	4.30%
492	T 计划 2009 年第二十七期产品 1	2009－12－21	2011－12－21	53673	信托贷款	4.80%
493	T 计划 2009 年第二十七期产品 2	2009－12－21	2011－12－21	21582	信托贷款	5.00%
494	T 计划 2009 年定向第四十六期产品 1	2009－12－21	2011－12－21	4954	信托贷款	5.30%
495	T 计划 2009 年财富客户第 23 期产品 6	2009－12－21	2012－11－27	1876	信托贷款	5.20%
496	T 计划 2009 年定向第四十九期产品 3	2009－12－22	2010－5－12	10120	信托贷款	3.80%
497	T 计划 2009 年财富客户第 22 期产品 10	2009－12－23	2012－12－18	1440	信托贷款	5.40%
498	T 计划 2009 年第二十九期产品 3	2009－12－24	2010－12－7	24691	信托贷款	4.00%
499	T 计划 2009 年定向第四十九期产品 1	2009－12－24	2010－12－24	2432	信托贷款	4.00%
500	T 计划 2009 年定向第四十九期产品 2	2009－12－24	2010－12－24	1483	信托贷款	4.10%
501	T 计划 2009 年第二十九期产品 4	2009－12－24	2010－12－24	15886	信托贷款	4.00%
502	T 计划 2009 年财富客户第 24 期产品 4	2009－12－25	2010－12－17	9320	信托贷款	4.30%
503	T 计划 2009 年定向第四十七期产品 1	2009－12－26	2010－6－26	888	信托贷款	3.40%
504	T 计划 2009 年定向第五十期产品 2	2009－12－28	2010－1－28	14678	信托贷款	2.60%
505	T 计划 2009 年财富客户第 24 期产品 10	2009－12－31	2010－1－31	15000	信托贷款	3.00%
506	T 计划 2009 年财富客户第 24 期产品 7	2009－12－31	2010－6－26	3497	信托贷款	4.00%

备注 1：拟发行量为“0”的产品均为开放式产品

备注 2：预期收益率空白的产品为浮动收益理财产品

数据来源：光大银行

表3－15　2009年光大银行个人外币理财产品发行情况表

单位：万元发行币种

序号	产品名称	币种	发行日	到期日	拟发行量	投资方向	预期收益率
1	阳光理财A计划2009年第一期产品1	美元	2009－2－12	2010－2－12	1406	本行存款	1.80%
2	阳光理财A计划2009年第2期产品2	欧元	2009－3－6	2009－9－6	109	本行存款	1.15%
3	阳光理财A计划2009年第2期产品3	澳元	2009－3－6	2009－9－6	725	本行存款	2.60%
4	阳光理财A计划2009年第3期产品4	澳元	2009－3－17	2009－9－17	1106	本行存款	2.80%
5	阳光理财A计划2009年第3期产品3	欧元	2009－3－17	2009－9－17	472	本行存款	1.30%
6	阳光理财A计划2009年第3期产品1	美元	2009－3－17	2010－3－17	3010	本行存款	1.30%
7	阳光理财A计划2009年第3期产品2	港币	2009－3－17	2010－3－17	1649	本行存款	1.20%
8	A计划2009年第2期产品1同升七号专属承接产品	美元	2009－3－18	2010－3－18	1421	本行存款	2.00%
9	阳光理财A计划2009年第4期产品1	美元	2009－3－31	2010－3－31	2020	本行存款	1.50%
10	阳光理财A计划2009年第4期产品2	港币	2009－3－31	2010－3－31	420	本行存款	1.20%
11	阳光理财A计划2009年第4期产品3	欧元	2009－3－31	2009－9－30	321	本行存款	1.30%
12	阳光理财A计划2009年第4期产品4	澳元	2009－3－31	2009－9－30	449	本行存款	2.80%
13	阳光理财A计划2009年财富客户第1期产品1	澳元	2009－3－31	2009－9－30	456	本行存款	3.00%
14	阳光理财A计划2009年第5期产品3	欧元	2009－4－15	2009－10－15	216	本行存款	1.30%
15	阳光理财A计划2009年财富客户第1期产品2	美元	2009－4－13	2010－4－13	110	本行存款	1.60%
16	阳光理财A计划2009年第5期产品1	美元	2009－4－15	2010－4－15	3588	本行存款	1.50%
17	阳光理财A计划2009年第5期产品2	港币	2009－4－15	2010－4－15	1267	本行存款	1.20%
18	阳光理财A计划2009年第5期产品4	澳元	2009－4－15	2009－10－15	609	本行存款	3.00%
19	阳光理财A计划2009年第6期产品4	澳元	2009－4－28	2009－10－28	623	本行存款	3.00%
20	阳光理财A计划2009年第6期产品1	美元	2009－4－28	2010－4－28	3803	本行存款	1.50%
21	阳光理财A计划2009年第6期产品2	港币	2009－4－28	2010－4－28	861	本行存款	1.20%
22	阳光理财A计划2009年第6期产品3	欧元	2009－4－28	2009－10－28	251	本行存款	1.20%
23	阳光理财A计划2009年财富客户第1期产品3	港币	2009－4－29	2009－10－29	1000	本行存款	0.70%
24	阳光理财A计划2009年财富客户第1期产品4	港币	2009－5－5	2009－11－5	1000	本行存款	0.70%
25	阳光理财A计划2009年财富客户第1期产品5	港币	2009－5－7	2009－11－7	2792	本行存款	0.70%
26	阳光理财A计划2009年第7期产品2	港币	2009－5－13	2010－5－13	638	本行存款	1.10%
27	阳光理财A计划2009年第7期产品1	美元	2009－5－13	2010－5－13	2200	本行存款	1.50%
28	阳光理财A计划2009年第7期产品5	美元	2009－5－13	2010－5－13	963	本行存款	1.60%
29	阳光理财A计划2009年第7期产品3	欧元	2009－5－13	2009－11－13	236	本行存款	1.20%
30	阳光理财A计划2009年第7期产品4	澳元	2009－5－13	2009－11－13	666	本行存款	3.00%

续表

序号	产品名称	币种	发行日	到期日	拟发行量	投资方向	预期收益率
31	阳光理财 A 计划 2009 年第 8 期产品 1	美元	2009－6－3	2010－6－3	999	本行存款	1.40%
32	阳光理财 A 计划 2009 年第 8 期产品 4	美元	2009－6－3	2010－6－3	997	本行存款	1.50%
33	阳光理财 A 计划 2009 年第 8 期产品 5	美元	2009－6－3	2010－6－3	20	本行存款	3.50%
34	阳光理财 A 计划 2009 年第 8 期产品 2	港币	2009－6－3	2010－6－3	717	本行存款	1.00%
35	阳光理财 A 计划 2009 年第 8 期产品 3	澳元	2009－6－3	2009－12－3	1000	本行存款	3.00%
36	B 计划 2009 年定向第一期产品 1	美元	2009－6－5	2009－12－5	581	购买债券	2.00%
37	B 计划 2009 年定向第一期产品 2	美元	2009－6－13	2009－12－13	708	购买债券	2.00%
38	B 计划 2009 年财富客户第一期产品 8	美元	2009－6－13	2009－12－13	200	购买债券	1.90%
39	B 计划 2009 年财富客户第一期产品 9	美元	2009－6－13	2009－12－13	91	购买债券	1.60%
40	外币 T 计划 2009 年第一期产品 1	美元	2009－7－6	2010－1－6	3000	信托贷款	1.60%
41	外币 T 计划 2009 年第一期产品 5	美元	2009－7－6	2010－1－6	617	信托贷款	2.10%
42	外币 T 计划 2009 年第一期产品 7	美元	2009－7－6	2010－1－6	871	信托贷款	1.55%
43	外币 T 计划 2009 年第一期产品 4	美元	2009－7－6	2010－7－6	2032	信托贷款	1.80%
44	外币 T 计划 2009 年第一期产品 2	港币	2009－7－6	2010－1－6	1601	信托贷款	1.50%
45	外币 T 计划 2009 年第一期产品 6	港币	2009－7－6	2010－1－6	1604	信托贷款	2.00%
46	外币 T 计划 2009 年第一期产品 3	欧元	2009－7－6	2010－1－6	400	信托贷款	1.50%
47	外币 T 计划 2009 年第二期产品 1	美元	2009－7－22	2010－1－22	4049	信托贷款	1.60%
48	外币 T 计划 2009 年第二期产品 2	美元	2009－7－22	2010－1－22	620	信托贷款	1.80%
49	外币 T 计划 2009 年第二期产品 3	欧元	2009－7－22	2010－1－22	309	信托贷款	1.50%
50	外币 T 计划 2009 年第三期产品 1	美元	2009－8－5	2010－2－5	2798	信托贷款	1.60%
51	外币 T 计划 2009 年第三期产品 2	美元	2009－8－5	2010－2－5	269	信托贷款	1.80%
52	外币 T 计划 2009 年第三期产品 3	港币	2009－8－5	2010－2－5	4927	信托贷款	1.50%
53	外币 T 计划 2009 年第四期产品 1	美元	2009－8－24	2010－2－24	4023	信托贷款	1.60%
54	外币 T 计划 2009 年第四期产品 2	美元	2009－8－24	2010－2－24	1697	信托贷款	1.80%
55	外币 T 计划 2009 年第四期产品 3	欧元	2009－8－24	2010－2－24	227	信托贷款	1.60%
56	外币 T 计划 2009 年第五期产品 1	美元	2009－9－8	2010－3－8	2939	信托贷款	1.80%
57	外币 T 计划 2009 年第五期产品 2	美元	2009－9－8	2010－3－8	672	信托贷款	2.00%
58	外币 T 计划 2009 年第五期产品 3	港币	2009－9－8	2010－3－8	5608	信托贷款	1.70%
59	外币 T 计划 2009 年第六期产品 1	美元	2009－9－23	2010－3－23	4752	信托贷款	1.70%
60	外币 T 计划 2009 年第六期产品 2	美元	2009－9－23	2010－3－23	775	信托贷款	1.90%
61	外币 T 计划财富客户 2009 年第一期产品 1	美元	2009－9－23	2010－3－23	332	信托贷款	2.00%
62	外币 T 计划 2009 年第六期产品 4	港币	2009－9－23	2010－3－23	5455	信托贷款	1.60%
63	外币 T 计划 2009 年第六期产品 3	欧元	2009－9－23	2010－3－23	638	信托贷款	1.70%
64	阳光理财 A 计划 2009 年第 9 期产品 1	澳元	2009－9－23	2010－3－23	1221	本行存款	3.00%
65	阳光理财 A 计划 2009 年第 9 期产品 2	澳元	2009－9－23	2010－3－23	217	本行存款	3.20%

续表

序号	产品名称	币种	发行日	到期日	拟发行量	投资方向	预期收益率
66	同享一号美元	美元	2009－10－1	2009－12－31	0	购买结构性票据	
67	外币 T 计划 2009 年第七期产品 1	美元	2009－10－13	2010－4－13	3889	信托贷款	1.80%
68	外币 T 计划 2009 年第七期产品 2	美元	2009－10－13	2010－4－13	887	信托贷款	2.00%
69	外币 T 计划 2009 年第七期产品 4	港币	2009－10－13	2010－4－13	3784	信托贷款	1.70%
70	外币 T 计划 2009 年第七期产品 3	欧元	2009－10－13	2010－4－13	430	信托贷款	1.80%
71	阳光理财 A 计划 2009 年第 10 期产品 3	欧元	2009－10－29	2010－4－29	556	本行存款	1.70%
72	阳光理财 A 计划 2009 年第 10 期产品 2	美元	2009－10－29	2010－4－29	1764	本行存款	1.70%
73	阳光理财 A 计划 2009 年财富客户第 1 期产品 8	美元	2009－10－29	2010－4－29	300	本行存款	1.91%
74	阳光理财 A 计划 2009 年第 10 期产品 1	美元	2009－10－29	2010－10－29	3093	本行存款	2.20%
75	阳光理财 A 计划 2009 年第 10 期产品 4	澳元	2009－10－29	2010－4－29	1309	本行存款	3.00%
76	阳光理财 A 计划 2009 年财富客户第 1 期产品 9	澳元	2009－10－29	2010－4－29	147	本行存款	3.20%
77	阳光理财 A 计划 2009 年第 11 期产品 2	美元	2009－11－12	2010－5－12	770	本行存款	1.60%
78	阳光理财 A 计划 2009 年财富客户第 1 期产品 10	美元	2009－11－12	2010－5－12	135	本行存款	1.80%
79	阳光理财 A 计划 2009 年第 11 期产品 1	美元	2009－11－12	2010－11－12	1689	本行存款	2.20%
80	阳光理财 A 计划 2009 年第 11 期产品 3	港币	2009－11－12	2010－5－12	8576	本行存款	1.80%
81	阳光理财 A 计划 2009 年第 11 期产品 4	澳元	2009－11－12	2010－5－12	322	本行存款	3.00%
82	阳光理财 A 计划 2009 年第 12 期产品 2	美元	2009－11－25	2010－5－25	820	本行存款	1.70%
83	阳光理财 A 计划 2009 年第 12 期产品 1	美元	2009－11－25	2010－11－25	1402	本行存款	2.20%
84	阳光理财 A 计划 2009 年第 12 期产品 4	澳元	2009－11－25	2010－5－25	529	本行存款	3.00%
85	阳光理财 A 计划 2009 年财富客户第 2 期产品 1	美元	2009－12－8	2010－12－8	400	本行存款	2.40%
86	阳光理财 A 计划 2009 年第 13 期产品 2	美元	2009－12－10	2010－6－10	790	本行存款	1.70%
87	阳光理财 A 计划 2009 年第 13 期产品 5	港币	2009－12－10	2010－6－10	4092	本行存款	1.70%
88	阳光理财 A 计划 2009 年第 13 期产品 1	美元	2009－12－10	2010－12－10	1941	本行存款	2.30%
89	阳光理财 A 计划 2009 年第 13 期产品 4	澳元	2009－12－10	2010－6－10	779	本行存款	3.20%
90	阳光理财 A 计划 2009 年第 13 期产品 3	欧元	2009－12－10	2010－6－10	222	本行存款	1.80%
91	阳光理财 A 计划 2009 年财富客户第 2 期产品 2	美元	2009－12－15	2010－12－15	71	本行存款	2.42%
92	阳光理财 A 计划 2009 年财富客户第 2 期产品 3	美元	2009－12－24	2010－6－24	132	本行存款	1.90%
93	阳光理财 A 计划 2009 年第 14 期产品 2	美元	2009－12－24	2010－6－24	933	本行存款	1.80%
94	阳光理财 A 计划 2009 年第 14 期产品 1	美元	2009－12－24	2010－12－24	1704	本行存款	2.30%

续表

序号	产品名称	币种	发行日	到期日	拟发行量	投资方向	预期收益率
95	阳光理财 A 计划 2009 年第 14 期产品 6	港币	2009－12－24	2010－6－24	661	本行存款	1.70%
96	阳光理财 A 计划 2009 年第 14 期产品 5	港币	2009－12－24	2010－12－24	1424	本行存款	2.20%
97	阳光理财 A 计划 2009 年第 14 期产品 4	澳元	2009－12－24	2010－6－24	544	本行存款	3.80%
98	阳光理财 A 计划 2009 年第 14 期产品 3	欧元	2009－12－24	2010－6－24	233	本行存款	2.00%
99	阳光理财 A 计划 2009 年财富客户第 2 期产品 4	港币	2009－12－25	2010－6－25	1000	本行存款	1.90%
100	阳光理财 A 计划 2009 年第 12 期产品 3	欧元	2009－11－25	2010－5－25	409	本行存款	1.80%

备注 1：拟发行量为"0"的产品均为开放式产品

备注 2：预期收益率空白的产品为浮动收益理财产品

数据来源：光大银行

表 3－16　2009 年中信银行个人人民币理财产品发行情况表　　单位：万元人民币

序号	产品名称	发行日	到期日	拟发行量	投资方向	预期收益率
1	中信理财之票据通计划 21 期 4 号	2009－1－5	2009－3－23	6465	购买贴现票据	2.11%
2	中信理财之票据通计划 21 期 5 号	2009－1－5	2009－3－24	1293	购买贴现票据	2.11%
3	中信理财之票据通计划 21 期 6 号	2009－1－5	2009－3－25	3302	购买贴现票据	2.11%
4	中信理财快车计划 0827 期 3 号 A	2009－1－5	2009－7－3	1530	转让贷款	4.30%
5	中信理财快车计划 0827 期 3 号 B	2009－1－5	2009－7－3	1470	转让贷款	4.35%
6	中信理财快车计划 0827 期 4 号 A	2009－1－5	2009－9－24	3601	转让贷款	4.30%
7	中信理财快车计划 0827 期 4 号 B	2009－1－5	2009－9－24	2899	转让贷款	4.35%
8	中信理财之债券增值计划 1 号	2009－1－6	2011－1－6	140417	混合	不确定
9	中信理财快车计划 0830 期 1 号 A	2009－1－6	2009－5－25	4370	转让贷款	3.50%
10	中信理财快车计划 0830 期 1 号 B	2009－1－6	2009－5－25	1630	转让贷款	3.60%
11	中信理财快车计划 0830 期 2 号 A	2009－1－6	2009－8－21	4430	转让贷款	3.70%
12	中信理财快车计划 0830 期 2 号 B	2009－1－6	2009－8－21	570	转让贷款	3.80%
13	中信理财快车计划 0830 期 3 号 A	2009－1－6	2009－11－10	8240	转让贷款	3.90%
14	中信理财快车计划 0830 期 3 号 B	2009－1－6	2009－11－10	2760	转让贷款	4.00%
15	中信理财快车计划 0828 期 1 号	2009－1－7	2009－4－17	5000	转让贷款	3.10%
16	中信理财快车计划 0828 期 2 号	2009－1－7	2009－4－28	5000	转让贷款	3.20%
17	中信理财快车计划 0828 期 3 号	2009－1－7	2009－5－18	4000	转让贷款	3.31%
18	中信理财快车计划 0828 期 4 号	2009－1－7	2009－6－30	5000	转让贷款	3.45%
19	中信理财快车计划 0828 期 5 号	2009－1－7	2009－7－4	1000	转让贷款	3.50%
20	中信理财快车计划 0828 期 6 号	2009－1－7	2009－7－4	5000	转让贷款	3.50%
21	中信理财快车计划 0828 期 7 号	2009－1－7	2009－7－7	1500	转让贷款	3.51%
22	中信理财快车计划 0828 期 8 号	2009－1－7	2009－8－4	5000	转让贷款	3.65%
23	中信理财快车计划 0828 期 9 号	2009－1－7	2009－8－11	500	转让贷款	3.70%

续表

序号	产品名称	发行日	到期日	拟发行量	投资方向	预期收益率
24	中信理财快车计划 0828 期 10 号	2009－1－7	2009－6－26	10000	转让贷款	3.60%
25	资产快车理财计划 0816 期 22 号	2009－1－9	2009－2－8	26206	混合	2.45%
26	中信理财快车计划 0828 期 11 号	2009－1－9	2009－6－16	5000	转让贷款	3.45%
27	中信理财快车计划 0828 期 12 号	2009－1－9	2009－6－18	1000	转让贷款	3.46%
28	中信理财快车计划 0828 期 13 号	2009－1－9	2009－6－20	2000	转让贷款	3.46%
29	中信理财快车计划 0828 期 14 号	2009－1－9	2009－6－25	3000	转让贷款	3.50%
30	中信理财快车计划 0828 期 15 号	2009－1－9	2009－6－26	1000	转让贷款	3.50%
31	中信理财快车计划 0828 期 16 号	2009－1－9	2009－6－29	1000	转让贷款	3.50%
32	中信理财快车计划 0828 期 17 号	2009－1－9	2009－7－29	1000	转让贷款	3.70%
33	中信理财快车计划 0828 期 18 号	2009－1－9	2009－7－30	3000	转让贷款	3.70%
34	中信理财快车计划 0828 期 19 号	2009－1－9	2009－7－30	4600	转让贷款	3.70%
35	中信理财快车计划 0828 期 20 号	2009－1－9	2009－7－30	3000	转让贷款	3.70%
36	中信理财快车计划 0828 期 21 号	2009－1－9	2009－7－30	5400	转让贷款	3.70%
37	中信理财快车计划 0828 期 22 号	2009－1－9	2009－9－2	2000	转让贷款	3.75%
38	中信理财快车计划 0828 期 23 号	2009－1－9	2009－9－10	2000	转让贷款	3.80%
39	中信理财快车计划 0828 期 24 号	2009－1－9	2009－9－10	3000	转让贷款	3.80%
40	中信理财快车计划 0828 期 25 号	2009－1－9	2009－9－15	2000	转让贷款	3.85%
41	中信理财快车计划 0828 期 26 号	2009－1－9	2009－9－24	2000	转让贷款	3.90%
42	中信理财快车计划 0828 期 27 号	2009－1－9	2009－9－25	3000	转让贷款	3.90%
43	中信理财之稳健财富计划 8 号投资项目	2009－1－15	2009－2－14	17020	转让贷款	2.50%
44	中信理财快车计划 0829 期 2 号	2009－1－15	2009－3－7	6000	转让贷款	3.00%
45	中信理财快车计划 0829 期 3 号	2009－1－15	2009－5－15	10000	转让贷款	3.30%
46	中信理财快车计划 0829 期 4 号	2009－1－15	2009－5－15	10000	转让贷款	3.30%
47	中信理财快车计划 0829 期 5 号	2009－1－15	2009－5－19	3000	转让贷款	3.32%
48	中信理财快车计划 0829 期 6 号	2009－1－15	2009－6－11	5000	转让贷款	3.40%
49	中信理财快车计划 0829 期 7 号	2009－1－15	2009－7－25	10000	转让贷款	3.52%
50	中信理财快车计划 0829 期 8 号	2009－1－15	2009－9－2	8000	转让贷款	3.60%
51	中信理财快车计划 0829 期 9 号	2009－1－15	2009－10－15	5000	转让贷款	3.70%
52	中信理财快车计划 0901 期 1 号	2009－1－15	2009－2－14	13131	转让贷款	2.30%
53	中信理财之债添利 1 号	2009－1－19	2011－1－20	55498	混合	不确定
54	中信理财快车计划 0902 期 1 号	2009－1－23	2009－12－11	3800	转让贷款	4.00%
55	中信理财快车计划 0902 期 2 号	2009－1－23	2009－6－3	3000	转让贷款	3.50%
56	中信理财快车计划 0901 期 2 号	2009－2－5	2009－2－25	28961	转让贷款	2.30%
57	中信理财之稳健财富计划 9 号投资项目	2009－2－5	2009－2－25	1039	转让贷款	2.35%
58	中信理财之债券双盈计划 1 号	2009－2－16	2011－2－16	23641	混合	不确定
59	中信理财之信托计划 0901 期	2009－2－19	2010－2－19	80000	信托贷款	3.81%
60	中信理财快车计划 0902 期 3 号 A	2009－2－19	2009－8－15	3293	转让贷款	3.40%
61	中信理财快车计划 0902 期 3 号 B	2009－2－19	2009－8－15	6707	转让贷款	3.50%

续表

序号	产品名称	发行日	到期日	拟发行量	投资方向	预期收益率
62	中信理财快车计划 0902 期 4 号 B	2009-2-19	2010-1-5	5000	转让贷款	3.85%
63	中信理财快车计划 0902 期 5 号 B	2009-2-19	2010-1-7	3900	转让贷款	3.85%
64	中信理财快车计划 0902 期 5 号 C	2009-2-19	2010-1-7	1100	转让贷款	3.95%
65	中信理财快车计划 0901 期 3 号	2009-2-20	2009-3-10	66941	转让贷款	2.30%
66	中信理财之稳健财富计划 10 号投资项目	2009-2-23	2009-3-25	4000	转让贷款	2.60%
67	中信理财快车计划 0902 期 7 号	2009-2-24	2009-10-29	3000	转让贷款	3.60%
68	中信理财快车计划 0902 期 10 号 A	2009-2-24	2009-3-18	2129	转让贷款	2.30%
69	中信理财快车计划 0902 期 10 号 B	2009-2-24	2009-3-18	2871	转让贷款	2.60%
70	中信理财快车计划 0901 期 4 号	2009-2-25	2009-3-19	22999	转让贷款	2.10%
71	中信理财快车计划 0902 期 6 号 A	2009-2-26	2009-5-19	1559	转让贷款	2.70%
72	中信理财快车计划 0902 期 6 号 B	2009-2-26	2009-5-19	6352	转让贷款	3.00%
73	中信理财快车计划 0902 期 6 号 C	2009-2-26	2009-5-19	2089	转让贷款	3.30%
74	中信理财快车计划 0902 期 9 号 A	2009-2-26	2009-9-1	4754	转让贷款	3.40%
75	中信理财快车计划 0902 期 9 号 B	2009-2-26	2009-9-1	5246	转让贷款	3.50%
76	中信理财快车计划 0902 期 8 号 A	2009-2-27	2010-1-16	5284	转让贷款	3.85%
77	中信理财快车计划 0902 期 8 号 B	2009-2-27	2010-1-16	2716	转让贷款	3.95%
78	中信理财之信托计划 0902 期	2009-3-4	2012-3-4	6230	信托贷款	7.50%
79	中信理财之贵宾专享 2 号	2009-3-4	2012-3-4	3024	信托贷款	6.40%
80	中信理财之贵宾专享 2 号	2009-3-4	2012-3-4	26879	信托贷款	6.70%
81	中信理财之贵宾专享 2 号	2009-3-4	2012-3-4	30097	信托贷款	6.75%
82	中信银行私人银行之“盛景区域”1 号产品	2009-3-5	2012-3-10	32550	信托贷款	6.75%
83	中信理财快车计划 0902 期 11 号 A	2009-3-6	2010-1-16	9475	转让贷款	3.70%
84	中信理财快车计划 0902 期 11 号 B	2009-3-6	2010-1-16	4525	转让贷款	3.80%
85	中信理财之票据通计划 0901 期 1 号 A	2009-3-6	2009-3-26	603	购买贴现票据	1.90%
86	中信理财之票据通计划 0901 期 1 号 B	2009-3-6	2009-3-26	3911	购买贴现票据	2.10%
87	中信理财之票据通计划 0901 期 2 号 A	2009-3-6	2009-3-30	492	购买贴现票据	2.00%
88	中信理财之票据通计划 0901 期 2 号 B	2009-3-6	2009-3-30	878	购买贴现票据	2.20%
89	中信理财之票据通计划 0901 期 3 号 A	2009-3-6	2009-4-27	221	购买贴现票据	2.20%
90	中信理财之票据通计划 0901 期 3 号 B	2009-3-6	2009-4-27	813	购买贴现票据	2.40%
91	中信理财之票据通计划 0901 期 4 号 B	2009-3-6	2009-5-4	1489	购买贴现票据	2.60%
92	中信理财之票据通计划 0901 期 5 号 A	2009-3-6	2009-5-20	312	购买贴现票据	2.60%
93	中信理财之票据通计划 0901 期 5 号 B	2009-3-6	2009-5-20	600	购买贴现票据	2.80%
94	中信理财快车计划 0901 期 5 号	2009-3-10	2009-3-31	52941	转让贷款	2.00%
95	中信理财快车计划 0902 期 12 号 A	2009-3-13	2009-7-4	500	转让贷款	3.10%
96	中信理财快车计划 0902 期 12 号 B	2009-3-13	2009-7-4	2500	转让贷款	3.20%
97	中信理财之信托计划 0904 期 1 号 A	2009-3-17	2010-2-26	106390	信托贷款	3.70%
98	中信理财之信托计划 0904 期 1 号 B	2009-3-17	2010-2-26	180110	信托贷款	3.80%
99	中信理财快车计划 0901 期 6 号	2009-3-19	2009-4-18	13000	转让贷款	2.00%

续表

序号	产品名称	发行日	到期日	拟发行量	投资方向	预期收益率
100	中信理财之信托计划 0903 期 1 号 A	2009－3－20	2010－3－20	6569	信托贷款	3.40%
101	中信理财之信托计划 0903 期 1 号 B	2009－3－20	2010－3－20	15077	信托贷款	3.50%
102	中信理财之信托计划 0903 期 1 号 C	2009－3－20	2010－3－20	18354	信托贷款	3.80%
103	中信理财快车计划 0902 期 14 号 A	2009－3－24	2009－5－21	1560	转让贷款	2.75%
104	中信理财快车计划 0902 期 14 号 B	2009－3－24	2009－5－21	1440	转让贷款	2.90%
105	中信理财之票据通计划 0901 期 6 号	2009－3－24	2009－5－14	2690	购买贴现票据	2.18%
106	中信理财之信托计划 0908 期 1 号 A	2009－3－27	2009－9－23	4283	信托贷款	3.10%
107	中信理财之信托计划 0908 期 1 号 B	2009－3－27	2009－9－23	8987	信托贷款	3.20%
108	中信理财之信托计划 0908 期 1 号 C	2009－3－27	2009－9－23	2230	信托贷款	3.40%
109	中信理财之信托计划 0908 期 2 号	2009－3－27	2009－9－23	500	信托贷款	3.40%
110	中信理财快车计划 0901 期 7 号	2009－3－31	2009－4－30	20000	转让贷款	2.00%
111	中信理财之票据通计划 0902 期 1 号	2009－4－1	2009－5－4	994	购买贴现票据	1.80%
112	中信理财之票据通计划 0902 期 2 号	2009－4－1	2009－5－10	597	购买贴现票据	2.00%
113	中信理财之票据通计划 0902 期 3 号	2009－4－1	2009－5－26	397	购买贴现票据	2.10%
114	中信理财之票据通计划 0902 期 4 号	2009－4－1	2009－5－29	119	购买贴现票据	2.20%
115	中信理财之票据通计划 0902 期 5 号	2009－4－1	2009－6－16	844	购买贴现票据	2.80%
116	中信理财快车计划 0903 期 1 号	2009－4－1	2009－9－9	847	转让贷款	3.20%
117	中信理财快车计划 0903 期 2 号	2009－4－1	2009－10－30	3500	转让贷款	3.33%
118	中信理财快车计划 0902 期 13 号	2009－4－2	2009－6－10	1323	转让贷款	2.60%
119	中信理财快车计划 0902 期 13 号	2009－4－2	2009－6－10	3677	转让贷款	3.00%
120	中信理财之信托计划 0903 期 2 号	2009－4－2	2010－4－2	4644	信托贷款	3.40%
121	中信理财之信托计划 0903 期 2 号	2009－4－2	2010－4－2	3781	信托贷款	3.50%
122	中信理财之信托计划 0903 期 2 号	2009－4－2	2010－4－2	1575	信托贷款	3.80%
123	中信理财之信托计划 0904 期 2 号	2009－4－2	2010－2－26	14964	信托贷款	3.65%
124	中信理财之信托计划 0904 期 2 号	2009－4－2	2010－2－26	35036	信托贷款	3.75%
125	中信理财之信托计划 0905 期	2009－4－2	2010－2－26	19625	信托贷款	3.65%
126	中信理财之信托计划 0905 期	2009－4－2	2010－2－26	30375	信托贷款	3.75%
127	中信理财之信托计划 0907 期	2009－4－2	2010－4－2	10000	信托贷款	3.50%
128	中信理财快车计划 0901 期 8 号	2009－4－9	2009－4－30	4263	转让贷款	2.10%
129	中信理财快车计划 0901 期 8 号	2009－4－9	2009－4－30	23821	转让贷款	2.20%
130	中信理财之信托计划 0909 期	2009－4－10	2010－4－9	26499	信托贷款	3.45%
131	中信理财之信托计划 0909 期	2009－4－10	2010－4－9	23501	信托贷款	3.55%
132	中信理财之信托计划 0910 期 1 号 A	2009－4－16	2009－10－16	33688	信托贷款	3.05%
133	中信理财之信托计划 0910 期 1 号 B	2009－4－16	2009－10－16	21212	信托贷款	3.10%
134	中信理财之信托计划 0910 期 1 号 C	2009－4－16	2009－10－16	33100	信托贷款	3.15%
135	中信理财之信托计划 0910 期 2 号	2009－4－16	2009－10－16	2000	信托贷款	3.15%
136	中信理财快车计划 0901 期 9 号	2009－4－17	2009－4－30	9639	转让贷款	1.45%
137	中信理财快车计划 0904 期 1 号 A	2009－4－17	2009－6－23	3085	转让贷款	3.00%

续表

序号	产品名称	发行日	到期日	拟发行量	投资方向	预期收益率
138	中信理财快车计划 0904 期 1 号 B	2009－4－17	2009－6－23	6915	转让贷款	3.20%
139	安心 4 号	2009－4－20	2009－7－20	12450	其他	2.00%
140	中信理财之信托计划 0911 期	2009－4－21	2011－4－30	97911	信托贷款	4.70%
141	短融利 7 号	2009－4－22	2009－6－6	16093	购买债券	不确定
142	中信理财之信托计划 0906 期 1 号	2009－4－28	2009－10－28	1500	信托贷款	3.89%
143	中信理财之信托计划 0906 期 2 号	2009－4－28	2009－12－28	1000	信托贷款	4.16%
144	中信理财之信托计划 0906 期 3 号	2009－4－28	2010－4－28	2500	信托贷款	4.43%
145	中信安心 5 号	2009－4－28	2009－6－23	2810	混合	1.60%
146	中信理财之稳健财富计划 11 号投资项目	2009－4－30	2009－5－30	15824	转让贷款	3.10%
147	中信理财之信托计划 0913 期 1 号 A	2009－4－30	2010－1－18	2802	信托贷款	3.30%
148	中信理财之信托计划 0913 期 1 号 B	2009－4－30	2010－1－18	2898	信托贷款	3.40%
149	中信理财之信托计划 0913 期 2 号 A	2009－4－30	2010－3－26	2215	信托贷款	3.50%
150	中信理财之信托计划 0913 期 2 号 B	2009－4－30	2010－3－26	2785	信托贷款	3.60%
151	中信理财之信托计划 0914 期 A	2009－4－30	2010－3－26	16698	信托贷款	3.50%
152	中信理财之信托计划 0914 期 B	2009－4－30	2010－3－26	21302	信托贷款	3.60%
153	中信理财之信托计划 0915 期	2009－4－30	2010－4－30	6000	信托贷款	3.60%
154	“优贷·国电龙源”1 号理财产品	2009－4－30	2010－4－29	10000	信托贷款	3.70%
155	中信安心 5 号 2 期	2009－5－5	2009－6－23	910	其他	1.60%
156	中信理财之信托计划 0912 期 1 号 A	2009－5－7	2009－11－3	15848	信托贷款	3.10%
157	中信理财之信托计划 0912 期 1 号 B	2009－5－7	2009－11－3	15364	信托贷款	3.20%
158	中信理财之信托计划 0912 期 1 号 C	2009－5－7	2009－11－3	18288	信托贷款	3.22%
159	中信理财之信托计划 0912 期 2 号	2009－5－7	2009－11－3	500	信托贷款	3.22%
160	中信理财快车计划 0905 期 1 号 A	2009－5－12	2009－8－15	1804	转让贷款	3.00%
161	中信理财快车计划 0905 期 1 号 B	2009－5－12	2009－8－15	7196	转让贷款	3.20%
162	中信理财快车计划 0905 期 2 号	2009－5－12	2009－12－10	4000	转让贷款	3.60%
163	中信理财快车计划 0905 期 5 号	2009－5－12	2009－6－15	1500	转让贷款	2.20%
164	中信理财快车计划 0905 期 6 号	2009－5－12	2009－6－22	1500	转让贷款	2.30%
165	中信理财快车计划 0905 期 7 号 A	2009－5－12	2009－9－25	1037	转让贷款	3.00%
166	中信理财快车计划 0905 期 7 号 B	2009－5－12	2009－9－25	1863	转让贷款	3.15%
167	中信理财快车计划 0905 期 8 号 A	2009－5－12	2009－9－25	704	转让贷款	3.00%
168	中信理财快车计划 0905 期 8 号 B	2009－5－12	2009－9－25	996	转让贷款	3.15%
169	中信理财之信托计划 0917 期	2009－5－12	2010－5－12	34100	信托贷款	3.50%
170	中信安心 5 号 3 期	2009－5－12	2009－6－23	3060	其他	1.60%
171	中信理财快车计划 0905 期 9 号 A	2009－5－13	2009－12－25	1022	转让贷款	3.20%
172	中信理财快车计划 0905 期 9 号 B	2009－5－13	2009－12－25	978	转让贷款	3.40%
173	中信理财快车计划 0905 期 10 号 A	2009－5－13	2009－12－25	1117	转让贷款	3.20%
174	中信理财快车计划 0905 期 10 号 B	2009－5－13	2009－12－25	883	转让贷款	3.40%
175	中信理财快车计划 0901 期 10 号	2009－5－15	2009－6－25	10600	转让贷款	2.20%

续表

序号	产品名称	发行日	到期日	拟发行量	投资方向	预期收益率
176	中信理财快车计划 0905 期 3 号	2009－5－15	2010－1－19	3500	转让贷款	3.65%
177	中信理财快车计划 0905 期 4 号	2009－5－15	2010－2－26	1500	转让贷款	3.70%
178	中信理财之金＋金计划 1 期	2009－5－15	2009－6－25	19400	信托贷款	2.90%
179	中信理财快车计划 0906 期 1 号	2009－5－18	2009－6－19	1000	转让贷款	3.00%
180	中信安心 5 号 6 期	2009－5－19	2009－6－23	2290	其他	1.60%
181	中信安心 5 号 7 期	2009－5－26	2009－6－23	1220	其他	1.50%
182	中信理财快车计划 0901 期 11 号	2009－6－1	2009－7－1	16000	转让贷款	2.00%
183	中信理财之票据通计划 0903 期 1 号	2009－6－2	2009－6－28	2995	购买贴现票据	1.93%
184	中信理财快车计划 0901 期 12 号	2009－6－4	2009－6－25	4826	转让贷款	1.90%
185	中信理财快车计划 0901 期 12 号	2009－6－4	2009－6－25	3174	转让贷款	2.00%
186	中信理财之信托计划 0918 期 A	2009－6－8	2012－6－8	61000	信托贷款	5.80%
187	中信理财之信托计划 0918 期 B	2009－6－8	2012－6－8	29000	信托贷款	6.00%
188	中信理财之信托计划 0919 期 A	2009－6－9	2009－9－7	33532	信托贷款	2.90%
189	中信理财之信托计划 0919 期 B	2009－6－9	2009－9－7	56468	信托贷款	3.00%
190	中信安心 5 号 8 期	2009－6－9	2009－6－23	890	其他	1.50%
191	中信安心 5 号 9 期	2009－6－10	2009－6－23	730	其他	1.50%
192	中信理财快车计划 0906 期 2 号	2009－6－12	2009－9－29	2000	转让贷款	3.00%
193	中信理财快车计划 0906 期 3 号	2009－6－12	2009－12－20	494	转让贷款	3.30%
194	中信理财快车计划 0906 期 3 号	2009－6－12	2009－12－20	606	转让贷款	3.50%
195	中信理财快车计划 0906 期 4 号	2009－6－12	2010－2－26	1500	转让贷款	3.65%
196	中信安心 5 号 10 期	2009－6－12	2009－6－23	720	其他	1.50%
197	中信理财之信托计划 0920 期 A	2009－6－15	2012－6－15	65020	信托贷款	5.80%
198	中信理财之信托计划 0920 期 B	2009－6－15	2012－6－15	24980	信托贷款	6.00%
199	中信理财之信托计划 0921 期	2009－6－16	2009－12－16	10000	信托贷款	3.00%
200	中信理财快车计划 0901 期 13 号	2009－6－17	2011－6－17	160299	股权投资	4.20%
201	中信理财之信托计划 0922 期	2009－6－25	2009－12－25	30000	信托贷款	3.00%
202	中信理财快车计划 0901 期 14 号	2009－7－7	2011－7－7	106412	信托贷款	4.20%
203	中信理财快车计划 0901 期 15 号	2009－7－7	2011－6－17	39701	信托贷款	4.20%
204	中信理财快车计划 0906 期 5 号	2009－7－9	2009－12－25	2479	转让贷款	3.20%
205	中信理财快车计划 0906 期 5 号	2009－7－9	2009－12－25	521	转让贷款	3.40%
206	中信理财快车计划 0906 期 6 号	2009－7－9	2009－12－25	16	转让贷款	3.20%
207	中信理财快车计划 0906 期 6 号	2009－7－9	2009－12－25	984	转让贷款	3.40%
208	中信理财快车计划 0906 期 7 号	2009－7－9	2009－12－25	400	转让贷款	3.20%
209	中信理财快车计划 0901 期 16 号	2009－7－10	2009－10－12	34415	信托贷款	3.30%
210	中信理财快车计划 0901 期 16 号	2009－7－10	2009－10－12	159173	信托贷款	3.50%
211	中信理财快车计划 0901 期 17 号	2009－7－13	2009－8－12	2043	混合	2.00%
212	中信理财快车计划 0901 期 17 号	2009－7－13	2009－8－12	5957	混合	2.05%
213	中信理财快车计划 0907 期 1 号	2009－7－15	2010－1－11	1091	转让贷款	3.20%

续表

序号	产品名称	发行日	到期日	拟发行量	投资方向	预期收益率
214	中信理财快车计划 0907 期 1 号	2009－7－15	2010－1－11	909	转让贷款	3.30%
215	中信理财快车计划 0907 期 2 号	2009－7－15	2010－1－16	1608	转让贷款	3.20%
216	中信理财快车计划 0907 期 2 号	2009－7－15	2010－1－16	3392	转让贷款	3.30%
217	中信理财快车计划 0907 期 3 号	2009－7－15	2010－3－15	1405	转让贷款	3.50%
218	中信理财快车计划 0907 期 3 号	2009－7－15	2010－3－15	595	转让贷款	3.60%
219	中信理财快车计划 0907 期 4 号	2009－7－15	2010－4－24	3129	转让贷款	3.55%
220	中信理财快车计划 0907 期 4 号	2009－7－15	2010－4－24	1871	转让贷款	3.65%
221	中信理财快车计划 0907 期 5 号	2009－7－15	2010－4－28	3404	转让贷款	3.55%
222	中信理财快车计划 0907 期 5 号	2009－7－15	2010－4－28	1596	转让贷款	3.65%
223	中信理财之信托计划 0924 期	2009－7－15	2009－12－25	1129	信托贷款	3.20%
224	中信理财之信托计划 0924 期	2009－7－15	2009－12－25	3871	信托贷款	3.30%
225	优贷 3 号	2009－7－15	2010－7－14	47560	信托贷款	3.95%
226	优贷 4 号	2009－7－15	2010－7－14	17880	信托贷款	3.85%
227	优贷 5 号	2009－7－15	2010－7－14	34560	信托贷款	3.80%
228	中信理财快车计划 0901 期 18 号	2009－7－16	2009－8－26	11630	混合	2.30%
229	中信理财快车计划 0910 期 1 号 A	2009－7－16	2009－12－25	17969	信托贷款	3.40%
230	中信理财快车计划 0910 期 1 号 B	2009－7－16	2009－12－25	62031	信托贷款	3.60%
231	中信理财之金＋金计划 2 期	2009－7－16	2009－8－26	18350	其他	2.80%
232	中信理财之锦绣 3 号	2009－7－16	2014－7－15	40982	股权投资	不确定
233	中信理财之信托计划 0923 期	2009－7－17	2010－6－25	12227	信托贷款	3.50%
234	中信理财之信托计划 0923 期	2009－7－17	2010－6－25	7773	信托贷款	3.60%
235	中信理财快车计划 0909 期 1 号	2009－7－21	2009－8－11	1697	转让贷款	2.00%
236	中信理财快车计划 0908 期 1 号	2009－7－22	2010－5－25	5000	转让贷款	3.80%
237	中信理财快车计划 0912 期 1 号	2009－7－24	2009－8－14	27491	转让贷款	2.10%
238	中信理财快车计划 0913 期 1 号	2009－7－24	2009－8－14	29117	转让贷款	2.10%
239	中信理财快车计划 0913 期 2 号	2009－7－24	2009－9－4	10000	转让贷款	2.40%
240	中信理财快车计划 0914 期 1 号	2009－7－24	2009－9－4	5000	转让贷款	2.40%
241	中信理财快车计划 0915 期 1 号	2009－7－24	2009－8－21	20064	转让贷款	2.20%
242	中信理财快车计划 0915 期 2 号	2009－7－24	2009－8－21	33609	转让贷款	2.20%
243	中信理财快车计划 0916 期 1 号	2009－7－24	2009－9－4	37297	转让贷款	2.40%
244	中信理财快车计划 0917 期 1 号	2009－7－24	2009－9－4	20500	转让贷款	2.40%
245	中信理财快车计划 0917 期 2 号	2009－7－24	2009－9－4	5000	转让贷款	2.40%
246	中信理财之信托计划 0925 期	2009－7－24	2009－12－24	3073	信托贷款	3.00%
247	中信理财之信托计划 0925 期	2009－7－24	2009－12－24	1927	信托贷款	3.20%
248	“优贷精选”之中冶应收账款产品	2009－7－28	2011－1－27	21720	信托贷款	4.50%
249	中信理财之信托计划 0926 期	2009－7－30	2010－7－25	12383	信托贷款	3.80%
250	中信理财之信托计划 0926 期	2009－7－30	2010－7－25	27617	信托贷款	4.00%
251	中信理财快车计划 0909 期 2 号	2009－8－4	2009－12－12	682	转让贷款	2.80%

续表

序号	产品名称	发行日	到期日	拟发行量	投资方向	预期收益率
252	中信理财快车计划 0909 期 3 号	2009－8－4	2009－12－16	59	转让贷款	2.80%
253	中信理财快车计划 0909 期 4 号	2009－8－4	2010－1－22	1482	转让贷款	3.00%
254	中信理财快车计划 0909 期 4 号	2009－8－4	2010－1－22	1897	转让贷款	3.05%
255	中信理财快车计划 0909 期 5 号	2009－8－4	2010－1－24	171	转让贷款	3.00%
256	中信理财快车计划 0911 期 1 号	2009－8－5	2009－11－5	16657	信托贷款	2.80%
257	中信理财快车计划 0911 期 1 号	2009－8－5	2009－11－5	42136	信托贷款	3.00%
258	中信理财快车计划 0911 期 2 号	2009－8－5	2010－2－5	9160	信托贷款	3.40%
259	中信理财快车计划 0911 期 3 号	2009－8－5	2010－8－5	12047	信托贷款	3.80%
260	黄金联系一期产品（A 款）	2009－8－6	2010－8－6	34768	同业拆借	不确定
261	黄金联系一期产品（B 款）	2009－8－6	2010－8－6	6753	同业拆借	不确定
262	中信理财快车计划 0919 期 1 号	2009－8－7	2009－11－6	19912	信托贷款	2.80%
263	中信理财快车计划 0919 期 1 号	2009－8－7	2009－11－6	49177	信托贷款	3.00%
264	中信理财快车计划 0920 期 1 号	2009－8－7	2009－11－6	3848	信托贷款	2.80%
265	中信理财快车计划 0920 期 1 号	2009－8－7	2009－11－6	16057	信托贷款	3.00%
266	久久红优先级系列人民币理财计划久久红 3 月期 1 号	2009－8－7	2009－11－5	4850	混合	2.25%
267	中信理财快车计划 0921 期 1 号	2009－8－11	2009－9－3	2000	转让贷款	2.20%
268	中信理财之信托计划 0927 期	2009－8－12	2010－3－1	1546	信托贷款	3.20%
269	中信理财之信托计划 0927 期	2009－8－12	2010－3－1	6454	信托贷款	3.40%
270	中信理财快车计划 0909 期 6 号	2009－8－13	2010－3－3	10000	转让贷款	3.60%
271	中信理财快车计划 0918 期 1 号	2009－8－13	2010－5－12	1320	转让贷款	3.68%
272	中信理财快车计划 0911 期 4 号	2009－8－14	2010－8－13	17620	信托贷款	3.80%
273	中信理财快车计划 0912 期 2 号	2009－8－14	2009－11－13	33409	转让贷款	2.80%
274	中信理财快车计划 0913 期 3 号	2009－8－14	2009－11－13	36279	转让贷款	2.80%
275	中信理财快车计划 0918 期 2 号	2009－8－14	2009－12－25	961	转让贷款	3.20%
276	中信理财快车计划 0918 期 2 号	2009－8－14	2009－12－25	3039	转让贷款	3.50%
277	中信理财快车计划 0918 期 4 号	2009－8－14	2010－6－24	176	转让贷款	3.60%
278	中信理财快车计划 0918 期 4 号	2009－8－14	2010－6－24	1824	转让贷款	3.90%
279	中信理财快车计划 0918 期 5 号	2009－8－14	2010－6－24	417	转让贷款	3.60%
280	中信理财快车计划 0918 期 5 号	2009－8－14	2010－6－24	1583	转让贷款	3.90%
281	中信理财快车计划 0925 期 1 号	2009－8－14	2009－11－13	2000	转让贷款	2.80%
282	中信理财之信托计划 0924 期 2 号	2009－8－14	2009－12－25	5976	信托贷款	3.25%
283	中信理财快车计划 0919 期 2 号	2009－8－18	2010－2－5	56737	信托贷款	3.20%
284	中信理财快车计划 0919 期 3 号	2009－8－18	2010－2－5	9667	信托贷款	3.40%
285	中信理财快车计划 0926 期 1 号	2009－8－18	2010－2－5	7806	信托贷款	3.20%
286	中信理财快车计划 0926 期 1 号	2009－8－18	2010－2－5	22194	信托贷款	3.40%
287	中信理财快车计划 0921 期 2 号	2009－8－19	2010－6－8	2000	转让贷款	3.80%
288	中信理财快车计划 0918 期 3 号	2009－8－20	2010－1－22	1484	转让贷款	3.30%

续表

序号	产品名称	发行日	到期日	拟发行量	投资方向	预期收益率
289	中信理财快车计划 0918 期 3 号	2009－8－20	2010－1－22	8516	转让贷款	3.50%
290	中信理财快车计划 0927 期 1 号	2009－8－20	2009－9－22	716	转让贷款	2.10%
291	中信理财快车计划 0927 期 1 号	2009－8－20	2009－9－22	7284	转让贷款	2.30%
292	中信理财快车计划 0915 期 3 号	2009－8－21	2010－1－8	60102	转让贷款	3.00%
293	中信理财快车计划 0918 期 6 号	2009－8－21	2010－5－25	2200	转让贷款	3.60%
294	长春经开项目 1 期 A 款	2009－8－25	2011－8－24	77825	股权投资	5.10%
295	长春经开项目 1 期 B 款	2009－8－25	2011－8－24	19495	股权投资	5.30%
296	中信理财快车计划 0922 期	2009－8－26	2009－9－25	333	转让贷款	2.10%
297	中信理财快车计划 0922 期	2009－8－26	2009－9－25	2367	转让贷款	2.30%
298	中信理财快车计划 0923 期	2009－8－26	2009－9－27	41	转让贷款	2.10%
299	中信理财快车计划 0923 期	2009－8－26	2009－9－27	959	转让贷款	2.30%
300	短融利 8 号	2009－8－26	2009－9－8	996	购买债券	不确定
301	短融利 9 号	2009－8－26	2009－9－5	912	购买债券	不确定
302	短融利 10 号	2009－8－26	2009－9－3	585	购买债券	不确定
303	短融利 11 号	2009－8－26	2009－9－4	393	购买债券	不确定
304	短融利 12 号	2009－8－26	2009－9－17	1933	购买债券	不确定
305	久久红优先级系列人民币理财计划久久红 3 月期 2 号	2009－8－28	2009－11－26	100	混合	2.60%
306	中信理财之财富成长计划一期	2009－9－1	2009－12－31	11091	混合	不确定
307	中信理财之财富成长计划二期	2009－9－1	2009－12－31	22607	混合	不确定
308	中信理财超快车计划(7 天子计划)	2009－9－1	2009－12－31	39084	混合	不确定
309	中信理财超快车计划(14 天子计划)	2009－9－1	2009－12－31	36161	混合	不确定
310	中信理财超快车计划(21 天子计划)	2009－9－1	2009－12－31	9212	混合	不确定
311	中信理财超快车计划(28 天子计划)	2009－9－1	2009－12－31	15000	混合	不确定
312	中信理财之蓝筹计划 3 号	2009－9－1	2009－12－31	10940	混合	不确定
313	中信理财快车计划 0924 期	2009－9－2	2009－12－25	835	转让贷款	3.00%
314	中信理财快车计划 0924 期	2009－9－2	2009－12－25	2165	转让贷款	3.20%
315	中信理财之信托计划 0928 期	2009－9－2	2010－7－2	40000	信托贷款	3.80%
316	中信理财快车计划 0911 期 7 号	2009－9－4	2010－3－5	1016	信托贷款	3.60%
317	中信理财快车计划 0912 期 3 号	2009－9－4	2010－3－5	5506	转让贷款	3.60%
318	中信理财快车计划 0913 期 4 号	2009－9－4	2009－12－4	10032	转让贷款	2.80%
319	中信理财快车计划 0913 期 5 号	2009－9－4	2010－3－5	3124	转让贷款	3.60%
320	中信理财快车计划 0914 期 2 号	2009－9－4	2009－12－4	5016	转让贷款	2.80%
321	中信理财快车计划 0916 期 2 号	2009－9－4	2009－12－4	15047	转让贷款	2.80%
322	中信理财快车计划 0916 期 3 号	2009－9－4	2009－12－4	23070	转让贷款	2.80%
323	中信理财快车计划 0917 期 3 号	2009－9－4	2009－12－4	12038	转让贷款	2.80%
324	中信理财快车计划 0917 期 4 号	2009－9－4	2009－12－4	8527	转让贷款	2.80%
325	中信理财快车计划 0917 期 5 号	2009－9－4	2009－12－4	5016	转让贷款	2.80%

续表

序号	产品名称	发行日	到期日	拟发行量	投资方向	预期收益率
326	中信理财快车计划 0919 期 4 号	2009－9－4	2010－3－5	8783	信托贷款	3.60%
327	中信理财快车计划 0919 期 5 号	2009－9－4	2010－3－5	3596	信托贷款	3.60%
328	中信理财快车计划 0920 期 2 号	2009－9－4	2010－3－5	95	信托贷款	3.60%
329	中信理财快车计划 0928 期 1 号	2009－9－4	2009－9－25	30000	信托贷款	2.20%
330	久久红 1 月期 1 号	2009－9－4	2009－10－8	3014	混合	2.25%
331	中信理财快车计划 0911 期 8 号	2009－9－8	2010－3－5	1364	信托贷款	3.45%
332	中信理财快车计划 0912 期 4 号	2009－9－8	2010－3－5	966	转让贷款	3.45%
333	中信理财快车计划 0913 期 6 号	2009－9－8	2010－3－5	639	转让贷款	3.45%
334	中信理财快车计划 0919 期 6 号	2009－9－8	2010－6－22	10578	信托贷款	3.55%
335	中信理财快车计划 0919 期 6 号	2009－9－8	2010－6－22	15690	信托贷款	3.65%
336	中信理财快车计划 0919 期 7 号	2009－9－8	2010－3－5	2128	信托贷款	3.45%
337	中信理财快车计划 0932 期 1 号	2009－9－8	2010－1－22	30525	信托贷款	3.25%
338	中信理财快车计划 0932 期 1 号	2009－9－8	2010－1－22	52920	信托贷款	3.35%
339	中信理财快车计划 0933 期 1 号	2009－9－8	2010－1－22	3054	信托贷款	3.25%
340	中信理财快车计划 0933 期 1 号	2009－9－8	2010－1－22	11946	信托贷款	3.35%
341	中信理财之信托计划 0924 期 3 号	2009－9－8	2010－3－25	1101	信托贷款	3.35%
342	中信理财之信托计划 0924 期 3 号	2009－9－8	2010－3－25	3899	信托贷款	3.45%
343	中信理财快车计划 0911 期 5 号	2009－9－10	2010－3－12	35533	转让贷款	3.40%
344	中信理财快车计划 0911 期 5 号	2009－9－10	2010－3－12	52467	转让贷款	3.50%
345	中信理财快车计划 0911 期 6 号	2009－9－10	2010－9－10	12000	转让贷款	3.90%
346	中信理财快车计划 0912 期 5 号	2009－9－11	2010－3－5	158	转让贷款	3.45%
347	中信理财之信托计划 0929 期	2009－9－11	2010－9－11	89210	信托贷款	3.70%
348	中信理财快车计划 0935 期 1 号	2009－9－15	2009－12－22	10000	信托贷款	2.80%
349	中信理财之信托计划 0929 期 2 号	2009－9－15	2010－9－11	10790	信托贷款	3.70%
350	中信理财之信托计划 0930 期	2009－9－15	2010－6－16	13771	信托贷款	3.55%
351	中信理财之信托计划 0930 期	2009－9－15	2010－6－16	24171	信托贷款	3.65%
352	中信理财之信托计划 0931 期	2009－9－15	2010－6－30	14264	信托贷款	3.55%
353	中信理财之信托计划 0931 期	2009－9－15	2010－6－30	18659	信托贷款	3.65%
354	中信理财快车计划 0919 期 8 号	2009－9－16	2010－6－22	10682	信托贷款	3.55%
355	中信理财快车计划 0919 期 8 号	2009－9－16	2010－6－22	13050	信托贷款	3.65%
356	中信理财快车计划 0932 期 2 号	2009－9－16	2010－1－22	2173	信托贷款	3.25%
357	中信理财快车计划 0932 期 2 号	2009－9－16	2010－1－22	4382	信托贷款	3.35%
358	中信理财快车计划 0927 期 2 号	2009－9－22	2010－3－20	2297	转让贷款	3.60%
359	中信理财快车计划 0927 期 2 号	2009－9－22	2010－3－20	5703	转让贷款	3.70%
360	中信理财快车计划 0929 期 1 号	2009－9－22	2010－6－26	2052	转让贷款	3.60%
361	中信理财快车计划 0929 期 1 号	2009－9－22	2010－6－26	2448	转让贷款	3.70%
362	中信理财快车计划 0936 期 1 号	2009－9－22	2010－1－12	12014	信托贷款	2.90%

续表

序号	产品名称	发行日	到期日	拟发行量	投资方向	预期收益率
363	中信理财快车计划 0936 期 1 号	2009-9-22	2010-1-12	22914	信托贷款	3.00%
364	中信理财快车计划 0937 期 1 号	2009-9-22	2010-1-12	10886	信托贷款	2.90%
365	中信理财快车计划 0937 期 1 号	2009-9-22	2010-1-12	26532	信托贷款	3.00%
366	中信理财之信托计划 0930 期 2 号	2009-9-22	2010-6-16	265	信托贷款	3.55%
367	中信理财之信托计划 0930 期 2 号	2009-9-22	2010-6-16	646	信托贷款	3.65%
368	中信理财之信托计划 0931 期 2 号	2009-9-22	2010-6-30	5793	信托贷款	3.55%
369	中信理财之信托计划 0931 期 2 号	2009-9-22	2010-6-30	6808	信托贷款	3.65%
370	中信理财快车计划 0928 期 2 号	2009-9-25	2009-11-25	3708	信托贷款	2.60%
371	中信理财快车计划 0928 期 2 号	2009-9-25	2009-11-25	21013	信托贷款	2.70%
372	中信理财快车计划 0930 期	2009-9-25	2010-2-13	339	转让贷款	3.10%
373	中信理财快车计划 0930 期	2009-9-25	2010-2-13	2661	转让贷款	3.30%
374	中信理财快车计划 0938 期 1 号	2009-9-25	2011-3-10	9736	信托贷款	5.60%
375	中信理财快车计划 0938 期 1 号	2009-9-25	2011-3-10	4836	信托贷款	5.80%
376	中信理财快车计划 0938 期 1 号	2009-9-25	2011-3-10	15428	信托贷款	6.00%
377	中信理财快车计划 0939 期 1 号	2009-9-25	2009-11-25	7826	信托贷款	2.60%
378	中信理财快车计划 0939 期 1 号	2009-9-25	2009-11-25	16780	信托贷款	2.70%
379	中信理财快车计划 0940 期 1 号	2009-9-28	2009-12-28	6250	信托贷款	2.90%
380	中信理财快车计划 0940 期 1 号	2009-9-28	2009-12-28	24123	信托贷款	3.00%
381	中信理财快车计划 0940 期 2 号	2009-9-28	2010-3-28	14285	信托贷款	3.50%
382	中信理财快车计划 0940 期 2 号	2009-9-28	2010-3-28	18539	信托贷款	3.60%
383	中信理财快车计划 0940 期 3 号	2009-9-28	2010-6-25	6939	信托贷款	3.70%
384	中信理财快车计划 0940 期 3 号	2009-9-28	2010-6-25	4300	信托贷款	3.80%
385	中信理财快车计划 0940 期 4 号	2009-9-28	2010-9-27	56330	信托贷款	3.90%
386	中信理财快车计划 0940 期 4 号	2009-9-28	2010-9-27	69234	信托贷款	4.00%
387	中信理财快车计划 0934 期	2009-9-29	2010-3-25	4764	转让贷款	3.50%
388	中信理财快车计划 0934 期	2009-9-29	2010-3-25	5236	转让贷款	3.60%
389	智赢四号-石油联系产品(A 款)	2009-9-29	2010-9-29	10275	同业拆借	不确定
390	智赢四号-石油联系产品(B 款)	2009-9-29	2010-9-29	15930	同业拆借	不确定
391	中信理财快车计划 0929 期 2 号	2009-9-30	2010-6-26	2050	转让贷款	3.80%
392	中信理财快车计划 0929 期 2 号	2009-9-30	2010-6-26	1450	转让贷款	3.90%
393	中信理财快车计划 0941 期 1 号	2009-9-30	2009-12-11	3153	转让贷款	2.70%
394	中信理财快车计划 0941 期 2 号	2009-9-30	2010-1-5	1500	转让贷款	3.10%
395	中信理财快车计划 0941 期 3 号	2009-9-30	2010-3-26	1347	转让贷款	3.50%
396	中信理财快车计划 0942 期 1 号	2009-9-30	2009-12-11	6237	转让贷款	2.70%
397	中信理财快车计划 0942 期 2 号	2009-9-30	2010-1-5	875	转让贷款	2.90%
398	中信理财快车计划 0942 期 3 号	2009-9-30	2010-4-2	934	转让贷款	3.50%
399	中信理财快车计划 0942 期 4 号	2009-9-30	2010-6-23	1954	转让贷款	3.70%

续表

序号	产品名称	发行日	到期日	拟发行量	投资方向	预期收益率
400	中信理财快车计划 0943 期 1 号	2009－9－30	2009－12－11	4276	转让贷款	2.70%
401	中信理财快车计划 0944 期 1 号	2009－9－30	2009－12－11	1028	转让贷款	2.70%
402	中信理财快车计划 0944 期 4 号	2009－9－30	2010－6－29	507	转让贷款	3.70%
403	中信理财快车计划 0945 期 1 号	2009－9－30	2009－12－11	5111	转让贷款	2.70%
404	中信理财快车计划 0945 期 2 号	2009－9－30	2010－1－5	699	转让贷款	2.90%
405	中信理财快车计划 0945 期 3 号	2009－9－30	2010－4－2	2129	转让贷款	3.50%
406	中信理财快车计划 0945 期 4 号	2009－9－30	2010－6－18	1038	转让贷款	3.70%
407	中信理财快车计划 0946 期 1 号	2009－9－30	2009－12－11	1517	转让贷款	2.70%
408	中信理财快车计划 0946 期 2 号	2009－9－30	2010－1－5	295	转让贷款	2.90%
409	中信理财快车计划 0946 期 3 号	2009－9－30	2010－4－2	459	转让贷款	3.50%
410	中信理财快车计划 0946 期 4 号	2009－9－30	2010－6－3	847	转让贷款	3.70%
411	中信理财之信托计划 0930 期 3 号	2009－9－30	2010－6－16	147	信托贷款	3.65%
412	中信理财之信托计划 0931 期 3 号	2009－9－30	2010－6－30	2222	信托贷款	3.55%
413	中信理财之信托计划 0931 期 3 号	2009－9－30	2010－6－30	1254	信托贷款	3.65%
414	中信银行私人银行之增强固定收益型投资专户产品	2009－10－1	2010－12－31	21420	混合	不确定
415	信泰稳健增值 1 号	2009－10－1	2010－12－31	12523	其他	不确定
416	信泰稳健增值 2 号	2009－10－1	2010－12－31	12698	混合	不确定
417	中信银行私人银行之封闭式基金投资专户	2009－10－1	2010－12－31	9601	基金	不确定
418	信泰 3 号	2009－10－1	2010－12－31	13870	混合	不确定
419	久久红 1 月期 3 号自动续期	2009－10－1	2010－12－31	200	混合	2.25%
420	久久红 3 月期 4 号	2009－10－1	2010－12－31	2130	混合	2.90%
421	“灵活配置型基金宝(FOF)”投资专户	2009－10－1	2010－12－31	6976	其他	不确定
422	久久红 1 月期 4 号自动续期 28 天	2009－10－1	2010－12－31	1450	混合	2.60%
423	久久红 1 月期 5 号自动续期 56 天	2009－10－1	2010－12－31	8200	混合	2.85%
424	1 月期 6 号 自动续期 56 天	2009－10－1	2010－12－31	450	混合	2.85%
425	1 月期 7 号 自动续期	2009－10－1	2010－12－31	1700	混合	2.70%
426	久久红 1 月期 2 号	2009－10－9	2009－11－5	2561	混合	2.40%
427	中信理财快车计划 0940 期 5 号	2009－10－10	2010－1－12	2927	信托贷款	2.90%
428	中信理财快车计划 0940 期 5 号	2009－10－10	2010－1－12	6999	信托贷款	3.00%
429	中信理财快车计划 0940 期 6 号	2009－10－10	2010－4－13	13172	信托贷款	3.50%
430	中信理财快车计划 0940 期 6 号	2009－10－10	2010－4－13	15433	信托贷款	3.60%
431	中信理财快车计划 0940 期 7 号	2009－10－10	2010－7－13	3171	信托贷款	3.70%
432	中信理财快车计划 0940 期 7 号	2009－10－10	2010－7－13	1838	信托贷款	3.80%
433	中信理财快车计划 0940 期 8 号	2009－10－10	2010－10－12	32979	信托贷款	3.90%
434	中信理财快车计划 0940 期 8 号	2009－10－10	2010－10－12	23481	信托贷款	4.00%
435	中信理财之优债计划一期	2009－10－10	2009－12－27	48152	混合	2.80%

续表

序号	产品名称	发行日	到期日	拟发行量	投资方向	预期收益率
436	中信理财快车计划0901期19号	2009-10-12	2010-7-16	20201	混合	3.90%
437	中信理财快车计划0901期20号	2009-10-12	2010-10-12	91852	混合	4.10%
438	中信理财快车计划0901期21号	2009-10-12	2011-7-10	18094	混合	4.30%
439	中信理财快车计划0901期22号	2009-10-12	2010-1-12	15296	混合	3.10%
440	中信理财快车计划0901期23号	2009-10-12	2010-4-13	37492	混合	3.70%
441	中信理财快车计划0928期3号	2009-10-12	2009-11-25	5271	转让贷款	2.70%
442	中信理财快车计划0939期2号	2009-10-12	2009-11-25	13471	信托贷款	2.70%
443	中信理财快车计划0931期	2009-10-13	2010-1-19	917	转让贷款	3.00%
444	中信理财快车计划0931期	2009-10-13	2010-1-19	2083	转让贷款	3.10%
445	中信理财快车计划0943期4号	2009-10-13	2010-3-17	724	转让贷款	3.80%
446	中信理财快车计划0944期5号	2009-10-13	2010-4-2	3965	转让贷款	3.80%
447	中信理财快车计划0945期5号	2009-10-13	2010-4-2	1023	转让贷款	3.80%
448	中信理财快车计划0946期5号	2009-10-13	2010-4-2	1882	转让贷款	3.80%
449	中信理财快车计划0940期9号	2009-10-16	2010-10-15	19636	信托贷款	3.90%
450	中信理财快车计划0940期9号	2009-10-16	2010-10-15	20364	信托贷款	4.00%
451	中信理财快车计划0949期1号	2009-10-16	2010-10-15	7844	信托贷款	3.90%
452	中信理财快车计划0949期1号	2009-10-16	2010-10-15	7156	信托贷款	4.00%
453	中信理财之信托计划0924期4号	2009-10-16	2010-4-26	918	信托贷款	3.40%
454	中信理财之信托计划0924期4号	2009-10-16	2010-4-26	3106	信托贷款	3.50%
455	中信理财快车计划0952期1号	2009-10-19	2010-10-19	11703	信托贷款	3.90%
456	中信理财快车计划0952期1号	2009-10-19	2010-10-19	8224	信托贷款	4.00%
457	中信理财快车计划0952期1号	2009-10-19	2010-10-19	13561	信托贷款	4.10%
458	中信理财快车计划0937期2号	2009-10-20	2010-1-12	10	信托贷款	2.90%
459	中信理财快车计划0937期2号	2009-10-20	2010-1-12	2580	信托贷款	3.00%
460	中信理财快车计划0947期	2009-10-20	2010-4-22	2765	转让贷款	3.50%
461	中信理财快车计划0947期	2009-10-20	2010-4-22	3138	转让贷款	3.60%
462	中信理财快车计划0947期	2009-10-20	2010-4-22	4097	转让贷款	4.00%
463	中信理财快车计划0948期1号	2009-10-20	2010-4-22	7714	信托贷款	3.50%
464	中信理财快车计划0948期1号	2009-10-20	2010-4-22	12286	信托贷款	3.60%
465	中信理财之信托计划0932期1号	2009-10-20	2010-6-21	19006	信托贷款	3.60%
466	中信理财之信托计划0932期1号	2009-10-20	2010-6-21	18314	信托贷款	3.70%
467	中信理财之信托计划0932期2号	2009-10-20	2010-5-19	7974	信托贷款	3.55%
468	中信理财之信托计划0932期2号	2009-10-20	2010-5-19	10786	信托贷款	3.65%
469	中信理财快车计划0901期24号	2009-10-21	2010-10-12	10653	混合	4.10%
470	中信理财快车计划0939期3号	2009-10-21	2009-11-25	423	信托贷款	2.70%
471	中信理财快车计划0939期3号	2009-10-21	2009-11-25	1500	信托贷款	2.80%
472	中信理财快车计划0950期1号	2009-10-21	2010-1-22	8555	信托贷款	2.90%

续表

序号	产品名称	发行日	到期日	拟发行量	投资方向	预期收益率
473	中信理财快车计划 0950 期 1 号	2009－10－21	2010－1－22	21445	信托贷款	3.00%
474	中信理财快车计划 0952 期 2 号	2009－10－21	2010－10－19	1512	信托贷款	4.00%
475	中信理财快车计划 0938 期 2 号	2009－10－22	2011－3－10	8255	信托贷款	5.60%
476	中信理财快车计划 0938 期 2 号	2009－10－22	2011－3－10	3539	信托贷款	5.80%
477	中信理财快车计划 0938 期 2 号	2009－10－22	2011－3－10	8206	信托贷款	6.00%
478	中信理财快车计划 0951 期 1 号	2009－10－22	2010－4－22	18561	信托贷款	3.50%
479	中信理财快车计划 0951 期 1 号	2009－10－22	2010－4－22	31439	信托贷款	3.60%
480	中信理财快车计划 0953 期 1 号	2009－10－22	2009－12－28	10107	信托贷款	2.80%
481	中信理财快车计划 0953 期 1 号	2009－10－22	2009－12－28	39893	信托贷款	2.90%
482	中信理财快车计划 0954 期 1 号	2009－10－23	2010－10－22	27822	信托贷款	3.90%
483	中信理财快车计划 0954 期 1 号	2009－10－23	2010－10－22	35778	信托贷款	4.00%
484	中信理财快车计划 0954 期 2 号	2009－10－23	2010－1－22	10208	信托贷款	2.90%
485	中信理财快车计划 0954 期 2 号	2009－10－23	2010－1－22	26192	信托贷款	3.00%
486	中信理财快车计划 0955 期 1 号	2009－10－23	2010－9－1	29715	信托贷款	3.80%
487	中信理财快车计划 0955 期 1 号	2009－10－23	2010－9－1	36658	信托贷款	3.90%
488	中信理财之信托计划 0932 期 3 号	2009－10－27	2009－12－24	9680	信托贷款	2.60%
489	中信理财之信托计划 0932 期 4 号	2009－10－27	2009－12－4	3240	信托贷款	2.60%
490	中信理财之信托计划 0933 期 1 号	2009－10－27	2009－12－24	20000	信托贷款	2.60%
491	中信理财之信托计划 0935 期 1 号	2009－10－27	2011－10－27	13114	信托贷款	5.50%
492	中信理财之信托计划 0935 期 1 号	2009－10－27	2011－10－27	12347	信托贷款	5.60%
493	中信理财快车计划 0955 期 2 号	2009－10－30	2010－9－1	29031	信托贷款	3.90%
494	中信理财快车计划 0964 期 1 号	2009－10－30	2010－10－30	4640	信托贷款	3.90%
495	中信理财快车计划 0964 期 1 号	2009－10－30	2010－10－30	10360	信托贷款	4.00%
496	中信理财之信托计划 0934 期 1 号	2009－10－30	2010－6－25	25738	信托贷款	3.80%
497	中信理财之信托计划 0935 期 2 号	2009－10－30	2011－10－27	1855	信托贷款	5.50%
498	中信理财之信托计划 0935 期 2 号	2009－10－30	2011－10－27	1684	信托贷款	5.60%
499	中信理财快车计划 0965 期 1 号	2009－11－3	2010－5－6	2028	转让贷款	3.55%
500	中信理财快车计划 0965 期 1 号	2009－11－3	2010－5－6	2972	转让贷款	3.65%
501	中信理财快车计划 0965 期 2 号	2009－11－3	2010－4－23	1870	转让贷款	3.50%
502	中信理财快车计划 0965 期 2 号	2009－11－3	2010－4－23	2865	转让贷款	3.60%
503	中信理财快车计划 0956 期	2009－11－4	2010－6－2	1975	转让贷款	3.60%
504	中信理财快车计划 0956 期	2009－11－4	2010－6－2	2611	转让贷款	3.70%
505	中信理财快车计划 0958 期	2009－11－4	2010－1－2	93	转让贷款	2.60%
506	中信理财快车计划 0958 期	2009－11－4	2010－1－2	384	转让贷款	2.80%
507	中信理财快车计划 0959 期	2009－11－4	2010－1－8	80	转让贷款	2.70%
508	中信理财快车计划 0959 期	2009－11－4	2010－1－8	220	转让贷款	2.90%
509	中信理财快车计划 0960 期 1 号	2009－11－4	2010－2－26	39	转让贷款	3.20%

续表

序号	产品名称	发行日	到期日	拟发行量	投资方向	预期收益率
510	中信理财快车计划 0960 期 1 号	2009－11－4	2010－2－26	361	转让贷款	3.40%
511	中信理财快车计划 0960 期 2 号	2009－11－4	2010－3－22	40	转让贷款	3.30%
512	中信理财快车计划 0960 期 2 号	2009－11－4	2010－3－22	210	转让贷款	3.50%
513	中信理财快车计划 0960 期 3 号	2009－11－4	2010－1－14	250	转让贷款	2.90%
514	中信理财快车计划 0961 期	2009－11－4	2010－1－21	250	转让贷款	3.00%
515	中信理财快车计划 0962 期	2009－11－4	2010－3－22	268	转让贷款	3.30%
516	中信理财快车计划 0962 期	2009－11－4	2010－3－22	1332	转让贷款	3.50%
517	中信理财快车计划 0963 期	2009－11－4	2010－2－15	706	转让贷款	3.20%
518	中信理财快车计划 0963 期	2009－11－4	2010－2－15	3435	转让贷款	3.40%
519	中信理财快车计划 0964 期 2 号	2009－11－4	2010－11－4	5305	信托贷款	3.90%
520	中信理财快车计划 0964 期 2 号	2009－11－4	2010－11－4	6695	信托贷款	4.00%
521	中信理财快车计划 0911 期 9 号	2009－11－5	2010－5－5	21665	信托贷款	3.50%
522	中信理财快车计划 0911 期 9 号	2009－11－5	2010－5－5	37128	信托贷款	3.60%
523	中信理财快车计划 0977 期 1 号	2009－11－5	2010－5－3	2000	转让贷款	3.80%
524	中信理财快车计划 0919 期 9 号	2009－11－6	2010－11－5	26346	信托贷款	3.90%
525	中信理财快车计划 0919 期 9 号	2009－11－6	2010－11－5	42743	信托贷款	4.00%
526	中信理财快车计划 0920 期 3 号	2009－11－6	2010－5－6	5847	信托贷款	3.50%
527	中信理财快车计划 0920 期 3 号	2009－11－6	2010－5－6	14058	信托贷款	3.60%
528	中信理财快车计划 0967 期	2009－11－6	2009－12－23	460	转让贷款	2.60%
529	中信理财快车计划 0967 期	2009－11－6	2009－12－23	1040	转让贷款	2.70%
530	中信理财快车计划 0968 期 1 号	2009－11－6	2009－12－25	165	转让贷款	2.60%
531	中信理财快车计划 0968 期 1 号	2009－11－6	2009－12－25	992	转让贷款	2.70%
532	中信理财快车计划 0968 期 2 号	2009－11－6	2009－12－25	214	转让贷款	2.60%
533	中信理财快车计划 0968 期 2 号	2009－11－6	2009－12－25	444	转让贷款	2.70%
534	中信理财快车计划 0969 期 1 号	2009－11－6	2009－12－25	112	转让贷款	2.60%
535	中信理财快车计划 0969 期 1 号	2009－11－6	2009－12－25	777	转让贷款	2.70%
536	中信理财快车计划 0969 期 2 号	2009－11－6	2009－12－25	250	转让贷款	2.60%
537	中信理财快车计划 0969 期 2 号	2009－11－6	2009－12－25	480	转让贷款	2.70%
538	中信理财快车计划 0972 期 1 号	2009－11－6	2010－5－10	1552	转让贷款	3.50%
539	中信理财快车计划 0972 期 1 号	2009－11－6	2010－5－10	2448	转让贷款	3.60%
540	中信理财快车计划 0973 期 1 号	2009－11－6	2010－6－16	5842	转让贷款	3.60%
541	中信理财快车计划 0973 期 1 号	2009－11－6	2010－6－16	8623	转让贷款	3.70%
542	中信理财快车计划 0974 期 1 号	2009－11－6	2010－6－17	3780	转让贷款	3.60%
543	中信理财快车计划 0974 期 1 号	2009－11－6	2010－6－17	5140	转让贷款	3.70%
544	中信理财快车计划 0975 期 1 号	2009－11－6	2010－6－8	11527	转让贷款	3.60%
545	中信理财快车计划 0975 期 1 号	2009－11－6	2010－6－8	11375	转让贷款	3.70%
546	中信理财之信托计划 0934 期 2 号	2009－11－6	2010－6－25	10436	信托贷款	3.70%

续表

序号	产品名称	发行日	到期日	拟发行量	投资方向	预期收益率
547	中信理财之优债计划二期	2009－11－6	2009－12－27	96335	混合	2.60%
548	中信理财快车计划 0957 期 2 号	2009－11－10	2010－3－15	5	转让贷款	3.50%
549	中信理财快车计划 0957 期 3 号	2009－11－10	2010－3－25	199	转让贷款	3.35%
550	中信理财快车计划 0957 期 3 号	2009－11－10	2010－3－25	601	转让贷款	3.55%
551	中信理财快车计划 0957 期 4 号	2009－11－10	2010－3－25	265	转让贷款	3.35%
552	中信理财快车计划 0957 期 4 号	2009－11－10	2010－3－25	735	转让贷款	3.55%
553	中信理财快车计划 0966 期 1 号	2009－11－10	2010－3－15	3173	转让贷款	3.30%
554	中信理财快车计划 0966 期 1 号	2009－11－10	2010－3－15	2817	转让贷款	3.40%
555	中信理财快车计划 0966 期 2 号	2009－11－10	2010－5－23	1771	转让贷款	3.60%
556	中信理财快车计划 0966 期 2 号	2009－11－10	2010－5－23	4229	转让贷款	3.70%
557	中信理财快车计划 0936 期 2 号	2009－11－12	2010－1－12	1599	信托贷款	3.30%
558	中信理财快车计划 0936 期 2 号	2009－11－12	2010－1－12	3500	信托贷款	3.40%
559	中信理财快车计划 0978 期 1 号	2009－11－12	2010－11－4	79340	信托贷款	3.90%
560	中信理财快车计划 0912 期 6 号	2009－11－13	2010－5－13	9059	转让贷款	3.55%
561	中信理财快车计划 0912 期 7 号	2009－11－13	2010－5－13	5680	转让贷款	3.55%
562	中信理财快车计划 0912 期 8 号	2009－11－13	2010－5－13	8955	转让贷款	3.55%
563	中信理财快车计划 0912 期 9 号	2009－11－13	2010－5－13	3370	转让贷款	3.55%
564	中信理财快车计划 0913 期 7 号	2009－11－13	2010－5－13	17615	转让贷款	3.55%
565	中信理财快车计划 0913 期 8 号	2009－11－13	2010－5－13	9987	转让贷款	3.55%
566	中信理财快车计划 0925 期 2 号	2009－11－13	2010－6－9	2000	转让贷款	3.65%
567	中信理财快车计划 0979 期 1 号	2009－11－13	2010－11－12	4196	信托贷款	3.90%
568	中信理财快车计划 0979 期 1 号	2009－11－13	2010－11－12	16964	信托贷款	4.10%
569	中信理财快车计划 0979 期 1 号	2009－11－13	2010－11－12	11298	信托贷款	4.20%
570	中信理财快车计划 0979 期 1 号	2009－11－13	2010－11－12	3600	信托贷款	4.40%
571	智赢 5 号汇率联系型	2009－11－13	2010－5－25	1030	同业拆借	不确定
572	中信理财快车计划 0970 期 1 号	2009－11－17	2010－7－9	1481	转让贷款	3.65%
573	中信理财快车计划 0970 期 1 号	2009－11－17	2010－7－9	1363	转让贷款	3.75%
574	中信理财快车计划 0971 期	2009－11－17	2010－6－12	1855	转让贷款	3.60%
575	中信理财快车计划 0971 期	2009－11－17	2010－6－12	2090	转让贷款	3.70%
576	中信理财快车计划 0971 期	2009－11－17	2010－6－12	1660	转让贷款	3.80%
577	中信理财快车计划 0978 期 2 号	2009－11－17	2010－10－29	54459	信托贷款	4.00%
578	中信理财快车计划 0978 期 2 号	2009－11－17	2010－10－29	95541	信托贷款	4.10%
579	中信理财快车计划 0986 期 1 号	2009－11－17	2010－1－9	1149	转让贷款	2.60%
580	中信理财快车计划 0986 期 1 号	2009－11－17	2010－1－9	4739	转让贷款	2.70%
581	中信理财快车计划 0987 期 1 号	2009－11－17	2010－1－15	512	转让贷款	2.60%
582	中信理财快车计划 0987 期 1 号	2009－11－17	2010－1－15	1114	转让贷款	2.70%
583	中信理财快车计划 0987 期 2 号	2009－11－17	2010－1－22	2121	转让贷款	2.70%

续表

序号	产品名称	发行日	到期日	拟发行量	投资方向	预期收益率
584	中信理财快车计划 0987 期 2 号	2009－11－17	2010－1－22	6951	转让贷款	2.80%
585	中信理财快车计划 0988 期 1 号	2009－11－17	2010－1－9	2902	转让贷款	2.60%
586	中信理财快车计划 0988 期 1 号	2009－11－17	2010－1－9	6932	转让贷款	2.70%
587	中信理财快车计划 0989 期 1 号	2009－11－17	2010－1－15	771	转让贷款	2.60%
588	中信理财快车计划 0989 期 1 号	2009－11－17	2010－1－15	1292	转让贷款	2.70%
589	中信理财快车计划 0990 期 1 号	2009－11－17	2010－1－15	227	转让贷款	2.60%
590	中信理财快车计划 0990 期 1 号	2009－11－17	2010－1－15	210	转让贷款	2.70%
591	中信理财快车计划 0991 期 1 号	2009－11－17	2010－1－21	573	转让贷款	2.70%
592	中信理财快车计划 0991 期 1 号	2009－11－17	2010－1－21	3980	转让贷款	2.80%
593	中信理财快车计划 0992 期 1 号	2009－11－17	2010－1－22	2994	转让贷款	2.70%
594	中信理财快车计划 0992 期 1 号	2009－11－17	2010－1－22	5468	转让贷款	2.80%
595	中信理财快车计划 0993 期 1 号	2009－11－17	2010－1－28	2836	转让贷款	2.80%
596	中信理财快车计划 0993 期 1 号	2009－11－17	2010－1－28	7059	转让贷款	2.90%
597	中信理财快车计划 0994 期 1 号	2009－11－17	2010－2－18	4427	转让贷款	3.00%
598	中信理财快车计划 0994 期 1 号	2009－11－17	2010－2－18	14323	转让贷款	3.10%
599	中信理财快车计划 0997 期 1 号	2009－11－19	2010－5－19	5681	信托贷款	3.60%
600	中信理财快车计划 0997 期 1 号	2009－11－19	2010－5－19	12319	信托贷款	3.70%
601	中信理财快车计划 0912 期 10 号	2009－11－20	2010－5－13	941	转让贷款	3.60%
602	中信理财快车计划 0912 期 11 号	2009－11－20	2010－5－13	4334	转让贷款	3.60%
603	中信理财快车计划 0912 期 12 号	2009－11－20	2010－5－13	739	转让贷款	3.60%
604	中信理财快车计划 0912 期 12 号	2009－11－20	2010－5－13	300	转让贷款	3.80%
605	中信理财快车计划 0913 期 9 号	2009－11－20	2010－5－13	2622	转让贷款	3.60%
606	中信理财快车计划 0913 期 10 号	2009－11－20	2010－5－13	6036	转让贷款	3.60%
607	中信理财快车计划 0978 期 3 号	2009－11－20	2010－11－4	26987	信托贷款	4.00%
608	中信理财快车计划 0978 期 3 号	2009－11－20	2010－11－4	35320	信托贷款	4.10%
609	中信理财快车计划 0978 期 3 号	2009－11－20	2010－11－4	5500	信托贷款	4.20%
610	中信理财快车计划 0980 期 1 号	2009－11－20	2010－1－7	59	转让贷款	2.60%
611	中信理财快车计划 0980 期 1 号	2009－11－20	2010－1－7	541	转让贷款	2.80%
612	中信理财快车计划 0980 期 2 号	2009－11－20	2010－4－15	137	转让贷款	3.50%
613	中信理财快车计划 0980 期 2 号	2009－11－20	2010－4－15	363	转让贷款	3.70%
614	中信理财快车计划 0980 期 3 号	2009－11－20	2010－6－28	221	转让贷款	3.70%
615	中信理财快车计划 0980 期 3 号	2009－11－20	2010－6－28	579	转让贷款	3.90%
616	中信理财快车计划 0980 期 4 号	2009－11－20	2010－6－28	130	转让贷款	3.70%
617	中信理财快车计划 0980 期 4 号	2009－11－20	2010－6－28	70	转让贷款	3.90%
618	中信理财快车计划 0981 期 1 号	2009－11－20	2010－1－21	156	转让贷款	2.70%
619	中信理财快车计划 0981 期 1 号	2009－11－20	2010－1－21	844	转让贷款	2.90%
620	中信理财快车计划 0982 期 1 号	2009－11－20	2010－3－25	598	转让贷款	3.40%

续表

序号	产品名称	发行日	到期日	拟发行量	投资方向	预期收益率
621	中信理财快车计划 0982 期 1 号	2009 - 11 - 20	2010 - 3 - 25	1402	转让贷款	3.60%
622	中信理财快车计划 0983 期 1 号	2009 - 11 - 20	2010 - 4 - 5	191	转让贷款	3.40%
623	中信理财快车计划 0983 期 1 号	2009 - 11 - 20	2010 - 4 - 5	209	转让贷款	3.60%
624	中信理财快车计划 0983 期 2 号	2009 - 11 - 20	2010 - 4 - 28	302	转让贷款	3.50%
625	中信理财快车计划 0983 期 2 号	2009 - 11 - 20	2010 - 4 - 28	1056	转让贷款	3.70%
626	中信理财快车计划 0984 期 1 号	2009 - 11 - 20	2010 - 1 - 6	320	转让贷款	2.60%
627	中信理财快车计划 0984 期 1 号	2009 - 11 - 20	2010 - 1 - 6	2680	转让贷款	2.80%
628	中信理财快车计划 0995 期 1 号	2009 - 11 - 20	2009 - 12 - 22	34412	信托贷款	2.50%
629	中信理财快车计划 0995 期 1 号	2009 - 11 - 20	2009 - 12 - 22	13740	信托贷款	2.70%
630	中信理财快车计划 0996 期 1 号	2009 - 11 - 20	2009 - 12 - 12	318	转让贷款	3.00%
631	中信理财快车计划 0996 期 2 号	2009 - 11 - 20	2009 - 12 - 16	941	转让贷款	3.00%
632	中信理财快车计划 0985 期 1 号	2009 - 11 - 24	2010 - 10 - 28	19964	信托贷款	4.20%
633	中信理财快车计划 0928 期 4 号	2009 - 11 - 25	2010 - 3 - 16	3364	转让贷款	3.10%
634	中信理财快车计划 0928 期 4 号	2009 - 11 - 25	2010 - 3 - 16	6075	转让贷款	3.20%
635	中信理财快车计划 0939 期 4 号	2009 - 11 - 25	2010 - 2 - 23	12112	信托贷款	3.00%
636	中信理财快车计划 0939 期 4 号	2009 - 11 - 25	2010 - 2 - 23	22124	信托贷款	3.10%
637	中信理财快车计划 0996 期 3 号	2009 - 11 - 25	2009 - 12 - 25	825	转让贷款	3.00%
638	中信理财快车计划 0996 期 3 号	2009 - 11 - 25	2009 - 12 - 25	5175	转让贷款	3.10%
639	中信理财快车计划 0979 期 2 号	2009 - 11 - 26	2010 - 11 - 25	28788	信托贷款	4.10%
640	中信理财快车计划 0979 期 2 号	2009 - 11 - 26	2010 - 11 - 25	35149	信托贷款	4.20%
641	中信理财快车计划 0986 期 2 号	2009 - 11 - 27	2010 - 1 - 4	3873	转让贷款	2.60%
642	中信理财快车计划 0986 期 3 号	2009 - 11 - 27	2010 - 1 - 8	465	转让贷款	2.70%
643	中信理财快车计划 0986 期 4 号	2009 - 11 - 27	2010 - 1 - 9	566	转让贷款	2.60%
644	中信理财快车计划 0986 期 5 号	2009 - 11 - 27	2010 - 1 - 9	2940	转让贷款	2.70%
645	中信理财快车计划 0986 期 6 号	2009 - 11 - 27	2010 - 1 - 9	710	转让贷款	2.60%
646	中信理财快车计划 0986 期 7 号	2009 - 11 - 27	2010 - 1 - 9	6222	转让贷款	2.70%
647	中信理财快车计划 0986 期 8 号	2009 - 11 - 27	2010 - 1 - 9	182	转让贷款	2.60%
648	中信理财快车计划 0986 期 9 号	2009 - 11 - 27	2010 - 1 - 15	3039	转让贷款	2.70%
649	中信理财快车计划 0986 期 10 号	2009 - 11 - 27	2010 - 1 - 15	2224	转让贷款	2.60%
650	中信理财快车计划 0986 期 11 号	2009 - 11 - 27	2010 - 1 - 15	1296	转让贷款	2.70%
651	中信理财快车计划 0986 期 12 号	2009 - 11 - 27	2010 - 1 - 21	259	转让贷款	2.60%
652	中信理财快车计划 0986 期 13 号	2009 - 11 - 27	2010 - 1 - 21	699	转让贷款	2.70%
653	中信理财快车计划 0986 期 14 号	2009 - 11 - 27	2010 - 1 - 22	776	转让贷款	2.60%
654	中信理财快车计划 0986 期 15 号	2009 - 11 - 27	2010 - 1 - 22	1013	转让贷款	2.70%
655	中信理财快车计划 0986 期 16 号	2009 - 11 - 27	2010 - 2 - 3	2144	转让贷款	2.70%
656	中信理财快车计划 0986 期 17 号	2009 - 11 - 27	2010 - 2 - 11	1986	转让贷款	2.90%
657	中信理财快车计划 0986 期 18 号	2009 - 11 - 27	2010 - 2 - 13	1022	转让贷款	2.80%

续表

序号	产品名称	发行日	到期日	拟发行量	投资方向	预期收益率
658	中信理财快车计划 0986 期 19 号	2009－11－27	2010－2－14	566	转让贷款	2.90%
659	中信理财快车计划 0986 期 20 号	2009－11－27	2010－2－24	5987	转让贷款	3.00%
660	中信理财快车计划 0986 期 21 号	2009－11－27	2010－2－26	2807	转让贷款	3.10%
661	中信理财快车计划 0998 期 1 号	2009－11－27	2010－5－26	38716	信托贷款	3.60%
662	中信理财快车计划 0998 期 1 号	2009－11－27	2010－5－26	48846	信托贷款	3.70%
663	中信理财快车计划 0986 期 22 号	2009－11－30	2010－3－5	22581	转让贷款	3.30%
664	中信理财快车计划 0986 期 22 号	2009－11－30	2010－3－5	61783	转让贷款	3.50%
665	中信理财快车计划 0986 期 22 号	2009－11－30	2010－3－5	15650	转让贷款	3.60%
666	中信理财快车计划 09100 期 1 号	2009－11－30	2010－8－26	5443	转让贷款	3.80%
667	中信理财快车计划 09100 期 2 号	2009－11－30	2010－9－17	8436	转让贷款	4.00%
668	中信理财快车计划 09100 期 3 号	2009－11－30	2010－9－24	4985	转让贷款	4.20%
669	中信理财快车计划 09100 期 4 号	2009－11－30	2010－7－27	7130	转让贷款	3.70%
670	中信理财快车计划 09100 期 5 号	2009－11－30	2010－8－5	6662	转让贷款	3.80%
671	中信理财快车计划 09100 期 6 号	2009－11－30	2010－8－27	2507	转让贷款	3.90%
672	中信理财快车计划 09100 期 7 号	2009－11－30	2010－9－15	5000	转让贷款	3.90%
673	中信理财快车计划 0970 期 2 号	2009－12－1	2010－7－9	1126	转让贷款	3.70%
674	中信理财快车计划 0970 期 2 号	2009－12－1	2010－7－9	1030	转让贷款	3.80%
675	中信理财快车计划 0971 期 2 号	2009－12－1	2010－6－12	2000	转让贷款	3.65%
676	中信理财快车计划 0971 期 2 号	2009－12－1	2010－6－12	1059	转让贷款	3.75%
677	中信理财快车计划 0986 期 29 号	2009－12－1	2010－3－5	3000	转让贷款	3.70%
678	中信理财快车计划 0999 期 1 号	2009－12－1	2010－3－27	2642	转让贷款	3.10%
679	中信理财快车计划 0999 期 1 号	2009－12－1	2010－3－27	2816	转让贷款	3.20%
680	中信理财快车计划 0999 期 2 号	2009－12－1	2010－3－30	637	转让贷款	3.10%
681	中信理财快车计划 0999 期 2 号	2009－12－1	2010－3－30	699	转让贷款	3.20%
682	中信理财快车计划 0999 期 3 号	2009－12－1	2010－5－8	3024	转让贷款	3.40%
683	中信理财快车计划 0999 期 3 号	2009－12－1	2010－5－8	2949	转让贷款	3.50%
684	中信理财快车计划 0999 期 4 号	2009－12－1	2010－5－11	2374	转让贷款	3.40%
685	中信理财快车计划 0999 期 4 号	2009－12－1	2010－5－11	2286	转让贷款	3.50%
686	中信理财快车计划 0999 期 5 号	2009－12－1	2010－5－13	1454	转让贷款	3.40%
687	中信理财快车计划 0999 期 5 号	2009－12－1	2010－5－13	1072	转让贷款	3.50%
688	中信理财快车计划 0999 期 6 号	2009－12－1	2010－5－15	1387	转让贷款	3.40%
689	中信理财快车计划 0999 期 6 号	2009－12－1	2010－5－15	1657	转让贷款	3.50%
690	中信理财快车计划 0999 期 7 号	2009－12－1	2010－6－8	3672	转让贷款	3.60%
691	中信理财快车计划 0999 期 7 号	2009－12－1	2010－6－8	4622	转让贷款	3.70%
692	中信理财快车计划 0999 期 8 号	2009－12－1	2010－6－20	1734	转让贷款	3.60%
693	中信理财快车计划 0999 期 8 号	2009－12－1	2010－6－20	2308	转让贷款	3.70%
694	中信理财快车计划 0999 期 9 号	2009－12－1	2010－6－25	5669	转让贷款	3.60%

续表

序号	产品名称	发行日	到期日	拟发行量	投资方向	预期收益率
695	中信理财快车计划 0999 期 9 号	2009－12－1	2010－6－25	3833	转让贷款	3.70%
696	中信理财快车计划 0999 期 9 号	2009－12－1	2010－6－25	323	转让贷款	3.80%
697	中信理财快车计划 0999 期 10 号	2009－12－1	2010－6－18	3748	转让贷款	3.60%
698	中信理财快车计划 0999 期 10 号	2009－12－1	2010－6－18	3487	转让贷款	3.70%
699	中信理财快车计划 0986 期 23 号	2009－12－2	2010－1－29	5000	转让贷款	3.20%
700	中信理财快车计划 09102 期 3 号	2009－12－2	2010－2－9	350	转让贷款	3.20%
701	中信理财快车计划 09102 期 3 号	2009－12－2	2010－2－9	1650	转让贷款	3.40%
702	中信理财之信托计划 0936 期 1 号	2009－12－2	2010－12－2	2163	信托贷款	5.20%
703	中信理财之信托计划 0936 期 1 号	2009－12－2	2010－12－2	17837	信托贷款	5.50%
704	中信理财快车计划 0913 期 11 号	2009－12－4	2010－6－4	8223	转让贷款	3.80%
705	中信理财快车计划 0914 期 3 号	2009－12－4	2010－6－4	5016	转让贷款	3.80%
706	中信理财快车计划 0916 期 5 号	2009－12－4	2010－12－3	23000	转让贷款	4.30%
707	中信理财快车计划 0916 期 6 号	2009－12－4	2010－12－3	14995	转让贷款	4.30%
708	中信理财快车计划 0917 期 6 号	2009－12－4	2010－6－4	11555	转让贷款	3.80%
709	中信理财快车计划 0917 期 7 号	2009－12－4	2010－6－4	5338	转让贷款	3.80%
710	中信理财快车计划 0917 期 8 号	2009－12－4	2010－6－4	5000	转让贷款	3.80%
711	中信理财快车计划 09102 期 1 号	2009－12－4	2010－3－3	2375	转让贷款	3.30%
712	中信理财快车计划 09102 期 1 号	2009－12－4	2010－3－3	7247	转让贷款	3.50%
713	中信理财快车计划 09102 期 2 号	2009－12－4	2010－3－4	1034	转让贷款	3.30%
714	中信理财快车计划 09102 期 2 号	2009－12－4	2010－3－4	1966	转让贷款	3.50%
715	中信理财快车计划 09102 期 4 号	2009－12－4	2010－2－19	138	转让贷款	3.20%
716	中信理财快车计划 09102 期 4 号	2009－12－4	2010－2－19	2862	转让贷款	3.40%
717	中信理财快车计划 09102 期 5 号	2009－12－4	2010－2－22	668	转让贷款	3.30%
718	中信理财快车计划 09102 期 5 号	2009－12－4	2010－2－22	1332	转让贷款	3.50%
719	中信理财之信托计划 0932 期 5 号	2009－12－4	2010－5－19	3244	信托贷款	3.70%
720	中信理财之信托计划 0934 期 3 号	2009－12－4	2010－6－25	2815	信托贷款	3.80%
721	中信理财快车计划 0970 期 3 号	2009－12－8	2010－4－2	856	转让贷款	3.40%
722	中信理财快车计划 0970 期 3 号	2009－12－8	2010－4－2	1725	转让贷款	3.60%
723	中信理财快车计划 0970 期 4 号	2009－12－8	2010－7－2	1996	转让贷款	4.00%
724	中信理财快车计划 0970 期 5 号	2009－12－8	2010－9－7	1089	转让贷款	3.80%
725	中信理财快车计划 0970 期 5 号	2009－12－8	2010－9－7	666	转让贷款	3.90%
726	中信理财快车计划 0986 期 37 号	2009－12－8	2010－3－5	21746	转让贷款	3.30%
727	中信理财快车计划 0986 期 37 号	2009－12－8	2010－3－5	57378	转让贷款	3.50%
728	中信理财快车计划 0986 期 37 号	2009－12－8	2010－3－5	9723	转让贷款	3.60%
729	中信理财快车计划 09104 期 1 号	2009－12－8	2010－3－9	3527	转让贷款	3.30%
730	中信理财快车计划 09104 期 1 号	2009－12－8	2010－3－9	6721	转让贷款	3.50%

续表

序号	产品名称	发行日	到期日	拟发行量	投资方向	预期收益率
731	中信理财快车计划 09104 期 2 号	2009－12－8	2010－4－28	2805	转让贷款	3.50%
732	中信理财快车计划 09104 期 2 号	2009－12－8	2010－4－28	2566	转让贷款	3.60%
733	中信理财快车计划 09104 期 3 号	2009－12－8	2010－5－19	1449	转让贷款	3.60%
734	中信理财快车计划 09104 期 3 号	2009－12－8	2010－5－19	599	转让贷款	3.70%
735	中信理财快车计划 09104 期 4 号	2009－12－8	2010－6－28	1967	转让贷款	3.70%
736	中信理财快车计划 09104 期 4 号	2009－12－8	2010－6－28	2959	转让贷款	3.80%
737	中信理财之信托计划 0937 期 1 号	2009－12－8	2010－12－8	30395	信托贷款	4.00%
738	中信理财之信托计划 0937 期 1 号	2009－12－8	2010－12－8	27353	信托贷款	4.10%
739	中信理财快车计划 09100 期 8 号	2009－12－9	2010－7－5	3872	转让贷款	3.80%
740	中信理财快车计划 09100 期 8 号	2009－12－9	2010－7－5	2889	转让贷款	3.90%
741	中信理财快车计划 09100 期 9 号	2009－12－9	2010－7－15	7609	转让贷款	4.00%
742	中信理财快车计划 09100 期 10 号	2009－12－9	2010－8－4	2063	转让贷款	3.80%
743	中信理财快车计划 09100 期 10 号	2009－12－9	2010－8－4	1969	转让贷款	3.90%
744	中信理财快车计划 09100 期 11 号	2009－12－9	2010－6－18	6206	转让贷款	3.70%
745	中信理财快车计划 09100 期 11 号	2009－12－9	2010－6－18	6112	转让贷款	3.90%
746	中信理财快车计划 09100 期 12 号	2009－12－9	2010－6－22	5425	转让贷款	3.80%
747	中信理财快车计划 09100 期 13 号	2009－12－10	2010－11－2	10000	转让贷款	4.30%
748	中信理财快车计划 09107 期 7 号	2009－12－10	2010－12－10	5593	信托贷款	4.00%
749	中信理财快车计划 09107 期 7 号	2009－12－10	2010－12－10	3919	信托贷款	4.10%
750	中信理财快车计划 09107 期 7 号	2009－12－10	2010－12－10	2909	信托贷款	4.20%
751	中信理财快车计划 0941 期 4 号	2009－12－11	2010－3－26	938	转让贷款	3.30%
752	中信理财快车计划 0941 期 4 号	2009－12－11	2010－3－26	2215	转让贷款	3.50%
753	中信理财快车计划 0942 期 5 号	2009－12－11	2010－6－23	2292	转让贷款	3.70%
754	中信理财快车计划 0942 期 5 号	2009－12－11	2010－6－23	2882	转让贷款	3.80%
755	中信理财快车计划 0943 期 5 号	2009－12－11	2010－3－17	1588	转让贷款	3.30%
756	中信理财快车计划 0943 期 5 号	2009－12－11	2010－3－17	2688	转让贷款	3.50%
757	中信理财快车计划 0944 期 6 号	2009－12－11	2010－6－29	1028	转让贷款	3.70%
758	中信理财快车计划 0945 期 6 号	2009－12－11	2010－6－18	2889	转让贷款	3.70%
759	中信理财快车计划 0945 期 6 号	2009－12－11	2010－6－18	1373	转让贷款	3.80%
760	中信理财快车计划 0946 期 6 号	2009－12－11	2010－6－3	1517	转让贷款	3.70%
761	中信理财快车计划 0986 期 24 号	2009－12－11	2010－1－22	1000	转让贷款	2.80%
762	中信理财快车计划 0999 期 11 号	2009－12－11	2010－3－27	1312	转让贷款	3.40%
763	中信理财快车计划 0999 期 11 号	2009－12－11	2010－3－27	897	转让贷款	3.70%
764	中信理财快车计划 0999 期 12 号	2009－12－11	2010－3－30	3551	转让贷款	3.40%
765	中信理财快车计划 0999 期 12 号	2009－12－11	2010－3－30	5113	转让贷款	3.70%
766	中信理财快车计划 0999 期 13 号	2009－12－11	2010－5－8	3517	转让贷款	3.70%

续表

序号	产品名称	发行日	到期日	拟发行量	投资方向	预期收益率
767	中信理财快车计划 0999 期 13 号	2009-12-11	2010-5-8	510	转让贷款	3.90%
768	中信理财快车计划 0999 期 14 号	2009-12-11	2010-5-11	2837	转让贷款	3.70%
769	中信理财快车计划 0999 期 14 号	2009-12-11	2010-5-11	2503	转让贷款	3.90%
770	中信理财快车计划 0999 期 15 号	2009-12-11	2010-5-13	3068	转让贷款	3.70%
771	中信理财快车计划 0999 期 15 号	2009-12-11	2010-5-13	1062	转让贷款	3.90%
772	中信理财快车计划 0999 期 16 号	2009-12-11	2010-5-15	963	转让贷款	3.70%
773	中信理财快车计划 0999 期 16 号	2009-12-11	2010-5-15	993	转让贷款	3.90%
774	中信理财快车计划 0999 期 17 号	2009-12-11	2010-6-8	985	转让贷款	3.80%
775	中信理财快车计划 0999 期 17 号	2009-12-11	2010-6-8	721	转让贷款	3.90%
776	中信理财快车计划 0999 期 18 号	2009-12-11	2010-6-20	958	转让贷款	3.90%
777	中信理财快车计划 0999 期 19 号	2009-12-11	2010-6-25	175	转让贷款	3.90%
778	中信理财快车计划 0999 期 20 号	2009-12-11	2010-6-18	1767	转让贷款	3.80%
779	中信理财快车计划 0999 期 20 号	2009-12-11	2010-6-18	998	转让贷款	3.90%
780	中信理财快车计划 09103 期 1 号	2009-12-11	2010-2-10	632	转让贷款	2.90%
781	中信理财快车计划 09103 期 1 号	2009-12-11	2010-2-10	4368	转让贷款	3.10%
782	中信理财快车计划 09104 期 6 号	2009-12-11	2010-6-28	721	转让贷款	3.80%
783	中信理财快车计划 09104 期 6 号	2009-12-11	2010-6-28	4000	转让贷款	4.00%
784	中信理财快车计划 09105 期 6 号	2009-12-11	2010-1-15	1325	转让贷款	2.70%
785	中信理财快车计划 09105 期 6 号	2009-12-11	2010-1-15	1700	转让贷款	2.90%
786	中信理财快车计划 09105 期 7 号	2009-12-11	2010-1-5	1500	转让贷款	2.80%
787	中信理财快车计划 09106 期 1 号	2009-12-11	2010-5-17	5293	信托贷款	3.70%
788	中信理财快车计划 09106 期 1 号	2009-12-11	2010-5-17	11677	信托贷款	3.80%
789	中信理财快车计划 09109 期 1 号	2009-12-11	2010-3-16	10000	转让贷款	3.80%
790	中信理财快车计划 0986 期 25 号	2009-12-14	2010-2-13	2000	转让贷款	3.10%
791	中信理财快车计划 0982 期 2 号	2009-12-15	2010-6-25	1056	转让贷款	3.60%
792	中信理财快车计划 0982 期 2 号	2009-12-15	2010-6-25	1396	转让贷款	3.80%
793	中信理财快车计划 09103 期 2 号	2009-12-15	2010-4-29	2968	转让贷款	3.80%
794	中信理财快车计划 09103 期 2 号	2009-12-15	2010-4-29	5032	转让贷款	4.00%
795	中信理财快车计划 09110 期 31 号	2009-12-15	2010-3-4	2000	转让贷款	3.70%
796	中信理财快车计划 09111 期 1 号	2009-12-15	2010-9-23	2764	转让贷款	3.80%
797	中信理财快车计划 09111 期 2 号	2009-12-15	2010-8-4	4646	转让贷款	3.75%
798	中信理财快车计划 09111 期 3 号	2009-12-15	2010-9-10	1743	转让贷款	3.90%
799	中信理财之信托计划 0937 期 2 号	2009-12-16	2010-12-21	20422	信托贷款	4.80%
800	中信理财之信托计划 0937 期 3 号	2009-12-16	2010-12-21	16110	信托贷款	4.30%
801	中信理财之信托计划 0937 期 4 号	2009-12-16	2010-6-22	10000	信托贷款	4.20%
802	中信理财快车计划 0942 期 6 号	2009-12-18	2010-6-23	1063	转让贷款	3.80%

续表

序号	产品名称	发行日	到期日	拟发行量	投资方向	预期收益率
803	中信理财快车计划 0945 期 7 号	2009 - 12 - 18	2010 - 6 - 18	849	转让贷款	3. 80%
804	中信理财快车计划 0970 期 6 号	2009 - 12 - 18	2010 - 11 - 11	5359	转让贷款	3. 90%
805	中信理财快车计划 0970 期 6 号	2009 - 12 - 18	2010 - 11 - 11	3980	转让贷款	4. 00%
806	中信理财快车计划 0970 期 7 号	2009 - 12 - 18	2010 - 9 - 1	575	转让贷款	3. 80%
807	中信理财快车计划 0970 期 7 号	2009 - 12 - 18	2010 - 9 - 1	649	转让贷款	3. 90%
808	中信理财快车计划 0970 期 8 号	2009 - 12 - 18	2010 - 5 - 7	1116	转让贷款	3. 60%
809	中信理财快车计划 0970 期 9 号	2009 - 12 - 18	2010 - 5 - 18	1154	转让贷款	3. 70%
810	中信理财快车计划 0970 期 10 号	2009 - 12 - 18	2010 - 3 - 5	1587	转让贷款	3. 20%
811	中信理财快车计划 0970 期 11 号	2009 - 12 - 18	2010 - 3 - 18	1969	转让贷款	3. 50%
812	中信理财快车计划 0970 期 12 号	2009 - 12 - 18	2010 - 9 - 18	230	转让贷款	3. 80%
813	中信理财快车计划 0970 期 12 号	2009 - 12 - 18	2010 - 9 - 18	111	转让贷款	3. 90%
814	中信理财快车计划 0970 期 13 号	2009 - 12 - 18	2010 - 7 - 15	2058	转让贷款	3. 70%
815	中信理财快车计划 0970 期 13 号	2009 - 12 - 18	2010 - 7 - 15	2889	转让贷款	3. 80%
816	中信理财快车计划 09104 期 5 号	2009 - 12 - 18	2010 - 9 - 28	289	转让贷款	3. 80%
817	中信理财快车计划 09104 期 5 号	2009 - 12 - 18	2010 - 9 - 28	153	转让贷款	3. 90%
818	中信理财快车计划 09104 期 7 号	2009 - 12 - 18	2010 - 9 - 16	264	转让贷款	3. 80%
819	中信理财快车计划 09104 期 8 号	2009 - 12 - 18	2010 - 9 - 15	466	转让贷款	3. 80%
820	中信理财快车计划 09104 期 8 号	2009 - 12 - 18	2010 - 9 - 15	178	转让贷款	3. 90%
821	中信理财快车计划 09104 期 9 号	2009 - 12 - 18	2010 - 10 - 28	122	转让贷款	3. 80%
822	中信理财快车计划 09104 期 9 号	2009 - 12 - 18	2010 - 10 - 28	30	转让贷款	3. 90%
823	中信理财快车计划 09104 期 10 号	2009 - 12 - 18	2010 - 10 - 21	457	转让贷款	3. 80%
824	中信理财快车计划 09104 期 10 号	2009 - 12 - 18	2010 - 10 - 21	214	转让贷款	3. 90%
825	中信理财快车计划 09104 期 11 号	2009 - 12 - 18	2010 - 10 - 11	539	转让贷款	3. 80%
826	中信理财快车计划 09104 期 11 号	2009 - 12 - 18	2010 - 10 - 11	176	转让贷款	3. 90%
827	中信理财快车计划 09104 期 12 号	2009 - 12 - 18	2010 - 10 - 12	603	转让贷款	3. 80%
828	中信理财快车计划 09104 期 12 号	2009 - 12 - 18	2010 - 10 - 12	420	转让贷款	3. 90%
829	中信理财快车计划 09110 期 32 号	2009 - 12 - 18	2010 - 6 - 17	1000	转让贷款	4. 10%
830	中信理财快车计划 09112 期 1 号	2009 - 12 - 18	2010 - 3 - 3	4384	转让贷款	3. 30%
831	中信理财快车计划 09112 期 2 号	2009 - 12 - 18	2010 - 3 - 3	8567	转让贷款	3. 50%
832	中信理财快车计划 09112 期 3 号	2009 - 12 - 18	2010 - 4 - 15	2368	转让贷款	3. 45%
833	中信理财快车计划 09112 期 4 号	2009 - 12 - 18	2010 - 5 - 4	1339	转让贷款	3. 60%
834	中信理财快车计划 09112 期 5 号	2009 - 12 - 18	2010 - 5 - 4	1818	转让贷款	3. 50%
835	中信理财快车计划 09112 期 6 号	2009 - 12 - 18	2010 - 5 - 25	2148	转让贷款	3. 70%
836	中信理财快车计划 09112 期 7 号	2009 - 12 - 18	2010 - 5 - 25	1965	转让贷款	3. 60%
837	中信理财快车计划 09113 期 1 号	2009 - 12 - 18	2010 - 10 - 18	2839	信托贷款	4. 00%
838	中信理财快车计划 09113 期 1 号	2009 - 12 - 18	2010 - 10 - 18	5761	信托贷款	4. 30%

续表

序号	产品名称	发行日	到期日	拟发行量	投资方向	预期收益率
839	中信理财之信托计划 0937 期 6 号	2009 - 12 - 18	2010 - 12 - 21	4000	信托贷款	4. 50%
840	中信理财快车计划 09111 期 6 号	2009 - 12 - 21	2010 - 8 - 4	1689	转让贷款	3. 75%
841	中信理财快车计划 0999 期 21 号	2009 - 12 - 22	2010 - 3 - 27	1042	转让贷款	3. 40%
842	中信理财快车计划 0999 期 21 号	2009 - 12 - 22	2010 - 3 - 27	1291	转让贷款	3. 70%
843	中信理财快车计划 0999 期 22 号	2009 - 12 - 22	2010 - 5 - 13	2706	转让贷款	3. 70%
844	中信理财快车计划 0999 期 22 号	2009 - 12 - 22	2010 - 5 - 13	638	转让贷款	3. 90%
845	中信理财快车计划 09105 期 1 号	2009 - 12 - 22	2010 - 3 - 8	33869	转让贷款	3. 20%
846	中信理财快车计划 09105 期 2 号	2009 - 12 - 22	2010 - 2 - 23	6867	转让贷款	3. 10%
847	中信理财快车计划 09105 期 3 号	2009 - 12 - 22	2010 - 2 - 13	4648	转让贷款	3. 10%
848	中信理财快车计划 09105 期 4 号	2009 - 12 - 22	2010 - 2 - 25	4880	转让贷款	3. 10%
849	中信理财快车计划 09105 期 5 号	2009 - 12 - 22	2010 - 2 - 25	3842	转让贷款	3. 10%
850	中信理财快车计划 09109 期 2 号	2009 - 12 - 22	2010 - 3 - 26	10682	转让贷款	3. 30%
851	中信理财快车计划 09109 期 2 号	2009 - 12 - 22	2010 - 3 - 26	24344	转让贷款	3. 50%
852	中信理财快车计划 09109 期 2 号	2009 - 12 - 22	2010 - 3 - 26	2000	转让贷款	3. 70%
853	中信理财快车计划 09110 期 2 号	2009 - 12 - 22	2010 - 3 - 18	5000	转让贷款	3. 50%
854	中信理财快车计划 09110 期 3 号	2009 - 12 - 22	2010 - 3 - 20	974	转让贷款	3. 30%
855	中信理财快车计划 09110 期 4 号	2009 - 12 - 22	2010 - 3 - 22	2000	转让贷款	3. 50%
856	中信理财快车计划 09110 期 5 号	2009 - 12 - 22	2010 - 3 - 23	4475	转让贷款	3. 30%
857	中信理财快车计划 09110 期 6 号	2009 - 12 - 22	2010 - 3 - 28	3649	转让贷款	3. 30%
858	中信理财快车计划 09110 期 7 号	2009 - 12 - 22	2010 - 3 - 29	2500	转让贷款	3. 50%
859	中信理财快车计划 09110 期 8 号	2009 - 12 - 22	2010 - 4 - 7	2995	转让贷款	3. 60%
860	中信理财快车计划 09110 期 10 号	2009 - 12 - 22	2010 - 5 - 12	816	转让贷款	3. 70%
861	中信理财快车计划 09110 期 11 号	2009 - 12 - 22	2010 - 5 - 13	1552	转让贷款	3. 60%
862	中信理财快车计划 09110 期 12 号	2009 - 12 - 22	2010 - 5 - 13	861	转让贷款	3. 70%
863	中信理财快车计划 09110 期 13 号	2009 - 12 - 22	2010 - 5 - 18	750	转让贷款	3. 60%
864	中信理财快车计划 09110 期 14 号	2009 - 12 - 22	2010 - 5 - 24	495	转让贷款	3. 70%
865	中信理财快车计划 09110 期 15 号	2009 - 12 - 22	2010 - 5 - 25	1716	转让贷款	3. 60%
866	中信理财快车计划 09110 期 16 号	2009 - 12 - 22	2010 - 5 - 25	1226	转让贷款	3. 70%
867	中信理财快车计划 09110 期 17 号	2009 - 12 - 22	2010 - 5 - 25	524	转让贷款	3. 70%
868	中信理财快车计划 09110 期 18 号	2009 - 12 - 22	2010 - 5 - 28	144	转让贷款	3. 60%
869	中信理财快车计划 09110 期 19 号	2009 - 12 - 22	2010 - 5 - 28	173	转让贷款	3. 70%
870	中信理财快车计划 09110 期 20 号	2009 - 12 - 22	2010 - 6 - 2	112	转让贷款	3. 70%
871	中信理财快车计划 09110 期 21 号	2009 - 12 - 22	2010 - 6 - 2	1139	转让贷款	3. 70%
872	中信理财快车计划 09110 期 22 号	2009 - 12 - 22	2010 - 6 - 3	2274	转让贷款	3. 60%
873	中信理财快车计划 09110 期 23 号	2009 - 12 - 22	2010 - 6 - 4	161	转让贷款	3. 70%
874	中信理财快车计划 09110 期 24 号	2009 - 12 - 22	2010 - 6 - 14	3319	转让贷款	3. 70%

续表

序号	产品名称	发行日	到期日	拟发行量	投资方向	预期收益率
875	中信理财快车计划 09110 期 25 号	2009 – 12 – 22	2010 – 6 – 17	2153	转让贷款	3.80%
876	中信理财快车计划 09110 期 26 号	2009 – 12 – 22	2010 – 6 – 18	4107	转让贷款	3.70%
877	中信理财快车计划 09110 期 27 号	2009 – 12 – 22	2010 – 6 – 18	3245	转让贷款	3.80%
878	中信理财快车计划 09110 期 28 号	2009 – 12 – 22	2010 – 6 – 29	4295	转让贷款	3.70%
879	中信理财快车计划 09110 期 29 号	2009 – 12 – 22	2010 – 6 – 29	4521	转让贷款	3.80%
880	中信理财快车计划 0981 期 2 号	2009 – 12 – 23	2010 – 3 – 25	1284	转让贷款	3.30%
881	中信理财快车计划 0981 期 2 号	2009 – 12 – 23	2010 – 3 – 25	2716	转让贷款	3.50%
882	中信理财快车计划 09100 期 14 号	2009 – 12 – 23	2010 – 9 – 10	2190	转让贷款	3.80%
883	中信理财快车计划 09100 期 15 号	2009 – 12 – 23	2010 – 9 – 11	1994	转让贷款	3.80%
884	中信理财快车计划 09100 期 16 号	2009 – 12 – 23	2010 – 9 – 11	837	转让贷款	3.90%
885	中信理财快车计划 09100 期 17 号	2009 – 12 – 23	2010 – 9 – 11	971	转让贷款	3.90%
886	中信理财快车计划 09100 期 18 号	2009 – 12 – 23	2010 – 9 – 14	2244	转让贷款	3.95%
887	中信理财快车计划 09100 期 19 号	2009 – 12 – 23	2010 – 9 – 23	1191	转让贷款	3.95%
888	中信理财快车计划 09100 期 20 号	2009 – 12 – 23	2010 – 10 – 9	875	转让贷款	3.90%
889	中信理财快车计划 09100 期 21 号	2009 – 12 – 23	2010 – 10 – 10	3270	转让贷款	3.80%
890	中信理财快车计划 09100 期 22 号	2009 – 12 – 23	2010 – 10 – 15	106	转让贷款	3.90%
891	中信理财快车计划 09100 期 23 号	2009 – 12 – 23	2010 – 10 – 18	516	转让贷款	3.90%
892	中信理财快车计划 09100 期 24 号	2009 – 12 – 23	2010 – 10 – 26	4763	转让贷款	3.95%
893	中信理财快车计划 09100 期 25 号	2009 – 12 – 23	2010 – 10 – 26	4749	转让贷款	3.95%
894	中信理财快车计划 09100 期 26 号	2009 – 12 – 23	2010 – 10 – 26	172	转让贷款	4.05%
895	中信理财快车计划 09100 期 27 号	2009 – 12 – 23	2010 – 10 – 26	5210	转让贷款	4.05%
896	中信理财快车计划 09100 期 28 号	2009 – 12 – 23	2010 – 10 – 27	908	转让贷款	4.05%
897	中信理财快车计划 09100 期 29 号	2009 – 12 – 23	2010 – 11 – 12	450	转让贷款	4.05%
898	中信理财快车计划 09102 期 6 号	2009 – 12 – 23	2010 – 6 – 12	4604	转让贷款	3.70%
899	中信理财快车计划 09102 期 6 号	2009 – 12 – 23	2010 – 6 – 12	5396	转让贷款	3.80%
900	中信理财快车计划 09102 期 7 号	2009 – 12 – 23	2010 – 7 – 28	4053	转让贷款	3.75%
901	中信理财快车计划 09102 期 7 号	2009 – 12 – 23	2010 – 7 – 28	2340	转让贷款	3.85%
902	中信理财快车计划 09102 期 8 号	2009 – 12 – 23	2010 – 8 – 12	2797	转让贷款	3.75%
903	中信理财快车计划 09102 期 8 号	2009 – 12 – 23	2010 – 8 – 12	1951	转让贷款	3.85%
904	中信理财之信托计划 0937 期 5 号	2009 – 12 – 23	2010 – 12 – 21	11132	信托贷款	4.30%
905	中信理财快车计划 0940 期 12 号	2009 – 12 – 25	2010 – 10 – 12	1500	信托贷款	4.50%
906	中信理财快车计划 0995 期 3 号	2009 – 12 – 25	2010 – 2 – 23	148	信托贷款	3.40%
907	中信理财快车计划 0995 期 3 号	2009 – 12 – 25	2010 – 2 – 23	1700	信托贷款	3.50%
908	中信理财快车计划 0998 期 2 号	2009 – 12 – 25	2010 – 3 – 25	3000	信托贷款	3.80%
909	中信理财之信托计划 0937 期 7 号	2009 – 12 – 29	2010 – 6 – 22	588	信托贷款	4.30%
910	中信理财快车计划 0978 期 4 号	2009 – 12 – 30	2010 – 2 – 23	1353	信托贷款	3.60%
911	中信理财快车计划 0998 期 3 号	2009 – 12 – 30	2010 – 2 – 23	1000	信托贷款	3.60%

数据来源：中信银行

表 3－17　2009 年中信银行个人外币理财产品发行情况表　单位：万元发行币种

序号	产品名称	币种	发行日	到期日	拟发行量	投资方向	预期收益率
1	0906 美元固定收益型	美元	2006－4－24	2009－7－24	213	同业拆借	1.00%
2	0906 美元固定收益型	美元	2006－4－24	2009－10－24	875	同业拆借	1.30%
3	0906 澳元固定收益型	澳元	2006－4－24	2009－7－24	281	同业拆借	2.80%
4	0906 欧元固定收益型	欧元	2006－4－24	2009－10－24	100	同业拆借	1.25%
5	美元三个月期固定收益型理财产品	美元	2009－2－12	2009－5－12	100	混合	1.17%
6	0901 美元固定收益型	美元	2009－2－13	2009－5－13	794	同业拆借	1.00%
7	0901 澳元固定收益型	澳元	2009－2－13	2009－5－13	1138	同业拆借	1.30%
8	0901 美元固定收益型	美元	2009－2－13	2009－8－13	1782	同业拆借	3.50%
9	0901 欧元固定收益型	欧元	2009－2－13	2009－8－13	303	同业拆借	2.00%
10	0902 美元固定收益型	美元	2009－2－26	2009－5－26	360	同业拆借	1.00%
11	0902 澳元固定收益型	澳元	2009－2－26	2009－5－26	912	同业拆借	3.00%
12	0902 美元固定收益型	美元	2009－2－26	2009－8－26	1189	同业拆借	1.30%
13	0902 欧元固定收益型	欧元	2009－2－26	2009－8－26	137	同业拆借	1.70%
14	0903 美元固定收益型	美元	2009－3－13	2009－6－13	628	同业拆借	1.00%
15	0903 澳元固定收益型	澳元	2009－3－13	2009－6－13	932	同业拆借	2.80%
16	0903 美元固定收益型	美元	2009－3－13	2009－9－13	2319	同业拆借	1.30%
17	0903 欧元固定收益型	欧元	2009－3－13	2009－9－13	308	同业拆借	1.40%
18	美元十二个月期固定收益型理财产品	美元	2009－3－16	2010－3－16	108	混合	1.90%
19	0904 美元固定收益型	美元	2009－3－25	2009－6－25	260	同业拆借	1.00%
20	0904 澳元固定收益型	澳元	2009－3－25	2009－6－25	264	同业拆借	2.85%
21	0904 美元固定收益型	美元	2009－3－25	2009－9－25	1192	同业拆借	1.30%
22	0904 欧元固定收益型	欧元	2009－3－25	2009－9－25	74	同业拆借	1.25%
23	0905 美元固定收益型	美元	2009－4－9	2009－7－9	369	同业拆借	1.00%
24	0905 美元固定收益型	美元	2009－4－9	2009－10－9	907	同业拆借	1.30%
25	0905 美元固定收益型	美元	2009－4－9	2010－4－9	797	同业拆借	1.70%
26	0905 澳元固定收益型	澳元	2009－4－9	2009－10－9	531	同业拆借	2.95%
27	0905 欧元固定收益型	欧元	2009－4－9	2009－10－9	111	同业拆借	1.25%
28	0907 美元固定收益型	美元	2009－5－12	2009－8－12	76	同业拆借	0.90%
29	0907 美元固定收益型	美元	2009－5－12	2009－11－12	516	同业拆借	1.30%
30	0907 美元固定收益型	美元	2009－5－12	2010－5－12	591	同业拆借	1.70%
31	0907 澳元固定收益型	澳元	2009－5－12	2009－11－12	194	同业拆借	2.90%
32	0907 欧元固定收益型	欧元	2009－5－12	2009－11－12	222	同业拆借	1.25%
33	0908 美元固定收益型	美元	2009－5－26	2009－8－26	107	同业拆借	0.75%
34	0908 美元固定收益型	美元	2009－5－26	2009－11－26	756	同业拆借	1.15%
35	0908 澳元固定收益型	澳元	2009－5－26	2009－8－26	124	同业拆借	2.50%
36	0908 澳元固定收益型	澳元	2009－5－26	2009－11－26	674	同业拆借	3.05%

续表

序号	产品名称	币种	发行日	到期日	拟发行量	投资方向	预期收益率
37	澳元三个月期固定收益	澳元	2009-5-27	2009-8-27	100	其他	2.70%
38	0909 美元固定收益型	美元	2009-6-9	2009-12-9	605	同业拆借	1.00%
39	0909 美元固定收益型	美元	2009-6-9	2010-6-9	411	同业拆借	1.35%
40	0909 澳元固定收益型	澳元	2009-6-9	2009-12-9	759	同业拆借	3.05%
41	0909 欧元固定收益型	欧元	2009-6-9	2009-12-9	201	同业拆借	1.20%
42	0910 美元固定收益型	美元	2009-6-23	2009-12-23	591	同业拆借	1.10%
43	0910 美元固定收益型	美元	2009-6-23	2010-6-23	297	同业拆借	1.35%
44	0910 澳元固定收益型	澳元	2009-6-23	2009-9-23	171	同业拆借	2.50%
45	0910 澳元固定收益型	澳元	2009-6-23	2009-12-23	652	同业拆借	3.05%
46	0910 欧元固定收益型	欧元	2009-6-23	2009-12-23	76	同业拆借	1.20%
47	0911 美元固定收益型	美元	2009-7-7	2010-1-7	420	同业拆借	1.00%
48	0911 美元固定收益型	美元	2009-7-7	2010-7-7	240	同业拆借	1.40%
49	0911 澳元固定收益型	澳元	2009-7-7	2010-1-7	285	同业拆借	3.05%
50	0911 欧元固定收益型	欧元	2009-7-7	2010-1-7	89	同业拆借	1.25%
51	0912 美元固定收益型	美元	2009-7-21	2010-1-21	270	同业拆借	0.95%
52	0912 美元固定收益型	美元	2009-7-21	2010-7-21	250	同业拆借	1.35%
53	0912 澳元固定收益型	澳元	2009-7-21	2010-1-21	299	同业拆借	3.00%
54	0912 欧元固定收益型	欧元	2009-7-21	2010-1-21	62	同业拆借	1.15%
55	0913 美元固定收益型	美元	2009-8-7	2010-2-7	261	同业拆借	0.95%
56	0913 美元固定收益型	美元	2009-8-7	2010-8-7	323	同业拆借	1.35%
57	0913 澳元固定收益型	澳元	2009-8-7	2009-11-7	176	同业拆借	2.50%
58	0913 澳元固定收益型	澳元	2009-8-7	2010-2-7	269	同业拆借	3.00%
59	0914 美元固定收益型	美元	2009-8-21	2010-2-21	481	同业拆借	0.90%
60	0914 美元固定收益型	美元	2009-8-21	2010-8-21	695	同业拆借	1.40%
61	0914 澳元固定收益型	澳元	2009-8-21	2009-9-21	172	同业拆借	2.30%
62	0914 欧元固定收益型	欧元	2009-8-21	2010-8-21	133	同业拆借	1.25%
63	"中国工商银行信用连结型"美元产品 1 号	美元	2009-8-31	2010-8-31	104	其他	1.75%
64	0915 美元固定收益型	美元	2009-9-2	2009-12-2	649	同业拆借	0.70%
65	0915 澳元固定收益型	澳元	2009-9-2	2009-12-2	168	同业拆借	2.75%
66	0916 美元固定收益型	美元	2009-9-17	2009-12-17	624	同业拆借	0.50%
67	0916 美元固定收益型	美元	2009-9-17	2010-9-17	811	同业拆借	1.10%
68	0916 澳元固定收益型	澳元	2009-9-17	2009-12-17	142	同业拆借	2.50%
69	美元三个月固定收益理财产品	美元	2009-9-29	2009-12-29	409	混合	0.85%
70	0917 美元固定收益型	美元	2009-10-13	2010-1-13	620	同业拆借	0.80%
71	0917 美元固定收益型	美元	2009-10-13	2010-10-13	392	同业拆借	1.15%
72	0917 澳元固定收益型	澳元	2009-10-13	2010-1-13	345	同业拆借	2.90%

续表

序号	产品名称	币种	发行日	到期日	拟发行量	投资方向	预期收益率
73	0917 欧元固定收益型	欧元	2009－10－13	2010－4－13	196	同业拆借	0.95%
74	0918 美元固定收益型	美元	2009－10－28	2010－4－28	738	同业拆借	0.90%
75	0918 美元固定收益型	美元	2009－10－28	2010－4－28	440	同业拆借	1.15%
76	0918 澳元固定收益型	澳元	2009－10－28	2010－4－28	404	同业拆借	3.00%
77	0918 欧元固定收益型	欧元	2009－10－28	2010－4－28	91	同业拆借	0.90%
78	安心 6 号六个月期美元产品	美元	2009－11－5	2010－5－4	73	其他	1.35%
79	安心 6 号十二个月期美元产品	美元	2009－11－5	2010－11－4	66	其他	1.75%
80	0919 美元固定收益型	美元	2009－11－12	2010－5－12	486	同业拆借	0.95%
81	0919 美元固定收益型	美元	2009－11－12	2010－11－12	464	同业拆借	1.30%
82	0919 澳元固定收益型	澳元	2009－11－12	2010－5－12	168	同业拆借	3.30%
83	0919 欧元固定收益型	欧元	2009－11－12	2010－5－12	80	同业拆借	0.95%
84	0920 美元固定收益型	美元	2009－11－25	2010－2－25	314	同业拆借	0.80%
85	0920 美元固定收益型	美元	2009－11－25	2010－11－25	254	同业拆借	1.30%
86	0920 澳元固定收益型	澳元	2009－11－25	2010－2－25	395	同业拆借	3.10%
87	0920 欧元固定收益型	欧元	2009－11－25	2010－5－25	103	同业拆借	1.00%
88	安心 7 号	美元	2009－12－3	2010－6－3	24	其他	1.20%
89	美元 1 个月固定收益	美元	2009－12－8	2010－1－8	101	混合	1.32%
90	0921 美元固定收益型	美元	2009－12－10	2010－3－10	1080	同业拆借	1.00%
91	0921 美元固定收益型	美元	2009－12－10	2010－12－10	1523	同业拆借	2.00%
92	0921 澳元固定收益型	澳元	2009－12－10	2010－3－10	635	同业拆借	3.20%
93	0921 欧元固定收益型	欧元	2009－12－10	2010－6－10	76	同业拆借	1.10%
94	0922 美元固定收益型	美元	2009－12－24	2010－3－24	427	同业拆借	1.00%
95	0922 美元固定收益型	美元	2009－12－24	2010－6－24	1585	同业拆借	1.45%
96	0922 澳元固定收益型	澳元	2009－12－24	2010－3－24	725	同业拆借	3.20%
97	0922 欧元固定收益型	欧元	2009－12－24	2010－6－24	258	同业拆借	1.20%

数据来源：中信银行

表 3－18　2009 年招商银行个人人民币理财产品发行情况表　　单位：万元人民币

序号	产品名称	发行日	到期日	拟发行量	投资方向	预期收益率
1	“金葵花”－安心回报人民币 65 号理财计划	2009－1－9	2009－2－9	无上限	购买债券	1.42%
2	“金葵花”招银进宝之特变电工新疆硅业 3 号理财计划	2009－1－21	2010－12－30	17427	股权质押贷款	5.35%
3	“金葵花”招银进宝之信贷资产 584 号理财计划	2009－1－24	2009－2－28	1000	转让贷款	2.25%
4	“金葵花”招银进宝之信贷资产 585 号理财计划	2009－1－24	2009－2－28	1000	转让贷款	2.25%

续表

序号	产品名称	发行日	到期日	拟发行量	投资方向	预期收益率
5	"金葵花"招银进宝之资产支持受益凭证1号理财计划	2009-2-4	2009-8-4	8724	资产支持证券信托计划	4.00%
6	"金葵花"尊享-招银进宝之信贷资产586号理财计划	2009-2-6	2009-4-30	20000	转让贷款	3.30%
7	"金葵花"招银进宝之信贷资产587号理财计划	2009-2-6	2009-5-6	5050	转让贷款	3.20%
8	"金葵花"招银进宝之信贷资产588号理财计划	2009-2-10	2009-3-23	3000	转让贷款	2.80%
9	"金葵花"招银进宝之信贷资产591号理财计划	2009-2-13	2009-4-16	300	转让贷款	3.30%
10	"金葵花"招银进宝之信贷资产592号理财计划	2009-2-13	2009-4-16	700	转让贷款	3.30%
11	"金葵花"招银进宝之信贷资产593号理财计划	2009-2-13	2009-4-13	4800	转让贷款	2.35%
12	"金葵花"招银进宝之信贷资产594号理财计划	2009-2-13	2009-4-13	5200	转让贷款	2.35%
13	"金葵花"招银进宝之信贷资产601号理财计划	2009-2-13	2009-5-31	5000	转让贷款	3.00%
14	"金葵花"招银进宝之信贷资产590号理财计划	2009-2-13	2009-3-28	5000	转让贷款	3.00%
15	"金葵花"尊享-招银进宝之信贷资产599号理财计划	2009-2-17	2009-3-29	3000	转让贷款	3.00%
16	"金葵花"尊享-招银进宝之信贷资产595号理财计划	2009-2-18	2009-3-19	1500	转让贷款	2.70%
17	"金葵花"尊享-招银进宝之信贷资产596号理财计划	2009-2-18	2009-3-19	1500	转让贷款	2.70%
18	"金葵花"招银进宝之信贷资产589号理财计划	2009-2-19	2009-4-28	3000	转让贷款	3.60%
19	"金葵花"尊享-招银进宝之信贷资产600号理财计划	2009-2-19	2009-12-19	7000	转让贷款	3.60%
20	私人银行套利回报系列之债券积极套利1号理财计划(9902)	2009-2-20	2014-2-20	34502	混合	见备注
21	"金葵花"招银进宝之信贷资产597号理财计划	2009-2-20	2009-4-17	4000	转让贷款	2.55%
22	"金葵花"招银进宝之信贷资产598号理财计划	2009-2-20	2009-4-17	4000	转让贷款	2.55%
23	"金葵花"招银进宝之信贷资产602号理财计划	2009-2-26	2009-6-6	10000	转让贷款	3.10%

续表

序号	产品名称	发行日	到期日	拟发行量	投资方向	预期收益率
24	“金葵花”招银进宝之信贷资产 603 号理财计划	2009－2－27	2009－4－20	500	转让贷款	2.50%
25	“金葵花”招银进宝之信贷资产 604 号理财计划	2009－2－27	2009－4－20	2000	转让贷款	2.50%
26	“金葵花”尊享－招银进宝之信贷资产 605 号理财计划	2009－2－27	2009－5－5	1500	转让贷款	2.95%
27	“金葵花”尊享－招银进宝之信贷资产 606 号理财计划	2009－2－27	2009－5－5	2500	转让贷款	2.95%
28	“金葵花”尊享－安心回报人民币 66 号理财计划	2009－2－27	2009－3－13	10000	购买债券	1.90%
29	“金葵花”尊享－安心回报人民币 67 号理财计划	2009－2－27	2009－3－30	30000	购买债券	2.00%
30	“金葵花”招银进宝之信托贷款 22 号理财计划	2009－3－3	2012－3－3	30000	信托贷款	5.00%
31	“金葵花”招银进宝之票据盈 101 号理财计划	2009－3－3	2012－3－13	20000	购买贴现票据	1.45%
32	“金葵花”招银进宝之票据盈 102 号理财计划	2009－3－3	2009－3－24	20000	购买贴现票据	1.60%
33	“金葵花”尊享－招银进宝之信贷资产 609 号理财计划	2009－3－4	2009－3－14	10000	转让贷款	1.80%
34	“金葵花”尊享－安心回报人民币 68 号理财计划	2009－3－6	2009－4－7	40000	购买债券	2.00%
35	“金葵花”尊享－招银进宝之信贷资产 607 号理财计划	2009－3－6	2009－5－9	3000	转让贷款	2.95%
36	“金葵花”尊享－招银进宝之信贷资产 610 号理财计划	2009－3－6	2009－3－31	15000	转让贷款	2.00%
37	“金葵花”尊享－招银进宝之信贷资产 611 号理财计划	2009－3－6	2009－3－29	5000	转让贷款	2.00%
38	“金葵花”尊享－招银进宝之信贷资产 612 号理财计划	2009－3－6	2009－3－24	1000	转让贷款	2.00%
39	“金葵花”尊享－招银进宝之信贷资产 613 号理财计划	2009－3－6	2009－3－25	5000	转让贷款	2.00%
40	“金葵花”尊享－招银进宝之信贷资产 614 号理财计划	2009－3－6	2009－3－27	1000	转让贷款	2.00%
41	“金葵花”尊享－招银进宝之信贷资产 615 号理财计划	2009－3－6	2009－3－30	1000	转让贷款	2.00%
42	“金葵花”招银进宝之资产池 11 号理财计划	2009－3－10	2009－6－22	15000	转让贷款	2.80%

续表

序号	产品名称	发行日	到期日	拟发行量	投资方向	预期收益率
43	“金葵花”招银进宝之资产池 12 号理财计划	2009－3－10	2009－6－22	15000	转让贷款	2.80%
44	“金葵花”招银进宝之资产池 13 号理财计划	2009－3－10	2009－6－22	5000	转让贷款	2.80%
45	“金葵花”招银进宝之资产池 14 号理财计划	2009－3－10	2009－9－22	5000	转让贷款	3.20%
46	“金葵花”招银进宝之资产池 15 号理财计划	2009－3－10	2009－9－22	10000	转让贷款	3.20%
47	“金葵花”招银进宝之信贷资产 616 号理财计划	2009－3－13	2009－5－9	5000	转让贷款	2.65%
48	“金葵花”招银进宝之信贷资产 617 号理财计划	2009－3－13	2009－5－9	10000	转让贷款	2.65%
49	“金葵花”尊享－招银进宝之信贷资产 618 号理财计划	2009－3－13	2009－6－16	500	转让贷款	3.30%
50	“金葵花”尊享－招银进宝之信贷资产 619 号理财计划	2009－3－13	2009－6－16	1500	转让贷款	3.30%
51	“金葵花”尊享－安心回报人民币 69 号理财计划	2009－3－13	2009－3－27	40000	购买债券	1.80%
52	“金葵花”尊享－安心回报人民币 70 号理财计划	2009－3－13	2009－3－27	5000	购买债券	1.80%
53	“金葵花”尊享－招银进宝之信贷资产 620 号理财计划	2009－3－17	2010－1－12	10000	转让贷款	3.65%
54	“金葵花”招银进宝之信贷资产 621 号理财计划	2009－3－17	2009－4－24	6000	转让贷款	2.60%
55	“金葵花”招银进宝之信贷资产 622 号理财计划	2009－3－17	2009－4－16	3000	转让贷款	2.40%
56	“金葵花”招银进宝之资产池 16 号理财计划	2009－3－17	2009－6－25	5000	转让贷款	2.80%
57	“金葵花”招银进宝之资产池 17 号理财计划	2009－3－17	2009－6－25	5000	转让贷款	3.00%
58	“金葵花”招银进宝之资产池 18 号理财计划	2009－3－17	2009－9－25	10000	转让贷款	3.20%
59	“金葵花”招银进宝之资产池 19 号理财计划	2009－3－17	2009－4－17	20000	转让贷款	2.00%
60	“金葵花”招银进宝之资产池 20 号理财计划	2009－3－20	2009－6－25	11000	转让贷款	2.80%
61	“金葵花”招银进宝之资产池 21 号理财计划	2009－3－20	2009－9－25	10000	转让贷款	3.20%

续表

序号	产品名称	发行日	到期日	拟发行量	投资方向	预期收益率
62	"金葵花"招银进宝之资产池 22 号理财计划	2009-3-20	2009-4-20	20000	转让贷款	2.00%
63	"金葵花"尊享-安心回报人民币 71 号理财计划	2009-3-24	2009-4-7	40000	购买债券	1.80%
64	"金葵花"招银进宝之信贷资产 623 号理财计划	2009-3-27	2009-6-17	1000	转让贷款	3.20%
65	"金葵花"招银进宝之资产池 23 号理财计划	2009-3-27	2009-6-30	10450	转让贷款	2.60%
66	"金葵花"招银进宝之资产池 24 号理财计划	2009-3-27	2009-9-29	15000	转让贷款	3.00%
67	"金葵花"招银进宝之资产池 25 号理财计划	2009-3-27	2009-4-27	34000	转让贷款	1.90%
68	"金葵花"焦点联动系列之精选银行股票表现联动理财计划	2009-3-27	2010-9-27	300000	购买债券	0-3.8%
69	"金葵花"招银进宝之信贷资产 625 号理财计划	2009-3-30	2009-6-17	3500	转让贷款	4.50%
70	"金葵花"招银进宝之资产支持受益凭证 2 号理财计划	2009-4-2	2009-5-6	6080	资产支持证券信托计划	2.00%
71	"金葵花"招银进宝之信贷资产 633 号理财计划	2009-4-2	2009-4-30	2200	转让贷款	2.50%
72	"金葵花"招银进宝之信贷资产 624 号理财计划	2009-4-3	2009-6-15	12000	转让贷款	3.20%
73	"金葵花"招银进宝之信贷资产 626 号理财计划	2009-4-3	2009-8-14	20000	转让贷款	2.80%
74	"金葵花"招银进宝之信贷资产 627 号理财计划	2009-4-3	2009-8-10	1200	转让贷款	3.60%
75	"金葵花"招银进宝之信贷资产 628 号理财计划	2009-4-3	2009-8-10	3300	转让贷款	3.60%
76	"金葵花"招银进宝之信贷资产 629 号理财计划	2009-4-3	2009-12-16	1000	转让贷款	4.20%
77	"金葵花"招银进宝之信贷资产 630 号理财计划	2009-4-3	2009-6-17	3000	转让贷款	3.05%
78	"金葵花"招银进宝之信贷资产 631 号理财计划	2009-4-3	2009-6-27	3800	转让贷款	2.80%
79	"金葵花"招银进宝之信贷资产 632 号理财计划	2009-4-3	2009-6-27	4200	转让贷款	2.80%
80	"金葵花"招银进宝之信贷资产 637 号理财计划	2009-4-3	2009-4-22	2000	转让贷款	1.85%

续表

序号	产品名称	发行日	到期日	拟发行量	投资方向	预期收益率
81	"金葵花"招银进宝之信贷资产 638 号理财计划	2009－4－3	2009－4－27	1000	转让贷款	1.90%
82	"金葵花"招银进宝之信贷资产 639 号理财计划	2009－4－3	2009－4－27	9500	转让贷款	1.90%
83	"金葵花"招银进宝之信贷资产 640 号理财计划	2009－4－3	2009－4－28	4000	转让贷款	1.90%
84	"金葵花"招银进宝之信贷资产 636 号理财计划	2009－4－7	2009－6－27	4993	转让贷款	3.30%
85	"金葵花"招银进宝之信托贷款 23 号理财计划	2009－4－8	2009－6－8	5000	信托贷款	2.40%
86	"金葵花"招银进宝之信贷资产 634 号理财计划	2009－4－8	2009－5－26	7000	转让贷款	2.50%
87	"金葵花"招银进宝之信贷资产 635 号理财计划	2009－4－8	2009－5－10	4000	转让贷款	2.30%
88	"金葵花"招银进宝之信贷资产 641 号理财计划	2009－4－8	2009－4－21	2000	转让贷款	2.00%
89	"金葵花"招银进宝之信贷资产 642 号理财计划	2009－4－8	2009－4－22	2000	转让贷款	2.00%
90	"金葵花"招银进宝之资产池 26 号理财计划	2009－4－10	2009－7－10	10000	转让贷款	2.60%
91	"金葵花"招银进宝之资产池 27 号理财计划	2009－4－10	2009－7－10	10000	转让贷款	2.60%
92	"金葵花"招银进宝之资产池 28 号理财计划	2009－4－10	2009－10－12	10000	转让贷款	3.00%
93	"金葵花"招银进宝之资产池 29 号理财计划	2009－4－10	2009－10－12	10000	转让贷款	3.00%
94	"金葵花"招银进宝之信托贷款 24 号理财计划	2009－4－14	2009－7－14	5000	信托贷款	2.40%
95	"金葵花"招银进宝之信贷资产 645 号理财计划	2009－4－16	2009－6－28	1000	转让贷款	2.80%
96	"金葵花"招银进宝之信贷资产 643 号理财计划	2009－4－17	2009－5－28	22000	转让贷款	2.35%
97	"金葵花"尊享－招银进宝之信贷资产 644 号理财计划	2009－4－17	2010－1－24	8000	转让贷款	3.60%
98	"金葵花"招银进宝之资产池 30 号理财计划	2009－4－17	2009－5－17	40000	转让贷款	1.90%
99	"金葵花"招银进宝之信贷资产 652 号理财计划	2009－4－22	2009－5－19	10000	转让贷款	2.40%

续表

序号	产品名称	发行日	到期日	拟发行量	投资方向	预期收益率
100	“金葵花”招银进宝之信贷资产650号理财计划	2009－4－23	2009－5－6	1300	转让贷款	2.30%
101	“金葵花”招银进宝之信贷资产651号理财计划	2009－4－23	2009－5－8	1200	转让贷款	2.30%
102	“金葵花”招银进宝之信贷资产648号理财计划	2009－4－24	2009－12－16	3000	转让贷款	3.70%
103	“金葵花”招银进宝之信贷资产649理财计划	2009－4－24	2009－12－16	4000	转让贷款	3.70%
104	“金葵花”招银进宝之资产池31号理财计划	2009－4－24	2009－5－24	34000	转让贷款	1.90%
105	“金葵花”招银进宝之资产池32号理财计划	2009－4－24	2009－7－24	30000	转让贷款	2.60%
106	“金葵花”招银进宝之信贷资产646号理财计划	2009－4－25	2009－6－12	3000	转让贷款	2.30%
107	“金葵花”招银进宝之信贷资产647号理财计划	2009－4－25	2009－6－12	5000	转让贷款	2.30%
108	“金葵花”招银进宝之信托贷款25号理财计划	2009－4－28	2010－4－28	5000	信托贷款	3.60%
109	“金葵花”招银进宝之信贷资产653号理财计划	2009－4－28	2009－5－27	5000	转让贷款	2.50%
110	“金葵花”招银进宝之资产池33号理财计划	2009－4－28	2009－7－28	30000	转让贷款	2.60%
111	“金葵花”招银进宝之资产池34号理财计划	2009－4－28	2009－7－28	30000	转让贷款	2.60%
112	“金葵花”招银进宝之资产池35号理财计划	2009－4－28	2009－10－28	26000	转让贷款	3.00%
113	“金葵花”招银进宝之资产池36号理财计划	2009－4－28	2009－10－28	30000	转让贷款	3.00%
114	“金葵花”尊享－招银进宝系列股票套利攀钢钢钒1号理财计划	2009－4－29	2009－6－18	38000	其他	2.70%
115	私人银行固定收益系列之铁道部9174号理财计划	2009－4－30	2009－10－28	20880	转让贷款	2.30%
116	“金葵花”招银进宝之信托贷款26号理财计划	2009－4－30	2009－5－27	50000	信托贷款	1.65%
117	“金葵花”招银进宝之信托贷款27号理财计划	2009－4－30	2009－7－28	75000	信托贷款	2.00%
118	“金葵花”招银进宝之信托贷款28号理财计划	2009－4－30	2009－10－28	75000	信托贷款	2.30%

续表

序号	产品名称	发行日	到期日	拟发行量	投资方向	预期收益率
119	“金葵花”招银进宝之信托贷款 29 号理财计划	2009－4－30	2009－7－28	10000	信托贷款	2.00%
120	“金葵花”招银进宝之信托贷款 30 号理财计划	2009－4－30	2009－10－28	10000	信托贷款	2.30%
121	“金葵花”招银进宝系列股票套利攀钢钢钒 2 号理财计划	2009－4－30	2009－6－18	20000	其他	2.50%
122	“金葵花”招银进宝之资产支持受益凭证 3 号理财计划	2009－5－6	2009－6－10	6092	资产支持证券信托计划	2.00%
123	“金葵花”尊享－招银进宝之信贷资产 654 号理财计划	2009－5－6	2009－12－16	900	转让贷款	3.90%
124	“金葵花”尊享－招银进宝之信贷资产 655 号理财计划	2009－5－6	2009－12－16	2100	转让贷款	3.90%
125	“金葵花”尊享－招银进宝之信贷资产 656 号理财计划	2009－5－6	2009－8－21	1500	转让贷款	3.20%
126	“金葵花”尊享－招银进宝之信贷资产 657 号理财计划	2009－5－6	2009－8－21	1500	转让贷款	3.20%
127	“金葵花”招银进宝之信贷资产 658 号理财计划	2009－5－6	2009－10－26	7500	转让贷款	3.30%
128	“金葵花”招银进宝之信贷资产 659 号理财计划	2009－5－6	2009－10－26	12500	转让贷款	3.30%
129	“金葵花”招银进宝之信贷资产 660 号理财计划	2009－5－6	2009－5－17	9000	转让贷款	1.70%
130	“金葵花”招银进宝之信贷资产 661 号理财计划	2009－5－6	2009－5－16	2000	转让贷款	1.70%
131	“金葵花”招银进宝之信贷资产 662 号理财计划	2009－5－6	2009－5－23	2000	转让贷款	1.80%
132	“金葵花”招银进宝之信贷资产 663 号理财计划	2009－5－6	2009－5－21	2000	转让贷款	1.80%
133	“金葵花”招银进宝之信贷资产 664 号理财计划	2009－5－8	2009－5－28	1500	转让贷款	2.00%
134	“金葵花”招银进宝之信贷资产 665 号理财计划	2009－5－13	2009－7－19	5000	转让贷款	3.00%
135	私人银行固定收益之信贷资产 9177 号理财计划	2009－5－15	2010－4－17	5000	信托贷款	3.70%
136	“金葵花”招银进宝之信贷资产 666 号理财计划	2009－5－15	2009－6－5	20000	转让贷款	2.00%
137	“金葵花”招银进宝之信贷资产 667 号理财计划	2009－5－15	2009－6－24	2000	转让贷款	2.30%

续表

序号	产品名称	发行日	到期日	拟发行量	投资方向	预期收益率
138	“金葵花”招银进宝之资产池37号理财计划	2009-5-15	2009-8-14	40000	转让贷款	2.20%
139	“金葵花”招银进宝之信贷资产668号理财计划	2009-5-19	2009-9-17	3000	转让贷款	2.40%
140	“金葵花”招银进宝之信托贷款33号理财计划	2009-5-20	2009-11-16	50000	信托贷款	2.50%
141	“金葵花”招银进宝之信托贷款32号理财计划	2009-5-22	2009-8-20	50000	信托贷款	2.45%
142	“金葵花”招银进宝之信贷资产669号理财计划	2009-5-22	2009-12-3	1500	转让贷款	3.30%
143	“金葵花”招银进宝之信贷资产670号理财计划	2009-5-22	2009-12-3	1500	转让贷款	3.30%
144	“金葵花”招银进宝之资产池38号理财计划	2009-5-22	2009-8-21	34000	转让贷款	2.20%
145	“金葵花”招银进宝之信贷资产671号理财计划	2009-5-26	2009-6-26	15000	转让贷款	1.90%
146	“金葵花”招银进宝之信托贷款39号理财计划	2009-5-27	2009-6-29	50000	信托贷款	1.65%
147	“金葵花”招银进宝之信托贷款40号理财计划	2009-5-27	2009-7-27	110000	信托贷款	1.85%
148	“金葵花”招银进宝之信贷资产674号理财计划	2009-6-2	2009-12-15	2900	转让贷款	3.30%
149	“金葵花”招银进宝之信贷资产675号理财计划	2009-6-2	2009-12-15	7100	转让贷款	3.30%
150	“金葵花”招银进宝之信贷资产676号理财计划	2009-6-2	2009-6-11	15000	转让贷款	1.70%
151	“金葵花”招银进宝之信贷资产677号理财计划	2009-6-2	2009-6-16	4000	转让贷款	1.80%
152	“金葵花”招银进宝之信贷资产678号理财计划	2009-6-2	2009-6-18	2000	转让贷款	1.90%
153	“金葵花”招银进宝之信托贷款36号理财计划	2009-6-4	2012-6-4	50000	信托贷款	6.00%
154	“金葵花”招银进宝之信贷资产672号理财计划	2009-6-5	2010-1-7	2000	转让贷款	3.50%
155	“金葵花”尊享-招银进宝之信贷资产673号理财计划	2009-6-5	2010-1-7	2000	转让贷款	3.90%
156	“金葵花”招银进宝之资产支持受益凭证4号理财计划	2009-6-10	2009-7-15	6080	资产支持证券信托计划	2.00%

续表

序号	产品名称	发行日	到期日	拟发行量	投资方向	预期收益率
157	“金葵花”招银进宝之信贷资产 679 号理财计划	2009-6-11	2009-6-25	1000	转让贷款	2.00%
158	“金葵花”招银进宝之信贷资产 680 号理财计划	2009-6-11	2009-10-14	1100	转让贷款	2.70%
159	“金葵花”招银进宝之信贷资产 681 号理财计划	2009-6-11	2009-12-3	2900	转让贷款	3.00%
160	“金葵花”招银进宝之信托贷款 37 号理财计划	2009-6-12	2011-6-12	120000	信托贷款	5.80%
161	私人银行优化结构系列之挂钩原油基金表现联动理财计划(9611)	2009-6-16	2010-12-16	7208	其他	6.67%
162	“金葵花”招银进宝之信托贷款 34 号理财计划	2009-6-16	2009-12-16	10000	信托贷款	3.00%
163	“金葵花”招银进宝之信托贷款 35 号理财计划	2009-6-16	2010-4-29	10000	信托贷款	3.40%
164	“金葵花”招银进宝之信托贷款 42 号理财计划	2009-6-17	2009-7-17	20000	信托贷款	1.70%
165	“金葵花”招银进宝之信托贷款 43 号理财计划	2009-6-17	2009-9-17	20000	信托贷款	2.05%
166	“金葵花”招银进宝之信托贷款 44 号理财计划	2009-6-17	2009-9-17	35000	信托贷款	2.05%
167	“金葵花”招银进宝之信托贷款 45 号理财计划	2009-6-17	2009-12-17	15000	信托贷款	2.35%
168	“金葵花”招银进宝之信托贷款 46 号理财计划	2009-6-17	2009-12-17	40000	信托贷款	2.35%
169	“金葵花”钻石尊享-安心回报人民币 72 号理财计划	2009-6-18	2009-7-20	50000	购买债券	1.85%
170	“金葵花”招银进宝之信托贷款 41 号理财计划	2009-6-19	2009-12-18	10000	信托贷款	2.70%
171	“金葵花”招银进宝之信托贷款 47 号理财计划	2009-6-23	2010-6-22	30000	信托贷款	3.40%
172	“金葵花”招银进宝之信托贷款 49 号理财计划	2009-6-23	2009-12-23	10000	信托贷款	3.00%
173	“金葵花”招银进宝之信托贷款 51 号理财计划	2009-6-25	2012-6-25	30654	信托贷款	6.00%
174	私人银行固定收益系列之贷里淘金 9182 号理财计划	2009-6-26	2009-12-18	4340	信托贷款	2.35%
175	私人银行固定收益之信贷资产 9183 号理财计划	2009-6-26	2009-12-11	3300	信托贷款	3.30%

续表

序号	产品名称	发行日	到期日	拟发行量	投资方向	预期收益率
176	“金葵花”尊享－招银进宝之贷里淘金1号理财计划	2009－6－26	2009－7－27	30000	信托贷款	1.80%
177	“金葵花”尊享－招银进宝之贷里淘金2号理财计划	2009－6－26	2009－9－28	50000	信托贷款	2.10%
178	“金葵花”招银进宝之信托贷款48号理财计划	2009－6－26	2010－6－26	5000	信托贷款	3.40%
179	“金葵花”招银进宝之信托贷款55号理财计划	2009－6－30	2010－6－30	3500	信托贷款	3.50%
180	“金葵花”岁月流金人民币7天理财计划	2009－7－1	2009－9－30	无上限	购买债券	每日公布
181	“金葵花”岁月流金人民币30天理财计划	2009－7－1	2009－9－30	无上限	购买债券	每日公布
182	“金葵花”岁月流金人民币14天理财计划	2009－7－1	2009－9－30	无上限	购买债券	每日公布
183	“金葵花”岁月流金人民币21天理财计划	2009－7－1	2009－9－30	无上限	购买债券	每日公布
184	“金葵花”岁月流金人民币60天理财计划	2009－7－1	2009－9－30	无上限	购买债券	每日公布
185	私人银行固定收益系列之贷里淘金9185号理财计划	2009－7－3	2009－10－9	10000	转让贷款	2.10%
186	“金葵花”尊享－招银进宝之贷里淘金5号理财计划	2009－7－3	2009－8－3	50000	信托贷款	1.80%
187	“金葵花”尊享－招银进宝之贷里淘金6号理财计划	2009－7－3	2010－1－4	50000	信托贷款	2.35%
188	“金葵花”钻石尊享－安心回报人民币73号理财计划	2009－7－3	2009－8－3	50000	购买债券	1.85%
189	私人银行固定收益系列之信贷资产9186号理财计划	2009－7－8	2010－3－31	10000	转让贷款	3.50%
190	“金葵花”招银进宝之信托贷款38号理财计划	2009－7－8	2010－7－8	10000	信托贷款	3.40%
191	“金葵花”招银进宝之贷里淘金3号理财计划	2009－7－9	2009－8－10	15000	信托贷款	1.70%
192	“金葵花”招银进宝之贷里淘金4号理财计划	2009－7－9	2009－12－29	15000	信托贷款	2.35%
193	“金葵花”招银进宝之信托贷款52号理财计划	2009－7－9	2009－10－9	30000	信托贷款	2.30%
194	“金葵花”招银进宝之信托贷款62号理财计划	2009－7－9	2009－10－9	10000	信托贷款	2.30%
195	“金葵花”招银进宝之信托贷款63号理财计划	2009－7－9	2009－10－9	40000	信托贷款	2.30%
196	“金葵花”尊享－招银进宝之贷里淘金7号理财计划	2009－7－10	2009－8－10	50000	信托贷款	1.80%
197	“金葵花”尊享－招银进宝之贷里淘金8号理财计划	2009－7－10	2009－10－10	50000	信托贷款	2.10%

续表

序号	产品名称	发行日	到期日	拟发行量	投资方向	预期收益率
198	“金葵花”招银进宝之信托贷款 61 号理财计划	2009－7－14	2009－12－14	18900	信托贷款	2.90%
199	“金葵花”尊享－招银进宝之贷里淘金 9 号理财计划	2009－7－17	2009－8－17	50000	信托贷款	1.85%
200	“金葵花”尊享－招银进宝之贷里淘金 10 号理财计划	2009－7－17	2009－10－19	50000	信托贷款	2.20%
201	“金葵花”招银进宝之信托贷款 59 号理财计划	2009－7－17	2010－7－19	25000	信托贷款	3.30%
202	私人银行固定收益系列之信贷资产 9187 号理财计划	2009－7－21	2010－3－6	4870	转让贷款	3.50%
203	“金葵花”钻石尊享－安心回报人民币 74 号理财计划	2009－7－23	2009－8－24	40000	购买债券	1.85%
204	“金葵花”招银进宝之信贷资产 682 号理财计划	2009－7－23	2009－12－14	15000	转让贷款	2.40%
205	“金葵花”尊享－招银进宝之贷里淘金 11 号理财计划	2009－7－24	2009－8－24	50000	信托贷款	1.85%
206	“金葵花”尊享－招银进宝之贷里淘金 12 号理财计划	2009－7－24	2009－10－26	50000	信托贷款	2.20%
207	“金葵花”招银进宝之信托贷款 65 号理财计划	2009－7－25	2009－10－25	10000	信托贷款	2.40%
208	“金葵花”尊享－招银进宝之贷里淘金 13 号理财计划	2009－7－28	2010－1－28	50000	信托贷款	2.50%
209	“金葵花”招银进宝之信托贷款 60 号理财计划	2009－7－29	2010－7－29	5000	信托贷款	3.65%
210	“金葵花”招银进宝之信贷资产 683 号理财计划	2009－7－30	2009－9－4	2000	转让贷款	2.35%
211	“金葵花”招银进宝之信贷资产 685 号理财计划	2009－7－30	2009－11－4	5000	转让贷款	2.70%
212	“金葵花”尊享－招银进宝之贷里淘金 14 号理财计划	2009－7－31	2009－8－31	50000	信托贷款	1.85%
213	“金葵花”尊享－招银进宝之贷里淘金 15 号理财计划	2009－7－31	2009－11－2	50000	信托贷款	2.20%
214	“金葵花”招银进宝之信托贷款 64 号理财计划	2009－7－31	2010－8－2	20000	信托贷款	3.50%
215	“金葵花”尊享－招银进宝之贷里淘金 16 号理财计划	2009－8－4	2010－2－4	50000	信托贷款	2.70%
216	“金葵花”招银进宝之信贷资产 684 号理财计划	2009－8－4	2010－2－25	5000	转让贷款	3.50%

续表

序号	产品名称	发行日	到期日	拟发行量	投资方向	预期收益率
217	"金葵花"招银进宝之信贷资产 686 号理财计划	2009－8－4	2010－1－7	6000	转让贷款	3.51%
218	"金葵花"招银进宝之资产支持受益凭证5号理财计划	2009－8－5	2009－9－9	6080	资产支持证券信托计划	2.00%
219	"金葵花"招银进宝之资产池 39 号理财计划	2009－8－6	2009－11－6	40000	转让贷款	2.40%
220	"金葵花"招银进宝之资产池 40 号理财计划	2009－8－6	2010－2－6	35000	转让贷款	3.00%
221	"金葵花"招银进宝之资产池 41 号理财计划	2009－8－6	2010－2－6	25000	转让贷款	3.00%
222	"金葵花"招银进宝之信贷资产 688 号理财计划	2009－8－6	2009－8－28	6000	转让贷款	2.30%
223	"金葵花"尊享－招银进宝之贷里淘金 17 号理财计划	2009－8－7	2009－9－7	50000	信托贷款	1.95%
224	"金葵花"尊享－招银进宝之贷里淘金 18 号理财计划	2009－8－7	2009－11－9	50000	信托贷款	2.35%
225	"金葵花"招银进宝之信托贷款 67 号理财计划	2009－8－8	2010－8－7	10000	信托贷款	4.00%
226	"金葵花"招银进宝之信贷资产 689 号理财计划	2009－8－11	2009－12－29	5000	转让贷款	3.00%
227	"金葵花"招银进宝之信贷资产 690 号理财计划	2009－8－11	2009－10－9	10000	转让贷款	2.50%
228	"金葵花"尊享－招银进宝之贷里淘金 24 号理财计划	2009－8－14	2009－9－14	20000	信托贷款	1.95%
229	"金葵花"尊享－招银进宝之贷里淘金 25 号理财计划	2009－8－14	2009－11－16	20000	信托贷款	2.35%
230	"金葵花"招银进宝之资产池 42 号理财计划	2009－8－14	2009－10－15	30000	转让贷款	2.40%
231	"金葵花"招银进宝之贷里淘金 19 号理财计划	2009－8－17	2010－2－22	20000	信托贷款	3.00%
232	"金葵花"招银进宝之贷里淘金 20 号理财计划	2009－8－17	2010－2－22	20000	信托贷款	3.00%
233	"金葵花"招银进宝之信托贷款 68 号理财计划	2009－8－18	2010－8－18	20000	信托贷款	3.40%
234	"金葵花"招银进宝之信贷资产 687 号理财计划	2009－8－18	2010－3－6	31530	转让贷款	3.20%
235	私人银行尊享权益系列之结构化证券投资 1 号理财计划	2009－8－20	2011－8－20	40000	转让贷款	5.50%

续表

序号	产品名称	发行日	到期日	拟发行量	投资方向	预期收益率
236	“金葵花”尊享－招银进宝之贷里淘金 26 号理财计划	2009－8－21	2009－9－21	40000	信托贷款	1.95%
237	“金葵花”尊享－招银进宝之贷里淘金 27 号理财计划	2009－8－21	2009－11－23	40000	信托贷款	2.35%
238	“金葵花”招银进宝之资产池 43 号理财计划	2009－8－21	2009－10－8	34000	转让贷款	2.50%
239	私人银行固定收益系列之信贷资产 9188 号理财计划	2009－8－25	2010－4－21	2000	转让贷款	4.20%
240	私人银行固定收益系列之信贷资产 9189 号理财计划	2009－8－25	2009－11－4	1380	转让贷款	2.60%
241	“金葵花”招银进宝之信贷资产 695 号理财计划	2009－8－26	2010－3－2	12000	转让贷款	3.70%
242	“金葵花”招银进宝之信贷资产 696 号理财计划	2009－8－26	2009－12－22	1500	转让贷款	3.20%
243	私人银行固定收益系列之信贷资产 9192 号理财计划	2009－8－27	2010－2－24	1650	转让贷款	4.05%
244	私人银行固定收益系列之信贷资产 9193 号理财计划	2009－8－27	2010－1－15	2000	转让贷款	4.00%
245	“金葵花”招银进宝之信贷资产 697 号理财计划	2009－8－27	2009－11－20	3000	转让贷款	2.90%
246	“金葵花”尊享－招银进宝之贷里淘金 28 号理财计划	2009－8－28	2009－9－28	40000	信托贷款	1.95%
247	“金葵花”尊享－招银进宝之贷里淘金 29 号理财计划	2009－8－28	2009－11－30	40000	信托贷款	2.35%
248	“金葵花”尊享－招银进宝之信贷资产 692 号理财计划	2009－8－28	2009－11－30	5000	转让贷款	3.20%
249	“金葵花”尊享－招银进宝之信贷资产 693 号理财计划	2009－8－28	2009－12－20	3000	转让贷款	3.30%
250	“金葵花”招银进宝之信贷资产 694 号理财计划	2009－8－28	2009－12－20	7000	转让贷款	3.10%
251	“金葵花”招银进宝之资产池 44 号理财计划	2009－8－28	2009－9－25	11000	转让贷款	2.40%
252	“金葵花”招银进宝之信贷资产 699 号理财计划	2009－8－31	2010－6－26	30000	转让贷款	3.80%
253	私人银行固定收益系列之信贷资产 9191 号理财计划	2009－9－1	2009－11－25	5000	转让贷款	3.40%
254	“金葵花”招银进宝之贷里淘金 21 号理财计划	2009－9－1	2009－12－2	20000	信托贷款	2.60%

续表

序号	产品名称	发行日	到期日	拟发行量	投资方向	预期收益率
255	“金葵花”招银进宝之贷里淘金 22 号理财计划	2009 -9 -1	2010 -3 -4	40000	信托贷款	3.00%
256	“金葵花”招银进宝之贷里淘金 23 号理财计划	2009 -9 -1	2010 -3 -4	20000	信托贷款	3.00%
257	私人银行固定收益系列之信贷资产 9195 号理财计划	2009 -9 -2	2010 -7 -15	2000	转让贷款	4.10%
258	“金葵花”招银进宝之信托贷款 66 号理财计划	2009 -9 -2	2010 -9 -2	10000	信托贷款	3.60%
259	“金葵花”招银进宝之信贷资产 706 号理财计划	2009 -9 -2	2009 -9 -21	1500	转让贷款	2.60%
260	“金葵花”尊享 - 招银进宝之贷里淘金 30 号理财计划	2009 -9 -4	2009 -10 -9	40000	信托贷款	1.95%
261	“金葵花”尊享 - 招银进宝之贷里淘金 31 号理财计划	2009 -9 -4	2009 -12 -4	40000	信托贷款	2.35%
262	“金葵花”招银进宝之信托贷款 73 号理财计划	2009 -9 -4	2010 -3 -4	5000	信托贷款	3.20%
263	“金葵花”招银进宝之信贷资产 701 号理财计划	2009 -9 -4	2010 -1 -18	2000	转让贷款	3.10%
264	“金葵花”招银进宝之信贷资产 703 号理财计划	2009 -9 -4	2010 -3 -26	2000	转让贷款	3.50%
265	“金葵花”招银进宝之信贷资产 711 号理财计划	2009 -9 -4	2010 -1 -4	3000	转让贷款	2.90%
266	“金葵花”招银进宝之信贷资产 712 号理财计划	2009 -9 -4	2010 -2 -27	4000	转让贷款	3.10%
267	“金葵花”招银进宝之信贷资产 726 号理财计划	2009 -9 -4	2010 -1 -17	3000	转让贷款	2.90%
268	“金葵花”招银进宝之信贷资产 730 号理财计划	2009 -9 -4	2010 -3 -10	8000	转让贷款	3.10%
269	私人银行固定收益系列之信贷资产 9190 号理财计划	2009 -9 -8	2010 -2 -9	5000	转让贷款	3.20%
270	“金葵花”招银进宝之信贷资产 758 号理财计划	2009 -9 -8	2010 -1 -21	2000	转让贷款	3.40%
271	“金葵花”招银进宝之资产池 45 号理财计划	2009 -9 -8	2009 -10 -8	20000	转让贷款	2.40%
272	“金葵花”招银进宝之资产池 46 号理财计划	2009 -9 -8	2010 -1 -12	35000	转让贷款	2.80%
273	“金葵花”招银进宝之资产支持受益凭证 6 号理财计划	2009 -9 -9	2009 -10 -14	6080	资产支持证券信托计划	2.00%

续表

序号	产品名称	发行日	到期日	拟发行量	投资方向	预期收益率
274	“金葵花”招银进宝之信托贷款 74 号理财计划	2009-9-10	2010-3-10	7000	信托贷款	3.20%
275	“金葵花”招银进宝之信贷资产 704 号理财计划	2009-9-10	2010-4-2	1000	转让贷款	3.40%
276	“金葵花”招银进宝之信贷资产 759 号理财计划	2009-9-10	2010-1-24	1500	转让贷款	3.40%
277	“金葵花”尊享-招银进宝之贷里淘金 32 号理财计划	2009-9-11	2009-10-12	40000	信托贷款	1.95%
278	“金葵花”尊享-招银进宝之贷里淘金 33 号理财计划	2009-9-11	2009-12-11	40000	信托贷款	2.35%
279	“金葵花”招银进宝之信贷资产 713 号理财计划	2009-9-11	2010-1-12	10000	转让贷款	3.30%
280	“金葵花”招银进宝之信贷资产 714 号理财计划	2009-9-11	2010-3-10	1000	转让贷款	3.50%
281	“金葵花”招银进宝之信贷资产 727 号理财计划	2009-9-11	2010-6-8	5000	转让贷款	4.00%
282	“金葵花”招银进宝之信贷资产 728 号理财计划	2009-9-11	2010-1-22	1900	转让贷款	3.40%
283	“金葵花”招银进宝之信贷资产 755 号理财计划	2009-9-11	2010-3-29	5000	转让贷款	3.00%
284	“金葵花”招银进宝之信贷资产 756 号理财计划	2009-9-11	2010-3-29	5000	转让贷款	3.00%
285	“金葵花”招银进宝之信贷资产 780 号理财计划	2009-9-11	2009-12-25	10000	转让贷款	3.20%
286	“金葵花”招银进宝之信贷资产 781 号理财计划	2009-9-11	2010-4-15	12000	转让贷款	3.72%
287	“金葵花”招银进宝之信托贷款 78 号理财计划	2009-9-15	2010-6-21	10000	信托贷款	3.60%
288	“金葵花”招银进宝之信贷资产 740 号理财计划	2009-9-15	2010-3-29	10000	转让贷款	3.80%
289	“金葵花”招银进宝之信贷资产 791 号理财计划	2009-9-15	2010-4-29	6000	转让贷款	3.80%
290	“金葵花”招银进宝之信贷资产 792 号理财计划	2009-9-15	2010-3-30	3760	转让贷款	3.75%
291	“金葵花”招银进宝之资产池 47 号理财计划	2009-9-15	2009-10-9	30000	转让贷款	2.35%
292	“金葵花”招银进宝之资产池 48 号理财计划	2009-9-15	2010-1-12	30000	转让贷款	2.80%

续表

序号	产品名称	发行日	到期日	拟发行量	投资方向	预期收益率
293	私人银行固定收益系列之信贷资产 9197 号理财计划	2009－9－17	2010－2－16	1000	转让贷款	3.65%
294	“金葵花”招银进宝之信托贷款 75 号理财计划	2009－9－17	2010－3－11	20000	信托贷款	3.20%
295	“金葵花”招银进宝之信托贷款 76 号理财计划	2009－9－17	2010－3－11	31998	信托贷款	3.20%
296	“金葵花”招银进宝之信贷资产“教师尊享”698 号理财计划	2009－9－17	2010－4－20	10000	转让贷款	3.40%
297	“金葵花”招银进宝之信贷资产 705 号理财计划	2009－9－17	2009－12－18	1000	转让贷款	3.00%
298	私人银行固定收益系列之信贷资产 9196 号理财计划	2009－9－18	2010－11－26	7924	转让贷款	4.00%
299	“金葵花”尊享－招银进宝之贷里淘金 34 号理财计划	2009－9－18	2009－10－19	40000	信托贷款	1.95%
300	“金葵花”尊享－招银进宝之贷里淘金 35 号理财计划	2009－9－18	2009－12－21	40000	信托贷款	2.35%
301	“金葵花”招银进宝之信贷资产 700 号理财计划	2009－9－18	2009－12－30	20000	转让贷款	3.00%
302	“金葵花”招银进宝之信贷资产 716 号理财计划	2009－9－18	2010－3－1	5000	转让贷款	3.50%
303	“金葵花”招银进宝之信贷资产 717 号理财计划	2009－9－18	2010－3－2	1500	转让贷款	3.50%
304	“金葵花”招银进宝之信贷资产 729 号理财计划	2009－9－18	2010－3－10	4000	转让贷款	3.50%
305	“金葵花”招银进宝之信贷资产 768 号理财计划	2009－9－18	2010－2－27	3000	转让贷款	3.60%
306	“金葵花”招银进宝之信贷资产 794 号理财计划	2009－9－18	2009－12－29	5000	转让贷款	3.20%
307	“金葵花”招银进宝之信贷资产 795 号理财计划	2009－9－18	2010－3－17	4000	转让贷款	3.30%
308	“金葵花”尊享招银进宝之信贷资产 796 号理财计划	2009－9－18	2010－3－17	6000	转让贷款	3.40%
309	“金葵花”招银进宝之信贷资产 797 号理财计划	2009－9－18	2010－3－1	13000	转让贷款	3.54%
310	“金葵花”招银进宝之信托贷款 79 号理财计划	2009－9－22	2010－8－18	5000	信托贷款	3.80%
311	“金葵花”招银进宝之信贷资产 760 号理财计划	2009－9－22	2009－10－10	5000	转让贷款	2.40%

续表

序号	产品名称	发行日	到期日	拟发行量	投资方向	预期收益率
312	“金葵花”招银进宝之信贷资产 761 号理财计划	2009-9-22	2009-10-14	4000	转让贷款	2.70%
313	“金葵花”招银进宝之资产池 49 号理财计划	2009-9-22	2009-10-22	20000	转让贷款	2.40%
314	“金葵花”招银进宝之资产池 50 号理财计划	2009-9-22	2010-1-12	10000	转让贷款	3.00%
315	“金葵花”金卡专享-招银进宝之资产池 51 号理财计划	2009-9-22	2010-1-12	30000	转让贷款	3.00%
316	“金葵花”招银进宝之信贷资产 810 号理财计划	2009-9-23	2010-3-31	5000	转让贷款	3.70%
317	“金葵花”招银进宝之信贷资产 811 号理财计划	2009-9-23	2010-3-31	3000	转让贷款	3.70%
318	“金葵花”招银进宝之信贷资产 707 号理财计划	2009-9-24	2010-1-18	1000	转让贷款	3.20%
319	“金葵花”招银进宝之信贷资产 731 号理财计划	2009-9-24	2010-1-4	9000	转让贷款	3.30%
320	“金葵花”招银进宝之信贷资产 732 号理财计划	2009-9-24	2010-1-8	8000	转让贷款	3.30%
321	“金葵花”招银进宝之信贷资产 736 号理财计划	2009-9-24	2010-1-9	15000	转让贷款	3.30%
322	“金葵花”招银进宝之信贷资产 737 号理财计划	2009-9-24	2010-2-4	5500	转让贷款	3.35%
323	“金葵花”招银进宝之信贷资产 784 号理财计划	2009-9-24	2010-4-15	5300	转让贷款	3.60%
324	“金葵花”招银进宝之信贷资产 785 号理财计划	2009-9-24	2010-4-13	15800	转让贷款	3.60%
325	“金葵花”招银进宝之信贷资产 814 号理财计划	2009-9-24	2010-7-9	7000	转让贷款	4.00%
326	私人银行固定收益系列之信贷资产 9198 号理财计划	2009-9-25	2010-11-26	1000	转让贷款	4.50%
327	私人银行尊享权益系列之积极策略 2 号理财计划	2009-9-25	2012-9-25	101310	股票	
328	“金葵花”尊享-招银进宝之贷里淘金 36 号理财计划	2009-9-25	2009-12-25	30000	信托贷款	2.35%
329	“金葵花”招银进宝之信贷资产“教师遵享”708 号理财计划	2009-9-25	2009-12-29	10000	转让贷款	3.10%
330	“金葵花”招银进宝之信贷资产 720 号理财计划	2009-9-25	2010-6-23	8000	转让贷款	4.00%

续表

序号	产品名称	发行日	到期日	拟发行量	投资方向	预期收益率
331	“金葵花”招银进宝之信贷资产 750 号理财计划	2009-9-25	2010-1-26	3000	转让贷款	3.50%
332	“金葵花”招银进宝之信贷资产 762 号理财计划	2009-9-25	2009-10-25	3000	转让贷款	2.70%
333	“金葵花”招银进宝之信贷资产 766 号理财计划	2009-9-25	2009-12-10	3335	转让贷款	3.00%
334	“金葵花”招银进宝之信贷资产 788 号理财计划	2009-9-25	2010-6-12	3000	转让贷款	4.00%
335	“金葵花”招银进宝之信贷资产 798 号理财计划	2009-9-25	2010-1-5	8000	转让贷款	3.21%
336	“金葵花”招银进宝之信贷资产 799 号理财计划	2009-9-25	2010-4-25	11000	转让贷款	3.72%
337	“金葵花”招银进宝之信贷资产 843 号理财计划	2009-9-25	2010-1-18	5000	转让贷款	2.90%
338	“金葵花”招银进宝之信贷资产 844 号理财计划	2009-9-25	2010-1-23	4000	转让贷款	2.90%
339	“金葵花”招银进宝之资产池 52 号理财计划	2009-9-28	2009-11-12	20000	转让贷款	2.45%
340	“金葵花”招银进宝之资产池 53 号理财计划	2009-9-28	2010-4-29	30000	转让贷款	3.40%
341	私人银行固定收益系列之信贷资产 9199 号理财计划	2009-9-29	2009-12-25	2000	转让贷款	3.50%
342	私人银行固定收益系列之信贷资产 9310 号理财计划	2009-9-29	2010-4-14	4000	转让贷款	3.80%
343	“金葵花”招银进宝之信贷资产 769 号理财计划	2009-9-29	2010-4-10	12000	转让贷款	3.80%
344	“金葵花”招银进宝之信贷资产 807 号理财计划	2009-9-29	2009-12-2	10400	转让贷款	3.00%
345	“金葵花”招银进宝之信贷资产 813 号理财计划	2009-9-29	2010-7-27	10000	转让贷款	3.80%
346	私人银行固定收益系列之信贷资产 9309 号理财计划	2009-9-30	2010-11-26	6510	转让贷款	4.00%
347	“金葵花”尊享-招银进宝之贷里淘金 37 号理财计划	2009-9-30	2009-10-30	50000	信托贷款	1.95%
348	“金葵花”尊享-招银进宝之贷里淘金 38 号理财计划	2009-9-30	2010-3-30	50000	信托贷款	2.60%
349	“金葵花”招银进宝之信贷资产 721 号理财计划	2009-9-30	2010-6-24	1000	转让贷款	4.00%

续表

序号	产品名称	发行日	到期日	拟发行量	投资方向	预期收益率
350	"金葵花"招银进宝之信贷资产 722 号理财计划	2009-9-30	2010-1-12	10000	转让贷款	3.50%
351	"金葵花"招银进宝之信贷资产 733 号理财计划	2009-9-30	2010-1-9	8000	转让贷款	3.30%
352	"金葵花"招银进宝之信贷资产 734 号理财计划	2009-9-30	2010-1-19	7500	转让贷款	3.30%
353	"金葵花"招银进宝之信贷资产 735 号理财计划	2009-9-30	2010-1-13	14000	转让贷款	3.30%
354	"金葵花"招银进宝之信贷资产 738 号理财计划	2009-9-30	2010-2-9	5000	转让贷款	3.35%
355	"金葵花"招银进宝之信贷资产 770 号理财计划	2009-9-30	2010-6-16	2000	转让贷款	4.00%
356	"金葵花"招银进宝之信贷资产 787 号理财计划	2009-9-30	2010-3-31	10000	转让贷款	3.45%
357	"金葵花"招银进宝之信贷资产 815 号理财计划	2009-9-30	2010-5-2	5000	转让贷款	3.60%
358	"金葵花"尊享-招银进宝之信贷资产 816 号理财计划	2009-9-30	2010-7-19	6000	转让贷款	3.90%
359	"金葵花"招银进宝之信贷资产 817 号理财计划	2009-9-30	2010-1-30	5000	转让贷款	3.50%
360	"金葵花"招银进宝之信贷资产 818 号理财计划	2009-9-30	2010-7-7	3000	转让贷款	3.80%
361	"金葵花"招银进宝之信贷资产 819 号理财计划	2009-9-30	2010-7-23	2000	转让贷款	3.80%
362	"金葵花"招银进宝之信贷资产 820 号理财计划	2009-9-30	2010-4-19	3500	转让贷款	3.30%
363	"金葵花"尊享-招银进宝之信贷资产 821 号理财计划	2009-9-30	2010-4-19	3500	转让贷款	3.50%
364	"金葵花"尊享-招银进宝之信贷资产 822 号理财计划	2009-9-30	2010-4-19	3000	转让贷款	3.40%
365	"金葵花"招银进宝之信贷资产 823 号理财计划	2009-9-30	2010-4-2	4000	转让贷款	3.30%
366	"金葵花"尊享-招银进宝之信贷资产 824 号理财计划	2009-9-30	2010-4-2	4000	转让贷款	3.40%
367	"金葵花"招银进宝之信贷资产 825 号理财计划	2009-9-30	2010-4-2	4000	转让贷款	3.50%
368	"金葵花"招银进宝之信贷资产 826 号理财计划	2009-9-30	2010-1-30	5000	转让贷款	3.40%

续表

序号	产品名称	发行日	到期日	拟发行量	投资方向	预期收益率
369	"金葵花"招银进宝之信贷资产827号理财计划	2009－9－30	2010－1－6	5000	转让贷款	3.10%
370	"金葵花"尊享－招银进宝之信贷资产828号理财计划	2009－9－30	2010－1－6	5000	转让贷款	3.30%
371	"金葵花"尊享－招银进宝之信贷资产829号理财计划	2009－9－30	2010－1－6	4000	转让贷款	3.20%
372	"金葵花"招银进宝之信贷资产830号理财计划	2009－9－30	2010－2－28	12000	转让贷款	3.40%
373	"金葵花"招银进宝之信贷资产834号理财计划	2009－9－30	2009－10－9	3500	转让贷款	2.50%
374	"金葵花"招银进宝之信贷资产835号理财计划	2009－9－30	2009－10－13	7700	转让贷款	2.50%
375	"金葵花"招银进宝之信贷资产839号理财计划	2009－9－30	2010－3－26	3760	转让贷款	3.95%
376	"金葵花"招银进宝之信贷资产840号理财计划	2009－9－30	2010－3－30	3800	转让贷款	3.65%
377	"金葵花"招银进宝之信贷资产841号理财计划	2009－9－30	2010－6－2	5000	转让贷款	3.85%
378	"金葵花"招银进宝之信贷资产842号理财计划	2009－9－30	2010－4－7	5000	转让贷款	3.10%
379	"金葵花"招银进宝之信贷资产847号理财计划	2009－9－30	2010－2－28	2800	转让贷款	4.00%
380	"金葵花"－招银进宝系列之人民币日日盈理财计划	2009－10－1	2009－12－31	4000000	混合	每日公布
381	"金葵花"招银进宝之信贷资产757号理财计划	2009－10－10	2010－3－22	20000	转让贷款	3.70%
382	"金葵花"招银进宝之信贷资产800号理财计划	2009－10－10	2010－2－5	10000	转让贷款	3.24%
383	"金葵花"招银进宝之信贷资产801号理财计划	2009－10－10	2010－4－14	10000	转让贷款	3.72%
384	"金葵花"招银进宝之信贷资产833号理财计划	2009－10－10	2010－7－9	4000	转让贷款	3.90%
385	"金葵花"招银进宝之信托贷款71号理财计划	2009－10－13	2010－4－13	8800	信托贷款	3.20%
386	"金葵花"招银进宝之信贷资产778号理财计划	2009－10－13	2010－6－5	2000	转让贷款	3.80%
387	"金葵花"招银进宝之信贷资产901号理财计划	2009－10－13	2010－3－10	4820	转让贷款	3.50%

续表

序号	产品名称	发行日	到期日	拟发行量	投资方向	预期收益率
388	“金葵花”招银进宝之信贷资产 902 号理财计划	2009－10－13	2010－6－5	850	转让贷款	4.10%
389	“金葵花”招银进宝之资产支持受益凭证 7 号理财计划	2009－10－14	2010－5－11	6080	资产支持证券信托计划	3.30%
390	“金葵花”招银进宝之信贷资产 853 号理财计划	2009－10－14	2010－3－3	3500	转让贷款	3.40%
391	“金葵花”招银进宝之信贷资产 854 号理财计划	2009－10－14	2010－3－3	1500	转让贷款	3.45%
392	“金葵花”招银进宝之信贷资产 855 号理财计划	2009－10－14	2010－3－23	1800	转让贷款	3.60%
393	“金葵花”招银进宝之信贷资产 831 号理财计划	2009－10－15	2010－5－31	1500	转让贷款	3.50%
394	私人银行固定收益系列之信贷资产 9311 号理财计划	2009－10－16	2010－4－14	1370	转让贷款	3.80%
395	私人银行固定收益系列之信贷资产 9311 号理财计划	2009－10－16	2010－4－14	1370	转让贷款	3.80%
396	“金葵花”尊享－招银进宝之贷里淘金 39 号理财计划	2009－10－16	2009－11－16	40000	信托贷款	1.95%
397	“金葵花”尊享－招银进宝之贷里淘金 40 号理财计划	2009－10－16	2010－1－18	40000	信托贷款	2.35%
398	“金葵花”招银进宝之信托贷款 77 号理财计划	2009－10－16	2010－1－14	4000	信托贷款	3.30%
399	“金葵花”招银进宝之信贷资产 725 号理财计划	2009－10－16	2010－4－14	2000	转让贷款	3.60%
400	“金葵花”招银进宝之信贷资产 763 号理财计划	2009－10－16	2009－11－8	2200	转让贷款	2.40%
401	“金葵花”招银进宝之信贷资产 802 号理财计划	2009－10－16	2010－6－28	3000	转让贷款	3.40%
402	“金葵花”招银进宝之信贷资产 803 号理财计划	2009－10－16	2010－6－25	3000	转让贷款	3.40%
403	“金葵花”尊享－招银进宝之信贷资产 804 号理财计划	2009－10－16	2010－4－27	5000	转让贷款	3.40%
404	“金葵花”尊享－招银进宝之信贷资产 805 号理财计划	2009－10－16	2010－3－15	10000	转让贷款	3.20%
405	“金葵花”招银进宝之信贷资产 806 号理财计划	2009－10－16	2010－4－22	10000	转让贷款	3.30%
406	“金葵花”招银进宝之信贷资产 832 号理财计划	2009－10－16	2010－7－22	10000	转让贷款	3.80%

续表

序号	产品名称	发行日	到期日	拟发行量	投资方向	预期收益率
407	"金葵花"招银进宝之信贷资产 848 号理财计划	2009-10-16	2010-9-25	20000	转让贷款	4.22%
408	"金葵花"招银进宝之信贷资产 849 号理财计划	2009-10-16	2010-4-14	1000	转让贷款	3.90%
409	"金葵花"招银进宝之信贷资产 856 号理财计划	2009-10-16	2010-4-8	8000	转让贷款	3.60%
410	"金葵花"招银进宝之信贷资产 857 号理财计划	2009-10-16	2010-4-9	7000	转让贷款	3.60%
411	"金葵花"招银进宝之信贷资产 858 号理财计划	2009-10-16	2010-3-29	4950	转让贷款	3.30%
412	"金葵花"招银进宝之信贷资产 903 号理财计划	2009-10-16	2010-1-4	1796	转让贷款	3.00%
413	私人银行固定收益系列之信贷资产 9312 号理财计划	2009-10-20	2009-11-29	1500	转让贷款	4.10%
414	"金葵花"招银进宝之信贷资产 859 号理财计划	2009-10-20	2010-3-22	10000	转让贷款	3.60%
415	"金葵花"招银进宝之信贷资产 864 号理财计划	2009-10-20	2010-4-19	3500	转让贷款	3.90%
416	"金葵花"招银进宝之信贷资产 865 号理财计划	2009-10-20	2010-2-27	4000	转让贷款	3.50%
417	"金葵花"招银进宝之信贷资产 911 号理财计划	2009-10-20	2010-1-13	5071	转让贷款	3.30%
418	"金葵花"招银进宝之资产池 54 号理财计划	2009-10-20	2009-12-4	30000	转让贷款	2.45%
419	"金葵花"招银进宝之资产池 55 号理财计划	2009-10-20	2010-1-19	20000	转让贷款	2.80%
420	"金葵花"招银进宝之资产池 56 号理财计划	2009-10-20	2010-1-19	10000	转让贷款	2.80%
421	"金葵花"招银进宝之资产池 57 号理财计划	2009-10-20	2010-4-20	10000	转让贷款	3.30%
422	"金葵花"招银进宝之资产池 58 号理财计划	2009-10-20	2010-4-20	10000	转让贷款	3.30%
423	"金葵花"招银进宝之信贷资产 719 号理财计划	2009-10-21	2010-6-23	6000	转让贷款	4.20%
424	"金葵花"招银进宝之信贷资产 724 号理财计划	2009-10-21	2010-6-21	3250	转让贷款	4.20%
425	"金葵花"招银进宝之信贷资产 808 号理财计划	2009-10-21	2009-12-2	10397	转让贷款	2.70%

续表

序号	产品名称	发行日	到期日	拟发行量	投资方向	预期收益率
426	“金葵花”尊享－招银进宝之信贷资产809号理财计划	2009－10－21	2009－12－2	7900	转让贷款	2.80%
427	私人银行固定收益系列之信贷资产9313号理财计划	2009－10－22	2009－12－18	4410	转让贷款	4.10%
428	私人银行固定收益系列之信贷资产9322号理财计划	2009－10－22	2010－1－14	2000	转让贷款	3.50%
429	私人银行固定收益系列之信贷资产9324号理财计划	2009－10－22	2010－1－20	500	转让贷款	3.60%
430	“金葵花”招银进宝之信贷资产764号理财计划	2009－10－22	2009－11－22	2500	转让贷款	2.70%
431	私人银行尊享权益系列之积极策略3号理财计划	2009－10－23	2012－10－23	53290	股票	见备注
432	“金葵花”钻石尊享－招银进宝之贷里淘金41号理财计划	2009－10－23	2009－11－23	20000	信托贷款	2.40%
433	“金葵花”尊享－招银进宝之贷里淘金42号理财计划	2009－10－23	2009－11－23	40000	信托贷款	1.95%
434	“金葵花”尊享－招银进宝之贷里淘金43号理财计划	2009－10－23	2010－1－25	40000	信托贷款	2.35%
435	“金葵花”钻石尊享－安心回报人民币75号理财计划	2009－10－23	2009－11－6	20000	购买债券	2.00%
436	“金葵花”招银进宝之信托贷款81号理财计划	2009－10－23	2010－1－21	3000	信托贷款	3.00%
437	“金葵花”招银进宝之信贷资产767号理财计划	2009－10－23	2009－12－24	4000	转让贷款	2.85%
438	“金葵花”招银进宝之信贷资产851号理财计划	2009－10－23	2010－4－28	2000	转让贷款	3.80%
439	“金葵花”招银进宝之信贷资产889号理财计划	2009－10－23	2010－5－31	1000	转让贷款	3.50%
440	“金葵花”招银进宝之信贷资产890号理财计划	2009－10－23	2010－3－1	6000	转让贷款	3.05%
441	“金葵花”招银进宝之信贷资产912号理财计划	2009－10－23	2010－1－30	1271	转让贷款	3.10%
442	“金葵花”招银进宝之信贷资产913号理财计划	2009－10－23	2010－4－19	4216	转让贷款	3.30%
443	“金葵花”招银进宝之信贷资产914号理财计划	2009－10－23	2010－1－6	525	转让贷款	3.10%
444	私人银行固定收益系列之信贷资产9314号理财计划	2009－10－27	2010－6－29	6000	转让贷款	3.80%

续表

序号	产品名称	发行日	到期日	拟发行量	投资方向	预期收益率
445	私人银行固定收益系列之信贷资产9323号理财计划	2009－10－27	2010－7－29	1000	转让贷款	4.20%
446	私人银行固定收益系列之信贷资产9325号理财计划	2009－10－27	2010－5－21	5000	转让贷款	3.90%
447	“金葵花”招银进宝之信贷资产773号理财计划	2009－10－27	2010－1－21	7000	转让贷款	3.50%
448	“金葵花”招银进宝之信贷资产790号理财计划	2009－10－27	2010－5－30	4000	转让贷款	4.10%
449	“金葵花”招银进宝之信贷资产861号理财计划	2009－10－27	2010－5－26	15000	转让贷款	4.10%
450	“金葵花”尊享－招银进宝之信贷资产879号理财计划	2009－10－27	2009－12－4	2000	转让贷款	2.46%
451	“金葵花”招银进宝之信贷资产880号理财计划	2009－10－27	2010－1－22	4000	转让贷款	3.09%
452	“金葵花”招银进宝之信贷资产881号理财计划	2009－10－27	2010－1－22	16000	转让贷款	3.09%
453	“金葵花”招银进宝之信贷资产888号理财计划	2009－10－27	2010－6－23	3000	转让贷款	4.00%
454	“金葵花”钻石尊享－招银进宝之信贷资产892号理财计划	2009－10－27	2010－4－14	5000	转让贷款	3.70%
455	“金葵花”招银进宝之信贷资产896号理财计划	2009－10－27	2010－4－29	15000	转让贷款	3.80%
456	“金葵花”招银进宝之信贷资产925号理财计划	2009－10－27	2010－1－21	3000	转让贷款	3.50%
457	“金葵花”招银进宝之信贷资产927号理财计划	2009－10－27	2010－3－22	14250	转让贷款	3.50%
458	私人银行固定收益系列之信贷资产9316号理财计划	2009－10－28	2010－1－4	4930	转让贷款	3.20%
459	私人银行固定收益系列之信贷资产9317号理财计划	2009－10－28	2010－4－29	4400	转让贷款	3.50%
460	“金葵花”招银进宝之信托贷款72号理财计划	2009－10－28	2010－4－28	25000	信托贷款	3.20%
461	“金葵花”招银进宝之资产池59号理财计划	2009－10－28	2009－11－26	20000	转让贷款	2.40%
462	“金葵花”招银进宝之资产池60号理财计划	2009－10－28	2010－1－26	20000	转让贷款	2.80%
463	“金葵花”招银进宝之资产池61号理财计划	2009－10－28	2010－4－29	10000	转让贷款	3.30%

续表

序号	产品名称	发行日	到期日	拟发行量	投资方向	预期收益率
464	“金葵花”金卡专享－招银进宝之资产池62号理财计划	2009－10－28	2010－5－26	10000	转让贷款	3.40%
465	“金葵花”招银进宝之资产池63号理财计划	2009－10－28	2010－4－29	20000	转让贷款	3.30%
466	私人银行固定收益系列之信贷资产9315号理财计划	2009－10－29	2009－12－23	14900	转让贷款	4.00%
467	私人银行固定收益系列之信贷资产9320号理财计划	2009－10－29	2010－4－25	2500	转让贷款	3.50%
468	私人银行固定收益系列之信贷资产9327号理财计划	2009－10－29	2010－2－11	2000	转让贷款	3.20%
469	“金葵花”招银进宝之信贷资产812号理财计划	2009－10－29	2010－7－30	10000	转让贷款	4.10%
470	“金葵花”招银进宝之信贷资产866号理财计划	2009－10－29	2010－5－10	12000	转让贷款	3.80%
471	私人银行固定收益系列之信贷资产9321号理财计划	2009－10－30	2010－3－27	9990	转让贷款	3.30%
472	私人银行固定收益系列之信贷资产9329号理财计划	2009－10－30	2010－2－18	3000	转让贷款	3.50%
473	“金葵花”尊享－招银进宝之贷里淘金44号理财计划	2009－10－30	2009－11－30	40000	信托贷款	1.95%
474	“金葵花”尊享－招银进宝之贷里淘金45号理财计划	2009－10－30	2010－2－1	40000	信托贷款	2.35%
475	“金葵花”招银进宝之信贷资产852号理财计划	2009－10－30	2010－5－7	1400	转让贷款	4.00%
476	“金葵花”招银进宝之信贷资产904号理财计划	2009－10－30	2010－2－28	5000	转让贷款	3.50%
477	“金葵花”招银进宝之信贷资产905号理财计划	2009－10－30	2010－4－11	5000	转让贷款	3.50%
478	“金葵花”招银进宝之信贷资产908号理财计划	2009－10－30	2010－4－19	4500	转让贷款	3.85%
479	“金葵花”招银进宝之信贷资产909号理财计划	2009－10－30	2010－6－16	3000	转让贷款	4.00%
480	“金葵花”招银进宝之信贷资产916号理财计划	2009－10－30	2010－4－10	10000	转让贷款	4.00%
481	“金葵花”招银进宝之信贷资产917号理财计划	2009－10－30	2010－4－13	10000	转让贷款	4.00%
482	“金葵花”招银进宝之信贷资产918号理财计划	2009－10－30	2010－4－14	10000	转让贷款	4.00%

续表

序号	产品名称	发行日	到期日	拟发行量	投资方向	预期收益率
483	“金葵花”招银进宝之信贷资产 919 号理财计划	2009－10－30	2010－4－15	10000	转让贷款	4.00%
484	“金葵花”招银进宝之信贷资产 960 号理财计划	2009－10－30	2010－5－31	746	转让贷款	3.50%
485	私人银行固定收益系列之信贷资产 9326 号理财计划	2009－11－3	2010－3－11	5000	转让贷款	3.30%
486	私人银行固定收益系列之信贷资产 9333 号理财计划	2009－11－3	2009－12－9	3000	转让贷款	3.30%
487	“金葵花”招银进宝之信托贷款 80 号理财计划	2009－11－3	2010－5－3	5000	信托贷款	3.50%
488	“金葵花”招银进宝之信贷资产 739 号理财计划	2009－11－3	2010－1－23	4000	转让贷款	3.50%
489	“金葵花”招银进宝之信贷资产 774 号理财计划	2009－11－3	2010－3－31	10000	转让贷款	3.80%
490	“金葵花”招银进宝之信贷资产 882 号理财计划	2009－11－3	2010－1－20	3100	转让贷款	3.00%
491	“金葵花”招银进宝之信贷资产 883 号理财计划	2009－11－3	2010－1－20	12400	转让贷款	3.00%
492	“金葵花”招银进宝之信贷资产 891 号理财计划	2009－11－3	2010－3－30	4000	转让贷款	3.15%
493	“金葵花”招银进宝之信贷资产 893 号理财计划	2009－11－3	2010－2－10	2000	转让贷款	3.40%
494	“金葵花”招银进宝之信贷资产 895 号理财计划	2009－11－3	2010－4－20	500	转让贷款	3.60%
495	“金葵花”招银进宝之信贷资产 906 号理财计划	2009－11－3	2010－5－10	2000	转让贷款	3.52%
496	“金葵花”招银进宝之信贷资产 907 号理财计划	2009－11－3	2010－2－24	5640	转让贷款	4.00%
497	私人银行固定收益系列之信贷资产 9328 号理财计划	2009－11－4	2010－1－17	7000	转让贷款	3.10%
498	私人银行固定收益系列之信贷资产 9330 号理财计划	2009－11－4	2010－6－29	3500	转让贷款	3.80%
499	私人银行固定收益系列之信贷资产 9331 号理财计划	2009－11－4	2010－4－21	1500	转让贷款	3.80%
500	私人银行固定收益系列之信贷资产 9332 号理财计划	2009－11－4	2010－1－8	2000	转让贷款	3.00%
501	“金葵花”招银进宝之信贷资产 845 号理财计划	2009－11－4	2010－5－22	4000	转让贷款	3.40%

续表

序号	产品名称	发行日	到期日	拟发行量	投资方向	预期收益率
502	“金葵花”招银进宝之信贷资产 863 号理财计划	2009－11－4	2010－5－15	5000	转让贷款	3.30%
503	“金葵花”招银进宝之信贷资产 868 号理财计划	2009－11－4	2009－12－25	1500	转让贷款	2.80%
504	“金葵花”招银进宝之信贷资产 875 号理财计划	2009－11－4	2009－12－5	10000	转让贷款	2.60%
505	“金葵花”招银进宝之信贷资产 877 号理财计划	2009－11－4	2009－12－22	5000	转让贷款	2.80%
506	私人银行固定收益系列之信贷资产 9308 号理财计划	2009－11－5	2010－11－5	600	转让贷款	4.00%
507	“金葵花”招银进宝之信托贷款 82 号理财计划	2009－11－5	2010－11－5	10000	信托贷款	4.00%
508	“金葵花”招银进宝之信托贷款 83 号理财计划	2009－11－5	2010－5－5	10000	信托贷款	3.30%
509	“金葵花”招银进宝之信贷资产 846 号理财计划	2009－11－5	2010－5－26	4000	转让贷款	3.30%
510	“金葵花”招银进宝之信贷资产 850 号理财计划	2009－11－5	2010－6－5	500	转让贷款	3.90%
511	“金葵花”招银进宝之信贷资产 869 号理财计划	2009－11－5	2009－11－30	30000	转让贷款	2.60%
512	“金葵花”招银进宝之信贷资产 870 号理财计划	2009－11－5	2009－12－2	5000	转让贷款	2.80%
513	“金葵花”招银进宝之信贷资产 887 号理财计划	2009－11－5	2010－6－24	5000	转让贷款	3.30%
514	“金葵花”招银进宝之信贷资产 997 号理财计划	2009－11－5	2010－6－25	816	转让贷款	3.40%
515	“金葵花”尊享－招银进宝之贷里淘金 46 号理财计划	2009－11－6	2009－12－7	30000	信托贷款	1.95%
516	“金葵花”尊享－招银进宝之贷里淘金 47 号理财计划	2009－11－6	2010－2－8	30000	信托贷款	2.35%
517	“金葵花”钻石尊享－招银进宝之贷里淘金 48 号理财计划	2009－11－6	2010－1－6	40000	信托贷款	2.60%
518	“金葵花”钻石尊享－安心回报人民币 76 号理财计划	2009－11－6	2009－11－20	40000	购买债券	2.00%
519	“金葵花”招银进宝之信贷资产 718 号理财计划	2009－11－6	2010－3－30	1500	转让贷款	4.00%
520	“金葵花”招银进宝之信贷资产 771 号理财计划	2009－11－6	2010－4－27	5000	转让贷款	3.90%

续表

序号	产品名称	发行日	到期日	拟发行量	投资方向	预期收益率
521	“金葵花”招银进宝之信贷资产898号理财计划	2009－11－6	2010－1－1	7000	转让贷款	2.70%
522	“金葵花”招银进宝之信贷资产899号理财计划	2009－11－6	2010－1－1	13000	转让贷款	3.00%
523	“金葵花”招银进宝之信贷资产900号理财计划	2009－11－6	2010－1－1	9000	转让贷款	3.20%
524	“金葵花”招银进宝之信贷资产922号理财计划	2009－11－6	2010－4－1	4000	转让贷款	3.30%
525	“金葵花”招银进宝之资产池64号理财计划	2009－11－6	2010－2－6	20000	转让贷款	2.80%
526	“金葵花”招银进宝之资产池65号理财计划	2009－11－6	2010－2－6	10000	转让贷款	2.80%
527	“金葵花”招银进宝之资产池66号理财计划	2009－11－6	2010－5－6	10000	转让贷款	3.30%
528	“金葵花”招银进宝之资产池67号理财计划	2009－11－6	2010－5－6	10000	转让贷款	3.30%
529	“金葵花”招银进宝之资产池68号理财计划	2009－11－6	2010－5－19	8000	转让贷款	3.50%
530	“金葵花”招银进宝之信贷资产885号理财计划	2009－11－10	2010－1－22	16000	转让贷款	2.97%
531	“金葵花”招银进宝之信贷资产886号理财计划	2009－11－10	2010－2－11	600	转让贷款	3.12%
532	“金葵花”招银进宝之信贷资产910号理财计划	2009－11－10	2010－6－16	5000	转让贷款	4.00%
533	“金葵花”金卡专享－招银进宝之信贷资产915号理财计划	2009－11－10	2010－3－30	4500	转让贷款	3.30%
534	“金葵花”招银进宝之信贷资产926号理财计划	2009－11－10	2010－5－13	3000	转让贷款	4.00%
535	“金葵花”招银进宝之信贷资产935号理财计划	2009－11－10	2010－1－13	2000	转让贷款	3.30%
536	“金葵花”招银进宝之信贷资产939号理财计划	2009－11－10	2010－3－19	3000	转让贷款	3.50%
537	“金葵花”招银进宝之信贷资产956号理财计划	2009－11－10	2009－12－9	9000	转让贷款	3.00%
538	“金葵花”招银进宝之信贷资产989号理财计划	2009－11－10	2010－2－11	2400	转让贷款	3.12%
539	“金葵花”尊享－招银进宝之信贷资产990号理财计划	2009－11－10	2010－5－13	3000	转让贷款	4.00%

续表

序号	产品名称	发行日	到期日	拟发行量	投资方向	预期收益率
540	"金葵花"招银进宝之信贷资产1005号理财计划	2009-11-10	2010-3-19	3000	转让贷款	3.50%
541	"金葵花"尊享-招银进宝之信贷资产1033号理财计划	2009-11-10	2010-4-8	6395	转让贷款	3.60%
542	"金葵花"招银进宝之信贷资产1034号理财计划	2009-11-10	2010-4-9	6045	转让贷款	3.45%
543	"金葵花"招银进宝之信贷资产746号理财计划	2009-11-11	2010-5-5	1000	转让贷款	4.10%
544	"金葵花"招银进宝之信贷资产789号理财计划	2009-11-11	2010-2-3	6000	转让贷款	3.50%
545	"金葵花"招银进宝之信贷资产871号理财计划	2009-11-11	2009-12-8	2000	转让贷款	2.60%
546	"金葵花"招银进宝之信贷资产872号理财计划	2009-11-11	2009-12-8	3000	转让贷款	2.60%
547	"金葵花"招银进宝之信贷资产874号理财计划	2009-11-11	2009-12-30	2000	转让贷款	2.80%
548	"金葵花"招银进宝之信贷资产920号理财计划	2009-11-11	2010-4-16	10000	转让贷款	4.00%
549	"金葵花"招银进宝之信贷资产921号理财计划	2009-11-11	2010-4-17	10000	转让贷款	4.00%
550	"金葵花"招银进宝之信贷资产1003号理财计划	2009-11-11	2010-7-9	1942	转让贷款	3.85%
551	"金葵花"招银进宝之信贷资产938号理财计划	2009-11-12	2010-6-18	5000	转让贷款	3.75%
552	"金葵花"招银进宝之信贷资产943号理财计划	2009-11-12	2010-4-22	3000	转让贷款	3.50%
553	"金葵花"尊享-招银进宝之信贷资产944号理财计划	2009-11-12	2010-4-29	3000	转让贷款	3.60%
554	"金葵花"尊享-招银进宝之信贷资产945号理财计划	2009-11-12	2010-1-28	5000	转让贷款	3.20%
555	"金葵花"招银进宝之信贷资产946号理财计划	2009-11-12	2010-1-8	3000	转让贷款	3.10%
556	"金葵花"招银进宝之信贷资产1045号理财计划	2009-11-12	2010-4-2	1135	转让贷款	3.40%
557	私人银行固定收益系列之信贷资产9334号理财计划	2009-11-13	2010-9-25	1000	转让贷款	4.00%
558	私人银行固定收益系列之信贷资产9335号理财计划	2009-11-13	2010-5-19	3000	转让贷款	3.60%

续表

序号	产品名称	发行日	到期日	拟发行量	投资方向	预期收益率
559	“金葵花”尊享－招银进宝之贷里淘金 49 号理财计划	2009－11－13	2009－12－14	50000	信托贷款	1.95%
560	“金葵花”尊享－招银进宝之贷里淘金 50 号理财计划	2009－11－13	2010－2－12	50000	信托贷款	2.35%
561	“金葵花”尊享－招银进宝之贷里淘金 51 号理财计划	2009－11－13	2010－5－13	30000	信托贷款	2.60%
562	“金葵花”招银进宝之信贷资产 923 号理财计划	2009－11－13	2010－9－2	4000	转让贷款	3.75%
563	“金葵花”招银进宝之信贷资产 924 号理财计划	2009－11－13	2010－1－12	5000	转让贷款	2.85%
564	“金葵花”招银进宝之信贷资产 929 号理财计划	2009－11－13	2010－4－22	3000	转让贷款	3.40%
565	“金葵花”尊享－招银进宝之信贷资产 991 号理财计划	2009－11－13	2010－2－5	3490	转让贷款	3.18%
566	“金葵花”招银进宝之信贷资产 992 号理财计划	2009－11－13	2010－2－5	4000	转让贷款	3.06%
567	“金葵花”尊享－招银进宝之信贷资产 993 号理财计划	2009－11－13	2010－3－1	2450	转让贷款	3.36%
568	“金葵花”招银进宝之信贷资产 994 号理财计划	2009－11－13	2010－3－1	5000	转让贷款	3.21%
569	“金葵花”招银进宝之信贷资产 995 号理财计划	2009－11－13	2010－3－15	1346	转让贷款	3.20%
570	“金葵花”招银进宝之信贷资产 996 号理财计划	2009－11－13	2010－4－22	6636	转让贷款	3.30%
571	“金葵花”招银进宝之信贷资产 1004 号理财计划	2009－11－13	2010－9－25	14110	转让贷款	3.90%
572	“金葵花”招银进宝之信贷资产 1061 号理财计划	2009－11－13	2010－1－22	5000	转让贷款	2.97%
573	“金葵花”招银进宝之资产池 69 号理财计划	2009－11－13	2010－2－11	20000	转让贷款	2.80%
574	“金葵花”招银进宝之资产池 70 号理财计划	2009－11－13	2010－2－11	10000	转让贷款	2.80%
575	“金葵花”招银进宝之资产池 71 号理财计划	2009－11－13	2010－5－19	20000	转让贷款	3.30%
576	“金葵花”招银进宝之资产池 72 号理财计划	2009－11－13	2010－5－19	20000	转让贷款	3.30%
577	私人银行固定收益系列之福瑞连年理财计划	2009－11－17	2019－11－15	8592	转让贷款	1.75%

续表

序号	产品名称	发行日	到期日	拟发行量	投资方向	预期收益率
578	私人银行固定收益系列之信贷资产 9336 号理财计划	2009－11－17	2010－5－25	2000	转让贷款	3. 60%
579	私人银行固定收益系列之信贷资产 9337 号理财计划	2009－11－17	2010－2－18	1250	转让贷款	3. 40%
580	“金葵花”尊享－招银进宝之信贷资产 937 号理财计划	2009－11－17	2010－4－15	5000	转让贷款	3. 50%
581	“金葵花”招银进宝之信贷资产 959 号理财计划	2009－11－17	2010－1－14	5000	转让贷款	3. 00%
582	“金葵花”尊享－招银进宝之信贷资产 1068 号理财计划	2009－11－17	2010－1－22	5000	转让贷款	3. 03%
583	“金葵花”招银进宝之信贷资产 743 号理财计划	2009－11－18	2010－2－4	3000	转让贷款	3. 40%
584	“金葵花”招银进宝之信贷资产 744 号理财计划	2009－11－18	2010－2－5	2000	转让贷款	3. 40%
585	“金葵花”招银进宝之信贷资产 752 号理财计划	2009－11－18	2010－2－1	3000	转让贷款	3. 40%
586	“金葵花”招银进宝之信贷资产 754 号理财计划	2009－11－18	2010－2－9	3000	转让贷款	3. 40%
587	“金葵花”招银进宝之信贷资产 777 号理财计划	2009－11－18	2010－5－18	3000	转让贷款	4. 10%
588	“金葵花”招银进宝之信贷资产 928 号理财计划	2009－11－18	2010－1－22	6000	转让贷款	2. 90%
589	“金葵花”尊享－招银进宝之信贷资产 941 号理财计划	2009－11－18	2010－9－21	6000	转让贷款	3. 90%
590	“金葵花”招银进宝之信贷资产 933 号理财计划	2009－11－19	2010－1－8	2000	转让贷款	2. 85%
591	“金葵花”招银进宝之信贷资产 1076 号理财计划	2009－11－19	2010－4－29	5814	转让贷款	3. 80%
592	“金葵花”尊享－招银进宝之贷里淘金 52 号理财计划	2009－11－20	2009－12－21	30000	信托贷款	1. 95%
593	“金葵花”尊享－招银进宝之贷里淘金 53 号理财计划	2009－11－20	2010－2－22	30000	信托贷款	2. 35%
594	“金葵花”钻石尊享－招银进宝之贷里淘金 54 号理财计划	2009－11－20	2010－1－20	40000	信托贷款	2. 60%
595	“金葵花”钻石尊享－安心回报人民币 77 号理财计划	2009－11－20	2009－12－4	40000	购买债券	2. 00%
596	“金葵花”招银进宝之信托贷款 86 号理财计划	2009－11－20	2010－2－20	23500	信托贷款	3. 20%

续表

序号	产品名称	发行日	到期日	拟发行量	投资方向	预期收益率
597	"金葵花"尊享－招银进宝之信贷资产930号理财计划	2009－11－20	2010－2－18	5000	转让贷款	3.10%
598	"金葵花"招银进宝之信贷资产940号理财计划	2009－11－20	2010－4－20	3500	转让贷款	3.30%
599	"金葵花"招银进宝之信贷资产942号理财计划	2009－11－20	2010－7－27	5100	转让贷款	3.65%
600	"金葵花"招银进宝之信贷资产962号理财计划	2009－11－20	2010－4－3	5000	转让贷款	3.50%
601	"金葵花"招银进宝之信贷资产970号理财计划	2009－11－20	2010－2－20	2500	转让贷款	3.20%
602	"金葵花"金卡专享－招银进宝之信贷资产1001号理财计划	2009－11－20	2010－5－10	5600	转让贷款	3.45%
603	私人银行固定收益系列之信托贷款9338号理财计划	2009－11－24	2010－11－5	5050	转让贷款	3.90%
604	"金葵花"招银进宝之信贷资产723号理财计划	2009－11－24	2010－4－13	2000	转让贷款	3.80%
605	"金葵花"招银进宝之信贷资产741号理财计划	2009－11－24	2010－2－3	2000	转让贷款	3.40%
606	"金葵花"招银进宝之信贷资产748号理财计划	2009－11－24	2010－5－13	3000	转让贷款	4.10%
607	"金葵花"招银进宝之信贷资产936号理财计划	2009－11－24	2010－4－15	5000	转让贷款	3.30%
608	"金葵花"尊享－招银进宝之信贷资产971号理财计划	2009－11－24	2010－6－23	5000	转让贷款	4.00%
609	"金葵花"招银进宝之信贷资产985号理财计划	2009－11－24	2010－3－10	500	转让贷款	3.50%
610	"金葵花"招银进宝之信贷资产986号理财计划	2009－11－24	2010－1－7	2000	转让贷款	3.00%
611	"金葵花"招银进宝之信贷资产987号理财计划	2009－11－24	2010－1－22	4000	转让贷款	3.15%
612	"金葵花"招银进宝之信贷资产1006号理财计划	2009－11－24	2010－1－7	15000	转让贷款	3.00%
613	"金葵花"招银进宝之信贷资产1007号理财计划	2009－11－24	2010－1－13	10000	转让贷款	3.00%
614	"金葵花"招银进宝之信贷资产1008号理财计划	2009－11－24	2010－5－7	2000	转让贷款	3.80%
615	"金葵花"招银进宝之信贷资产1009号理财计划	2009－11－24	2010－6－7	2000	转让贷款	4.00%

续表

序号	产品名称	发行日	到期日	拟发行量	投资方向	预期收益率
616	"金葵花"招银进宝之信贷资产 1010 号理财计划	2009-11-24	2010-6-30	3000	转让贷款	4.05%
617	"金葵花"招银进宝之信贷资产 1067 号理财计划	2009-11-24	2010-6-23	2000	转让贷款	3.80%
618	"金葵花"尊享-招银进宝之信贷资产 1077 号理财计划	2009-11-24	2010-4-15	3000	转让贷款	3.60%
619	"金葵花"招银进宝之信贷资产 1078 号理财计划	2009-11-24	2010-1-22	2000	转让贷款	2.76%
620	"金葵花"招银进宝之资产池 73 号理财计划	2009-11-24	2010-2-26	20000	转让贷款	2.80%
621	"金葵花"招银进宝之资产池 74 号理财计划	2009-11-24	2010-2-26	10000	转让贷款	2.80%
622	"金葵花"招银进宝之资产池 75 号理财计划	2009-11-24	2010-5-26	20000	转让贷款	3.30%
623	"金葵花"招银进宝之资产池 76 号理财计划	2009-11-24	2010-5-26	10000	转让贷款	3.30%
624	"金葵花"金卡专享-招银进宝之资产池 77 号理财计划	2009-11-24	2010-5-26	10000	转让贷款	3.30%
625	"金葵花"招银进宝之信贷资产 972 号理财计划	2009-11-25	2010-6-22	360	转让贷款	3.60%
626	"金葵花"招银进宝之信贷资产 973 号理财计划	2009-11-25	2010-6-26	700	转让贷款	3.60%
627	"金葵花"招银进宝之信贷资产 974 号理财计划	2009-11-25	2010-8-13	500	转让贷款	3.70%
628	"金葵花"招银进宝之信贷资产 975 号理财计划	2009-11-25	2010-7-31	5000	转让贷款	3.70%
629	"金葵花"招银进宝之信贷资产 976 号理财计划	2009-11-25	2010-6-29	3000	转让贷款	3.60%
630	"金葵花"招银进宝之信贷资产 977 号理财计划	2009-11-25	2010-3-6	4000	转让贷款	3.40%
631	"金葵花"招银进宝之信贷资产 979 号理财计划	2009-11-25	2010-3-24	4000	转让贷款	3.40%
632	私人银行固定收益系列之信贷资产 9340 号理财计划	2009-11-26	2010-1-19	1000	转让贷款	3.50%
633	私人银行固定收益系列之信贷资产 9339 号理财计划	2009-11-27	2010-6-23	450	转让贷款	3.90%
634	"金葵花"尊享-招银进宝之贷里淘金 55 号理财计划	2009-11-27	2009-12-28	40000	信托贷款	1.95%

续表

序号	产品名称	发行日	到期日	拟发行量	投资方向	预期收益率
635	“金葵花”尊享－招银进宝之贷里淘金56号理财计划	2009－11－27	2010－3－1	40000	信托贷款	2.35%
636	“金葵花”招银进宝之信贷资产751号理财计划	2009－11－27	2010－1－31	2000	转让贷款	3.30%
637	“金葵花”招银进宝之信贷资产931号理财计划	2009－11－27	2010－6－18	5000	转让贷款	3.80%
638	“金葵花”招银进宝之信贷资产958号理财计划	2009－11－27	2010－9－24	12000	转让贷款	3.90%
639	“金葵花”招银进宝之信贷资产961号理财计划	2009－11－27	2010－6－22	3000	转让贷款	3.60%
640	“金葵花”招银进宝之信贷资产963号理财计划	2009－11－27	2010－2－23	10000	转让贷款	3.45%
641	“金葵花”招银进宝之信贷资产964号理财计划	2009－11－27	2010－3－2	5000	转让贷款	3.45%
642	“金葵花”招银进宝之信贷资产966号理财计划	2009－11－27	2010－9－2	5000	转让贷款	3.80%
643	“金葵花”招银进宝之信贷资产967号理财计划	2009－11－27	2010－5－26	3000	转让贷款	3.70%
644	“金葵花”招银进宝之信贷资产968号理财计划	2009－11－27	2010－9－28	1000	转让贷款	3.90%
645	“金葵花”招银进宝之信贷资产969号理财计划	2009－11－27	2010－8－13	1000	转让贷款	3.80%
646	“金葵花”招银进宝之信贷资产984号理财计划	2009－11－27	2010－8－3	5000	转让贷款	4.10%
647	“金葵花”尊享－招银进宝之信贷资产998号理财计划	2009－11－27	2010－3－27	3600	转让贷款	3.40%
648	“金葵花”招银进宝之信贷资产999号理财计划	2009－11－27	2010－3－27	5000	转让贷款	3.20%
649	“金葵花”招银进宝之信贷资产1002号理财计划	2009－11－27	2010－4－16	5000	转让贷款	3.50%
650	“金葵花”招银进宝之信贷资产1011号理财计划	2009－11－27	2010－5－8	5000	转让贷款	3.90%
651	“金葵花”招银进宝之信贷资产1035号理财计划	2009－11－27	2010－1－23	4750	转让贷款	3.50%
652	“金葵花”招银进宝之信贷资产1037号理财计划	2009－11－27	2010－8－19	5000	转让贷款	3.80%
653	“金葵花”招银进宝之信贷资产1038号理财计划	2009－11－27	2010－5－30	5000	转让贷款	3.80%

续表

序号	产品名称	发行日	到期日	拟发行量	投资方向	预期收益率
654	“金葵花”尊享－招银进宝之信贷资产1039号理财计划	2009－11－27	2010－3－27	5000	转让贷款	3.40%
655	“金葵花”招银进宝之信贷资产1040号理财计划	2009－11－27	2010－3－27	3000	转让贷款	3.30%
656	“金葵花”招银进宝之信贷资产1041号理财计划	2009－11－27	2010－7－27	4000	转让贷款	3.70%
657	“金葵花”尊享－招银进宝之信贷资产1042号理财计划	2009－11－27	2010－7－27	4000	转让贷款	3.80%
658	“金葵花”招银进宝之信贷资产1069号理财计划	2009－11－27	2010－4－23	4000	转让贷款	3.20%
659	“金葵花”招银进宝之信贷资产1123号理财计划	2009－11－27	2010－1－12	3650	转让贷款	3.00%
660	“金葵花”招银进宝之信贷资产1124号理财计划	2009－11－27	2010－5－12	15000	转让贷款	3.40%
661	“金葵花”招银进宝之信贷资产1127号理财计划	2009－11－27	2010－4－29	4295	转让贷款	3.80%
662	“金葵花”招银进宝之信托贷款85号理财计划	2009－11－30	2010－11－30	1000	信托贷款	3.80%
663	“金葵花”招银进宝之信贷资产965号理财计划	2009－11－30	2010－2－19	3000	转让贷款	3.40%
664	“金葵花”招银进宝之信贷资产1043号理财计划	2009－11－30	2010－5－18	3000	转让贷款	3.50%
665	“金葵花”招银进宝之信贷资产1044号理财计划	2009－11－30	2010－7－28	6000	转让贷款	3.70%
666	“金葵花”招银进宝之信贷资产1048号理财计划	2009－11－30	2010－4－29	5000	转让贷款	3.30%
667	“金葵花”招银进宝之信贷资产1049号理财计划	2009－11－30	2010－6－9	2000	转让贷款	4.00%
668	“金葵花”招银进宝之信贷资产1052号理财计划	2009－11－30	2010－8－12	10000	转让贷款	4.00%
669	“金葵花”招银进宝之信贷资产1056号理财计划	2009－11－30	2010－5－19	4000	转让贷款	3.40%
670	“金葵花”招银进宝之信贷资产1057号理财计划	2009－11－30	2010－4－28	5000	转让贷款	3.30%
671	“金葵花”招银进宝之信贷资产1058号理财计划	2009－11－30	2010－2－21	3900	转让贷款	3.40%
672	“金葵花”招银进宝之信托贷款89号理财计划	2009－12－1	2010－12－1	10000	信托贷款	4.00%

续表

序号	产品名称	发行日	到期日	拟发行量	投资方向	预期收益率
673	“金葵花”招银进宝之信贷资产 1026 号理财计划	2009－12－1	2010－1－20	8000	转让贷款	2.64%
674	“金葵花”招银进宝之信贷资产 1029 号理财计划	2009－12－1	2010－2－1	2000	转让贷款	3.00%
675	“金葵花”招银进宝之资产池 78 号理财计划	2009－12－1	2010－3－2	15300	转让贷款	2.80%
676	私人银行固定收益系列之信贷资产 9341 号理财计划	2009－12－2	2010－5－2	1000	转让贷款	3.30%
677	“金葵花”招银进宝之信贷资产 1000 号理财计划	2009－12－2	2010－5－14	4000	转让贷款	3.50%
678	“金葵花”尊享－招银进宝之信贷资产 1054 号理财计划	2009－12－2	2010－9－17	4000	转让贷款	3.90%
679	“金葵花”招银进宝之信贷资产 1055 号理财计划	2009－12－2	2010－9－27	3000	转让贷款	3.80%
680	私人银行固定收益系列之信贷资产 9342 号理财计划	2009－12－3	2010－8－25	1000	转让贷款	3.80%
681	私人银行尊享权益系列之积极策略 5 号理财计划	2009－12－3	2012－12－3	49600	股票	见备注
682	私人银行固定收益系列之信贷资产 9343 号理财计划	2009－12－4	2010－2－8	1000	转让贷款	4.10%
683	私人银行固定收益系列之信贷资产 9344 号理财计划	2009－12－4	2010－1－20	820	转让贷款	3.30%
684	私人银行固定收益系列之信贷资产 9345 号理财计划	2009－12－4	2010－1－24	8670	转让贷款	3.00%
685	“金葵花”尊享－招银进宝之贷里淘金 57 号理财计划	2009－12－4	2010－1－4	50000	信托贷款	2.05%
686	“金葵花”尊享－招银进宝之贷里淘金 58 号理财计划	2009－12－4	2010－2－4	50000	信托贷款	2.30%
687	“金葵花”钻石尊享－招银进宝之贷里淘金 59 号理财计划	2009－12－4	2010－4－6	40000	信托贷款	2.80%
688	“金葵花”钻石尊享－安心回报人民币 78 号理财计划	2009－12－4	2009－12－18	40000	购买债券	2.00%
689	“金葵花”招银进宝之信贷资产 1012 号理财计划	2009－12－4	2010－6－12	5000	转让贷款	4.00%
690	“金葵花”招银进宝之信贷资产 1015 号理财计划	2009－12－4	2010－7－1	2000	转让贷款	4.20%
691	“金葵花”招银进宝之信贷资产 1018 号理财计划	2009－12－4	2010－4－23	3000	转让贷款	3.80%

续表

序号	产品名称	发行日	到期日	拟发行量	投资方向	预期收益率
692	“金葵花”招银进宝之信贷资产 1036 号理财计划	2009 – 12 – 4	2010 – 5 – 12	10000	转让贷款	3. 40%
693	“金葵花”尊享 – 招银进宝之信贷资产 1053 号理财计划	2009 – 12 – 4	2010 – 11 – 18	5000	转让贷款	4. 10%
694	“金葵花”招银进宝之资产池 79 号理财计划	2009 – 12 – 4	2010 – 3 – 2	20000	转让贷款	2. 80%
695	“金葵花”招银进宝之资产池 80 号理财计划	2009 – 12 – 4	2010 – 3 – 2	10000	转让贷款	2. 80%
696	“金葵花”招银进宝之信贷资产 1046 号理财计划	2009 – 12 – 8	2010 – 6 – 9	3000	转让贷款	3. 50%
697	“金葵花”招银进宝之信贷资产 1047 号理财计划	2009 – 12 – 8	2010 – 7 – 28	4000	转让贷款	3. 60%
698	“金葵花”尊享 – 招银进宝之信贷资产 1079 号理财计划	2009 – 12 – 8	2010 – 5 – 25	1500	转让贷款	3. 70%
699	“金葵花”招银进宝之信贷资产 1080 号理财计划	2009 – 12 – 8	2010 – 5 – 25	2500	转让贷款	3. 60%
700	“金葵花”尊享 – 招银进宝之信贷资产 1084 号理财计划	2009 – 12 – 8	2010 – 4 – 27	5000	转让贷款	4. 10%
701	“金葵花”招银进宝之信贷资产 1085 号理财计划	2009 – 12 – 8	2010 – 5 – 13	2000	转让贷款	4. 00%
702	“金葵花”尊享 – 招银进宝之信贷资产 1088 号理财计划	2009 – 12 – 8	2010 – 5 – 17	10000	转让贷款	3. 75%
703	“金葵花”尊享 – 招银进宝之信贷资产 1094 号理财计划	2009 – 12 – 8	2010 – 5 – 13	1000	转让贷款	4. 00%
704	“金葵花”招银进宝之信贷资产 1144 号理财计划	2009 – 12 – 8	2010 – 4 – 15	2000	转让贷款	3. 30%
705	私人银行固定收益系列之信托贷款 9346 号理财计划	2009 – 12 – 9	2010 – 11 – 5	900	转让贷款	3. 90%
706	“金葵花”招银进宝之信托贷款 87 号理财计划	2009 – 12 – 9	2010 – 12 – 9	10000	信托贷款	4. 00%
707	“金葵花”招银进宝之信贷资产 1142 号理财计划	2009 – 12 – 9	2010 – 4 – 16	1297	转让贷款	3. 40%
708	“金葵花”招银进宝之信贷资产 1019 号理财计划	2009 – 12 – 10	2010 – 5 – 4	4500	转让贷款	3. 80%
709	“金葵花”招银进宝之信贷资产 1020 号理财计划	2009 – 12 – 10	2010 – 6 – 11	3000	转让贷款	4. 00%
710	“金葵花”招银进宝之信贷资产 1087 号理财计划	2009 – 12 – 10	2010 – 5 – 17	10000	转让贷款	3. 65%

续表

序号	产品名称	发行日	到期日	拟发行量	投资方向	预期收益率
711	"金葵花"招银进宝之信贷资产 1157 号理财计划	2009－12－10	2010－1－12	3962	转让贷款	3.00%
712	"金葵花"尊享－招银进宝之贷里淘金 60 号理财计划	2009－12－11	2010－1－11	50000	信托贷款	2.05%
713	"金葵花"尊享－招银进宝之贷里淘金 61 号理财计划	2009－12－11	2010－2－11	50000	信托贷款	2.30%
714	"金葵花"尊享－招银进宝之贷里淘金 62 号理财计划	2009－12－11	2010－3－11	40000	信托贷款	2.50%
715	"金葵花"招银进宝之信贷资产 1064 号理财计划	2009－12－11	2010－8－4	3000	转让贷款	4.00%
716	"金葵花"招银进宝之信贷资产 1065 号理财计划	2009－12－11	2010－8－6	3800	转让贷款	4.00%
717	"金葵花"招银进宝之信贷资产 1066 号理财计划	2009－12－11	2010－8－18	5000	转让贷款	4.00%
718	"金葵花"招银进宝之信贷资产 1071 号理财计划	2009－12－11	2010－5－5	4000	转让贷款	3.20%
719	"金葵花"招银进宝之信贷资产 1072 号理财计划	2009－12－11	2010－2－21	1455	转让贷款	3.30%
720	"金葵花"招银进宝之信贷资产 1073 号理财计划	2009－12－11	2010－6－17	3000	转让贷款	3.80%
721	"金葵花"招银进宝之资产池 86 号理财计划	2009－12－11	2010－6－15	18000	转让贷款	3.30%
722	"金葵花"尊享－招银进宝之信贷资产 1031 号理财计划	2009－12－15	2010－3－30	3000	转让贷款	3.25%
723	"金葵花"招银进宝之信贷资产 1032 号理财计划	2009－12－15	2010－6－25	5000	转让贷款	3.60%
724	"金葵花"招银进宝之信贷资产 1059 号理财计划	2009－12－15	2010－10－12	2500	转让贷款	3.80%
725	"金葵花"招银进宝之信贷资产 1074 号理财计划	2009－12－15	2010－1－18	1900	转让贷款	3.20%
726	"金葵花"招银进宝之信贷资产 1081 号理财计划	2009－12－15	2010－5－25	1500	转让贷款	3.60%
727	"金葵花"尊享－招银进宝之信贷资产 1082 号理财计划	2009－12－15	2010－5－25	2500	转让贷款	3.70%
728	"金葵花"尊享－招银进宝之信贷资产 1091 号理财计划	2009－12－15	2010－10－14	4000	转让贷款	3.95%
729	"金葵花"招银进宝之信贷资产 1125 号理财计划	2009－12－15	2010－4－28	25000	转让贷款	3.10%

续表

序号	产品名称	发行日	到期日	拟发行量	投资方向	预期收益率
730	“金葵花”招银进宝之信贷资产 1126 号理财计划	2009－12－15	2010－4－28	25000	转让贷款	3.10%
731	“金葵花”招银进宝之信贷资产 1132 号理财计划	2009－12－15	2010－5－10	2000	转让贷款	3.70%
732	“金葵花”招银进宝之信贷资产 1133 号理财计划	2009－12－15	2010－6－10	5000	转让贷款	3.80%
733	“金葵花”尊享－招银进宝之信贷资产 1172 号理财计划	2009－12－15	2010－1－22	4000	转让贷款	2.49%
734	“金葵花”招银进宝之信贷资产 1173 号理财计划	2009－12－15	2010－4－15	2000	转让贷款	3.30%
735	私人银行固定收益系列之信贷资产 9347 号理财计划	2009－12－16	2010－6－10	5350	转让贷款	3.80%
736	“金葵花”招银进宝之信贷资产 1083 号理财计划	2009－12－16	2010－4－27	2200	转让贷款	3.80%
737	“金葵花”招银进宝之信贷资产 1089 号理财计划	2009－12－16	2010－10－23	6000	转让贷款	3.90%
738	“金葵花”招银进宝之信托贷款 93 号理财计划	2009－12－17	2010－12－17	1000	信托贷款	4.00%
739	“金葵花”招银进宝之信贷资产 1021 号理财计划	2009－12－17	2010－6－9	3000	转让贷款	4.00%
740	“金葵花”招银进宝之信贷资产 1022 号理财计划	2009－12－17	2010－4－15	1500	转让贷款	3.60%
741	“金葵花”尊享－招银进宝之信贷资产 1062 号理财计划	2009－12－17	2010－9－10	5000	转让贷款	4.00%
742	“金葵花”招银进宝之信贷资产 1108 号理财计划	2009－12－17	2010－1－30	5000	转让贷款	3.00%
743	“金葵花”招银进宝之信贷资产 1119 号理财计划	2009－12－17	2010－4－11	3000	转让贷款	3.60%
744	“金葵花”招银进宝之信贷资产 1185 号理财计划	2009－12－17	2010－8－19	1489	转让贷款	4.00%
745	“金葵花”招银进宝之信贷资产 1186 号理财计划	2009－12－17	2010－7－27	2340	转让贷款	3.80%
746	“金葵花”尊享－招银进宝之信贷资产 1187 号理财计划	2009－12－17	2010－5－30	2965	转让贷款	3.80%
747	私人银行固定收益系列之信贷资产 9356 号理财计划	2009－12－18	2010－4－30	1000	转让贷款	3.50%
748	私人银行固定收益系列之信贷资产 9357 号理财计划	2009－12－18	2010－3－18	2000	转让贷款	3.50%

续表

序号	产品名称	发行日	到期日	拟发行量	投资方向	预期收益率
749	“金葵花”尊享－招银进宝之贷里淘金 63 号理财计划	2009－12－18	2010－1－18	50000	信托贷款	2.05%
750	“金葵花”尊享－招银进宝之贷里淘金 64 号理财计划	2009－12－18	2010－2－22	50000	信托贷款	2.30%
751	“金葵花”尊享－招银进宝之贷里淘金 65 号理财计划	2009－12－18	2010－3－18	40000	信托贷款	2.50%
752	“金葵花”钻石尊享－招银进宝之贷里淘金 66 号理财计划	2009－12－18	2010－4－19	40000	信托贷款	2.80%
753	“金葵花”钻石尊享－安心回报人民币 79 号理财计划	2009－12－18	2010－1－4	40000	购买债券	2.00%
754	“金葵花”招银进宝之信贷资产 1070 号理财计划	2009－12－18	2010－6－23	2000	转让贷款	4.00%
755	私人银行固定收益系列之信贷资产 9348 号理财计划	2009－12－22	2010－6－16	7580	转让贷款	3.80%
756	私人银行固定收益系列之信贷资产 9349 号理财计划	2009－12－22	2010－6－26	5000	转让贷款	3.80%
757	私人银行固定收益系列之信贷资产 9350 号理财计划	2009－12－22	2010－8－26	5300	转让贷款	3.90%
758	私人银行固定收益系列之信贷资产 9351 号理财计划	2009－12－22	2010－5－30	8000	转让贷款	3.70%
759	“金葵花”招银进宝之信托贷款 95 号理财计划	2009－12－22	2010－12－22	10000	信托贷款	4.00%
760	“金葵花”尊享－招银进宝之信贷资产 1025 号理财计划	2009－12－22	2010－2－11	2000	转让贷款	2.79%
761	“金葵花”尊享－招银进宝之信贷资产 1027 号理财计划	2009－12－22	2010－2－25	2000	转让贷款	3.18%
762	“金葵花”招银进宝之信贷资产 1075 号理财计划	2009－12－22	2010－3－16	3000	转让贷款	3.40%
763	“金葵花”招银进宝之信贷资产 1092 号理财计划	2009－12－22	2010－9－27	6000	转让贷款	3.75%
764	“金葵花”招银进宝之信贷资产 1093 号理财计划	2009－12－22	2010－10－23	4000	转让贷款	3.85%
765	“金葵花”招银进宝之信贷资产 1128 号理财计划	2009－12－22	2010－7－20	5000	转让贷款	4.00%
766	“金葵花”招银进宝之信贷资产 1129 号理财计划	2009－12－22	2010－7－26	10000	转让贷款	4.00%
767	“金葵花”招银进宝之信贷资产 1130 号理财计划	2009－12－22	2010－10－14	7000	转让贷款	3.85%

续表

序号	产品名称	发行日	到期日	拟发行量	投资方向	预期收益率
768	“金葵花”尊享－招银进宝之信贷资产1131号理财计划	2009－12－22	2010－10－26	5000	转让贷款	4.00%
769	“金葵花”招银进宝之信贷资产1215号理财计划	2009－12－22	2010－3－1	2000	转让贷款	2.89%
770	“金葵花”招银进宝之信贷资产1216号理财计划	2009－12－22	2010－3－1	1000	转让贷款	2.89%
771	“金葵花”尊享－招银进宝之信贷资产1217号理财计划	2009－12－22	2010－2－11	500	转让贷款	2.79%
772	“金葵花”招银进宝之信贷资产1218号理财计划	2009－12－22	2010－4－9	3000	转让贷款	3.24%
773	“金葵花”招银进宝之信贷资产1219号理财计划	2009－12－22	2010－4－9	1500	转让贷款	3.24%
774	“金葵花”招银进宝之资产池81号理财计划	2009－12－22	2010－1－19	30000	转让贷款	2.70%
775	“金葵花”招银进宝之资产池82号理财计划	2009－12－22	2010－2－26	23000	转让贷款	3.10%
776	“金葵花”招银进宝之资产池83号理财计划	2009－12－22	2010－6－15	15000	转让贷款	3.60%
777	私人银行固定收益系列之信贷资产9360号理财计划	2009－12－23	2010－5－15	1100	转让贷款	4.30%
778	“金葵花”招银进宝之信贷资产747号理财计划	2009－12－23	2010－5－9	3000	转让贷款	3.70%
779	“金葵花”招银进宝之信贷资产779号理财计划	2009－12－23	2010－2－2	4000	转让贷款	3.00%
780	“金葵花”招银进宝之信贷资产1102号理财计划	2009－12－23	2010－8－10	2000	转让贷款	4.20%
781	私人银行固定收益系列之信贷资产9358号理财计划	2009－12－24	2010－5－31	1350	转让贷款	3.60%
782	私人银行固定收益系列之信贷资产9359号理财计划	2009－12－24	2010－6－30	2320	转让贷款	3.80%
783	私人银行固定收益系列之信贷资产9361号理财计划	2009－12－24	2010－4－16	5000	转让贷款	4.30%
784	私人银行固定收益系列之信贷资产9362号理财计划	2009－12－24	2010－2－11	4970	转让贷款	3.10%
785	私人银行固定收益系列之信贷资产9363号理财计划	2009－12－24	2010－3－5	700	转让贷款	3.30%
786	私人银行固定收益系列之信贷资产9364号理财计划	2009－12－24	2010－3－16	1440	转让贷款	3.40%

续表

序号	产品名称	发行日	到期日	拟发行量	投资方向	预期收益率
787	"金葵花"招银进宝之信贷资产 1134 号理财计划	2009－12－24	2010－7－24	2000	转让贷款	3.65%
788	"金葵花"招银进宝之信贷资产 1135 号理财计划	2009－12－24	2010－7－24	1000	转让贷款	3.95%
789	"金葵花"招银进宝之信贷资产 1139 号理财计划	2009－12－24	2010－10－14	6000	转让贷款	3.85%
790	"金葵花"尊享－招银进宝之信贷资产 1140 号理财计划	2009－12－24	2010－10－20	3000	转让贷款	3.95%
791	"金葵花"尊享－招银进宝之信贷资产 1158 号理财计划	2009－12－24	2010－8－20	5000	转让贷款	4.20%
792	"金葵花"招银进宝之信贷资产 1159 号理财计划	2009－12－24	2010－8－20	3000	转让贷款	4.00%
793	"金葵花"招银进宝之信托贷款 96 号理财计划	2009－12－24	2010－10－20	10977	信托贷款	3.90%
794	"金葵花"招银进宝之信贷资产 1060 号理财计划	2009－12－25	2010－9－17	7600	转让贷款	3.80%
795	"金葵花"招银进宝之信贷资产 1148 号理财计划	2009－12－25	2010－7－16	7000	转让贷款	4.00%
796	"金葵花"招银进宝之信贷资产 1149 号理财计划	2009－12－25	2010－1－20	5000	转让贷款	3.00%
797	"金葵花"招银进宝之信贷资产 1150 号理财计划	2009－12－25	2010－8－3	4000	转让贷款	4.00%
798	"金葵花"招银进宝之信贷资产 1151 号理财计划	2009－12－25	2010－7－20	2000	转让贷款	4.00%
799	"金葵花"招银进宝之信贷资产 1152 号理财计划	2009－12－25	2010－5－26	5000	转让贷款	3.80%
800	"金葵花"招银进宝之信贷资产 1153 号理财计划	2009－12－25	2010－5－31	2000	转让贷款	3.80%
801	"金葵花"招银进宝之信贷资产 1154 号理财计划	2009－12－25	2010－6－1	3000	转让贷款	3.80%
802	"金葵花"招银进宝之信贷资产 1211 号理财计划	2009－12－25	2010－7－28	1869	转让贷款	3.60%
803	私人银行固定收益系列之信贷资产 9352 号理财计划	2009－12－30	2010－1－13	40000	转让贷款	2.60%
804	私人银行固定收益系列之信贷资产 9353 号理财计划	2009－12－30	2010－3－6	19970	转让贷款	3.60%
805	私人银行固定收益系列之信贷资产 9354 号理财计划	2009－12－30	2010－1－6	9990	转让贷款	2.10%

续表

序号	产品名称	发行日	到期日	拟发行量	投资方向	预期收益率
806	私人银行固定收益系列之信贷资产9355号理财计划	2009-12-30	2010-1-30	30000	转让贷款	3.20%
807	“金葵花”尊享-安心回报人民币80号理财计划	2009-12-30	2010-1-13	200000	购买债券	2.50%
808	“金葵花”钻石尊享-安心回报人民币81号理财计划	2009-12-30	2010-2-1	100000	购买债券	2.70%
809	“金葵花”尊享-招银进宝之贷里淘金67号理财计划	2009-12-31	2010-3-1	40000	信托贷款	2.30%
810	“金葵花”尊享-招银进宝之贷里淘金68号理财计划	2009-12-31	2010-3-31	40000	信托贷款	2.50%

备注:主动管理型,无预期收益率

数据来源:招商银行

表3-19　2009年招商银行个人外币理财产品发行情况表　单位:万元发行币种

序号	产品名称	币种	发行日	到期日	拟发行量	投资方向	预期收益率
1	私人银行现金管理之美元稳健9406号理财计划	美元	2009-1-13	2010-1-13	727	混合	1.70%
2	“金葵花”-安心回报澳元28号理财计划	澳元	2009-1-15	2009-4-15	无上限	购买债券	3.30%
3	“金葵花”-安心回报美元26号理财计划	美元	2009-1-15	2009-7-15	无上限	购买债券	1.30%
4	“金葵花”-安心回报欧元27号理财计划	欧元	2009-1-15	2009-4-15	无上限	购买债券	2.00%
5	“金葵花”-安心回报港币31号理财计划	港币	2009-1-15	2009-7-15	无上限	购买债券	1.15%
6	“金葵花”-安心回报港币32号理财计划	港币	2009-1-16	2009-7-16	3100	购买债券	1.25%
7	“金葵花”-安心回报美元27号理财计划	美元	2009-1-16	2009-7-16	1700	购买债券	1.70%
8	“金葵花”-安心回报澳元29号理财计划	澳元	2009-1-16	2009-7-16	250	购买债券	4.30%
9	“金葵花”-安心回报英镑9号理财计划	英镑	2009-1-23	2009-7-23	无上限	购买债券	2.00%
10	“金葵花”-安心回报澳元30号理财计划	澳元	2009-1-23	2009-4-23	无上限	购买债券	3.00%
11	“金葵花”-安心回报美元28号理财计划	美元	2009-1-23	2009-7-23	无上限	购买债券	1.20%
12	“金葵花”-安心回报澳元31号理财计划	澳元	2009-2-12	2009-5-12	无上限	购买债券	2.80%
13	“金葵花”-安心回报美元29号理财计划	美元	2009-2-12	2009-8-12	无上限	购买债券	1.20%
14	“金葵花”-安心回报港币33号理财计划	港币	2009-2-12	2009-8-12	无上限	购买债券	1.00%
15	“金葵花”-安心回报欧元28号理财计划	欧元	2009-2-12	2009-5-12	无上限	购买债券	1.50%
16	“金葵花”-安心回报欧元29号理财计划	欧元	2009-2-20	2009-5-20	无上限	购买债券	1.50%
17	“金葵花”-安心回报港币34号理财计划	港币	2009-2-20	2009-8-20	无上限	购买债券	0.90%
18	“金葵花”-安心回报美元30号理财计划	美元	2009-2-20	2009-8-20	无上限	购买债券	1.20%
19	“金葵花”-安心回报澳元32号理财计划	澳元	2009-2-20	2009-5-20	无上限	购买债券	2.80%
20	“金葵花”-安心回报澳元33号理财计划	澳元	2009-2-27	2009-6-1	无上限	购买债券	2.80%
21	“金葵花”-安心回报欧元30号理财计划	欧元	2009-2-27	2009-6-1	无上限	购买债券	1.30%

续表

序号	产品名称	币种	发行日	到期日	拟发行量	投资方向	预期收益率
22	“金葵花”－安心回报澳元 34 号理财计划	澳元	2009－3－6	2009－6－8	无上限	购买债券	2.60%
23	“金葵花”－安心回报欧元 31 号理财计划	欧元	2009－3－6	2009－6－8	无上限	购买债券	1.30%
24	“金葵花”－安心回报欧元 32 号理财计划	欧元	2009－3－13	2009－6－15	无上限	购买债券	1.20%
25	“金葵花”－安心回报澳元 35 号理财计划	澳元	2009－3－13	2009－6－15	无上限	购买债券	2.60%
26	“金葵花”－安心回报澳元 36 号理财计划	澳元	2009－3－20	2009－6－22	无上限	购买债券	2.60%
27	“金葵花”－安心回报欧元 33 号理财计划	欧元	2009－3－20	2009－6－22	无上限	购买债券	1.20%
28	“金葵花”－安心回报欧元 34 号理财计划	欧元	2009－3－27	2009－6－29	无上限	购买债券	1.20%
29	“金葵花”－安心回报澳元 37 号理财计划	澳元	2009－3－27	2009－6－29	无上限	购买债券	2.60%
30	私人银行固定收益之美元稳健 9415 号理财计划	美元	2009－3－27	2010－3－29	1682	混合	1.62%
31	“金葵花”－安心回报澳元 38 号理财计划	澳元	2009－4－3	2009－7－6	无上限	购买债券	2.60%
32	“金葵花”－安心回报欧元 35 号理财计划	欧元	2009－4－3	2009－7－6	无上限	购买债券	1.10%
33	“金葵花”－安心回报欧元 36 号理财计划	欧元	2009－4－14	2009－7－14	无上限	购买债券	1.10%
34	“金葵花”－安心回报澳元 39 号理财计划	澳元	2009－4－14	2009－7－14	无上限	购买债券	2.60%
35	私人银行固定收益之美元稳健 9418 号理财计划	美元	2009－4－15	2010－4－15	3560	混合	1.80%
36	“金葵花”－安心回报澳元 40 号理财计划	澳元	2009－4－22	2009－7－22	无上限	购买债券	2.60%
37	“金葵花”－安心回报欧元 37 号理财计划	欧元	2009－4－22	2009－7－22	无上限	购买债券	1.10%
38	“金葵花”－安心回报欧元 38 号理财计划	欧元	2009－4－29	2009－7－29	无上限	购买债券	1.10%
39	私人银行固定收益之美元稳健 9419 号理财计划	美元	2009－4－23	2010－4－23	4895	混合	1.72%
40	“金葵花”－安心回报澳元 41 号理财计划	澳元	2009－4－29	2009－7－29	无上限	购买债券	2.60%
41	“金葵花”－安心回报澳元 42 号理财计划	澳元	2009－5－14	2009－8－14	无上限	购买债券	2.60%
42	“金葵花”－安心回报欧元 39 号理财计划	欧元	2009－5－14	2009－8－14	无上限	购买债券	1.10%
43	“金葵花”－安心回报欧元 40 号理财计划	欧元	2009－5－20	2009－8－20	无上限	购买债券	1.05%
44	“金葵花”－安心回报澳元 43 号理财计划	澳元	2009－5－20	2009－8－20	无上限	购买债券	2.60%
45	“金葵花”－安心回报欧元 41 号理财计划	欧元	2009－5－27	2009－11－27	无上限	购买债券	1.20%
46	“金葵花”－安心回报澳元 44 号理财计划	澳元	2009－5－27	2009－11－27	无上限	购买债券	3.00%
47	“金葵花”－安心回报澳元 45 号理财计划	澳元	2009－6－10	2009－12－10	无上限	购买债券	3.00%
48	“金葵花”－安心回报欧元 42 号理财计划	欧元	2009－6－10	2009－12－10	无上限	购买债券	1.20%
49	私人银行固定收益系列之英镑稳健理财计划	英镑	2009－6－12	2010－6－14	659	混合	1.20%
50	“金葵花”－安心回报欧元 43 号理财计划	欧元	2009－6－18	2009－12－18	无上限	购买债券	1.20%
51	“金葵花”－安心回报澳元 46 号理财计划	澳元	2009－6－18	2009－12－18	无上限	购买债券	3.00%
52	私人银行固定收益系列之澳元稳健理财计划	澳币	2009－7－23	2010－1－25	5000	混合	3.00%

续表

序号	产品名称	币种	发行日	到期日	拟发行量	投资方向	预期收益率
53	私人银行固定收益系列之澳元稳健理财计划	澳币	2009-8-18	2010-2-22	818	混合	3.00%
54	私人银行固定收益系列之澳元稳健理财计划	澳币	2009-8-28	2010-3-1	449	混合	3.00%
55	私人银行固定收益系列之澳元稳健理财计划	澳币	2009-9-9	2010-3-9	459	混合	3.00%
56	私人银行固定收益系列之澳元稳健理财计划	澳币	2009-9-25	2010-3-25	363	混合	3.00%
57	"金葵花"岁月流金港币14天理财计划	港币	2009-10-1	2009-12-31	无上限	购买债券	每日公布
58	"金葵花"岁月流金港币30天理财计划	港币	2009-10-1	2009-12-31	无上限	购买债券	每日公布
59	"金葵花"岁月流金港币90天理财计划	港币	2009-10-1	2009-12-31	无上限	购买债券	每日公布
60	"金葵花"岁月流金港币60天理财计划	港币	2009-10-1	2009-12-31	无上限	购买债券	每日公布
61	"金葵花"岁月流金港币180天理财计划	港币	2009-10-1	2009-12-31	无上限	购买债券	每日公布
62	"金葵花"岁月流金美元14天理财计划	美元	2009-10-1	2009-12-31	无上限	购买债券	每日公布
63	"金葵花"岁月流金美元30天理财计划	美元	2009-10-1	2009-12-31	无上限	购买债券	每日公布
64	"金葵花"岁月流金美元90天理财计划	美元	2009-10-1	2009-12-31	无上限	购买债券	每日公布
65	"金葵花"岁月流金美元60天理财计划	美元	2009-10-1	2009-12-31	无上限	购买债券	每日公布
66	"金葵花"岁月流金美元180天理财计划	美元	2009-10-1	2009-12-31	无上限	购买债券	每日公布
67	私人银行固定收益系列之美元稳赢理财计划	美元	2009-10-28	2010-10-28	1122	混合	1.80%
68	"金葵花"招银进宝之美元信贷资产897号理财计划	美元	2009-11-3	2009-12-11	212	转让贷款	1.00%
69	私人银行美丽四季美元理财计划	美元	2009-11-12	2010-11-12	123	混合	见备注
70	"金葵花"-安心回报系列之汇赢39号理财计划	美元	2009-11-18	2010-11-18	1000	购买债券	1.80%
71	"金葵花"-安心回报系列之汇赢40号理财计划	美元	2009-11-24	2010-11-24	1000	购买债券	1.80%
72	"金葵花"-安心回报系列之汇赢41号理财计划	美元	2009-12-1	2010-12-1	1000	购买债券	1.80%
73	"金葵花"-安心回报系列之汇赢42号理财计划	美元	2009-12-8	2010-12-8	1000	购买债券	2.00%
74	"金葵花"-安心回报系列之汇赢43号理财计划	美元	2009-12-15	2010-12-15	1000	购买债券	2.00%
75	"金葵花"招银进宝之美元信贷资产1141号理财计划	美元	2009-12-24	2010-11-19	2415	转让贷款	2.30%

续表

序号	产品名称	币种	发行日	到期日	拟发行量	投资方向	预期收益率
76	"金葵花"－安心回报系列之汇赢44号理财计划	美元	2009－12－29	2010－12－29	1000	购买债券	2.00%
77	私人银行固定收益系列之澳元稳健理财计划	澳元	2009－12－30	2010－6－30	4792	混合	3.50%

备注：主动管理型，无预期收益率

数据来源：招商银行

表3－20　2009年兴业银行个人人民币理财产品发行情况表

单位：万元人民币

序号	产品名称	发行日	到期日	拟发行量	投资方向	预期收益率
1	2008年第37期天天万利宝陆陆发A款	2009－1－8	2009－2－9	25466	购买贴现票据	2.00%
2	2008年第37期天天万利宝陆陆发B款	2009－1－8	2009－5－8	30000	其他	2.65%
3	2009年第1期天天万利宝陆陆发A款	2009－1－19	2009－2－19	10000	购买贴现票据	1.90%
4	2009年第1期天天万利宝陆陆发B款	2009－1－19	2009－4－20	15000	其他	2.40%
5	2009年第一期万利宝——定向债券计划B款	2009－1－22	2009－3－20	3900	购买债券	2.60%
6	2009年第一期万利宝——定向债券计划A款	2009－1－22	2009－3－6	9900	购买债券	2.50%
7	2009年第2期天天万利宝陆陆发A款	2009－2－9	2009－3－9	19996	购买贴现票据	1.90%
8	2009年第2期天天万利宝陆陆发B款	2009－2－9	2009－6－9	24994	其他	2.40%
9	"2009年第二期万利宝－海宁市海昌投资开发有限公司信托贷款"人民币理财	2009－2－10	2010－8－9	30000	信托贷款	5.80%
10	2009年第3期天天万利宝陆陆发A款	2009－2－18	2009－3－18	14294	购买贴现票据	1.90%
11	2009年第3期天天万利宝陆陆发B款	2009－2－18	2009－5－18	24998	其他	2.40%
12	2009年第三期万利宝－广汇项目	2009－2－27	2010－8－26	17372	股权质押贷款	6.00%
13	2009年第4期天天万利宝陆陆发A款	2009－3－2	2009－4－2	10506	购买债券	1.90%
14	2009年第4期天天万利宝陆陆发B款	2009－3－2	2009－6－2	25000	其他	2.40%
15	2009年第一期特别理财计划A款	2009－3－3	2009－12－18	2268	信托贷款	5.00%
16	2009年第一期特别理财计划A款	2009－3－3	2009－12－18	1732	信托贷款	5.00%
17	2009年第5期天天万利宝陆陆发B款	2009－3－9	2009－6－9	4999	购买债券	2.30%
18	2009年第5期天天万利宝陆陆发A款	2009－3－9	2009－4－9	9998	购买债券	1.90%
19	2009年第一期特别理财计划B款	2009－3－13	2009－12－24	2000	信托贷款	5.00%
20	2009年第6期天天万利宝陆陆发	2009－3－18	2009－4－20	14996	购买债券	1.95%
21	2009年第7期天天万利宝陆陆发	2009－3－30	2009－4－27	9998	购买债券	1.95%
22	兴业银行2009年第四期万利宝－厦门建发集团信托贷款人民币理财计划	2009－4－7	2010－4－7	10650	信托贷款	5.10%
23	2009年第8期天天万利宝陆陆发	2009－4－9	2009－5－7	14998	购买债券	1.90%

续表

序号	产品名称	发行日	到期日	拟发行量	投资方向	预期收益率
24	兴业银行2009年第五期万利宝－苏州京铁信托贷款人民币理财计划	2009－4－15	2010－4－14	35000	信托贷款	6.30%
25	兴业银行2009年第六期万利宝－"潍坊市国有资产经营投资公司信托贷款项目"人民币理财计划	2009－4－17	2011－4－18	33000	信托贷款	5.40%
26	2009年第9期天天万利宝陆陆发	2009－4－20	2009－5－18	12078	购买债券	1.90%
27	2009年第二期特别理财计划－A款	2009－4－21	2009－9－29	2800	信托贷款	4.00%
28	2009年第10期天天万利宝陆陆发	2009－4－28	2009－5－27	10000	购买债券	1.90%
29	2009年第二期特别理财计划－B款	2009－4－28	2010－1－12	3400	信托贷款	4.20%
30	2009年第11期天天万利宝陆陆发	2009－5－8	2009－6－8	14889	购买债券	2.00%
31	2009年第七期万利宝——"河南电力信托贷款项目"	2009－5－11	2009－11－11	10000	信托贷款	3.60%
32	2009年第二期特别理财计划－C款	2009－5－12	2010－1－15	7600	信托贷款	4.10%
33	2009年第12期天天万利宝陆陆发	2009－5－18	2009－6－18	14298	购买债券	1.95%
34	2009年第13期天天万利宝陆陆发	2009－5－31	2009－6－29	10000	购买债券	1.95%
35	2009年第14期天天万利宝陆陆发	2009－6－8	2009－7－8	14999	购买债券	2.00%
36	2009年第14期天天万利宝陆陆发	2009－6－8	2009－7－8	14999	购买债券	2.00%
37	2009年第15期天天万利宝陆陆发	2009－6－18	2009－7－20	14997	购买债券	2.00%
38	2009年第15期天天万利宝陆陆发	2009－6－18	2009－7－20	14997	购买债券	2.00%
39	2009年第三期特别理财计划(中长期信贷资产A1－Ⅰ期信托受益权投资)人民币理财	2009－6－18	2010－3－21	10000	信托贷款	3.80%
40	2009年第三期特别理财计划(中长期信贷资产A2－Ⅰ期信托受益权投资)人民币理财	2009－6－18	2010－3－21	21500	信托贷款	3.80%
41	2009年第三期特别理财计划(中长期信贷资产A3－Ⅰ期信托受益权投资)人民币理财	2009－6－18	2010－3－21	20000	信托贷款	3.80%
42	2009年第三期特别理财计划(中长期信贷资产A4－Ⅰ期信托受益权投资)人民币理财	2009－6－18	2010－3－21	10000	信托贷款	3.90%
43	2009年第八期万利宝－哈密博伦信托贷款人民币理财	2009－6－19	2011－6－20	12279	信托贷款	4.00%
44	2009年第16期天天万利宝陆陆发	2009－6－29	2009－7－28	9703	购买债券	2.00%
45	2009年第16期天天万利宝陆陆发	2009－6－29	2009－7－28	9703	购买债券	2.00%
46	2009年第17期天天万利宝陆陆发	2009－7－8	2009－8－10	11353	购买债券	2.00%
47	2009年第四期特别理财计划(中长期信贷资产A6－Ⅰ期信托受益权投资)人民币理财	2009－7－14	2009－12－21	10000	信托贷款	3.45%

续表

序号	产品名称	发行日	到期日	拟发行量	投资方向	预期收益率
48	2009年第四期特别理财计划(中长期信贷资产A7-Ⅰ期信托受益权投资)人民币理财	2009-7-14	2009-12-21	3645	信托贷款	3.45%
49	2009年第四期特别理财计划(中长期信贷资产A8-Ⅰ期信托受益权投资)人民币理财	2009-7-14	2009-12-21	2000	信托贷款	3.45%
50	2009年第18期天天万利宝陆陆发	2009-7-20	2009-8-18	15000	购买债券	2.00%
51	2009年第19期天天万利宝陆陆发	2009-7-28	2009-8-28	8297	购买债券	2.00%
52	2009年第五期特别理财计划(中长期信贷资产A10-Ⅰ期信托受益权投资)人民币理财	2009-7-29	2010-1-21	50000	信托贷款	3.60%
53	2009年第五期特别理财计划(中长期信贷资产A11-Ⅰ期信托受益权投资)人民币理财	2009-7-29	2010-4-21	10000	信托贷款	3.90%
54	2009年第五期特别理财计划(中长期信贷资产A12-Ⅰ期信托受益权投资)人民币理财	2009-7-29	2010-6-29	8000	信托贷款	4.15%
55	2009年第五期特别理财计划(中长期信贷资产A13-Ⅰ期信托受益权投资)人民币理财	2009-7-29	2010-6-21	22000	信托贷款	4.10%
56	2009年第20期天天万利宝陆陆发	2009-8-10	2009-9-8	13852	购买债券	2.15%
57	2009年第21期天天万利宝陆陆发	2009-8-18	2009-9-18	8825	购买债券	2.15%
58	2009年第六期特别理财计划A款	2009-8-18	2009-12-25	1650	信托贷款	3.70%
59	2009年第六期特别理财计划B款	2009-8-18	2010-3-15	3500	信托贷款	4.30%
60	2009年第七期特别理财计划(中长期信贷资产A16-Ⅰ期信托受益权投资)人民币理财	2009-8-26	2010-4-21	10500	信托贷款	4.05%
61	2009年第七期特别理财计划(中长期信贷资产A17-Ⅰ期信托受益权投资)人民币理财	2009-8-26	2010-6-21	25000	信托贷款	4.20%
62	2009年第22期天天万利宝陆陆发	2009-8-28	2009-9-28	13406	购买债券	2.20%
63	2009年第23期天天万利宝陆陆发	2009-9-8	2009-10-10	11699	购买债券	2.20%
64	2009年第八期特别理财计划A款(中长期信贷资产A18-Ⅰ期信托受益权投资)人民币理财	2009-9-10	2010-7-21	30000	信托贷款	4.30%
65	2009年第24期天天万利宝陆陆发A款	2009-9-18	2009-10-19	15000	购买债券	2.20%
66	2009年第24期天天万利宝陆陆发B款	2009-9-18	2010-1-18	10861	信托贷款	3.30%
67	2009年第九期特别理财计划B款	2009-9-23	2010-1-5	2300	信托贷款	5.50%
68	2009年第九期特别理财计划D款	2009-9-23	2010-3-10	3500	信托贷款	5.50%
69	2009年第九期特别理财计划F款	2009-9-23	2010-3-29	3000	信托贷款	5.50%

续表

序号	产品名称	发行日	到期日	拟发行量	投资方向	预期收益率
70	2009 年第九期特别理财计划 C 款	2009－9－24	2010－1－21	3000	信托贷款	5. 50%
71	2009 年第九期特别理财计划 E 款	2009－9－24	2010－3－22	3500	信托贷款	5. 50%
72	2009 年第九期特别理财计划 A 款	2009－9－25	2009－12－18	10000	信托贷款	3. 80%
73	2009 年第 25 期天天万利宝陆陆发 A 款	2009－9－28	2009－10－28	14997	购买债券	2. 20%
74	2009 年第 25 期天天万利宝陆陆发 B 款	2009－9－28	2010－1－28	20437	信托贷款	3. 50%
75	2009 年第八期特别理财计划 B 款(中长期信贷资产 A19－Ⅰ期信托受益权投资)人民币理财	2009－9－30	2010－7－21	30000	信托贷款	4. 30%
76	2009 年第 26 期天天万利宝陆陆发 A 款	2009－10－19	2009－11－9	7038	购买债券	2. 10%
77	2009 年第 26 期天天万利宝陆陆发 B 款	2009－10－19	2009－11－18	14996	购买债券	2. 20%
78	2009 年第 26 期天天万利宝陆陆发 C 款	2009－10－19	2010－2－9	34940	信托贷款	3. 50%
79	2009 年第十期特别理财计划(中长期信贷资产 A29－Ⅰ期信托受益权投资)人民币理财	2009－10－22	2010－10－21	37450	信托贷款	5. 50%
80	2009 年第 27 期天天万利宝陆陆发 A 款	2009－10－28	2009－11－30	14997	购买债券	2. 20%
81	2009 年第 27 期天天万利宝陆陆发 B 款	2009－10－28	2010－2－26	24996	信托贷款	3. 50%
82	2009 年第十三期特别理财计划 A 款	2009－10－28	2010－9－15	3000	信托贷款	6. 00%
83	2009 年第十三期特别理财计划 B 款	2009－10－28	2010－9－24	1400	信托贷款	6. 00%
84	2009 年第十三期特别理财计划 C 款	2009－10－28	2010－9－24	1800	信托贷款	6. 00%
85	2009 年第十三期特别理财计划 D 款	2009－10－28	2010－8－23	6000	信托贷款	6. 00%
86	2009 年第十三期特别理财计划 E 款	2009－10－28	2010－7－19	2000	信托贷款	6. 00%
87	2009 年第十二期特别理财计划 A 款	2009－10－29	2010－3－1	5000	信托贷款	6. 00%
88	2009 年第十二期特别理财计划 B 款	2009－10－29	2010－3－12	2900	信托贷款	6. 00%
89	2009 年第十二期特别理财计划 C 款	2009－10－29	2010－7－5	900	信托贷款	6. 00%
90	2009 年第十二期特别理财计划 D 款	2009－10－29	2010－8－26	1050	信托贷款	6. 00%
91	2009 年第十二期特别理财计划 E 款	2009－10－29	2010－3－30	2000	信托贷款	6. 00%
92	2009 年第十二期特别理财计划 F 款	2009－11－2	2010－1－4	4000	信托贷款	6. 00%
93	2009 年第十一期特别理财计划－A 款	2009－11－2	2010－1－5	3500	信托贷款	6. 00%
94	2009 年第十一期特别理财计划－B 款	2009－11－2	2010－1－14	3000	信托贷款	6. 00%
95	2009 年第十一期特别理财计划－C 款	2009－11－2	2010－1－21	3000	信托贷款	6. 00%
96	2009 年第十一期特别理财计划－D 款	2009－11－2	2010－2－19	2910	信托贷款	6. 00%
97	2009 年第十一期特别理财计划－E 款	2009－11－2	2010－4－16	1800	信托贷款	6. 00%
98	2009 年第十一期特别理财计划－F 款	2009－11－2	2010－2－26	3500	信托贷款	6. 00%
99	2009 年第十六期特别理财计划(中长期信贷资产 A22－Ⅰ期信托受益权投资)人民币理财	2009－11－4	2010－6－29	10000	信托贷款	4. 50%
100	2009 年第十四期特别理财计划－A 款	2009－11－5	2010－6－3	1000	信托贷款	6. 00%

续表

序号	产品名称	发行日	到期日	拟发行量	投资方向	预期收益率
101	2009 年第十四期特别理财计划 – B 款	2009 – 11 – 5	2010 – 8 – 4	1000	信托贷款	6.00%
102	2009 年第十四期特别理财计划 – C 款	2009 – 11 – 5	2010 – 8 – 12	1500	信托贷款	6.00%
103	2009 年第十四期特别理财计划 – D 款	2009 – 11 – 5	2010 – 7 – 9	1000	信托贷款	5.65%
104	2009 年第十四期特别理财计划 – E 款	2009 – 11 – 5	2010 – 7 – 12	1000	信托贷款	5.65%
105	2009 年第 28 期天天万利宝陆陆发 A 款	2009 – 11 – 9	2009 – 12 – 8	14000	购买债券	2.20%
106	2009 年第 28 期天天万利宝陆陆发 B 款	2009 – 11 – 9	2010 – 1 – 18	5350	信托贷款	3.50%
107	2009 年第 28 期天天万利宝陆陆发 C 款	2009 – 11 – 9	2010 – 1 – 8	38738	信托贷款	3.60%
108	2009 年第十五期特别理财计划 B 款(中长期信贷资产 A30 – Ⅰ期信托受益权投资)人民币理财	2009 – 11 – 12	2010 – 5 – 21	20000	信托贷款	6.00%
109	2009 年第十七期特别理财计划(中长期信贷资产 A34 – Ⅰ期信托受益权投资)人民币理财	2009 – 11 – 16	2010 – 8 – 23	47500	信托贷款	4.60%
110	2009 年第 29 期天天万利宝陆陆发 A 款	2009 – 11 – 18	2009 – 12 – 18	8115	购买债券	2.20%
111	2009 年第 29 期天天万利宝陆陆发 B 款	2009 – 11 – 18	2010 – 1 – 28	17037	信托贷款	3.50%
112	2009 年第 29 期天天万利宝陆陆发 C 款	2009 – 11 – 18	2010 – 2 – 27	19709	信托贷款	3.60%
113	2009 年第十五期特别理财 A 款(中长期信贷资产 A25 – Ⅰ期信托受益权投资)	2009 – 11 – 19	2010 – 3 – 22	17801	信托贷款	6.00%
114	2009 年第十五期特别理财 A 款(中长期信贷资产 A25 – Ⅰ期信托受益权投资)	2009 – 11 – 19	2010 – 3 – 22	2199	信托贷款	6.00%
115	2009 年第十九期特别理财 D 款(中长期信贷资产 A41 – Ⅰ期信托受益权投资)	2009 – 11 – 19	2010 – 10 – 21	5000	信托贷款	4.60%
116	2009 年第十八期特别理财 A 款(中长期信贷资产 A23 – Ⅰ期信托受益权投资)	2009 – 11 – 20	2010 – 1 – 21	2000	信托贷款	5.75%
117	2009 年第十八期特别理财 B 款(中长期信贷资产 A24 – Ⅰ期信托受益权投资)	2009 – 11 – 20	2010 – 1 – 21	4000	信托贷款	5.80%
118	2009 年第十九期特别理财计划 C 款(中长期信贷资产 A35 – Ⅰ期信托受益权投资)	2009 – 11 – 23	2010 – 10 – 21	14000	信托贷款	4.60%
119	2009 年第十八期特别理财 C 款(中长期信贷资产 A26 – Ⅰ期信托受益权投资)	2009 – 11 – 23	2010 – 9 – 21	20000	信托贷款	5.60%
120	2009 年第十八期特别理财计划——– D 款(中长期信贷资产 A27 – Ⅰ期信托受益权投资)	2009 – 11 – 27	2010 – 9 – 21	31250	信托贷款	5.50%
121	2009 年第十九期特别理财计划——– A 款(中长期信贷资产 A32 – Ⅰ期信托受益权投资)	2009 – 11 – 27	2010 – 7 – 21	10000	信托贷款	4.40%

续表

序号	产品名称	发行日	到期日	拟发行量	投资方向	预期收益率
122	2009年第二十期特别理财计划——A款(中长期信贷资产A36－Ⅰ期信托受益权投资)	2009－11－27	2010－10－21	7000	信托贷款	4.60%
123	2009年第二十期特别理财计划——B款(中长期信贷资产A37－Ⅰ期信托受益权投资)	2009－11－27	2010－10－21	6000	信托贷款	4.60%
124	2009年第二十期特别理财计划——C款(中长期信贷资产A38－Ⅰ期信托受益权投资)	2009－11－27	2010－10－21	2000	信托贷款	4.60%
125	2009年第30期天天万利宝陆陆发A款	2009－11－30	2010－1－8	14519	信托贷款	3.20%
126	2009年第30期天天万利宝陆陆发B款	2009－11－30	2010－1－28	11820	信托贷款	3.50%
127	2009年第30期天天万利宝陆陆发C款	2009－11－30	2010－3－1	24997	信托贷款	3.70%
128	2009年第二十期特别理财D款(中长期信贷资产A39－Ⅰ期信托受益权投资)	2009－12－1	2010－10－21	5000	信托贷款	4.60%
129	2009年第二十期特别理财E款(中长期信贷资产A40－Ⅰ期信托受益权投资)	2009－12－2	2010－10－21	5000	信托贷款	4.60%
130	兴业银行2009年第十九期特别理财B款(中长期信贷资产A33－Ⅰ期信托受益权投资)	2009－12－3	2010－7－21	6900	信托贷款	4.40%
131	2009年第31期天天万利宝陆陆发A款	2009－12－8	2010－1－8	13387	信托贷款	3.20%
132	2009年第31期天天万利宝陆陆发B款	2009－12－8	2010－2－8	8727	信托贷款	3.50%
133	2009年第31期天天万利宝陆陆发C款	2009－12－8	2010－3－8	23231	信托贷款	3.70%
134	2009年第32期天天万利宝陆陆发A款	2009－12－18	2010－1－18	16568	信托贷款	3.20%
135	2009年第32期天天万利宝陆陆发B款	2009－12－18	2010－2－8	12505	信托贷款	3.50%
136	2009年第32期天天万利宝陆陆发C款	2009－12－18	2010－3－18	20870	信托贷款	3.70%
137	2009年第二十一期特别理财计划A款(中长期信贷资产A5－Ⅱ期信托受益权投资)人民币理财	2009－12－21	2010－12－27	8000	信托贷款	4.80%
138	2009年第二十一期特别理财计划B款(中长期信贷资产A6－Ⅱ期信托受益权投资)人民币理财	2009－12－21	2010－12－21	10000	信托贷款	4.80%
139	2009年第二十一期特别理财计划C款(中长期信贷资产A7－Ⅱ期信托受益权投资)人民币理财	2009－12－21	2010－12－21	10000	信托贷款	4.80%
140	2009年第二十一期特别理财计划D款(中长期信贷资产A8－Ⅱ期信托受益权投资)人民币理财	2009－12－21	2010－7－2	10000	信托贷款	4.40%
141	2009年第二十二期特别理财计划A款(中长期信贷资产A9－Ⅱ期信托受益权投资)人民币理财	2009－12－21	2010－7－2	10000	信托贷款	4.40%

续表

序号	产品名称	发行日	到期日	拟发行量	投资方向	预期收益率
142	2009 年第二十二期特别理财计划 B 款（中长期信贷资产 A14 – II 期信托受益权投资）人民币理财	2009 – 12 – 21	2010 – 12 – 30	7500	信托贷款	4. 80%
143	2009 年第二十二期特别理财计划 C 款（中长期信贷资产 A15 – II 期信托受益权投资）人民币理财	2009 – 12 – 21	2010 – 12 – 21	7500	信托贷款	4. 80%
144	2009 年第 33 期天天万利宝陆陆发 A 款	2009 – 12 – 28	2010 – 1 – 28	12997	信托贷款	3. 30%
145	2009 年第 33 期天天万利宝陆陆发 B 款	2009 – 12 – 28	2010 – 3 – 29	25000	信托贷款	3. 70%
146	2009 年第 33 期天天万利宝陆陆发 C 款	2009 – 12 – 28	2010 – 4 – 28	9997	信托贷款	3. 90%
147	2009 年第 33 期天天万利宝陆陆发 D 款	2009 – 12 – 28	2010 – 5 – 28	812	信托贷款	4. 10%

数据来源：兴业银行

表 3 – 21　2009 年兴业银行个人外币理财产品发行情况表

单位：万元发行币种

序号	产品名称	币种	发行日	到期日	拟发行量	投资方向	预期收益率
1	2008 年第 18 期（总第 53 期）汇利灵	美元	2009 – 1 – 9	2009 – 4 – 9	241	其他	3. 40%
2	2009 年第 1 期（总第 54 期）汇利灵	美元	2009 – 1 – 22	2009 – 4 – 22	300	其他	2. 40%
3	2009 年第 2 期（总第 55 期）汇利灵	美元	2009 – 2 – 20	2009 – 5 – 20	500	其他	1. 60%
4	2009 年第 3 期（总第 56 期）汇利灵	美元	2009 – 4 – 3	2009 – 9 – 22	208	购买债券	2. 80%
5	2009 年第 4 期（总第 57 期）汇利灵	美元	2009 – 5 – 5	2009 – 9 – 20	829	购买债券	2. 70%
6	2009 年第 5 期（总第 58 期）汇利灵	美元	2009 – 7 – 6	2011 – 4 – 21	656	购买债券	3. 00%
7	2009 年第 6 期（总第 59 期）汇利灵	美元	2009 – 9 – 16	2010 – 3 – 16	498	信托贷款	2. 35%

数据来源：兴业银行

表 3 – 22　2009 年民生银行个人人民币理财产品发行情况表

单位：万元人民币

序号	产品名称	发行日	到期日	拟发行量	投资方向	预期收益率
1	非凡理财稳健 232 号理财产品（T248）	2009 – 1 – 6	2009 – 2 – 6	9604	购买债券	1. 55%
2	非凡理财人民币 T243 期理财产品 B 款（T243B）	2009 – 1 – 7	2010 – 1 – 7	260	信托贷款	4. 90%
3	非凡理财人民币 T243 期理财产品 A 款（T243A）	2009 – 1 – 7	2010 – 1 – 7	4740	购买债券	1. 45%
4	非凡理财稳健 234 号理财产品（T249）	2009 – 1 – 8	2009 – 1 – 22	7237	购买债券	1. 55%
5	非凡理财稳健 235 号理财产品（T250）	2009 – 1 – 13	2009 – 2 – 13	6304	信托贷款	4. 50%
6	非凡理财增赢 16 号理财产品（T169）	2009 – 1 – 15	2010 – 1 – 15	20000	购买债券	2. 50%
7	非凡理财尊享 17 号理财产品（T255）	2009 – 1 – 15	2009 – 4 – 15	40884	购买贴现票据	1. 80%
8	非凡理财人民币 B235 期理财产品（B235）	2009 – 1 – 15	2009 – 4 – 16	1135	信托贷款	4. 30%
9	非凡理财增赢 18 号薪资理财卡专属理财产品（T246 +）	2009 – 1 – 20	2010 – 1 – 20	3577	信托贷款	4. 10%

续表

序号	产品名称	发行日	到期日	拟发行量	投资方向	预期收益率
10	非凡理财增赢 18 号理财产品(T246)	2009－1－20	2010－1－20	42297	购买债券	1.55%
11	非凡理财稳健 236 号理财产品(T251)	2009－1－20	2009－2－20	16592	购买贴现票据	1.75%
12	非凡理财稳健 239 号理财产品(B233)	2009－1－20	2009－3－17	1097	购买贴现票据	1.80%
13	非凡理财稳健 240 号理财产品(B234)	2009－1－20	2009－4－2	1645	购买贴现票据	1.90%
14	非凡理财稳健 242 号理财产品(B236)－薪资理财卡专属	2009－1－20	2009－4－30	2139	股权投资	6.75%
15	非凡理财尊享 19 号理财产品 A 款(T202A)	2009－1－23	2011－1－23	41000	购买债券	1.50%
16	非凡理财人民币 T252 期理财产品(T252)	2009－1－23	2009－2－6	18000	购买债券	5.40%
17	非凡理财尊享 18 号理财产品(T256)	2009－1－23	2009－7－15	31958	信托贷款	4.30%
18	非凡理财人民币 T257 期理财产品(T257)	2009－1－23	2009－9－10	3699	购买贴现票据	1.85%
19	非凡理财人民币 B237 期理财产品(B237)	2009－2－6	2009－4－30	3937	信托贷款	7.00%
20	非凡理财增赢 20 号理财产品(T230)	2009－2－10	2010－2－10	6147	购买债券	2.50%
21	非凡理财尊享 20 号理财产品(T260)	2009－2－12	2009－5－12	16042	购买债券	1.55%
22	非凡理财稳健 243 号理财产品(T261)	2009－2－13	2009－3－13	30000	购买债券	2.00%
23	非凡理财人民币 T264 期理财产品(T264)	2009－2－20	2009－3－20	1123	信托贷款	3.60%
24	非凡理财人民币 T268 期理财产品(T268)	2009－2－20	2009－8－20	46200	购买债券	2.10%
25	非凡理财人民币 T265 期理财产品(T265)	2009－2－24	2009－4－24	2339	信托贷款	4.10%
26	非凡理财增赢 21 号理财产品(T267)	2009－2－25	2010－2－25	5023	购买债券	1.55%
27	非凡理财稳健 245 号理财产品(T263)	2009－2－25	2009－3－25	23204	购买债券	1.45%
28	非凡理财稳健 244 号理财产品(T262)	2009－2－26	2009－3－12	4389	购买债券	1.75%
29	非凡理财稳健 246 号理财产品(T266)	2009－3－3	2009－4－3	24691	购买债券	1.85%
30	非凡理财稳健 246 号理财产品(T266 高)	2009－3－3	2009－4－3	132997	购买债券	2.50%
31	非凡理财人民币 T278 期理财产品(T278)	2009－3－9	2009－6－9	5000	购买债券	1.75%
32	非凡理财稳健 247 号理财产品(T271)	2009－3－10	2009－4－10	13980	购买债券	1.85%
33	非凡理财稳健 247 号理财产品(T271 高)	2009－3－10	2009－4－10	71446	购买债券	1.70%
34	非凡理财稳健 251 号理财产品(T275 高)	2009－3－10	2009－3－24	16725	购买债券	1.70%
35	非凡理财稳健 252 号理财产品(T277 高)	2009－3－13	2009－3－27	7188	购买债券	2.50%
36	非凡理财尊享 21 号理财产品(T276)	2009－3－16	2009－6－16	19705	购买债券	1.75%
37	非凡理财稳健 248 号理财产品(T272)	2009－3－17	2009－4－17	11005	购买债券	1.85%
38	非凡理财稳健 248 号理财产品(T272 高)	2009－3－17	2009－4－17	46297	信托贷款	10.00%
39	非凡理财人民币 T269 期理财产品	2009－3－18	2010－3－18	3755	股权投资	5.50%
40	非凡理财增赢 19 号理财产品(T242)	2009－3－18	2011－3－18	40000	购买债券	1.75%
41	非凡理财稳健 249 号理财产品(T273)	2009－3－24	2009－4－24	8185	购买债券	1.85%
42	非凡理财稳健 249 号理财产品(T273 高)	2009－3－24	2009－4－24	33303	购买债券	1.75%
43	非凡理财稳健 250 号理财产品(T274)	2009－3－30	2009－4－30	4629	购买债券	1.85%
44	非凡理财稳健 250 号理财产品(T274 高)	2009－3－30	2009－4－30	21884	信托贷款	3.50%
45	非凡理财人民币 T301 期理财产品(T301)	2009－4－1	2009－9－29	40000	信托贷款	3.20%

续表

序号	产品名称	发行日	到期日	拟发行量	投资方向	预期收益率
46	非凡理财稳健 253 号理财产品(T297)	2009-4-2	2009-11-2	21000	信托贷款	3.70%
47	非凡理财稳健 261 号理财产品(T304)	2009-4-2	2010-4-2	100000	信托贷款	5.00%
48	非凡理财人民币 T302 期理财产品(T302)	2009-4-3	2010-4-3	20000	购买债券	1.75%
49	非凡理财稳健 256 号理财产品(T290)	2009-4-7	2009-5-7	6787	购买债券	1.85%
50	非凡理财稳健 256 号理财产品(T290 高)	2009-4-7	2009-5-7	50068	购买债券	1.70%
51	非凡理财稳健 260 号理财产品(T294)	2009-4-9	2009-5-9	7843	信托贷款	2.50%
52	非凡理财人民币 T306 期理财产品(T306)	2009-4-10	2009-7-10	9556	购买债券	1.75%
53	非凡理财稳健 257 号理财产品(T291)	2009-4-14	2009-5-14	7336	购买债券	1.85%
54	非凡理财稳健 257 号理财产品(T291 高)	2009-4-14	2009-5-14	51838	购买债券	1.70%
55	非凡理财稳健 262 号理财产品(T295)	2009-4-15	2009-5-15	10391	信托贷款	3.00%
56	非凡理财稳健 255 号理财产品(T303)	2009-4-15	2009-10-15	90000	信托贷款	5.00%
57	非凡理财人民币 T313 期理财产品(T313)	2009-4-15	2010-4-15	19751	信托贷款	3.60%
58	非凡理财人民币 T270 期理财产品(T270)	2009-4-17	2010-4-17	4490	购买债券	1.65%
59	非凡理财稳健 258 号理财产品(T292)	2009-4-21	2009-5-21	2454	购买债券	1.75%
60	非凡理财稳健 258 号理财产品(T292 高)	2009-4-21	2009-5-21	14352	信托贷款	4.00%
61	非凡理财人民币 T325 期理财产品(T325)	2009-4-21	2010-4-21	42000	混合	2.50%
62	非凡理财"财富新干线"理财产品 A 款 1 期	2009-4-22	2009-7-22	50000	混合	2.80%
63	非凡理财"财富新干线"理财产品 B 款 1 期	2009-4-22	2009-10-22	72000	混合	3.00%
64	非凡理财"财富新干线"理财产品 C 款 1 期	2009-4-22	2010-1-22	87950	购买债券	1.65%
65	非凡理财稳健 259 号理财产品(T293)	2009-4-27	2009-5-27	2030	购买债券	1.75%
66	非凡理财稳健 259 号理财产品(T293 高)	2009-4-27	2009-5-27	15078	购买债券	1.65%
67	非凡理财稳健 264 号理财产品(T296)	2009-5-5	2009-6-5	4042	购买债券	1.75%
68	非凡理财稳健 264 号理财产品(T296 高)	2009-5-5	2009-6-5	19979	混合	2.20%
69	非凡理财"财富新干线"理财产品 A 款 002 期	2009-5-5	2009-8-5	28000	混合	2.50%
70	非凡理财"财富新干线"理财产品 B 款 002 期	2009-5-5	2009-11-5	20996	信托贷款	4.00%
71	非凡理财人民币 T332 期理财产品(T332)	2009-5-5	2010-5-5	1000	购买债券	1.65%
72	非凡理财稳健 265 号理财产品(T327)	2009-5-12	2009-6-12	4792	购买债券	1.75%
73	非凡理财稳健 265 号理财产品(T327 高)	2009-5-12	2009-6-12	19995	信托贷款	3.70%
74	非凡理财人民币 T331 期理财产品(T331)	2009-5-12	2010-5-12	22700	混合	2.10%
75	非凡理财"财富新干线"理财产品 A 款 003 期	2009-5-19	2009-8-19	23974	混合	2.40%
76	非凡理财"财富新干线"理财产品 B 款 003 期	2009-5-19	2009-11-19	40008	信托贷款	3.50%
77	非凡理财稳健 268 号理财产品(T319)	2009-5-22	2010-5-22	40000	混合	2.10%
78	非凡理财"财富新干线"理财产品 A 款 004 期	2009-5-26	2009-8-26	30010	混合	2.40%
79	非凡理财"财富新干线"理财产品 B 款 004 期	2009-5-26	2009-11-26	16759	混合	2.50%
80	非凡理财"财富新干线"理财产品 B 款 004 期(薪资理财卡)	2009-5-26	2009-11-26	241	混合	2.70%
81	非凡理财"财富新干线"理财产品 C 款 004 期	2009-5-26	2010-2-26	19991	信托贷款	3.50%

续表

序号	产品名称	发行日	到期日	拟发行量	投资方向	预期收益率
82	非凡理财稳健 267 号理财产品(T336)	2009-5-26	2010-5-26	13000	信托贷款	3.00%
83	非凡理财稳健 270 号理财产品(T329)	2009-5-27	2009-11-27	29997	信托贷款	3.60%
84	非凡理财增赢 23 号理财产品(T328)	2009-5-27	2010-5-27	43000	信托贷款	3.50%
85	非凡理财稳健 269 号理财产品(T345)	2009-5-27	2010-5-27	9394	信托贷款	3.80%
86	非凡理财人民币 T345 期理财产品(T345 高)	2009-5-27	2010-5-27	606	混合	1.70%
87	非凡理财"财富新干线"理财产品 D 款 005 期	2009-6-8	2009-7-8	10000	混合	2.05%
88	非凡理财"财富新干线"理财产品 A 款 005 期	2009-6-8	2009-9-8	8720	混合	2.35%
89	非凡理财"财富新干线"理财产品 B 款 005 期	2009-6-8	2009-12-8	19910	混合	2.65%
90	非凡理财"财富新干线"理财产品 C 款 005 期	2009-6-8	2010-3-8	19994	信托贷款	3.00%
91	非凡理财稳健 271 号理财产品(T358)	2009-6-11	2009-12-11	29971	混合	1.70%
92	非凡理财"财富新干线"理财产品 D 款 006 期	2009-6-15	2009-7-15	7692	混合	2.05%
93	非凡理财"财富新干线"理财产品 A 款 006 期	2009-6-15	2009-9-15	6000	混合	2.35%
94	非凡理财"财富新干线"理财产品 B 款 006 期	2009-6-15	2009-12-15	18999	混合	2.65%
95	非凡理财"财富新干线"理财产品 C 款 006 期	2009-6-15	2010-3-15	9997	信托贷款	3.70%
96	非凡理财人民币 T350 期理财产品(T350)	2009-6-18	2010-6-18	39000	混合	1.75%
97	非凡理财"财富新干线"理财产品 D 款 007 期	2009-6-23	2009-7-23	13000	混合	2.05%
98	非凡理财"财富新干线"理财产品 A 款 007 期	2009-6-23	2009-9-23	7997	混合	2.15%
99	非凡理财"财富新干线"理财产品 G 款 007 期	2009-6-23	2009-10-23	8000	混合	2.35%
100	非凡理财"财富新干线"理财产品 B 款 007 期	2009-6-23	2009-12-23	13000	混合	1.95%
101	非凡理财"财富新干线"理财产品 E 款 007 期	2009-6-24	2009-8-24	9981	信托贷款	4.57%
102	非凡理财人民币 T364 期理财产品(T364)	2009-6-25	2010-6-25	9487	混合	1.75%
103	非凡理财"财富新干线"理财产品 D 款 008 期	2009-6-29	2009-7-29	6470	混合	1.95%
104	非凡理财"财富新干线"理财产品 E 款 008 期	2009-6-29	2009-8-29	9930	混合	2.15%
105	非凡理财"财富新干线"理财产品 G 款 008 期	2009-6-29	2009-10-29	11000	信托贷款	3.50%
106	非凡理财人民币 T341 期理财产品(T341)	2009-6-30	2010-6-30	5000	信托贷款	3.40%
107	非凡理财稳健 275 号理财产品(T347)	2009-7-7	2010-7-7	194967	信托贷款	5.20%
108	非凡理财人民币 T362 期理财产品(T362)	2009-7-7	2011-7-7	20000	混合	1.90%
109	非凡理财"财富新干线"理财产品 E 款 009 期	2009-7-7	2009-9-7	14816	混合	2.15%
110	非凡理财"财富新干线"理财产品 G 款 009 期	2009-7-7	2009-11-7	11923	同业存款	0.75%
111	非凡理财人民币 T308A 期理财产品(T308A)	2009-7-8	2010-7-8	8500	信托贷款	3.80%
112	非凡理财人民币 T308B 期理财产品(T308B)	2009-7-8	2010-7-8	8500	信托贷款	4.00%
113	"非凡资产管理(增利型)"理财产品 M1 款 001 期	2009-7-14	2009-8-14	10977	混合	1.80%
114	"非凡资产管理(增利型)"理财产品 M3 款 001 期	2009-7-14	2009-10-14	9999	混合	2.15%
115	"非凡资产管理(增利型)"理财产品 M6 款 001 期	2009-7-14	2010-1-14	1227	混合	2.45%
116	"非凡资产管理(增利型)"理财产品 M9 款 001 期	2009-7-14	2010-4-14	933	混合	2.75%

续表

序号	产品名称	发行日	到期日	拟发行量	投资方向	预期收益率
117	非凡理财增赢25号理财产品(T340)	2009-7-21	2010-7-21	15000	信托贷款	3.70%
118	"非凡资产管理(增利型)"理财产品M1款002期	2009-7-21	2009-8-21	1719	混合	1.80%
119	"非凡资产管理(增利型)"理财产品M1高款002期	2009-7-21	2009-8-21	7978	混合	1.90%
120	"非凡资产管理(增利型)"理财产品M3款002期	2009-7-21	2009-10-21	3000	混合	2.20%
121	"非凡资产管理(增利型)"理财产品M3高款002期	2009-7-21	2010-1-21	11598	混合	2.30%
122	"非凡资产管理(增利型)"理财产品M6款002期	2009-7-21	2010-1-21	2715	混合	2.50%
123	"非凡资产管理(增利型)"理财产品M6高款002期	2009-7-21	2010-4-21	6601	混合	2.60%
124	"非凡资产管理(增利型)"理财产品M9款002期	2009-7-21	2010-4-21	3842	混合	2.80%
125	"非凡资产管理(增利型)"理财产品M9高款002期	2009-7-21	2010-7-21	7440	混合	2.90%
126	非凡理财人民币T372期理财产品	2009-7-23	2010-7-23	7000	信托贷款	3.60%
127	"非凡资产管理(增利型)"理财产品M1款003期	2009-7-28	2009-8-28	2246	混合	1.80%
128	"非凡资产管理(增利型)"理财产品M1高款003期	2009-7-28	2009-8-28	7343	混合	1.90%
129	"非凡资产管理(增利型)"理财产品D14款003期	2009-7-28	2009-8-12	592	混合	1.65%
130	"非凡资产管理(增利型)"理财产品D21款003期	2009-7-28	2009-8-19	750	混合	1.75%
131	"非凡资产管理(增利型)"理财产品D56尊款003期	2009-7-28	2009-9-23	1000	混合	2.50%
132	"非凡资产管理(增利型)"理财产品M3款003期	2009-7-28	2009-10-28	6273	混合	2.20%
133	"非凡资产管理(增利型)"理财产品M3高款003期	2009-7-28	2009-10-28	9412	混合	2.30%
134	"非凡资产管理(增利型)"理财产品M6款003期	2009-7-28	2010-1-28	4638	混合	2.50%
135	"非凡资产管理(增利型)"理财产品M6高款003期	2009-7-28	2010-1-28	8870	混合	2.60%
136	非凡理财人民币T397期A款理财产品(T397A)	2009-7-29	2011-7-29	15917	信托贷款	5.10%
137	非凡理财人民币T397期B款理财产品(T397B)	2009-7-29	2011-7-29	19083	信托贷款	5.40%
138	非凡理财稳健277号理财产品(T402)	2009-7-30	2010-7-30	25000	信托贷款	3.60%
139	"非凡资产管理(增利型)"理财产品M1款004期	2009-8-4	2009-9-4	1456	混合	1.85%
140	"非凡资产管理(增利型)"理财产品M1高款004期	2009-8-4	2009-9-4	6138	混合	1.95%
141	"非凡资产管理(增利型)"理财产品D7款004期	2009-8-4	2009-8-12	429	混合	1.65%
142	"非凡资产管理(增利型)"理财产品D14款004期	2009-8-4	2009-8-19	1359	混合	1.75%
143	"非凡资产管理(增利型)"理财产品D21款004期	2009-8-4	2009-8-26	425	混合	1.80%
144	"非凡资产管理(增利型)"理财产品M1尊款004期	2009-8-4	2009-9-4	2000	混合	2.00%
145	"非凡资产管理(增利型)"理财产品D56尊款004期	2009-8-4	2009-9-30	5509	混合	2.45%
146	"非凡资产管理(增利型)"理财产品D56高款004期	2009-8-4	2009-9-30	2299	混合	2.35%
147	"非凡资产管理(增利型)"理财产品M3款004期	2009-8-4	2009-11-4	2724	混合	2.25%
148	"非凡资产管理(增利型)"理财产品M3高款004期	2009-8-4	2009-11-4	4665	混合	2.35%
149	"非凡资产管理(增利型)"理财产品M6款004期	2009-8-4	2010-2-4	2964	混合	2.55%
150	"非凡资产管理(增利型)"理财产品M6高款004期	2009-8-4	2010-2-4	3817	混合	2.65%
151	"非凡资产管理(增利型)"理财产品M6尊款004期	2009-8-4	2010-2-4	3146	混合	2.80%

续表

序号	产品名称	发行日	到期日	拟发行量	投资方向	预期收益率
152	非凡理财人民币 T389 期理财产品(T389)	2009-8-5	2010-8-5	86360	信托贷款	3.80%
153	非凡理财稳健 276 号理财产品(T404)	2009-8-6	2010-8-6	23999	信托贷款	3.40%
154	非凡理财人民币 T365 期理财产品	2009-8-11	2010-8-11	4997	信托贷款	3.70%
155	"非凡资产管理(增利型)"理财产品 D7 款 005 期	2009-8-11	2009-8-19	2177	混合	1.65%
156	"非凡资产管理(增利型)"理财产品 D14 款 005 期	2009-8-11	2009-8-26	1013	混合	1.75%
157	"非凡资产管理(增利型)"理财产品 D21 款 005 期	2009-8-11	2009-9-2	363	混合	1.80%
158	"非凡资产管理(增利型)"理财产品 M1 款 005 期	2009-8-11	2009-9-11	1693	混合	2.00%
159	"非凡资产管理(增利型)"理财产品 M1 高款 005 期	2009-8-11	2009-9-11	5536	混合	2.10%
160	"非凡资产管理(增利型)"理财产品 D49 尊款 006 期	2009-8-11	2009-9-30	10000	混合	2.50%
161	"非凡资产管理(增利型)"理财产品 M3 款 005 期	2009-8-11	2009-11-11	2695	混合	2.35%
162	"非凡资产管理(增利型)"理财产品 M3 高款 005 期	2009-8-11	2009-11-11	4789	混合	2.45%
163	"非凡资产管理(增利型)"理财产品 M6 款 005 期	2009-8-11	2010-2-11	1625	混合	2.55%
164	"非凡资产管理(增利型)"理财产品 M6 高款 005 期	2009-8-11	2010-2-11	3046	混合	2.65%
165	"非凡资产管理(增利型)"理财产品 M6 尊款 005 期	2009-8-11	2010-2-11	2890	混合	2.80%
166	"非凡资产管理(增利型)"理财产品 M9 款 005 期	2009-8-11	2010-5-11	4570	混合	2.90%
167	非凡理财人民币 T410 期 A 款理财产品(T410A)	2009-8-12	2011-8-12	10000	信托贷款	5.20%
168	非凡理财人民币 T410 期 B 款理财产品(T410B)	2009-8-12	2011-8-12	10000	信托贷款	5.40%
169	"非凡资产管理(增利型)"理财产品 M2 高款 005 期	2009-8-13	2009-10-13	2253	混合	2.35%
170	"非凡资产管理(增利型)"理财产品 M2 尊款 005 期	2009-8-13	2009-10-13	6861	混合	2.45%
171	"非凡资产管理(增利型)"理财产品 D7 款 006 期	2009-8-18	2009-8-26	1343	混合	1.65%
172	"非凡资产管理(增利型)"理财产品 D14 款 006 期	2009-8-18	2009-9-2	1125	混合	1.75%
173	"非凡资产管理(增利型)"理财产品 D21 款 006 期	2009-8-18	2009-9-9	382	混合	1.80%
174	"非凡资产管理(增利型)"理财产品 M1 款 006 期	2009-8-18	2009-9-18	2175	混合	2.00%
175	"非凡资产管理(增利型)"理财产品 M1 高款 006 期	2009-8-18	2009-9-18	8176	混合	2.10%
176	"非凡资产管理(增利型)"理财产品 M3 款 006 期	2009-8-18	2009-11-18	2128	混合	2.35%
177	"非凡资产管理(增利型)"理财产品 M3 高款 006 期	2009-8-18	2009-11-18	4207	混合	2.45%
178	"非凡资产管理(增利型)"理财产品 M9 款 006 期	2009-8-18	2010-5-18	5001	混合	2.90%
179	"非凡资产管理(增利型)"理财产品 M5 款 006 期	2009-8-19	2010-1-19	1667	混合	2.50%
180	"非凡资产管理(增利型)"理财产品 M5 高款 006 期	2009-8-19	2010-1-19	3612	混合	2.60%
181	"非凡资产管理(增利型)"理财产品 M5 尊款 006 期	2009-8-19	2010-1-19	1319	混合	2.75%
182	"非凡资产管理(增利型)"理财产品 M2 高款 006 期	2009-8-20	2009-10-20	2094	混合	2.35%
183	"非凡资产管理(增利型)"理财产品 M2 尊款 006 期	2009-8-20	2009-10-20	18957	混合	2.45%
184	"非凡资产管理(增利型)"理财产品 D7 款 007 期	2009-8-25	2009-9-2	1425	混合	1.65%
185	"非凡资产管理(增利型)"理财产品 D14 款 007 期	2009-8-25	2009-9-9	1977	混合	1.75%
186	"非凡资产管理(增利型)"理财产品 D21 款 007 期	2009-8-25	2009-9-16	1658	混合	1.80%

续表

序号	产品名称	发行日	到期日	拟发行量	投资方向	预期收益率
187	“非凡资产管理(增利型)”理财产品 M1 款 007 期	2009-8-25	2009-9-25	2197	混合	2.00%
188	“非凡资产管理(增利型)”理财产品 M1 高款 007 期	2009-8-25	2009-9-25	13383	混合	2.10%
189	“非凡资产管理(增利型)”理财产品 M3 款 007 期	2009-8-25	2009-11-25	2061	混合	2.35%
190	“非凡资产管理(增利型)”理财产品 M3 高款 007 期	2009-8-25	2009-11-25	5344	混合	2.45%
191	“非凡资产管理(增利型)”理财产品 M5 高款 007 期	2009-8-25	2010-1-25	2723	混合	2.60%
192	“非凡资产管理(增利型)”理财产品 M5 款 007 期	2009-8-25	2010-1-25	1791	混合	2.50%
193	“非凡资产管理(增利型)”理财产品 M5 尊款 007 期	2009-8-25	2010-1-25	3268	混合	2.75%
194	“非凡资产管理(增利型)”理财产品 M9 款 007 期	2009-8-25	2010-5-25	4804	混合	2.90%
195	“非凡资产管理(增利型)”理财产品 M2 高款 007 期	2009-8-27	2009-10-27	3136	混合	2.35%
196	“非凡资产管理(增利型)”理财产品 M2 尊款 007 期	2009-8-27	2009-10-27	5707	混合	2.45%
197	非凡理财人民币 T382 期理财产品	2009-8-28	2010-8-28	14200	信托贷款	4.00%
198	非凡理财人民币 T382+期理财产品	2009-8-28	2010-8-28	800	信托贷款	7.00%
199	非凡理财人民币 T305 期理财产品(T305)	2009-9-1	2010-9-1	15000	信托贷款	4.20%
200	“非凡资产管理(增利型)”理财产品 D7 款 008 期	2009-9-1	2009-9-9	522	混合	1.65%
201	“非凡资产管理(增利型)”理财产品 D14 款 008 期	2009-9-1	2009-9-16	933	混合	1.75%
202	“非凡资产管理(增利型)”理财产品 D21 款 008 期	2009-9-1	2009-9-23	263	混合	1.80%
203	“非凡资产管理(增利型)”理财产品 M1 款 008 期	2009-9-1	2009-9-30	1940	混合	2.00%
204	“非凡资产管理(增利型)”理财产品 M1 高款 008 期	2009-9-1	2009-9-30	5770	混合	2.10%
205	“非凡资产管理(增利型)”理财产品 M3 款 008 期	2009-9-1	2009-12-1	3079	混合	2.35%
206	“非凡资产管理(增利型)”理财产品 M3 高款 008 期	2009-9-1	2009-12-1	7267	混合	2.45%
207	“非凡资产管理(增利型)”理财产品 M9 款 008 期	2009-9-1	2010-6-1	3379	混合	2.90%
208	非凡理财人民币 T419 期理财产品(T419)	2009-9-2	2010-9-2	24777	信托贷款	4.00%
209	非凡理财人民币 T426 期理财产品(T426)	2009-9-2	2010-9-2	50000	信托贷款	3.80%
210	“非凡资产管理(增利型)”理财产品 M6 款 008 期	2009-9-2	2010-3-2	1272	混合	2.50%
211	“非凡资产管理(增利型)”理财产品 M6 高款 008 期	2009-9-2	2010-3-2	2209	混合	2.60%
212	“非凡资产管理(增利型)”理财产品 M6 尊款 008 期	2009-9-2	2010-3-2	2662	混合	2.75%
213	非凡理财人民币 T409 期理财产品(T409)	2009-9-3	2010-9-3	64150	信托贷款	3.90%
214	“非凡资产管理(增利型)”理财产品 M2 高款 008 期	2009-9-3	2009-11-3	4146	混合	2.35%
215	“非凡资产管理(增利型)”理财产品 M2 尊款 008 期	2009-9-3	2009-11-3	17058	混合	2.45%
216	“非凡资产管理(增利型)”理财产品 D7 款 009 期	2009-9-8	2009-9-16	583	混合	1.65%
217	“非凡资产管理(增利型)”理财产品 D14 款 009 期	2009-9-8	2009-9-23	809	混合	1.75%
218	“非凡资产管理(增利型)”理财产品 D21 款 009 期	2009-9-8	2009-9-30	765	混合	1.80%
219	“非凡资产管理(增利型)”理财产品 M3 款 009 期	2009-9-8	2009-12-8	2668	混合	2.35%
220	“非凡资产管理(增利型)”理财产品 M3 高款 009 期	2009-9-8	2009-12-8	5236	混合	2.45%
221	“非凡资产管理(增利型)”理财产品 M9 款 009 期	2009-9-8	2010-6-8	5241	混合	2.90%

续表

序号	产品名称	发行日	到期日	拟发行量	投资方向	预期收益率
222	“非凡资产管理（增利型）”理财产品 M6 款 009 期	2009-9-9	2010-3-9	1353	混合	2.50%
223	“非凡资产管理（增利型）”理财产品 M6 高款 009 期	2009-9-9	2010-3-9	2277	混合	2.60%
224	“非凡资产管理（增利型）”理财产品 M6 尊款 009 期	2009-9-9	2010-3-9	1986	混合	2.75%
225	“非凡资产管理（增利型）”理财产品 M6 尊款 010 期（特）	2009-9-9	2010-3-9	5000	混合	2.90%
226	“非凡资产管理（增利型）”理财产品 M1 款 009 期	2009-9-10	2009-10-10	2286	混合	2.00%
227	“非凡资产管理（增利型）”理财产品 M1 高款 009 期	2009-9-10	2009-10-10	6830	混合	2.10%
228	“非凡资产管理（增利型）”理财产品 M2 高款 009 期	2009-9-10	2009-11-10	2636	混合	2.35%
229	“非凡资产管理（增利型）”理财产品 M2 尊款 009 期	2009-9-10	2009-11-10	7277	混合	2.45%
230	“非凡资产管理（增利型）”理财产品 D7 款 010 期	2009-9-15	2009-9-23	1541	混合	1.65%
231	“非凡资产管理（增利型）”理财产品 D14 款 010 期	2009-9-15	2009-9-30	1772	混合	1.75%
232	“非凡资产管理（增利型）”理财产品 M1 款 010 期	2009-9-15	2009-10-15	2216	混合	2.00%
233	“非凡资产管理（增利型）”理财产品 M1 高款 010 期	2009-9-15	2009-10-15	8466	混合	2.10%
234	“非凡资产管理（增利型）”理财产品 M3 款 010 期	2009-9-15	2009-12-15	3021	混合	2.35%
235	“非凡资产管理（增利型）”理财产品 M3 高款 010 期	2009-9-15	2009-12-15	5489	混合	2.45%
236	“非凡资产管理（增利型）”理财产品 M9 款 010 期	2009-9-15	2010-6-15	3936	混合	2.90%
237	“非凡资产管理（增利型）”理财产品 M6 款 010 期	2009-9-16	2010-3-16	1408	混合	2.50%
238	“非凡资产管理（增利型）”理财产品 M6 高款 010 期	2009-9-16	2010-3-16	2252	混合	2.60%
239	“非凡资产管理（增利型）”理财产品 M6 尊款 010 期	2009-9-16	2010-3-16	3656	混合	2.75%
240	“非凡资产管理（增利型）”理财产品 M2 高款 010 期	2009-9-17	2009-11-17	2254	混合	2.35%
241	“非凡资产管理（增利型）”理财产品 M2 尊款 010 期	2009-9-17	2009-11-17	8751	混合	2.45%
242	“非凡资产管理（增利型）”理财产品 M2 尊款 010 期（特）	2009-9-17	2009-11-17	2350	混合	2.50%
243	非凡理财人民币 T401 期理财产品	2009-9-22	2011-9-22	14929	信托贷款	4.35%
244	“非凡资产管理（增利型）”理财产品 M1 款 011 期	2009-9-22	2009-10-22	1850	混合	2.00%
245	“非凡资产管理（增利型）”理财产品 M1 高款 011 期	2009-9-22	2009-10-22	8142	混合	2.10%
246	非凡理财人民币 T417 期理财产品	2009-9-22	2009-12-22	3185	信托贷款	2.80%
247	“非凡资产管理（增利型）”理财产品 M3 款 011 期	2009-9-22	2009-12-22	2309	混合	2.35%
248	“非凡资产管理（增利型）”理财产品 M3 高款 011 期	2009-9-22	2009-12-22	4256	混合	2.45%
249	“非凡资产管理（增利型）”理财产品 M9 款 011 期	2009-9-22	2010-6-22	3765	混合	2.90%
250	“非凡资产管理（增利型）”理财产品 M6 款 011 期	2009-9-23	2010-3-23	1351	混合	2.50%
251	“非凡资产管理（增利型）”理财产品 M6 高款 011 期	2009-9-23	2010-3-23	2129	混合	2.60%
252	“非凡资产管理（增利型）”理财产品 M6 尊款 011 期	2009-9-23	2010-3-23	2696	混合	2.75%
253	“非凡资产管理（增利型）”理财产品 M2 高款 011 期	2009-9-24	2009-11-24	1250	混合	2.35%
254	“非凡资产管理（增利型）”理财产品 M2 尊款 011 期	2009-9-24	2009-11-24	5014	混合	2.45%

续表

序号	产品名称	发行日	到期日	拟发行量	投资方向	预期收益率
255	"非凡资产管理(增利型)"理财产品 M2 高款 012 期	2009-9-27	2009-11-27	2581	混合	2.40%
256	"非凡资产管理(增利型)"理财产品 M2 尊款 012 期	2009-9-27	2009-11-27	3646	混合	2.50%
257	"非凡资产管理(增利型)"理财产品 M6 款 012 期	2009-9-27	2010-3-27	2519	混合	2.75%
258	"非凡资产管理(增利型)"理财产品 M6 高款 012 期	2009-9-27	2010-3-27	1939	混合	2.80%
259	"非凡资产管理(增利型)"理财产品 M6 尊款 012 期	2009-9-27	2010-3-27	1912	混合	2.95%
260	非凡理财人民币 T418 期理财产品	2009-9-28	2010-9-28	39136	信托贷款	3.80%
261	非凡理财人民币 T414 期 A 款理财产品(T414A)	2009-9-28	2010-9-28	5923	信托贷款	4.00%
262	非凡理财人民币 T414 期 B 款理财产品(T414B)	2009-9-28	2010-9-28	28899	信托贷款	4.30%
263	"非凡资产管理(增利型)"理财产品 D11 款 012 期	2009-9-28	2009-10-10	4524	混合	1.80%
264	"非凡资产管理(增利型)"理财产品 M1 款 012 期	2009-9-28	2009-10-28	3501	混合	2.15%
265	"非凡资产管理(增利型)"理财产品 M1 高款 012 期	2009-9-28	2009-10-28	6835	混合	2.25%
266	"非凡资产管理(增利型)"理财产品 M1 款 012 期(薪资)	2009-9-28	2009-10-28	10	混合	2.20%
267	"非凡资产管理(增利型)"理财产品 M4 款 012 期	2009-9-28	2010-1-28	2542	混合	2.55%
268	"非凡资产管理(增利型)"理财产品 M4 高款 012 期	2009-9-28	2010-1-28	3254	混合	2.65%
269	"非凡资产管理(增利型)"理财产品 M6 款 012 期(特)	2009-9-28	2010-3-28	9229	混合	3.50%
270	非凡理财人民币 T326 期理财产品	2009-10-13	2010-10-13	18400	信托贷款	4.20%
271	非凡理财人民币 T422 期理财产品(T422)	2009-10-13	2011-10-13	24468	信托贷款	5.00%
272	非凡理财人民币 T449 期理财产品	2009-10-15	2010-10-15	78960	股权质押贷款	4.20%
273	非凡理财人民币 T413 期理财产品	2009-10-19	2011-10-19	10000	信托贷款	5.40%
274	"非凡资产管理(增利型)"理财产品 D14 款 013 期	2009-10-20	2009-11-20	3000	混合	1.85%
275	"非凡资产管理(增利型)"理财产品 M1 款 013 期	2009-10-20	2009-11-20	6581	混合	2.25%
276	"非凡资产管理(增利型)"理财产品 M1 高款 013 期	2009-10-20	2009-11-20	54359	混合	2.35%
277	"非凡资产管理(增利型)"理财产品 M3 款 013 期	2009-10-20	2010-1-20	8633	混合	2.65%
278	"非凡资产管理(增利型)"理财产品 M3 高款 013 期	2009-10-20	2010-1-20	33545	混合	2.75%
279	"非凡资产管理(增利型)"理财产品 M6 款 013 期	2009-10-20	2010-4-20	12114	混合	2.85%
280	"非凡资产管理(增利型)"理财产品 M6 高款 013 期	2009-10-20	2010-4-20	19371	混合	2.95%
281	非凡理财人民币 T348 期理财产品(T348)	2009-10-22	2010-10-22	30000	信托贷款	4.20%
282	"非凡资产管理(增利型)"理财产品 M5 款 014 期	2009-10-26	2010-3-26	8997	混合	2.80%
283	"非凡资产管理(增利型)"理财产品 M5 高款 014 期	2009-10-26	2010-3-26	8099	混合	2.90%
284	"非凡资产管理(增利型)"理财产品 M5 尊款 014 期	2009-10-26	2010-3-26	11122	混合	3.00%
285	非凡理财人民币 T423 期理财产品(T423)	2009-10-27	2010-10-27	26000	信托贷款	4.00%
286	"非凡资产管理(增利型)"理财产品 D14 款 014 期	2009-10-27	2009-11-11	2000	混合	1.80%
287	"非凡资产管理(增利型)"理财产品 M1 款 014 期	2009-10-27	2009-11-27	3948	混合	2.10%
288	"非凡资产管理(增利型)"理财产品 M1 高款 014 期	2009-10-27	2009-11-27	7939	混合	2.20%

续表

序号	产品名称	发行日	到期日	拟发行量	投资方向	预期收益率
289	“非凡资产管理(增利型)”理财产品 M1 尊款 014 期	2009－10－27	2009－11－27	17021	混合	2.30%
290	“非凡资产管理(增利型)”理财产品 M3 款 014 期	2009－10－27	2010－1－27	8216	混合	2.60%
291	“非凡资产管理(增利型)”理财产品 M3 高款 014 期	2009－10－27	2010－1－27	11444	混合	2.70%
292	“非凡资产管理(增利型)”理财产品 M3 尊款 014 期	2009－10－27	2010－1－27	32954	混合	2.85%
293	非凡理财人民币 T369 期理财产品	2009－10－29	2010－10－29	5000	信托贷款	4.00%
294	非凡理财人民币 T489 期理财产品(T489)	2009－11－2	2010－11－2	20000	信托贷款	4.30%
295	“非凡资产管理(增利型)”理财产品 M5 款 015 期	2009－11－2	2010－4－2	8214	混合	2.80%
296	“非凡资产管理(增利型)”理财产品 M5 高款 015 期	2009－11－2	2010－4－2	8880	混合	2.90%
297	“非凡资产管理(增利型)”理财产品 M5 尊款 015 期	2009－11－2	2010－4－2	9754	混合	3.00%
298	非凡理财人民币 T468 期理财产品(T468)	2009－11－3	2010－11－3	50000	信托贷款	4.20%
299	“非凡资产管理(增利型)”理财产品 M1 款 015 期	2009－11－3	2009－12－3	3000	混合	2.10%
300	“非凡资产管理(增利型)”理财产品 M1 高款 015 期	2009－11－3	2009－12－3	6664	混合	2.20%
301	“非凡资产管理(增利型)”理财产品 M3 款 015 期	2009－11－3	2010－2－3	7503	混合	2.60%
302	“非凡资产管理(增利型)”理财产品 M3 高款 015 期	2009－11－3	2010－2－3	12897	混合	2.70%
303	“非凡资产管理(增利型)”理财产品 M3 尊款 015 期	2009－11－3	2010－2－3	16604	混合	2.85%
304	“非凡资产管理(保本型)”理财产品 M6 尊款 008 期	2009－11－4	2010－5－4	2000	混合	2.50%
305	“非凡资产管理(增利型)”理财产品 M1 款 016 期	2009－11－10	2009－12－10	5000	混合	2.10%
306	“非凡资产管理(增利型)”理财产品 M1 高款 016 期	2009－11－10	2009－12－10	6981	混合	2.20%
307	“非凡资产管理(增利型)”理财产品 M3 款 016 期	2009－11－10	2010－2－10	4152	混合	2.65%
308	“非凡资产管理(增利型)”理财产品 M3 高款 016 期	2009－11－10	2010－2－10	5308	混合	2.75%
309	“非凡资产管理(增利型)”理财产品 M3 尊款 016 期	2009－11－10	2010－2－10	10963	混合	2.90%
310	“非凡资产管理(增利型)”理财产品 M4 款 016 期	2009－11－10	2010－3－10	9999	混合	2.80%
311	“非凡资产管理(增利型)”理财产品 M4 尊款 016 期	2009－11－10	2010－3－10	14355	混合	3.00%
312	“非凡资产管理(增利型)”理财产品 M4 高款 016 期	2009－11－10	2010－3－10	14710	混合	2.90%
313	“非凡资产管理(增利型)”理财产品 M4 尊特款 016 期	2009－11－10	2010－3－10	3000	混合	3.05%
314	“非凡资产管理(增利型)”理财产品 M6 尊款 016 期	2009－11－11	2010－5－11	2068	混合	3.25%
315	非凡理财人民币 T491 期理财产品(T491)	2009－11－12	2010－11－12	15148	信托贷款	4.30%
316	非凡理财人民币 T495 期理财产品	2009－11－12	2010－11－12	5990	信托贷款	4.10%
317	“非凡资产管理(增利型)”理财产品 M2 款 016 期	2009－11－12	2010－1－12	3970	混合	2.50%
318	“非凡资产管理(增利型)”理财产品 M2 高款 016 期	2009－11－12	2010－1－12	9102	混合	2.60%
319	“非凡资产管理(增利型)”理财产品 M2 尊款 016 期	2009－11－12	2010－1－12	12917	混合	2.70%
320	“非凡资产管理(增利型)”理财产品 M2 尊特款 016 期	2009－11－12	2010－1－12	2000	混合	2.80%
321	“非凡资产管理(增利型)”理财产品 M5 款 017 期	2009－11－16	2010－4－16	4087	混合	2.90%
322	“非凡资产管理(增利型)”理财产品 M5 高款 017 期	2009－11－16	2010－4－16	7461	混合	3.00%
323	“非凡资产管理(增利型)”理财产品 M5 尊款 017 期	2009－11－16	2010－4－16	4380	混合	3.10%
324	“非凡资产管理(增利型)”理财产品 M12 款 017 期	2009－11－17	2010－11－17	36627	混合	3.70%
325	“非凡资产管理(增利型)”理财产品 M1 款 017 期	2009－11－17	2009－12－17	2999	混合	2.10%

续表

序号	产品名称	发行日	到期日	拟发行量	投资方向	预期收益率
326	"非凡资产管理(增利型)"理财产品 M1 高款 017 期	2009－11－17	2009－12－17	6991	混合	2.20%
327	"非凡资产管理(增利型)"理财产品 M4 款 017 期	2009－11－17	2010－3－17	4586	混合	2.80%
328	"非凡资产管理(增利型)"理财产品 M4 高款 017 期	2009－11－17	2010－3－17	5698	混合	2.90%
329	"非凡资产管理(增利型)"理财产品 M4 尊款 017 期	2009－11－17	2010－3－17	7843	混合	3.00%
330	非凡理财人民币 T462 期理财产品	2009－11－18	2010－3－4	5000	信托贷款	3.30%
331	"非凡资产管理(增利型)"理财产品 M2 款 017 期	2009－11－19	2010－1－19	5072	混合	2.50%
332	"非凡资产管理(增利型)"理财产品 M2 高款 017 期	2009－11－19	2010－1－19	10168	混合	2.60%
333	"非凡资产管理(增利型)"理财产品 M2 尊款 017 期	2009－11－19	2010－1－19	14577	混合	2.70%
334	"非凡资产管理(增利型)"理财产品 M2 尊特款 017 期	2009－11－19	2010－1－19	1000	混合	2.85%
335	非凡理财人民币 T490 期理财产品	2009－11－20	2010－5－20	10000	信托贷款	3.60%
336	"非凡资产管理(增利型)"理财产品 M12 款 018 期	2009－11－24	2010－11－24	17014	混合	3.70%
337	非凡理财人民币 T501 期理财产品(高端)	2009－11－24	2010－11－24	45226	股权质押贷款	4.10%
338	"非凡资产管理(增利型)"理财产品 M1 款 018 期	2009－11－24	2009－12－24	2996	混合	2.10%
339	"非凡资产管理(增利型)"理财产品 M1 高款 018 期	2009－11－24	2009－12－24	8000	混合	2.20%
340	"非凡资产管理(增利型)"理财产品 M2 款 018 期	2009－11－24	2010－1－22	2516	混合	2.50%
341	"非凡资产管理(增利型)"理财产品 M2 高款 018 期	2009－11－24	2010－1－22	5406	混合	2.60%
342	"非凡资产管理(增利型)"理财产品 M2 尊款 018 期	2009－11－24	2010－1－22	11595	混合	2.70%
343	"非凡资产管理(增利型)"理财产品 M2 尊特款 018 期	2009－11－24	2010－1－22	1000	混合	2.80%
344	"非凡资产管理(增利型)"理财产品 M4 款 018 期	2009－11－24	2010－3－24	4682	混合	2.80%
345	"非凡资产管理(增利型)"理财产品 M4 高款 018 期	2009－11－24	2010－3－24	6606	混合	2.90%
346	"非凡资产管理(增利型)"理财产品 M4 尊款 018 期	2009－11－24	2010－3－24	7201	混合	3.00%
347	"非凡资产管理(增利型)"理财产品 M5 款 018 期	2009－11－24	2010－4－23	3331	混合	2.90%
348	"非凡资产管理(增利型)"理财产品 M5 高款 018 期	2009－11－24	2010－4－23	5016	混合	3.00%
349	"非凡资产管理(增利型)"理财产品 M5 尊款 018 期	2009－11－24	2010－4－23	2073	混合	3.10%
350	"非凡资产管理(增利型)"理财产品 M12 款 018 期特别计划	2009－11－25	2010－11－25	618	混合	4.00%
351	非凡理财人民币 T505 期理财产品	2009－11－25	2010－11－25	3319	信托贷款	4.00%
352	非凡理财人民币 T459 期理财产品	2009－11－25	2010－1－5	10000	信托贷款	3.00%
353	"非凡资产管理(增利型)"理财产品 M6 款 018 期特别计划	2009－11－25	2010－5－25	473	混合	3.50%
354	非凡理财人民币 T396 期理财产品(高端)	2009－11－30	2012－11－30	16461	信托贷款	5.30%
355	"非凡资产管理(增利型)"理财产品 M12 款 019 期	2009－12－2	2010－12－2	17304	混合	3.70%
356	"非凡资产管理(增利型)"理财产品 M1 款 019 期	2009－12－2	2010－1－5	2000	混合	2.10%
357	"非凡资产管理(增利型)"理财产品 M1 高款 019 期	2009－12－2	2010－1－5	16397	混合	2.20%
358	"非凡资产管理(增利型)"理财产品 M2 款 019 期	2009－12－2	2010－2－2	3417	混合	2.50%
359	"非凡资产管理(增利型)"理财产品 M2 高款 019 期	2009－12－2	2010－2－2	6740	混合	2.60%

续表

序号	产品名称	发行日	到期日	拟发行量	投资方向	预期收益率
360	“非凡资产管理(增利型)”理财产品 M2 尊款 019 期	2009－12－2	2010－2－2	19165	混合	2.70%
361	“非凡资产管理(增利型)”理财产品 M1 款 019 期特别计划(北京)	2009－12－2	2010－1－5	12108	混合	2.35%
362	“非凡资产管理(增利型)”理财产品 M3 款 019 期	2009－12－2	2010－3－2	5877	混合	2.70%
363	“非凡资产管理(增利型)”理财产品 M3 高款 019 期	2009－12－2	2010－3－2	9268	混合	2.80%
364	“非凡资产管理(增利型)”理财产品 M3 尊款 019 期	2009－12－2	2010－3－2	16288	混合	2.90%
365	非凡理财人民币 T435 期理财产品(高端)	2009－12－2	2010－6－2	33800	信托贷款	3.68%
366	非凡理财人民币 T519 期理财产品(高端)	2009－12－4	2010－12－4	30000	股权质押贷款	5.00%
367	“非凡资产管理(增利型)”理财产品 M2 尊特款 019 期	2009－12－4	2010－2－4	1000	混合	2.80%
368	“非凡资产管理(增利型)”理财产品 M5 款 019 期	2009－12－4	2010－5－4	6433	混合	2.90%
369	“非凡资产管理(增利型)”理财产品 M5 高款 019 期	2009－12－4	2010－5－4	8630	混合	3.00%
370	“非凡资产管理(增利型)”理财产品 M5 尊款 019 期	2009－12－4	2010－5－4	6383	混合	3.10%
371	非凡理财人民币 T509 期理财产品(高端)	2009－12－4	2010－9－4	7682	信托贷款	3.80%
372	非凡理财人民币 T509 期理财产品(尊享)	2009－12－4	2010－9－4	6011	信托贷款	4.15%
373	“非凡资产管理(增利型)”理财产品 M5 款 020 期	2009－12－7	2010－5－7	520	混合	2.90%
374	“非凡资产管理(增利型)”理财产品 M5 高款 020 期	2009－12－7	2010－5－7	1306	混合	3.00%
375	“非凡资产管理(增利型)”理财产品 M5 尊款 020 期	2009－12－7	2010－5－7	354	混合	3.10%
376	“非凡资产管理(增利型)”理财产品 M12 款 020 期	2009－12－8	2010－12－8	6891	混合	3.70%
377	“非凡资产管理(增利型)”理财产品 M1 款 020 期	2009－12－8	2010－1－8	1727	混合	2.10%
378	“非凡资产管理(增利型)”理财产品 M1 高款 020 期	2009－12－8	2010－1－8	22557	混合	2.20%
379	“非凡资产管理(增利型)”理财产品 M1 尊特款 020 期	2009－12－8	2010－1－8	3800	混合	2.30%
380	非凡理财人民币 T461 期理财产品	2009－12－8	2010－3－8	20000	信托贷款	3.20%
381	“非凡资产管理(增利型)”理财产品 M2 款 020 期	2009－12－9	2010－2－9	1484	混合	2.50%
382	“非凡资产管理(增利型)”理财产品 M2 高款 020 期	2009－12－9	2010－2－9	3065	混合	2.60%
383	“非凡资产管理(增利型)”理财产品 M2 尊款 020 期	2009－12－9	2010－2－9	3630	混合	2.70%
384	“非凡资产管理(增利型)”理财产品 M3 款 020 期	2009－12－9	2010－3－9	5042	混合	2.80%
385	“非凡资产管理(增利型)”理财产品 M3 高款 020 期	2009－12－9	2010－3－9	8967	混合	2.90%
386	“非凡资产管理(增利型)”理财产品 M3 尊款 020 期	2009－12－9	2010－3－9	14273	混合	3.05%
387	“非凡资产管理(增利型)”理财产品 M3 尊特款 020 期	2009－12－9	2010－3－9	1727	混合	3.10%
388	“非凡资产管理(增利型)”理财产品 M5 款 021 期	2009－12－14	2010－5－14	5067	混合	3.00%
389	“非凡资产管理(增利型)”理财产品 M5 高款 021 期	2009－12－14	2010－5－14	3755	混合	3.10%
390	“非凡资产管理(增利型)”理财产品 M5 尊款 021 期	2009－12－14	2010－5－14	3697	混合	3.20%
391	“非凡资产管理(增利型)”理财产品 M12 款 021 期	2009－12－15	2010－12－15	8055	混合	3.70%
392	“非凡资产管理(增利型)”理财产品 M1 款 021 期	2009－12－15	2010－1－15	2652	混合	2.10%
393	“非凡资产管理(增利型)”理财产品 M1 高款 021 期	2009－12－15	2010－1－15	16182	混合	2.20%
394	“非凡资产管理(增利型)”理财产品 M1 尊特款 021 期	2009－12－15	2010－1－15	3000	混合	2.40%
395	非凡理财人民币 T493 期理财产品	2009－12－15	2010－6－15	15999	信托贷款	3.50%

续表

序号	产品名称	发行日	到期日	拟发行量	投资方向	预期收益率
396	非凡理财人民币 T513 期理财产品(高端)	2009－12－15	2010－6－15	4999	信托贷款	3.65%
397	非凡理财人民币 T424 期理财产品(A 款)	2009－12－16	2010－12－16	10000	信托贷款	4.30%
398	"非凡资产管理(增利型)"理财产品 M3 款 021 期	2009－12－16	2010－3－16	6155	混合	2.80%
399	"非凡资产管理(增利型)"理财产品 M3 高款 021 期	2009－12－16	2010－3－16	9170	混合	2.90%
400	"非凡资产管理(增利型)"理财产品 M3 尊款 021 期	2009－12－16	2010－3－16	9875	混合	3.00%
401	非凡理财人民币 T424 期理财产品(B 款)	2009－12－16	2010－6－16	4900	信托贷款	3.70%
402	非凡理财人民币 T523 期理财产品(高端)	2009－12－17	2010－12－17	9617	信托贷款	4.10%
403	非凡理财人民币 T524 期理财产品(高端)	2009－12－18	2010－12－18	39994	股权质押贷款	5.00%
404	非凡理财人民币 T510 期理财产品(高端)	2009－12－22	2010－12－22	8410	信托贷款	4.00%
405	"非凡资产管理(增利型)"理财产品 M12 款 022 期	2009－12－22	2010－12－22	6811	混合	3.70%
406	"非凡资产管理(增利型)"理财产品 M1 款 022 期	2009－12－22	2010－1－22	2489	混合	2.10%
407	"非凡资产管理(增利型)"理财产品 M1 高款 022 期	2009－12－22	2010－1－22	8061	混合	2.20%
408	"非凡资产管理(增利型)"理财产品 M4 款 022 期	2009－12－22	2010－4－22	4203	混合	2.90%
409	"非凡资产管理(增利型)"理财产品 M4 高款 022 期	2009－12－22	2010－4－22	4880	混合	3.00%
410	"非凡资产管理(增利型)"理财产品 M4 尊款 022 期	2009－12－22	2010－4－22	3195	混合	3.10%
411	非凡理财人民币 T518 期理财产品(高端)	2009－12－22	2010－6－22	21237	信托贷款	3.60%
412	"非凡资产管理(增利型)"理财产品 M3 款 022 期	2009－12－23	2010－3－23	4820	混合	2.80%
413	"非凡资产管理(增利型)"理财产品 M3 高款 022 期	2009－12－23	2010－3－23	6523	混合	2.90%
414	"非凡资产管理(增利型)"理财产品 M3 尊款 022 期	2009－12－23	2010－3－23	7764	混合	3.00%
415	"非凡资产管理(增利型)"理财产品 M12 款 023 期	2009－12－28	2010－12－28	5204	混合	3.70%
416	非凡理财人民币 T531 期理财产品(高端)	2009－12－28	2010－12－28	52413	股权质押贷款	5.00%
417	"非凡资产管理(增利型)"理财产品 M1 款 023 期	2009－12－28	2010－1－28	1119	混合	2.15%
418	"非凡资产管理(增利型)"理财产品 M1 高款 023 期	2009－12－28	2010－1－28	1514	混合	2.25%
419	"非凡资产管理(增利型)"理财产品 M1 尊款 023 期	2009－12－28	2010－1－28	5228	混合	2.30%
420	"非凡资产管理(增利型)"理财产品 M2 款 023 期	2009－12－28	2010－2－28	1396	混合	2.70%
421	"非凡资产管理(增利型)"理财产品 M2 高款 023 期	2009－12－28	2010－2－28	2410	混合	2.80%
422	"非凡资产管理(增利型)"理财产品 M2 尊款 023 期	2009－12－28	2010－2－28	2188	混合	2.90%
423	"非凡资产管理(增利型)"理财产品 M3 款 023 期	2009－12－28	2010－3－28	4078	混合	2.90%
424	"非凡资产管理(增利型)"理财产品 M3 高款 023 期	2009－12－28	2010－3－28	5732	混合	3.00%
425	"非凡资产管理(增利型)"理财产品 M3 尊款 023 期	2009－12－28	2010－3－28	3230	混合	3.05%
426	"非凡资产管理(增利型)"理财产品 M5 款 023 期	2009－12－28	2010－5－28	2608	混合	3.00%
427	"非凡资产管理(增利型)"理财产品 M5 高款 023 期	2009－12－28	2010－5－28	2856	混合	3.10%
428	"非凡资产管理(增利型)"理财产品 M5 尊款 023 期	2009－12－28	2010－5－28	1935	混合	3.20%

数据来源：民生银行

表 3－23　2009 年民生银行个人外币理财产品发行情况表　单位：万元发行币种

序号	产品名称	币种	发行日	到期日	拟发行量	投资方向	预期收益率
1	非凡理财外汇 0901 期 A 计划	欧元	2009－2－18	2009－8－18	86	同业存款	1.60%
2	非凡理财外汇 0901 期 B 计划	欧元	2009－2－18	2009－8－18	148	同业存款	1.70%
3	非凡理财外汇 0902 期 A 计划	欧元	2009－3－11	2009－6－11	14	同业存款	1.34%
4	非凡理财外汇 0902 期 B 计划	欧元	2009－3－11	2009－6－11	18	同业存款	1.44%
5	非凡理财外汇 0902 期 C 计划	欧元	2009－3－11	2009－6－11	64	同业存款	1.49%
6	非凡理财外汇 0903 期 A 计划	美元	2009－3－18	2009－9－18	53	同业存款	1.54%
7	非凡理财外汇 0903 期 B 计划	美元	2009－3－18	2009－9－18	143	同业存款	1.64%
8	非凡理财外汇 0903 期 C 计划	美元	2009－3－18	2009－9－18	67	同业存款	1.69%
9	非凡理财外汇 0903 期 F 计划	港币	2009－3－18	2009－9－18	1389	同业存款	0.95%
10	非凡理财外汇 0903 期 D 计划	欧元	2009－3－18	2009－9－18	15	同业存款	1.43%
11	非凡理财外汇 0903 期 E 计划	欧元	2009－3－18	2009－9－18	123	同业存款	1.53%
12	非凡理财外汇 0904 期 D 计划	欧元	2009－4－29	2009－10－29	13	同业存款	1.24%
13	非凡理财外汇 0904 期 E 计划	欧元	2009－4－29	2009－10－29	74	同业存款	1.34%
14	非凡理财外汇 0904 期 B 计划	美元	2009－4－29	2009－10－29	100	同业存款	1.29%
15	非凡理财外汇 0904 期 C 计划	美元	2009－4－29	2009－10－29	26	同业存款	1.39%
16	非凡理财外汇 0904 期 A 计划	美元	2009－4－29	2009－10－29	33	同业存款	1.24%
17	非凡理财外汇 0904 期 F 计划	港币	2009－4－29	2009－10－29	204	同业存款	0.80%
18	非凡理财外汇 0905 期	美元	2009－7－7	2010－1－7	278	同业存款	1.30%
19	非凡理财外汇 0906 期(高端)A 款	美元	2009－11－27	2010－5－27	422	混合	1.65%
20	非凡理财外汇 0906 期(高端)C 款	港币	2009－11－27	2010－5－27	938	混合	1.40%
21	非凡理财外汇 0906 期(高端)D 款	澳元	2009－11－27	2010－5－27	171	混合	5.00%
22	非凡理财外汇 0906 期(高端)B 款	欧元	2009－11－27	2010－5－27	213	混合	1.75%
23	非凡理财外汇 0907 期 B 款	欧元	2009－12－23	2010－6－23	85	混合	1.75%
24	非凡理财外汇 0907 期 D 款	澳元	2009－12－23	2010－6－23	149	混合	4.85%
25	非凡理财外汇 0907 期 C 款	港币	2009－12－23	2010－6－23	1225	混合	1.35%
26	非凡理财外汇 0907 期 A 款	美元	2009－12－23	2010－6－23	331	混合	1.60%

数据来源：民生银行

表 3－24　2009 年中国邮政储蓄银行个人人民币理财产品发行情况表　单位：万元人民币

序号	产品名称	发行日	到期日	拟发行量	投资方向	预期收益率
1	天富 4 号第 2 期	2009－3－2	2011－3－1	95684	资本市场	8.17% ±6.24%
2	财富 17 号	2009－3－4	2012－3－3	50000	信贷资产	5.20%
3	天富 5 号	2009－6－1	2011－5－31	20000	资本市场	3.86%
4	天富 8 号	2009－6－15	2010－6－14	9000	资本市场	4.00%
5	天富 7 号	2009－6－24	2011－6－23	28282	资本市场	0.33% ~7.98%
6	财富月月升	2008－7－1	不确定	1500000	债券及货币市场工具	1.80%
7	天富 3 号第 2 期	2009－7－7	2011－7－6	75000	资本市场	1.4% ~8.2%
8	财富日日升	2009－9－1	不确定	1500000	债券及货币市场工具	1.41%
9	天富 3 号展期	2009－9－23	不确定	80429	资本市场	6.00%
10	金种子	2009－11－11	2014－11－10	23943	资本市场	不确定

数据来源：中国邮政储蓄银行

表3－25　2009年中国邮政储蓄银行个人外币理财产品发行情况表　单位：万元发行币种

序号	产品名称	币种	发行日	到期日	拟发行量	投资方向	预期收益率
1	"储汇聚财"系列2009年第1号外币理财产品	美元	2009－3－10	2009－9－18	200	债券及货币市场	1.35%
2	"储汇聚财"系列2009年第2号外币理财产品	美元	2009－3－31	2010－4－9	150	债券及货币市场	1.55%
3	"储汇聚财"系列09年第3号外币理财产品	美元	2009－5－6	2009－11－13	100	债券及货币市场	1.30%

数据来源：中国邮政储蓄银行

表3－26　2009年广东发展银行个人人民币理财产品发行情况表　单位：万元人民币

序号	产品名称	发行日	到期日	拟发行量	投资方向	预期收益率
1	薪加薪B计划月结型14期	2009－1－5	2009－1－23	17841	基金	1.62%
2	薪加薪B计划季结型14期	2009－1－6	2009－4－7	32581	基金	3.50%
3	锦上花57期	2009－1－6	2009－8－22	3591	转让贷款	4.50%
4	锦上花58期	2009－1－9	2009－2－20	4184	转让贷款	3.00%
5	锦上花59期	2009－1－16	2009－9－1	3276	转让贷款	4.40%
6	财富一号第8期	2009－1－16	2009－4－17	500	转让贷款	3.60%
7	财富一号第9期	2009－1－16	2009－4－30	500	转让贷款	3.60%
8	锦上花60期	2009－1－20	2009－8－7	3158	转让贷款	4.30%
9	薪加薪B计划月结型15期	2009－2－2	2009－2－27	21008	基金	1.62%
10	薪加薪B计划季结型15期	2009－2－4	2009－5－4	48755	基金	3.50%
11	锦上花61期	2009－2－12	2009－9－28	3488	转让贷款	4.20%
12	锦上花62期	2009－2－18	2009－4－24	3432	转让贷款	3.30%
13	锦上花63期	2009－2－18	2009－5－25	8416	转让贷款	3.00%
14	锦上花64期	2009－2－25	2009－5－7	4165	转让贷款	3.20%
15	薪加薪B计划月结型16期	2009－03－02	2009－03－31	23361	基金	1.62%
16	锦上花65期	2009－3－5	2009－7－1	9103	转让贷款	3.10%
17	锦上花66期	2009－3－18	2009－7－8	4071	转让贷款	3.00%
18	薪加薪B计划月结型17期	2009－4－1	2009－04－30	18911	基金	1.62%
19	锦上花67期	2009－4－10	2009－7－29	7359	转让贷款	4.10%
20	薪加薪7号18期	2009－4－10	2009－7－23	4606	转让贷款	3.60%
21	锦上花68期	2009－4－16	2009－8－24	7268	转让贷款	4.20%
22	锦上花69期	2009－4－16	2009－8－24	3452	转让贷款	4.04%
23	锦上花70期	2009－4－16	2009－12－17	4164	转让贷款	5.10%
24	锦上花71期	2009－4－22	2009－9－8	2955	转让贷款	3.00%
25	薪加薪B计划月结型18期	2009－5－4	2009－05－27	10804	基金	1.62%
26	锦上花72期	2009－5－13	2009－10－21	3257	转让贷款	3.00%
27	薪加薪B计划月结型19期	2009－6－1	2009－06－30	6824	基金	1.62%
28	锦上花73期	2009－6－2	2009－9－9	3110	转让贷款	4.30%
29	财富一号第10期	2009－6－12	2009－7－16	500	转让贷款	3.60%
30	财富一号第11期	2009－6－12	2009－8－25	500	转让贷款	3.60%
31	锦上花74期	2009－6－18	2009－11－12	2935	转让贷款	3.00%
32	薪加薪B计划月结型20期	2009－7－1	2009－7－31	4949	基金	1.62%
33	锦上花75期	2009－7－3	2009－11－18	3142	转让贷款	3.00%
34	锦上花76期	2009－7－16	2009－10－13	4613	转让贷款	2.80%

续表

序号	产品名称	发行日	到期日	拟发行量	投资方向	预期收益率
35	锦上花 78 期	2009 – 7 – 28	2010 – 3 – 26	3390	转让贷款	4. 30%
36	薪加薪 B 计划月结型 21 期	2009 – 8 – 3	2009 – 8 – 31	3933	基金	1. 62%
37	锦上花 77 期	2009 – 8 – 6	2009 – 11 – 27	3122	转让贷款	4. 30%
38	锦上花 79 期	2009 – 8 – 20	2009 – 12 – 11	3044	转让贷款	3. 10%
39	薪加薪 B 计划月结型 22 期	2009 – 9 – 1	2009 – 9 – 30	3516	基金	1. 62%
40	锦上花 81 期	2009 – 9 – 2	2010 – 1 – 11	3177	转让贷款	3. 60%
41	锦上花 80 期	2009 – 9 – 3	2009 – 12 – 18	3044	转让贷款	3. 10%
42	锦上花 82 期	2009 – 9 – 4	2009 – 12 – 22	5110	转让贷款	3. 10%
43	薪加薪 11 号	2009 – 9 – 7	2010 – 12 – 31	52723	其他	1. 35%
44	锦上花 83 期	2009 – 9 – 11	2009 – 12 – 29	3163	转让贷款	3. 10%
45	锦上花 84 期	2009 – 9 – 23	2009 – 12 – 24	3301	转让贷款	3. 00%
46	薪加薪 B 计划月结型 23 期	2009 – 10 – 9	2009 – 10 – 30	3124	基金	1. 62%
47	锦上花 85 期	2009 – 10 – 14	2010 – 1 – 13	3499	转让贷款	3. 30%
48	锦上花 86 期	2009 – 10 – 16	2010 – 1 – 27	4148	转让贷款	3. 30%
49	锦上花 87 期	2009 – 10 – 21	2010 – 4 – 22	4121	转让贷款	3. 70%
50	薪加薪 7 号 19 期	2009 – 10 – 21	2010 – 1 – 30	2908	转让贷款	2. 70%
51	锦上花 88 期	2009 – 10 – 23	2010 – 5 – 7	3997	转让贷款	3. 70%
52	锦上花 89 期	2009 – 10 – 10	2010 – 7 – 14	5611	转让贷款	3. 60%
53	锦上花 90 期	2009 – 10 – 22	2010 – 3 – 1	4467	转让贷款	3. 10%
54	薪加薪 B 计划月结型 24 期	2009 – 11 – 2	2009 – 11 – 30	2699	基金	1. 62%
55	锦上花 91 期	2009 – 11 – 3	2010 – 5 – 31	6686	转让贷款	3. 80%
56	薪加薪 7 号 20 期	2009 – 11 – 4	2010 – 1 – 31	2926	转让贷款	2. 65%
57	锦上花 92 期	2009 – 11 – 5	2010 – 2 – 10	2671	转让贷款	3. 30%
58	薪加薪 7 号 21 期	2009 – 11 – 11	2010 – 6 – 9	2931	转让贷款	3. 30%
59	锦上花 95 期	2009 – 11 – 11	2010 – 3 – 30	4862	转让贷款	4. 60%
60	锦上花 93 期	2009 – 11 – 12	2010 – 7 – 8	4296	转让贷款	4. 00%
61	锦上花 94 期	2009 – 11 – 17	2010 – 3 – 8	4499	转让贷款	3. 30%
62	薪加薪 7 号 22 期	2009 – 11 – 18	2010 – 6 – 30	1350	转让贷款	3. 35%
63	锦上花 96 期	2009 – 11 – 25	2010 – 8 – 24	7194	转让贷款	4. 20%
64	薪加薪 B 计划月结型 25 期	2009 – 12 – 1	2009 – 12 – 30	2213	基金	1. 62%
65	锦上花 97 期	2009 – 12 – 2	2010 – 9 – 9	5576	转让贷款	4. 20%
66	锦上花 98 期	2009 – 12 – 4	2010 – 3 – 22	3651	转让贷款	3. 30%
67	薪加薪 7 号 23 期	2009 – 12 – 9	2010 – 8 – 31	2005	转让贷款	3. 60%
68	薪加薪 7 号 24 期	2009 – 12 – 9	2010 – 8 – 20	3225	转让贷款	3. 80%
69	锦上花 99 期	2009 – 12 – 16	2010 – 9 – 22	3156	转让贷款	3. 50%
70	锦上花 100 期	2009 – 12 – 18	2010 – 4 – 3	5264	转让贷款	4. 20%
71	薪加薪 7 号 25 期	2009 – 12 – 22	2010 – 7 – 16	1629	转让贷款	3. 65%
72	薪加薪 7 号 26 期	2009 – 12 – 22	2010 – 7 – 30	2176	转让贷款	3. 55%
73	薪加薪 7 号 27 期	2009 – 12 – 22	2010 – 9 – 30	7945	转让贷款	4. 10%
74	薪加薪 7 号 28 期	2009 – 12 – 25	2010 – 9 – 23	3370	转让贷款	3. 70%
75	锦上花 101 期	2009 – 12 – 25	2010 – 9 – 29	3834	转让贷款	4. 20%
76	锦上花 102 期	2009 – 12 – 30	2010 – 4 – 29	5239	转让贷款	3. 50%

数据来源：广东发展银行

表3－27　2009年深圳发展银行个人人民币理财产品发行情况表

单位：万元人民币

序号	产品名称	发行日	到期日	拟发行量	投资方向	预期收益率
1	"聚财宝"卓越计划人民币2009年1号（单期产品）	2009－2－20	2009－5－20	1906	购买债券	1.95%
2	"聚财宝"腾越计划2009年1号	2009－4－28	2010－10－28	14921	股权投资	6.00%
3	"聚财宝"卓越计划4号	2009－4－28	2009－5－28	1256	购买贴现票据	1.60%
4	"聚财宝"飞越计划2009年1号(盈富基金挂钩)人民币理财产品(单期产品)	2009－4－29	2010－4－29	9335	购买债券	不确定
5	"聚财宝"卓越计划5号	2009－5－13	2009－6－13	16994	购买贴现票据	1.65%
6	"聚财宝"尊贵计划2009年3号人民币理财产品	2009－6－23	2011－6－22	20000	转让贷款	4.80%
7	"聚财宝"日添利人民币理财产品	2009－7－1	2012－7－1	236760	购买债券	1.45%
8	"聚财宝"尊贵计划2009年6号人民币理财产品	2009－7－24	2010－2－26	8000	转让贷款	3.80%
9	"聚财宝"卓越计划人民币2009年2号（单期产品）	2009－9－16	2009－12－16	4993	购买债券	2.50%
10	"聚财宝"尊贵计划2009年8号人民币理财产品	2009－9－18	2009－9－27	4000	转让贷款	3.20%
11	"聚财宝"卓越计划人民币2009年3号（单期产品）	2009－9－28	2009－12－30	19942	购买债券	2.50%
12	"聚财宝"尊贵计划2009年11号人民币理财产品	2009－9－30	2012－9－29	48141	转让贷款	5.60%
13	"聚财宝"卓越计划1号	2009－10－28	2010－7－26	11517	购买债券	1.85%
14	"聚财宝"尊贵金陵2009年2号人民币理财产品	2009－11－6	2010－11－6	20000	转让贷款	4.20%
15	"聚财宝"尊贵计划2009年19号	2009－11－10	2010－1－20	25000	转让贷款	3.00%
16	"聚财宝"尊贵计划2009年8号(2期)	2009－11－13	2010－2－26	5600	转让贷款	3.20%
17	"聚财宝"卓越计划人民币7号	2009－11－17	2010－1－17	6141	购买债券	1.80%
18	"聚财宝"尊贵金陵2009年3号人民币理财产品(1期)	2009－11－20	2010－11－20	15000	转让贷款	4.20%
19	"聚财宝"尊贵计划2009年10号	2009－11－24	2011－11－24	8358	转让贷款	4.10%
20	"聚财宝"尊贵计划2009年20号	2009－11－24	2010－1－13	15000	转让贷款	3.00%
21	"聚财宝"尊贵计划2009年25号	2009－11－27	2010－1－22	6000	转让贷款	3.00%
22	"聚财宝"卓越计划2号	2009－11－28	2010－5－26	14577	购买债券	1.90%
23	"聚财宝"尊贵计划2009年28号	2009－11－30	2010－3－10	3353	转让贷款	4.20%
24	"聚财宝"尊贵计划2009年29号(1期)	2009－11－30	2010－4－6	2281	转让贷款	3.30%
25	"聚财宝"尊贵计划2009年29号(2期)	2009－11－30	2010－10－6	7065	转让贷款	4.20%
26	"聚财宝"尊贵计划2009年30号	2009－11－30	2010－10－27	3000	转让贷款	4.20%
27	"聚财宝"尊贵计划2009年23号	2009－12－4	2010－1－13	3700	转让贷款	2.70%

续表

序号	产品名称	发行日	到期日	拟发行量	投资方向	预期收益率
28	“聚财宝”卓越计划人民币 4 号(2009 年款)	2009－12－5	2012－6－5	10641	购买债券	1.80%
29	“聚财宝”尊贵计划 2009 年 36 号	2009－12－10	2011－3－23	17000	转让贷款	3.40%
30	“聚财宝”尊贵计划 2009 年 31 号	2009－12－11	2010－5－12	4563	转让贷款	3.50%
31	“聚财宝”尊贵计划 2009 年 34 号	2009－12－11	2010－12－31	7700	转让贷款	4.40%
32	“聚财宝”卓越计划人民币 8 号	2009－12－17	2010－2－17	3155	购买债券	1.80%
33	“聚财宝”尊贵计划 2009 年 31 号(2 期)	2009－12－17	2010－5－12	437	转让贷款	3.50%
34	“聚财宝”卓越计划人民币 6 号	2009－12－18	2012－4－24	20917	购买债券	1.65%
35	“聚财宝”尊贵计划 2009 年 33 号	2009－12－18	2010－11－25	5000	转让贷款	4.20%
36	“聚财宝”尊贵计划 2009 年 28 号(2 期)	2009－12－22	2010－3－10	1647	转让贷款	3.30%
37	“聚财宝”尊贵计划 2009 年 29 号(3 期)	2009－12－22	2010－4－6	1719	转让贷款	3.50%
38	“聚财宝”尊贵计划 2009 年 29 号(4 期)	2009－12－22	2010－10－6	935	转让贷款	4.30%
39	“聚财宝”尊贵计划 2009 年 35 号	2009－12－22	2010－3－6	22000	转让贷款	3.30%
40	“聚财宝”卓越计划人民币 5 号(2009 年款)	2009－12－25	2012－6－25	11325	购买债券	1.75%
41	“聚财宝”卓越计划 3 号	2009－12－28	2010－6－26	6594	购买债券	1.90%
42	“聚财宝”尊贵计划 2009 年 32 号	2009－12－29	2010－5－12	5000	转让贷款	3.90%

数据来源:深圳发展银行

表 3－28　2009 年深圳发展银行个人外币理财产品发行情况表　　单位:万元发行币种

序号	产品名称	币种	发行日	到期日	拟发行量	投资方向	预期收益率
1	“聚汇宝”B 计划 2005 年 4 期 1 号	美元	2009－10－9	2010－7－7	398	购买债券	0.90%
2	“聚汇宝”B 计划 2005 年 4 期 2 号	港币	2009－10－9	2010－7－7	1989	购买债券	0.80%
3	“聚汇宝”B 计划二期 1 号	美元	2009－10－29	2010－7－7	342	购买债券	0.90%
4	“聚汇宝”B 计划二期 2 号	港币	2009－10－29	2010－7－7	1675	购买债券	0.80%
5	“聚汇宝”B 计划 2006 年 1 期 1 号	美元	2009－11－9	2010－11－7	309	购买债券	0.90%
6	“聚汇宝”B 计划 2006 年 1 期 2 号	港币	2009－11－9	2010－5－7	2193	购买债券	0.80%
7	“聚汇宝”B 计划三期 1 号	美元	2009－11－29	2010－11－7	178	购买债券	0.90%
8	“聚汇宝”B 计划三期 2 号	港币	2009－11－29	2010－5－7	554	购买债券	0.80%
9	“聚汇宝”B 计划 2005 年 3 期 1 号	美元	2009－12－8	2010－6－7	359	购买债券	0.90%
10	“聚汇宝”B 计划 2005 年 3 期 2 号	港币	2009－12－8	2010－6－7	2093	购买债券	0.80%
11	“聚汇宝”B 计划一期 1 号	美元	2009－12－29	2010－6－7	262	购买债券	0.80%
12	“聚汇宝”B 计划一期 2 号	港币	2009－12－29	2010－6－7	1372	购买债券	0.80%

数据来源:深圳发展银行

表3－29　2009年上海浦东发展银行个人人民币理财产品发行情况表　单位：万元人民币

序号	产品名称	发行日	到期日	拟发行量	投资方向	预期收益率
1	上海浦东发展银行个人专项理财产品2009年第一期T计划	2009－1－16	2009－7－16	10000	信托贷款	3.80%
2	汇理财2009年第一期V计划	2009－2－10	2009－3－10	49624	混合	1.45%
3	上海浦东发展银行个人专项理财产品2009年第二期T计划	2009－2－26	2010－2－26	10000	信托贷款	4.02%
4	上海浦东发展银行个人专项理财产品2009年第五期T计划	2009－3－16	2010－3－16	26150	信托贷款	3.40%
5	上海浦东发展银行个人专项理财产品2009年第三期T计划	2009－3－19	2009－9－18	10000	信托贷款	3.00%
6	上海浦东发展银行个人专项理财产品2010年第三期T计划	2009－3－19	2009－9－18	88800	信托贷款	2.80%
7	上海浦东发展银行个人专项理财产品2009年第六期短融盈计划	2009－3－19	2009－12－29	20280	信托贷款	3.20%
8	上海浦东发展银行个人专项理财产品2009年第七期T计划	2009－3－19	2009－5－27	1000	信托贷款	2.70%
9	上海浦东发展银行个人专项理财产品2009年第十一期T计划	2009－3－31	2009－10－9	6328	信托贷款	3.00%
10	2009年第二期汇理财稳利系列V2计划	2009－3－31	2009－6－30	71212	混合	1.85%
11	2009年第二期汇理财稳利系列R2计划	2009－3－31	2009－9－30	74971	混合	2.10%
12	2009年第二期汇理财稳利系列R1计划	2009－3－31	2009－9－30	37340	混合	2.05%
13	2009年第二期汇理财稳利系列V1计划	2009－3－31	2009－6－30	19422	混合	1.80%
14	上海浦东发展银行个人专项理财产品2009年第八期T计划	2009－4－1	2010－4－1	10000	信托贷款	3.30%
15	上海浦东发展银行个人专项理财产品2009年第九期T计划	2009－4－1	2009－6－18	7500	信托贷款	2.55%
16	上海浦东发展银行个人专项理财产品2009年第十期T计划	2009－4－1	2009－6－23	9000	信托贷款	2.60%
17	上海浦东发展银行个人专项理财产品2009年第十五期T计划	2009－4－3	2009－6－26	1000	信托贷款	3.00%
18	上海浦东发展银行个人专项理财产品2009年第十六期T计划	2009－4－3	2009－6－19	1000	信托贷款	3.00%
19	上海浦东发展银行个人专项理财产品2009年第十二期T计划	2009－4－9	2010－4－9	10000	信托贷款	3.40%
20	上海浦东发展银行个人专项理财产品2009年第十三期T计划	2009－4－9	2009－11－17	5000	信托贷款	4.00%
21	上海浦东发展银行个人专项理财产品2009年第十四期T计划	2009－4－9	2009－11－26	5000	信托贷款	4.00%
22	上海浦东发展银行个人专项理财产品2009年第十七期T计划	2009－4－10	2009－10－10	10000	信托贷款	2.80%

续表

序号	产品名称	发行日	到期日	拟发行量	投资方向	预期收益率
23	上海浦东发展银行个人专项理财产品 2009 年第十八期 T 计划	2009－4－20	2010－4－20	7500	信托贷款	3.30%
24	上海浦东发展银行个人专项理财产品 2009 年第十九期 T 计划	2009－4－21	2009－10－21	2322	信托贷款	3.00%
25	2009 年第三期汇理财稳利系列 V 计划	2009－4－21	2009－7－21	20385	混合	1.80%
26	2009 年第三期汇理财稳利系列 R 计划	2009－4－21	2009－10－21	39999	混合	2.05%
27	上海浦东发展银行个人专项理财产品 2009 年第二十四期 T 计划	2009－4－23	2010－4－23	10000	信托贷款	3.40%
28	上海浦东发展银行个人专项理财产品 2009 年第二十二期 T 计划	2009－4－24	2010－10－23	15000	信托贷款	4.20%
29	上海浦东发展银行个人专项理财产品 2009 年第二十期 T 计划	2009－4－28	2010－4－28	40000	信托贷款	3.40%
30	上海浦东发展银行个人专项理财产品 2009 年第二十三期 T 计划	2009－4－28	2009－10－27	2980	信托贷款	3.50%
31	上海浦东发展银行个人专项理财产品 2010 年第二十三期 T 计划	2009－4－28	2009－10－27	5992	信托贷款	3.30%
32	上海浦东发展银行个人专项理财产品 2011 年第二十三期 T 计划	2009－4－28	2009－10－27	21028	信托贷款	2.80%
33	上海浦东发展银行个人专项理财产品 2009 年第二十六期 T 计划	2009－4－29	2010－4－28	10000	信托贷款	3.50%
34	2009 年第四期汇理财稳利系列 R1 计划	2009－4－30	2009－10－30	21075	混合	2.05%
35	2009 年第四期汇理财稳利系列 R2 计划	2009－4－30	2009－10－30	12514	混合	2.15%
36	2009 年第四期汇理财稳利系列 V 计划	2009－4－30	2009－7－30	12204	混合	1.80%
37	上海浦东发展银行个人专项理财产品 2009 年第二十九期 T 计划	2009－5－12	2009－11－12	9659	信托贷款	3.00%
38	2009 年第五期汇理财稳利系列 M 计划	2009－5－13	2009－6－13	18674	混合	1.50%
39	2009 年第五期汇理财稳利系列 V1 计划	2009－5－13	2009－8－13	3984	混合	1.80%
40	2009 年第五期汇理财稳利系列 V2 计划	2009－5－13	2009－8－13	13218	混合	1.85%
41	2009 年第五期汇理财稳利系列 R 计划	2009－5－13	2009－11－13	20460	混合	2.05%
42	上海浦东发展银行个人专项理财产品 2009 年第二十七期 T 计划	2009－5－15	2010－5－15	20000	信托贷款	3.40%
43	上海浦东发展银行个人专项理财产品 2009 年第二十八期 T 计划	2009－5－15	2010－5－15	12316	信托贷款	3.4%（浮动收益）
44	上海浦东发展银行个人专项理财产品 2009 年第三十一期 T 计划	2009－5－25	2009－11－24	25000	信托贷款	3.20%
45	上海浦东发展银行个人专项理财产品 2010 年第三十一期 T 计划	2009－5－25	2009－11－24	22000	信托贷款	3.00%

续表

序号	产品名称	发行日	到期日	拟发行量	投资方向	预期收益率
46	上海浦东发展银行个人专项理财产品2009年第三十二期T计划	2009-5-25	2010-5-24	4000	信托贷款	3.60%
47	上海浦东发展银行个人专项理财产品2010年第三十二期T计划	2009-5-25	2010-5-24	3500	信托贷款	3.40%
48	上海浦东发展银行个人专项理财产品2009年第二十五期T计划	2009-5-25	2010-5-25	10000	信托贷款	3.40%
49	上海浦东发展银行个人专项理财产品2009年第三十五期T计划	2009-5-26	2010-5-26	10000	信托贷款	3.40%
50	上海浦东发展银行个人专项理财产品2009年第三十三期T计划	2009-5-27	2010-5-27	4000	信托贷款	3.60%
51	上海浦东发展银行个人专项理财产品2009年第三十四期T计划	2009-5-27	2010-2-26	17038	信托贷款	3.20%
52	2009年第六期汇理财稳利系列V1计划	2009-5-27	2009-8-27	10000	混合	1.80%
53	2009年第六期汇理财稳利系列V2计划	2009-5-27	2009-8-27	19999	混合	1.90%
54	2009年第六期汇理财稳利系列R1计划	2009-5-27	2009-11-27	13530	混合	2.05%
55	2009年第六期汇理财稳利系列R2计划	2009-5-27	2009-11-27	24803	混合	2.15%
56	2009年第六期汇理财稳利系列R3计划	2009-5-27	2009-11-27	19986	混合	2.25%
57	上海浦东发展银行个人专项理财产品2009年第三十六期T计划	2009-6-9	2010-6-9	3000	信托贷款	4.80%
58	2009年第七期汇理财稳利系列M计划	2009-6-12	2009-7-12	19997	混合	1.45%
59	2009年第七期汇理财稳利系列V1计划	2009-6-12	2009-9-12	9999	混合	1.80%
60	2009年第七期汇理财稳利系列V2计划	2009-6-12	2009-9-12	19970	混合	1.90%
61	2009年第七期汇理财稳利系列R1计划	2009-6-12	2009-12-12	10000	混合	2.05%
62	2009年第七期汇理财稳利系列R2计划	2009-6-12	2009-12-12	19972	混合	2.15%
63	2009年第七期汇理财稳利系列R3计划	2009-6-12	2009-12-12	40000	混合	2.25%
64	上海浦东发展银行个人专项理财产品2009年第三十七期信贷盈计划	2009-6-25	2010-6-25	20000	信托贷款	3.40%
65	上海浦东发展银行个人专项理财产品2009年第四十八期信贷盈计划	2009-6-25	2010-6-25	1000	信托贷款	4.50%
66	上海浦东发展银行个人专项理财产品2009年第四十九期信贷盈计划	2009-6-25	2009-12-25	3000	信托贷款	3.50%
67	2009年第八期汇理财稳利系列V1计划	2009-6-26	2009-9-26	10000	混合	1.80%
68	2009年第八期汇理财稳利系列V2计划	2009-6-26	2009-9-26	19988	混合	1.90%
69	2009年第八期汇理财稳利系列V3计划	2009-6-26	2009-9-26	39993	混合	2.00%
70	2009年第八期汇理财稳利系列R1计划	2009-6-26	2009-12-26	18219	混合	2.05%
71	2009年第八期汇理财稳利系列R2计划	2009-6-26	2009-12-26	28855	混合	2.15%
72	上海浦东发展银行个人专项理财产品2009年第四十四期信贷盈计划	2009-6-26	2010-6-26	4500	信托贷款	3.40%

续表

序号	产品名称	发行日	到期日	拟发行量	投资方向	预期收益率
73	上海浦东发展银行个人专项理财产品 2009 年第五十六期信贷盈计划	2009－6－26	2009－12－18	5000	信托贷款	3.30%
74	上海浦东发展银行个人专项理财产品 2009 年第三十九期信贷盈计划	2009－6－29	2009－12－29	1245	信托贷款	3.00%
75	上海浦东发展银行个人专项理财产品 2009 年第五十期信贷盈计划	2009－6－29	2009－9－28	20000	信托贷款	2.40%
76	上海浦东发展银行个人专项理财产品 2009 年第五十一期信贷盈计划	2009－6－29	2010－6－28	20000	信托贷款	3.40%
77	上海浦东发展银行个人专项理财产品 2009 年第四十期信贷盈计划	2009－7－1	2009－12－8	1000	信托贷款	3.20%
78	上海浦东发展银行个人专项理财产品 2009 年第四十一期信贷盈计划	2009－7－1	2009－12－8	1000	信托贷款	3.20%
79	上海浦东发展银行个人专项理财产品 2009 年第四十二期信贷盈计划	2009－7－1	2009－12－8	1000	信托贷款	3.20%
80	上海浦东发展银行个人专项理财产品 2009 年第四十三期信贷盈计划	2009－7－1	2009－12－8	2000	信托贷款	3.20%
81	上海浦东发展银行个人专项理财产品 2009 年第四十五期信贷盈计划	2009－7－1	2010－7－1	10000	信托贷款	3.40%
82	上海浦东发展银行个人专项理财产品 2009 年第四十七期信贷盈计划	2009－7－6	2010－7－6	10000	信托贷款	3.40%
83	上海浦东发展银行个人专项理财产品 2009 年第五十二期信贷盈计划	2009－7－7	2010－7－7	10996	信托贷款	4.00%
84	上海浦东发展银行个人专项理财产品 2009 年第五十四期信贷盈计划	2009－7－8	2010－1－8	12000	信托贷款	3.00%
85	上海浦东发展银行个人专项理财产品 2009 年第四十六期票享利计划	2009－7－10	2009－8－10	8791	信托贷款	1.50%
86	上海浦东发展银行个人专项理财产品 2009 年第五十八期信贷盈计划	2009－7－10	2010－7－10	10000	信托贷款	3.40%
87	2009 年第九期汇理财稳利系列 V1 计划	2009－7－10	2009－10－10	8411	混合	1.85%
88	2009 年第九期汇理财稳利系列 V2 计划	2009－7－10	2009－10－10	10797	混合	1.90%
89	2009 年第九期汇理财稳利系列 V3 计划	2009－7－10	2009－10－10	34843	混合	2.00%
90	2009 年第九期汇理财稳利系列 R1 计划	2009－7－10	2010－1－10	11139	混合	2.05%
91	2009 年第九期汇理财稳利系列 R2 计划	2009－7－10	2010－1－10	13477	混合	2.15%
92	2009 年第九期汇理财稳利系列 R3 计划	2009－7－10	2010－1－10	28474	混合	2.25%
93	上海浦东发展银行个人专项理财产品 2009 年第五十七期信贷盈计划	2009－7－14	2010－1－14	30000	信托贷款	3.00%
94	上海浦东发展银行个人专项理财产品 2009 年第五十五期信贷盈计划	2009－7－14	2010－1－14	3000	信托贷款	3.50%

续表

序号	产品名称	发行日	到期日	拟发行量	投资方向	预期收益率
95	上海浦东发展银行个人专项理财产品 2009 年第五十九期信贷盈计划	2009－7－21	2010－1－21	15546	信托贷款	2.80%
96	上海浦东发展银行个人专项理财产品 2009 年第五十三期信贷盈计划	2009－7－22	2010－1－22	7700	信托贷款	3.50%
97	上海浦东发展银行个人专项理财产品 2009 年第六十期信贷盈计划	2009－7－28	2010－7－28	8000	信托贷款	3.60%
98	2009 年第十期汇理财稳利系列 M 计划	2009－7－29	2009－8－29	22028	混合	1.60%
99	2009 年第十期汇理财稳利系列 V1 计划	2009－7－29	2009－10－29	5269	混合	1.85%
100	2009 年第十期汇理财稳利系列 V2 计划	2009－7－29	2009－10－29	6222	混合	1.90%
101	2009 年第十期汇理财稳利系列 V3 计划	2009－7－29	2009－10－29	12842	混合	2.00%
102	2009 年第十期汇理财稳利系列 R1 计划	2009－7－29	2010－1－29	6999	混合	2.05%
103	2009 年第十期汇理财稳利系列 R2 计划	2009－7－29	2010－1－29	13418	混合	2.15%
104	2009 年第十期汇理财稳利系列 R3 计划	2009－7－29	2010－1－29	19986	混合	2.25%
105	上海浦东发展银行个人专项理财产品 2009 年第六十一期信贷盈计划	2009－7－30	2010－7－30	58664	信托贷款	3.40%
106	2009 年第十三期汇理财稳利系列 M1 计划	2009－8－12	2009－9－12	10806	混合	1.70%
107	2009 年第十三期汇理财稳利系列 M2 计划	2009－8－12	2009－9－12	7313	混合	1.85%
108	2009 年第十一期汇理财稳利系列 R3 计划	2009－8－14	2010－2－14	19955	混合	2.25%
109	上海浦东发展银行个人专项理财产品 2009 年第六十三期信贷盈计划	2009－8－13	2010－8－13	10950	信托贷款	3.70%
110	上海浦东发展银行个人专项理财产品 2009 年第六十四期信贷盈计划	2009－8－13	2010－2－13	4012	信托贷款	3.20%
111	上海浦东发展银行个人专项理财产品 2009 年第六十七期信贷盈计划	2009－8－13	2010－8－13	8000	信托贷款	3.40%
112	上海浦东发展银行个人专项理财产品 2009 年第六十六期信贷盈计划	2009－8－13	2010－8－13	9363	信托贷款	3.40%
113	2009 年第十一期汇理财稳利系列 V1 计划	2009－8－14	2009－11－14	4227	混合	1.85%
114	2009 年第十一期汇理财稳利系列 V2 计划	2009－8－14	2009－11－14	5715	混合	1.90%
115	2009 年第十一期汇理财稳利系列 V3 计划	2009－8－14	2009－11－14	16288	混合	2.00%
116	2009 年第十一期汇理财稳利系列 R1 计划	2009－8－14	2010－2－14	8170	混合	2.05%
117	2009 年第十一期汇理财稳利系列 R2 计划	2009－8－14	2010－2－14	9703	混合	2.15%
118	2009 年第十三期汇理财稳利系列 M3 计划	2009－8－19	2009－9－19	10580	混合	1.70%
119	2009 年第十三期汇理财稳利系列 M4 计划	2009－8－19	2009－9－19	9570	混合	1.85%
120	2009 年第十三期汇理财稳利系列 M5 计划	2009－8－26	2009－9－26	10049	混合	1.70%
121	2009 年第十三期汇理财稳利系列 M6 计划	2009－8－26	2009－9－26	9956	混合	1.85%
122	2009 年第十二期汇理财稳利系列 V2 计划	2009－8－28	2009－11－28	4182	混合	1.90%
123	2009 年第十二期汇理财稳利系列 V3 计划	2009－8－28	2009－11－28	11658	混合	2.00%

续表

序号	产品名称	发行日	到期日	拟发行量	投资方向	预期收益率
124	2009 年第十二期汇理财稳利系列 R1 计划	2009 – 8 – 28	2010 – 2 – 28	6796	混合	2. 05%
125	2009 年第十二期汇理财稳利系列 R2 计划	2009 – 8 – 28	2010 – 2 – 28	9628	混合	2. 15%
126	2009 年第十二期汇理财稳利系列 R3 计划	2009 – 8 – 28	2010 – 2 – 28	19957	混合	2. 25%
127	2009 年第十二期汇理财稳利系列 V1 计划	2009 – 8 – 28	2009 – 11 – 28	3656	混合	1. 85%
128	上海浦东发展银行个人专项理财产品 2009 年第六十五期信贷盈计划	2009 – 9 – 3	2010 – 9 – 2	18000	信托贷款	3. 60%
129	上海浦东发展银行个人专项理财产品 2010 年第六十五期信贷盈计划	2009 – 9 – 3	2010 – 9 – 2	18020	信托贷款	3. 40%
130	上海浦东发展银行个人专项理财产品 2009 年第七十期信贷盈计划	2009 – 9 – 10	2010 – 1 – 14	20000	信托贷款	3. 20%
131	上海浦东发展银行个人专项理财产品 2009 年第七十五期信贷盈计划	2009 – 9 – 10	2010 – 1 – 11	30000	信托贷款	3. 20%
132	上海浦东发展银行个人专项理财产品 2009 年第六十八期信贷盈计划	2009 – 9 – 15	2010 – 9 – 15	17474	信托贷款	3. 80%
133	上海浦东发展银行个人专项理财产品 2010 年第六十八期信贷盈计划	2009 – 9 – 15	2010 – 9 – 15	7000	信托贷款	3. 60%
134	2009 年第十四期汇理财稳利系列 V3 计划	2009 – 9 – 15	2009 – 12 – 15	17433	混合	2. 00%
135	2009 年第十四期汇理财稳利系列 V1 计划	2009 – 9 – 15	2009 – 12 – 15	2301	混合	1. 85%
136	2009 年第十四期汇理财稳利系列 V2 计划	2009 – 9 – 15	2009 – 12 – 15	3214	混合	1. 90%
137	2009 年第十四期汇理财稳利系列 R1 计划	2009 – 9 – 15	2010 – 3 – 15	4357	混合	2. 05%
138	2009 年第十四期汇理财稳利系列 R2 计划	2009 – 9 – 15	2010 – 3 – 15	7038	混合	2. 15%
139	2009 年第十四期汇理财稳利系列 R3 计划	2009 – 9 – 15	2010 – 3 – 15	19974	混合	2. 25%
140	2009 年第十五期汇理财稳利系列 M1 计划	2009 – 9 – 15	2009 – 10 – 15	10000	混合	1. 70%
141	2009 年第十五期汇理财稳利系列 M2 计划	2009 – 9 – 15	2009 – 10 – 15	10000	混合	1. 85%
142	上海浦东发展银行个人专项理财产品 2009 年第七十三期信贷盈计划	2009 – 9 – 16	2010 – 1 – 15	19998	信托贷款	3. 00%
143	上海浦东发展银行个人专项理财产品 2009 年第七十四期信贷盈计划	2009 – 9 – 18	2010 – 9 – 17	10232	信托贷款	3. 50%
144	上海浦东发展银行个人专项理财产品 2010 年第七十四期信贷盈计划	2009 – 9 – 18	2010 – 9 – 17	7993	信托贷款	3. 70%
145	上海浦东发展银行个人专项理财产品 2009 年第七十二期信贷盈计划	2009 – 9 – 22	2010 – 1 – 9	20000	信托贷款	3. 00%
146	上海浦东发展银行个人专项理财产品 2009 年第七十六期信贷盈计划	2009 – 9 – 22	2009 – 11 – 20	20000	信托贷款	2. 70%
147	上海浦东发展银行个人专项理财产品 2009 年第七十七期信贷盈计划	2009 – 9 – 22	2009 – 12 – 25	17518	信托贷款	2. 90%
148	2009 年第十五期汇理财稳利系列 M3 计划	2009 – 9 – 22	2009 – 10 – 22	10000	混合	1. 70%
149	2009 年第十五期汇理财稳利系列 M4 计划	2009 – 9 – 22	2009 – 10 – 22	10000	混合	1. 85%

续表

序号	产品名称	发行日	到期日	拟发行量	投资方向	预期收益率
150	上海浦东发展银行个人专项理财产品 2009 年第七十一期信贷盈计划	2009－9－25	2010－9－25	20000	信托贷款	4.00%
151	上海浦东发展银行个人专项理财产品 2009 年第七十九期信贷盈计划	2009－9－28	2009－12－28	17412	信托贷款	2.80%
152	上海浦东发展银行个人专项理财产品 2009 年第八十一期信贷盈计划	2009－9－28	2010－6－28	26000	信托贷款	3.70%
153	2009 年第十六期汇理财稳利系列 V1 计划	2009－9－29	2009－12－29	3355	混合	1.85%
154	2009 年第十六期汇理财稳利系列 V2 计划	2009－9－29	2009－12－29	8077	混合	1.90%
155	2009 年第十六期汇理财稳利系列 V3 计划	2009－9－29	2009－12－29	19993	混合	2.00%
156	2009 年第十六期汇理财稳利系列 R1 计划	2009－9－29	2010－3－29	4223	混合	2.05%
157	2009 年第十六期汇理财稳利系列 R2 计划	2009－9－29	2010－3－29	11884	混合	2.15%
158	2009 年第十六期汇理财稳利系列 R3 计划	2009－9－29	2010－3－29	27972	混合	2.25%
159	上海浦东发展银行个人专项理财产品 2009 年第七十八期信贷盈计划	2009－9－29	2010－6－29	30000	信托贷款	3.70%
160	上海浦东发展银行个人专项理财产品 2009 年第八十期信贷盈计划	2009－9－29	2010－3－29	20000	信托贷款	3.20%
161	上海浦东发展银行个人专项理财产品 2009 年第八十二期信贷盈计划	2009－9－29	2010－1－13	15000	信托贷款	3.00%
162	2009 年第十七期汇理财稳利系列 H1 计划	2009－9－30	2009－10－9	109999	混合	1.65%
163	2009 年第十七期汇理财稳利系列 H2 计划	2009－9－30	2009－10－9	63995	混合	1.60%
164	上海浦东发展银行个人专项理财产品 2009 年第八十七期信贷盈计划	2009－10－14	2010－4－14	7000	信托贷款	3.70%
165	上海浦东发展银行个人专项理财产品 2009 年第八十四期信贷盈计划	2009－10－20	2010－4－19	6000	信托贷款	3.60%
166	上海浦东发展银行个人专项理财产品 2010 年第八十四期信贷盈计划	2009－10－20	2010－4－19	24000	信托贷款	3.40%
167	上海浦东发展银行个人专项理财产品 2009 年第八十八期信贷盈计划	2009－10－20	2010－1－22	6500	信托贷款	3.25%
168	上海浦东发展银行个人专项理财产品 2009 年第九十一期信贷盈计划	2009－10－20	2010－10－19	4000	信托贷款	4.10%
169	上海浦东发展银行个人专项理财产品 2010 年第九十一期信贷盈计划	2009－10－20	2010－10－19	16000	信托贷款	3.80%
170	2009 年第十九期汇理财稳利系列 M1 计划	2009－10－20	2009－11－20	10712	混合	1.70%
171	2009 年第十九期汇理财稳利系列 M2 计划	2009－10－20	2009－11－20	21692	混合	1.85%
172	2009 年第十八期汇理财稳利系列 V1 计划	2009－10－21	2010－1－21	3467	混合	1.85%
173	2009 年第十八期汇理财稳利系列 V2 计划	2009－10－21	2010－1－21	6169	混合	1.90%
174	2009 年第十八期汇理财稳利系列 V3 计划	2009－10－21	2010－1－21	19954	混合	2.00%
175	2009 年第十八期汇理财稳利系列 R1 计划	2009－10－21	2010－4－21	5481	混合	2.05%

续表

序号	产品名称	发行日	到期日	拟发行量	投资方向	预期收益率
176	2009 年第十八期汇理财稳利系列 R2 计划	2009-10-21	2010-4-21	11026	混合	2.15%
177	2009 年第十八期汇理财稳利系列 R3 计划	2009-10-21	2010-4-21	19993	混合	2.25%
178	上海浦东发展银行个人专项理财产品 2009 年第八十五期信贷盈计划	2009-10-21	2010-5-17	26000	信托贷款	3.60%
179	上海浦东发展银行个人专项理财产品 2009 年第八十六期信贷盈计划	2009-10-21	2010-6-25	19000	信托贷款	3.75%
180	上海浦东发展银行个人专项理财产品 2009 年第九十期信贷盈计划	2009-10-22	2010-6-1	13000	信托贷款	3.60%
181	上海浦东发展银行个人专项理财产品 2009 年第八十三期信贷盈计划	2009-10-23	2010-4-23	17100	信托贷款	3.80%
182	上海浦东发展银行个人专项理财产品 2009 年第八十九期信贷盈计划	2009-10-23	2010-4-2	17000	信托贷款	3.40%
183	2009 年第十九期汇理财稳利系列 M4 计划	2009-10-27	2009-11-27	11508	混合	1.85%
184	2009 年第十九期汇理财稳利系列 M3 计划	2009-10-27	2009-11-27	8650	混合	1.70%
185	上海浦东发展银行个人专项理财产品 2009 年第九十二期信贷盈计划	2009-10-29	2010-10-29	20000	信托贷款	4.00%
186	上海浦东发展银行个人专项理财产品 2009 年第六十九期债券盈计划	2009-10-29	2010-4-27	5221	混合	/
187	2009 年第二十期汇理财稳利系列 V1 计划	2009-10-30	2010-1-30	2566	混合	1.85%
188	2009 年第二十期汇理财稳利系列 V2 计划	2009-10-30	2010-1-30	5461	混合	1.90%
189	2009 年第二十期汇理财稳利系列 V3 计划	2009-10-30	2010-1-30	19915	混合	2.00%
190	2009 年第二十期汇理财稳利系列 R1 计划	2009-10-30	2010-4-30	3882	混合	2.05%
191	2009 年第二十期汇理财稳利系列 R2 计划	2009-10-30	2010-4-30	7933	混合	2.15%
192	2009 年第二十期汇理财稳利系列 R3 计划	2009-10-30	2010-4-30	19916	混合	2.25%
193	上海浦东发展银行个人专项理财产品 2009 年第九十四期信贷盈计划	2009-10-30	2010-4-29	45200	信托贷款	3.60%
194	上海浦东发展银行个人专项理财产品 2009 年第九十三期信贷盈计划	2009-11-4	2010-8-4	20000	信托贷款	3.70%
195	上海浦东发展银行个人专项理财产品 2009 年第九十六期信贷盈计划	2009-11-6	2010-6-9	10000	信托贷款	3.70%
196	上海浦东发展银行个人专项理财产品 2009 年第九十五期信贷盈计划	2009-11-10	2010-11-10	20000	信托贷款	4.00%
197	2009 年第二十二期汇理财稳利系列 M1 计划	2009-11-11	2009-12-11	6395	混合	1.70%
198	2009 年第二十二期汇理财稳利系列 M2 计划	2009-11-11	2009-12-11	14944	混合	1.85%
199	上海浦东发展银行个人专项理财产品 2009 年第九十八期信贷盈计划	2009-11-12	2010-8-11	49600	信托贷款	3.70%
200	上海浦东发展银行个人专项理财产品 2009 年第九十九期信贷盈计划	2009-11-13	2010-5-10	19500	信托贷款	3.60%

续表

序号	产品名称	发行日	到期日	拟发行量	投资方向	预期收益率
201	2009年第二十一期汇理财稳利系列V1计划	2009－11－13	2010－2－13	1749	混合	1.85%
202	2009年第二十一期汇理财稳利系列V2计划	2009－11－13	2010－2－13	3356	混合	1.90%
203	2009年第二十一期汇理财稳利系列V3计划	2009－11－13	2010－2－13	10979	混合	2.00%
204	2009年第二十一期汇理财稳利系列R1计划	2009－11－13	2010－5－13	2637	混合	2.05%
205	2009年第二十一期汇理财稳利系列R2计划	2009－11－13	2010－5－13	4455	混合	2.15%
206	2009年第二十一期汇理财稳利系列R3计划	2009－11－13	2010－5－13	10748	混合	2.25%
207	上海浦东发展银行个人专项理财产品2009年第一百期信贷盈计划	2009－11－17	2010－5－17	19497	信托贷款	3.60%
208	2009年第二十二期汇理财稳利系列M3计划	2009－11－18	2009－12－18	4640	混合	1.70%
209	2009年第二十二期汇理财稳利系列M4计划	2009－11－18	2009－12－18	9065	混合	1.85%
210	上海浦东发展银行个人专项理财产品2009年第一百零一期信贷盈计划	2009－11－19	2010－11－19	20000	信托贷款	4.10%
211	上海浦东发展银行个人专项理财产品2009年第一百零四期信贷盈计划	2009－11－20	2010－4－28	9000	信托贷款	3.50%
212	上海浦东发展银行个人专项理财产品2009年第一百零八期信贷盈计划	2009－11－20	2010－11－19	10000	信托贷款	4.00%
213	上海浦东发展银行个人专项理财产品2009年第一百零二期信贷盈计划	2009－11－24	2010－6－16	14665	信托贷款	3.65%
214	上海浦东发展银行个人专项理财产品2009年第一百零三期信贷盈计划	2009－11－24	2010－6－17	20688	信托贷款	3.65%
215	上海浦东发展银行个人专项理财产品2009年第一百零五期信贷盈计划（普通）	2009－11－24	2010－2－24	8000	信托贷款	3.20%
216	上海浦东发展银行个人专项理财产品2009年第一百零五期信贷盈计划（大额）	2009－11－24	2010－2－24	11000	信托贷款	3.50%
217	2009年第二十二期汇理财稳利系列M5计划	2009－11－25	2009－12－25	9101	混合	1.70%
218	2009年第二十二期汇理财稳利系列M6计划	2009－11－25	2009－12－25	25064	混合	1.85%
219	2009年第二十三期汇理财稳利系列V1计划	2009－11－25	2010－2－25	2185	混合	1.85%
220	2009年第二十三期汇理财稳利系列V2计划	2009－11－25	2010－2－25	3870	混合	1.90%
221	2009年第二十三期汇理财稳利系列V3计划	2009－11－25	2010－2－25	12189	混合	2.00%
222	2009年第二十三期汇理财稳利系列R1计划	2009－11－25	2010－5－25	2692	混合	2.05%
223	2009年第二十三期汇理财稳利系列R2计划	2009－11－25	2010－5－25	5477	混合	2.15%
224	2009年第二十三期汇理财稳利系列R3计划	2009－11－25	2010－5－25	12611	混合	2.25%
225	上海浦东发展银行个人专项理财产品2009年第九十七期信贷盈计划（大额）	2009－11－27	2010－9－17	22443	信托贷款	4.00%
226	上海浦东发展银行个人专项理财产品2009年第九十七期信贷盈计划（普通）	2009－11－27	2010－9－17	9692	信托贷款	3.80%
227	上海浦东发展银行个人专项理财产品2009年第一百零七期信贷盈计划	2009－11－27	2010－11－27	38424	信托贷款	4.10%

续表

序号	产品名称	发行日	到期日	拟发行量	投资方向	预期收益率
228	上海浦东发展银行个人专项理财产品 2009 年第一百一十期信贷盈计划	2009-11-27	2010-3-19	5000	信托贷款	3.30%
229	上海浦东发展银行个人专项理财产品 2009 年第一百一十一期信贷盈计划	2009-11-27	2010-4-16	5000	信托贷款	3.40%
230	上海浦东发展银行个人专项理财产品 2009 年第一百一十二期信贷盈计划	2009-11-27	2010-6-17	4894	信托贷款	3.60%
231	上海浦东发展银行个人专项理财产品 2009 年第一百一十三期信贷盈计划	2009-11-27	2010-6-29	5000	信托贷款	3.65%
232	上海浦东发展银行个人专项理财产品 2009 年第一百一十四期信贷盈计划	2009-12-3	2010-11-3	14397	信托贷款	3.90%
233	上海浦东发展银行个人专项理财产品 2009 年第一百一十六期信贷盈计划	2009-12-3	2010-12-3	20000	信托贷款	4.10%
234	上海浦东发展银行个人专项理财产品 2009 年第一百一十五期信贷盈计划	2009-12-4	2010-12-4	6000	信托贷款	4.00%
235	上海浦东发展银行个人专项理财产品 2009 年第一百一十七期信贷盈计划	2009-12-8	2010-12-7	46398	信托贷款	4.10%
236	上海浦东发展银行个人专项理财产品 2009 年第一百一十九期信贷盈计划	2009-12-9	2010-6-24	13297	信托贷款	3.70%
237	上海浦东发展银行个人专项理财产品 2009 年第一百一十八期信贷盈计划	2009-12-10	2010-4-29	10000	信托贷款	3.40%
238	上海浦东发展银行个人专项理财产品 2009 年第一百二十期信贷盈计划	2009-12-10	2010-9-13	8000	信托贷款	3.80%
239	上海浦东发展银行个人专项理财产品 2009 年第一百二十一期信贷盈计划	2009-12-11	2010-5-31	16467	信托贷款	3.50%
240	2009 年第二十四期汇理财稳利系列 M1 计划	2009-12-16	2010-1-16	15702	混合	1.70%
241	2009 年第二十四期汇理财稳利系列 M2 计划	2009-12-16	2010-1-16	29920	混合	1.85%
242	2009 年第二十四期汇理财稳利系列 V1 计划	2009-12-16	2010-3-16	2842	混合	1.85%
243	2009 年第二十四期汇理财稳利系列 V2 计划	2009-12-16	2010-3-16	6186	混合	1.95%
244	2009 年第二十四期汇理财稳利系列 V3 计划	2009-12-16	2010-3-16	19968	混合	2.05%
245	2009 年第二十四期汇理财稳利系列 R1 计划	2009-12-16	2010-6-16	4744	混合	2.10%
246	2009 年第二十四期汇理财稳利系列 R2 计划	2009-12-16	2010-6-16	7583	混合	2.20%
247	2009 年第二十四期汇理财稳利系列 R3 计划	2009-12-16	2010-6-16	20000	混合	2.30%
248	上海浦东发展银行个人专项理财产品 2009 年第一百二十二期信贷盈计划（大额）	2009-12-17	2010-12-17	21559	信托贷款	4.20%
249	上海浦东发展银行个人专项理财产品 2009 年第一百二十二期信贷盈计划（普通）	2009-12-17	2010-12-17	18194	信托贷款	4.10%
250	上海浦东发展银行个人专项理财产品 2009 年第一百二十四期信贷盈计划	2009-12-17	2010-10-28	7535	信托贷款	3.90%

续表

序号	产品名称	发行日	到期日	拟发行量	投资方向	预期收益率
251	上海浦东发展银行个人专项理财产品 2009 年第一百二十六期信贷盈计划(大额)	2009－12－23	2010－6－23	12988	信托贷款	3.80%
252	上海浦东发展银行个人专项理财产品 2009 年第一百二十六期信贷盈计划(普通)	2009－12－23	2010－6－23	7000	信托贷款	3.60%
253	上海浦东发展银行个人专项理财产品 2009 年第一百二十五期信贷盈计划	2009－12－24	2010－3－24	10000	信托贷款	3.20%
254	2009 年第二十五期汇理财稳利系列 M1 计划	2009－12－24	2010－1－24	11679	混合	1.70%
255	2009 年第二十五期汇理财稳利系列 M2 计划	2009－12－24	2010－1－24	7359	混合	1.85%
256	2009 年第二十五期汇理财稳利系列 V1 计划	2009－12－24	2010－3－24	2069	混合	1.85%
257	2009 年第二十五期汇理财稳利系列 V2 计划	2009－12－24	2010－3－24	4423	混合	1.95%
258	2009 年第二十五期汇理财稳利系列 V3 计划	2009－12－24	2010－3－24	9722	混合	2.05%
259	2009 年第二十五期汇理财稳利系列 R1 计划	2009－12－24	2010－6－24	2604	混合	2.10%
260	2009 年第二十五期汇理财稳利系列 R2 计划	2009－12－24	2010－6－24	4089	混合	2.20%
261	2009 年第二十五期汇理财稳利系列 R3 计划	2009－12－24	2010－6－24	8945	混合	2.30%
262	上海浦东发展银行个人专项理财产品 2009 年第一百二十八期信贷盈计划	2009－12－30	2010－12－26	14000	信托贷款	4.10%
263	上海浦东发展银行个人专项理财产品 2009 年第一百二十九期信贷盈计划(大额)	2009－12－30	2010－8－30	7500	信托贷款	4.20%
264	上海浦东发展银行个人专项理财产品 2009 年第一百二十九期信贷盈计划(普通)	2009－12－30	2010－8－30	2500	信托贷款	3.80%
265	上海浦东发展银行个人专项理财产品 2009 年第一百二十三期信贷盈计划(大额)	2009－12－31	2010－12－31	5000	信托贷款	4.20%
266	上海浦东发展银行个人专项理财产品 2009 年第一百二十三期信贷盈计划(普通)	2009－12－31	2010－12－31	4917	信托贷款	4.10%

数据来源:上海浦东发展银行

表 3－30　2009 年上海浦东发展银行个人外币理财产品发行情况表　单位:万元发行币种

序号	产品名称	币种	发行日	到期日	拟发行量	投资方向	预期收益率
1	汇理财 2009 年第一期 D 计划	澳元	2009－2－10	2009－8－10	1001	混合	3.30%
2	汇理财 2009 年第一期 C 计划	欧元	2009－2－10	2009－8－10	300	混合	2.20%
3	汇理财 2009 年第一期 E 计划	英镑	2009－2－10	2009－8－10	42	混合	2.30%
4	2009 年第三期汇理财稳利系列 D 计划	澳元	2009－4－21	2010－4－21	2328	混合	3.05%
5	2009 年第三期汇理财稳利系列 C 计划	欧元	2009－4－21	2010－4－21	538	混合	1.50%
6	2009 年第三期汇理财稳利系列 A1 计划	美元	2009－4－21	2009－10－21	212	混合	1.35%
7	2009 年第三期汇理财稳利系列 A2 计划	美元	2009－4－21	2009－10－21	1155	混合	1.40%
8	2009 年第三期汇理财稳利系列 B1 计划	美元	2009－4－21	2010－4－21	267	混合	1.50%
9	2009 年第三期汇理财稳利系列 B2 计划	美元	2009－4－21	2010－4－21	1106	混合	1.55%
10	2009 年第四期汇理财稳利系列 A1 计划	美元	2009－4－30	2009－10－30	98	混合	1.35%

续表

序号	产品名称	币种	发行日	到期日	拟发行量	投资方向	预期收益率
11	2009 年第四期汇理财稳利系列 A2 计划	美元	2009－4－30	2009－10－30	131	混合	1.40%
12	2009 年第四期汇理财稳利系列 B1 计划	美元	2009－4－30	2010－4－30	66	混合	1.50%
13	2009 年第四期汇理财稳利系列 B2 计划	美元	2009－4－30	2010－4－30	124	混合	1.55%
14	2009 年第五期汇理财稳利系列 A1 计划	美元	2009－5－13	2009－11－13	61	混合	1.35%
15	2009 年第五期汇理财稳利系列 A2 计划	美元	2009－5－13	2009－11－13	211	混合	1.40%
16	2009 年第五期汇理财稳利系列 B1 计划	美元	2009－5－13	2010－5－13	43	混合	1.50%
17	2009 年第五期汇理财稳利系列 B2 计划	美元	2009－5－13	2010－5－13	135	混合	1.55%
18	2009 年第六期汇理财稳利系列 A1 计划	美元	2009－5－27	2009－11－27	72	混合	1.30%
19	2009 年第六期汇理财稳利系列 A2 计划	美元	2009－5－27	2009－11－27	93	混合	1.35%
20	2009 年第六期汇理财稳利系列 B1 计划	美元	2009－5－27	2010－5－27	128	混合	1.60%
21	2009 年第六期汇理财稳利系列 B2 计划	美元	2009－5－27	2010－5－27	171	混合	1.65%
22	2009 年第七期汇理财稳利系列 A 计划	美元	2009－6－12	2009－12－12	478	混合	1.20%
23	2009 年第八期汇理财稳利系列 A 计划	美元	2009－6－26	2009－12－26	381	混合	1.20%
24	2009 年第九期汇理财稳利系列 A 计划	美元	2009－7－10	2010－1－10	220	混合	1.20%
25	2009 年第十期汇理财稳利系列 A 计划	美元	2009－7－29	2010－1－29	222	混合	1.20%
26	2009 年第十一期汇理财稳利系列 A1 计划	美元	2009－8－14	2010－2－14	319	混合	1.20%
27	2009 年第十一期汇理财稳利系列 A2 计划	美元	2009－8－14	2010－8－14	226	混合	1.40%
28	2009 年第十二期汇理财稳利系列 A1 计划	美元	2009－8－28	2010－2－28	116	混合	1.20%
29	2009 年第十二期汇理财稳利系列 A2 计划	美元	2009－8－28	2010－8－28	192	混合	1.40%
30	2009 年第十四期汇理财稳利系列 A1 计划	美元	2009－9－15	2010－3－15	299	混合	1.20%
31	2009 年第十四期汇理财稳利系列 A2 计划	美元	2009－9－15	2010－9－15	173	混合	1.40%
32	2009 年第十六期汇理财稳利系列 A1 计划	美元	2009－9－29	2010－3－29	109	混合	1.20%
33	2009 年第十六期汇理财稳利系列 A2 计划	美元	2009－9－29	2010－9－29	157	混合	1.40%
34	2009 年第十八期汇理财稳利系列 R1 计划	美元	2009－10－21	2010－4－21	180	混合	1.20%
35	2009 年第十八期汇理财稳利系列 A2 计划	美元	2009－10－21	2010－10－21	68	混合	1.40%
36	2009 年第二十期汇理财稳利系列 A1 计划	美元	2009－10－30	2010－4－30	375	混合	1.20%
37	2009 年第二十期汇理财稳利系列 A2 计划	美元	2009－10－30	2010－10－30	221	混合	1.40%
38	2009 年第二十一期汇理财稳利系列 A1 计划	美元	2009－11－13	2010－5－13	182	混合	1.20%
39	2009 年第二十一期汇理财稳利系列 A2 计划	美元	2009－11－13	2010－11－13	77	混合	1.40%
40	2009 年第二十三期汇理财稳利系列 A1 计划	美元	2009－11－25	2010－5－25	148	混合	1.20%
41	2009 年第二十三期汇理财稳利系列 A2 计划	美元	2009－11－25	2010－11－25	105	混合	1.40%
42	2009 年第二十四期汇理财稳利系列 A1 计划	美元	2009－12－16	2010－6－16	297	混合	1.20%
43	2009 年第二十四期汇理财稳利系列 A2 计划	美元	2009－12－16	2010－12－16	102	混合	1.40%
44	2009 年第二十五期汇理财稳利系列 A1 计划	美元	2009－12－24	2010－6－24	128	混合	1.20%
45	2009 年第二十五期汇理财稳利系列 A2 计划	美元	2009－12－24	2010－12－24	57	混合	1.40%

数据来源：上海浦东发展银行

表3－31　2009年北京银行个人人民币理财产品发行情况表

单位：万元人民币

序号	产品名称	发行日	到期日	拟发行量	投资方向	预期收益率
1	人民币23天湘江生态经济带沿江防洪道路工程项目信托贷款理财产品	2009－1－2	2009－1－25	6000	信托贷款	3.20%
2	人民币106天信托贷款理财产品	2009－1－4	2009－4－20	3000	信托贷款	4.80%
3	人民币115天长春汽车产业区102国道延长线项目信托贷款理财产品	2009－1－4	2009－4－29	1000	信托贷款	3.70%
4	人民币115天长春汽车产业区102国道延长线项目信托贷款理财产品	2009－1－4	2009－4－29	1500	信托贷款	3.60%
5	人民币63天山西大土河焦化有限责任公司发行的企业短期融资债券信托债券理财产品	2009－1－5	2009－3－9	11000	购买债券	3.80%
6	人民币28天票据业务理财产品	2009－1－8	2009－2－5	9000	购买贴现票据	2.60%
7	人民币28天票据业务VIP理财产品	2009－1－8	2009－2－5	35000	购买贴现票据	2.70%
8	人民币133天环岛东线海口至三亚高速项目信托贷款理财产品	2009－1－9	2009－4－30	5000	信托贷款	3.80%
9	人民币133天环岛东线海口至三亚高速项目信托贷款理财产品	2009－1－9	2009－4－30	11000	信托贷款	3.50%
10	人民币159天双流新区建设项目信托贷款理财产品	2009－1－16	2009－6－24	15000	信托贷款	3.90%
11	人民币154天垃圾填埋项目信托贷款理财产品	2009－1－16	2009－6－19	500	信托贷款	3.90%
12	人民币165天杨柳煤矿项目信托贷款理财产品	2009－1－16	2009－6－30	10000	信托贷款	3.40%
13	人民币165天信托贷款理财产品	2009－1－16	2009－6－20	19000	信托贷款	3.40%
14	人民币64天票据业务理财产品	2009－1－16	2009－3－21	17000	购买贴现票据	2.50%
15	人民币165天信托贷款理财产品	2009－1－16	2009－6－20	6000	信托贷款	3.50%
16	人民币81天票据业务VIP理财产品	2009－1－20	2009－4－11	35000	购买贴现票据	2.60%
17	人民币155天信托贷款理财产品	2009－1－21	2009－6－25	19000	信托贷款	3.40%
18	人民币152天唐山市城市公路外环线项目信托贷款理财产品	2009－1－25	2009－6－26	25000	信托贷款	3.90%
19	“现金流”人民币1个月理财产品	2009－2－2	2009－3－2	8000	购买债券	分段计息
20	人民币3个月银行间市场投资理财产品	2009－2－2	2009－5－2	10000	购买债券	1.89%
21	人民币67天票据业务理财产品	2009－2－6	2009－4－14	11000	购买贴现票据	2.00%
22	人民币67天票据业务VIP理财产品	2009－2－6	2009－4－14	42000	购买贴现票据	2.10%
23	人民币131天安徽华菱年产万辆重型汽车生产建设项目信托贷款VIP理财产品	2009－2－13	2009－6－24	7000	信托贷款	3.30%
24	人民币137天信托贷款理财产品	2009－2－13	2009－6－20	6000	信托贷款	3.40%
25	“现金流”人民币1个月理财产品	2009－2－16	2009－3－16	15000	购买债券	分段计息
26	“现金流”人民币1个月理财产品	2009－2－16	2009－3－16	8000	购买债券	分段计息
27	人民币3个月银行间市场投资理财产品	2009－2－16	2009－5－16	15000	购买债券	1.85%
28	人民币3个月银行间市场投资理财产品	2009－2－16	2009－5－16	11000	购买债券	1.85%

续表

序号	产品名称	发行日	到期日	拟发行量	投资方向	预期收益率
29	人民币70天衡阳城市基础设施建设项目信托贷款理财产品	2009－2－18	2009－4－29	1500	信托贷款	2.91%
30	人民币132天信托贷款理财产品	2009－2－18	2009－6－20	3500	信托贷款	3.00%
31	人民币487天常德城市基础设施建设项目信托贷款理财产品	2009－2－18	2010－6－20	4000	信托贷款	3.90%
32	人民币487天岳阳城市基础设施建设项目信托贷款理财产品	2009－2－18	2010－6－20	5000	信托贷款	3.90%
33	人民币129天吉林国道项目信托贷款理财产品	2009－2－18	2009－6－27	4000	信托贷款	3.00%
34	人民币70天衡阳城市基础设施建设项目信托贷款理财产品	2009－2－18	2009－4－29	8000	信托贷款	2.82%
35	人民币70天衡阳城市基础设施建设项目信托贷款VIP理财产品	2009－2－18	2009－4－29	40000	信托贷款	2.91%
36	人民币3个月银行间市场投资理财产品	2009－2－19	2009－5－19	8500	购买债券	2.10%
37	人民币6个月银行间市场投资理财产品	2009－2－19	2009－8－19	10000	购买债券	2.40%
38	人民币1年银行间市场投资理财产品	2009－2－19	2010－2－19	10000	购买债券	2.80%
39	人民币77天票据业务理财产品	2009－2－19	2009－5－7	8000	购买贴现票据	2.00%
40	人民币77天票据业务VIP理财产品	2009－2－19	2009－5－7	42000	购买贴现票据	2.10%
41	人民币394天昆明城市基础设施建设项目信托贷款理财产品	2009－2－20	2010－3－21	7000	信托贷款	3.63%
42	人民币394天昆明城市基础设施建设项目信托贷款VIP理财产品	2009－2－20	2010－3－21	42000	信托贷款	3.75%
43	人民币126天信托贷款理财产品	2009－2－24	2009－6－20	3000	信托贷款	3.00%
44	“现金流”人民币1个月理财产品	2009－2－26	2009－3－26	15000	购买债券	分段计息
45	人民币3个月银行间市场投资理财产品	2009－2－26	2009－5－26	10000	购买债券	1.85%
46	人民币177天信托债券理财产品	2009－2－28	2009－8－24	3000	购买债券	3.20%
47	人民币177天信托债券理财产品	2009－2－28	2009－8－24	1000	购买债券	3.40%
48	人民币119天信托贷款理财产品	2009－3－3	2009－6－20	500	信托贷款	3.15%
49	“现金流”人民币1个月理财产品	2009－3－9	2009－4－9	9000	购买债券	分段计息
50	人民币3个月银行间市场投资理财产品	2009－3－9	2009－6－9	17000	购买债券	1.85%
51	人民币269天信托贷款理财产品	2009－3－16	2009－12－10	6000	信托贷款	3.75%
52	人民币269天信托贷款理财产品	2009－3－16	2009－12－10	6000	信托贷款	3.80%
53	人民币350天信托贷款理财产品	2009－3－16	2010－3－1	4000	信托贷款	4.00%
54	人民币350天信托贷款VIP理财产品	2009－3－16	2010－3－1	35000	信托贷款	4.00%
55	人民币3个月SHIBOR挂钩理财产品	2009－3－19	2009－6－19	10000	购买债券	1.85%
56	人民币6个月银行间市场投资理财产品	2009－3－19	2009－9－19	13000	购买债券	2.40%
57	人民币1年银行间市场投资理财产品	2009－3－19	2010－3－19	13000	购买债券	2.80%

续表

序号	产品名称	发行日	到期日	拟发行量	投资方向	预期收益率
58	人民币 261 天信托贷款 VIP 理财产品	2009－3－24	2009－12－10	10000	信托贷款	3.75%
59	人民币 351 天信托贷款 VIP 理财产品	2009－3－24	2010－3－10	3000	信托贷款	4.00%
60	“现金流”人民币 1 个月理财产品	2009－3－30	2009－4－30	17000	购买债券	分段计息
61	人民币 3 个月 SHIBOR 挂钩理财产品	2009－3－30	2009－6－30	23000	购买债券	1.85%
62	人民币 6 个月银行间市场投资理财产品	2009－3－30	2009－9－30	9000	购买债券	2.40%
63	人民币 1 年银行间市场投资理财产品	2009－3－30	2010－3－30	3500	购买债券	2.80%
64	人民币 177 天用于车辆购置信托贷款 VIP 理财产品	2009－3－31	2009－9－24	17000	信托贷款	3.30%
65	人民币 177 天用于车辆购置信托贷款 VIP 理财产品	2009－3－31	2009－9－24	3000	信托贷款	3.20%
66	2009058 号人民币 181 天亚泰水泥生产线项目信托贷款理财产品	2009－4－1	2009－9－29	10000	信托贷款	3.50%
67	2009063 号人民币“现金流”1 个月理财产品	2009－4－13	2009－5－13	15000	购买债券	分段计息
68	2009064 号人民币 3 个月 SHIBOR 挂钩理财产品	2009－4－13	2009－7－13	18000	购买债券	1.85%
69	2009068 号人民币 124 天信托债券 VIP 理财产品	2009－4－16	2009－8－18	12000	购买债券	2.90%
70	2009069 号人民币 91 天信托债券 VIP 理财产品	2009－4－16	2009－7－16	12000	购买债券	2.70%
71	2009070 号人民币 91 天信托债券理财产品	2009－4－16	2009－7－16	5000	购买债券	2.50%
72	2009065 号人民币 350 天信托贷款理财产品	2009－4－17	2010－4－2	40	信托贷款	3.30%
73	2009066 号人民币 350 天信托贷款理财产品	2009－4－17	2010－4－2	1000	信托贷款	3.50%
74	2009067 号人民币 162 天亚泰水泥生产线项目信托贷款理财产品	2009－4－20	2009－9－29	5000	信托贷款	3.20%
75	2009074 号人民币 6 个月银行间市场投资理财产品	2009－4－23	2009－10－23	11000	购买债券	2.40%
76	2009075 号人民币 1 年银行间市场投资理财产品	2009－4－23	2010－4－23	4000	购买债券	2.80%
77	2009077 号人民币 343 天回迁房建设项目信托贷款理财产品	2009－4－24	2010－4－2	40	信托贷款	3.50%
78	2009078 号人民币 343 天回迁房建设项目信托贷款理财产品	2009－4－24	2010－4－2	11000	信托贷款	3.30%
79	2009072 号人民币 122 天信托贷款理财产品	2009－4－27	2009－8－27	1500	信托贷款	3.30%
80	2009071 号人民币 91 天信托债券 VIP 理财产品	2009－4－28	2009－7－28	11000	信托贷款	2.70%
81	2009073 号人民币 107 天信托贷款理财产品	2009－4－30	2009－8－15	2000	信托贷款	2.85%
82	2009076 号人民币 9 个月银行间市场投资理财产品	2009－5－4	2010－2－4	8000	购买债券	2.80%
83	2009079 号人民币 148 天亚泰水泥生产线项目信托贷款理财产品	2009－5－4	2009－9－29	2000	信托贷款	3.00%
84	2009080 号人民币“现金流”1 个月理财产品	2009－5－4	2009－6－4	17000	购买债券	分段计息
85	2009081 号人民币 3 个月 SHIBOR 挂钩理财产品	2009－5－4	2009－8－4	15000	购买债券	1.85%
86	2009083 号人民币 180 天信托债券 VIP 理财产品	2009－5－13	2009－6－10	5000	购买债券	2.70%
87	2009084 号人民币 184 天信托债券理财产品	2009－5－13	2009－11－13	4000	购买债券	2.50%

续表

序号	产品名称	发行日	到期日	拟发行量	投资方向	预期收益率
88	2009085 号人民币 184 天信托债券 VIP 理财产品	2009－5－13	2009－11－13	20000	购买债券	2. 60%
89	2009082 号人民币 9 个月银行间市场投资理财产品	2009－5－14	2010－2－14	30000	购买债券	2. 80%
90	2009086 号人民币“现金流”1 个月理财产品	2009－5－14	2009－6－14	15000	购买债券	分段计息
91	2009087 号人民币 3 个月 SHIBOR 挂钩理财产品	2009－5－14	2009－8－14	12000	购买债券	1. 88%
92	2009088 号人民币 3 个月 SHIBOR 挂钩理财产品	2009－5－14	2009－8－14	1500	购买债券	2. 00%
93	2009089 号人民币 3 个月银行间市场投资理财产品	2009－5－19	2009－8－19	10000	购买债券	2. 10%
94	2009090 号人民币“现金流”1 个月理财产品	2009－5－20	2009－6－20	12000	购买债券	分段计息
95	2009091 号人民币 3 个月 SHIBOR 挂钩理财产品	2009－5－20	2009－8－20	12000	购买债券	1. 88%
96	2009092 号人民币 9 个月银行间市场投资理财产品	2009－5－20	2010－2－20	15000	购买债券	2. 80%
97	2009093 号人民币“现金流”1 个月理财产品	2009－5－27	2009－6－27	11000	购买债券	分段计息
98	2009094 号人民币 3 个月 SHIBOR 挂钩理财产品	2009－5－27	2009－8－27	9000	购买债券	1. 90%
99	2009095 号人民币 9 个月银行间市场投资理财产品	2009－5－27	2010－2－27	18000	购买债券	2. 80%
100	2009096 号人民币 309 天信托贷款理财产品产品	2009－6－18	2010－4－23	3000	信托贷款	3. 60%
101	2009097 号人民币 309 天信托贷款 VIP 理财产品产品	2009－6－18	2010－4－23	18000	信托贷款	3. 70%
102	2009098 号人民币“现金流”1 个月理财产品	2009－6－19	2009－7－19	18000	购买债券	分段计息
103	2009099 号人民币 3 个月 SHIBOR 挂钩理财产品	2009－6－19	2009－9－19	15000	购买债券	1. 90%
104	2009100 号人民币 9 个月银行间市场投资理财产品	2009－6－19	2010－3－19	20000	购买债券	2. 80%
105	2009101 号人民币 3 个月银行间市场投资理财产品	2009－6－19	2009－9－19	1000	购买债券	2. 05%
106	2009111 号人民币 293 天信托贷款理财产品产品	2009－6－25	2010－4－14	5000	信托贷款	3. 00%
107	2009112 号人民币 293 天信托贷款 VIP 理财产品产品	2009－6－25	2010－4－14	35000	信托贷款	3. 20%
108	2009114 号人民币“现金流”1 个月理财产品	2009－6－26	2009－7－26	10000	购买债券	分段计息
109	2009104 号人民币 23 个月信托贷款理财产品产品	2009－6－29	2010－5－31	1000	信托贷款	4. 80%
110	2009105 号人民币 23 个月信托贷款 VIP 理财产品产品	2009－6－29	2010－5－31	15000	信托贷款	5. 00%
111	2009106 号人民币 35 个月信托贷款理财产品产品	2009－6－29	2010－5－31	2000	信托贷款	5. 00%
112	2009107 号人民币 35 个月信托贷款理财产品产品	2009－6－29	2010－5－31	6000	信托贷款	5. 20%
113	2009108 号人民币 35 个月信托贷款理财产品产品	2009－6－29	2010－5－31	6000	信托贷款	5. 50%
114	2009102 号人民币“现金流”1 个月理财产品	2009－6－30	2009－7－30	15000	购买债券	分段计息
115	2009103 号人民币 3 个月 SHIBOR 挂钩理财产品	2009－6－30	2009－9－30	12000	购买债券	1. 90%
116	2009110 号人民币 209 天信托贷款 VIP 理财产品产品	2009－6－30	2010－1－25	20000	信托贷款	3. 30%
117	2009113 号人民币 198 天信托贷款理财产品产品	2009－6－30	2010－1－14	6000	信托贷款	3. 20%
118	2009109 号人民币 696 天信托贷款理财产品	2009－7－4	2011－5－31	5000	信托贷款	5. 00%
119	2009115 号人民币“现金流”1 个月理财产品	2009－7－10	2009－8－10	15824	购买债券	1. 68%
120	2009116 号人民币 3 个月 SHIBOR 挂钩理财产品	2009－7－10	2009－10－10	16297	购买债券	1. 90%
121	2009120 号人民币 275 天信托贷款 VIP 理财产品	2009－7－13	2010－4－14	3065	信托贷款	3. 30%
122	2009121 号人民币 185 天信托贷款 VIP 理财产品	2009－7－13	2010－1－14	901	信托贷款	3. 20%

续表

序号	产品名称	发行日	到期日	拟发行量	投资方向	预期收益率
123	2009117 号人民币 123 天信托债券 VIP 理财产品	2009－7－16	2009－11－16	15000	购买债券	2.80%
124	2009118 号人民币“现金流”1 个月理财产品	2009－7－20	2009－8－20	8185	购买债券	1.68%
125	2009119 号人民币 3 个月 SHIBOR 挂钩理财产品	2009－7－20	2009－10－20	13236	购买债券	1.90%
126	2009125 号人民币 365 天信托贷款 VIP 理财产品	2009－7－20	2010－7－20	34824	信托贷款	3.70%
127	2009126 号人民币 365 天信托贷款理财产品	2009－7－20	2010－7－20	2395	信托贷款	3.50%
128	2009127 号人民币“现金流”1 个月理财产品	2009－8－3	2009－9－3	18685	购买债券	1.68%
129	2009128 号人民币 3 个月 SHIBOR 挂钩理财产品	2009－8－3	2009－11－3	13688	购买债券	1.90%
130	2009122 号人民币 364 天信托贷款理财产品	2009－8－14	2010－8－13	1700	信托贷款	3.87%
131	2009135 号人民币 3 个月银行间市场投资理财产品	2009－8－19	2009－11－17	10357	购买债券	2.30%
132	2009136 号人民币 132 天银行间市场投资理财产品	2009－8－19	2009－12－29	12368	购买债券	2.50%
133	PB09005 号人民币 3 个月银行间市场投资理财产品	2009－8－19	2009－11－17	954	购买债券	2.80%
134	2009129 号人民币“现金流”1 个月理财产品	2009－8－20	2009－9－20	10000	购买债券	1.68%
135	2009130 号人民币 3 个月 SHIBOR 挂钩理财产品	2009－8－20	2009－11－20	9323	购买债券	1.90%
136	PB09006 号人民币 365 天信托贷款理财产品	2009－8－20	2010－8－20	2500	信托贷款	4.10%
137	PB09002 号人民币“现金流”1 个月理财产品	2009－8－21	2009－9－21	6049	购买债券	1.68%
138	PB09001 号人民币 6 个月银行间市场投资理财产品	2009－8－24	2010－2－24	1260	购买债券	2.50%
139	2009159 号人民币 109 天信托贷款 VIP 理财产品	2009－8－25	2009－12－12	4378	信托贷款	3.00%
140	200915901 号人民币 109 天信托贷款理财产品	2009－8－25	2009－12－12	5622	信托贷款	3.20%
141	200912501 号人民币 365 天信托贷款 VIP 理财产品	2009－8－27	2010－8－27	28573	信托贷款	3.70%
142	200912601 号人民币 365 天信托贷款理财产品	2009－8－27	2010－8－27	2769	信托贷款	3.50%
143	PB09003 号人民币 365 天信托贷款理财产品	2009－8－27	2010－8－27	5136	信托贷款	4.00%
144	2009131 号人民币“现金流”1 个月理财产品	2009－8－28	2009－9－28	8755	购买债券	1.68%
145	2009132 号人民币 3 个月 SHIBOR 挂钩理财产品	2009－8－28	2009－11－28	11979	购买债券	1.90%
146	PB09004 号人民币“现金流”1 个月理财产品	2009－9－5	2009－10－5	1245	购买债券	1.68%
147	2009133 号人民币“现金流”1 个月理财产品	2009－9－7	2009－10－7	8755	购买债券	1.68%
148	2009134 号人民币 3 个月 SHIBOR 挂钩理财产品	2009－9－7	2009－12－7	7153	购买债券	1.90%
149	PB09007 号人民币 40 天信托贷款理财产品	2009－9－14	2009－10－24	4850	信托贷款	2.60%
150	2009168 号人民币“现金流”1 个月理财产品	2009－9－15	2009－10－15	7782	购买债券	1.68%
151	2009169 号人民币 3 个月 SHIBOR 挂钩理财产品	2009－9－15	2009－12－15	4949	购买债券	1.90%
152	2009174 号人民币 2 个月银行间市场投资理财产品	2009－9－18	2009－11－17	19987	购买债券	2.50%
153	PB09008 号人民币 23 天信托贷款理财产品	2009－9－21	2009－10－14	600	信托贷款	2.00%
154	2009170 号人民币“现金流”1 个月理财产品	2009－9－25	2009－10－25	7886	购买债券	1.68%
155	2009171 号人民币 3 个月 SHIBOR 挂钩理财产品	2009－9－25	2009－12－25	5807	购买债券	1.90%
156	2009175 号人民币 49 天银行间市场投资理财产品	2009－9－29	2009－11－17	9074	购买债券	2.50%
157	2009176 号人民币 6 个月银行间市场投资理财产品	2009－9－29	2010－3－29	350	购买债券	3.50%

续表

序号	产品名称	发行日	到期日	拟发行量	投资方向	预期收益率
158	2009177 号人民币 1 年期银行间市场投资理财产品	2009－9－29	2010－9－29	6768	购买债券	4.50%
159	PB09009 号人民币 290 天信托贷款理财产品	2009－9－29	2010－7－16	1104	信托贷款	4.00%
160	PB09010 号人民币 290 天信托贷款理财产品	2009－9－29	2010－7－16	8493	信托贷款	4.10%
161	2009178 号人民币 3 个月银行间市场投资理财产品	2009－9－29	2009－12－29	23168	购买债券	2.60%
162	2009172 号人民币"现金流"1 个月理财	2009－10－9	2009－11－9	10000	购买债券	分段计息
163	2009173 号人民币 3 个月 SHIBOR 挂钩理财	2009－10－9	2010－1－9	8000	购买债券	1.90%
164	200917601 号人民币 6 个月银行间市场投资理财	2009－10－19	2010－4－19	100	购买债券	3.50%
165	200917701 号人民币 1 年期银行间市场投资理财	2009－10－19	2010－10－19	1000	购买债券	4.50%
166	PB09011 号人民币 319 天信托受益权转让理财产品	2009－10－12	2010－8－27	8000	其他	4.50%
167	PB09012 号人民币 319 天信托受益权转让理财产品	2009－10－12	2010－8－27	5000	其他	4.50%
168	PB09013 号人民币"现金流"1 个月理财	2009－10－14	2009－11－14	2000	购买债券	分段计息
169	PB09014 号人民币"现金流"1 个月理财	2009－10－10	2009－11－10	3000	购买债券	分段计息
170	PB09015 号人民币 98 天银行间市场投资理财产品	2009－10－10	2010－1－16	2000	购买债券	2.65%
171	2009179 号人民币 3 个月银行间市场投资理财	2009－11－18	2010－2－5	20000	购买债券	2.60%
172	2009180 号人民币"现金流"1 个月理财	2009－10－19	2009－11－19	80000	购买债券	分段计息
173	2009181 号人民币 3 个月 SHIBOR 挂钩理财	2009－10－19	2010－1－19	80000	购买债券	1.90%
174	2009182 号人民币"现金流"1 个月理财	2009－10－27	2009－11－27	15000	购买债券	分段计息
175	2009183 号人民币 3 个月 SHIBOR 挂钩理财	2009－10－27	2010－1－27	10000	购买债券	1.90%
176	2009184 号人民币"现金流"1 个月理财	2009－11－5	2009－12－5	10000	购买债券	分段计息
177	2009185 号人民币 3 个月 SHIBOR 挂钩理财	2009－11－5	2010－2－5	5000	购买债券	1.90%
178	2009186 号人民币 26 天银行间市场投资理财产品	2009－10－22	2009－11－17	10000	购买债券	2.10%
179	2009187 号人民币 68 天银行间市场投资理财产品	2009－10－22	2009－12－29	15000	购买债券	2.70%
180	2009188 号人民币 3 个月银行间市场投资理财产品	2009－11－3	2010－2－3	20000	购买债券	2.70%
181	2009189 号人民币 132 天信托贷款理财产品	2009－10－22	2010－3－3	600	信托贷款	3.30%
182	2009190 号人民币 251 天信托贷款理财产品	2009－10－22	2010－6－30	500	信托贷款	3.60%
183	2009191 号人民币 1 年信托贷款理财产品	2009－10－19	2010－10－19	2000	信托贷款	3.80%
184	200919101 号人民币 354 天信托贷款理财产品	2009－10－30	2010－10－19	2000	信托贷款	4.10%
185	2009192 号人民币人民币 1 年信托贷款 VIP 理财产品	2009－10－19	2010－10－19	35000	信托贷款	4.00%
186	2009193 号人民币 33 天票据业务理财	2009－10－15	2009－11－17	20000	购买贴现票据	2.00%
187	PB09016 号人民币 267 天信托贷款理财产品	2009－10－22	2010－7－16	8000	信托贷款	4.00%
188	PB09017 号人民币 362 天信托贷款理财产品	2009－10－22	2010－10－19	10	信托贷款	4.00%
189	PB09018 号人民币 289 天信托受益权转让理财产品	2009－11－11	2010－8－27	5000	其他	4.50%
190	2009194 号人民币"现金流"1 个月理财	2009－11－16	2009－12－16	10000	购买债券	分段计息
191	2009195 号人民币 3 个月 SHIBOR 挂钩理财	2009－11－16	2010－2－16	5000	购买债券	1.90%
192	2009196 号人民币"现金流"1 个月理财	2009－11－26	2009－12－26	15000	购买债券	分段计息

续表

序号	产品名称	发行日	到期日	拟发行量	投资方向	预期收益率
193	2009197 号人民币 3 个月 SHIBOR 挂钩理财	2009－11－26	2010－2－26	8000	购买债券	1.90%
196	2009200 号人民币人民币 91 天债券回购理财产品	2009－12－29	2010－3－30	15000	购买债券	3.20%
198	2009202 号人民币人民币 57 天信托贷款理财产品	2009－11－11	2010－1－7	30000	信托贷款	3.10%
201	2009212 号人民币人民币 311 天信托贷款理财产品	2009－11－17	2010－9－24	2000	信托贷款	4.02%
202	2009213 号人民币人民币 231 天信托贷款理财产品	2009－11－26	2010－7－15	10000	信托贷款	4.10%
203	PB09019 号人民币人民币 248 天信托贷款理财产品	2009－11－25	2010－7－31	5000	信托贷款	3.90%
204	PB09021 号人民币人民币 311 天信托贷款理财产品	2009－11－16	2010－9－23	3300	信托贷款	4.02%
206	PB09023 号人民币可变期限人民币信托贷款理财产品	2009－11－18	2009－12－23	3000	信托贷款	3.00%
209	PB09024 号人民币人民币 181 天信托贷款理财产品	2009－11－27	2010－5－27	1000	信托贷款	3.80%
210	2009215 号人民币人民币 181 天信托贷款理财产品	2009－11－27	2010－5－27	1000	信托贷款	3.70%
211	200921501 号人民币人民币 181 天信托贷款理财产品	2009－11－27	2010－5－27	18000	信托贷款	3.80%
197	2009201 号人民币人民币 42 天信托贷款理财产品	2009－11－30	2010－1－11	4000	信托贷款	2.70%
212	PB09025 号人民币人民币 73 天信托债券理财产品	2009－11－30	2010－2－11	2500	购买债券	3.20%
199	2009204 号人民币人民币 87 天信托贷款理财产品	2009－11－30	2010－2－25	5000	信托贷款	3.10%
200	2009211 号人民币人民币 108 天信托贷款理财产品	2009－11－30	2010－3－18	10000	信托贷款	3.30%
214	PB09027 号人民币人民币 243 天信托贷款理财产品	2009－11－30	2010－7－31	800	信托贷款	4.00%
213	PB09026 号人民币人民币 125 天信托债券理财产品	2009－12－1	2010－4－5	100	购买债券	3.50%
194	2009198 号人民币“现金流”20 天理财	2009－12－7	2009－12－27	15000	购买债券	分段计息
195	2009199 号人民币 3 个月 SHIBOR 挂钩理财	2009－12－7	2010－3－7	10000	购买债券	1.90%
215	PB09028 号人民币人民币 65 天信托债券理财产品	2009－12－8	2010－2－11	800	购买债券	3.20%
207	2009214 号人民币人民币 365 天信托贷款理财产品	2009－12－8	2010－12－8	5000	信托贷款	3.90%
208	200921401 号人民币人民币 365 天信托贷款 VIP 理财产品	2009－12－8	2010－12－8	45000	信托贷款	4.10%
231	PB09030 号人民币人民币 90 天信托贷款理财产品	2009－12－15	2010－3－15	5000	信托贷款	3.66%
216	2009216 号人民币“现金流”14 天理财	2009－12－16	2009－12－30	6500	购买债券	分段计息
217	2009217 号人民币 3 个月 SHIBOR 挂钩理财	2009－12－16	2010－3－16	8000	购买债券	1.90%
229	2009233 号人民币人民币 146 天信托贷款理财产品	2009－12－16	2010－5－11	26000	信托贷款	3.50%
230	PB09029 号人民币人民币 146 天信托贷款理财产品	2009－12－16	2010－5－11	5000	信托贷款	3.60%
221	2009227 号人民币人民币 101 天信托债券理财产品	2009－12－16	2010－3－27	1500	购买债券	3.00%
222	2009228 号人民币人民币 345 天信托债券理财产品	2009－12－16	2010－11－26	300	购买债券	3.70%
205	PB09022 号人民币人民币 80 天信托债券理财产品	2009－11－23	2010－2－11	3000	购买债券	2.90%
223	2009229 号人民币人民币 199 天信托贷款理财产品	2009－12－24	2010－7－11	8000	信托贷款	3.80%
224	200922901 号人民币人民币 199 天信托贷款理财产品	2009－12－24	2010－7－11	5000	信托贷款	4.00%
225	2009230 号人民币人民币 320 天信托贷款理财产品	2009－12－24	2010－11－9	1000	信托贷款	4.00%

续表

序号	产品名称	发行日	到期日	拟发行量	投资方向	预期收益率
226	2009231 号人民币人民币 351 天信托贷款理财产品	2009-12-24	2010-12-10	3000	信托贷款	4.20%
227	2009232 号人民币人民币 359 天信托贷款理财产品	2009-12-24	2010-12-18	500	信托贷款	4.20%
228	200923201 号人民币人民币 359 天信托贷款理财产品	2009-12-24	2010-12-18	5000	信托贷款	4.50%
219	2009225 号人民币人民币 365 天信托贷款理财产品	2009-12-24	2010-12-24	2000	信托贷款	4.20%
220	2009226 号人民币人民币 365 天信托贷款 VIP 理财产品	2009-12-24	2010-12-24	18000	信托贷款	4.40%
218	2009222 号人民币 3 个月银行间市场投资理财产品	2009-12-25	2010-3-25	11000	购买债券	2.73%

备注：分段计息是指根据客户持有期不同，收益率不同

数据来源：北京银行

表 3-32　2009 年北京银行个人外币理财产品发行情况表　　单位：万元发行币种

序号	产品名称	币种	发行日	到期日	拟发行量	投资方向	预期收益率
1	美元 3 个月银行间市场投资理财产品	美元	2009-1-16	2009-4-16	150	购买债券	0.90%
2	美元 3 个月银行间市场投资理财产品	美元	2009-2-2	2009-5-2	200	购买债券	0.90%
3	美元 3 个月银行间市场投资理财产品	美元	2009-2-16	2009-5-16	200	购买债券	0.90%
4	美元 3 个月银行间市场投资理财产品	美元	2009-2-26	2009-5-26	100	购买债券	0.90%
5	美元 12 个月银行间市场投资理财产品	美元	2009-2-26	2010-2-26	150	购买债券	1.65%
6	美元 3 个月银行间市场投资理财产品	美元	2009-3-9	2009-6-9	200	购买债券	1.00%
7	美元 12 个月银行间市场投资理财产品	美元	2009-3-9	2010-3-9	200	购买债券	1.65%
8	美元 3 个月银行间市场投资理财产品	美元	2009-3-19	2009-6-19	250	购买债券	1.00%
9	美元 12 个月银行间市场投资理财产品	美元	2009-3-19	2010-3-19	400	购买债券	1.65%
10	美元 3 个月银行间市场投资理财产品	美元	2009-3-30	2009-6-30	200	购买债券	1.00%
11	美元 12 个月银行间市场投资理财产品	美元	2009-3-30	2010-3-30	300	购买债券	1.65%
12	美元 3 个月银行间市场投资理财产品	美元	2009-3-30	2009-6-30	100	购买债券	1.35%
13	FX09013 美元 3 个月银行间市场投资理财产品	美元	2009-4-13	2009-7-13	100	购买债券	1.00%
14	FX09014 美元 12 个月银行间市场投资理财产品	美元	2009-4-13	2010-4-13	200	购买债券	1.65%
15	FX09015 美元 3 个月银行间市场投资理财产品	美元	2009-4-23	2009-7-23	100	购买债券	1.00%
16	FX09016 美元 12 个月银行间市场投资理财产品	美元	2009-4-23	2010-4-23	200	购买债券	1.65%
17	FX09017 美元 3 个月银行间市场投资理财产品	美元	2009-5-4	2009-8-4	100	购买债券	1.00%
18	FX09018 美元 12 个月银行间市场投资理财产品	美元	2009-5-4	2010-5-4	200	购买债券	1.65%

续表

序号	产品名称	币种	发行日	到期日	拟发行量	投资方向	预期收益率
19	FX09019 美元 174 天信托贷款理财产品	美元	2009－5－27	2009－11－17	400	信托贷款	1.80%
20	FX09020 美元 3 个月银行间市场投资理财产品	美元	2009－6－19	2009－9－19	300	购买债券	1.00%
21	FX09021 美元 12 个月银行间市场投资理财产品	美元	2009－6－19	2010－6－19	300	购买债券	1.65%
22	FX09022 美元 3 个月银行间市场投资理财产品	美元	2009－6－30	2009－9－30	300	购买债券	1.00%
23	FX09023 美元 12 个月银行间市场投资理财产品	美元	2009－6－30	2010－6－30	300	购买债券	1.65%
24	FX09024 号美元 3 个月银行间市场投资理财产品	美元	2009－7－10	2009－10－10	200	购买债券	1.00%
25	FX09025 号美元 6 个月银行间市场投资理财产品	美元	2009－7－10	2010－1－10	300	购买债券	1.20%
26	FX09026 号美元 3 个月银行间市场投资理财产品	美元	2009－7－20	2009－10－20	200	购买债券	1.00%
27	FX09027 号美元 6 个月银行间市场投资理财产品	美元	2009－7－20	2010－1－20	300	购买债券	1.20%
28	FX09029 号美元 3 个月银行间市场投资理财产品	美元	2009－8－3	2009－11－3	100	购买债券	1.00%
29	FX09030 号美元 6 个月银行间市场投资理财产品	美元	2009－8－3	2010－2－3	300	购买债券	1.20%
30	FX09028 号美元 138 天信托贷款理财产品	美元	2009－8－14	2009－12－28	100	信托贷款	1.80%
31	PBFX09001 号美元 138 天信托贷款理财产品	美元	2009－8－14	2009－12－28	200	信托贷款	2.20%
32	FX09031 号美元 3 个月银行间市场投资理财产品	美元	2009－8－20	2009－11－20	100	购买债券	1.00%
33	FX09032 号美元 6 个月银行间市场投资理财产品	美元	2009－8－20	2010－2－20	200	购买债券	1.20%
34	FX09033 号美元 3 个月银行间市场投资理财产品	美元	2009－8－28	2009－11－28	100	购买债券	1.00%
35	FX09034 号美元 6 个月银行间市场投资理财产品	美元	2009－8－28	2010－2－28	100	购买债券	1.20%
36	FX09035 号美元 3 个月银行间市场投资理财产品	美元	2009－9－7	2009－12－7	100	购买债券	1.00%
37	FX09036 号美元 6 个月银行间市场投资理财产品	美元	2009－9－7	2010－3－7	100	购买债券	1.20%
38	FX09037 号美元 3 个月银行间市场投资理财产品	美元	2009－9－15	2009－12－15	100	购买债券	1.00%

续表

序号	产品名称	币种	发行日	到期日	拟发行量	投资方向	预期收益率
39	FX09038 号美元 6 个月银行间市场投资理财产品	美元	2009－9－15	2010－3－15	100	购买债券	1.20%
40	FX09039 号美元 3 个月银行间市场投资理财产品	美元	2009－9－25	2009－12－25	200	购买债券	1.00%
41	FX09040 号美元 6 个月银行间市场投资理财产品	美元	2009－9－25	2010－3－25	100	购买债券	1.20%
42	FX09041 号美元美元 3 个月银行间市场投资理财产品	美元	2009－10－9	2010－1－9	100	购买债券	1.00%
43	FX09042 号美元美元 6 个月银行间市场投资理财产品	美元	2009－10－9	2010－4－9	200	购买债券	1.20%
44	FX09043 号美元美元 3 个月银行间市场投资理财产品	美元	2009－10－19	2010－1－19	100	购买债券	1.00%
45	FX09044 号美元美元 6 个月银行间市场投资理财产品	美元	2009－10－19	2010－4－19	100	购买债券	1.20%
46	FX09045 号美元美元 3 个月银行间市场投资理财产品	美元	2009－10－27	2010－1－27	100	购买债券	1.00%
47	FX09047 号美元美元 3 个月银行间市场投资理财产品	美元	2009－11－5	2010－2－5	100	购买债券	1.00%
48	FX09049 号美元美元 3 个月银行间市场投资理财产品	美元	2009－11－16	2010－2－16	100	购买债券	1.00%
49	FX09051 号美元美元 3 个月银行间市场投资理财产品	美元	2009－11－26	2010－2－26	100	购买债券	1.00%
50	FX09053 号美元美元 3 个月银行间市场投资理财产品	美元	2009－12－7	2010－3－7	100	购买债券	1.00%
51	FX09055 号美元美元 66 天信托贷款理财产品	美元	2009－12－1	2010－2－5	100	信托贷款	1.80%
52	FX09056 号美元美元 3 个月银行间市场投资理财产品	美元	2009－12－16	2010－3－16	100	购买债券	1.00%
53	FX09058 号美元美元 3 个月银行间市场投资理财产品	美元	2009－12－29	2010－3－29	200	购买债券	1.00%

数据来源：北京银行

表 3－33　2009 年上海银行个人人民币理财产品发行情况表　　单位：万元人民币

序号	产品名称	发行日	到期日	拟发行量	投资方向	预期收益率
1	慧财 08044 期	2009－1－5	2009－2－5	100	质押式逆回购	1.32%
2	慧财 08629 期	2009－1－5	2009－7－5	725	质押式逆回购	2.40%
3	慧财 08630 期	2009－1－5	2009－7－5	1503	质押式逆回购	2.40%
4	慧财 08630 期	2009－1－5	2009－4－5	1075	质押式逆回购	2.25%
5	慧财 09001 期	2009－1－12	2009－2－12	1098	购买债券	1.50%

续表

序号	产品名称	发行日	到期日	拟发行量	投资方向	预期收益率
6	慧财 09701 期	2009 – 1 – 12	2009 – 4 – 12	18000	购买债券，质押式逆回购	2.53%
7	慧财 09002 期	2009 – 1 – 19	2009 – 2 – 19	1404	质押式逆回购	1.50%
8	慧财 09601 期	2009 – 1 – 19	2009 – 4 – 19	9478	质押式逆回购	2.13%
9	慧财 09601 期	2009 – 1 – 19	2009 – 7 – 19	8788	质押式逆回购	2.20%
10	慧财 09703 期	2009 – 1 – 22	2009 – 4 – 3	20000	购买债券，质押式逆回购	2.10%
11	慧财 09602 期	2009 – 2 – 2	2009 – 5 – 2	10000	购买债券，质押式逆回购	2.13%
12	慧财 09602 期	2009 – 2 – 2	2009 – 8 – 2	9995	质押式逆回购	2.20%
13	慧财 09003 期	2009 – 2 – 2	2009 – 3 – 2	2057	购买债券	1.44%
14	慧财 09702 期	2009 – 2 – 6	2009 – 5 – 6	6076	购买债券	4.48%
15	慧财 09004 期	2009 – 2 – 9	2009 – 3 – 9	2640	购买债券，质押式逆回购	1.60%
16	慧财 09603 期	2009 – 2 – 16	2009 – 5 – 16	11000	购买债券	2.05%
17	慧财 09603 期	2009 – 2 – 16	2009 – 8 – 16	11000	购买债券，质押式逆回购	2.20%
18	慧财 09005 期	2009 – 2 – 16	2009 – 3 – 16	5579	购买债券	1.65%
19	慧财 09201 期	2009 – 2 – 18	2010 – 2 – 18	19800	信托贷款	3.41%
20	慧财 09006 期	2009 – 2 – 23	2009 – 3 – 23	3073	购买债券	1.65%
21	慧财 09202 期	2009 – 2 – 27	2010 – 2 – 27	9600	信托贷款	4.00%
22	慧财 09007 期	2009 – 3 – 2	2009 – 4 – 2	1882	购买债券	1.63%
23	慧财 09604 期	2009 – 3 – 2	2009 – 6 – 2	10000	购买债券，质押式逆回购	1.98%
24	慧财 09604 期	2009 – 3 – 2	2009 – 9 – 2	10000	购买债券	2.10%
25	慧财 09008 期	2009 – 3 – 9	2009 – 4 – 9	1327	购买债券	1.63%
26	慧财 09203 期	2009 – 3 – 13	2009 – 8 – 19	19400	信托贷款	2.98%
27	慧财 09605 期	2009 – 3 – 16	2009 – 6 – 16	6022	购买债券	2.13%
28	慧财 09605 期	2009 – 3 – 16	2009 – 9 – 16	9209	购买债券，质押式逆回购	2.20%
29	慧财 09704 期	2009 – 3 – 16	2009 – 5 – 16	20000	购买债券	1.90%
30	慧财 09009 期	2009 – 3 – 16	2009 – 4 – 16	1503	购买债券	1.63%
31	慧财 09010 期	2009 – 3 – 23	2009 – 4 – 23	1558	购买债券	1.63%
32	慧财 09606 期	2009 – 3 – 30	2009 – 9 – 30	5000	购买债券，质押式逆回购	2.10%
33	慧财 09606 期	2009 – 3 – 30	2009 – 6 – 30	4994	购买债券	1.98%
34	慧财 09011 期	2009 – 3 – 30	2009 – 4 – 30	1353	购买债券	1.63%
35	慧财 09204 期	2009 – 3 – 31	2010 – 2 – 17	26479	信托贷款	3.60%
36	慧财 09012 期	2009 – 4 – 7	2009 – 5 – 7	2517	质押式逆回购	1.70%
37	慧财 09013 期	2009 – 4 – 13	2009 – 5 – 13	2963	质押式逆回购	1.70%
38	慧财 09607 期	2009 – 4 – 13	2009 – 7 – 13	6440	购买债券，质押式逆回购	1.98%
39	慧财 09607 期	2009 – 4 – 13	2009 – 10 – 13	8158	质押式逆回购	2.10%
40	慧财 09014 期	2009 – 4 – 20	2009 – 5 – 20	5985	质押式逆回购	1.75%
41	慧财 09015 期	2009 – 4 – 27	2009 – 5 – 27	2298	购买债券	1.70%

续表

序号	产品名称	发行日	到期日	拟发行量	投资方向	预期收益率
42	慧财 09608 期	2009－4－27	2009－7－27	9169	购买债券	1.98%
43	慧财 09608 期	2009－4－27	2009－10－27	10000	购买债券,质押式逆回购	2.10%
44	慧财 09016 期	2009－5－4	2009－6－4	2374	质押式逆回购	1.70%
45	慧财 09017 期	2009－5－11	2009－6－11	3012	质押式逆回购	1.70%
46	慧财 09609 期	2009－5－11	2009－8－11	6633	质押式逆回购	1.98%
47	慧财 09609 期	2009－5－11	2009－11－11	7134	质押式逆回购	2.10%
48	慧财 09205 期	2009－5－15	2010－5－15	17500	信托贷款	3.60%
49	慧财 09018 期	2009－5－18	2009－6－18	3529	购买债券	1.70%
50	慧财 09610 期	2009－5－25	2009－11－25	8090	购买债券,质押式逆回购	2.10%
51	慧财 09019 期	2009－5－25	2009－6－25	3593	购买债券	1.70%
52	慧财 09610 期	2009－5－25	2009－8－25	7750	购买债券	1.98%
53	慧财 09705 期	2009－5－27	2009－7－27	20000	购买债券,质押式逆回购	1.95%
54	慧财 09020 期	2009－6－8	2009－7－8	6013	购买债券	1.70%
55	慧财 09611 期	2009－6－8	2009－9－8	5385	购买债券	1.98%
56	慧财 09611 期	2009－6－8	2009－12－8	7804	购买债券,质押式逆回购	2.10%
57	慧财 09206 期	2009－6－11	2009－11－20	13050	信托贷款	3.50%
58	慧财 09021 期	2009－6－15	2009－7－15	2109	购买债券	1.70%
59	慧财 09612 期	2009－6－22	2009－9－22	4546	购买债券,质押式逆回购	1.98%
60	慧财 09612 期	2009－6－22	2009－12－22	6318	质押式逆回购	2.10%
61	慧财 09022 期	2009－6－22	2009－7－22	2078	购买债券	1.70%
62	慧财 09023 期	2009－6－29	2009－7－29	1792	购买债券	1.70%
63	慧财 09024 期	2009－7－6	2009－8－6	1173	购买债券	1.70%
64	慧财 09613 期	2009－7－6	2009－10－6	4258	购买债券	1.98%
65	慧财 09613 期	2009－7－6	2010－1－6	5386	购买债券,质押式逆回购	2.15%
66	慧财 09207 期	2009－7－10	2010－6－25	50000	信托贷款	3.70%
67	慧财 09025 期	2009－7－13	2009－8－13	1822	质押式逆回购	1.70%
68	慧财 09614 期	2009－7－20	2009－10－20	2538	质押式逆回购	1.98%
69	慧财 09614 期	2009－7－20	2010－1－20	4321	质押式逆回购	2.15%
70	慧财 09026 期	2009－7－20	2009－8－20	2309	购买债券,质押式逆回购	1.70%
71	慧财 09027 期	2009－7－27	2009－8－27	1521	购买债券	1.70%
72	慧财 09706 期	2009－7－28	2009－10－28	3733	购买债券	4.48%
73	慧财 09028 期	2009－8－3	2009－9－3	1909	购买债券,质押式逆回购	1.80%
74	慧财 09615 期	2009－8－3	2009－11－3	4927	质押式逆回购	2.00%
75	慧财 09615 期	2009－8－3	2010－2－3	6183	质押式逆回购	2.15%
76	慧财 09616 期	2009－8－31	2009－11－30	2438	购买债券	1.87%
77	慧财 09616 期	2009－8－31	2010－3－1	2480	购买债券	2.07%

续表

序号	产品名称	发行日	到期日	拟发行量	投资方向	预期收益率
78	慧财 09029 期	2009－8－31	2009－9－29	3650	购买债券	1.77%
79	慧财 09030 期	2009－9－7	2009－10－9	2376	购买债券，质押式逆回购	1.77%
80	慧财 09208 期	2009－9－9	2011－9－9	29900	信托贷款	4.38%
81	慧财 09617 期	2009－9－14	2009－12－14	2671	购买债券	1.92%
82	慧财 09617 期	2009－9－14	2010－3－14	1612	购买债券	2.07%
83	慧财 09031 期	2009－9－14	2009－10－14	1999	购买债券	1.87%
84	慧财 09032 期	2009－9－21	2009－10－21	920	购买债券	1.82%
85	慧财 09618 期	2009－9－28	2009－12－28	2259	购买债券	1.97%
86	慧财 09618 期	2009－9－28	2010－3－28	1673	购买债券	2.07%
87	慧财 09901 期	2009－9－28			购买债券，质押式逆回购	
88	慧财 09033 期	2009－9－28	2009－10－28	926	购买债券	1.82%
89	慧财 09034 期	2009－10－12	2009－11－12	1319	购买债券	1.87%
90	慧财 09619 期	2009－10－12	2010－1－12	1309	购买债券	1.97%
91	慧财 09619 期	2009－10－12	2010－4－12	1061	购买债券	2.12%
92	慧财 09035 期	2009－10－19	2009－11－19	1501	购买债券	1.87%
93	慧财 09620 期	2009－10－26	2010－1－26	1882	购买债券	1.99%
94	慧财 09620 期	2009－10－26	2010－4－26	1654	购买债券	2.17%
95	慧财 09036 期	2009－10－26	2009－11－26	834	购买债券	1.87%
96	慧财 09301 期	2009－10－29	2010－1－29	15000	股权质押贷款	2.80%
97	慧财 09037 期	2009－11－2	2009－12－2	1483	购买债券	1.92%
98	慧财 09210 期	2009－11－4	2010－5－4	35750	信托贷款	3.20%
99	慧财 09209 期	2009－11－6	2010－11－6	19700	信托贷款	3.30%
100	慧财 09621 期	2009－11－9	2010－2－9	3423	购买债券	2.17%
101	慧财 09621 期	2009－11－9	2010－5－9	3022	购买债券	2.27%
102	慧财 09038 期	2009－11－9	2009－12－9	1043	购买债券	1.92%
103	慧财 09039 期	2009－11－16	2009－12－16	1461	购买债券	1.87%
104	慧财 09211 期	2009－11－18	2010－6－24	19000	信托贷款	3.50%
105	慧财 09622 期	2009－11－23	2010－2－23	1439	购买债券	1.99%
106	慧财 09622 期	2009－11－23	2010－5－23	1186	购买债券	2.12%
107	慧财 09040 期	2009－11－23	2009－12－23	1613	购买债券	1.87%
108	慧财 09041 期	2009－11－30	2009－12－30	1530	购买债券	1.87%
109	慧财 09042 期	2009－12－7	2010－1－7	971	购买债券	1.87%
110	慧财 09623 期	2009－12－7	2010－3－7	2993	购买债券	2.02%
111	慧财 09623 期	2009－12－7	2010－6－7	2081	购买债券	2.22%
112	慧财 09212 期	2009－12－9	2011－12－9	20000	信托贷款	4.31%
113	慧财 09213 期	2009－12－9	2010－12－9	19850	信托贷款	3.31%

续表

序号	产品名称	发行日	到期日	拟发行量	投资方向	预期收益率
114	慧财 09043 期	2009－12－14	2010－1－14	474	购买债券	1.87%
115	慧财 09044 期	2009－12－21	2010－1－21	1489	购买债券	1.92%
116	慧财 09624 期	2009－12－21	2010－3－21	3035	购买债券	2.02%
117	慧财 09624 期	2009－12－21	2010－6－21	2724	购买债券	2.22%
118	慧财 09045 期	2009－12－28	2010－1－28	1001	购买债券	1.92%

数据来源：上海银行

表 3－34　2009 年上海银行个人外币理财产品发行情况表　　单位：万元发行币种

序号	产品名称	币种	发行日	到期日	拟发行量	投资方向	预期收益率
1	“金鑫”0826 期美元 3 个月	美元	2009－1－5	2009－4－6	12	同业拆借	2.76%
2	“金鑫”0826 期美元 6 个月	美元	2009－1－5	2009－7－6	25	同业拆借	2.88%
3	“金鑫”0826 期美元 6 个月	美元	2009－1－5	2010－1－5	41	同业拆借	3.01%
4	“金鑫”0826 期港币 6 个月	港币	2009－1－5	2009－7－6	50	同业拆借	2.51%
5	“金鑫”0901 期美元 3 个月	美元	2009－1－19	2009－4－20	163	同业拆借	1.40%
6	“金鑫”0901 期美元 6 个月	美元	2009－1－19	2009－7－20	100	同业拆借	1.90%
7	“金鑫”0901 期美元 12 个月	美元	2009－1－19	2010－1－19	100	同业拆借	2.15%
8	“金鑫”0901 期港币 6 个月	港币	2009－1－19	2009－7－20	151	同业拆借	1.20%
9	“金鑫”09901 期美元 3 个月	美元	2009－1－24	2009－4－24	238	同业拆借	4.50%
10	“金鑫”0902 期美元 1 个月	美元	2009－2－2	2009－3－2	1	同业拆借	0.35%
11	“金鑫”0902 期美元 3 个月	美元	2009－2－2	2009－5－4	48	同业拆借	0.90%
12	“金鑫”0902 期美元 6 个月	美元	2009－2－2	2009－8－3	96	同业拆借	1.20%
13	“金鑫”0902 期美元 12 个月	美元	2009－2－2	2010－2－2	48	同业拆借	1.40%
14	“金鑫”0902 期港币 6 个月	港币	2009－2－2	2009－8－3	125	同业拆借	0.90%
15	“金鑫”0903 期美元 1 个月	美元	2009－2－16	2009－3－16	22	同业拆借	0.35%
16	“金鑫”0903 期美元 3 个月	美元	2009－2－16	2009－5－18	101	同业拆借	1.00%
17	“金鑫”0903 期美元 6 个月	美元	2009－2－16	2009－8－17	149	同业拆借	1.30%
18	“金鑫”0903 期美元 12 个月	美元	2009－2－16	2010－2－16	94	同业拆借	1.50%
19	“金鑫”0903 期港币 6 个月	港币	2009－2－16	2009－8－17	165	同业拆借	0.90%
20	“金鑫”0904 期美元 1 个月	美元	2009－3－2	2009－4－2	10	同业拆借	0.40%
21	“金鑫”0904 期美元 3 个月	美元	2009－3－2	2009－6－2	79	同业拆借	1.00%
22	“金鑫”0904 期美元 6 个月	美元	2009－3－2	2009－9－2	241	同业拆借	1.40%
23	“金鑫”0904 期美元 12 个月	美元	2009－3－2	2010－3－2	188	同业拆借	1.60%
24	“金鑫”0904 期港币 6 个月	港币	2009－3－2	2009－9－2	267	同业拆借	0.95%
25	“金鑫”0905 期美元 1 个月	美元	2009－3－16	2009－4－16	6	同业拆借	0.40%
26	“金鑫”0905 期美元 3 个月	美元	2009－3－16	2009－6－16	121	同业拆借	1.00%
27	“金鑫”0905 期美元 6 个月	美元	2009－3－16	2009－9－16	250	同业拆借	1.40%

续表

序号	产品名称	币种	发行日	到期日	拟发行量	投资方向	预期收益率
28	"金鑫"0905 期美元 12 个月	美元	2009-3-16	2010-3-16	178	同业拆借	1.60%
29	"金鑫"0905 期港币 6 个月	港币	2009-3-16	2009-9-16	453	同业拆借	0.95%
30	"金鑫"0906 期美元 1 个月	美元	2009-3-30	2009-4-30	3	同业拆借	0.35%
31	"金鑫"0906 期美元 3 个月	美元	2009-3-30	2009-6-30	129	同业拆借	1.00%
32	"金鑫"0906 期美元 6 个月	美元	2009-3-30	2009-9-30	222	同业拆借	1.35%
33	"金鑫"0906 期美元 12 个月	美元	2009-3-30	2010-3-30	199	同业拆借	1.60%
34	"金鑫"0906 期港币 6 个月	港币	2009-3-30	2009-9-30	155	同业拆借	0.85%
35	"金鑫"0907 期美元 3 个月	美元	2009-4-13	2009-7-13	44	同业拆借	0.95%
36	"金鑫"0907 期美元 6 个月	美元	2009-4-13	2009-10-13	157	同业拆借	1.25%
37	"金鑫"0907 期美元 12 个月	美元	2009-4-13	2010-4-13	96	同业拆借	1.50%
38	"金鑫"0908 期美元 3 个月	美元	2009-4-27	2009-7-27	78	他行保证收益型产品	0.95%
39	"金鑫"0908 期美元 6 个月	美元	2009-4-27	2009-10-27	213	同业拆借	1.25%
40	"金鑫"0908 期美元 12 个月	美元	2009-4-27	2010-4-27	153	同业拆借	1.50%
41	"金鑫"0909 期美元 3 个月	美元	2009-5-11	2009-8-11	121	他行保证收益型产品	1.15%
42	"金鑫"0909 期美元 6 个月	美元	2009-5-11	2009-11-11	176	同业拆借	1.35%
43	"金鑫"0909 期美元 12 个月	美元	2009-5-11	2010-5-11	126	同业拆借	1.60%
44	"金鑫"0910 期美元 3 个月	美元	2009-5-25	2009-8-25	234	他行保证收益型产品	1.15%
45	"金鑫"0910 期美元 6 个月	美元	2009-5-25	2009-11-25	66	同业拆借	1.15%
46	"金鑫"0910 期美元 12 个月	美元	2009-5-25	2010-5-25	180	同业拆借	1.55%
47	"金鑫"0911 期美元 3 个月	美元	2009-6-8	2009-9-8	51	他行保证收益型产品	1.10%
48	"金鑫"0911 期美元 6 个月	美元	2009-6-8	2009-12-8	292	同业拆借	1.40%
49	"金鑫"0911 期美元 12 个月	美元	2009-6-8	2010-6-8	46	同业拆借	1.40%
50	"金鑫"0912 期美元 3 个月	美元	2009-6-22	2009-9-22	108	他行保证收益型产品	1.10%
51	"金鑫"0912 期美元 6 个月	美元	2009-6-22	2009-12-22	308	同业拆借	1.40%
52	"金鑫"0912 期美元 12 个月	美元	2009-6-22	2010-6-22	37	同业拆借	1.40%
53	"金鑫"0913 期美元 3 个月	美元	2009-7-6	2009-10-9	63	他行保证收益型产品	1.10%
54	"金鑫"0913 期美元 6 个月	美元	2009-7-6	2010-1-6	263	美圆中期票据	1.40%
55	"金鑫"0913 期美元 12 个月	美元	2009-7-6	2010-7-6	62	同业拆借	1.45%
56	"金鑫"0914 期美元 3 个月	美元	2009-7-20	2009-10-20	58	他行保证收益型产品	1.10%
57	"金鑫"0914 期美元 6 个月	美元	2009-7-20	2010-1-20	128	美圆中期票据	1.40%
58	"金鑫"0914 期美元 12 个月	美元	2009-7-20	2010-7-20	28	同业拆借	1.45%
59	"金鑫"0915 期美元 3 个月	美元	2009-8-3	2009-11-3	47	同业拆借	1.10%
60	"金鑫"0915 期美元 6 个月	美元	2009-8-3	2010-2-3	159	美圆中期票据	1.40%
61	"金鑫"0915 期美元 12 个月	美元	2009-8-3	2010-8-3	59	同业拆借	1.45%
62	"金鑫"0916 期美元 3 个月	美元	2009-10-12	2010-1-12	100	同业拆借	1.15%
63	"金鑫"0916 期美元 6 个月	美元	2009-10-12	2010-4-12	367	美圆中期票据	1.45%

续表

序号	产品名称	币种	发行日	到期日	拟发行量	投资方向	预期收益率
64	"金鑫"0916 期美元 12 个月	美元	2009－10－12	2010－10－12	102	同业拆借	1.55%
65	"金鑫"0917 期美元 3 个月	美元	2009－10－26	2010－1－26	100	美圆中期票据	1.15%
66	"金鑫"0917 期美元 6 个月	美元	2009－10－26	2010－4－26	397	美圆中期票据	1.45%
67	"金鑫"0917 期美元 12 个月	美元	2009－10－26	2010－11－26	145	同业拆借	1.55%
68	"金鑫"0918 期美元 3 个月	美元	2009－11－9	2010－2－9	148	美圆中期票据	1.35%
69	"金鑫"0918 期美元 6 个月	美元	2009－11－9	2010－5－10	419	美圆中期票据	1.65%
70	"金鑫"0918 期美元 12 个月	美元	2009－11－9	2010－11－9	156	同业拆借	1.90%
71	"金鑫"0919 期美元 3 个月	美元	2009－11－23	2010－2－23	100	美圆中期票据	1.25%
72	"金鑫"0919 期美元 6 个月	美元	2009－11－23	2010－5－24	300	美圆中期票据	1.45%
73	"金鑫"0919 期美元 12 个月	美元	2009－11－23	2010－11－23	136	同业拆借	1.80%
74	"金鑫"0920 期美元 3 个月	美元	2009－12－8	2010－3－8	71	美圆中期票据	1.12%
75	"金鑫"0920 期美元 6 个月	美元	2009－12－8	2010－6－8	249	同业拆借	1.50%
76	"金鑫"0920 期美元 12 个月	美元	2009－12－8	2010－12－8	114	同业拆借	1.90%
77	"金鑫"0921 期美元 3 个月	美元	2009－12－21	2010－3－22	21	美圆中期票据	1.12%
78	"金鑫"0921 期美元 6 个月	美元	2009－12－21	2010－6－21	391	同业拆借	1.70%
79	"金鑫"0921 期美元 12 个月	美元	2009－12－21	2010－12－21	70	同业拆借	1.90%

数据来源：上海银行

表3－35　2009 年南京银行个人人民币理财产品发行情况表

单位：万元人民币

序号	产品名称	发行日	到期日	拟发行量	投资方向	预期收益率
1	聚金 12 号	2009－1－15	2009－4－16	5000	购买债券	3.10%
2	聚金 14 号	2009－1－16	2009－4－16	20000	购买债券	3.10%
3	聚金 13 号	2009－1－21	2009－5－1	5000	购买债券	3.30%
4	聚财 7 号	2009－1－21	2010－2－28	20000	混合	4.00%
5	聚财 8 号	2009－2－11	2010－2－16	10000	混合	4.00%
6	聚金 15 号	2009－2－18	2009－3－28	3313	购买债券	1.50%
7	聚金 17 号	2009－3－1	2009－4－30	2782	购买债券	1.50%
8	聚富 3 号	2009－3－7	2011－1－3	26000	信托贷款	4.00%
9	聚喜 0901 期 1 个月	2009－3－19	2009－4－30	1396	购买债券	1.50%
10	聚喜 0901 期 3 个月	2009－3－19	2009－6－20	2500	购买债券	2.44%
11	聚喜 0901 期 6 个月	2009－3－19	2009－9－23	2500	购买债券	2.70%
12	聚喜 0901 期 12 个月	2009－3－19	2010－3－26	2500	购买债券	2.90%
13	聚富 4 号	2009－3－26	2014－3－26	3251	混合	7.50%
14	聚金 18 号	2009－4－2	2009－10－2	4000	购买债券	2.77%
15	聚喜 0902 期 1 个月	2009－4－9	2009－5－20	2000	购买债券	1.50%
16	聚喜 0902 期 3 个月	2009－4－9	2009－7－10	3000	购买债券	2.44%

续表

序号	产品名称	发行日	到期日	拟发行量	投资方向	预期收益率
17	聚喜 0902 期 6 个月	2009－4－9	2009－10－10	3000	购买债券	2.70%
18	聚喜 0902 期 12 个月	2009－4－9	2010－4－10	2000	购买债券	2.90%
19	聚金 19 号	2009－4－23	2009－10－30	1600	购买债券	3.00%
20	聚喜 0903 期 1 个月	2009－4－23	2009－6－4	2000	购买债券	1.50%
21	聚喜 0903 期 3 个月	2009－4－23	2009－7－23	3000	购买债券	2.44%
22	聚喜 0903 期 6 个月	2009－4－23	2009－10－23	3000	购买债券	2.70%
23	聚喜 0903 期 12 个月	2009－4－23	2010－4－23	2000	购买债券	2.90%
24	聚财 9 号	2009－4－27	2010－6－11	42032	购买债券	3.30%
25	聚喜 0904 期 1 个月	2009－5－13	2009－6－30	1760	购买债券	1.50%
26	聚喜 0904 期 3 个月	2009－5－13	2009－8－25	4000	购买债券	2.44%
27	聚喜 0904 期 6 个月	2009－5－13	2009－11－25	4000	购买债券	2.70%
28	聚喜 0904 期 12 个月	2009－5－13	2010－5－30	1359	购买债券	2.90%
29	聚喜 0905 期 1 个月	2009－6－15	2009－7－30	1918	购买债券	1.50%
30	聚喜 0905 期 3 个月	2009－6－15	2009－9－30	3876	购买债券	2.44%
31	聚喜 0905 期 6 个月	2009－6－15	2009－12－30	4000	购买债券	2.70%
32	聚喜 0905 期 12 个月	2009－6－15	2010－6－30	1766	购买债券	2.90%
33	聚金 20 号	2009－6－18	2009－9－30	3000	购买债券	2.64%
34	聚金 21 号	2009－6－18	2009－12－30	1163	购买债券	2.90%
35	聚金 22 号	2009－6－26	2009－10－6	4995	购买债券	2.64%
36	聚金 23 号	2009－6－26	2010－1－6	1291	购买债券	2.90%
37	“聚喜(0906 期)”“现金流”人民币 1 个月期理财产品	2009－7－2	2009－8－15	305	购买债券	1.50%
38	“聚喜(0906 期)”人民币 3 个月期银行间市场投资理财产品	2009－7－2	2009－10－15	2914	购买债券	2.44%
39	“聚喜(0906 期)”人民币 6 个月期银行间市场投资理财产品	2009－7－2	2010－3－15	3689	购买债券	2.70%
40	“聚喜(0906 期)”人民币 1 年期银行间市场投资理财产品	2009－7－2	2010－7－15	1745	购买债券	2.90%
41	200919 理财 5 个月(聚金 24 号)	2009－7－30	2009－12－30	4179	购买债券	2.90%
42	200918 理财 1 年期(聚财 10 号)	2009－8－12	2010－8－12	10000	信托贷款	4.50%
43	“聚喜(0907 期)”“现金流”人民币 1 个月期理财产品	2009－8－18	2009－9－18	185	购买债券	1.50%
44	“聚喜(0907 期)”人民币 3 个月期银行间市场投资理财产品	2009－8－26	2009－11－26	1170	购买债券	2.44%
45	“聚喜(0907 期)”人民币 6 个月期银行间市场投资理财产品	2009－8－26	2010－2－26	1447	购买债券	2.70%

续表

序号	产品名称	发行日	到期日	拟发行量	投资方向	预期收益率
46	“聚喜(0907期)”人民币1年期银行间市场投资理财产品	2009-8-26	2010-8-26	1181	购买债券	2.90%
47	200921理财9个月(聚金25号)	2009-9-3	2010-6-29	26915	信托贷款	3.30%
48	200920理财1年期(聚财11号)一期	2009-9-3	2010-9-3	10000	打新股	4.00%
49	200920理财1年期(聚财11号)二期	2009-9-23	2010-9-23		打新股	4.00%
50	“聚喜(0908期)”“现金流”人民币1个月期理财产品	2009-9-29	2009-10-29	344	购买债券	1.50%
51	200922理财11个月(聚金26号)	2009-10-19	2010-9-27	20000	信托贷款	4.10%
52	200908聚喜系列(0908)3个月	2009-10-20	2010-1-20	2847	购买债券	2.44%
53	200925理财3个月(聚金27号)	2009-10-22	2010-1-22	51000	信托贷款	3.70%
54	200923理财18个月(聚富5号)	2009-10-27	2011-4-27	22003	信托贷款	4.30%
55	200908聚喜系列(0908)6个月	2009-11-5	2010-5-5	1201	购买债券	2.70%
56	200926理财8个月(聚金28号)	2009-11-10	2010-7-10	10000	信托贷款	3.80%
57	200927理财9个月(聚金29号)	2009-11-26	2010-8-26	7000	信托贷款	3.90%
58	200924理财29个月(聚富6号)	2009-11-23	2012-4-23	20000	信托贷款	4.80%
59	“聚喜(0909期Ⅰ-Ⅳ期)”“现金流”人民币1个月期理财产品	2009-12-3	2010-1-3	1292	购买债券	1.50%
60	“聚喜(0909Ⅰ-Ⅳ期)”人民币3个月	2009-12-3	2010-3-3	1944	购买债券	2.44%
61	“聚喜(0910期Ⅰ-Ⅲ)”“现金流”人民币1个月期理财产品	2009-12-28	2010-1-28	512	购买债券	1.50%
62	“聚喜(0910期Ⅰ-Ⅲ)”人民币3个月期银行间市场投资理财产品	2009-12-28	2010-3-28	6556	购买债券	2.44%
63	“聚喜(0910期Ⅰ-Ⅲ)”人民币6个月期银行间市场投资理财产品	2009-12-28	2010-6-28	1682	购买债券	2.70%

数据来源:南京银行

表3-36 2009年恒丰银行个人人民币理财产品发行情况表

单位:万元人民币

序号	产品名称	发行日	到期日	拟发行量	投资方向	预期收益率
1	恒裕理财-T计划7号产品	2009-3-2	2009-12-15	15000	信托贷款	5.10%
2	恒裕理财-T计划8号产品(一期)	2009-5-20	2010-5-19	31227	信托贷款	4.00%
3	恒裕理财-T计划8号产品(二期)	2009-6-11	2010-6-10	13030	信托贷款	4.00%
4	恒裕理财-T计划8号产品(三期)	2009-6-27	2010-6-26	3743	信托贷款	4.00%
5	“恒裕理财-T计划”8号产品(四期)	2009-7-3	2010-7-2	2000	信托贷款	5.31%
6	恒裕理财资产快车系列一期(一月)	2009-8-18	2009-9-18	2548	购买债券	1.90%
7	恒裕理财资产快车系列一期(三月)	2009-8-18	2009-11-18	920	购买债券	2.10%
8	恒裕理财资产快车系列一期(六月)	2009-8-18	2010-2-18	2736	购买债券	2.50%
9	恒裕理财资产快车系列二期(一月)	2009-9-18	2009-10-18	1509	购买债券	2.05%

续表

序号	产品名称	发行日	到期日	拟发行量	投资方向	预期收益率
10	恒裕理财资产快车系列二期(三月)	2009－9－18	2009－12－18	472	购买债券	2.25%
11	恒裕理财资产快车系列二期(六月)	2009－9－18	2010－3－18	923	购买债券	2.50%
12	恒裕理财短融产品(一期)	2009－9－21	2010－9－21	11951	购买债券	3.00%
13	恒裕理财资产快车系列三期(四周)	2009－9－23	2009－10－21	213	购买债券	2.05%
14	恒裕理财资产快车系列三期(十二周)	2009－9－23	2009－12－16	100	购买债券	2.50%
15	恒裕理财资产快车系列三期(二十四周)	2009－9－23	2010－3－10	54	购买债券	2.65%
16	恒裕理财短融产品(二期)	2009－9－28	2010－9－28	3658	购买债券	3.00%
17	恒裕理财资产快车系列四期(四周)	2009－10－9	2009－11－6	820	购买债券	2.05%
18	恒裕理财资产快车系列四期(十二周)	2009－10－9	2010－1－1	631	购买债券	2.50%
19	恒裕理财资产快车系列四期(二十四周)	2009－10－9	2010－3－26	330	购买债券	2.65%
20	恒裕理财短融产品(三期)	2009－10－30	2010－10－30	6236	购买债券	3.20%
21	恒裕理财T计划9号产品(一期)	2009－10－28	2010－10－29	14845	信托贷款	4.50%
22	恒裕理财T计划9号产品(二期)	2009－11－26	2010－11－26	11215	信托贷款	4.50%
23	恒裕理财短融产品(四期)	2009－11－19	2010－11－19	6850	购买债券	3.00%
24	恒裕理财资产快车系列五期(四周)	2009－11－27	2009－12－25	5957	购买债券	2.00%
25	恒裕理财短融产品(五期)	2009－12－7	2010－12－7	1387	购买债券	3.00%
26	恒裕理财短融产品(六期)	2009－12－28	2010－12－28	5807	购买债券	3.20%
27	恒裕理财T计划10号产品(普通型)	2009－12－22	2010－6－24	7787	转让贷款	4.20%
28	恒裕理财T计划10号产品(贵宾型)	2009－12－22	2010－6－24	2213	转让贷款	4.50%
29	恒裕理财T计划11号产品	2009－12－28	2010－5－19	3000	转让贷款	3.60%
30	恒裕理财T计划12号产品	2009－12－30	2010－3－30	6836	转让贷款	3.50%

数据来源:恒丰银行

表3－37　2009年浙商银行个人人民币理财产品发行情况表

单位:万元人民币

序号	产品名称	发行日	到期日	拟发行量	投资方向	预期收益率
1	月月涌金	2009－1－1	2009－1－28	12215	购买债券	不确定
2	季季涌金	2009－1－1	2009－3－28	1800	购买债券	不确定
3	“永乐理财”7号人民币理财产品	2009－1－12	2010－1－12	10718	信托贷款	5.00%
4	“方信理财”34号人民币理财产品	2009－1－15	2009－4－15	5000	混合	3.40%
5	“浙商财富管理－至尊计划”(2009年第2期)	2009－1－19	2009－4－20	1300	购买债券	3.60%
6	“方信理财”35号人民币理财产品	2009－1－19	2009－4－20	10000	信贷资产	3.40%
7	“方信理财”36号人民币理财产品	2009－1－19	2009－5－19	5000	信托贷款	3.50%
8	“浙商财富管理－至尊计划”(2009年第1期)	2009－1－19	2009－5－19	4620	购买债券	3.70%
9	月月涌金	2009－2－1	2009－2－28	11869	购买债券	不确定
10	“方信理财”38号人民币理财产品	2009－2－6	2009－8－6	7000	信托贷款	3.40%
11	“方信理财”39号人民币理财产品	2009－2－6	2010－2－5	5000	信托贷款	3.60%

续表

序号	产品名称	发行日	到期日	拟发行量	投资方向	预期收益率
12	"方信理财"40 号人民币理财产品	2009-2-13	2009-5-15	4500	融资租赁租金收益权信托	2.70%
13	"浙商财富管理-至尊计划"(2009 年第 3 期)	2009-2-23	2010-2-23	450	购买债券	3.00%
14	"浙商财富管理-至尊计划"(2009 年第 4 期)	2009-2-26	2009-8-26	1510	购买债券	2.70%
15	"浙商财富管理-至尊计划"(2009 年第 5 期)	2009-2-26	2009-6-26	800	购买债券	2.60%
16	月月涌金	2009-3-1	2009-3-28	13165	购买债券	不确定
17	"方信理财"41 号人民币理财产品	2009-3-9	2009-9-9	5000	信托贷款	2.60%
18	"方信理财"43 号人民币理财产品	2009-3-16	2009-6-16	10907	融资租赁租金收益权信托	2.30%
19	月月涌金	2009-4-1	2009-4-28	12414	购买债券	不确定
20	季季涌金	2009-4-1	2009-6-28	2188	购买债券	不确定
21	"方信理财"44 号人民币理财产品	2009-4-7	2010-4-8	3769	信托贷款	2.90%
22	"方信理财"45 号人民币理财产品	2009-4-14	2009-7-15	12228	混合	2.35%
23	月月涌金	2009-5-1	2009-5-28	13544	购买债券	不确定
24	"浙商财富管理-至尊计划"(2009 年第 6 期)	2009-5-8	2009-7-8	300	购买债券	1.90%
25	"浙商财富管理-至尊计划"(2009 年第 7 期)	2009-5-8	2009-8-7	300	购买债券	2.40%
26	"方信理财"50 号人民币理财产品	2009-5-8	2009-9-17	2000	转让贷款	3.20%
27	"浙商财富管理-至尊计划"(2009 年第 8 期)	2009-5-15	2009-6-15	300	购买债券	3.00%
28	"方信理财"51 号人民币理财产品	2009-5-15	2009-8-17	4100	融资租赁租金收益权信托	2.30%
29	"浙商财富管理-至尊计划"(2009 年第 10 期)	2009-5-27	2009-11-27	2100	购买债券	2.70%
30	月月涌金	2009-6-1	2009-6-28	13703	购买债券	不确定
31	"浙商财富管理-至尊计划"(2009 年第 11 期)	2009-6-17	2009-10-16	400	购买债券	2.60%
32	"浙商财富管理-至尊计划"(2009 年第 12 期)	2009-6-19	2009-9-18	311	购买债券	2.40%
33	"浙商财富管理-至尊计划"(2009 年第 13 期)	2009-6-19	2009-10-19	350	购买债券	2.60%
34	"方信理财"56 号人民币理财产品	2009-6-19	2009-9-18	5973	融资租赁租金收益权信托	2.50%
35	"方信理财"59 号人民币理财产品	2009-6-29	2009-9-29	500	信托贷款	3.00%
36	"方信理财"60 号人民币理财产品	2009-6-29	2009-12-29	3000	信托贷款	3.50%
37	"方信理财"61 号人民币理财产品	2009-6-29	2010-6-29	1500	信托贷款	4.00%
38	月月涌金	2009-7-1	2009-7-28	10735	购买债券	不确定
39	季季涌金	2009-7-1	2009-9-28	2611	购买债券	不确定
40	"浙商财富管理-至尊计划"(2009 年第 14 期)	2009-7-3	2010-1-4	800	购买债券	2.70%
41	"方信理财"66 号人民币理财产品	2009-7-8	2009-11-18	1208	信托贷款	3.20%
42	"浙商财富管理-至尊计划"(2009 年第 15 期)	2009-7-14	2009-10-14	300	购买债券	2.40%
43	"方信理财"68 号人民币理财产品	2009-7-15	2009-10-15	4486	融资租赁租金收益权信托	2.20%

续表

序号	产品名称	发行日	到期日	拟发行量	投资方向	预期收益率
44	“浙商财富管理－至尊计划”(2009 年第 16 期)	2009－7－17	2009－11－17	300	购买债券	2.60%
45	月月涌金	2009－8－1	2009－8－28	7907	购买债券	不确定
46	月月涌金	2009－9－1	2009－9－28	7733	购买债券	不确定
47	“方信理财”100 号人民币理财产品	2009－9－28	2009－12－28	10995	融资租赁租金收益权信托	2.70%
48	“方信理财”107 号人民币理财产品	2009－9－29	2010－6－29	500	信托贷款	4.00%
49	“浙商财富管理－至尊计划”(2009 年第 17 期)	2009－9－30	2010－1－29	500	购买债券	2.70%
50	月月涌金	2009－10－1	2009－10－28	7192	购买债券	不确定
51	季季涌金	2009－10－1	2009－12－28	1235	购买债券	不确定
52	月月涌金	2009－11－1	2009－11－28	7091	购买债券	不确定
53	“浙商财富管理－至尊计划”(2009 年第 18 期)	2009－11－5	2009－12－4	300	购买债券	1.80%
54	“浙商财富管理－至尊计划”(2009 年第 19 期)	2009－11－10	2010－8－13	600	信托贷款	4.00%
55	“浙商财富管理－至尊计划”(2009 年第 21 期)	2009－11－11	2010－8－13	350	信托贷款	4.00%
56	“浙商财富管理－至尊计划”(2009 年第 20 期)	2009－11－12	2009－12－14	300	购买债券	2.00%
57	“浙商财富管理－至尊计划”(2009 年第 22 期)	2009－11－25	2009－12－25	300	购买债券	2.00%
58	月月涌金	2009－12－1	2009－12－28	6689	购买债券	不确定

数据来源：浙商银行

表 3－38　2009 年宁波银行个人人民币理财产品发行情况表　　单位：万元人民币

序号	产品名称	发行日	到期日	拟发行量	投资方向	预期收益率
1	宁波银行股份有限公司 2009 年第 01 期汇通理财计划－指数基金挂钩型人民币结构性理财	2009－1－13	2010－1－13	2418	同业拆借	5.50%
2	宁波银行股份有限公司汇通理财 2009 年第二期(债券计划 1 号)	2009－1－21	2009－4－10	5893	购买债券	1.80%
3	宁波银行股份有限公司汇通理财 2009 年第三期(债券计划 2 号)	2009－2－3	2010－2－3	12307	购买债券	6.00%
4	宁波银行股份有限公司汇通理财 2009 年第四期(信贷资产计划 1 号)	2009－2－12	2009－9－28	20000	转让贷款	3.35%
5	宁波银行股份有限公司汇通理财 2009 年第五期(信贷资产计划 2 号)	2009－2－18	2009－11－25	10000	转让贷款	3.45%
6	宁波银行股份有限公司汇通理财 2009 年第六期(信托贷款计划 1 号)	2009－2－24	2010－2－24	10000	信托贷款	3.80%
7	宁波银行股份有限公司汇通理财 2009 年第七期(信托贷款计划 2 号)	2009－3－3	2010－3－3	10000	信托贷款	3.80%
8	宁波银行股份有限公司汇通理财 2009 年第八期(债券计划 3 号)	2009－3－5	2010－3－5	11074	购买债券	6.00%
9	宁波银行股份有限公司汇通理财 2009 年第九期(债券计划 4 号)	2009－3－6	2009－5－27	4136	购买债券	1.90%

续表

序号	产品名称	发行日	到期日	拟发行量	投资方向	预期收益率
10	宁波银行股份有限公司汇通理财 2009 年第十期（信托贷款计划 3 号）	2009－3－19	2010－3－19	10000	信托贷款	3.80%
11	宁波银行股份有限公司汇通理财 2009 年第十一期（债券计划 5 号）	2009－3－31	2009－5－14	5000	购买债券	1.80%
12	宁波银行股份有限公司汇通理财 2009 年第十二期（信托贷款计划 4 号）	2009－4－1	2010－4－1	9990	信托贷款	3.80%
13	宁波银行股份有限公司汇通理财 2009 年第十三期（债券计划 6 号）	2009－4－8	2009－5－21	4977	购买债券	1.80%
14	宁波银行股份有限公司汇通理财 2009 年第十四期（债券计划 7 号）	2009－4－14	2009－5－28	4946	购买债券	1.80%
15	宁波银行股份有限公司汇通理财 2009 年第十五期（债券计划 8 号）	2009－4－21	2009－6－4	3998	购买债券	1.80%
16	宁波银行股份有限公司汇通理财 2009 年第十六期（债券计划 9 号）	2009－4－28	2009－6－11	2975	购买债券	1.80%
17	宁波银行股份有限公司汇通理财 2009 年第十七期（信托贷款计划 5 号）	2009－5－5	2010－5－5	5000	信托贷款	3.60%
18	宁波银行股份有限公司汇通理财 2009 年第十八期（信托贷款计划 6 号）	2009－5－13	2010－5－13	9995	信托贷款	3.70%
19	宁波银行股份有限公司汇通理财 2009 年第十九期（债券计划 10 号）	2009－5－19	2009－7－2	5000	购买债券	1.80%
20	宁波银行股份有限公司汇通理财 2009 年第二十期（债券计划 11 号）	2009－5－25	2009－7－9	4796	购买债券	1.80%
21	宁波银行股份有限公司汇通理财 2009 年第二十一期（租赁资产计划 1 号）	2009－6－8	2009－9－9	5000	购买资产	2.10%
22	宁波银行股份有限公司汇通理财 2009 年第二十二期（信托贷款计划 7 号）	2009－6－12	2010－6－12	10000	信托贷款	3.60%
23	宁波银行股份有限公司汇通理财 2009 年第二十三期（租赁资产计划 2 号）	2009－6－12	2009－9－12	4698	购买资产	2.10%
24	宁波银行股份有限公司汇通理财 2009 年第二十四期（信托贷款计划 8 号）	2009－6－12	2010－6－12	4496	信托贷款	3.60%
25	宁波银行股份有限公司汇通理财 2009 年第二十五期（债券计划 12 号）	2009－6－16	2009－7－30	3422	购买债券	1.80%
26	宁波银行股份有限公司汇通理财 2009 年第二十六期（信托贷款计划 9 号）	2009－6－26	2011－6－25	9973	信托贷款	4.30%
27	宁波银行股份有限公司汇通理财 2009 年第二十七期（债券计划 13 号）	2009－6－30	2009－8－13	2059	购买债券	1.80%
28	宁波银行股份有限公司汇通理财 2009 年第二十八期（信贷资产计划 3 号）	2009－7－3	2010－7－2	10000	转让贷款	3.50%

续表

序号	产品名称	发行日	到期日	拟发行量	投资方向	预期收益率
29	宁波银行股份有限公司汇通理财 2009 年第二十九期（租赁资产计划 3 号）	2009－7－8	2009－10－10	4274	购买资产	2.50%
30	宁波银行股份有限公司汇通理财 2009 年第三十期（信贷资产计划 4 号）	2009－7－24	2010－7－23	10000	转让贷款	4.00%
31	宁波银行股份有限公司汇通理财 2009 年第三十一期（信托贷款计划 10 号）	2009－7－30	2011－7－29	9993	信托贷款	5.00%
32	宁波银行股份有限公司汇通理财 2009 年第三十二期（信托贷款计划 11 号）	2009－8－5	2011－8－4	8037	信托贷款	5.00%
33	宁波银行股份有限公司汇通理财 2009 年第三十三期（租赁资产计划 4 号）	2009－8－12	2009－11－11	5000	购买资产	2.50%
34	宁波银行股份有限公司汇通理财 2009 年第三十四期（债券计划 14 号）	2009－8－18	2009－9－30	2563	购买债券	1.80%
35	宁波银行股份有限公司汇通理财 2009 年第三十五期（信托贷款计划 12 号）	2009－8－26	2010－8－25	10957	信托贷款	4.00%
36	宁波银行股份有限公司汇通理财 2009 年第三十六期（信托贷款计划 13 号）	2009－9－2	2010－9－1	9980	信托贷款	3.80%
37	宁波银行股份有限公司汇通理财 2009 年第三十七期（信托受益权计划 1 号）	2009－9－9	2009－12－8	5453	资产支持证券信托计划	2.50%
38	宁波银行股份有限公司汇通理财 2009 年第三十八期（租赁资产计划 5 号）	2009－9－7	2009－12－6	4997	购买资产	3.00%
39	宁波银行股份有限公司汇通理财 2009 年第三十九期（债券计划 15 号）	2009－9－15	2009－10－28	4996	购买债券	1.90%
40	宁波银行股份有限公司汇通理财 2009 年第四十期（信托贷款计划 14 号）	2009－9－23	2011－9－22	10000	信托贷款	5.00%
41	宁波银行股份有限公司汇通理财 2009 年第四十一期（信托受益权计划 2 号）	2009－9－29	2009－12－28	5122	资产支持证券信托计划	2.60%
42	宁波银行股份有限公司汇通理财 2009 年第四十二期（信托贷款计划 15 号）	2009－10－27	2010－10－26	10000	信托贷款	4.30%
43	宁波银行股份有限公司汇通理财 2009 年第四十三期（债券计划 16 号）	2009－10－27	2009－12－9	4997	购买债券	1.90%
44	宁波银行股份有限公司汇通理财 2009 年第四十四期（信贷资产计划 5 号）	2009－11－3	2010－8－23	20000	转让贷款	3.80%
45	宁波银行股份有限公司汇通理财 2009 年第四十五期（租赁资产计划 6 号）	2009－11－9	2010－2－8	4971	购买资产	2.60%
46	宁波银行股份有限公司汇通理财 2009 年第四十六期（信托贷款计划 16 号）	2009－11－18	2010－11－17	10000	信托贷款	3.90%
47	宁波银行股份有限公司汇通理财 2009 年第四十七期（租赁资产计划 7 号）	2009－11－20	2010－2－22	4394	购买资产	2.60%

续表

序号	产品名称	发行日	到期日	拟发行量	投资方向	预期收益率
48	宁波银行股份有限公司汇通理财2009年第四十八期(信托贷款计划17号)	2009－11－27	2010－11－26	14822	信托贷款	3.90%
49	宁波银行股份有限公司汇通理财2009年第四十九期(信托收益权计划3号)	2009－12－3	2010－12－2	16822	资产支持证券信托计划	4.30%
50	宁波银行股份有限公司汇通理财2009年第五十期(信贷资产计划6号)	2009－12－4	2010－1－4	6900	转让贷款	2.20%
51	宁波银行股份有限公司汇通理财2009年第五十一期(信贷资产计划7号)	2009－12－10	2010－8－23	6467	转让贷款	3.80%
52	宁波银行股份有限公司汇通理财2009年第五十二期(租赁资产计划8号)	2009－12－10	2010－3－9	3389	购买资产	2.70%
53	宁波银行股份有限公司汇通理财2009年第五十三期(信贷资产计划8号)	2009－12－17	2010－10－8	9950	转让贷款	4.00%
54	宁波银行股份有限公司汇通理财2009年第五十四期(信贷资产计划9号)	2009－12－22	2010－8－23	3533	转让贷款	3.80%
55	宁波银行股份有限公司汇通理财2009年第五十五期(信托贷款计划18号)	2009－12－29	2010－12－28	10201	信托贷款	4.10%
58	宁波银行股份有限公司汇通理财2009年第五十八期(信贷资产计划10号)	2009－12－18	2010－10－8	50	转让贷款	4.20%

数据来源:宁波银行

表3－39　2009年厦门国际银行个人人民币理财产品发行情况表

单位:万元人民币

序号	产品名称	发行日	到期日	拟发行量	投资方向	预期收益率
1	步步为赢IV期0802号	2009－1－21	2009－4－21	500	混合	1.80－2.90%
2	久久长赢I－1期	2009－1－21	2009－7－20	182	混合	3.00%
3	久久长赢I－1期	2009－2－4	2009－8－3	477	混合	3.00%
4	步步为赢IV期0802号	2009－2－4	2009－2－19	300	混合	1.80－2.90%
5	步步为赢IV期0802号	2009－2－4	2009－5－5	190	混合	1.80－2.90%
6	步步为赢V期0901号	2009－2－13	2009－3－11	448	混合	1.40－1.65%
7	久久长赢I－1期	2009－3－4	2009－8－31	165	混合	3.00%
8	久久长赢I－2期	2009－3－18	2009－9－14	850	混合	2.80%
9	步步为赢V期0901号	2009－3－18	2009－5－17	350	混合	1.40－1.65%
10	步步为赢V期0901号	2009－3－20	2009－5－19	250	混合	1.40－1.65%
11	久久长赢I－1期	2009－3－25	2010－3－20	150	混合	3.50%
12	步步为赢V期0901号	2009－3－25	2009－4－24	240	混合	1.40－1.65%
13	步步为赢VI期0901号	2009－4－22	2009－6－21	500	混合	1.50－1.95%
14	步步为赢VI期0901号	2009－5－20	2009－7－19	600	混合	1.50－1.95%
15	步步为赢VI期0901号	2009－5－27	2009－7－26	622	混合	1.50－1.95%
16	步步为赢VI期0901号	2009－6－3	2009－8－2	300	混合	1.50－1.95%

续表

序号	产品名称	发行日	到期日	拟发行量	投资方向	预期收益率
17	步步为赢 VI 期 0901 号	2009－6－10	2009－8－9	100	混合	1.50－1.95%
18	步步为赢 VI 期 0901 号	2009－6－17	2009－8－16	350	混合	1.50－1.95%
19	步步为赢 VI 期 0901 号	2009－6－24	2009－7－24	110	混合	1.50－1.95%
20	步步为赢 VII 期 0901 号	2009－8－12	2009－9－2	484	混合	1.35－1.45%
21	步步为赢 VII 期 0901 号	2009－9－4	2009－9－25	552	混合	1.35－1.45%
22	步步为赢 VII 期 0901 号	2009－9－16	2009－10－7	863	混合	1.35－1.45%
23	步步为赢 VII 期 0901 号	2009－9－25	2009－10－16	553	混合	1.35－1.45%
24	步步为赢 VII 期 0901 号	2009－10－9	2009－10－30	864	混合	1.35－1.45%
25	步步为赢 VII 期 0901 号	2009－10－16	2009－11－6	553	混合	1.35－1.45%
26	步步为赢 XI 期 0901 号	2009－11－13	2009－12－13	1419	混合	1.40－1.55%
27	步步为赢 XI 期 0901 号	2009－12－16	2010－1－15	1421	混合	1.40－1.55%

数据来源：厦门国际银行

表 3－40　2009 年厦门国际银行个人外币理财产品发行情况表

单位：万元发行币种

序号	产品名称	币种	发行日	到期日	拟发行量	投资方向	预期收益率
1	飞越理财币币皆赢 0901	美元	2009－1－16	2009－7－15	21	混合	1.50%
2	飞越理财币币皆赢 0901	美元	2009－1－23	2009－7－22	3	混合	1.50%
3	飞越理财币币皆赢 0901	美元	2009－2－6	2009－5－7	1	混合	1.00%
4	飞越理财币币皆赢 0901	美元	2009－2－6	2009－8－5	16	混合	1.50%
5	飞越理财币币皆赢 0902	美元	2009－2－20	2009－5－21	5	混合	0.95%
6	飞越理财币币皆赢 0902	美元	2009－2－27	2009－5－28	4	混合	0.95%
7	飞越理财币币皆赢 0902	美元	2009－3－6	2009－6－4	1	混合	0.95%
8	飞越理财币币皆赢 0902	美元	2009－3－13	2009－6－11	3	混合	0.95%
9	飞越理财币币皆赢 0903	美元	2009－3－20	2009－6－18	1	混合	0.95%
10	飞越理财币币皆赢 0903	美元	2009－4－3	2009－7－2	37	混合	0.95%
11	飞越理财币币皆赢 0903	美元	2009－4－10	2009－7－9	2	混合	0.95%
12	飞越理财币币皆赢 0903	美元	2009－4－24	2009－7－23	14	混合	0.95%
13	飞越理财币币皆赢 0903	美元	2009－5－1	2009－7－30	2	混合	0.95%
14	飞越理财币币皆赢 0903	美元	2009－5－8	2009－8－6	14	混合	0.95%
15	飞越理财币币皆赢 0903	美元	2009－5－15	2009－8－13	12	混合	0.95%
16	飞越理财币币皆赢 0903	美元	2009－5－22	2009－8－20	7	混合	0.95%
17	飞越理财币币皆赢 0903	美元	2009－6－5	2009－9－3	23	混合	0.95%
18	飞越理财币币皆赢 0903	美元	2009－6－12	2009－9－10	8	混合	0.95%
19	飞越理财币币皆赢 0903	美元	2009－6－19	2009－9－17	3	混合	0.95%
20	飞越理财币币皆赢 0903	美元	2009－7－3	2009－10－1	16	混合	0.95%
21	飞越理财币币皆赢 0904	美元	2009－8－7	2009－12－5	14	混合	1.25%
22	飞越理财币币皆赢 0904	美元	2009－8－7	2009－12－5	1	混合	1.15%

续表

序号	产品名称	币种	发行日	到期日	拟发行量	投资方向	预期收益率
23	飞越理财币币皆赢 0904	美元	2009－8－7	2010－2－3	3	混合	1.40%
24	飞越理财币币皆赢 0905	美元	2009－8－14	2010－2－10	8	混合	1.55%
25	飞越理财币币皆赢 0904	美元	2009－8－14	2009－12－12	23	混合	1.15%
26	飞越理财币币皆赢 0904	美元	2009－8－14	2010－2－10	6	混合	1.40%
27	飞越理财币币皆赢 0905	美元	2009－8－21	2010－2－17	2	混合	1.55%
28	飞越理财币币皆赢 0905	美元	2009－8－28	2010－2－24	3	混合	1.55%
29	飞越理财币币皆赢 0905	美元	2009－9－4	2010－3－3	133	混合	1.60%
30	飞越理财币币皆赢 0905	美元	2009－9－4	2010－3－3	17	混合	1.55%
31	飞越理财币币皆赢 0905	美元	2009－9－11	2010－3－10	5	混合	1.55%
32	飞越理财币币皆赢 0904	美元	2009－9－11	2010－1－9	7	混合	1.15%
33	飞越理财币币皆赢 0905	美元	2009－9－18	2010－3－17	9	混合	1.55%
34	飞越理财币币皆赢 0905	美元	2009－10－2	2010－3－31	1	混合	1.55%
35	飞越理财币币皆赢 0905	美元	2009－10－9	2010－4－7	10	混合	1.55%
36	飞越理财币币皆赢 0905	美元	2009－10－16	2010－4－14	3	混合	1.55%
37	飞越理财币币皆赢 0905	美元	2009－10－16	2010－4－14	1	混合	1.55%
38	飞越理财币币皆赢 0905	美元	2009－10－23	2010－4－21	31	混合	1.60%
39	飞越理财币币皆赢 0905	美元	2009－10－30	2010－4－28	8	混合	1.55%
40	飞越理财币币皆赢 0905	美元	2009－11－13	2010－5－12	5	混合	1.55%
41	飞越理财币币皆赢 0905	美元	2009－11－20	2010－5－19	3	混合	1.55%
42	飞越理财币币皆赢 0905	美元	2009－11－27	2010－5－26	1	混合	1.55%
43	飞越理财币币皆赢 0904	美元	2009－12－4	2010－6－2	1	混合	1.40%
44	飞越理财币币皆赢 0905	美元	2009－12－18	2010－6－16	7	混合	1.55%
45	飞越理财币币皆赢 0904	美元	2009－12－18	2010－4－17	18	混合	1.15%
46	飞越理财币币皆赢 0905	美元	2009－12－25	2010－6－23	14	混合	1.60%
47	飞越理财币币皆赢 0905	美元	2009－12－25	2010－6－23	5	混合	1.55%
48	飞越理财币币皆赢 0901	港币	2009－1－16	2009－7－15	16	混合	1.30%
49	飞越理财币币皆赢 0901	港币	2009－2－6	2009－8－5	11	混合	1.30%
50	飞越理财币币皆赢 0903	港币	2009－3－27	2009－6－25	53	混合	0.90%
51	飞越理财币币皆赢 0903	港币	2009－5－8	2009－8－6	8	混合	0.90%
52	飞越理财币币皆赢 0903	港币	2009－5－15	2009－8－13	13	混合	0.90%
53	飞越理财币币皆赢 0903	港币	2009－5－22	2009－8－20	14	混合	0.90%
54	飞越理财币币皆赢 0903	港币	2009－6－5	2009－9－3	34	混合	0.90%
55	飞越理财币币皆赢 0903	港币	2009－6－26	2009－9－24	65	混合	0.90%
56	飞越理财币币皆赢 0904	港币	2009－8－7	2010－2－3	16	混合	0.85%
57	飞越理财币币皆赢 0904	港币	2009－8－14	2010－2－10	8	混合	0.85%
58	飞越理财币币皆赢 0904	港币	2009－8－14	2010－2－10	11	混合	0.85%

续表

序号	产品名称	币种	发行日	到期日	拟发行量	投资方向	预期收益率
59	飞越理财币币皆赢 0904	港币	2009-8-21	2010-2-17	14	混合	0.85%
60	飞越理财币币皆赢 0904	港币	2009-8-21	2010-2-17	14	混合	0.85%
61	飞越理财币币皆赢 0904	港币	2009-9-4	2010-3-3	23	混合	0.85%
62	飞越理财币币皆赢 0904	港币	2009-9-11	2010-3-10	12	混合	0.85%
63	飞越理财币币皆赢 0904	港币	2009-9-25	2010-3-24	25	混合	0.85%
64	飞越理财币币皆赢 0904	港币	2009-10-2	2010-3-31	14	混合	0.85%
65	飞越理财币币皆赢 0901	欧元	2009-1-23	2009-7-22	2	混合	2.30%
66	飞越理财币币皆赢 0901	欧元	2009-2-6	2009-5-7	8	混合	2.00%
67	飞越理财币币皆赢 0901	欧元	2009-2-6	2009-8-5	1	混合	2.30%
68	飞越理财币币皆赢 0903	欧元	2009-2-20	2009-5-21	5	混合	1.50%
69	飞越理财币币皆赢 0903	欧元	2009-4-17	2009-7-16	2	混合	2.00%
70	飞越理财币币皆赢 0903	欧元	2009-5-8	2009-8-6	8	混合	2.00%
71	飞越理财币币皆赢 0903	欧元	2009-5-22	2009-8-20	6	混合	2.00%
72	飞越理财币币皆赢 0903	欧元	2009-6-5	2009-9-3	2	混合	2.00%
73	飞越理财币币皆赢 0904	欧元	2009-8-7	2010-2-3	10	混合	1.50%
74	飞越理财币币皆赢 0904	欧元	2009-8-14	2009-12-12	3	混合	1.15%
75	飞越理财币币皆赢 0904	欧元	2009-8-21	2009-12-19	5	混合	1.15%
76	飞越理财币币皆赢 0904	欧元	2009-8-28	2010-2-24	1	混合	1.50%
77	飞越理财币币皆赢 0904	欧元	2009-9-4	2010-3-3	2	混合	1.50%
78	飞越理财币币皆赢 0904	欧元	2009-10-23	2010-4-21	5	混合	1.50%
79	飞越理财币币皆赢 0904	欧元	2009-12-18	2010-6-16	3	混合	1.50%
80	飞越理财币币皆赢 0904	欧元	2009-12-25	2010-4-24	5	混合	1.15%

数据来源：厦门国际银行

表 3-41　2009 年深圳平安银行个人人民币理财产品发行情况表　　单位：万元人民币

序号	产品名称	发行日	到期日	拟发行量	投资方向	预期收益率
1	安盈理财 0902——融资租赁人民币理财计划	2009-3-27	2009-6-27	50	信贷资产	不确定
2	安盈理财 0903——融资租赁人民币理财计划	2009-3-27	2009-9-27	50	信贷资产	3.50%
3	安盈理财 0904——融资租赁人民币理财计划	2009-3-27	2009-12-27	50	信贷资产	3.70%
4	安盈理财 0905——融资租赁人民币理财计划	2009-3-27	2010-4-27	50	信贷资产	4.00%
5	安盈理财 0908——融资租赁人民币理财计划（Ⅰ型）	2009-3-31	2009-9-21	7	信贷资产	3.10%
6	安盈理财 0908——融资租赁人民币理财计划（Ⅱ型）	2009-3-31	2009-9-21	43	信贷资产	3.30%

续表

序号	产品名称	发行日	到期日	拟发行量	投资方向	预期收益率
7	安盈理财 0910——信用挂钩人民币理财计划(Ⅱ型)	2009－4－20	2010－4－20	9	结构性理财产品	3.50%
8	安盈理财 0910——信用挂钩人民币理财计划(Ⅰ型)	2009－4－20	2010－4－20	1	结构性理财产品	3.30%
9	安盈理财 0913——跟踪石油指数人民币理财计划	2009－4－24	2010－10－24	16	结构性理财产品	0.54－5.33%
10	安盈理财 0917——利率挂钩人民币理财计划(Ⅰ型)	2009－4－30	2009－7－30	5	结构性理财产品	1.71－1.85%
11	安盈理财 0917——利率挂钩人民币理财计划(Ⅱ型)	2009－4－30	2009－7－30	22	结构性理财产品	1.71－2.0%
12	安盈理财 0917——利率率挂钩人民币理财计划(Ⅲ型)	2009－4－30	2009－7－30	不确定	结构性理财产品	1.71－2.0%
13	安盈 0918——专项受益凭证信托计划Ⅰ型	2009－5－7	2009－8－3	0.61	混合	1.85%
14	安盈 0918——专项受益凭证信托计划Ⅰ型	2009－5－7	2009－8－3	10	混合	1.85%
15	安盈 0918——专项受益凭证信托计划Ⅰ型	2009－5－7	2009－8－3	10	混合	1.85%
16	安盈 0920——美元兑港币汇率挂钩人民币理财计划	2009－6－30	2009－12－23	33	结构性理财产品	3.00%
17	安盈理财 0924——融资租赁人民币理财计划	2009－7－17	2010－1－28	33	信贷资产	3.00%
18	安盈理财 0924II——融资租赁人民币理财计划	2009－7－30	2010－2－24	21	信贷资产	3.00%
19	安盈理财 0924III——融资租赁人民币理财计划	2009－7－30	2010－2－24	29	信贷资产	3.20%

数据来源：深圳平安银行

表 3－42　2009 年徽商银行个人人民币理财产品发行情况表　单位：万元人民币

序号	产品名称	发行日	到期日	拟发行量	投资方向	预期收益率
1	智慧理财票据赢 0901 号人民币理财产品	2009－3－6	2009－4－6	6186	购买贴现票据	1.41%
2	智慧理财滨湖建设人民币理财产品	2009－4－29	2011－4－29	5791	信托贷款	5.01%
3	智慧理财合肥高新人民币理财产品	2009－8－19	2010－8－19	8304	信托贷款	4.20%

数据来源：徽商银行

表 3－43　2009 年汇丰银行(中国)个人人民币理财产品发行情况表　单位：万元人民币

序号	产品名称	起息日	到期日	发行量	投资方向	预期收益率
1	汇丰代客境外理财计划－开放式海外基金型	2009－1－1	2009－12－31	17356	基金	不确定
2	货币挂钩保本投资产品－汇率触发	2009－3－2	2009－6－3	2056	混合	0.4%～2.3%

续表

序号	产品名称	起息日	到期日	发行量	投资方向	预期收益率
3	货币挂钩保本投资产品－汇率触发	2009－3－2	2009－6－3	543	混合	0.4%～2.2%
4	货币挂钩保本投资产品 －人民币婚礼蛋糕	2009－3－2	2009－6－3	1000	混合	0.37%～4.2%
5	货币挂钩保本投资产品 －欧式看涨期权	2009－3－3	2009－6－3	1000	混合	0～2.8%
6	货币挂钩保本投资产品 －欧式看涨期权	2009－3－3	2009－4－3	1000	混合	0～1.71%
7	货币挂钩保本投资产品 －人民币婚礼蛋糕	2009－3－6	2009－6－5	2000	混合	0.37%～4%
8	货币挂钩保本投资产品－汇率触发	2009－3－10	2009－6－10	550	混合	0.4%～2.3%
9	货币挂钩保本投资产品－汇率触发	2009－3－10	2009－6－10	1008	混合	0.4%～2.2%
10	指数挂钩投资产品－恒生中国企业指数挂钩	2009－3－16	2010－3－16	2000	混合	0－8.75%
11	指数挂钩投资产品－恒生中国企业指数挂钩	2009－3－17	2010－3－17	5000	混合	0～8.75%
12	货币挂钩保本投资产品－汇率触发	2009－3－24	2009－6－24	744	混合	0.4%～2.35%
13	货币挂钩保本投资产品－汇率触发	2009－3－24	2009－6－24	769	混合	0.4%～2.25%
14	货币挂钩投资产品 －汇率触发	2009－3－26	2009－4－27	586	混合	0～1.76%
15	货币挂钩投资产品 －汇率触发	2009－4－1	2009－9－30	750	混合	0－4%
16	货币挂钩投资产品 －汇率触发	2009－4－17	2009－10－19	1000	混合	0～3.9%
17	货币挂钩保本投资产品－汇率触发	2009－4－21	2009－7－21	665	混合	0.4%～2.4%
18	货币挂钩保本投资产品－汇率触发	2009－4－21	2009－7－21	646	混合	0.4%～2.3%
19	黄金挂钩投资产品 －黄金价格触发	2009－5－14	2009－11－16	1000	混合	0－8%
20	黄金挂钩投资产品 －黄金价格触发	2009－5－18	2009－11－18	866	混合	0～4.68%
21	指数挂钩结构性投资产品－恒生中国企业指数挂钩	2009－5－20	2012－5－25	921	混合	0－11.67%
22	货币挂钩投资产品 －汇率触发	2009－6－23	2009－10－23	1100	混合	0～4.5%
23	一篮子股票挂钩结构性投资产品－一篮子汇聚中华股票挂钩	2009－7－2	2011－7－7	1391	混合	0－8%
24	利率挂钩结构性投资产品－利率区间累积	2009－7－13	2009－10－13	5576	混合	1.5%～2%
25	货币挂钩投资产品 －汇率触发	2009－7－24	2009－8－24	5000	混合	0～1.75%
26	指数挂钩结构性投资产品－ 人民币3年恒生国企指数挂钩结构性产品	2009－7－27	2012－8－3	1134	混合	0－8.33%
27	贝莱德世界矿业 A2	2009－9－1	2009－12－31	560	基金	不确定
28	天达环球能源 A	2009－9－1	2009－12－31	80	基金	不确定
29	指数挂钩结构性投资产品——－恒生中国企业指数挂钩	2009－9－9	2011－9－14	1709	混合	0－10%
30	一篮子交易所交易基金挂钩结构性投资产品－汇聚中华一篮子交易所交易基金挂钩	2009－9－16	2011－9－21	3922	混合	－2.5%～2.75%
31	指数挂钩结构性投资产品－MSCI 台湾指数挂钩	2009－9－21	2012－9－24	305	混合	0～8.33%
32	货币挂钩投资产品 －汇率触发	2009－9－23	2010－3－23	236	混合	0～3.3%

续表

序号	产品名称	起息日	到期日	发行量	投资方向	预期收益率
33	一篮子交易所交易基金挂钩结构性投资产品 - 汇聚中华一篮子交易所交易基金挂钩	2009 - 9 - 30	2011 - 10 - 11	1853	混合	- 2.5% ~ 7.8%
34	一篮子交易所交易基金挂钩结构性投资产品 - 汇聚中华一篮子交易所交易基金挂钩	2009 - 11 - 2	2011 - 11 - 7	2387	混合	0 - 10%
35	货币挂钩投资产品 - 汇率触发	2009 - 11 - 3	2010 - 3 - 3	2005	混合	0 ~ 2.4%
36	一篮子交易所交易基金挂钩结构性投资产品 - 汇聚中华一篮子交易所交易基金挂钩	2009 - 11 - 9	2011 - 12 - 1	1174	混合	- 2.5% ~ 7.8%
37	一篮子交易所交易基金挂钩结构性投资产品 - 汇聚中华一篮子交易所交易基金挂钩	2009 - 11 - 9	2011 - 12 - 1	1465	混合	- 2.5% ~ 7.8%
38	一篮子交易所交易基金挂钩结构性投资产品 - 汇聚中华一篮子交易所交易基金挂钩	2009 - 11 - 25	2011 - 12 - 1	1650	混合	- 2.5% ~ 7.8%
39	一篮子交易所交易基金挂钩结构性投资产品 - 汇聚中华一篮子交易所交易基金挂钩	2009 - 12 - 9	2011 - 12 - 14	1807	混合	0 - 10%
40	两年期一篮子环球消费股票挂钩人民币结构性投资产品	2009 - 12 - 16	2011 - 12 - 21	1739	混合	- 2.5% ~ 7.6%
41	货币挂钩投资产品 - 汇率触发	2009 - 12 - 22	2010 - 6 - 22	970	混合	0 ~ 3.75%

注:1. 代客境外理财计划开放式海外基金没有固定投资期限,且挂钩资产价值会每日发生变动,客户可于每个交易日购买或赎回产品,因此产品损益取决于客户购买和赎回产品的时点,故其预期最高收益率与预期最低收益率填写为不适用。

2. 按照要求,2009 年以前发行的开放式产品的起息日填写为 2009 年 1 月 1 日,2009 年内发行的开放式产品的起息日按照实际情况填写。所有开放式产品的到期日均填写为 2009 年 12 月 31 日。

数据来源:汇丰银行(中国)

表 3 - 44　2009 年汇丰银行(中国)个人外币理财产品发行情况表　单位:万元发行币种

序号	产品名称	币种	起息日	到期日	发行量	投资方向	预期收益率
1	汇丰代客境外理财计划 - 开放式海外基金型	美元	2009 - 1 - 1	2009 - 12 - 31	2048	基金	不确定
2	双利存款 - 美元挂钩	美元	2009 - 1 - 1	2009 - 12 - 31	250	同业拆借	不确定
3	双利存款	欧元	2009 - 1 - 1	2009 - 12 - 31	3311	同业拆借	不确定
4	汇丰代客境外理财计划 - 开放式海外基金型	欧元	2009 - 1 - 1	2009 - 12 - 31	40	基金	不确定
5	双利存款	日元	2009 - 1 - 1	2009 - 12 - 31	107649	同业拆借	不确定
6	双利存款	新加坡元	2009 - 1 - 1	2009 - 12 - 31	3	同业拆借	不确定
7	双利存款	英镑	2009 - 1 - 1	2009 - 12 - 31	1600	同业拆借	不确定
8	双利存款 - 英镑挂钩	英镑	2009 - 1 - 1	2009 - 12 - 31	30	同业拆借	不确定
9	双利存款 - 澳大利亚元挂钩	澳元	2009 - 1 - 1	2009 - 12 - 31	154	同业拆借	不确定
10	双利存款	港币	2009 - 1 - 1	2009 - 12 - 31	13001	同业拆借	不确定
11	汇丰代客境外理财计划 - 开放式海外基金型	港币	2009 - 1 - 1	2009 - 12 - 31	296	基金	不确定
12	双利存款	加元	2009 - 1 - 1	2009 - 12 - 31	5179	同业拆借	不确定

续表

序号	产品名称	币种	起息日	到期日	发行量	投资方向	预期收益率
13	双利存款 - 加拿大元	加元	2009 - 1 - 1	2009 - 12 - 31	208	同业拆借	不确定
14	双利存款	美元	2009 - 1 - 1	2009 - 12 - 31	33393	同业拆借	不确定
15	双利存款	澳元	2009 - 1 - 1	2009 - 12 - 31	21042	同业拆借	不确定
16	指数挂钩保本投资产品 - 恒生指数挂钩	澳元	2009 - 1 - 21	2012 - 2 - 2	45	其他	不确定
17	货币挂钩保本投资产品 - 汇率触发	澳元	2009 - 2 - 17	2009 - 5 - 18	53	同业拆借	0.5% ~3.05%
18	货币挂钩保本投资产品 - 汇率触发	澳元	2009 - 2 - 17	2009 - 5 - 18	16	同业拆借	0.5% ~3.65%
19	货币挂钩保本投资产品 - 汇率触发	澳元	2009 - 2 - 20	2009 - 5 - 20	327	同业拆借	0 ~7.4%
20	货币挂钩保本投资产品 - 汇率触发	澳元	2009 - 3 - 31	2009 - 7 - 2	61	同业拆借	0.75% ~2.8%
21	货币挂钩保本投资产品 - 汇率触发	澳元	2009 - 3 - 31	2009 - 7 - 2	31	同业拆借	0.75% ~2.9%
22	货币挂钩投资产品 - 汇率触发	澳元	2009 - 4 - 27	2009 - 10 - 27	108	同业拆借	1.37% ~7.08%
23	汇丰代客境外理财计划 - 伦敦同业拆借利率挂钩票据	美元	2009 - 4 - 27	2012 - 4 - 30	100	购买结构性票据	0 ~6%
24	货币挂钩保本投资产品 - 汇率触发	澳元	2009 - 5 - 12	2009 - 8 - 12	411	同业拆借	0.75% ~3.1%
25	货币挂钩保本投资产品 - 汇率触发	澳元	2009 - 5 - 12	2009 - 8 - 12	143	同业拆借	0.75% ~3.15%
26	汇丰代客境外理财计划 - 恒生中国企业指数挂钩票据	美元	2009 - 5 - 26	2012 - 6 - 1	281	购买结构性票据	0 ~30%
27	货币挂钩保本投资产品 - 汇率触发	澳元	2009 - 6 - 23	2009 - 9 - 23	825	同业拆借	0.75% ~3.1%
28	货币挂钩保本投资产品 - 汇率触发	澳元	2009 - 6 - 23	2009 - 9 - 23	207	同业拆借	0.75% ~3.1%
29	汇丰代客境外理财计划 - 美元固定收益票据(USD)	美元	2009 - 7 - 6	2012 - 7 - 6	300	购买结构性票据	不确定
30	汇丰代客境外理财计划 - 美元固定收益票据(USD)	美元	2009 - 8 - 7	2012 - 8 - 7	437	购买结构性票据	不确定
31	货币挂钩保本投资产品 - 汇率触发	澳元	2009 - 8 - 25	2009 - 11 - 25	768	同业拆借	0.75% ~3.1%
32	货币挂钩保本投资产品 - 汇率触发	澳元	2009 - 8 - 25	2009 - 11 - 25	81	同业拆借	0.75% ~3.1%
33	一篮子交易所交易基金挂钩结构性投资产品 - 汇聚中华一篮子交易所交易基金挂钩	美元	2009 - 9 - 16	2011 - 9 - 21	124	其他	-2.5% ~7.5%
34	指数挂钩结构性投资产品 - MSCI 台湾指数挂钩	澳元	2009 - 9 - 21	2011 - 9 - 26	90	其他	0 ~12.5%
35	一篮子交易所交易基金挂钩结构性投资产品 - 汇聚中华一篮子交易所交易基金挂钩	澳元	2009 - 9 - 30	2011 - 10 - 11	132	其他	-2.5% ~12%
36	一篮子交易所交易基金挂钩结构性投资产品 - 汇聚中华一篮子交易所交易基金挂钩	美元	2009 - 9 - 30	2011 - 10 - 11	110	其他	-2.5% ~4.5%
37	货币挂钩保本投资产品 - 汇率触发	澳元	2009 - 10 - 20	2010 - 1 - 20	397	同业拆借	0.75% ~3.1%
38	货币挂钩保本投资产品 - 汇率触发	澳元	2009 - 10 - 20	2010 - 1 - 20	96	同业拆借	0.75% ~3.15%
39	一篮子交易所交易基金挂钩结构性投资产品 - 汇聚中华一篮子交易所交易基金挂钩	澳元	2009 - 11 - 2	2011 - 11 - 7	60	其他	0 ~10%

续表

序号	产品名称	币种	起息日	到期日	发行量	投资方向	预期收益率
40	一篮子交易所交易基金挂钩结构性投资产品-汇聚中华一篮子交易所交易基金挂钩	美元	2009-11-9	2011-12-1	127	同业拆借	不确定
41	一篮子交易所交易基金挂钩结构性投资产品-汇聚中华一篮子交易所交易基金挂钩	美元	2009-11-25	2011-12-1	58	同业拆借	不确定
42	一篮子交易所交易基金挂钩结构性投资产品-汇聚中华一篮子交易所交易基金挂钩	澳元	2009-12-9	2010-12-14	198	同业拆借	0~10%
43	货币挂钩保本投资产品-汇率触发	澳元	2009-12-30	2010-3-30	583	同业拆借	0.75%~3.5%
44	货币挂钩保本投资产品-汇率触发	澳元	2009-12-30	2010-3-30	106	同业拆借	0.75%~3.5%

注:1. 代客境外理财计划开放式海外基金没有固定投资期限,且挂钩资产价值会每日发生变动,客户可于每个交易日购买或赎回产品,因此产品损益取决于客户购买和赎回产品的时点,故其预期最高收益率与预期最低收益率填写为不适用。

2. 双利存款为一款常年销售的开放式产品,产品的损益取决于客户进场、出场的时间及挂钩币种等因素,故其预期最高收益率与预期最低收益率填写为不适用。

3. 按照要求,2009年以前发行的开放式产品的起息日填写为2009年1月1日,2009年内发行的开放式产品的起息日按照实际情况填写。所有开放式产品的到期日均填写为2009年12月31日。

数据来源:汇丰银行(中国)

表3-45 2009年东亚银行(中国)个人人民币理财产品发行情况表

单位:万元人民币

序号	产品名称	发行日	到期日	拟发行量	投资方向	预期最高收益率	预期最低收益率
1	信得盈4	2009-1-9	2009-7-14	5350	转让贷款	3.60%	不确定
2	汇率挂钩保本投资产品-系列37(人民币)普通	2009-1-14	2009-4-14	3438	同业拆借	6.00%	1.71%
3	汇率挂钩保本投资产品-系列37(人民币)显卓	2009-1-14	2009-4-14	6060	同业拆借	6.00%	1.71%
4	汇率挂钩保本投资产品-系列37(人民币)私人	2009-1-14	2009-4-14	4230	同业拆借	6.00%	1.71%
5	汇率挂钩保本投资产品-系列38(人民币)	2009-1-14	2009-2-17	21434	同业拆借	6.00%	0.36%
6	汇率挂钩保本投资产品TM19 SZ	2009-1-14	2009-4-14	19790	同业拆借	6.00%	1.71%
7	汇率挂钩保本投资产品-系列39(人民币)普通	2009-1-23	2009-4-23	2966	同业拆借	6.00%	1.71%
8	汇率挂钩保本投资产品-系列39(人民币)显卓	2009-1-23	2009-4-23	6522	同业拆借	6.00%	1.71%
9	汇率挂钩保本投资产品-系列39(人民币)私人	2009-1-23	2009-4-23	7151	同业拆借	6.00%	1.71%
10	汇率挂钩保本投资产品-系列40(人民币)普通	2009-1-23	2009-7-23	2168	同业拆借	6.00%	1.98%

续表

序号	产品名称	发行日	到期日	拟发行量	投资方向	预期最高收益率	预期最低收益率
11	汇率挂钩保本投资产品 - 系列 40(人民币)显卓	2009 - 1 - 23	2009 - 7 - 23	5205	同业拆借	6.00%	1.98%
12	汇率挂钩保本投资产品 - 系列 40(人民币)私人	2009 - 1 - 23	2009 - 7 - 23	15714	同业拆借	6.00%	1.98%
13	汇率挂钩保本投资产品 - 系列 41(人民币)普通	2009 - 2 - 11	2009 - 5 - 11	5828	同业拆借	6.00%	1.71%
14	汇率挂钩保本投资产品 - 系列 41(人民币)显卓	2009 - 2 - 11	2009 - 5 - 11	14128	同业拆借	6.00%	1.71%
15	汇率挂钩保本投资产品 - 系列 41(人民币)私人	2009 - 2 - 11	2009 - 5 - 11	17984	同业拆借	6.00%	1.71%
16	汇率挂钩保本投资产品 - 系列 42(人民币)普通	2009 - 2 - 19	2009 - 8 - 19	5855	同业拆借	6.00%	1.98%
17	汇率挂钩保本投资产品 - 系列 42(人民币)显卓	2009 - 2 - 19	2009 - 8 - 19	10588	同业拆借	6.00%	1.98%
18	汇率挂钩保本投资产品 - 系列 42(人民币)私人	2009 - 2 - 19	2009 - 8 - 19	31612	同业拆借	6.00%	1.98%
19	汇率挂钩保本投资产品 - 系列 43(人民币)普通	2009 - 2 - 19	2009 - 5 - 19	2845	同业拆借	6.00%	1.71%
20	汇率挂钩保本投资产品 - 系列 43(人民币)显卓	2009 - 2 - 19	2009 - 5 - 19	4619	同业拆借	6.00%	1.71%
21	汇率挂钩保本投资产品 - 系列 43(人民币)私人	2009 - 2 - 19	2009 - 5 - 19	7937	同业拆借	6.00%	1.71%
22	汇率挂钩保本投资产品 TM21 SY	2009 - 2 - 23	2010 - 1 - 25	3400	同业拆借	6.00%	1.98%
23	信得盈 5	2009 - 2 - 23	2009 - 7 - 14	4000	转让贷款	3.25%	不确定
24	溢利宝 16 - 全天候牛熊比拼	2009 - 2 - 24	2010 - 8 - 24	1392	同业拆借	7.07%	0.01%
25	汇率挂钩保本投资产品 - 系列 44(人民币)普通	2009 - 3 - 5	2009 - 6 - 5	6709	同业拆借	6.00%	1.71%
26	汇率挂钩保本投资产品 - 系列 44(人民币)显卓	2009 - 3 - 5	2009 - 6 - 5	7990	同业拆借	6.00%	1.71%
27	汇率挂钩保本投资产品 - 系列 44(人民币)私人	2009 - 3 - 5	2009 - 6 - 5	14991	同业拆借	6.00%	1.71%
28	汇率挂钩保本投资产品 - 系列 45(人民币)普通	2009 - 3 - 5	2009 - 9 - 8	2679	同业拆借	6.00%	1.98%
29	汇率挂钩保本投资产品 - 系列 45(人民币)显卓	2009 - 3 - 5	2009 - 9 - 8	3900	同业拆借	6.00%	1.98%
30	汇率挂钩保本投资产品 - 系列 45(人民币)私人	2009 - 3 - 5	2009 - 9 - 8	6807	同业拆借	6.00%	1.98%
31	汇率挂钩保本投资产品 TM22 BJ	2009 - 3 - 5	2009 - 6 - 5	2500	同业拆借	6.00%	1.71%

续表

序号	产品名称	发行日	到期日	拟发行量	投资方向	预期最高收益率	预期最低收益率
32	立盈宝 6 普通/显卓	2009－3－10	2009－12－9	2476	同业拆借	18.67%	0.36%
33	立盈宝 6 私人	2009－3－10	2009－12－9	269	同业拆借	21.32%	0.36%
34	汇率挂钩保本投资产品 TM23 SH	2009－3－13	2009－9－14	6297	同业拆借	6.00%	1.98%
35	汇率挂钩保本投资产品 TM24 GZ	2009－3－13	2009－6－15	2879	同业拆借	6.00%	1.71%
36	汇率挂钩保本投资产品 TM25 SZ	2009－3－13	2009－6－15	5702	同业拆借	6.00%	1.71%
37	汇率挂钩保本投资产品 TM26 BJ	2009－3－13	2009－6－15	21405	同业拆借	6.00%	1.71%
38	汇率挂钩保本投资产品－系列 47(人民币)普通	2009－3－19	2009－6－19	4676	同业拆借	6.00%	1.71%
39	汇率挂钩保本投资产品－系列 47(人民币)显卓	2009－3－19	2009－6－19	6579	同业拆借	6.00%	1.71%
40	汇率挂钩保本投资产品－系列 47(人民币)私人	2009－3－19	2009－6－19	10772	同业拆借	6.00%	1.71%
41	汇率挂钩保本投资产品－系列 48(人民币)普通	2009－3－19	2009－9－21	2401	同业拆借	6.00%	1.98%
42	汇率挂钩保本投资产品－系列 48(人民币)显卓	2009－3－19	2009－9－21	3265	同业拆借	6.00%	1.98%
43	汇率挂钩保本投资产品－系列 48(人民币)私人	2009－3－19	2009－9－21	8973	同业拆借	6.00%	1.98%
44	溢利宝 17－A50 中国指数基金(显卓/普通)	2009－3－23	2010－3－23	2665	同业拆借	26.00%	0.00%
45	溢利宝 17－A50 中国指数基金(私人)	2009－3－23	2010－3－23	100	同业拆借	28.00%	0.00%
46	信得盈 6	2009－3－24	2010－3－8	2260	股票	5.20%	不确定
47	汇率挂钩保本投资产品 TM27 SY	2009－3－26	2009－6－26	3122	同业拆借	6.00%	1.71%
48	汇率挂钩保本投资产品 TM28 BJ	2009－3－26	2009－6－23	20000	同业拆借	6.00%	0.36%
49	汇率挂钩保本投资产品－系列 49(人民币)	2009－4－1	2009－7－2	941	同业拆借	12.00%	1.71%
50	汇率挂钩保本投资产品－系列 50(人民币)普通	2009－4－3	2009－7－3	1951	同业拆借	6.00%	1.71%
51	汇率挂钩保本投资产品－系列 50(人民币)显卓	2009－4－3	2009－7－3	6253	同业拆借	6.00%	1.71%
52	汇率挂钩保本投资产品－系列 50(人民币)私人	2009－4－3	2009－7－3	8171	同业拆借	6.00%	1.71%
53	汇率挂钩保本投资产品－系列 51(人民币)普通	2009－4－3	2009－10－9	1803	同业拆借	6.00%	1.98%
54	汇率挂钩保本投资产品－系列 51(人民币)显卓	2009－4－3	2009－10－9	2388	同业拆借	6.00%	1.98%

续表

序号	产品名称	发行日	到期日	拟发行量	投资方向	预期最高收益率	预期最低收益率
55	汇率挂钩保本投资产品 - 系列51(人民币)私人	2009-4-3	2009-10-9	4278	同业拆借	6.00%	1.98%
56	汇率挂钩保本投资产品 TM30 SZ	2009-4-15	2009-7-15	3051	同业拆借	6.00%	1.71%
57	汇率挂钩保本投资产品 TM31 SZ	2009-4-15	2009-10-15	3095	同业拆借	6.00%	1.98%
58	溢利宝18 - A. H股指数基金保本投资	2009-4-16	2010-4-16	2848	同业拆借	20.00%	0.00%
59	汇率挂钩保本投资产品 TM29 CQ	2009-4-16	2009-7-16	4115	同业拆借	6.00%	1.71%
60	汇率挂钩保本投资产品 - 系列52(人民币)普通	2009-4-17	2009-7-17	1618	同业拆借	6.00%	1.71%
61	汇率挂钩保本投资产品 - 系列52(人民币)显卓	2009-4-17	2009-7-17	3085	同业拆借	6.00%	1.71%
62	汇率挂钩保本投资产品 - 系列52(人民币)私人	2009-4-17	2009-7-17	5870	同业拆借	6.00%	1.71%
63	汇率挂钩保本投资产品 - 系列53(人民币)普通	2009-4-17	2009-10-19	2648	同业拆借	6.00%	1.98%
64	汇率挂钩保本投资产品 - 系列53(人民币)显卓	2009-4-17	2009-10-19	3221	同业拆借	6.00%	1.98%
65	汇率挂钩保本投资产品 - 系列53(人民币)私人	2009-4-17	2009-10-19	4884	同业拆借	6.00%	1.98%
66	汇率挂钩保本投资产品 TM32 SZ	2009-4-23	2009-10-23	2811	同业拆借	6.00%	1.98%
67	汇率挂钩保本投资产品 - 系列54	2009-4-30	2009-7-30	1174	同业拆借	12.00%	1.71%
68	汇率挂钩保本投资产品 - 系列55(人民币)普通	2009-5-4	2009-8-4	2962	同业拆借	6.00%	1.71%
69	汇率挂钩保本投资产品 - 系列55(人民币)显卓	2009-5-4	2009-8-4	4627	同业拆借	6.00%	1.71%
70	汇率挂钩保本投资产品 - 系列55(人民币)私人	2009-5-4	2009-8-4	14416	同业拆借	6.00%	1.71%
71	汇率挂钩保本投资产品 - 系列56(人民币)普通	2009-5-4	2009-11-4	2214	同业拆借	6.00%	1.98%
72	汇率挂钩保本投资产品 - 系列56(人民币)显卓	2009-5-4	2009-11-4	3060	同业拆借	6.00%	1.98%
73	汇率挂钩保本投资产品 - 系列56(人民币)私人	2009-5-4	2009-11-4	7097	同业拆借	6.00%	1.98%
74	汇率挂钩保本投资产品 TM34 BJ	2009-5-7	2009-8-7	2600	同业拆借	6.00%	1.71%
75	汇率挂钩保本投资产品 TM35 SZ	2009-5-7	2009-8-7	4170	同业拆借	6.00%	1.71%
76	溢利宝19 - H股指数基金保本投资	2009-5-8	2010-5-10	2068	同业拆借	20.00%	0.00%
77	信得盈7	2009-5-8	2009-11-6	5000	转让贷款	3.60%	不确定

续表

序号	产品名称	发行日	到期日	拟发行量	投资方向	预期最高收益率	预期最低收益率
78	汇率挂钩保本投资产品－系列57(人民币)普通	2009－5－15	2009－8－17	3670	同业拆借	6.00%	1.71%
79	汇率挂钩保本投资产品－系列57(人民币)显卓	2009－5－15	2009－8－17	5337	同业拆借	6.00%	1.71%
80	汇率挂钩保本投资产品－系列57(人民币)私人	2009－5－15	2009－8－17	6981	同业拆借	6.00%	1.71%
81	汇率挂钩保本投资产品－系列58(人民币)普通	2009－5－15	2009－11－16	1606	同业拆借	6.00%	1.98%
82	汇率挂钩保本投资产品－系列58(人民币)显卓	2009－5－15	2009－11－16	3140	同业拆借	6.00%	1.98%
83	汇率挂钩保本投资产品－系列58(人民币)私人	2009－5－15	2009－11－16	5447	同业拆借	6.00%	1.98%
84	溢利宝20－精选H股组合I投资	2009－5－27	2010－5－26	2806	同业拆借	20.00%	0.00%
85	信得盈8	2009－6－1	2010－3－8	3490	股票	4.70%	不确定
86	汇率挂钩保本投资产品TM36 SH	2009－6－1	2009－12－1	3970	同业拆借	6.00%	1.98%
87	汇率挂钩保本投资产品－系列59(人民币)普通	2009－6－2	2009－9－2	4349	同业拆借	6.00%	1.71%
88	汇率挂钩保本投资产品－系列59(人民币)显卓	2009－6－2	2009－9－2	6718	同业拆借	6.00%	1.71%
89	汇率挂钩保本投资产品－系列59(人民币)私人	2009－6－2	2009－9－2	9266	同业拆借	6.00%	1.71%
90	汇率挂钩保本投资产品－系列60(人民币)普通	2009－6－2	2009－12－2	1475	同业拆借	6.00%	1.98%
91	汇率挂钩保本投资产品－系列60(人民币)显卓	2009－6－2	2009－12－2	3610	同业拆借	6.00%	1.98%
92	汇率挂钩保本投资产品－系列60(人民币)私人	2009－6－2	2009－12－2	9303	同业拆借	6.00%	1.98%
93	汇率挂钩保本投资产品TM37 XA	2009－6－2	2010－6－2	3208	同业拆借	6.00%	2.25%
94	汇率挂钩保本投资产品TM38 BJ	2009－6－4	2009－12－4	4900	同业拆借	6.00%	1.98%
95	汇率挂钩保本投资产品TM39 SZ	2009－6－11	2009－9－11	6600	同业拆借	6.00%	1.71%
96	汇率挂钩保本投资产品－系列62(人民币)普通	2009－6－12	2009－9－14	3116	同业拆借	6.00%	1.71%
97	汇率挂钩保本投资产品－系列62(人民币)显卓	2009－6－12	2009－9－14	3167	同业拆借	6.00%	1.71%
98	汇率挂钩保本投资产品－系列62(人民币)私人	2009－6－12	2009－9－14	11143	同业拆借	6.00%	1.71%
99	汇率挂钩保本投资产品－系列63(人民币)普通	2009－6－12	2009－12－14	1296	同业拆借	6.00%	1.98%

续表

序号	产品名称	发行日	到期日	拟发行量	投资方向	预期最高收益率	预期最低收益率
100	汇率挂钩保本投资产品－系列63(人民币)显卓	2009－6－12	2009－12－14	1971	同业拆借	6.00%	1.98%
101	汇率挂钩保本投资产品－系列63(人民币)私人	2009－6－12	2009－12－14	6390	同业拆借	6.00%	1.98%
102	汇率挂钩保本投资产品 TM41 BJ	2009－6－19	2009－9－21	3200	同业拆借	6.00%	1.71%
103	汇率挂钩保本投资产品 TM42 SH	2009－6－22	2009－9－22	14220	同业拆借	6.00%	1.71%
104	汇率挂钩保本投资产品 TM43 DL	2009－6－23	2009－9－23	22067	同业拆借	6.00%	1.71%
105	溢利宝 21 BJ	2009－6－25	2010－6－25	1005	同业拆借	24.50%	0.36%
106	汇率挂钩保本投资产品－系列64(人民币)普通	2009－6－26	2009－12－28	1832	同业拆借	6.00%	1.98%
107	汇率挂钩保本投资产品－系列64(人民币)显卓	2009－6－26	2009－12－28	2695	同业拆借	6.00%	1.98%
108	汇率挂钩保本投资产品－系列64(人民币)私人	2009－6－26	2009－12－28	3735	同业拆借	6.00%	1.98%
109	汇率挂钩保本投资产品－系列65(人民币)普通	2009－6－26	2010－3－26	2410	同业拆借	6.00%	1.98%
110	汇率挂钩保本投资产品－系列65(人民币)显卓	2009－6－26	2010－3－26	3455	同业拆借	6.00%	1.98%
111	汇率挂钩保本投资产品－系列65(人民币)私人	2009－6－26	2010－3－26	8567	同业拆借	6.00%	1.98%
112	汇率挂钩保本投资产品 TM44 SH	2009－6－29	2010－6－29	3100	同业拆借	6.00%	2.25%
113	信得盈 9	2009－7－1	2009－9－30	7588	混合(其他类别)	不确定	不确定
114	汇率挂钩保本投资产品 TM46 SZ	2009－7－2	2009－10－9	3000	同业拆借	6.00%	1.71%
115	汇率挂钩保本投资产品 TM47 GZ	2009－7－3	2009－10－9	2820	同业拆借	6.00%	1.71%
116	汇率挂钩保本投资产品－系列66(人民币)普通	2009－7－10	2009－10－13	2112	同业拆借	6.00%	1.71%
117	汇率挂钩保本投资产品－系列66(人民币)显卓	2009－7－10	2009－10－13	5150	同业拆借	6.00%	1.71%
118	汇率挂钩保本投资产品－系列66(人民币)私人	2009－7－10	2009－10－13	5851	同业拆借	6.00%	1.71%
119	汇率挂钩保本投资产品－系列67(人民币)普通	2009－7－10	2010－1－11	934	同业拆借	6.00%	1.98%
120	汇率挂钩保本投资产品－系列67(人民币)显卓	2009－7－10	2010－1－11	2077	同业拆借	6.00%	1.98%
121	汇率挂钩保本投资产品－系列67(人民币)私人	2009－7－10	2010－1－11	4285	同业拆借	6.00%	1.98%

续表

序号	产品名称	发行日	到期日	拟发行量	投资方向	预期最高收益率	预期最低收益率
122	汇率挂钩保本投资产品 TM48 SZ	2009-7-10	2010-1-12	50000	同业拆借	6.00%	1.98%
123	汇率挂钩保本投资产品-系列68(人民币)普通	2009-7-24	2010-1-25	1164	同业拆借	6.00%	1.98%
124	汇率挂钩保本投资产品-系列68(人民币)显卓	2009-7-24	2010-1-25	907	同业拆借	6.00%	1.98%
125	汇率挂钩保本投资产品-系列68(人民币)私人	2009-7-24	2010-1-25	8006	同业拆借	6.00%	1.98%
126	汇率挂钩保本投资产品-系列69(人民币)普通	2009-7-24	2010-4-26	1270	同业拆借	6.00%	1.98%
127	汇率挂钩保本投资产品-系列69(人民币)显卓	2009-7-24	2010-4-26	1664	同业拆借	6.00%	1.98%
128	汇率挂钩保本投资产品-系列69(人民币)私人	2009-7-24	2010-4-26	11489	同业拆借	6.00%	1.98%
129	汇率挂钩保本投资产品 TM49 SH	2009-7-24	2009-10-27	2310	同业拆借	6.00%	1.71%
130	汇率挂钩保本投资产品 TM50 SH	2009-7-29	2009-10-29	35526	同业拆借	6.00%	1.71%
131	汇率挂钩保本投资产品 TM51 SH	2009-7-30	2010-7-30	2810	同业拆借	6.00%	2.25%
132	溢利宝 TM1 SZ	2009-7-30	2009-12-21	10000	同业拆借	4.85%	0.60%
133	汇率挂钩保本投资产品-系列70(人民币)	2009-7-31	2009-11-2	1182	同业拆借	12.00%	1.71%
134	汇率挂钩保本投资产品 TM52 SZ	2009-8-4	2009-11-4	10760	同业拆借	6.00%	1.71%
135	汇率挂钩保本投资产品 TM53 WH	2009-8-5	2010-8-5	7000	同业拆借	6.00%	2.25%
136	汇率挂钩保本投资产品 TM54 GZ	2009-8-6	2010-1-29	6400	同业拆借	6.00%	1.71%
137	汇率挂钩保本投资产品-系列71(人民币)普通	2009-8-7	2009-11-9	638	同业拆借	6.00%	1.71%
138	汇率挂钩保本投资产品-系列71(人民币)显卓	2009-8-7	2009-11-9	3077	同业拆借	6.00%	1.71%
139	汇率挂钩保本投资产品-系列71(人民币)私人	2009-8-7	2009-11-9	6867	同业拆借	6.00%	1.71%
140	汇率挂钩保本投资产品-系列72(人民币)普通	2009-8-7	2010-2-8	1246	同业拆借	6.00%	1.98%
141	汇率挂钩保本投资产品-系列72(人民币)显卓	2009-8-7	2010-2-8	1508	同业拆借	6.00%	1.98%
142	汇率挂钩保本投资产品-系列72(人民币)私人	2009-8-7	2010-2-8	5157	同业拆借	6.00%	1.98%
143	溢利宝 TM2 GZ	2009-8-7	2009-12-21	30000	同业拆借	不确定	0.60%
144	溢利宝 TM3 GZ	2009-8-7	2009-12-21	10000	同业拆借	5.10%	0.60%
145	溢利盈 1	2009-8-7	2010-8-9	1208	同业拆借	30.00%	-5.00%
146	汇率挂钩保本投资产品 TM55 SH	2009-8-12	2009-11-12	3261	同业拆借	6.00%	1.71%

续表

序号	产品名称	发行日	到期日	拟发行量	投资方向	预期最高收益率	预期最低收益率
147	汇率挂钩保本投资产品 TM56 SZ	2009-8-13	2009-11-13	3600	同业拆借	6.00%	1.71%
148	汇率挂钩保本投资产品 TM57 GZ	2009-8-13	2009-11-13	7700	同业拆借	6.00%	1.71%
149	汇率挂钩保本投资产品 TM58 BJ	2009-8-14	2010-3-15	5000	同业拆借	6.00%	1.98%
150	溢利宝 22	2009-8-14	2011-2-16	4622	同业拆借	7.00%	0.36%
151	汇率挂钩保本投资产品 TM59 SH	2009-8-20	2010-2-24	3336	同业拆借	6.00%	1.98%
152	汇率挂钩保本投资产品 TM61 SZ	2009-8-20	2009-11-20	10000	同业拆借	6.00%	1.71%
153	汇率挂钩保本投资产品-系列 73(人民币)普通	2009-8-21	2010-2-22	785	同业拆借	6.00%	1.98%
154	汇率挂钩保本投资产品-系列 73(人民币)显卓	2009-8-21	2010-2-22	599	同业拆借	6.00%	1.98%
155	汇率挂钩保本投资产品-系列 73(人民币)私人	2009-8-21	2010-2-22	1381	同业拆借	6.00%	1.98%
156	汇率挂钩保本投资产品-系列 74(人民币)普通	2009-8-21	2010-5-24	693	同业拆借	6.00%	1.98%
157	汇率挂钩保本投资产品-系列 74(人民币)显卓	2009-8-21	2010-5-24	1461	同业拆借	6.00%	1.98%
158	汇率挂钩保本投资产品-系列 74(人民币)私人	2009-8-21	2010-5-24	8862	同业拆借	6.00%	1.98%
159	汇率挂钩保本投资产品 TM60 BJ	2009-8-25	2009-9-23	25280	同业拆借	6.00%	0.36%
160	汇率挂钩保本投资产品 TM62 SH	2009-9-1	2010-3-1	3291	同业拆借	6.00%	1.98%
161	汇率挂钩保本投资产品 TM63 WH	2009-9-2	2010-9-2	3000	同业拆借	6.00%	2.25%
162	汇率挂钩保本投资产品-系列 75(人民币)普通	2009-9-4	2009-12-4	1464	同业拆借	6.00%	1.71%
163	汇率挂钩保本投资产品-系列 75(人民币)显卓	2009-9-4	2009-12-4	4663	同业拆借	6.00%	1.71%
164	汇率挂钩保本投资产品-系列 75(人民币)私人	2009-9-4	2009-12-4	12141	同业拆借	6.00%	1.71%
165	汇率挂钩保本投资产品-系列 76(人民币)普通	2009-9-4	2010-6-4	2060	同业拆借	6.00%	1.98%
166	汇率挂钩保本投资产品-系列 76(人民币)显卓	2009-9-4	2010-6-4	4589	同业拆借	6.00%	1.98%
167	汇率挂钩保本投资产品-系列 76(人民币)私人	2009-9-4	2010-6-4	17051	同业拆借	6.00%	1.98%
168	汇率挂钩保本投资产品 TM64 SH	2009-9-4	2009-12-4	3150	同业拆借	6.00%	1.71%
169	汇率挂钩保本投资产品 TM65 SZ	2009-9-9	2009-12-9	5003	同业拆借	6.00%	1.50%
170	溢利宝 23	2009-9-9	2011-3-8	1624	同业拆借	7.00%	0.36%
171	汇率挂钩保本投资产品 TM68 HF	2009-9-10	2009-10-13	100000	同业拆借	6.00%	1.35%

续表

序号	产品名称	发行日	到期日	拟发行量	投资方向	预期最高收益率	预期最低收益率
172	汇率挂钩保本投资产品 TM67 SH	2009-9-14	2010-3-15	3729	同业拆借	6.00%	1.70%
173	汇率挂钩保本投资产品 TM66 SH	2009-9-15	2009-12-15	4162	同业拆借	6.00%	1.50%
174	汇率挂钩保本投资产品 TM70 SH	2009-9-16	2009-12-16	1750	同业拆借	6.00%	1.50%
175	汇率挂钩保本投资产品 TM71 GZ	2009-9-17	2009-12-17	4150	同业拆借	6.00%	1.50%
176	汇率挂钩保本投资产品 TM72 GZ	2009-9-17	2010-3-15	7855	同业拆借	6.00%	1.70%
177	汇率挂钩保本投资产品-系列 77(人民币)5 万	2009-9-18	2009-12-18	4377	同业拆借	6.00%	1.50%
178	汇率挂钩保本投资产品-系列 77(人民币)50 万	2009-9-18	2009-12-18	10109	同业拆借	6.00%	1.50%
179	汇率挂钩保本投资产品-系列 78(人民币)5 万	2009-9-18	2010-6-18	4962	同业拆借	6.00%	1.80%
180	汇率挂钩保本投资产品-系列 78(人民币)50 万	2009-9-18	2010-6-18	9707	同业拆借	6.00%	1.80%
181	溢利宝 24	2009-9-18	2011-3-18	1509	同业拆借	7.00%	0.36%
182	汇率挂钩保本投资产品 TM74 GZ	2009-9-21	2009-12-21	4450	同业拆借	6.00%	1.50%
183	汇率挂钩保本投资产品 TM73 BJ	2009-9-22	2009-12-22	2211	同业拆借	6.00%	1.50%
184	汇率挂钩保本投资产品 TM78 SH	2009-9-25	2010-3-25	5200	同业拆借	6.00%	1.70%
185	汇率挂钩保本投资产品 TM79 SH	2009-9-25	2009-12-28	30000	同业拆借	6.00%	0.40%
186	汇率挂钩保本投资产品 TM75 DL	2009-9-28	2010-1-11	21717	同业拆借	6.00%	1.50%
187	汇率挂钩保本投资产品 TM80 WH	2009-9-29	2010-1-29	2500	同业拆借	6.00%	1.50%
188	汇率挂钩保本投资产品-系列 79(人民币)	2009-9-30	2009-10-30	19868	同业拆借	6.00%	0.36%
189	汇率挂钩保本投资产品-系列 80(人民币)5 万	2009-9-30	2009-12-30	3319	同业拆借	6.00%	1.50%
190	汇率挂钩保本投资产品-系列 80(人民币)50 万	2009-9-30	2009-12-30	29740	同业拆借	6.00%	1.50%
191	汇率挂钩保本投资产品-系列 81(人民币)5 万	2009-9-30	2010-6-30	7338	同业拆借	6.00%	1.80%
192	汇率挂钩保本投资产品-系列 81(人民币)50 万	2009-9-30	2010-6-30	8484	同业拆借	6.00%	1.80%
193	汇率挂钩保本投资产品-系列 81(人民币)200 万	2009-9-30	2010-6-30	18601	同业拆借	6.00%	1.80%
194	汇率挂钩保本投资产品 TM77 BJ	2009-9-30	2010-1-4	10000	同业拆借	6.00%	1.50%
195	汇率挂钩保本投资产品 TM81 GZ	2009-9-30	2010-3-25	12450	同业拆借	6.00%	1.70%
196	汇率挂钩保本投资产品 TM82 SH	2009-9-30	2009-12-30	3150	同业拆借	6.00%	1.50%
197	基金宝 1-香港增长-人民币	2009-10-1	2009-12-31	83	基金	不确定	不确定
198	基金宝 1-亚洲策略-人民币	2009-10-1	2009-12-31	13	基金	不确定	不确定

续表

序号	产品名称	发行日	到期日	拟发行量	投资方向	预期最高收益率	预期最低收益率
199	基金宝1.2－环宇主题－人民币	2009－10－1	2009－12－31	0	基金	不确定	不确定
200	基金宝2－亚洲债券－人民币	2009－10－1	2009－12－31	0	基金	不确定	不确定
201	基金宝2－新兴股债优势－人民币	2009－10－1	2009－12－31	0	基金	不确定	不确定
202	基金宝2－气候变化－人民币	2009－10－1	2009－12－31	0	基金	不确定	不确定
203	基金宝2.3－商品基金－人民币	2009－10－1	2009－12－31	0	基金	不确定	不确定
204	基金宝2.3－金属基金－人民币	2009－10－1	2009－12－31	0	基金	不确定	不确定
205	基金宝2.2－中东海湾－人民币	2009－10－1	2009－12－31	0	基金	不确定	不确定
206	基金宝2.2－印度股票－人民币	2009－10－1	2009－12－31	0	基金	不确定	不确定
207	基金宝2.2－新兴市场债券－人民币	2009－10－1	2009－12－31	0	基金	不确定	不确定
208	基金宝2.2－拉丁美洲－人民币	2009－10－1	2009－12－31	0	基金	不确定	不确定
209	基金宝1.5－亚洲债券及货币－人民币	2009－10－1	2009－12－31	0	基金	不确定	不确定
210	基金宝1.4－环宇资源－人民币	2009－10－1	2009－12－31	0	基金	不确定	不确定
211	汇率挂钩保本投资产品 TM83 BJ	2009－10－14	2010－9－29	10284	同业拆借	6.00%	1.98%
212	汇率挂钩保本投资产品 TM90 HF	2009－10－14	2009－12－18	20000	同业拆借	6.00%	1.35%
213	汇率挂钩保本投资产品 TM91 HF	2009－10－14	2010－1－14	80000	同业拆借	6.00%	1.50%
214	汇率挂钩保本投资产品 TM84 SZ	2009－10－15	2010－1－15	3210	同业拆借	6.00%	1.50%
215	汇率挂钩保本投资产品 TM85 SZ	2009－10－15	2010－10－8	10656	同业拆借	6.00%	1.98%
216	汇率挂钩保本投资产品 TM86 BJ	2009－10－15	2009－11－10	10000	同业拆借	6.00%	0.36%
217	汇率挂钩保本投资产品 TM87 SH	2009－10－15	2010－4－15	3724	同业拆借	6.00%	1.70%
218	汇率挂钩保本投资产品 TM92 QD	2009－10－15	2010－1－15	9950	同业拆借	6.00%	1.50%
219	汇率挂钩保本投资产品 TM93 QD	2009－10－15	2010－4－12	5020	同业拆借	6.00%	1.71%
220	汇率挂钩保本投资产品 TM94 SH	2009－10－15	2010－1－15	20000	同业拆借	6.00%	0.40%
221	汇率挂钩保本投资产品 TM76 BJ	2009－10－15	2009－12－30	27215	同业拆借	6.00%	2.60%
222	汇率挂钩保本投资产品 TM95 BJ	2009－10－16	2010－10－13	7608	同业拆借	6.00%	1.98%
223	汇率挂钩保本投资产品 TM96 SH	2009－10－16	2009－12－29	16050	同业拆借	6.00%	1.35%
224	汇率挂钩保本投资产品 TM97 ZH	2009－10－21	2010－1－21	6491	同业拆借	6.00%	1.50%
225	汇率挂钩保本投资产品 TM99 SH	2009－10－21	2009－12－28	10560	同业拆借	6.00%	1.35%
226	汇率挂钩保本投资产品－系列82(人民币)5万	2009－10－22	2010－1－22	2365	同业拆借	6.00%	1.50%
227	汇率挂钩保本投资产品－系列82(人民币)50万	2009－10－22	2010－1－22	8306	同业拆借	6.00%	1.50%
228	汇率挂钩保本投资产品－系列83(人民币)5万	2009－10－22	2010－7－22	4715	同业拆借	6.00%	1.80%
229	汇率挂钩保本投资产品－系列83(人民币)50万	2009－10－22	2010－7－22	6319	同业拆借	6.00%	1.80%

续表

序号	产品名称	发行日	到期日	拟发行量	投资方向	预期最高收益率	预期最低收益率
230	汇率挂钩保本投资产品－系列83(人民币)200万	2009－10－22	2010－7－22	10477	同业拆借	6.00%	1.80%
231	汇率挂钩保本投资产品TM100 SH	2009－10－23	2010－4－23	7101	同业拆借	6.00%	1.70%
232	汇率挂钩保本投资产品TM101 SH	2009－10－23	2010－1－25	20000	同业拆借	6.00%	0.40%
233	汇率挂钩保本投资产品TM102 SH	2009－10－23	2010－1－25	30000	同业拆借	6.00%	0.40%
234	汇率挂钩保本投资产品TM105 GZ	2009－10－27	2010－1－27	2774	同业拆借	6.00%	1.50%
235	汇率挂钩保本投资产品TM106 SH	2009－10－27	2010－1－27	6963	同业拆借	6.00%	1.50%
236	汇率挂钩保本投资产品TM98 SH	2009－10－29	2010－10－29	10259	同业拆借	6.00%	2.00%
237	汇率挂钩保本投资产品TM107 BJ	2009－10－29	2010－1－29	3474	同业拆借	6.00%	1.50%
238	汇率挂钩保本投资产品TM109 GZ	2009－10－29	2010－4－22	2500	同业拆借	6.00%	1.71%
239	汇率挂钩保本投资产品TM108 BJ	2009－10－30	2009－12－30	25100	同业拆借	6.00%	1.35%
240	汇率挂钩保本投资产品TM110 XA	2009－10－30	2010－4－30	8053	同业拆借	6.00%	1.70%
241	汇率挂钩保本投资产品TM112 SH	2009－10－30	2010－2－1	4170	同业拆借	6.00%	1.50%
242	汇率挂钩保本投资产品TM113 SH	2009－10－30	2010－4－30	10000	同业拆借	6.00%	0.40%
243	汇率挂钩保本投资产品TM114 SH	2009－10－30	2010－4－30	40000	同业拆借	6.00%	0.40%
244	汇率挂钩保本投资产品TM115 BJ	2009－11－2	2009－12－2	10000	同业拆借	6.00%	0.36%
245	汇率挂钩保本投资产品TM116 GZ	2009－11－2	2010－4－28	2550	同业拆借	6.00%	1.70%
246	汇率挂钩保本投资产品TM104 SH	2009－11－3	2010－2－3	12950	同业拆借	6.00%	1.50%
247	汇率挂钩保本投资产品TM111 SH	2009－11－3	2010－2－3	5003	同业拆借	6.00%	1.50%
248	汇率挂钩保本投资产品TM118 SH	2009－11－3	2010－2－3	20700	同业拆借	6.00%	1.50%
249	汇率挂钩保本投资产品TM119 SH	2009－11－3	2010－2－3	6364	同业拆借	6.00%	1.50%
250	汇率挂钩保本投资产品TM122 SH	2009－11－4	2009－12－16	14000	同业拆借	6.00%	1.35%
251	汇率挂钩保本投资产品TM120 BJ	2009－11－5	2010－5－5	3160	同业拆借	6.00%	1.70%
252	汇率挂钩保本投资产品－系列84(人民币)20万	2009－11－5	2010－2－5	8510	同业拆借	6.00%	1.50%
253	汇率挂钩保本投资产品－系列85(人民币)20万	2009－11－5	2010－5－5	1881	同业拆借	6.00%	1.70%
254	汇率挂钩保本投资产品－系列85(人民币)200万	2009－11－5	2010－5－5	7279	同业拆借	6.00%	1.70%
255	汇率挂钩保本投资产品－系列86(人民币)5万	2009－11－5	2010－8－5	2293	同业拆借	6.00%	1.80%
256	汇率挂钩保本投资产品－系列86(人民币)20万	2009－11－5	2010－8－5	4289	同业拆借	6.00%	1.80%
257	汇率挂钩保本投资产品－系列86(人民币)200万	2009－11－5	2010－8－5	9952	同业拆借	6.00%	1.80%
258	溢利宝25	2009－11－5	2011－5－5	1958	同业拆借	7.00%	0.36%

续表

序号	产品名称	发行日	到期日	拟发行量	投资方向	预期最高收益率	预期最低收益率
259	汇率挂钩保本投资产品 TM117 SH	2009-11-6	2010-8-6	5265	同业拆借	6.00%	1.80%
260	汇率挂钩保本投资产品 TM121 SZ	2009-11-6	2010-2-8	2905	同业拆借	6.00%	1.50%
261	汇率挂钩保本投资产品 TM123 WH	2009-11-9	2010-3-9	15000	同业拆借	6.00%	1.50%
262	汇率挂钩保本投资产品 TM124 GZ	2009-11-9	2010-5-10	11024	同业拆借	6.00%	1.98%
263	汇率挂钩保本投资产品 TM125 GZ	2009-11-9	2010-11-9	20200	同业拆借	6.00%	2.25%
264	汇率挂钩保本投资产品 TM126 SH	2009-11-9	2010-9-9	30000	同业拆借	6.00%	0.40%
265	汇率挂钩保本投资产品 TM127 SH	2009-11-9	2010-9-9	20000	同业拆借	6.00%	0.40%
266	汇率挂钩保本投资产品 TM128 XA	2009-11-10	2010-2-10	5200	同业拆借	6.00%	1.50%
267	汇率挂钩保本投资产品 TM129 XA	2009-11-13	2010-5-13	2500	同业拆借	6.00%	1.70%
268	汇率挂钩保本投资产品 TM130 BJ	2009-11-16	2010-5-10	3500	同业拆借	6.00%	1.70%
269	汇率挂钩保本投资产品 TM132 SY	2009-11-16	2009-12-16	10500	同业拆借	6.00%	0.36%
270	汇率挂钩保本投资产品 TM133 SH	2009-11-16	2010-2-17	5012	同业拆借	6.00%	1.50%
271	汇率挂钩保本投资产品 TM131 SH	2009-11-17	2010-2-17	4320	同业拆借	6.00%	1.50%
272	汇率挂钩保本投资产品 TM135 WH	2009-11-17	2010-3-17	6000	同业拆借	6.00%	1.50%
273	汇率挂钩保本投资产品 TM136 BJ	2009-11-17	2010-2-23	10000	同业拆借	6.00%	1.50%
274	汇率挂钩保本投资产品 TM134 SZ	2009-11-18	2010-2-18	3101	同业拆借	6.00%	1.50%
275	汇率挂钩保本投资产品 TM137 BJ	2009-11-19	2010-5-14	3000	同业拆借	6.00%	1.70%
276	汇率挂钩保本投资产品 TM139 SH	2009-11-19	2010-11-19	3610	同业拆借	6.00%	2.00%
277	汇率挂钩保本投资产品-系列87(人民币)20万	2009-11-19	2010-2-19	16295	同业拆借	6.00%	1.50%
278	汇率挂钩保本投资产品-系列88(人民币)20万	2009-11-19	2010-5-19	1180	同业拆借	6.00%	1.70%
279	汇率挂钩保本投资产品-系列88(人民币)200万	2009-11-19	2010-5-19	5388	同业拆借	6.00%	1.70%
280	汇率挂钩保本投资产品-系列89(人民币)5万	2009-11-19	2010-8-19	2514	同业拆借	6.00%	1.80%
281	汇率挂钩保本投资产品-系列89(人民币)20万	2009-11-19	2010-8-19	3972	同业拆借	6.00%	1.80%
282	汇率挂钩保本投资产品-系列89(人民币)200万	2009-11-19	2010-8-19	14458	同业拆借	6.00%	1.80%
283	汇率挂钩保本投资产品 TM140 BJ	2009-11-20	2010-11-12	15018	同业拆借	6.00%	1.70%
284	汇率挂钩保本投资产品 TM141 SH	2009-11-24	2010-2-24	10000	同业拆借	6.00%	0.40%
285	信得盈 10	2009-11-26	2010-6-30	5000	转让贷款	不确定	不确定
286	汇率挂钩保本投资产品 TM142 BJ	2009-11-27	2010-11-24	21188	同业拆借	6.00%	1.70%
287	汇率挂钩保本投资产品 TM144 SH	2009-12-1	2010-3-1	2616	同业拆借	6.00%	1.50%
288	汇率挂钩保本投资产品 TM145 BJ	2009-12-1	2010-1-14	10000	同业拆借	6.00%	0.36%

续表

序号	产品名称	发行日	到期日	拟发行量	投资方向	预期最高收益率	预期最低收益率
289	汇率挂钩保本投资产品 TM146 SH	2009－12－2	2010－3－2	4191	同业拆借	6.00%	1.50%
290	汇率挂钩保本投资产品 TM147 SH	2009－12－2	2010－11－30	5205	同业拆借	6.00%	1.70%
291	汇率挂钩保本投资产品 TM148 BJ	2009－12－3	2010－5－11	2000	同业拆借	6.00%	1.50%
292	汇率挂钩保本投资产品－系列90(人民币)20万	2009－12－3	2010－3－3	16343	同业拆借	6.00%	1.50%
293	汇率挂钩保本投资产品－系列91(人民币)20万	2009－12－3	2010－6－3	889	同业拆借	6.00%	1.70%
294	汇率挂钩保本投资产品－系列91(人民币)200万	2009－12－3	2010－6－3	3330	同业拆借	6.00%	1.70%
295	汇率挂钩保本投资产品－系列92(人民币)5万	2009－12－3	2010－9－3	1694	同业拆借	6.00%	1.80%
296	汇率挂钩保本投资产品－系列92(人民币)20万	2009－12－3	2010－9－3	3332	同业拆借	6.00%	1.80%
297	汇率挂钩保本投资产品－系列92(人民币)200万	2009－12－3	2010－9－3	2504	同业拆借	6.00%	1.80%
298	汇率挂钩保本投资产品 TM150 SZ	2009－12－4	2010－3－4	3000	同业拆借	6.00%	1.50%
299	汇率挂钩保本投资产品 TM149 BJ	2009－12－7	2010－3－8	20200	同业拆借	6.00%	1.50%
300	汇率挂钩保本投资产品 TM151 SH	2009－12－9	2010－6－9	6677	同业拆借	6.00%	1.70%
301	汇率挂钩保本投资产品 TM154 DL	2009－12－11	2010－3－11	2500	同业拆借	6.00%	1.50%
302	汇率挂钩保本投资产品 TM156 SH	2009－12－15	2010－12－15	2538	同业拆借	6.00%	2.00%
303	汇率挂钩保本投资产品 TM158 BJ	2009－12－16	2010－12－8	17010	同业拆借	6.00%	1.80%
304	汇率挂钩保本投资产品 TM157 GZ	2009－12－17	2010－6－17	9190	同业拆借	6.00%	1.50%
305	汇率挂钩保本投资产品－系列93(人民币)10万	2009－12－17	2010－3－17	9076	同业拆借	6.00%	1.50%
306	汇率挂钩保本投资产品－系列94(人民币)10万	2009－12－17	2010－6－17	2156	同业拆借	6.00%	1.70%
307	汇率挂钩保本投资产品－系列94(人民币)100万	2009－12－17	2010－6－17	6198	同业拆借	6.00%	1.70%
308	汇率挂钩保本投资产品－系列95(人民币)10万	2009－12－17	2010－9－17	4751	同业拆借	6.00%	1.80%
309	汇率挂钩保本投资产品－系列95(人民币)100万	2009－12－17	2010－9－17	5155	同业拆借	6.00%	1.80%
310	汇率挂钩保本投资产品 TM161 SY	2009－12－23	2010－1－25	12350	同业拆借	6.00%	0.36%
311	汇率挂钩保本投资产品 TM159 SH	2009－12－24	2010－3－24	3864	同业拆借	6.00%	1.50%
312	汇率挂钩保本投资产品 TM162 GZ	2009－12－24	2010－3－24	4730	同业拆借	6.00%	1.50%
313	汇率挂钩保本投资产品 TM163 SH	2009－12－24	2010－6－18	2720	同业拆借	6.00%	1.70%

续表

序号	产品名称	发行日	到期日	拟发行量	投资方向	预期最高收益率	预期最低收益率
314	汇率挂钩保本投资产品 TM164 BJ	2009－12－28	2010－6－18	2003	同业拆借	6.00%	1.70%
315	汇率挂钩保本投资产品 TM165 SH	2009－12－30	2010－2－1	20300	同业拆借	6.00%	0.36%
316	汇率挂钩保本投资产品 TM166 BJ	2009－12－30	2011－1－4	7020	同业拆借	6.00%	2.00%
317	汇率挂钩保本投资产品 TM167 SZ	2009－12－30	2010－6－30	1930	同业拆借	6.00%	1.70%

数据来源：东亚银行（中国）

表3－46　2009年东亚银行（中国）个人外币理财产品发行情况表　单位：万元发行币种

序号	产品名称	币种	发行日	到期日	拟发行量	投资方向	预期收益率
1	汇率挂钩保本投资产品－系列46（美元）	美元	2009－3－2	2009－6－2	310	同业拆借	6%
2	汇率挂钩保本投资产品－系列61（美元）	美元	2009－6－4	2009－9－4	1106	同业拆借	6%
3	运财通1重组方案	美元	2009－7－30	2011－8－1	15	同业拆借	不确定
4	基金宝2.3－商品基金－新加坡元	新加坡元	2009－10－1	2009－12－31	10	基金	
5	基金宝2.3－金属基金－新加坡元	新加坡元	2009－10－1	2009－12－31	不确定	基金	
6	基金宝1－亚洲策略－美元	美元	2009－10－1	2009－12－31	不确定	基金	
7	基金宝1.2－环宇主题－美元	美元	2009－10－1	2009－12－31	不确定	基金	
8	基金宝2－亚洲债券－美元	美元	2009－10－1	2009－12－31	不确定	基金	
9	基金宝2－新兴股债优势－美元	美元	2009－10－1	2009－12－31	不确定	基金	
10	基金宝2－气候变化－美元	美元	2009－10－1	2009－12－31	不确定	基金	
11	基金宝2.3－商品基金－美元	美元	2009－10－1	2009－12－31	不确定	基金	
12	基金宝2.3－金属基金－美元	美元	2009－10－1	2009－12－31	不确定	基金	
13	基金宝2.2－中东海湾－美元	美元	2009－10－1	2009－12－31	不确定	基金	
14	基金宝2.2－印度股票－美元	美元	2009－10－1	2009－12－31	不确定	基金	
15	基金宝2.2－新兴市场债券－美元	美元	2009－10－1	2009－12－31	不确定	基金	
16	基金宝2.2－拉丁美洲－美元	美元	2009－10－1	2009－12－31	不确定	基金	
17	基金宝1.5－亚洲债券及货币－美元	美元	2009－10－1	2009－12－31	不确定	基金	
18	基金宝1.4－环宇资源－美元	美元	2009－10－1	2009－12－31	不确定	基金	
19	基金宝1－香港增长－港元	港币	2009－10－1	2009－12－31	不确定	基金	

数据来源：东亚银行（中国）

表3－47　2009年华侨银行（中国）个人理财产品发行情况表　单位：万元发行币种

序号	产品名称	币种	发行日	到期日	拟发行量	投资方向	预期收益率
1	春华秋实2008年第54期－利率挂钩结构性存款澳元（3个月）	澳元	2009－1－8	2009－4－8	109	同业拆借	4.20%
2	春华秋实2009年第4期－利率挂钩结构性存款人民币（2个月）	人民币	2009－1－12	2009－3－12	1000	同业拆借	1.68%

续表

序号	产品名称	币种	发行日	到期日	拟发行量	投资方向	预期收益率
3	春华秋实2009年第1期－利率挂钩结构性存款美元(3个月)	美元	2009－1－16	2009－4－16	59	同业拆借	1.20%
4	鸿利保汇率挂钩结构性存款(3个月)	美元	2009－1－22	2009－4－22	14	同业拆借	不确定
5	春华秋实2009年第2期－利率挂钩结构性存款人民币(2个月)	人民币	2009－1－23	2009－3－23	301	同业拆借	1.58%
6	春华秋实2009年第3期－利率挂钩结构性存款人民币(6个月)	人民币	2009－1－23	2009－7－23	569	同业拆借	2.18%
7	春华秋实2009年第6期－利率挂钩结构性存款人民币(6个月)	人民币	2009－2－20	2009－8－20	274	同业拆借	2.00%
8	春华秋实2009年第7期－利率挂钩结构性存款人民币(6个月)	人民币	2009－2－20	2009－8－20	221	同业拆借	2.20%
9	春华秋实2009年第5期－利率挂钩结构性存款美元(6个月)	美元	2009－2－23	2009－8－24	29	同业拆借	1.70%
10	春华秋实2009年第8期－利率挂钩结构性存款人民币(6个月)	人民币	2009－3－11	2009－9－11	317	同业拆借	2.05%
11	春华秋实2009年第11期－利率挂钩结构性存款人民币(1个月)	人民币	2009－3－20	2009－4－20	1000	同业拆借	1.60%
12	春华秋实2009年第12期－利率挂钩结构性存款人民币(2个月)	人民币	2009－3－23	2009－5－25	500	同业拆借	1.95%
13	春华秋实2009年第9期－利率挂钩结构性存款人民币(6个月)	人民币	2009－3－27	2009－9－28	897	同业拆借	2.10%
14	春华秋实2009年第10期－利率挂钩结构性存款人民币(3个月)	人民币	2009－3－30	2009－6－30	1253	同业拆借	2.00%
15	春华秋实2009年第13期－利率挂钩结构性存款人民币(3个月)	人民币	2009－4－17	2009－7－17	1166	同业拆借	不确定
16	春华秋实2009年第14期－利率挂钩结构性存款人民币(3个月)	人民币	2009－4－17	2009－7－17	1199	同业拆借	2.00%
17	春华秋实2009年第20期－利率挂钩结构性存款人民币(2个月)	人民币	2009－4－20	2009－6－22	1002	同业拆借	1.86%
18	春华秋实2009年第15期－利率挂钩结构性存款人民币(6个月)	人民币	2009－4－21	2009－10－21	406	同业拆借	2.10%
19	春华秋实2009年第16期－利率挂钩结构性存款美元(3个月)	美元	2009－4－28	2009－7－28	6	同业拆借	1.20%
20	春华秋实2009年第17期－利率挂钩结构性存款澳元(6个月)	澳元	2009－4－30	2009－10－30	54	同业拆借	2.80%
21	汇添利2009年第1期－汇率挂钩结构性存款澳元(1年期)	澳元	2009－4－30	2010－4－30	11	同业拆借	不确定
22	春华秋实2009年第21期－利率挂钩结构性存款人民币(2个月)	人民币	2009－5－12	2009－7－13	500	同业拆借	1.60%
23	汇多利2009年第1期－汇率挂钩结构性存款人民币(1个月)	人民币	2009－5－12	2009－6－12	200	同业拆借	不确定

续表

序号	产品名称	币种	发行日	到期日	拟发行量	投资方向	预期收益率
24	春华秋实2009年第18期－利率挂钩结构性存款人民币(3个月)	人民币	2009－5－18	2009－8－18	2173	同业拆借	2.00%
25	汇指星2009年第1期－汇率挂钩结构性存款人民币(3个月)	人民币	2009－5－18	2009－8－18	100	同业拆借	不确定
26	春华秋实2009年第19期－利率挂钩结构性存款人民币(6个月)	人民币	2009－5－19	2009－11－19	668	同业拆借	2.10%
27	春华秋实2009年第24期－利率挂钩结构性存款人民币(20天)	人民币	2009－6－5	2009－6－25	800	同业拆借	1.80%
28	春华秋实2009年第23期－利率挂钩结构性存款人民币(6个月)	人民币	2009－6－8	2009－12－8	538	同业拆借	2.10%
29	春华秋实2009年第22期－利率挂钩结构性存款人民币(3个月)	人民币	2009－6－9	2009－9－9	1995	同业拆借	2.00%
30	春华秋实2009年专项理财－利率挂钩结构性存款人民币(1个月)	人民币	2009－6－25	2009－7－24	500	同业拆借	1.90%
31	春华秋实2009年第26期－利率挂钩结构性存款人民币(3个月)	人民币	2009－6－26	2009－9－28	888	同业拆借	2.00%
32	春华秋实2009年第27期－利率挂钩结构性存款人民币(6个月)	人民币	2009－6－29	2009－12－29	619	同业拆借	2.10%
33	春华秋实2009年第28期－利率挂钩结构性存款人民币(3个月)	人民币	2009－6－30	2009－9－30	1774	同业拆借	不确定
34	春华秋实2009年第29期－利率挂钩结构性存款人民币(3个月)	人民币	2009－7－17	2009－10－19	1908	同业拆借	2.00%
35	春华秋实2009年第30期－利率挂钩结构性存款人民币(6个月)	人民币	2009－7－17	2010－1－22	95	同业拆借	2.10%
36	春华秋实2009年专项理财0904－利率挂钩结构性存款人民币(2个月)	人民币	2009－7－17	2009－9－17	700	同业拆借	1.90%
37	春华秋实2009年第31期－利率挂钩结构性存款人民币(178天)	人民币	2009－7－21	2010－1－15	392	同业拆借	2.35%
38	春华秋实2009年专项理财0902－利率挂钩结构性存款人民币(3个月)	人民币	2009－7－22	2009－10－22	17	同业拆借	2.00%
39	春华秋实2009年专项理财0903－利率挂钩结构性存款人民币(3个月)	人民币	2009－7－22	2009－10－22	419	同业拆借	不确定
40	春华秋实2009年专项理财0905－利率挂钩结构性存款人民币(11个月)	人民币	2009－7－30	2010－6－18	300	同业拆借	2.44%
41	春华秋实2009年第32期－利率挂钩结构性存款人民币(3个月)	人民币	2009－7－31	2009－11－2	1219	同业拆借	2.00%
42	春华秋实2009年第33期－利率挂钩结构性存款人民币(6个月)	人民币	2009－7－31	2010－2－1	35	同业拆借	2.10%
43	春华秋实2009年第34期－利率挂钩结构性存款人民币(3个月)	人民币	2009－8－3	2009－11－3	763	同业拆借	不确定

续表

序号	产品名称	币种	发行日	到期日	拟发行量	投资方向	预期收益率
44	春华秋实2009年第35期－利率挂钩结构性存款人民币(80天)	人民币	2009－8－14	2009－11－3	1461	同业拆借	2.10%
45	春华秋实2009年第36期－利率挂钩结构性存款人民币(3个月)	人民币	2009－8－14	2009－11－16	265	同业拆借	2.00%
46	春华秋实2009年第37期－利率挂钩结构性存款人民币(6个月)	人民币	2009－8－14	2010－2－22	10	同业拆借	2.10%
47	汇多利2009年第1期－汇率挂钩结构性存款人民币(1个月)	人民币	2009－8－20	2009－11－20	150	同业拆借	不确定
48	春华秋实2009年第38期－利率挂钩结构性存款人民币(3个月)	人民币	2009－8－21	2009－11－20	125	同业拆借	2.05%
49	春华秋实2009年第39期－利率挂钩结构性存款人民币(3个月)	人民币	2009－8－21	2009－11－23	263	同业拆借	2.00%
50	春华秋实2009年第40期－利率挂钩结构性存款人民币(6个月)	人民币	2009－8－24	2010－2－24	19	同业拆借	2.10%
51	春华秋实2009年第41期－利率挂钩结构性存款人民币(3个月)	人民币	2009－8－25	2009－11－25	610	同业拆借	不确定
52	春华秋实2009年第42期－利率挂钩结构性存款人民币(3个月)	人民币	2009－9－4	2009－12－4	659	同业拆借	2.00%
53	春华秋实2009年专项理财0906－利率挂钩结构性存款人民币(80天)	人民币	2009－9－7	2009－11－26	1338	同业拆借	2.10%
54	春华秋实2009年第43期－利率挂钩结构性存款人民币(3个月)	人民币	2009－9－18	2009－12－18	1436	同业拆借	不确定
55	天天赢－2年期股票挂钩结构性存款人民币理财	人民币	2009－9－22	2011－9－22	718	同业拆借	8.00%
56	春华秋实2009年专项理财0907－利率挂钩结构性存款人民币(1个月)	人民币	2009－9－25	2009－10－26	183	同业拆借	1.80%
57	春华秋实2009年专项理财0908－利率挂钩结构性存款人民币(1个月)	人民币	2009－9－25	2009－10－26	748	同业拆借	1.88%
58	春华秋实2009年第44期－利率挂钩结构性存款人民币(3个月)	人民币	2009－9－30	2009－12－30	1148	同业拆借	2.00%
59	春华秋实2009年第45期－利率挂钩结构性存款人民币(330天)	人民币	2009－9－30	2010－8－26	922	同业拆借	2.60%
60	春华秋实2009年第48期－利率挂钩结构性存款人民币(3个月)	人民币	2009－10－27	2010－1－27	425	同业拆借	2.00%
61	春华秋实2009年第47期－利率挂钩结构性存款人民币(80天)	人民币	2009－10－27	2010－1－15	874	同业拆借	2.10%
62	天天宝－2年期股票挂钩结构性存款人民币理财	人民币	2009－10－29	2011－10－31	509	同业拆借	8.00%
63	春华秋实2009年第49期－利率挂钩结构性存款人民币(178天)	人民币	2009－10－29	2010－1－23	387	同业拆借	2.35%

续表

序号	产品名称	币种	发行日	到期日	拟发行量	投资方向	预期收益率
64	春华秋实2009年第46期-利率挂钩结构性存款人民币(3个月	人民币	2009-10-30	2010-1-29	814	同业拆借	2.25%
65	春华秋实2009年专项理财0909-利率挂钩结构性存款人民币(3个月	人民币	2009-11-6	2010-2-8	764	同业拆借	2.30%
66	春华秋实2009年专项理财0911-利率挂钩结构性存款人民币(3个月	人民币	2009-11-6	2010-2-8	741	同业拆借	不确定
67	春华秋实2009年第54期-利率挂钩结构性存款人民币(1个月)	人民币	2009-11-9	2009-12-9	900	同业拆借	1.88%
68	春华秋实2009年专项理财0910-利率挂钩结构性存款人民币(1个月)	人民币	2009-11-9	2009-12-9	783	同业拆借	1.88%
69	春华秋实2009年第53期-利率挂钩结构性存款人民币(1个月)	人民币	2009-11-9	2009-12-9	70	同业拆借	1.80%
70	春华秋实2009年第51期-利率挂钩结构性存款人民币(3个月)	人民币	2009-11-12	2010-2-12	1124	同业拆借	2.15%
71	春华秋实2009年第50期-利率挂钩结构性存款人民币(6个月)	人民币	2009-11-13	2010-5-12	1293	同业拆借	2.38%
72	春华秋实2009年第57期-利率挂钩结构性存款人民币(328天)	人民币	2009-11-25	2010-10-19	67	同业拆借	2.60%
73	春华秋实2009年第58期-利率挂钩结构性存款人民币(328天)	人民币	2009-11-25	2010-10-19	278	同业拆借	2.85%
74	春华秋实2009年第59期-利率挂钩结构性存款人民币(3个月)	人民币	2009-11-30	2010-3-2	1353	同业拆借	2.15%
75	稳利双赢2009年第1期-利率及汇率挂钩结构性存款人民币(1个月)	人民币	2009-12-10	2010-1-11	993	同业拆借	2.04%
76	春华秋实2009年第55期-利率挂钩结构性存款人民币(特别期)	人民币	2009-12-14	2010-3-15	316	同业拆借	2.35%
77	天天宝2009年第2期-股票挂钩结构性存款人民币(2年期)	人民币	2009-12-14	2011-12-14	309	同业拆借	8.00%
78	春华秋实2009年第60期-利率挂钩结构性存款人民币(3个月)	人民币	2009-12-16	2010-3-16	706	同业拆借	2.15%
79	春华秋实2009年专项理财0912-利率挂钩结构性存款人民币(特别期	人民币	2009-12-17	2010-3-17	1089	同业拆借	不确定
80	春华秋实2009年第61期-利率挂钩结构性存款人民币(1个月)	人民币	2009-12-24	2010-1-26	635	同业拆借	1.80%
81	春华秋实2009年第62期-利率挂钩结构性存款人民币(3个月)	人民币	2009-12-30	2010-3-30	60	同业拆借	2.15%
82	春华秋实2009年第63期-利率挂钩结构性存款人民币(328天)	人民币	2009-12-30	2010-11-23	373	同业拆借	2.85%

数据来源:华侨银行(中国)

表3－48　2009年德意志银行(中国)个人人民币理财产品发行情况表　单位:万元人民币

序号	产品名称	发行日	到期日	拟发行量	投资方向	预期收益率
1	工商银行信用挂钩结构性投资产品(I)	2009－1－19	2010－1－19	1036	购买债券	3.30%
2	工商银行信用挂钩结构性投资产品(II)	2009－2－24	2010－2－24	1784	购买债券	3.20%
3	德银丰收商品指数挂钩结构性投资产品	2009－3－31	2010－3－31	1705	购买债券	不确定
4	德银丰收商品指数挂钩结构性投资产品－2	2009－4－16	2010－3－31	938	购买债券	不确定
5	事必达基金篮子指数挂钩结构性投资产品	2009－4－29	2011－4－29	1101	购买债券	不确定
6	信用挂钩结构性投资产品 CDB&CDB Leasing	2009－5－19	2010－5－19	846	购买债券	不确定
7	事必达基金篮子指数挂钩结构性投资产品－2	2009－6－9	2010－12－14	1284	购买债券	不确定
8	赢势宝基金篮子挂钩结构性投资产品	2009－6－29	2010－12－29	960	购买债券	不确定
9	德银原油收益优化指数挂钩结构性投资产品	2009－7－28	2010－7－28	1190	购买债券	不确定
10	赢势宝Ⅲ指数基金篮子挂钩结构性投资产品	2009－7－29	2010－7－29	1081	购买债券	不确定
11	赢势宝 IV 指数基金和指数挂钩结构性投资产品	2009－8－27	2010－8－30	1167	购买债券	不确定
12	德银农产品收益优化指数挂钩结构性投资产品	2009－9－23	2010－9－23	1020	购买债券	不确定
13	赢势宝6指数基金挂钩结构性投资产品	2009－12－30	2010－12－30	1175	购买债券	不确定
14	债券信用挂钩结构性投资产品	2009－12－31	2010－10－11	1180	购买债券	不确定

数据来源:德意志银行(中国)

表3－49　2009年德意志银行(中国)个人外币理财产品发行情况表　单位:万元发行币种

序号	产品名称	币种	发行日	到期日	拟发行量	投资方向	预期收益率
1	工商银行信用挂钩结构性投资产品(II)	美元	2009－2－24	2010－2－24	102	购买债券	2.30%
2	信用挂钩结构性投资产品 big four	美元	2009－4－28	2010－5－6	142	购买债券	2.00%
3	信用挂钩结构性投资产品 big four	欧元	2009－4－28	2010－5－6	152	购买债券	2.00%
4	希腊国债券信用挂钩结构性投资产品	欧元	2009－8－20	2011－3－20	58	购买债券	不确定
5	利率挂钩结构性投资产品	美元	2009－9－29	2011－9－29	181	购买债券	
6	DWS 环球神农基金	美元	2009－10－1	2009－12－31	255	基金	
7	DWS 环球神农基金	欧元	2009－10－1	2009－12－31	120	基金	
8	DWS 环球主题基金	欧元	2009－10－1	2009－12－31	10	基金	

续表

序号	产品名称	币种	发行日	到期日	拟发行量	投资方向	预期收益率
9	施罗德欧元增值基金	欧元	2009－10－1	2009－12－31	10	基金	
10	贝莱德世界矿业基金	美元	2009－10－1	2009－12－31	265	基金	
11	景顺中国基金	美元	2009－10－1	2009－12－31	25	基金	
12	景顺亚洲栋梁基金	美元	2009－10－1	2009－12－31	25	基金	
13	邓普顿环球债券基金	美元	2009－10－1	2009－12－31	100	基金	
14	邓普顿亚洲增长基金	美元	2009－10－1	2009－12－31	63	基金	
15	睿富亚太房地产证券基金	美元	2009－10－1	2009－12－31	22	基金	
16	德银代客境外理财－海外基金系列－DWS 环球神农基金（欧元）	欧元	2009－10－8	2009－12－31		基金	
17	德银代客境外理财－海外基金系列－贝莱德世界矿业基金	美元	2009－10－8	2009－12－31	30	基金	
18	德银代客境外理财－海外基金系列－贝莱德世界能源基金	美元	2009－10－8	2009－12－31	41	基金	
19	德银代客境外理财－海外基金系列－施罗德台湾股票基金	美元	2009－10－8	2009－12－31	5	基金	
20	德银代客境外理财－海外基金系列－景顺印度股票基金	美元	2009－10－8	2009－12－31	17	基金	
21	德银代客境外理财－海外基金系列－景顺韩国基金	美元	2009－10－8	2009－12－31	5	基金	
22	德银代客境外理财－海外基金系列－景顺中国基金	美元	2009－10－8	2009－12－31	10	基金	
23	德银代客境外理财－海外基金系列－景顺亚洲栋梁基金	美元	2009－10－8	2009－12－31	10	基金	
24	德银代客境外理财－海外基金系列－施罗德日本进取股票基金	日元	2009－10－8	2009－12－31	914	基金	
25	德银代客境外理财－海外基金系列－贝莱德拉丁美洲基金	美元	2009－10－8	2009－12－31		基金	
26	德银代客境外理财－海外基金系列－贝莱德新兴欧洲基金	欧元	2009－10－8	2009－12－31		基金	
27	德银代客境外理财－海外基金系列－贝莱德环球资产配置基金	美元	2009－10－8	2009－12－31		基金	
28	德银代客境外理财－海外基金系列－贝莱德美国精选价值型基金	美元	2009－10－8	2009－12－31		基金	
29	德银代客境外理财－海外基金系列－贝莱德新能源基金	美元	2009－10－8	2009－12－31		基金	
30	德银代客境外理财－海外基金系列－富兰克林互惠欧洲基金	欧元	2009－10－8	2009－12－31		基金	
31	德银代客境外理财－海外基金系列－施罗德香港股票基金	港币	2009－10－8	2009－12－31		基金	

续表

序号	产品名称	币种	发行日	到期日	拟发行量	投资方向	预期收益率
32	德银代客境外理财－海外基金系列－邓普顿亚洲增长基金	美元	2009－10－8	2009－12－31		基金	
33	德银代客境外理财－海外基金系列－DWS环球神农基金（美元）	美元	2009－10－8	2009－12－31		基金	
34	德银代客境外理财－海外基金系列－贝莱德美国灵活股票基金	美元	2009－10－8	2009－12－31	5	基金	
35	利率挂钩结构性投资产品	欧元	2009－10－28	2011－10－28	186	购买债券	
36	德意志银行代客境外理财产品－境外结构性票据系列－德意志银行两年期美元投资于DBLCI OY(优化收益)天然气总回报指数凭证	美元	2009－10－30	2011－11－15	1051	购买结构性票据	
37	利率挂钩结构性投资产品	欧元	2009－11－25	2011－11－25	68	购买债券	
38	利率挂钩结构性投资产品	美元	2009－12－2	2011－12－2	106	购买债券	

数据来源：德意志银行（中国）

表3－50　2009年恒生银行（中国）个人人民币理财产品发行情况表

单位：万元人民币

序号	产品名称	发行日	到期日	拟发行量	投资方向	预期最低收益率	预期最高收益率
1	外汇挂钩保本投资产品	2009－1－5	2009－4－2	20	同业拆借	不确定	8.05%
2	外汇挂钩保本投资产品	2009－1－19	2009－5－19	15	同业拆借	1.71%	2.20%
3	外汇挂钩保本投资产品	2009－1－24	2009－5－26	22	同业拆借	1.71%	2.20%
4	外汇挂钩保本投资产品	2009－1－24	2009－5－26	37	同业拆借	1.71%	2.40%
5	"天天开心"可自动赎回股票挂钩部分保本投资产品	2009－2－3	2010－1－27	12	同业拆借	不确定	不确定
6	外汇挂钩保本投资产品	2009－2－11	2009－5－11	8	同业拆借	1.71%	2.00%
7	外汇挂钩保本投资产品	2009－2－11	2009－5－11	21	同业拆借	1.71%	2.20%
8	外汇挂钩保本投资产品	2009－2－18	2009－5－18	4	同业拆借	1.71%	2.00%
9	外汇挂钩保本投资产品	2009－2－18	2009－5－18	5	同业拆借	1.71%	2.20%
10	"天天开心"可自动赎回股票挂钩部分保本投资产品	2009－2－23	2010－2－19	38	同业拆借	不确定	不确定
11	外汇挂钩保本投资产品	2009－2－24	2009－5－26	1	同业拆借	1.71%	2.25%
12	外汇挂钩保本投资产品	2009－2－25	2009－5－26	2	同业拆借	1.71%	2.00%
13	外汇挂钩保本投资产品	2009－2－25	2009－5－26	4	同业拆借	1.71%	2.20%
14	外汇挂钩保本投资产品	2009－3－4	2009－6－4	2	同业拆借	1.71%	2.20%
15	外汇挂钩保本投资产品	2009－3－5	2009－6－5	7	同业拆借	1.71%	2.00%
16	外汇挂钩保本投资产品	2009－3－5	2009－6－5	13	同业拆借	1.71%	2.20%
17	"天天开心"可自动赎回股票挂钩部分保本投资产品	2009－3－10	2010－3－10	45	同业拆借	不确定	不确定
18	外汇挂钩保本投资产品	2009－3－11	2009－6－11	5	同业拆借	1.71%	2.00%

续表

序号	产品名称	发行日	到期日	拟发行量	投资方向	预期最低收益率	预期最高收益率
19	外汇挂钩保本投资产品	2009-3-11	2009-6-11	8	同业拆借	1.71%	2.20%
20	“天天开心”可自动赎回股票挂钩部分保本投资产品	2009-3-17	2010-3-17	10	同业拆借	不确定	不确定
21	外汇挂钩保本投资产品	2009-3-18	2009-6-18	3	同业拆借	1.71%	2.00%
22	外汇挂钩保本投资产品	2009-3-18	2009-6-18	8	同业拆借	1.71%	2.20%
23	“天天开心”可自动赎回股票挂钩部分保本投资产品	2009-3-24	2010-3-24	27	同业拆借	不确定	不确定
24	外汇挂钩保本投资产品	2009-3-25	2009-6-25	6	同业拆借	1.71%	2.00%
25	外汇挂钩保本投资产品	2009-3-25	2009-6-25	13	同业拆借	1.71%	2.20%
26	外汇挂钩保本投资产品	2009-4-1	2009-7-2	3	同业拆借	1.69%	1.98%
27	外汇挂钩保本投资产品	2009-4-1	2009-7-2	5	同业拆借	1.69%	2.18%
28	外汇挂钩保本投资产品	2009-4-8	2009-7-8	4	同业拆借	1.73%	2.22%
29	外汇挂钩保本投资产品	2009-4-8	2009-7-8	1	同业拆借	1.73%	2.02%
30	“天天开心”可自动赎回股票挂钩部分保本投资产品	2009-4-8	2010-4-8	26	同业拆借	不确定	不确定
31	外汇挂钩保本投资产品	2009-4-9	2009-7-9	11	同业拆借	0.00%	4.35%
32	外汇挂钩保本投资产品	2009-4-15	2009-7-15	1	同业拆借	1.73%	2.02%
33	外汇挂钩保本投资产品	2009-4-15	2009-7-15	4	同业拆借	1.73%	2.22%
34	“天天开心”可自动赎回股票挂钩部分保本投资产品	2009-4-21	2010-4-23	29	同业拆借	不确定	不确定
35	外汇挂钩保本投资产品	2009-4-22	2009-7-22	3	同业拆借	1.73%	2.22%
36	外汇挂钩保本投资产品	2009-4-22	2009-7-22	1	同业拆借	1.73%	2.02%
37	外汇挂钩保本投资产品	2009-5-4	2009-11-4	13	同业拆借	1.99%	2.21%
38	“步步稳”可自动赎回股票挂钩部分保本投资产品	2009-5-5	2010-5-12	81	同业拆借	不确定	不确定
39	外汇挂钩保本投资产品	2009-5-12	2009-11-12	5	同业拆借	1.99%	2.21%
40	外汇挂钩保本投资产品	2009-5-12	2009-8-12	3	同业拆借	1.69%	2.18%
41	外汇挂钩保本投资产品	2009-5-19	2009-11-19	7	同业拆借	1.99%	2.21%
42	“乒乓盈”指数挂钩保本投资产品	2009-5-20	2010-5-24	16	同业拆借	不确定	不确定
43	“天天开心”可自动赎回股票挂钩部分保本投资产品	2009-5-26	2010-5-26	38	同业拆借	不确定	不确定
44	外汇挂钩保本投资产品	2009-6-1	2009-12-1	16	同业拆借	1.98%	2.20%
45	“步步稳”可自动赎回股票挂钩部分保本投资产品	2009-6-2	2010-6-9	67	同业拆借	不确定	不确定
46	外汇挂钩保本投资产品	2009-6-9	2009-12-9	14	同业拆借	1.98%	2.20%

续表

序号	产品名称	发行日	到期日	拟发行量	投资方向	预期最低收益率	预期最高收益率
47	外汇挂钩保本投资产品	2009－6－16	2009－12－16	10	同业拆借	1.98%	2.20%
48	“天天开心”可自动赎回股票挂钩部分保本投资产品	2009－6－22	2010－6－22	83	同业拆借	不确定	不确定
49	外汇挂钩保本投资产品	2009－6－24	2009－9－24	1	同业拆借	1.69%	1.98%
50	“乒乓盈”指数挂钩保本投资产品	2009－6－24	2010－6－25	7	同业拆借	不确定	不确定
51	外汇挂钩保本投资产品	2009－6－29	2009－10－29	20	同业拆借	1.70%	2.08%
52	“步步稳”可自动赎回股票挂钩部分保本投资产品	2009－7－2	2010－7－8	13	同业拆借	不确定	不确定
53	“步步稳”可自动赎回股票挂钩部分保本投资产品	2009－7－7	2010－7－14	175	同业拆借	不确定	不确定
54	外汇挂钩保本投资产品	2009－7－9	2009－11－9	149	同业拆借	1.71%	2.10%
55	“步步稳”可自动赎回股票挂钩部分保本投资产品	2009－7－13	2010－7－16	19	同业拆借	不确定	不确定
56	外汇挂钩保本投资产品	2009－7－16	2009－11－16	93	同业拆借	1.71%	2.10%
57	外汇挂钩保本投资产品	2009－7－23	2009－11－23	83	同业拆借	1.71%	2.10%
58	外汇挂钩保本投资产品	2009－7－24	2010－7－25	30	同业拆借	1.71%	2.10%
59	“天天开心”可自动赎回股票挂钩部分保本投资产品	2009－7－27	2010－7－27	148	同业拆借	不确定	不确定
60	外汇挂钩保本投资产品	2009－7－31	2009－12－1	62	同业拆借	1.71%	2.10%
61	“步步稳”可自动赎回股票挂钩部分保本投资产品	2009－8－4	2010－8－9	66	同业拆借	不确定	不确定
62	“步步稳”可自动赎回股票挂钩部分保本投资产品	2009－8－11	2010－8－16	6	同业拆借	不确定	不确定
63	外汇挂钩保本投资产品	2009－8－14	2009－12－14	35	同业拆借	1.71%	2.10%
64	“步步稳”可自动赎回股票挂钩部分保本投资产品	2009－8－25	2010－8－27	64	同业拆借	不确定	不确定
65	外汇挂钩保本投资产品	2009－9－1	2010－3－1	56	同业拆借	1.98%	2.40%
66	黄金挂钩保本投资产品	2009－9－3	2010－9－3	77	同业拆借	0.36%	6.00%
67	“天天开心”可自动赎回股票挂钩部分保本投资产品	2009－9－9	2010－9－8	83	同业拆借	不确定	不确定
68	黄金挂钩保本投资产品	2009－9－15	2010－9－15	19	同业拆借	0.36%	6.00%
69	外汇挂钩保本投资产品	2009－9－15	2010－3－15	25	同业拆借	1.98%	2.40%
70	“步步稳”可自动赎回股票挂钩部分保本投资产品	2009－9－23	2010－9－21	96	同业拆借	不确定	不确定
71	外汇挂钩保本投资产品	2009－9－23	2010－1－23	43	同业拆借	1.98%	2.40%

续表

序号	产品名称	发行日	到期日	拟发行量	投资方向	预期最低收益率	预期最高收益率
72	外汇挂钩保本投资产品	2009-9-25	2010-3-25	45	同业拆借	1.71%	2.40%
73	"天天开心"可自动赎回股票挂钩部分保本投资产品	2009-9-29	2010-9-29	49	同业拆借	不确定	不确定
74	黄金挂钩保本投资产品	2009-10-9	2010-10-14	33	同业拆借	0.36%	12.00%
75	"步步稳"可自动赎回股票挂钩部分保本投资产品	2009-10-13	2010-10-8	42	同业拆借	不确定	不确定
76	外汇挂钩保本投资产品	2009-10-19	2010-4-19	6	同业拆借	1.98%	2.40%
77	"天天开心"可自动赎回股票挂钩部分保本投资产品	2009-10-28	2010-10-27	30	同业拆借	不确定	不确定
78	"步步稳"可自动赎回股票挂钩部分保本投资产品	2009-10-28	2010-11-1	46	同业拆借	不确定	不确定
79	黄金挂钩保本投资产品	2009-10-28	2010-10-28	18	同业拆借	0.36%	12.00%
80	外汇挂钩保本投资产品	2009-11-2	2010-5-5	3	同业拆借	1.98%	2.20%
81	外汇挂钩保本投资产品	2009-11-6	2010-3-8	11	同业拆借	1.71%	2.50%
82	"步步稳"可自动赎回股票挂钩部分保本投资产品	2009-11-10	2010-11-10	62	同业拆借	不确定	不确定
83	"天天开心"可自动赎回股票挂钩部分保本投资产品	2009-11-10	2010-11-10	42	同业拆借	不确定	不确定
84	黄金挂钩保本投资产品	2009-11-12	2010-11-12	22	同业拆借	0.36%	12.00%
85	外汇挂钩保本投资产品	2009-11-16	2010-5-17	5	同业拆借	1.98%	2.20%
86	外汇挂钩保本投资产品	2009-11-23	2010-5-24	7	同业拆借	1.98%	2.30%
87	外汇挂钩保本投资产品	2009-11-23	2010-3-23	2	同业拆借	1.71%	2.40%
88	"步步稳"可自动赎回股票挂钩部分保本投资产品	2009-11-25	2010-11-24	45	同业拆借	不确定	不确定
89	"天天开心"可自动赎回股票挂钩部分保本投资产品	2009-11-25	2010-11-24	37	同业拆借	不确定	不确定
90	黄金挂钩保本投资产品	2009-11-25	2010-11-24	24	同业拆借	0.36%	12.00%
91	外汇挂钩保本投资产品	2009-11-30	2010-4-30	11	同业拆借	1.71%	2.30%
92	外汇挂钩保本投资产品	2009-12-2	2010-6-2	12	同业拆借	1.98%	2.50%
93	外汇挂钩保本投资产品	2009-12-8	2010-6-8	8	同业拆借	1.98%	2.30%
94	"步步稳"可自动赎回股票挂钩部分保本投资产品	2009-12-9	2010-12-9	42	同业拆借	不确定	不确定
95	"天天开心"可自动赎回股票挂钩部分保本投资产品	2009-12-9	2010-12-9	40	同业拆借	不确定	不确定
96	外汇挂钩保本投资产品	2009-12-10	2010-6-10	3	同业拆借	1.98%	2.50%

续表

序号	产品名称	发行日	到期日	拟发行量	投资方向	预期最低收益率	预期最高收益率
97	外汇挂钩保本投资产品	2009－12－15	2010－6－15	10	同业拆借	1.98%	2.70%
98	外汇挂钩保本投资产品	2009－12－16	2010－5－16	5	同业拆借	1.71%	2.50%
99	外汇挂钩保本投资产品	2009－12－18	2010－4－15	7	同业拆借	1.71%	2.50%
100	外汇挂钩保本投资产品	2009－12－22	2010－6－21	20	同业拆借	1.98%	2.50%
101	“月月赏”股票挂钩部分保本投资产品	2009－12－24	2010－6－24	174	同业拆借	不确定	不确定
102	“月月赏”股票挂钩部分保本投资产品	2009－12－24	2010－6－24	13	同业拆借	不确定	不确定
103	“天天开心”可自动赎回股票挂钩部分保本投资产品	2009－12－28	2010－12－28	48	同业拆借	不确定	不确定
104	外汇挂钩保本投资产品	2009－12－28	2010－6－28	2	同业拆借	1.98%	2.70%
105	“步步稳”可自动赎回股票挂钩部分保本投资产品	2009－12－30	2010－12－30	23	同业拆借	不确定	不确定
106	外汇挂钩保本投资产品	2009－12－30	2010－6－30	5	同业拆借	1.98%	2.70%
107	外汇挂钩保本投资产品	2009－12－31	2010－6－30	12	同业拆借	1.98%	2.60%

数据来源：恒生银行（中国）

表3－51　2009年恒生银行（中国）个人外币理财产品发行情况表

单位：万元发行币种

序号	产品名称	币种	发行日	到期日	拟发行量	投资方向	预期收益率
1	更特息存款	英镑	2009－1－1	2009－3－31	不确定	同业拆借	不确定
2	更特息存款	新西兰元	2009－1－1	2009－3－31	不确定	同业拆借	
3	更特息存款	瑞士法郎	2009－1－1	2009－3－31	不确定	同业拆借	
4	更特息存款	日元	2009－1－1	2009－3－31	1	同业拆借	
5	更特息存款	欧元	2009－1－1	2009－3－31	不确定	同业拆借	
6	更特息存款	美元	2009－1－1	2009－3－31	4	同业拆借	
7	更特息存款	加元	2009－1－1	2009－3－31	1	同业拆借	
8	更特息存款	港币	2009－1－1	2009－3－31	1	同业拆借	
9	更特息存款	澳元	2009－1－1	2009－3－31	3	同业拆借	
10	“触发式”可自动赎回股票挂钩投资产品	港币	2009－1－13	2011－1－12	3	同业拆借	
11	外汇挂钩保本投资产品	新西兰元	2009－2－2	2009－7－24	1	同业拆借	2.25%～3.24%
12	“天天开心”可自动赎回股票挂钩部分保本投资产品	美元	2009－2－23	2010－2－19	1	同业拆借	不确定
13	“天天开心”可自动赎回股票挂钩部分保本投资产品	美元	2009－3－10	2010－3－10	不确定	同业拆借	
14	更特息存款	英镑	2009－4－1	2009－6－30	1	同业拆借	2%～8%
15	更特息存款	新西兰元	2009－4－1	2009－6－30	12	同业拆借	
16	更特息存款	瑞士法郎	2009－4－1	2009－6－30	不确定	同业拆借	

续表

序号	产品名称	币种	发行日	到期日	拟发行量	投资方向	预期收益率
17	更特息存款	日元	2009－4－1	2009－6－30	14	同业拆借	
18	更特息存款	欧元	2009－4－1	2009－6－30	不确定	同业拆借	
19	更特息存款	美元	2009－4－1	2009－6－30	83	同业拆借	
20	更特息存款	加元	2009－4－1	2009－6－30	9	同业拆借	
21	更特息存款	港币	2009－4－1	2009－6－30	124	同业拆借	
22	更特息存款	澳元	2009－4－1	2009－6－30	20	同业拆借	
23	“步步稳”可自动赎回股票挂钩部分保本投资产品	美元	2009－5－5	2010－5－12	1	同业拆借	不确定
24	“天天开心”可自动赎回股票挂钩部分保本投资产品	美元	2009－5－26	2010－5－26	1	同业拆借	
25	“步步稳”可自动赎回股票挂钩部分保本投资产品	美元	2009－6－2	2010－6－9	1	同业拆借	
26	“天天开心”可自动赎回股票挂钩部分保本投资产品	美元	2009－6－22	2010－6－22	2	同业拆借	
27	更特息存款	英镑	2009－7－1	2009－9－30	5	同业拆借	
28	更特息存款	新西兰元	2009－7－1	2009－9－30	4	同业拆借	
29	更特息存款	瑞士法郎	2009－7－1	2009－9－30	不确定	同业拆借	
30	更特息存款	日元	2009－7－1	2009－9－30	187	同业拆借	
31	更特息存款	欧元	2009－7－1	2009－9－30	9	同业拆借	
32	更特息存款	美元	2009－7－1	2009－9－30	83	同业拆借	
33	更特息存款	加元	2009－7－1	2009－9－30	2	同业拆借	
34	更特息存款	港币	2009－7－1	2009－9－30	81	同业拆借	
35	更特息存款	澳元	2009－7－1	2009－9－30	17	同业拆借	
36	“步步稳”可自动赎回股票挂钩部分保本投资产品	美元	2009－7－3	2010－7－9	不确定	同业拆借	
37	“步步稳”可自动赎回股票挂钩部分保本投资产品	美元	2009－7－7	2010－7－14	1	同业拆借	
38	“天天开心”可自动赎回股票挂钩部分保本投资产品	美元	2009－7－27	2010－7－27	不确定	同业拆借	
39	“步步稳”可自动赎回股票挂钩部分保本投资产品	美元	2009－8－4	2010－8－9	不确定	同业拆借	
40	“步步稳”可自动赎回股票挂钩部分保本投资产品	美元	2009－8－25	2010－8－27	不确定	同业拆借	
41	“天天开心”可自动赎回股票挂钩部分保本投资产品	美元	2009－9－9	2010－9－8	不确定	同业拆借	
42	“步步稳”可自动赎回股票挂钩部分保本投资产品	美元	2009－9－23	2010－9－21	2	同业拆借	
43	黄金挂钩保本投资产品	美元	2009－9－23	2010－10－24	不确定	同业拆借	

续表

序号	产品名称	币种	发行日	到期日	拟发行量	投资方向	预期收益率
44	“天天开心”可自动赎回股票挂钩部分保本投资产品	美元	2009－9－29	2010－9－29	1	同业拆借	
45	更特息存款	澳元	2009－10－1	2009－12－31	69	同业拆借	2%～10%
46	更特息存款	港币	2009－10－1	2009－12－31	60	同业拆借	
47	更特息存款	加元	2009－10－1	2009－12－31	11	同业拆借	
48	更特息存款	美元	2009－10－1	2009－12－31	154	同业拆借	
49	更特息存款	欧元	2009－10－1	2009－12－31	26	同业拆借	
50	更特息存款	日元	2009－10－1	2009－12－31	204	同业拆借	
51	更特息存款	瑞士法郎	2009－10－1	2009－12－31	不确定	同业拆借	
52	更特息存款	新西兰元	2009－10－1	2009－12－31	10	同业拆借	
53	更特息存款	英镑	2009－10－1	2009－12－31	9	同业拆借	
54	“步步稳”可自动赎回股票挂钩部分保本投资产品	美元	2009－10－13	2010－10－8	1	同业拆借	不确定～13%
55	“步步稳”可自动赎回股票挂钩部分保本投资产品	美元	2009－10－28	2010－11－1	1	同业拆借	
56	“步步稳”可自动赎回股票挂钩部分保本投资产品	美元	2009－11－10	2010－11－10	2	同业拆借	
58	“步步稳”可自动赎回股票挂钩部分保本投资产品	美元	2009－11－25	2010－11－24	1	同业拆借	
57	“天天开心”可自动赎回股票挂钩部分保本投资产品	美元	2009－11－10	2010－11－10	1	同业拆借	不确定～14%
59	“步步稳”可自动赎回股票挂钩部分保本投资产品	美元	2009－12－8	2011－6－14	1	同业拆借	不确定～19%
60	“天天开心”可自动赎回股票挂钩部分保本投资产品	美元	2009－12－21	2010－12－21	2	同业拆借	不确定～12%
61	“月月赏”股票挂钩部分保本投资产品	美元	2009－12－24	2010－6－24	3	同业拆借	不确定
62	“月月赏”股票挂钩部分保本投资产品	澳元	2009－12－24	2010－6－24	10	同业拆借	
63	外汇挂钩保本投资产品	欧元	2009－12－28	2010－12－23	10	同业拆借	不确定～1.8%

数据来源：恒生银行（中国）

表3－52　2009年渣打银行（中国）个人人民币理财产品发行情况表　单位：万元人民币

序号	产品名称	发行日	到期日	拟发行量	投资方向	预期收益率
1	保本利率挂钩投资－美元与伦敦银行间同业拆借率——MALI0901AR	2009－1－16	2009－7－16	1970	同业拆借	2.20%
2	保本利率挂钩投资－美元与伦敦银行间同业拆借率——MALI0901BR	2009－1－16	2009－7－16	6069	同业拆借	2.30%
3	保本利率挂钩投资－美元与伦敦银行间同业拆借率——MALI09006R	2009－1－22	2009－2－23	2838	同业拆借	1.40%

续表

序号	产品名称	发行日	到期日	拟发行量	投资方向	预期收益率
4	保本利率挂钩投资－美元与伦敦银行间同业拆借率——MALI0901CR	2009－1－23	2009－7－23	1492	同业拆借	2.10%
5	保本利率挂钩投资－美元与伦敦银行间同业拆借率——MALI0901DR	2009－1－23	2009－7－23	7269	同业拆借	2.20%
6	保本利率挂钩投资－美元与伦敦银行间同业拆借率——MALI0901ER	2009－1－23	2009－4－23	6923	同业拆借	1.90%
7	保本利率挂钩投资－美元与伦敦银行间同业拆借率——MALI09008R	2009－2－4	2009－3－4	1000	同业拆借	1.60%
8	股票指数挂钩结构性投资——MALI09005I	2009－2－11	2010－2－11	1000	同业拆借	不确定
9	保本利率挂钩投资－美元与伦敦银行间同业拆借率——MALI0902AR	2009－2－13	2009－8－13	3042	同业拆借	2.10%
10	保本利率挂钩投资－美元与伦敦银行间同业拆借率——MALI0902BR	2009－2－13	2009－8－13	6417	同业拆借	2.20%
11	保本利率挂钩投资－美元与伦敦银行间同业拆借率——MALI09012R	2009－2－17	2009－5－18	1400	同业拆借	2.30%
12	股票指数挂钩结构性投资——MALI09002I	2009－2－18	2014－2－20	11075	同业拆借	6.00%
13	保本利率挂钩投资－美元与伦敦银行间同业拆借率——MALI0902CR	2009－2－20	2009－8－20	1515	同业拆借	2.10%
14	保本利率挂钩投资－美元与伦敦银行间同业拆借率——MALI0902DR	2009－2－20	2009－8－20	3739	同业拆借	2.30%
15	保本利率挂钩投资－美元与伦敦银行间同业拆借率——MALI09011R	2009－2－26	2009－5－26	7057	同业拆借	2.00%
16	保本利率挂钩投资－美元与伦敦银行间同业拆借率——MALI09014R	2009－2－27	2009－4－27	1413	同业拆借	2.00%
17	保本利率挂钩投资－美元与伦敦银行间同业拆借率——MALI0902ER	2009－2－27	2009－8－27	523	同业拆借	2.10%
18	保本利率挂钩投资－美元与伦敦银行间同业拆借率——MALI0902FR	2009－2－27	2009－8－27	4326	同业拆借	2.30%
19	保本利率挂钩投资－美元与伦敦银行间同业拆借率——MALI09016R	2009－3－4	2009－4－7	1000	同业拆借	2.00%
20	保本利率挂钩投资－美元与伦敦银行间同业拆借率——MALI09015R	2009－3－5	2009－4－7	1200	同业拆借	2.00%
21	保本利率挂钩投资－美元与伦敦银行间同业拆借率——MALI09017R	2009－3－5	2009－6－5	1513	同业拆借	2.30%
22	保本利率挂钩投资－美元与伦敦银行间同业拆借率——MALI09018R	2009－3－5	2009－9－7	1000	同业拆借	2.70%
23	保本利率挂钩投资－美元与伦敦银行间同业拆借率——MALI0903AR	2009－3－6	2009－9－7	669	同业拆借	2.10%

续表

序号	产品名称	发行日	到期日	拟发行量	投资方向	预期收益率
24	保本利率挂钩投资－美元与伦敦银行间同业拆借率——MALI0903BR	2009－3－6	2009－9－7	5020	同业拆借	2.30%
25	保本利率挂钩投资－美元与伦敦银行间同业拆借率——MALI09019R	2009－3－12	2009－4－14	3118	同业拆借	1.40%
26	保本利率挂钩投资－美元与伦敦银行间同业拆借率——MALI09020R	2009－3－12	2009－9－14	3336	同业拆借	2.60%
27	保本利率挂钩投资－美元与伦敦银行间同业拆借率——MALI09025R	2009－3－13	2009－6－15	2000	同业拆借	2.35%
28	保本利率挂钩投资－美元与伦敦银行间同业拆借率——MALI0903CR	2009－3－13	2009－9－14	626	同业拆借	2.10%
29	保本利率挂钩投资－美元与伦敦银行间同业拆借率——MALI0903DR	2009－3－13	2009－9－14	4617	同业拆借	2.30%
30	保本利率挂钩投资－美元与伦敦银行间同业拆借率——MALI0903ER	2009－3－20	2009－9－21	250	同业拆借	2.00%
31	保本利率挂钩投资－美元与伦敦银行间同业拆借率——MALI0903FR	2009－3－20	2009－9－21	2770	同业拆借	2.30%
32	保本利率挂钩投资－美元与伦敦银行间同业拆借率——MALI09026R	2009－3－23	2009－9－23	1149	同业拆借	2.40%
33	保本利率挂钩投资－美元与伦敦银行间同业拆借率——MALI09031R	2009－3－24	2009－4－24	1000	同业拆借	2.10%
34	保本利率挂钩投资－美元与伦敦银行间同业拆借率——MALI09024R	2009－3－27	2009－6－29	11639	同业拆借	2.00%
35	保本利率挂钩投资－美元与伦敦银行间同业拆借率——MALI0903GR	2009－3－30	2009－9－30	377	同业拆借	2.00%
36	保本利率挂钩投资－美元与伦敦银行间同业拆借率——MALI0903HR	2009－3－30	2009－9－30	10342	同业拆借	2.40%
37	股票指数挂钩结构性投资——MALI09010I	2009－3－31	2014－4－3	30082	同业拆借	6.00%
38	汇率挂钩投资账户——MALI09028C	2009－3－31	2009－6－30	951	同业拆借	3.20%
39	保本利率挂钩投资－美元与伦敦银行间同业拆借率——MALI09032R	2009－3－31	2009－4－30	4900	同业拆借	2.40%
40	保本利率挂钩投资－美元与伦敦银行间同业拆借率——MALI09033R	2009－4－3	2009－5－4	13553	同业拆借	2.20%
41	保本利率挂钩投资－美元与伦敦银行间同业拆借率——MALI09034R	2009－4－3	2009－5－4	594	同业拆借	1.80%
42	保本利率挂钩投资－美元与伦敦银行间同业拆借率——MALI09037R	2009－4－9	2009－7－9	1000	同业拆借	2.50%
43	保本利率挂钩投资－美元与伦敦银行间同业拆借率——MALI0904AR	2009－4－14	2009－10－14	182	同业拆借	2.00%

续表

序号	产品名称	发行日	到期日	拟发行量	投资方向	预期收益率
44	保本利率挂钩投资－美元与伦敦银行间同业拆借率——MALI0904BR	2009－4－14	2009－10－14	4219	同业拆借	2.40%
45	保本利率挂钩投资－美元与伦敦银行间同业拆借率——MALI09040R	2009－4－14	2009－6－15	1000	同业拆借	2.20%
46	保本利率挂钩投资－美元与伦敦银行间同业拆借率——MALI09041R	2009－4－14	2009－5－14	8000	同业拆借	2.40%
47	保本利率挂钩投资－美元与伦敦银行间同业拆借率——MALI09043R	2009－4－14	2009－7－14	1000	同业拆借	2.40%
48	保本利率挂钩投资－美元与伦敦银行间同业拆借率——MALI0904CR	2009－4－17	2009－10－19	238	同业拆借	2.00%
49	保本利率挂钩投资－美元与伦敦银行间同业拆借率——MALI0904DR	2009－4－17	2009－10－19	4364	同业拆借	2.40%
50	保本利率挂钩投资－美元与伦敦银行间同业拆借率——MALI09045R	2009－4－22	2009－7－22	5000	同业拆借	2.65%
51	保本利率挂钩投资－美元与伦敦银行间同业拆借率——MALI09046R	2009－4－23	2009－7－23	1470	同业拆借	2.55%
52	保本利率挂钩投资－美元与伦敦银行间同业拆借率——MALI0904ER	2009－4－24	2009－10－27	202	同业拆借	2.00%
53	保本利率挂钩投资－美元与伦敦银行间同业拆借率——MALI0904FR	2009－4－24	2009－10－27	3891	同业拆借	2.40%
54	保本利率挂钩投资－美元与伦敦银行间同业拆借率——MALI09047R	2009－4－24	2009－5－26	1850	同业拆借	2.30%
55	保本利率挂钩投资－美元与伦敦银行间同业拆借率——MALI09048R	2009－4－27	2009－7－27	1802	同业拆借	2.50%
56	股票指数挂钩结构性投资——MALI09027I	2009－4－28	2014－5－5	13678	同业拆借	10.00%
57	保本利率挂钩投资－美元与伦敦银行间同业拆借率——MALI09049R	2009－4－29	2009－7－29	1418	同业拆借	2.50%
58	股票指数挂钩结构性投资——MALI09044I	2009－4－30	2011－5－5	1770	同业拆借	10.00%
59	保本利率挂钩投资－美元与伦敦银行间同业拆借率——MALI09035R	2009－4－30	2009－8－3	1007	同业拆借	2.00%
60	保本利率挂钩投资－美元与伦敦银行间同业拆借率——MALI09036R	2009－4－30	2009－8－3	23967	同业拆借	2.40%
61	保本利率挂钩投资－美元与伦敦银行间同业拆借率——MALI09053R	2009－4－30	2009－6－1	1000	同业拆借	2.20%
62	保本利率挂钩投资－美元与伦敦银行间同业拆借率——MALI0904GR	2009－5－5	2009－11－5	19639	同业拆借	2.60%
63	保本利率挂钩投资－美元与伦敦银行间同业拆借率——MALI09050R	2009－5－5	2009－8－5	1058	同业拆借	2.55%

续表

序号	产品名称	发行日	到期日	拟发行量	投资方向	预期收益率
64	保本利率挂钩投资 - 美元与伦敦银行间同业拆借率——MALI09054R	2009 - 5 - 5	2009 - 6 - 5	1602	同业拆借	2. 20%
65	保本利率挂钩投资 - 美元与伦敦银行间同业拆借率——MALI09055R	2009 - 5 - 5	2009 - 7 - 6	1673	同业拆借	2. 30%
66	保本利率挂钩投资 - 美元与伦敦银行间同业拆借率——MALI09056R	2009 - 5 - 5	2009 - 6 - 5	2004	同业拆借	2. 40%
67	保本利率挂钩投资 - 美元与伦敦银行间同业拆借率——MALI09051R	2009 - 5 - 8	2009 - 8 - 10	356	同业拆借	2. 00%
68	保本利率挂钩投资 - 美元与伦敦银行间同业拆借率——MALI09052R	2009 - 5 - 8	2009 - 8 - 10	9692	同业拆借	2. 40%
69	保本利率挂钩投资 - 美元与伦敦银行间同业拆借率——MALI09061R	2009 - 5 - 8	2009 - 6 - 8	1340	同业拆借	2. 20%
70	保本利率挂钩投资 - 美元与伦敦银行间同业拆借率——MALI09062R	2009 - 5 - 12	2009 - 8 - 12	1000	同业拆借	2. 50%
71	保本利率挂钩投资 - 美元与伦敦银行间同业拆借率——MALI09057R	2009 - 5 - 15	2009 - 11 - 16	125	同业拆借	2. 20%
72	保本利率挂钩投资 - 美元与伦敦银行间同业拆借率——MALI09058R	2009 - 5 - 15	2009 - 11 - 16	1866	同业拆借	2. 50%
73	保本利率挂钩投资 - 美元与伦敦银行间同业拆借率——MALI09059R	2009 - 5 - 22	2010 - 1 - 22	1612	同业拆借	2. 50%
74	保本利率挂钩投资 - 美元与伦敦银行间同业拆借率——MALI09060R	2009 - 5 - 22	2010 - 1 - 22	15886	同业拆借	2. 80%
75	股票指数挂钩结构性投资——MALI09042I	2009 - 5 - 27	2014 - 5 - 30	5108	同业拆借	6. 00%
76	保本利率挂钩投资 - 美元与伦敦银行间同业拆借率——MALI09086R	2009 - 6 - 12	2009 - 12 - 14	4000	同业拆借	2. 80%
77	保本利率挂钩投资 - 美元与伦敦银行间同业拆借率——MALI09081R	2009 - 6 - 15	2009 - 7 - 15	11388	同业拆借	2. 40%
78	保本利率挂钩投资 - 美元与伦敦银行间同业拆借率——MALI09082R	2009 - 6 - 15	2009 - 7 - 15	2605	同业拆借	2. 10%
79	保本利率挂钩投资 - 美元与伦敦银行间同业拆借率——MALI09065R	2009 - 6 - 19	2010 - 2 - 22	637	同业拆借	2. 40%
80	保本利率挂钩投资 - 美元与伦敦银行间同业拆借率——MALI09066R	2009 - 6 - 19	2010 - 2 - 22	3521	同业拆借	2. 70%
81	保本利率挂钩投资 - 美元与伦敦银行间同业拆借率——MALI09063R	2009 - 6 - 19	2009 - 9 - 21	830	同业拆借	2. 10%
82	保本利率挂钩投资 - 美元与伦敦银行间同业拆借率——MALI09064R	2009 - 6 - 19	2009 - 9 - 21	10753	同业拆借	2. 40%
83	信托理财计划 - 中信信托投资组合理财计划——DTI09001	2009 - 6 - 19	2011 - 6 - 17	3097	混合(其他类别)	

续表

序号	产品名称	发行日	到期日	拟发行量	投资方向	预期收益率
84	保本利率挂钩投资－美元与伦敦银行间同业拆借率——MALI09083R	2009－6－22	2009－9－22	1500	同业拆借	2.55%
85	保本利率挂钩投资－美元与伦敦银行间同业拆借率——MALI09093R	2009－6－25	2009－8－25	1500	同业拆借	2.10%
86	保本利率挂钩投资－美元与伦敦银行间同业拆借率——MALI09094R	2009－6－25	2009－9－25	1812	同业拆借	2.50%
87	保本利率挂钩投资－美元与伦敦银行间同业拆借率——MALI09095R	2009－6－26	2009－9－28	1995	同业拆借	2.40%
88	股票指数挂钩结构性投资——MALI09080I	2009－6－30	2014－7－7	32217	同业拆借	7.00%
89	保本利率挂钩投资－美元与伦敦银行间同业拆借率——MALI09067R	2009－6－30	2009－10－9	672	同业拆借	2.10%
90	保本利率挂钩投资－美元与伦敦银行间同业拆借率——MALI09068R	2009－6－30	2009－10－9	10320	同业拆借	2.40%
91	保本利率挂钩投资－美元与伦敦银行间同业拆借率——MALI09069R	2009－6－30	2010－3－1	483	同业拆借	2.40%
92	保本利率挂钩投资－美元与伦敦银行间同业拆借率——MALI09070R	2009－6－30	2010－3－1	4645	同业拆借	2.70%
93	保本利率挂钩投资－美元与伦敦银行间同业拆借率——MALI09090R	2009－7－3	2010－7－5	2000	同业拆借	2.80%
94	保本利率挂钩投资－美元与伦敦银行间同业拆借率——MALI09097R	2009－7－3	2009－8－3	3132	同业拆借	2.20%
95	保本利率挂钩投资－美元与伦敦银行间同业拆借率——MALI09096R	2009－7－6	2009－9－7	1200	同业拆借	2.43%
96	保本利率挂钩投资－美元与伦敦银行间同业拆借率——MALI09098R	2009－7－9	2009－9－9	10015	同业拆借	2.43%
97	保本利率挂钩投资－美元与伦敦银行间同业拆借率——MALI09107R	2009－7－15	2012－7－16	2000	同业拆借	4.30%
98	保本利率挂钩投资－美元与伦敦银行间同业拆借率——MALI09071R	2009－7－17	2009－10－18	1265	同业拆借	2.10%
99	保本利率挂钩投资－美元与伦敦银行间同业拆借率——MALI09072R	2009－7－17	2009－10－18	8340	同业拆借	2.40%
100	保本利率挂钩投资－美元与伦敦银行间同业拆借率——MALI09073R	2009－7－17	2010－1－18	372	同业拆借	2.20%
101	保本利率挂钩投资－美元与伦敦银行间同业拆借率——MALI09074R	2009－7－17	2010－1－18	2456	同业拆借	2.50%
102	保本利率挂钩投资－美元与伦敦银行间同业拆借率——MALI09100R	2009－7－17	2010－4－19	700	同业拆借	2.85%
103	保本利率挂钩投资－美元与伦敦银行间同业拆借率——MALI09108R	2009－7－17	2009－8－17	4000	同业拆借	2.35%

续表

序号	产品名称	发行日	到期日	拟发行量	投资方向	预期收益率
104	保本利率挂钩投资－美元与伦敦银行间同业拆借率——MALI09109R	2009－7－17	2009－10－19	1050	同业拆借	2.45%
105	保本利率挂钩投资－美元与伦敦银行间同业拆借率——MALI09110R	2009－7－21	2010－1－21	1000	同业拆借	2.60%
106	保本利率挂钩投资－美元与伦敦银行间同业拆借率——MALI09111R	2009－7－27	2010－1－27	1703	同业拆借	2.60%
107	保本利率挂钩投资－美元与伦敦银行间同业拆借率——MALI09112R	2009－7－28	2009－8－28	1500	同业拆借	2.10%
108	保本利率挂钩投资－美元与伦敦银行间同业拆借率——MALI09116R	2009－7－29	2009－10－29	1014	同业拆借	2.65%
109	股票指数挂钩结构性投资——MALI09092I	2009－7－31	2014－7－29	5841	同业拆借	6.00%
110	保本利率挂钩投资－美元与伦敦银行间同业拆借率——MALI09075R	2009－7－31	2009－11－2	1139	同业拆借	2.10%
111	保本利率挂钩投资－美元与伦敦银行间同业拆借率——MALI09076R	2009－7－31	2009－11－2	7140	同业拆借	2.40%
112	保本利率挂钩投资－美元与伦敦银行间同业拆借率——MALI09077R	2009－7－31	2010－2－1	320	同业拆借	2.20%
113	保本利率挂钩投资－美元与伦敦银行间同业拆借率——MALI09078R	2009－7－31	2010－2－1	2468	同业拆借	2.50%
114	保本利率挂钩投资－美元与伦敦银行间同业拆借率——MALI09117R	2009－7－31	2009－11－2	1000	同业拆借	2.50%
115	保本利率挂钩投资－美元与伦敦银行间同业拆借率——MALI09118R	2009－8－4	2009－11－4	5000	同业拆借	2.60%
116	保本利率挂钩投资－美元与伦敦银行间同业拆借率——MALI09101R	2009－8－14	2009－11－16	200	同业拆借	2.10%
117	保本利率挂钩投资－美元与伦敦银行间同业拆借率——MALI09102R	2009－8－14	2009－11－16	3156	同业拆借	2.40%
118	保本利率挂钩投资－美元与伦敦银行间同业拆借率——MALI09103R	2009－8－14	2010－2－22	4443	同业拆借	2.70%
119	保本利率挂钩投资－美元与伦敦银行间同业拆借率——MALI09131R	2009－8－18	2009－11－18	1200	同业拆借	2.60%
120	保本利率挂钩投资－美元与伦敦银行间同业拆借率——MALI09133R	2009－8－27	2009－9－28	1510	同业拆借	2.90%
121	股票指数挂钩结构性投资——MALI09114I	2009－8－28	2012－3－5	3129	同业拆借	6.00%
122	保本利率挂钩投资－美元与伦敦银行间同业拆借率——MALI09104R	2009－8－28	2009－12－1	178	同业拆借	2.10%
123	保本利率挂钩投资－美元与伦敦银行间同业拆借率——MALI09105R	2009－8－28	2009－12－1	2536	同业拆借	2.40%

续表

序号	产品名称	发行日	到期日	拟发行量	投资方向	预期收益率
124	保本利率挂钩投资－美元与伦敦银行间同业拆借率——MALI09106R	2009－8－28	2010－3－1	3657	同业拆借	2. 70%
125	保本利率挂钩投资－美元与伦敦银行间同业拆借率——MALI09139R	2009－8－28	2009－9－28	1000	同业拆借	2. 12%
126	股票指数挂钩结构性投资——MALI09115I	2009－8－31	2014－9－3	6663	同业拆借	6. 00%
127	股票指数挂钩结构性投资——MALI09129I	2009－8－31	2011－9－8	1722	同业拆借	29. 99%
128	保本利率挂钩投资－美元与伦敦银行间同业拆借率——MALI09136R	2009－9－1	2009－11－1	5854	同业拆借	2. 10%
129	保本利率挂钩投资－美元与伦敦银行间同业拆借率——MALI09137R	2009－9－1	2009－12－1	2383	同业拆借	2. 40%
130	保本利率挂钩投资－美元与伦敦银行间同业拆借率——MALI09138R	2009－9－1	2010－3－1	2795	同业拆借	2. 70%
131	保本利率挂钩投资－美元与伦敦银行间同业拆借率——MALI09141R	2009－9－2	2009－10－9	1449	同业拆借	2. 30%
132	保本利率挂钩投资－美元与伦敦银行间同业拆借率——MALI09142R	2009－9－3	2009－11－3	2929	同业拆借	2. 10%
133	保本利率挂钩投资－美元与伦敦银行间同业拆借率——MALI09143R	2009－9－3	2009－12－3	2000	同业拆借	2. 40%
134	保本利率挂钩投资－美元与伦敦银行间同业拆借率——MALI09144R	2009－9－3	2010－3－3	1000	同业拆借	2. 70%
135	保本利率挂钩投资－美元与伦敦银行间同业拆借率——MALI09147R	2009－9－4	2009－10－9	800	同业拆借	1. 35%
136	保本利率挂钩投资－美元与伦敦银行间同业拆借率——MALI09150R	2009－9－7	2009－11－9	1500	同业拆借	2. 30%
137	保本利率挂钩投资－美元与伦敦银行间同业拆借率——MALI09148R	2009－9－9	2009－12－9	3500	同业拆借	2. 95%
138	保本利率挂钩投资－美元与伦敦银行间同业拆借率——MALI09161R	2009－9－15	2009－10－15	5000	同业拆借	2. 90%
139	保本利率挂钩投资－美元与伦敦银行间同业拆借率——MALI09163R	2009－9－16	2009－11－16	3226	同业拆借	2. 10%
140	保本利率挂钩投资－美元与伦敦银行间同业拆借率——MALI09119R	2009－9－17	2009－12－17	403	同业拆借	2. 10%
141	保本利率挂钩投资－美元与伦敦银行间同业拆借率——MALI09120R	2009－9－17	2009－12－17	2825	同业拆借	2. 40%
142	保本利率挂钩投资－美元与伦敦银行间同业拆借率——MALI09121R	2009－9－17	2010－3－17	416	同业拆借	2. 30%
143	保本利率挂钩投资－美元与伦敦银行间同业拆借率——MALI09122R	2009－9－17	2010－3－17	533	同业拆借	2. 60%

续表

序号	产品名称	发行日	到期日	拟发行量	投资方向	预期收益率
144	保本利率挂钩投资－美元与伦敦银行间同业拆借率——MALI09123R	2009－9－17	2010－3－17	16568	同业拆借	3.00%
145	保本利率挂钩投资－美元与伦敦银行间同业拆借率——MALI09169R	2009－9－24	2010－3－24	1080	同业拆借	3.20%
146	股票指数挂钩结构性投资——MALI09130I	2009－9－30	2012－4－5	8954	同业拆借	12.00%
147	股票指数挂钩结构性投资——MALI09135I	2009－9－30	2014－10－6	42985	同业拆借	10.00%
148	股票指数挂钩结构性投资——MALI09140I	2009－9－30	2014－10－6	9319	同业拆借	8.00%
149	保本利率挂钩投资－美元与伦敦银行间同业拆借率——MALI09124R	2009－9－30	2010－1－4	309	同业拆借	2.10%
150	保本利率挂钩投资－美元与伦敦银行间同业拆借率——MALI09125R	2009－9－30	2010－1－4	5824	同业拆借	2.40%
151	保本利率挂钩投资－美元与伦敦银行间同业拆借率——MALI09126R	2009－9－30	2010－4－1	320	同业拆借	2.30%
152	保本利率挂钩投资－美元与伦敦银行间同业拆借率——MALI09127R	2009－9－30	2010－4－1	1372	同业拆借	2.60%
153	保本利率挂钩投资－美元与伦敦银行间同业拆借率——MALI09128R	2009－9－30	2010－4－1	11726	同业拆借	3.00%
201	保本利率挂钩投资－美元与伦敦银行间同业拆借率——MALI09146R	2009－12－22	2010－7－2	7269	同业拆借	2.50%
202	保本利率挂钩投资－美元与伦敦银行间同业拆借率——MALI09151R	2009－10－21	2010－1－21	246	同业拆借	2.00%
203	保本利率挂钩投资－美元与伦敦银行间同业拆借率——MALI09152R	2009－10－21	2010－1－21	1993	同业拆借	2.30%
204	保本利率挂钩投资－美元与伦敦银行间同业拆借率——MALI09153R	2009－10－21	2010－4－21	109	同业拆借	2.20%
205	保本利率挂钩投资－美元与伦敦银行间同业拆借率——MALI09154R	2009－10－21	2010－4－21	928	同业拆借	2.50%
206	保本利率挂钩投资－美元与伦敦银行间同业拆借率——MALI09155R	2009－10－21	2010－4－21	4586	同业拆借	3.00%
207	保本利率挂钩投资－美元与伦敦银行间同业拆借率——MALI09156R	2009－10－30	2010－2－1	390	同业拆借	2.00%
208	保本利率挂钩投资－美元与伦敦银行间同业拆借率——MALI09157R	2009－10－30	2010－2－1	3306	同业拆借	2.30%
209	保本利率挂钩投资－美元与伦敦银行间同业拆借率——MALI09158R	2009－10－30	2010－5－5	62	同业拆借	2.20%
210	保本利率挂钩投资－美元与伦敦银行间同业拆借率——MALI09159R	2009－10－30	2010－5－5	881	同业拆借	2.50%
211	保本利率挂钩投资－美元与伦敦银行间同业拆借率——MALI09160R	2009－10－30	2010－5－5	5165	同业拆借	3.00%

续表

序号	产品名称	发行日	到期日	拟发行量	投资方向	预期收益率
212	股票指数挂钩结构性投资——MALI09165I	2009－11－10	2012－5－14	2188	同业拆借	12.00%
213	股票指数挂钩结构性投资——MALI09166I	2009－10－30	2014－11－4	10299	同业拆借	10.00%
214	股票指数挂钩结构性投资——MALI09167I	2009－10－30	2014－11－4	5379	同业拆借	10.00%
215	股票指数挂钩结构性投资——MALI09170I	2009－10－20	2014－10－23	21031	同业拆借	10.00%
216	保本利率挂钩投资－美元与伦敦银行间同业拆借率——MALI09171R	2009－10－15	2009－11－16	1251	同业拆借	2.10%
217	保本利率挂钩投资－美元与伦敦银行间同业拆借率——MALI09172R	2009－11－17	2010－5－17	424	同业拆借	2.20%
218	保本利率挂钩投资－美元与伦敦银行间同业拆借率——MALI09173R	2009－11－17	2010－5－17	1233	同业拆借	2.50%
219	保本利率挂钩投资－美元与伦敦银行间同业拆借率——MALI09174R	2009－11－17	2010－5－17	5110	同业拆借	3.00%
220	保本利率挂钩投资－美元与伦敦银行间同业拆借率——MALI09175R	2009－11－30	2010－6－1	326	同业拆借	2.20%
221	保本利率挂钩投资－美元与伦敦银行间同业拆借率——MALI09176R	2009－11－30	2010－6－1	1309	同业拆借	2.50%
222	保本利率挂钩投资－美元与伦敦银行间同业拆借率——MALI09177R	2009－11－30	2010－6－1	4897	同业拆借	3.00%
223	股票指数挂钩结构性投资——MALI09180I	2009－11－26	2014－12－2	2192	同业拆借	7.00%
224	股票指数挂钩结构性投资——MALI09181I	2009－11－30	2014－12－4	17220	同业拆借	10.00%
225	股票指数挂钩结构性投资——MALI09182I	2009－11－30	2014－12－4	4546	同业拆借	10.00%
226	股票指数挂钩结构性投资——MALI09183I	2009－11－24	2014－11－28	11645	同业拆借	7.00%
227	保本利率挂钩投资－美元与伦敦银行间同业拆借率——MALI09184R	2009－10－23	2010－4－23	1699	同业拆借	3.40%
228	保本利率挂钩投资－美元与伦敦银行间同业拆借率——MALI09185R	2009－11－6	2010－2－8	2680	同业拆借	3.00%
229	保本利率挂钩投资－美元与伦敦银行间同业拆借率——MALI09186R	2009－11－3	2009－12－3	1000	同业拆借	2.05%
230	股票指数挂钩结构性投资——MALI09188I	2009－12－10	2014－12－15	898	同业拆借	7.00%
231	股票指数挂钩结构性投资——MALI09189I	2009－12－31	2015－1－6	416	同业拆借	10.00%
232	保本利率挂钩投资－美元与伦敦银行间同业拆借率——MALI09191R	2009－12－17	2010－6－17	428	同业拆借	2.70%
233	保本利率挂钩投资－美元与伦敦银行间同业拆借率——MALI09192R	2009－12－17	2010－6－17	1045	同业拆借	3.00%
234	保本利率挂钩投资－美元与伦敦银行间同业拆借率——MALI09193R	2009－12－17	2010－6－17	10004	同业拆借	3.40%
235	保本利率挂钩投资－美元与伦敦银行间同业拆借率——MALI09194R	2009－12－31	2010－7－2	368	同业拆借	2.70%

续表

序号	产品名称	发行日	到期日	拟发行量	投资方向	预期收益率
236	保本利率挂钩投资－美元与伦敦银行间同业拆借率——MALI09195R	2009－12－31	2010－7－2	1398	同业拆借	3.00%
237	保本利率挂钩投资－美元与伦敦银行间同业拆借率——MALI09196R	2009－12－31	2010－7－2	10629	同业拆借	3.40%
238	保本利率挂钩投资－美元与伦敦银行间同业拆借率——MALI09197R	2009－11－17	2009－12－17	1528	同业拆借	2.00%
239	保本利率挂钩投资－美元与伦敦银行间同业拆借率——MALI09198R	2009－11－23	2010－5－24	1453	同业拆借	3.20%
240	保本利率挂钩投资－美元与伦敦银行间同业拆借率——MALI09199R	2009－11－24	2009－12－24	4002	同业拆借	3.40%
241	股票指数挂钩结构性投资——MALI09200I	2009－12－31	2015－1－6	1911	同业拆借	6.00%
242	保本利率挂钩投资－美元与伦敦银行间同业拆借率——MALI09201R	2009－11－26	2010－2－26	1000	同业拆借	2.70%
243	保本利率挂钩投资－美元与伦敦银行间同业拆借率——MALI09203R	2009－12－7	2010－2－8	3904	同业拆借	2.90%
244	股票指数挂钩结构性投资——MALI09204I	2009－12－31	2015－1－6	6819	同业拆借	10.00%
245	保本利率挂钩投资－美元与伦敦银行间同业拆借率——MALI09205R	2009－12－4	2010－3－4	2621	同业拆借	3.30%
246	保本利率挂钩投资－美元与伦敦银行间同业拆借率——MALI09206R	2009－12－3	2010－3－3	5049	同业拆借	3.35%
247	保本利率挂钩投资－美元与伦敦银行间同业拆借率——MALI09207R	2009－12－4	2010－2－4	1600	同业拆借	2.90%
248	保本利率挂钩投资－美元与伦敦银行间同业拆借率——MALI09208R	2009－12－11	2010－2－11	4099	同业拆借	3.40%
249	保本利率挂钩投资－美元与伦敦银行间同业拆借率——MALI09209R	2009－12－17	2010－1－18	3382	同业拆借	3.40%
250	保本利率挂钩投资－美元与伦敦银行间同业拆借率——MALI09210R	2009－12－23	2010－6－23	2250	同业拆借	3.40%
251	保本利率挂钩投资－美元与伦敦银行间同业拆借率——MALI09211R	2009－12－14	2010－3－15	1300	同业拆借	3.20%
252	保本利率挂钩投资－美元与伦敦银行间同业拆借率——MALI09212R	2009－12－17	2010－3－17	5446	同业拆借	3.45%
253	保本利率挂钩投资－美元与伦敦银行间同业拆借率——MALI09213R	2009－12－28	2010－3－29	3501	同业拆借	4.20%
254	保本利率挂钩投资－美元与伦敦银行间同业拆借率——MALI09214R	2009－12－17	2010－1－18	9901	同业拆借	3.45%
255	保本利率挂钩投资－美元与伦敦银行间同业拆借率——MALI09215R	2009－12－31	2010－2－1	3141	同业拆借	3.45%

数据来源：渣打银行(中国)

表3－53　2009年渣打银行(中国)个人外币理财产品发行情况表　单位:万元发行币种

序号	产品名称	币种	发行日	到期日	拟发行量	投资方向	预期收益率
1	沪深300中国指数——QDSN09005I	澳元	2009－7－17	2012－7－9	1462	购买结构性票据	25.00%
2	保本利率挂钩投资－美元与伦敦银行间同业拆借率——MALI09113R	澳元	2009－8－28	2010－9－1	1057	同业拆借	4.00%
3	恒生国企指数——UTSN002HKD	港币	2009－10－1	2009－12－31	不确定	基金	不确定
4	全方位环球投资系列——QDSN09004P	美元	2008－6－25	2010－7－2	10006	混合	不确定
5	汇率挂钩投资账户——MALI09021C	美元	2009－3－16	2009－9－16	948	同业拆借	3.00%
6	贝莱德全球基金－环球资产配置基金——QDUR003USD	美元	2009－10－1	2009－12－31	不确定	基金	不确定
7	贝莱德全球基金－世界矿业基金——QDUR004USD	美元	2009－10－1	2009－12－31		基金	
8	邓普顿亚洲增长基金——QDUT001USD	美元	2009－10－1	2009－12－31		基金	
9	富兰克林互惠欧洲基金——QDUT002USD	美元	2009－10－1	2009－12－31		基金	
10	霸菱香港中国基金——QDUR006USD	美元	2009－10－1	2009－12－31		基金	
11	邓普顿环球总收益基金——QDUT005USD	美元	2009－10－1	2009－12－31		基金	
12	DWS环球神农基金——QDUT007USD	美元	2009－10－1	2009－12－31		基金	
13	富达亚太股息增长基金——QDUR010USD	美元	2009－10－1	2009－12－31		基金	
14	保诚全球民生基础基金——QDUT008USD	美元	2009－10－1	2009－12－31		基金	
15	保诚亚洲基础建设机遇基金——QDUT009USD	美元	2009－10－1	2009－12－31		基金	
16	富达东南亚基金——QDUT011USD	美元	2009－10－1	2009－12－31		基金	
17	富达拉丁美洲基金——QDUT012USD	美元	2009－10－1	2009－12－31		基金	
18	贝莱德全球基金－新兴市场基金——QDUR014USD	美元	2009－10－1	2009－12－31		基金	
19	DWS投资气候变化商盈基金——QDUT013USD	美元	2009－10－1	2009－12－31		基金	
20	贝莱德全球基金－环球动力股票基金——QDUT015USD	美元	2009－10－1	2009－12－31		基金	
21	贝莱德全球基金－世界黄金基金——QDUT016USD	美元	2009－10－1	2009－12－31		基金	
22	贝莱德全球基金－世界能源基金——QDUT017USD	美元	2009－10－1	2009－12－31		基金	
23	瑞银固定期限农产品超额回报指数——UTSN001USD	美元	2009－10－1	2009－12－31		基金	
24	瑞银固定期限黄金超额回报指数——UTSN003USD	美元	2009－10－1	2009－12－31		基金	
25	贝莱德全球基金－新兴市场短期债券基金——QDUR018USD	美元	2009－10－1	2009－12－31		基金	
26	瑞银可延期与瑞银彭博固定期限成分原油超额回报指数挂钩票据——UTSN004USD	美元	2009－10－1	2009－12－31		基金	

续表

序号	产品名称	币种	发行日	到期日	拟发行量	投资方向	预期收益率
27	股票指数挂钩结构性投资——MA-LI09088I	美元	2009-7-7	2011-1-7	180	同业拆借	16.67%
28	摩根大通石油指数基金石油指数基金——QDSN09008I	美元	2009-8-6	2010-5-6	383	购买结构性票据	不确定
29	摩根大通石油指数基金石油指数基金——QDSN09011I	美元	2009-9-8	2010-6-15	389	购买结构性票据	23.00%
30	摩根大通石油指数基金石油指数基金——QDSN09010I	美元	2009-9-10	2010-6-17	2090	购买结构性票据	23.00%
31	贝莱德全球基金-环球资产配置基金——QDUR003EUR	欧元	2009-10-1	2009-12-31	不确定	基金	不确定
32	贝莱德全球基金-世界矿业基金——QDUR004EUR	欧元	2009-10-1	2009-12-31		基金	
33	邓普顿亚洲增长基金——QDUT001EUR	欧元	2009-10-1	2009-12-31		基金	
34	富兰克林互惠欧洲基金——QDUT002EUR	欧元	2009-10-1	2009-12-31		基金	
35	霸菱香港中国基金——QDUR006EUR	欧元	2009-10-1	2009-12-31		基金	
36	邓普顿环球总收益基金——QDUT005EUR	欧元	2009-10-1	2009-12-31		基金	
37	DWS环球神农基金——QDUT007EUR	欧元	2009-10-1	2009-12-31		基金	
38	保诚全球民生基础基金——QDUT008EUR	欧元	2009-10-1	2009-12-31		基金	
39	保诚亚洲基础建设机遇基金——QDUT009EUR	欧元	2009-10-1	2009-12-31		基金	
40	富达东南亚基金——QDUT011EUR	欧元	2009-10-1	2009-12-31		基金	
41	贝莱德全球基金-新兴市场基金——QDUR014EUR	欧元	2009-10-1	2009-12-31		基金	
42	贝莱德全球基金-环球动力股票基金——QDUT015EUR	欧元	2009-10-1	2009-12-31		基金	
43	贝莱德全球基金-世界黄金基金——QDUT016EUR	欧元	2009-10-1	2009-12-31		基金	
44	贝莱德全球基金-世界能源基金——QDUT017EUR	欧元	2009-10-1	2009-12-31		基金	
45	贝莱德全球基金-新兴市场短期债券基金——QDUR018EUR	欧元	2009-10-1	2009-12-31		基金	
46	保诚全球民生基础基金——QDUT008SGD	新加坡元	2009-10-1	2009-12-31		基金	
47	保诚亚洲基础建设机遇基金——QDUT009SGD	新加坡元	2009-10-1	2009-12-31		基金	
48	标普高盛天然气超额回报指数——QD-SN09012I	美元	2009-10-24	2011-10-24	2192	购买结构性票据	20.0%

续表

序号	产品名称	币种	发行日	到期日	拟发行量	投资方向	预期收益率
49	标普高盛天然气超额回报指数——QD-SN09013I	美元	2009-11-12	2011-11-7	2998	购买结构性票据	
50	摩根大通石油指数基金石油指数基金——QDSN09014I	美元	2009-11-13	2010-5-13	2219	购买结构性票据	
51	摩根大通石油指数基金石油指数基金——QDSN09015I	美元	2009-11-18	2010-5-25	505	购买结构性票据	
52	摩根大通石油指数基金石油指数基金——QDSN09016I	美元	2009-12-16	2010-6-4	2185	购买结构性票据	
53	摩根大通石油指数基金石油指数基金——QDSN09017I	美元	2009-12-30	2010-6-17	621	购买结构性票据	
54	中国海洋石油股份——QDSN09018I	美元	2010-1-6	2010-12-23	703	购买结构性票据	

数据来源：渣打银行(中国)

表3-54 2009年荷兰银行(中国)个人理财产品发行情况表

单位：万元发行币种

序号	产品名称	币种	发行日	到期日	拟发行量	投资方向	预期收益率
1	荷兰银行"全球绿色指数"挂钩结构性存款(澳元，保证收益型)	澳元	2009-01-01	2009-03-31	419	购买结构性票据	8.00%
2	荷兰银行"全球绿色指数"挂钩结构性存款(美元，保证收益型)	美元	2009-01-01	2009-03-31	132	购买结构性票据	3.00%
3	荷兰银行"自动资产配置机制"系列挂钩结构性存款第一期(澳元-到期保本型)	澳元	2009-01-01	2009-03-31	744	购买结构性票据	29.43%
4	荷兰银行"自动资产配置机制"系列挂钩结构性存款第一期(美元-到期保本型)	美元	2009-01-01	2009-03-31	1154	购买结构性票据	28.94%
5	荷兰银行"新兴市场基建指数"挂钩结构性存款(澳元，保证收益型)	澳元	2009-01-01	2009-03-31	151	购买结构性票据	6.00%
6	荷兰银行"新兴市场基建指数"挂钩结构性存款(美元，保证收益型)	美元	2009-01-01	2009-03-31	50	购买结构性票据	2.00%
7	荷兰银行 -"全球绿色指数"挂钩结构性存款第二期(澳元，保证收益型)	澳元	2009-01-01	2009-03-31	583	购买结构性票据	6.00%
8	荷兰银行 -"全球绿色指数"挂钩结构性存款第二期 (美元，保证收益型)	美元	2009-01-01	2009-03-31	62	购买结构性票据	1.00%
9	荷兰银行 -"全球绿色指数"挂钩结构性存款第二期(欧元，保证收益型)	欧元	2009-01-01	2009-03-31	29	购买结构性票据	2.00%
10	荷兰银行"市场中立策略系列" - Alpha 亚洲100指数挂钩结构性存款第四期(澳元-到期保本型)	澳元	2009-01-01	2009-03-31	671	购买结构性票据	13.52%
11	荷兰银行"市场中立策略系列" - Alpha 亚洲100指数挂钩结构性存款第四期(美元-到期保本型)	美元	2009-01-01	2009-03-31	1109	购买结构性票据	13.28%
12	荷兰银行"自动资产配置机制"系列挂钩结构性存款第二期(澳元-到期保本型)	澳元	2009-01-01	2009-03-31	483	购买结构性票据	29.58%

续表

序号	产品名称	币种	发行日	到期日	拟发行量	投资方向	预期收益率
13	荷兰银行“自动资产配置机制”系列挂钩结构性存款第二期(美元－到期保本型)	美元	2009－01－01	2009－03－31	655	购买结构性票据	29.05%
14	荷兰银行起点收益增强机制－“一篮子股票指数”挂钩结构性存款第二期(澳元,到期保本型)	澳元	2009－01－01	2009－03－31	331	购买结构性票据	不确定
15	荷兰银行起点收益增强机制－“一篮子股票指数”挂钩结构性存款第二期(美元,到期保本型)	美元	2009－01－01	2009－03－31	145	购买结构性票据	不确定
16	荷兰银行起点收益增强机制－“一篮子股票指数”挂钩结构性存款第二期(欧元,到期保本型)	欧元	2009－01－01	2009－03－31	47	购买结构性票据	不确定
17	荷兰银行－“石油－黄金”挂钩结构性存款第四期(澳元,95%到期保本型)	澳元	2009－01－01	2009－03－31	199	购买结构性票据	不确定
18	荷兰银行“市场中立策略系列”－Alpha亚洲100指数挂钩结构性存款第五期(澳元－到期保本型)	澳元	2009－01－01	2009－03－31	685	购买结构性票据	13.35%
19	荷兰银行“市场中立策略系列”－Alpha亚洲100指数挂钩结构性存款第五期(美元－到期保本型)	美元	2009－01－01	2009－03－31	537	购买结构性票据	13.23%
20	荷兰银行－“全球水资源指数”挂钩结构性存款＋区间累计结构性存款第一期(澳元,到期保本型)	澳元	2009－01－01	2009－03－31	1889	购买结构性票据	不确定
21	荷兰银行－“全球水资源指数”挂钩结构性存款＋区间累计结构性存款第一期(美元,到期保本型)	美元	2009－01－01	2009－03－31	847	购买结构性票据	不确定
22	荷兰银行－“全球水资源指数”挂钩结构性存款＋区间累计结构性存款第一期(澳元,到期保本型)	澳元	2009－03－06	2009－06－08	782	购买结构性票据	10.00%
23	荷兰银行－“全球水资源指数”挂钩结构性存款＋区间累计结构性存款第一期(美元,到期保本型)	美元	2009－03－06	2009－06－08	217	购买结构性票据	4.80%
24	荷兰银行“自动资产配置机制”系列挂钩结构性存款第三期(澳元－到期保本型)	澳元	2009－01－01	2009－03－31	568	购买结构性票据	28.88%
25	荷兰银行“自动资产配置机制”系列挂钩结构性存款第三期(美元－到期保本型)	美元	2009－01－01	2009－03－31	648	购买结构性票据	25.83%
26	荷兰银行－“全球水资源指数”挂钩结构性存款＋区间累计结构性存款第二期(澳元,到期保本型)	澳元	2009－01－01	2009－03－31	1591	购买结构性票据	不确定

续表

序号	产品名称	币种	发行日	到期日	拟发行量	投资方向	预期收益率
27	荷兰银行 –“全球水资源指数”挂钩结构性存款＋区间累计结构性存款第二期（美元，到期保本型）	美元	2009–01–01	2009–03–31	669	购买结构性票据	不确定
28	荷兰银行 –“全球水资源指数”挂钩结构性存款＋区间累计结构性存款第二期（澳元，到期保本型）	澳元	2009–01–01	2009–03–31	475	购买结构性票据	10.00%
29	荷兰银行 –“全球水资源指数”挂钩结构性存款＋区间累计结构性存款第二期（美元，到期保本型）	美元	2009–01–01	2009–03–31	160	购买结构性票据	4.80%
30	荷兰银行 –“全球宏观利率”反向挂钩结构性存款第一期（澳元，保证收益型）	澳元	2009–01–01	2009–03–31	1613	购买结构性票据	8.00%
31	荷兰银行 –“全球宏观利率”反向挂钩结构性存款第一期（美元，保证收益型）	美元	2009–01–01	2009–03–31	446	购买结构性票据	4.50%
32	荷兰银行“伦敦同业银行拆借利率”挂钩结构性存款（区间累计，到期保本型）–人民币 第十一期	人民币	2009–02–04	2009–04–07	563	购买贴现票据	2.25%
33	荷兰银行“伦敦同业银行拆借利率”挂钩结构性存款（区间累计，到期保本型）–人民币 第十二期	人民币	2009–03–06	2009–04–07	1066	购买贴现票据	2.00%
34	荷兰银行 –“优选农产品篮子”挂钩结构性存款（结构B）（澳元，到期保本型）	澳元	2009–04–01	2009–06–30	117	购买结构性票据	不确定
35	荷兰银行 –“增强型罗氏能源指数”挂钩结构性存款第一期（美元，95%到期保本型）	美元	2009–04–01	2009–06–30	753	购买结构性票据	不确定
36	荷兰银行 –“增强型罗氏能源指数”挂钩结构性存款第一期（澳元，到期保本型）	澳元	2009–04–01	2009–06–30	2246	购买结构性票据	不确定
37	荷兰银行“市场中立策略系列” – CYD 市场中立商品指数挂钩结构性存款第五期（澳元–到期保本型）	澳元	2009–04–01	2009–06–30	469	购买结构性票据	6.00%
38	荷兰银行“市场中立策略系列” – CYD 市场中立商品指数挂钩结构性存款第五期（美元–到期保本型）	美元	2009–04–01	2009–06–30	439	购买结构性票据	5.00%
39	荷兰银行 –“全球宏观利率”反向挂钩结构性存款第二期（澳元，保证收益型）	澳元	2009–04–01	2009–06–30	670	购买结构性票据	2.00%
40	荷兰银行 –“全球宏观利率”反向挂钩结构性存款第二期（美元，保证收益型）	美元	2009–04–01	2009–06–30	93	购买结构性票据	1.125%

续表

序号	产品名称	币种	发行日	到期日	拟发行量	投资方向	预期收益率
41	荷兰银行 –"增强型罗氏能源指数"挂钩结构性存款第二期（美元,95%到期保本型）	美元	2009－04－01	2009－06－30	702	购买结构性票据	不确定
42	荷兰银行 –"增强型罗氏能源指数"挂钩结构性存款第二期（澳元,100%到期保本型）	澳元	2009－04－01	2009－06－30	6232	购买结构性票据	
43	荷兰银行 –"超越表现"系列结构性存款第一期(澳元,90%到期保本型)	澳元	2009－04－01	2009－06－30	67	购买结构性票据	
44	荷兰银行 –"超越表现"系列结构性存款第一期(美元,90%到期保本型)	美元	2009－04－01	2009－06－30	37	购买结构性票据	
45	荷兰银行 –"超越表现"系列结构性存款第二期（澳元,90%到期保本型）	澳元	2009－04－01	2009－06－30	71	购买结构性票据	
46	荷兰银行 –"超越表现"系列结构性存款第二期（美元,90%到期保本型）	美元	2009－04－01	2009－06－30	25	购买结构性票据	
47	荷兰银行 –"香港盈富基金"挂钩结构性存款第二期（澳元,95%到期保本型）	澳元	2009－04－01	2009－06－30	60	购买结构性票据	
48	荷兰银行－"多区间累计"汇率挂钩结构性存款第一期（澳元,100%到期保本型）	澳元	2009－04－01	2009－06－30	1258	购买结构性票据	
49	荷兰银行－"涨跌双赢系列"汇率挂钩结构性存款第一期（澳元,100%到期保本型）	澳元	2009－04－01	2009－06－30	246	购买结构性票据	
50	荷兰银行 –"香港盈富基金"挂钩结构性存款第三期(美元,90%到期保本型)	美元	2009－04－01	2009－06－30	17	购买结构性票据	
51	荷兰银行－"双区间触发系列"汇率挂钩结构性投资第一期（澳元,100%到期保本型）	澳元	2009－04－01	2009－06－30	212	购买结构性票据	
52	荷兰银行－"多区间累计"汇率挂钩结构性投资第二期（澳元,100%到期保本型）	澳元	2009－04－01	2009－06－30	450	购买结构性票据	
53	荷兰银行－"双区间触发系列"汇率挂钩结构性投资第二期（澳元,100%到期保本型）	澳元	2009－07－01	2009－09－30	155	购买结构性票据	
54	荷兰银行 –"中国资源系列"股票篮子挂钩结构性投资第一期（澳元,100%到期保本型）	澳元	2009－07－01	2009－09－30	152	购买结构性票据	
55	荷兰银行－优化商品组合挂钩结构性投资第二期（澳元,98%到期保本型）	澳元	2009－07－01	2009－09－30	339	购买结构性票据	
56	荷兰银行－优化商品组合挂钩结构性投资第二期（美元,98%到期保本型）	美元	2009－07－01	2009－09－30	139	购买结构性票据	
57	荷兰银行－"多区间累计"汇率挂钩结构性投资第三期（澳元,100%到期保本型）	澳元	2009－07－01	2009－09－30	229	购买结构性票据	
58	荷兰银行－"多区间累计"黄金挂钩结构性投资第一期（澳元,100%到期保本型）	澳元	2009－07－01	2009－09－30	450	购买结构性票据	
59	荷兰银行－优化商品组合挂钩结构性投资第三期（澳元,98%到期保本型）	澳元	2009－07－01	2009－09－30	91	购买结构性票据	

续表

序号	产品名称	币种	发行日	到期日	拟发行量	投资方向	预期收益率
60	荷兰银行－“双区间触发系列”汇率挂钩结构性投资第三期（澳元,100%到期保本型）	澳元	2009－07－01	2009－09－30	51	购买结构性票据	
61	荷兰银行－“双区间触发”黄金挂钩结构性投资第一期（澳元,100%到期保本型）	澳元	2009－07－01	2009－09－30	356	购买结构性票据	
62	荷兰银行－优化商品组合挂钩结构性投资第四期（澳元,98%到期保本型）	澳元	2009－07－01	2009－09－30	110	购买结构性票据	
63	荷兰银行 －“中国资源系列”股票篮子挂钩结构性投资第二期（澳元,98%到期保本型）	澳元	2009－07－01	2009－09－30	35	购买结构性票据	
64	荷兰银行－优化商品组合挂钩结构性投资第五期（美元,98%到期保本型）	美元	2009－07－01	2009－09－30	35	购买结构性票据	
65	荷兰银行－“双区间触发”黄金挂钩结构性投资第二期（澳元,100%到期保本型）	澳元	2009－10－01	2009－12－31	108	购买结构性票据	
66	荷兰银行－“点位看涨系列”汇率挂钩结构性投资第一期（澳元,100%到期保本型）	澳元	2009－10－01	2009－12－31	88	购买结构性票据	
67	荷兰银行－“涨跌双赢系列”黄金挂钩结构性投资第一期（澳元,100%到期保本型）	澳元	2009－10－01	2009－12－31	87	购买结构性票据	
68	荷兰银行 －“相对表现”系列结构性投资第一期（美元,90%到期保本型）	美元	2009－10－01	2009－12－31	45	购买结构性票据	

数据来源：荷兰银行（中国）

表3－55　2009年花旗银行（中国）个人人民币理财产品发行情况表　单位：万元人民币

序号	产品名称	发行日	到期日	拟发行量	投资方向
1	3个月期人民币结构性投资帐户－汇利系列澳元兑美元	2009－1－7	2009－4－7	6158	同业拆借
2	6个月期人民币结构性投资帐户－汇利系列原油价格	2009－1－7	2009－7－7	763	同业拆借
3	1年期人民币结构性投资账户 －挂钩5大香港上市股票相对指数基金的优异表现	2009－1－16	2010－1－21	2112	同业拆借
4	1年期人民币结构性投资账户 －挂 iShares 新华富时 A50 指数基金	2009－4－22	2010－4－22	4845	同业拆借
5	1年期人民币结构性投资账户 －挂钩赢富基金	2009－5－20	2010－5－20	3939	同业拆借
6	1年期人民币结构性投资账户 －挂钩香港上市股票	2009－6－30	2010－6－30	5164	同业拆借
7	1年期人民币结构性投资账户 －挂钩两只交易所上市基金及一只指数	2009－6－17	2010－6－17	15290	同业拆借
8	1年期人民币结构性投资账户 －美元兑港币	2009－6－25	2010－6－25	5075	同业拆借
9	汇利系列	2009－1－21	不适用	6656	同业拆借
10	花旗银行（中国）有限公司人民币代客境外理财－5年期挂钩股票每日累计可自动提前终止美元票据	2009－1－22	2014－2－13	12016	购买结构性票据
11	花旗银行（中国）有限公司人民币代客境外理财－2年期挂钩恒生指数美元票据	2009－2－13	2011－2－24	20018	购买结构性票据

续表

序号	产品名称	发行日	到期日	拟发行量	投资方向
12	1年期人民币结构性投资账户 –挂钩6大香港上市股票相对指数基金的优异表现	2009–2–25	2010–2–25	3956	同业拆借
13	1年期人民币结构性投资账户 –挂钩一篮子中国概念股票每日累计收益	2009–3–19	2010–3–19	4454	同业拆借
14	1年期人民币结构性投资账户 –挂钩一篮子石油股票每日累计收益	2009–3–31	2010–3–31	3596	同业拆借
15	花旗银行(中国)有限公司人民币代客境外理财–3年期挂钩股票市场及商品指数美元票据	2009–3–19	2012–1–16	2136	购买结构性票据
16	花旗银行(中国)有限公司人民币代客境外理财–与恒指挂钩的3个月期美元递减式自动赎回票据	2009–3–31	2009–6–18	1480	购买结构性票据
17	花旗银行(中国)有限公司代客境外理财产品"基金汇"–富兰克林邓普顿投资基金美元系列–富兰克林互惠环球探索–人民币	2009–9–24	不适用	不适用	基金
18	花旗银行(中国)有限公司代客境外理财产品"基金汇"–百达基金美元系列–百达基金–环保能源–人民币	2009–9–15	不适用		基金
19	花旗银行(中国)有限公司代客境外理财产品"基金汇"–百达基金美元系列–百达基金–医药–人民币	2009–8–26	不适用		基金
20	花旗银行(中国)有限公司代客境外理财产品"基金汇"–百达基金欧元系列–百达基金–环保能源–人民币	2009–9–23	不适用		基金
21	花旗银行(中国)有限公司代客境外理财产品"基金汇"–施罗德环球基金系列–施罗德多元化投资方略–亚洲灵活配置–人民币	2009–8–12	不适用		基金
22	四年期挂钩盈富基金非保本澳元凭证–人民币	2009–7–2	2013–7–2		购买结构性票据
23	1年期人民币结构性投资帐户–挂钩大中华3只指数基金	2009–7–28	不适用		同业拆借
24	1年期人民币结构性投资帐户–挂钩大中华3只指数基金	2009–7–29	不适用		同业拆借
25	1年期人民币结构性投资账户 –挂钩盈富基金、iShares新华富时A50中国指数基金及iShares MSCI印度指数基金	2009–8–25	不适用		同业拆借
26	1年期人民币结构性投资账户 –挂钩盈富基金、iShares新华富时A50中国指数基金及iShares MSCI印度指数基金	2009–8–26	不适用		同业拆借
27	1年期人民币结构性投资账户 –挂钩4大香港上市股票相对指数基金的优异表现	2009–9–22	不适用		同业拆借
28	花旗银行(中国)有限公司代客境外理财产品"基金汇"–贝莱德国际投资基金系列–贝莱德亚洲巨龙基金–人民币欧元	2009–10–22	不适用		基金
29	花旗银行(中国)有限公司代客境外理财产品"基金汇"–贝莱德国际投资基金系列–贝莱德拉丁美洲基金–人民币欧元	2009–10–22	不适用		基金

续表

序号	产品名称	发行日	到期日	拟发行量	投资方向
30	花旗银行(中国)有限公司代客境外理财产品"基金汇"-贝莱德国际投资基金系列-贝莱德新兴市场基金-人民币欧元	2009-10-22	不适用		基金
31	花旗银行(中国)有限公司代客境外理财产品"基金汇"-贝莱德国际投资基金系列-贝莱德印度基金-人民币欧元	2009-10-22	不适用		基金
32	花旗银行(中国)有限公司代客境外理财产品"基金汇"-贝莱德国际投资基金系列-贝莱德新能源基金-人民币欧元	2009-10-22	不适用		基金
33	花旗银行(中国)有限公司代客境外理财产品"基金汇"-贝莱德国际投资基金系列-贝莱德世界能源基金欧元对冲-人民币欧元	2009-10-22	不适用		基金
34	花旗银行(中国)有限公司代客境外理财产品"基金汇"-贝莱德国际投资基金系列-贝莱德世界矿业基金欧元对冲-人民币欧元	2009-10-22	不适用		基金
35	花旗银行(中国)有限公司代客境外理财产品"基金汇"-贝莱德国际投资基金系列-贝莱德世界黄金基金欧元对冲-人民币欧元	2009-10-22	不适用		基金
36	花旗银行(中国)有限公司代客境外理财产品"基金汇"-贝莱德国际投资基金系列-贝莱德新兴市场短期债券基金-人民币美元	2009-12-17	不适用		基金
37	花旗银行(中国)有限公司代客境外理财产品"基金汇"-贝莱德国际投资基金系列-贝莱德世界收益基金-人民币美元	2009-12-17	不适用		基金
38	花旗银行(中国)有限公司代客境外理财产品"基金汇"-贝莱德国际投资基金系列-贝莱德美元储备基金-人民币美元	2009-12-17	不适用		基金
39	花旗银行(中国)有限公司代客境外理财产品"基金汇"-贝莱德国际投资基金欧元系列-贝莱德新兴市场短期债券基金-人民币欧元	2009-12-17	不适用		基金
40	花旗银行(中国)有限公司代客境外理财产品"基金汇"-贝莱德国际投资基金欧元系列-贝莱德世界收益基金-人民币欧元	2009-12-17	不适用		基金
41	花旗银行(中国)有限公司代客境外理财产品"基金汇"-美盛国际投资基金系列-美盛西方资产美国灵活利率基金-人民币美元	2009-12-17	不适用		基金
42	花旗银行(中国)有限公司代客境外理财产品"基金汇"-美盛国际投资基金系列-美盛西方资产美国短期国库债券基金-人民币美元	2009-12-17	不适用		基金
43	花旗银行(中国)有限公司代客境外理财产品"基金汇"-美盛国际投资基金系列-美盛布兰迪环球固定收益基金-人民币美元	2009-12-17	不适用		基金
44	花旗银行(中国)有限公司代客境外理财产品"基金汇"-美盛国际投资基金系列-美盛西方资产多元化策略基金-人民币美元	2009-12-17	不适用		基金
45	花旗银行(中国)有限公司人民币代客境外理财产品:3年期节节锁定CPPI美元票据	2009-11-13	2012-11-13		购买结构性票据

续表

序号	产品名称	发行日	到期日	拟发行量	投资方向
46	6个月期人民币结构性投资帐户－汇利系列美元兑港元	2009－11－6	2010－5－6		同业拆借
47	6个月期人民币结构性投资帐户－汇利系列美元兑港元	2009－11－10	2010－5－10		同业拆借
48	1年期人民币结构性投资帐户－挂钩3只指数基金	2009－11－10	2010－11－10		同业拆借
49	6个月期人民币结构性投资帐户－汇利系列美元兑港元	2009－12－3	2010－6－3		同业拆借
50	3个月期人民币结构性投资帐户－汇利系列美元兑港元	2009－12－18	2010－3－18		同业拆借
51	1年期人民币结构性投资帐户－ 挂钩3只指数基金	2009－12－21	2010－12－21		同业拆借

数据来源：花旗银行（中国）

表3－56　2009年花旗银行（中国）个人外币理财产品发行情况表　单位：万元发行币种

序号	产品名称	币种	发行日	到期日	拟发行量	投资方向
1	优利帐户	港币	2003－4－20	不适用	7321	同业拆借
2	优利帐户	加元	2003－4－20		17067	同业拆借
3	优利帐户	日元	2003－4－20		8876	同业拆借
4	优利帐户	瑞士法郎	2003－4－20		616	同业拆借
5	优利帐户	新加坡元	2003－4－20		2310	同业拆借
6	优利帐户	新西兰元	2003－4－20		36513	同业拆借
7	优利帐户	英镑	2003－4－20		23227	同业拆借
8	优利帐户	澳元	2003－4－20		116951	同业拆借
9	优利帐户	欧元	2003－4－20		52983	同业拆借
10	汇利系列	美元	2009－1－16		807	同业拆借
11	汇利系列	澳元	2009－1－22		1718	同业拆借
12	汇利系列	英镑	2009－1－22		170	同业拆借
13	汇利系列	新西兰元	2009－1－22		1718	同业拆借
14	花旗银行（中国）有限公司代客境外理财产品－海外美元债券系列－花旗集团5.125% 2/14/2011	美元	2009－1－22	2010－2－12	13635	购买债券
15	汇利系列	欧元	2009－1－22	不适用	59	同业拆借
16	花旗银行（中国）有限公司代客境外理财产品－海外美元债券系列－德意志银行4.875% 5/20/2013	美元	2009－2－11	2013－5－20	36	购买债券
17	花旗银行（中国）有限公司代客境外理财产品－海外美元债券系列－希腊共和国4.625% 6/25/2013	美元	2009－2－11	2013－6－25	21	购买债券
18	花旗银行（中国）有限公司美元代客境外理财－3年期挂钩股票市场及商品指数美元票据	美元	2009－2－12	2012－1－16	3417	购买结构性票据

续表

序号	产品名称	币种	发行日	到期日	拟发行量	投资方向
19	花旗银行(中国)有限公司代客境外理财产品－海外美元债券系列－花旗集团5.125% 2/22/2010	美元	2009－2－12	2011－2－12	20488	购买债券
20	花旗银行(中国)有限公司代客境外理财产品－海外澳元债券系列－荷兰合作银行4.5% 2/17/2012	澳元	2009－2－17	2012－2－17	137	购买债券
21	花旗银行(中国)有限公司代客境外理财产品－海外澳元债券系列－澳大利亚国民银行5.75% 12/19/2013	澳元	2009－3－3	2013－12－19	773	购买债券
22	花旗银行(中国)有限公司澳元币代客境外理财－5年期挂钩股票每日累计可自动提前终止澳元票据	澳元	2009－3－6	2014－3－6	2714	购买结构性票据
23	花旗银行(中国)有限公司澳元代客境外理财5年期挂钩一篮子中国概念股票每日累计可自动提前终止澳元票据	澳元	2009－3－31	2014－3－31	1174	购买结构性票据
24	花旗银行(中国)有限公司代客境外理财产品－海外美元债券系列－花旗集团4.625% 8/3/2010	美元	2009－4－9	2010－8－3	3908	购买债券
25	花旗银行（中国)有限公司美元代客境外理财——5年期挂钩一篮子能源股票每日累计可自动提前终止美元票据	美元	2009－4－16	2014－4－16	1720	购买结构性票据
26	优利帐户	美元	2003－4－20	不适用	262547	同业拆借
27	花旗银行(中国)有限公司代客境外理财产品－海外美元债券系列－花旗集团5.1% 9/29/2011	美元	2009－4－29	2011－9－29	1687	购买债券
28	花旗银行(中国)有限公司美元代客境外理财——5年期挂钩3个月美元Libor每日累计收益美元非保本票据	美元	2009－5－5	2009－8－5	1690	购买结构性票据
29	花旗银行(中国)有限公司代客境外理财产品－海外美元从属债券系列－花旗集团7.25% 10/1/2010	美元	2009－5－13	2010－10－1	870	购买债券
30	花旗银行(中国)有限公司代客境外理财产品－海外美元从属债券系列－花旗集团5.625% 8/27/2012	美元	2009－5－13	2012－8－27	1185	购买债券
31	花旗银行(中国)有限公司代客境外理财产品－海外美元从属债券系列－花旗集团5% 9/15/2014	美元	2009－5－13	2014－9－15	877	购买债券
32	花旗银行(中国)有限公司代客境外理财产品－海外澳元债券系列－丰田汽车信贷公司7.25% 11/29/2010	澳元	2009－5－29	2010－11－29	412	购买债券
33	花旗银行（中国)有限公司美元代客境外理财——3年期挂钩原油及铜价格美元非保本票据	美元	2009－6－11	2012－6－11	1003	购买结构性票据

续表

序号	产品名称	币种	发行日	到期日	拟发行量	投资方向
34	四年期挂钩盈富基金非保本澳元凭证	澳元	2009－7－2	2013－7－2	不适用	购买结构性票据
35	花旗银行(中国)有限公司代客境外理财产品－海外欧元债券系列－汇丰控股有限公司5.375% 12/20/2012	欧元	2009－7－22	2012－12－20		购买债券
36	花旗银行(中国)有限公司代客境外理财产品－海外欧元债券系列－韩亚银行3.95% 10/10/2013	欧元	2009－8－4	2013－10－10		购买债券
37	花旗银行(中国)有限公司代客境外理财产品－海外美元债券系列－花旗集团5.125% 5/5/2014	美元	2009－8－4	2014－5－5		购买债券
38	花旗银行(中国)有限公司代客境外理财产品－海外美元债券系列－韩亚银行6.5% 4/9/2012	美元	2009－8－5	2012－4－9		购买债券
39	花旗银行(中国)有限公司代客境外理财产品－海外澳元债券系列 －富国银行5.75% 07/12/2010	澳元	2009－8－5	2010－7－12		购买债券
40	花旗银行(中国)有限公司代客境外理财产品－海外欧元债券系列－韩亚银行7.375% 6/16/2014	欧元	2009－8－6	2014－6－16		购买债券
41	花旗银行(中国)有限公司代客境外理财产品“基金汇”－百达基金美元系列－百达基金－环保能源	美元	2009－8－10	不适用		基金
42	花旗银行(中国)有限公司代客境外理财产品－施罗德环球基金系列－施罗德多元化投资方略－亚洲灵活配置	美元	2009－8－12	不适用		基金
43	花旗银行（中国)有限公司美元代客境外理财——4年期挂钩指数和基金每日累计相对表现可自动提前终止美元票据	美元	2009－8－13	2013－8－6		购买结构性票据
44	花旗银行(中国)有限公司代客境外理财产品“基金汇”－富兰克林邓普顿投资基金欧元系列－富兰克林欧洲中小型公司增长	欧元	2009－8－20	不适用		基金
45	花旗银行(中国)有限公司代客境外理财产品“基金汇”－贝莱德国际投资基金系列－贝莱德世界健康科学基金	美元	2009－8－21	不适用		基金
46	花旗银行（中国)有限公司美元代客境外理财——4年期挂钩指数和基金每日累计相对表现可自动提前终止美元票据	美元	2009－9－14	2013－9－6		购买结构性票据
47	花旗银行(中国)有限公司代客境外理财产品“基金汇”－百达基金欧元系列－百达基金－医药(欧元对冲)	欧元	2009－9－28	不适用		基金

续表

序号	产品名称	币种	发行日	到期日	拟发行量	投资方向
48	花旗银行(中国)有限公司代客境外理财产品“基金汇”－贝莱德国际投资基金系列－贝莱德亚洲巨龙基金－欧元	欧元	2009－10－22	不适用		基金
49	花旗银行(中国)有限公司代客境外理财产品“基金汇”－贝莱德国际投资基金系列－贝莱德拉丁美洲基金－欧元	欧元	2009－10－22	不适用		基金
50	花旗银行(中国)有限公司代客境外理财产品“基金汇”－贝莱德国际投资基金系列－贝莱德新兴市场基金－欧元	欧元	2009－10－22	不适用		基金
51	花旗银行(中国)有限公司代客境外理财产品“基金汇”－贝莱德国际投资基金系列－贝莱德印度基金－欧元	欧元	2009－10－22	不适用		基金
52	花旗银行(中国)有限公司代客境外理财产品“基金汇”－贝莱德国际投资基金系列－贝莱德新能源基金－欧元	欧元	2009－10－22	不适用		基金
53	花旗银行(中国)有限公司代客境外理财产品“基金汇”－贝莱德国际投资基金系列－贝莱德世界能源基金－欧元对冲	欧元	2009－10－22	不适用		基金
54	花旗银行(中国)有限公司代客境外理财产品“基金汇”－贝莱德国际投资基金系列－贝莱德世界矿业基金－欧元对冲	欧元	2009－10－22	不适用		基金
55	花旗银行(中国)有限公司代客境外理财产品“基金汇”－贝莱德国际投资基金系列－贝莱德世界黄金基金－欧元对冲	欧元	2009－10－22	不适用		基金
56	花旗银行(中国)有限公司代客境外理财产品－海外澳元浮动票息债券系列－摩根士丹利 7/30/2010	美元	2009－10－30	2010－7－30		购买债券
57	花旗银行(中国)有限公司代客境外理财产品－海外澳元浮动票息债券系列－富国银行 5/25/2012	美元	2009－10－30	2012－5－25		购买债券
58	花旗银行(中国)有限公司代客境外理财产品－海外澳元浮动票息债券系列－花旗集团 6/9/2010	欧元	2009－10－30	2010－6－9		购买债券
59	花旗银行(中国)有限公司代客境外理财产品－海外澳元浮动票息债券系列－摩根士丹利 3/1/2013	欧元	2009－10－30	2013－3－1		购买债券
60	花旗银行(中国)有限公司代客境外理财产品－海外澳元浮动票息债券系列－通用电气澳洲金融公司 7/12/2013	欧元	2009－10－30	2013－7－12		购买债券

续表

序号	产品名称	币种	发行日	到期日	拟发行量	投资方向
61	花旗银行(中国)有限公司代客境外理财产品－海外澳元浮动票息债券系列 －通用电气澳洲金融公司 9/20/2014	澳元	2009－10－30	2014－9－20		购买债券
62	花旗银行(中国)有限公司美元代客境外理财产品：3 年期节节锁定 CPPI 美元票据	美元	2009－11－13	2012－11－13		购买结构性票据
63	花旗银行(中国)有限公司代客境外理财产品“基金汇”－贝莱德国际投资基金系列－贝莱德新兴市场短期债券基金－美元	美元	2009－12－17			基金
64	花旗银行(中国)有限公司代客境外理财产品“基金汇”－贝莱德国际投资基金系列－贝莱德世界收益基金－美元	美元	2009－12－17			基金
65	花旗银行(中国)有限公司代客境外理财产品“基金汇”－贝莱德国际投资基金系列－贝莱德美元储备基金－美元	美元	2009－12－17			基金
66	花旗银行(中国)有限公司代客境外理财产品“基金汇”－美盛国际投资基金系列－美盛西方资产美国灵活利率基金－美元	美元	2009－12－17			基金
67	花旗银行(中国)有限公司代客境外理财产品“基金汇”－美盛国际投资基金系列－美盛西方资产美国短期国库债券基金－美元	美元	2009－12－17	不适用		基金
68	花旗银行(中国)有限公司代客境外理财产品“基金汇”－美盛国际投资基金系列－美盛布兰迪环球固定收益基金－美元	美元	2009－12－17			基金
69	花旗银行(中国)有限公司代客境外理财产品“基金汇”－美盛国际投资基金系列－美盛西方资产多元化策略基金－美元	美元	2009－12－17			基金
70	花旗银行(中国)有限公司代客境外理财产品“基金汇”－贝莱德国际投资基金欧元系列－贝莱德新兴市场短期债券基金－欧元	欧元	2009－12－17			基金
71	花旗银行(中国)有限公司代客境外理财产品“基金汇”－贝莱德国际投资基金欧元系列－贝莱德世界收益基金－欧元	欧元	2009－12－17			基金

数据来源：花旗银行(中国)

表3－57　2009年北京国际信托公司集合类信托理财产品发行情况表　单位：万元人民币

序号	产品名称	发行日	到期日	发行量	投资方向	预期收益率
1	北京信托·商砼投资一号信托计划	2009－1－22	2012－07－22	18023	股权投资	9.00%
2	振兴1号基础设施投资基金集合信托计划	2009－03－27	2010－03－27	12000	贷款	8.00%
3	鼎天聚富一期证券投资集合资金信托计划	2009－03－26	2100－01－01	5000	证券投资	不确定
4	深圳惠程股权收益权投资集合资金信托计划	2009－04－22	2011－04－22	4500	其他	7.50%
5	振兴2号能源投资集合信托计划	2009－04－30	2017－04－30	28276	贷款	7.50%
6	稳健系列房地产集合资金信托计划Ⅰ期	2009－05－18	2015－05－18	95794	其他	6.70%
7	京福2号证券投资集合资金信托计划	2009－06－01	2100－01－01	3132	证券投资	不确定
8	黄金1号集合资金信托计划	2009－08－17	2011－08－17	6000	贷款	7.00%
9	人福科技股份收益权集合资金信托计划	2009－09－07	2011－09－07	7150	其他	9.00%
10	王府井丹耀大厦投资项目集合信托计划	2009－09－28	2012－09－28	2700	股权投资	8.00%
11	重庆"首创·立方"贷款项目集合资金信托计划	2009－10－13	2010－10－13	3500	贷款	6.50%
12	御银股份股份收益权集合资金信托计划	2009－10－13	2011－10－13	2760	其他	不确定
14	保龄宝股权收益权投资集合资金信托计划	2009－11－02	2011－05－02	12000	其他	7.00%
13	泉源1号集合资金信托计划	2009－11－09	2014－11－09	66800	其他	12.00%
15	低碳财富·循环能源一号集合资金信托计划	2009－12－03	2013－12－03	20688	贷款	不确定
16	低碳财富·碳资源开发一号集合资金信托计划	2009－12－28	2018－12－28	1000	其他	6.00%

数据来源：北京国际信托公司

表3－58　2009年上海国际信托公司集合类信托理财产品发行情况表　单位：万元人民币

序号	产品名称	发行日	到期日	发行量	投资方向	预期收益率
1	通联股权投资资金信托计划	2009－01－09	2014－01－08	30600	股权投资	5.00%
2	上海信托紫晶石系列（宬隆）资金信托T－0301	2009－02－02	2011－02－01	4500	证券投资	5.50%
3	现金丰利（运作）（第13期）	2009－02－03	不定期	275	证券投资	1.70%

续表

序号	产品名称	发行日	到期日	发行量	投资方向	预期收益率
4	上海信托(中建)证券投资(上信-F-7003)	2009-02-09	2011-02-08	18016	证券投资	5.80%
5	上海信托(聚丰)(上信-E-3701)	2009-02-10	2011-02-09	14750	证券投资	7.00%
6	中万置业尚东国际名园项目集合资金信托计划	2009-03-25	2010-01-05	10000	贷款	4.30%
7	蓝宝石系列(天下粮仓)(上信-E-9002)	2009-04-01	2011-03-31	5100	证券投资	6.00%
8	上信蓝宝石(正海)证券投资(上信-E-4101)	2009-04-03	2011-04-02	6000	证券投资	5.50%
9	上市公司股权受益权投资资金信托计划(上信-G-2501)	2009-04-03	2010-10-02	3300	其他	4.50%
10	现金丰利(运作)(第14期)	2009-04-10	不定期	83	证券投资	1.70%
11	奉贤区土地储备中心贷款项目集合资金信托	2009-04-24	2009-11-30	4000	贷款	4.00%
12	大潮商贸物业受益权投资集合资金信托计划	2009-4-29	2010-10-28	35000	贷款	7.55%
13	耀江国际广场商务楼信托贷款项目集合资金信托计划	2009-05-12	2011-05-11	6000	贷款	7.50%
14	中华企业南郊中华园项目集合资金信托	2009-05-20	2010-11-19	20000	贷款	6.00%
15	上海信托"蓝宝石"系列(中金资本)资金信托计划E-4201	2009-05-25	2011-05-24	18792	证券投资	5.50%
16	上海信托蓝宝石(财源)证券投资资金信托(上信-F-4003)	2009-06-12	2011-06-11	20000	证券投资	5.50%
17	奉城工业园区一期建设贷款项目集合资金信托	2009-06-12	2010-06-12	7500	贷款	4.20%
18	上海信托月月增利集合资金信托(上信-MM-0101)	2009-06-15	不定期	1984	组合投资	0.00%
19	上海信托蓝宝石(财源)证券投资资金信托(上信-E-4601)	2009-06-29	2011-06-28	4500	证券投资	0.00%
20	金融企业股权受益权投资集合资金信托计划(上信-G-2002)	2009-06-30	2011-12-29	8288	其他	2.79%
21	中华企业美兰湖中华园项目集合资金信托计划	2009-06-30	2010-06-29	28590	贷款	4.70%
22	名珠一号债权投资(上信GX-0101-1)	2009-07-09	2011-07-08	20900	其他	6.00%
23	名珠一号债权投资(上信GX-0101-2)	2009-07-09	2011-07-08	23100	其他	6.00%
24	上信(富诚)F-1005	2009-07-14	2011-07-13	4000	证券投资	5.50%
25	上信(联港)E-4501	2009-07-15	2011-07-14	19950	证券投资	5.80%
26	上信紫金石(职通财富)T-0202	2009-07-24	不定期	1000	证券投资	0.00%
27	上信优利4号 中房康健股权	2009-07-27	2013-07-26	5000	股权投资	6.50%
28	上信G-1901(金融股权投资)	2009-07-27	2011-10-26	3850	股权投资	5.50%
29	上信红宝石 H-0801	2009-07-30	2010-07-29	10975	证券投资	0.00%
30	上信红宝石 H-0601	2009-08-14	2011-02-13	2055	证券投资	0.00%
31	名珠二号债权投资(上信GX-0201-1)	2009-08-14	2011-02-13	4488	其他	5.50%
32	上海信托 黄金2号	2009-08-17	2014-08-16	300	其他	0.00%

续表

序号	产品名称	发行日	到期日	发行量	投资方向	预期收益率
33	张江置业(上信 G-2701)	2009-08-18	2011-02-17	3438	其他	6.00%
34	上信(富诚)F-1006	2009-08-25	2011-08-24	4000	证券投资	5.80%
35	上信(聚丰)E-3703	2009-08-27	2011-08-26	8100	证券投资	6.00%
36	上信(银高)E-4901	2009-09-07	2011-09-06	4320	证券投资	6.00%
37	上信(天迪)F-8001	2009-09-07	2010-09-06	8000	证券投资	1.06%
38	上市公司股权受益权(上信 G-2801)	2009-09-17	2011-03-16	16095	其他	6.00%
39	上市公司股权受益权(上信 G-2003)	2009-09-18	2010-09-17	6010	其他	0.00%
40	现金丰利(第 15 期)	2009-09-29	一年以上	11000	证券投资	1.70%
41	上信蓝宝石(聚丰)E-3702	2009-09-29	2011-09-28	6174	证券投资	6.00%
42	名珠三号债权投资(上信 GX-0301)	2009-09-29	2010-09-28	3300	其他	7.00%
43	绿地卢湾滨江 CBD 集合资金信托	2009-09-29	2012-03-28	25000	贷款	5.20%
44	上信紫金石(宬隆) T-0302	2009-09-30	2011-09-29	5536	证券投资	5.50%
45	金元宝系列(君知恩)(上信-HJ-001)	2009-10-26	2011-10-25	4000	组合投资	5.00%
46	绿地集团汽车 4S 店集合资金信托计划(1)	2009-10-26	2012-4-25	25000	贷款	6.10%
47	上海信托蓝宝石系列义信证券投资资金信托(上信-E-5101)	2009-10-28	2011-4-26	6000	证券投资	6.00%
48	蓝宝石(天盈)上信-E-4401	2009-10-29	2011-10-28	4410	证券投资	5.80%
49	杨浦区中小企业贷款集合资金信托计划(上信-CB-8401)	2009-10-30	2011-10-29	5000	贷款	4.50%
50	上市公司股权受益权投资集合资金信托计划(上信-G-2803)	2009-11-02	2011-5-1	104500	其他	7.00%
51	东方国贸新城信托贷款项目集合资金信托计划	2009-11-09	2012-11-8	17000	贷款	7.50%
52	浦发置业公司股权投资集合资金信托计划	2009-11-23	2011-11-22	146480	股权投资	6.00%
53	上海信托蓝宝石双盈证券投资信托 E-5401	2009-11-24	2011-5-23	3000	证券投资	6.40%
54	金融企业股权受益权投资集合资金信托计划(上信-G-4003)	2009-11-25	2012-5-24	5445	其他	5.50%
55	金融企业股权受益权投资集合资金信托计划(上信-G-2004)	2009-12-02	2012-6-2	5100	其他	6.80%
56	上海信托紫晶石系列证券投资资金信托上信-T-0501	2009-12-02	2010-12-1	9000	证券投资	6.00%
57	上市公司股权受益权投资集合资金信托计划(上信-G-2005-4)	2009-12-03	2011-6-2	3965	其他	0.00%
58	上海信托蓝宝石(智尔)证券投资资金(E-5201)	2009-12-09	2011-6-8	9000	证券投资	6.20%
59	蓝宝石(淳阳)证券投资资金信托(上信-E-5501)	2009-12-10	2011-6-9	3000	证券投资	6.50%

续表

序号	产品名称	发行日	到期日	发行量	投资方向	预期收益率
60	上海信托蓝宝石(正海)证券投资资金(上信-E-4102)	2009-12-10	2011-6-9	15000	证券投资	5.31%
61	上海信托"蓝宝石"系列(滨浩)证券投资信托(上信-E-4502)	2009-12-10	2010-12-9	9300	证券投资	6.50%
62	上市公司股权受益权投资集合资金信托计划(上信-G-2804)	2009-12-17	2011-6-16	22000	其他	6.50%
63	上海信托紫晶石系列证券投资资金信托上信-T-0503	2009-12-21	2011-6-20	6000	证券投资	6.50%
64	上市公司股权受益权投资集合资金信托计划(上信-G-2006)	2009-12-29	2011-6-28	300	其他	0.00%
65	上海信托农业银行至诚新华企业年金计划	2009-12-29	不定期	178	证券投资	0.00%

数据来源:上海国际信托公司

表3-59 2009年天津信托投资公司集合类信托理财产品发行情况表 单位:万元人民币

序号	产品名称	发行日	到期日	发行量	投资方向	预期收益率
1	长江租赁有限公司飞机预付款贷款系列(4)	2009-1-6	2010-1-13	5770	贷款	6.30%
2	天津滨海新区重工业园投资发展有限公司股权增资项目	2009-1-15	2011-1-19	30000	股权投资	8.10%
3	超安08-6期证券信托	2009-1-16	2010-7-23	5170	证券投资	5%
4	天津团泊湖投资发展有限公司信托股权投资项目	2009-1-19	2011-1-19	15000	股权投资	8.70%
5	超安09-1期证券信托	2009-1-22	2010-8-13	5087	证券投资	5%
6	华田投资有限公司应收款项受让集合资金信托计划	2009-2-17	2011-2-25	15000	信贷资产转让	8.50%
7	超安09-2期证券信托	2009-2-18	2010-8-23	5211	证券投资	5%
8	和平区政府定向安置房BT方式建设贷款集合资金信托一年	2009-2-27	2010-3-10	8000	贷款	7.50%
9	和平区政府定向安置房BT方式建设贷款集合资金信托一年十个月	2009-2-27	2011-1-10	10000	贷款	8.40%
10	超安09-3期证券信托	2009-3-2	2010-9-17	5185	证券投资	5%
11	超安09-4期证券信托	2009-3-27	2010-9-27	5120	证券投资	5%
12	天津松江集团有限公司贷款集合资金信托 一年半	2009-4-23	2010-10-29	10000	贷款	7.40%
13	天津松江集团有限公司贷款集合资金信托 两年	2009-4-23	2011-4-29	10000	贷款	8%
14	天津铁厂设备售后回租集合资金信托计划	2009-5-21	2011-9-8	30000	其他	8.60%
15	天津团泊联合置业有限公司信托股权投资(定向购买)两年	2009-5-26	2011-5-26	30000	股权投资	9.10%
16	天津团泊联合置业有限公司信托股权投资(定向购买)两年11个月	2009-5-26	2012-4-26	20000	股权投资	9.50%
17	天津东丽湖建设发展有限公司股权增资集合资金信托计划	2009-6-17	2011-7-6	30000	股权投资	8%

续表

序号	产品名称	发行日	到期日	发行量	投资方向	预期收益率
18	天津津滨生态城基础设施建设项目贷款集合资金信托计划	2009－6－26	2011－7－15	20000	贷款	8%
19	天津经济技术开发区房地产开发公司“北斗花园二期”	2009－7－1	2010－7－1	15000	贷款	5.10%
20	天信恒利1号证券信托	2009－7－16	2010－12－24	10000	证券投资	5%
21	天津滨海发展投资控股有限公司贷款项目	2009－7－17	2011－8－11	20000	贷款	7.70%
22	金鹿航空有限公司公务机预付款贷款系列(2)	2009－7－27	2010－11－11	8225	贷款	6.90%
23	金鹿航空有限公司公务机预付款贷款系列(3)	2009－7－27	2011－1－27	11085	贷款	7.20%
24	金鹿航空有限公司公务机预付款贷款系列(1)	2009－7－31	2010－8－11	15890	贷款	6.60%
25	天津泰达建设集团格调中天地产开发有限公司股权增资集合资金信托	2009－8－11	2011－8－11	49000	股权投资	8%
26	超安09－5期证券信托	2009－8－11	2011－2－11	5359	证券投资	0－5%
27	超安09－6期证券信托	2009－8－11	2011－2－11	6085	证券投资	0－5%
28	大新华物流控股(集团)有限公司流动资金贷款集合信托	2009－9－3	2011－3－15	5000	贷款	7.20%
29	“滨海名都”商业物业租金收益权(回购)	2009－10－19	2011－4－29	12000	信贷资产转让	7.60%
30	扬州泰达环保有限公司信托股权投资集合信托	2009－11－2	2011－7－12	15000	股权投资	7.70%
31	天津米兰置业有限公司“米兰阳光花园”三期B组团项目贷款一年	2009－11－17	2010－11－17	4000	贷款	6.80%
32	天津米兰置业有限公司“米兰阳光花园”三期B组团项目贷款两年	2009－11－17	2011－11－17	3000	贷款	7.80%
33	天津信托．天房集团保障性住房股权信托基金第Ⅰ－1期	2009－12－1	2010－12－1	3320	股权投资	6.40%
34	天津信托．天房集团保障性住房股权信托基金第Ⅰ－2期	2009－12－1	2011－12－1	3820	股权投资	7.10%
35	天津信托．天房集团保障性住房股权信托基金第Ⅰ－3期	2009－12－1	2010－12－1	3340	股权投资	6.40%
36	天津信托．天房集团保障性住房股权信托基金第Ⅰ－4期	2009－12－1	2011－12－1	3240	股权投资	7.10%
37	天津信托．天房集团保障性住房股权信托基金第Ⅰ－5期	2009－12－1	2010－12－1	3040	股权投资	6.40%
38	天津信托．天房集团保障性住房股权信托基金第Ⅰ－6期	2009－12－1	2011－12－1	3120	股权投资	7.10%
39	天津信托．天房集团保障性住房股权信托基金第Ⅰ－7期	2009－12－1	2010－12－1	5300	股权投资	6.40%
40	天津信托．天房集团保障性住房股权信托基金第Ⅰ－8期	2009－12－1	2011－12－1	4820	股权投资	7.10%
41	天津滨海金创实业有限公司信托股权投资	2009－12－8	2011－6－24	7000	股权投资	7.10%
42	天信恒利2号证券信托	2009－12－11	2011－6－24	2000	证券投资	0－5%

续表

序号	产品名称	发行日	到期日	发行量	投资方向	预期收益率
43	天信恒利3号证券信托	2009－12－11	2011－6－24	2000	证券投资	0－5%
44	天信恒利4号证券信托	2009－12－11	2011－6－24	2000	证券投资	0－5%
45	超安09－7期证券信托	2009－12－15	2011－6－29	2299	证券投资	0－5%
46	超安09－8期证券信托	2009－12－15	2011－6－29	2382	证券投资	0－5%
47	房信集团贷款集合资金信托计划	2009－12－30	2012－1－12	10000	贷款	7.70%
48	南京新城发展股份有限公司股权转让集合资金信托计划	2009－12－30	2011－12－30	17800	股权投资	7.50%
49	天津休波顿钢铁有限公司贷款集合资金信托计划	2009－12－30	2011－1－7	7000	贷款	6.60%

数据来源：天津信托投资公司

表3－60　2009年重庆国际信托投资公司信托理财产品发行情况表

单位：万元人民币

序号	产品名称	发行日	到期日	发行量	投资方向
1	兴业银行票据理财系列（第18期）	2009－1－9	2009－4－17	5350	票据
2	兴业银行票据理财系列（第19期）	2009－1－13	2009－4－20	3918	票据
3	兴业银行重庆分行新股连连打（1期）	2008－1－17	2009－1－16	不确定	证券投资
4	渔阳饭店有限公司贷款信托	2009－1－20	2009－7－19	10000	贷款
5	深圳发展银行聚财宝理财计划	2008－1－22	2009－1－21	3201	证券投资
6	农行2009年本利丰理财计划（第一期）	2009－1－23	2011－1－22	19218	其他
7	重庆三峡银行创收10号理财计划	2009－1－23	2010－3－22	50000	贷款
8	万州商业银行创收1号理财计划	2008－1－25	2009－1－8	38000	证券投资
9	重庆路桥股份有限公司贷款信托	2008－2－3	2009－2－2	36000	贷款
10	兴业银行票据理财系列（第20期）	2009－2－10	2009－4－29	3120	票据
11	重庆市城市建设投资公司贷款信托	2009－2－10	2009－5－9	30000	贷款
12	兴业银行票据理财系列（第21期）	2009－2－12	2009－4－23	5500	票据
13	民生银行非凡理财金债盈（第10期）	2009－2－12	2009－5－11	16042	债券
14	民生银行非凡理财金债盈（第11期）	2009－2－13	2009－3－12	50000	债券
15	民生银行非凡理财金债盈（第12期）	2009－2－20	2009－3－19	1123	债券
16	兴业银行重庆分行新股连连打（2期）	2008－2－21	2009－2－20	不确定	证券投资
17	民生银行非凡理财金债盈（第13期）	2009－2－24	2009－4－23	2339	债券
18	重庆三峡银行创收11号理财计划	2009－2－24	2011－2－23	50000	贷款
19	民生银行非凡理财金债盈（第14期）	2009－2－25	2009－3－24	128084	债券
20	民生银行非凡理财金债盈（第15期）	2009－2－26	2009－3－11	4389	债券
21	农行2009年本利丰理财计划（第二期）	2009－2－27	2011－2－26	110000	其他
22	杨永兴单一资金信托	2009－3－2	2010－3－1	2000	证券投资

续表

序号	产品名称	发行日	到期日	发行量	投资方向
23	民生银行非凡理财金债盈(第16期)	2009-3-3	2009-4-2	157688	债券
24	兴业银行票据理财系列(第22期)	2009-3-7	2009-5-8	3351	票据
25	民生银行非凡理财金债盈(第17期)	2009-3-9	2009-6-8	5000	债券
26	民生银行非凡理财金债盈(第18期)	2009-3-10	2009-4-9	16660	债券
27	民生银行非凡理财金债盈(第19期)	2009-3-10	2009-4-9	85426	债券
28	民生银行非凡理财金债盈(第21期)	2009-3-10	2009-4-9	30000	债券
29	民生银行非凡理财金债盈(第20期)	2009-3-10	2009-3-23	16725	债券
30	民生银行非凡理财金债盈(第22期)	2009-3-13	2009-3-26	7188	债券
31	民生银行非凡理财金债盈(第23期)	2009-3-16	2009-6-15	19705	债券
32	北京天枫房地产有限公司贷款信托	2009-3-16	2009-9-15	2500	贷款
33	民生银行非凡理财金债盈(第24期)	2009-3-17	2009-4-16	57302	债券
34	重庆渝涪高速公路有限公司贷款信托	2008-3-18	2009-3-18	26000	贷款
35	民生银行非凡理财金债盈(第25期)	2009-3-20	2009-4-2	60000	债券
36	民生银行非凡理财金债盈(第26期)	2009-3-24	2009-4-23	41488	债券
37	民生银行非凡理财金债盈(第27期)	2009-3-24	2009-4-23	10000	债券
38	重庆高速公路发展有限公司贷款信托	2008-3-26	2009-3-25	42000	贷款
39	民生银行债券类非凡理财	2009-3-30	2010-3-29	26513	债券
40	富滇银行股份有限公司单一资金信托	2009-3-31	2009-10-8	20000	其他
41	重庆银行长江理财200802期理财计划	2008-3-31	2009-1-16	16250	信贷资产转让
42	兴业银行票据理财系列(第23期)	2009-4-2	2009-5-18	2410	票据
43	重庆大世界酒店有限公司贷款信托	2009-4-2	2010-10-1	3200	贷款
44	兴业银行票据理财系列(第24期)	2009-4-8	2009-5-25	2920	票据
45	铜梁县诚信电极板厂单一资金信托	2009-4-16	2010-4-15		证券投资
46	中国农业银行2009年本利丰第4期盛世华年股权投资信托理财计划	2009-4-17	2010-4-16	95000	股权投资
47	富滇银行稳健理财计划	2009-4-20	2009-10-26	30000	其他
48	重庆正元药业有限公司单一资金信托	2009-4-23	2010-4-22	2000	证券投资
49	三峡银行建设美丽山水城市5号理财计划	2009-4-28	2011-4-27	60000	股权投资
50	兴业银行票据理财系列(第25期)	2009-4-29	2009-6-29	3197	票据
51	渝信价值投资肆号信托	2009-4-30	2010-7-29	5491	其他
52	安瑞通达(北京)网络通信有限公司单一资金信托	2009-5-25	2010-5-24	不确定	证券投资
53	重庆爱普科技有限公司贷款信托	2009-5-26	2009-8-25	20000	贷款
54	重庆东华投资有限公司贷款信托	2008-6-18	2009-3-26	1000	贷款
55	重庆水务资产经营有限公司单一资金信托	2009-6-22	2011-6-21	10000	组合投资
56	唐亚勤单一资金信托	2008-6-23	2009-2-2	不确定	证券投资

续表

序号	产品名称	发行日	到期日	发行量	投资方向
57	党国辉单一资金信托	2009－7－1	2010－6－30	不确定	证券投资
58	重庆东华投资有限公司贷款信托	2008－7－4	2009－3－27	1000	贷款
59	重庆港城工业园区建设公司贷款信托	2009－7－8	2010－7－7	8500	贷款
60	重庆港城工业园区建设公司贷款信托	2009－7－8	2010－7－7	8500	贷款
61	重庆高速公路集团有限公司股权投资信托	2009－7－9	2019－7－8	150000	股权投资
62	重庆市开发投资有限公司股权投资信托	2009－7－9	2019－7－8	80000	股权投资
63	建行信贷资产转让单一资金信托	2009－7－16	2014－7－15	31767	信贷资产转让
64	重庆高速公路发展有限公司贷款信托	2007－7－26	2009－1－26	12509	贷款
65	重庆中华置业有限公司股权投资信托	2009－7－31	2012－7－30	160	股权投资
66	张家林单一资金信托	2009－8－4	2010－8－3	不确定	证券投资
67	民生银行非凡资产管理理财产品 T379	2009－8－12	2010－8－11	20000	贷款
68	民生银行非凡资产管理理财产品 T420	2009－8－12	2010－2－11	30000	贷款
69	冉晓轩单一资金信托	2009－8－21	2010－8－20	不确定	证券投资
70	重庆富源新农村建设投资有限公司贷款信托	2009－9－1	2010－8－31	15000	贷款
71	重庆远运物流有限公司贷款信托	2008－9－3	2009－3－2	2000	贷款
72	重庆恒悦物资有限公司贷款信托	2009－9－3	2010－3－2	1400	贷款
73	民生银行非凡资产管理 T445 理财计划	2009－9－10	2010－3－13	15000	信贷资产转让
74	民生银行非凡资产管理 T438 理财计划	2009－9－10	2010－3－11	15000	信贷资产转让
75	民生银行非凡资产管理 T439 理财计划	2009－9－10	2010－3－10	10000	信贷资产转让
76	民生银行非凡资产管理 T440 理财计划	2009－9－10	2010－3－25	20000	信贷资产转让
77	农行本利丰－盛世华年股权投资理财计划	2008－9－23	2009－3－22	99000	股权投资
78	民生银行非凡资产管理 T463 理财计划	2009－9－29	2010－9－28	100000	贷款
79	华电新疆发电有限公司贷款信托	2009－10－13	2010－10－12	10000	贷款
80	兴业银行票据理财系列(第 2 期)	2008－10－14	2009－1－12	500	票据
81	万仲华单一资金信托	2009－10－15	2010－10－14	不确定	证券投资
82	重庆市李渡工业园开发有限公司贷款信托	2009－10－19	2011－10－18	10000	贷款
83	建设银行股份有限公司单一资金信托	2009－10－20	2012－4－19	45000	其他
84	兴业银行票据理财系列(第 3 期)	2008－10－20	2009－1－13	1300	票据
85	兴业银行票据理财系列(第 4 期)	2008－10－27	2009－1－10	600	票据
86	建设银行股份有限公司单一资金信托	2009－11－2	2010－12－1	40000	信贷资产转让
87	兴业银行票据理财系列(第 5 期)	2008－11－3	2009－1－4	600	票据
88	兴业银行票据理财系列(第 6 期)	2008－11－6	2009－1－10	2700	票据
89	兴业银行票据理财系列(第 7 期)	2008－11－17	2009－1－11	2093	票据
90	兴业银行票据理财系列(第 8 期)	2008－11－18	2009－1－5	500	票据
91	兴业银行票据理财系列(第 9 期)	2008－11－19	2009－1－9	870	票据
92	深发展“聚财宝”尊贵计划 2009 年 25 号	2009－11－27	2010－1－22	6000	信贷资产转让

续表

序号	产品名称	发行日	到期日	发行量	投资方向
93	兴业银行票据理财系列(第13期)	2008-11-28	2009-1-9	630	票据
94	深发展“聚财宝”尊贵计划2009年28号	2009-11-30	2010-3-10	5000	信贷资产转让
95	深发展“聚财宝”尊贵计划2009年29号	2009-11-30	2010-10-6	12000	信贷资产转让
96	深发展“聚财宝”尊贵计划2009年30号	2009-11-30	2010-10-17	3000	信贷资产转让
97	建设银行股份有限公司单一资金信托	2009-11-30	2010-2-27	15000	其他
98	兴业银行票据理财系列(第14期)	2008-12-1	2009-1-9	1300	票据
99	成都九华投资股份有限公司单一资金信托	2009-12-2	2012-12-1	10500	股权投资
100	兴业银行票据理财系列(第15期)	2008-12-3	2009-1-16	1200	票据
101	深发展“聚财宝”尊贵计划2009年23号	2009-12-4	2010-1-13	2700	信贷资产转让
102	重庆东华投资有限公司贷款信托	2008-12-4	2009-3-9	10000	贷款
103	兴业银行票据理财系列(第16期)	2008-12-9	2009-3-5	3000	票据
104	深发展“聚财宝”尊贵计划2009年31号	2009-12-11	2010-5-12	5000	信贷资产转让
105	深发展“聚财宝”尊贵计划2009年34号	2009-12-11	2010-12-31	7700	信贷资产转让
106	建设银行股份有限公司单一资金信托	2009-12-17	2011-6-16	30000	其他
107	深发展“聚财宝”尊贵计划2009年33号	2009-12-18	2012-11-25	5000	信贷资产转让
108	建设银行股份有限公司单一资金信托	2009-12-21	2011-12-20	43000	其他
109	建设银行股份有限公司单一资金信托	2009-12-21	2011-1-20	39000	其他
110	中国光大银行单一资金信托	2009-12-21	2010-12-20	98000	贷款
111	兴业银行票据理财系列(第17期)	2008-12-22	2009-3-25	2080	票据
112	华夏银行信贷资产转让(1)单一资金信托	2009-12-24	2010-3-31	13220	信贷资产转让
113	华夏银行信贷资产转让(2)单一资金信托	2009-12-24	2010-4-20	7600	信贷资产转让
114	重庆市地产集团单一资金信托	2009-12-28	2012-12-27	30000	贷款
115	深发展“聚财宝”尊贵计划2009年32号	2009-12-29	2010-6-17	5000	信贷资产转让
116	民生银行非凡理财金债盈(第8期)	2008-12-30	2009-1-19	40195	债券
117	民生银行非凡理财金债盈(第9期)	2008-12-30	2009-2-2	200000	债券
118	西安银信信用担保有限公司贷款信托	2008-12-31	2009-1-24	20000	贷款
119	渝信价值投资伍号单一资金信托	2009-12-31	2012-12-30	20000	组合投资
120	渝信价值投资六号单一资金信托	2009-12-31	2012-12-30	4262	组合投资

数据来源:重庆国际信托投资公司

表3-61　2009年吉林省信托投资公司集合类信托理财产品发行情况表　单位:万元人民币

序号	产品名称	发行日	到期日	发行量	投资方向	预期收益率
1	松花江1号集合资金信托计划	2009-9-1	2010-8-31	2063	贷款	7.00%
2	吉林阳光置业购物广场集合资金信托计划	2009-11-23	2011-11-22	13100	贷款	13.15%

数据来源:吉林省信托投资公司

表3－62　2009年山东省国际信托公司集合类信托理财产品发行情况表　单位：万元人民币

序号	产品名称	发行日	到期日	发行量	投资方向	预期收益率
1	山东信托以太4号证券投资集合资金信托计划	2009－1－20	2011－1－19	4659	证券投资	不确定
2	山东信托金瀛1号证券投资集合资金信托计划	2009－1－21	不确定	3285	证券投资	不确定
3	山东信托仁和汇金一号证券投资集合资金信托计划	2009－2－23	2010－2－23	3000	证券投资	不确定
4	智慧1号证券投资集合资金信托计划	2009－2－11	2010－2－10	9250	证券投资	6.50%
5	联合证券价值联成梦想二号证券投资集合资金信托计划	2009－3－23	2014－3－23	4500	证券投资	7.00%
6	仁和二号证券投资集合资金信托计划	2009－3－5	2010－3－5	1787	证券投资	不确定
7	玉山置业项目集合资金信托计划	2009－3－17	2010－3－17	6000	贷款	7.00%
8	山东信托银河水务污水处理项目贷款集合资金信托计划	2009－4－20	2010－10－19	2759	贷款	6.50%
9	招商智远套利乐证券投资集合资金信托计划	2009－4－8	2010－4－7	3260	证券投资	不确定
10	鼎鑫1号证券投资集合资金信托计划	2009－4－14	2011－4－13	4416	证券投资	6.50%
11	宝华1号证券投资集合资金信托计划	2009－5－12	2011－5－11	2841	证券投资	6.50%
12	以太3号证券投资集合资金信托计划	2009－5－12	2011－5－11	7500	证券投资	6.50%
13	以太5号证券投资集合资金信托计划	2009－5－7	2011－5－6	3710	证券投资	6.00%
14	武当7号证券投资集合资金信托计划	2009－4－22	不确定	9977	证券投资	不确定
15	武当8号证券投资集合资金信托计划	2009－4－30	不确定	4475	证券投资	不确定
16	武当9号证券投资集合资金信托计划	2009－5－8	不确定	4060	证券投资	不确定
17	银叶1号证券投资集合资金信托计划	2009－4－30	不确定	1200	证券投资	不确定
18	梦想4号证券投资集合资金信托计划	2009－5－5	不确定	2000	证券投资	不确定
19	梦想7号证券投资集合资金信托计划	2009－5－14	2014－5－13	4500	证券投资	7.00%
20	茂源1号证券投资集合资金信托计划	2009－5－11	不确定	2501	证券投资	不确定
21	彩虹一号证券投资集合资金信托计划	2009－6－1	2010－11－30	4476	证券投资	6.50%
22	红色量化一号证券投资集合资金信托计划	2009－6－1	2010－5－31	1000	证券投资	6.00%
23	智慧4号证券投资集合资金信托计划	2009－6－3	2010－6－2	7167	证券投资	5.50%
24	联合星辰证券投资集合资金信托计划	2009－6－22	2014－6－21	1500	证券投资	6.50%
25	德信1号证券投资集合资金信托计划	2009－6－19	2011－6－18	7500	证券投资	8.00%
26	融海1号证券投资集合资金信托计划	2009－6－5	2011－6－5	2145	证券投资	6.80%
27	长润2期证券投资集合资金信托计划	2009－6－30	2012－6－30	1350	证券投资	不确定
28	梦想8号证券投资集合资金信托计划	2009－6－29	2014－6－29	1500	证券投资	6.50%
29	新价值4号证券投资集合资金信托计划	2009－6－26	不确定	7544	证券投资	不确定
30	长金4号证券投资集合资金信托计划	2009－6－23	不确定	2736	证券投资	不确定

续表

序号	产品名称	发行日	到期日	发行量	投资方向	预期收益率
31	山东国托中祥投资“ETF 套利”一期集合资金信托计划	2009－6－29	2010－6－29	5000	证券投资	7.00%
32	凯宇置业集合资金信托计划	2009－6－29	2010－6－29	10000	贷款	7.00%
33	长金 5 号证券投资集合资金信托计划	2009－6－26	2014－6－26	1500	证券投资	不确定
34	三能 1 号证券投资集合资金信托计划	2009－6－15	2014－6－15	1650	证券投资	5.00%
35	泰山 1 号证券投资集合资金信托计划	2009－7－17	2011－7－17	8565	证券投资	6.00%
36	宝华 2 期证券投资集合资金信托计划	2009－7－28	2011－7－28	11550	证券投资	5.70%
37	梦想 5 号证券投资集合资金信托计划	2009－7－22	2014－7－22	1500	证券投资	6.50%
38	梦想 6 号证券投资集合资金信托计划	2009－7－28	2014－7－28	1000	证券投资	6.50%
39	证研 1 期证券投资集合资金信托计划	2009－7－3	不确定	2896	证券投资	不确定
40	同威 3 期证券投资集合资金信托计划	2009－7－30	不确定	5716	其他	不确定
41	恒富 9 号集合资金信托	2009－7－3	2010－7－3	6000	贷款	6.00%
42	鲁信尊享 1 号资金信托计划	2009－7－10	2010－6－10	10000	贷款	4.60%
43	山东信托·光华天成证券投资集合信托计划(2009.07.02－2010.07.01)	2009－7－2	2010－7－1	5371	证券投资	6.00%
44	鑫利大通 2 号证券投资集合信托计划(2009.07.13－2011.07.12)	2009－7－13	2011－7－12	3339	证券投资	6.20%
45	鑫利大通 4 号证券投资集合信托计划(2009.07.24－2011.07.23)	2009－7－24	2011－7－23	1829	证券投资	6.80%
46	山东信托·方得证券投资集合信托计划(2009.08.03－2011.08.02)	2009－8－3	2011－8－2	3000	证券投资	6.00%
47	梦想 10 号证券投资集合资金信托计划	2009－8－3	2014－8－3	3000	证券投资	6.50%
48	山东信托·恒鑫“套利＋新股”2 期集合资金信托计划	2009－8－4	2010－8－4	2162	证券投资	7.00%
49	山东信托·盈融达证券投资集合资金信托计划	2009－8－26	2010－8－26	4160	证券投资	6.00%
50	新价值 5 号证券投资集合资金信托计划	2009－8－31	不确定	4416	证券投资	不确定
51	彩虹二号证券投资集合资金信托计划	2009－9－22	20010－9－22	4295	证券投资	6.3%～6.5%
52	首联鑫河 1 号证券投资集合资金信托计划	2009－9－7	2010－9－7	7500	证券投资	5.50%
53	简氏亨通 1 号证券投资集合资金信托计划	2009－10－6	不确定	4356	证券投资	不确定
54	彤源 2 号证券投资集合资金信托计划	2009－10－30	不确定	11486	证券投资	不确定
55	天天成长证券投资集合资金信托计划	2009－11－10	2011－11－10	1678	证券投资	6.50%
56	兴唐集合资金信托计划	2009－11－25	2010－11－25	4615	贷款	6.00%
57	恒富 10 号集合计划	2009－12－1	2010－12－1	8911	贷款	6.00%
58	大地锐城贷款项目集合资金信托计划	2009－11－3	2010－11－3	5000	贷款	7.00%
59	山东信托好望角深蓝 1 号证券投资集合资金信托计划	2009－11－13	2014－11－13	8400	证券投资	不确定
60	保利地产集合信托	2009－12－31	2010－12－31	29250	贷款	6.5%

续表

序号	产品名称	发行日	到期日	发行量	投资方向	预期收益率
61	鲁信－恒裕2号城市基础设施建设融资集合资金信托计划	2009－12－11	2010－12－11	3000	贷款	6.5%
62	鲁信－恒裕3号城市基础设施建设融资集合资金信托计划	2009－12－7	2011－12－7	3000	贷款	7.50%
63	国电菏泽发电有限公司贷款集合信托	2009－12－1	2010－5－1	7929	贷款	3.50%
64	山东信托·济南市房地产系列互助式集合资金信托计划	2009－12－29	不确定	10700	其他	10%

数据来源：山东省国际信托公司

表3－63　2009年江苏省国际信托公司集合类信托理财产品发行情况表　单位：万元人民币

序号	产品名称	发行日	到期日	发行量	投资方向	预期收益率
1	苏州新城万博置业股权投资集合资金信托计划	2008－9－19	2011－9－16	30000	股权投资	10.00%
2	镇江亚东置业有限公司股权投资集合资金信托计划	2009－6－9	2011－12－9	21500	股权投资	7.00%
3	省道332宝应工程项目集合资金信托	2009－6－12	2011－6－12	6000	贷款	6.50%
4	荣盛建设贷款项目集合资金信托计划	2009－9－16	2011－9－15	25000	贷款	7.20%
5	海门中南世纪城房地产贷款项目集合资金信托计划	2009－9－23	2012－3－20	20000	贷款	7.40%
6	江苏宏图高科源久房地产（上水园二期）股权投资集合资金信托计划	2009－11－25	2012－5－25	25000	股权投资	7.20%
7	舜天置业股权投资集合资金信托计划	2009－12－28	2012－6－28	20000	股权投资	5.00%
8	江苏中小企业投融资历集合资金信托计划一期	2009－12－31	2011－6－30	10000	贷款	7.50%

数据来源：江苏省国际信托公司

表3－64　2009年平安信托投资公司集合类信托理财产品发行情况表　单位：万元人民币

序号	产品名称	发行日	到期日	发行量	投资方向
1	平安财富*盛华一期集合资金信托	2009－1－14	2011－1－14	7790	股权投资
2	辉煌二期三号集合资金信托计划	2009－1－16	2014－1－16	3590	股权投资
3	平安财富*佳园12号宋都采荷集合资金信托	2009－2－6	2011－2－6	18000	贷款
4	平安财富*胜安3号集合资金信托计划	2009－2－17	2010－2－17	10500	其他
5	平安财富*利鑫1号集合资金信托计划	2009－3－6	2010－3－6	16000	其他
6	现金赢利0901集合信托计划	2009－2－25	2010－2－25	410	其他
7	平安财富*丰泰48号集合资金信托计划	2009－3－11	2010－3－11	22000	贷款
8	月月盈1号集合资金信托计划	2009－4－9	2011－4－9	550	其他
9	平安财富*盛景一期集合资金信托计划	2009－4－30	2014－4－30	10350	股权投资
10	平安财富*锦江二号集合资金信托计划	2009－5－22	2012－5－22	130	股权投资
11	平安财富*锦江三号集合资金信托计划	2009－6－17	2012－6－17	100	股权投资
12	平安财富*卓越成长一期集合资金信托计划	2009－5－15	2013－5－15	14800	股权投资

续表

序号	产品名称	发行日	到期日	发行量	投资方向
13	平安财富＊东海盛世一号集合资金信托	2009－5－26	2014－5－26	10410	证券投资
14	平安财富＊盛景二期集合资金信托计划	2009－6－16	2014－6－16	9870	股权投资
15	平安财富＊月月盈3号集合资金信托计划	2009－5－26	2011－5－26	700	其他
16	平安财富＊现金赢利0902集合资金信托计划	2009－5－20	2010－5－20	204	其他
17	平安财富＊淡水泉成长三期集合资金信托	2009－5－27	2012－5－27	7670	证券投资
18	平安财富＊淡水泉成长四期集合资金信托	2009－6－8	2012－6－8	4985	证券投资
19	平安财富＊利鑫2号1期集合资金信托计划	2009－6－19	2010－6－19	19120	其他
20	平安财富＊锦江四号集合资金信托计划	2009－7－16	2012－7－16	440	股权投资
21	平安财富＊锦江五号集合资金信托计划	2009－7－16	2012－7－16	4260	股权投资
22	平安财富＊锦霖集合资金信托	2009－7－16	2012－7－16	7100	股权投资
23	平安财富＊利鑫1号2期集合资金信托计划	2009－7－10	2010－7－10	2220	其他
24	平安财富＊盛景三期集合资金信托	2009－7－24	2014－7－24	14440	股权投资
25	平安财富＊淡水泉成长五期集合资金信托	2009－8－5	2012－8－5	3440	证券投资
26	平安财富＊淡水泉成长六期集合资金信托	2009－7－29	2012－7－29	6200	证券投资
27	平安财富＊淡水泉成长七期集合资金信托	2009－7－31	2012－7－31	4910	证券投资
28	平安财富＊金盛凯石二期集合资金信托	2009－8－4	2011－8－4	19605	证券投资
29	平安财富＊盛景四期集合资金信托	2009－8－26	2014－8－26	17180	股权投资
30	平安财富＊富鑫稳健分红型集合资金信托	2009－9－4	2029－9－4	6950	证券投资
31	平安财富＊武当二期集合资金信托	2009－9－30	2012－9－30	3490	证券投资
32	平安财富＊投资精英之淡水泉	2009－9－21	2014－9－21	3710	证券投资
33	平安财富＊投资精英之从容	2009－9－17	2014－9－17	5140	证券投资
34	平安财富＊投资精英之武当	2009－9－17	2014－9－17	3300	证券投资
35	平安财富＊投资精英之星石	2009－9－21	2014－9－21	3050	证券投资
36	平安财富＊盛景五期集合资金信托	2009－9－28	2014－9－28	16140	股权投资
37	平安财富＊投资精英之汇利	2009－10－26	2014－10－26	1100	证券投资
38	平安财富＊投资精英之朱雀	2009－10－10	2014－10－10	1250	证券投资
39	平安财富＊新瑞一期集合资金信托	2009－10－30	2010－10－30	3055	证券投资
40	平安财富＊盛景六期集合资金信托	2009－10－23	2014－10－23	15210	股权投资
41	平安财富＊创置集合资金信托计划	2009－10－27	2011－10－27	131300	其他
42	平安财富＊利鑫8号1期集合资金信托计划	2009－10－30	2010－10－30	13640	其他
43	平安财富＊利鑫7号1期集合资金信托计划	2009－11－2	2010－11－2	13075	其他
44	平安财富＊淡水泉成长九期集合资金信托计划	2009－11－3	2012－11－3	8620	证券投资
45	平安财富＊盛景八期集合资金信托	2009－11－13	2014－11－13	18270	股权投资
46	平安财富＊利鑫5号1期集合资金信托计划	2009－11－12	2010－11－12	8500	其他
47	平安财富＊盛景七期集合资金信托	2009－11－27	2014－11－27	7950	股权投资
48	平安信托＊招行福瑞一生分红型集合资金信托	2009－11－17	2019－11－17	8742	证券投资

续表

序号	产品名称	发行日	到期日	发行量	投资方向
49	平安财富＊长江二期集合资金信托计划	2009－12－4	2012－12－4	1600	证券投资
50	平安财富＊日聚金跨市场货币基金1号集合资金信托	2009－12－4	2019－12－4	11740	证券投资
51	平安财富＊同威一期集合资金信托	2009－12－18	2012－12－18	5000	证券投资
52	平安财富＊新价值成长一期集合资金信托	2009－12－15	2014－12－15	9753	证券投资
53	平安信托＊黄金优选1期1号集合资金信托	2009－12－9	2014－12－9	5190	其他
54	平安信托＊黄金优选1期2号集合资金信托	2009－12－10	2014－12－10	6472	其他
55	平安财富＊金烁一期通用1号集合资金信托计划	2009－12－29	2011－12－29	10914	证券投资
56	平安财富·安鑫1号房地产投资基金信托计划	2009－12－21	2012－12－21	161700	组合投资

数据来源：平安信托投资公司

表3－65　2009年中国对外经济贸易信托公司集合类信托理财产品发行情况表

单位：万元人民币

序号	产品名称	发行日	到期日	发行量	投资方向
1	国淼一期证券投资集合资金信托项目	2009－01－20	2014－01－19	2350	证券投资
2	汇富3号（胜达）结构式证券投资集合资金信托计划	2009－03－26	2010－08－26	7341	证券投资
3	善水股权收益权投资集合资金信托计划	2009－03－26	2012－03－25	6700	其他
4	稳健增值（华夏）证券投资集合资金信托计划	2009－04－02	2009－06－26	15300	证券投资
5	外贸信托华金1号证券投资集合资金信托计划	2009－04－08	2010－04－07	4200	证券投资
6	国泰君安套利通4号证券投资集合资金信托计划	2009－04－10	2010－04－09	14400	证券投资
7	外贸信托汇富2号（理成）结构式证券投资集合资金信托	2009－04－17	2011－04－17	3428	证券投资
8	外贸信托君利稳健收益集合资金信托计划	2009－04－21	2009－11－03	33361	证券投资
9	国泰君安套利通6号证券投资集合资金信托计划	2009－04－22	2010－04－21	13800	证券投资
10	外贸信托汇富1号（海富东方）结构式证券投资	2009－05－18	2010－11－18	3836	证券投资
11	外贸信托万象新天集合资金贷款信托计划	2009－05－19	2011－05－21	10000	贷款
12	外贸信托富韬（1期）证券投资集合资金信托计划	2009－06－05	2010－06－05	3236	证券投资
13	外贸信托富嘉（1期）证券投资集合资金信托计划	2009－06－05	2010－06－05	3041	证券投资
14	外贸信托富达（1期）证券投资集合资金信托计划	2009－06－05	2010－06－05	3100	证券投资
15	外贸信托汇富5号结构式证券投资集合资金信托计划	2009－06－24	2010－06－24	6000	证券投资
16	徽商银行股权投资指定用途集合资金信托计划	2009－06－25	2011－06－25	42200	股权投资
17	东方之珠项目集合资金信托计划	2009－07－01	2010－07－01	5000	贷款
18	汇富9号结构化证券投资集合资金信托计划	2009－07－15	2010－07－14	7500	证券投资
19	汇富4号证券投资集合资金信托计划	2009－07－24	2014－07－23	5730	证券投资
20	外贸信托－奕金安一期证券投资集合资金信托计划	2009－07－27	2010－07－26	5000	证券投资
21	外贸信托富鹏（1期）证券投资集合资金信托计划	2009－08－17	2010－08－16	5550	证券投资
22	外贸信托汇富7号结构式证券投资集合资金信托计划	2009－08－21	2010－08－20	17500	证券投资
23	广微控股项目集合资金信托计划	2009－09－08	2010－09－08	4000	贷款
24	万通上北新新家园项目集合资金信托计划	2009－09－09	2011－09－09	20000	贷款

续表

序号	产品名称	发行日	到期日	发行量	投资方向
25	外贸信托双赢(5期)阳光私募基金宝证券投资集合资金信托计划	2009-09-22	2014-09-21	16300	证券投资
26	外贸信托双赢(6期)阳光私募基金宝证券投资集合资金信托计划	2009-09-22	2014-09-21	29359	证券投资
27	外贸信托双赢(7期)阳光私募基金宝证券投资集合资金信托计划	2009-09-22	2014-09-21	24100	证券投资
28	外贸信托双赢(8期)阳光私募基金宝证券投资集合资金信托计划	2009-09-22	2014-09-21	26300	证券投资
29	外贸信托双赢(9期)阳光私募基金宝证券投资集合资金信托计划	2009-09-22	2014-09-21	35922	证券投资
30	外贸信托-长江证券结构化指数基金投资集合资金信托计划	2009-10-16	2010-10-15	12000	证券投资
31	弘酬3期证券投资集合资金信托	2009-11-10	2014-11-09	1500	证券投资
32	稳健增值(永圣慧远)证券投资集合资金信托计划	2009-12-11	2014-12-10	20350	证券投资
33	外贸信托-鑫欣1号能源产业基金集合资金信托计划	2009-12-17	2011-05-16	18000	贷款
34	善水五期信托受益权之收益权投资集合资金信托计划	2009-12-30	2012-12-30	8040	股权收益权

数据来源:中国对外经济贸易信托公司

表3-66 2009年中诚信托公司集合类信托理财产品发行情况表

单位:万元人民币

序号	产品名称	发行日	到期日	发行量	投资方向
1	德润房地产公司贷款项目集合资金信托计划	2009-4-30	2010-7-29	30000	贷款
2	万联1号证券投资信托	2009-4-15	2010-4-14	7059	证券投资
3	2009年中诚·精盈1号证券投资集合资金信托计划	2009-4-30	2010-4-29	5560	证券投资
4	2009年中诚理财壹号集合信托	2009-5-22	2011-5-21	60000	贷款
5	2009年中诚. 勤益持续成长投资1期证券集合信托	2009-5-4	2011-2-3	5859	证券投资
6	2009年中诚. 天惠投资1号证券集合资金信托计划	2009-5-12	2010-5-11	3985	证券投资
7	2009年中诚. 大通投资1号证券集合资金信托计划	2009-5-13	2010-5-12	9000	证券投资
8	2009年中诚主题精选证券投资集合资金信托计划	2009-5-20	2010-5-19	11500	证券投资
9	2009年中诚. 鑫缘投资1号集合资金信托计划	2009-5-12	2010-5-10	3500	证券投资
10	2009年中诚信托碧湖居二期贷款项目集合信托	2009-6-30	2010-6-29	20000	贷款
11	2009年中诚. 滨江优得证券投资集合资金信托项目	2009-6-30	2009-5-31	25312	证券投资
12	2009中诚信托祁连山股票收益权集合资金信托	2009-6-15	2010-12-14	7388	证券投资
13	2009年中诚·红帆1号证券投资集合资金信托计划	2009-6-10	2010-6-9	5420	证券投资
14	2009年中诚·华安灵活配置1号集合信托计划	2009-6-24	2011-6-23	4140	证券投资
15	2009年中诚·精盈2号证券投资集合资金信托计划	2009-6-26	2010-6-25	10336	证券投资
16	2009年中诚. 滨江优享证券投资集合资金信托项目	2009-7-2	2010-7-1	22634	证券投资

续表

序号	产品名称	发行日	到期日	发行量	投资方向
17	2009 年中诚．滨江优利证券投资集合资金信托项目	2009－7－3	2010－7－2	32054	证券投资
18	2009 年中诚·金福 1 号证券投资集合资金信托计划	2009－7－14	2010－7－13	11500	证券投资
19	2009 年仁和药业股票收益权集合信托	2009－7－17	2011－7－16	7104	其他
20	北京海港城集合信托	2009－7－21	2011－7－20	25000	贷款
21	2009 年中诚·金福 2 号证券投资集合资金信托计划	2009－7－31	2010－7－30	10300	证券投资
22	北京瑞丰祁连山股票质押贷款项目集合资金信托计划	2009－7－31	2011－1－30	4800	证券投资
23	2009 年中诚·金牛 1 号证券投资集合信托	2009－8－7	2011－8－6	6000	证券投资
24	2009 中诚信托厦门领秀城项目集合信托	2009－8－24	2011－8－23	30000	贷款
25	2009 年中诚信托首开股份股票收益权投资集合信托	2009－8－26	2011－2－25	25000	其他
26	2009 年悠乐汇商业项目集合信托	2009－9－3	2010－9－2	15000	其他
27	2009 年京温股权投资集合信托	2009－9－29	2011－12－29	25000	股权投资
28	2009 年兴基伟业股权收益权投资集合信托	2009－9－29	2014－9－28	130000	其他
29	2009 年瑞海大厦贷款集合信托	2009－10－16	2011－4－15	11000	贷款
30	2009 年汤泉别墅贷款项目集合信托计划	2009－10－30	2011－1－29	4600	贷款
31	2009 年大连银行股票收益权集合信托	2009－11－4	2010－11－3	4500	其他
32	2009 年南京汤山项目集合信托	2009－11－4	2014－11－3	43000	股权投资
33	2009 年中诚信托润通鸿业投资集合信托	2009－12－2	2011－12－1	165000	股权投资
34	2009 年蓝海雅居海景公寓项目集合资金信托计划	2009－12－4	2011－12－3	20000	贷款
35	2009 年大唐电信科技产业园项目集合资金信托计划	2009－12－9	2011－12－8	7500	股权投资
36	2009 年中诚信托宇宁波嘉源债权受让集合资金信托	2009－12－21	2011－6－20	20000	证券投资
37	2009 年中诚信托龙元建设股票收益权集合资金信托	2009－12－21	2010－12－20	7000	证券投资
38	2009 年中诚信托仁和药业股票收益权集合资金信托	2009－12－22	2010－12－21	7000	证券投资
39	2009 年中诚平安基金宝 1 号集合信托	2009－12－25	2012－12－24	5780	证券投资
40	2009 年江苏宇和股权投资集合资金信托	2009－12－25	2012－6－24	5000	贷款
41	2009 年中坤锦绣项目集合信托	2009－12－25	2011－12－24	20000	贷款

数据来源：中诚信托公司

表 3－67　2009 年中信信托公司集合类信托理财产品发行情况表　单位：万元人民币

序号	产品名称	发行日	到期日	项目规模	投资方向
1	S－1|洛阳师院工会－洛阳师院信托贷款项目	2009－01－12	2021－11－19	6000.00	贷款
2	S－1|中信集团－中信房地产项目 0819 期	2009－01－12	2012－01－12	40000.00	贷款
3	A－2|日本瑞穗企业年金信托项目	2009－01－14	2014－01－14	341.94	其他
4	A－2|天津城投企业年金信托项目	2009－01－14	2014－01－14	176.85	其他
5	S－2－2|建行－富士艺园项目	2009－01－14		21000.00	投资
6	S－1|交行北分受让信贷资产项目 0901 期	2009－01－19	2009－06－12	5154.66	贷款
7	S－2－2|嘉银通－国成世纪项目	2009－01－19	2013－03－31		投资

续表

序号	产品名称	发行日	到期日	项目规模	投资方向
8	A-1-3丨中信信托-星石8期证券投资集合资金信托计划	2009-01-21	2029-01-21	3228.00	证券投资
9	S-1丨交行-成都城建受让信贷资产项目0901期	2009-01-22	2010-01-09	67000.00	贷款
10	S-1丨交行-成都城投受让信贷资产项目0801期	2009-01-22	2009-09-16	50000.00	贷款
11	S-2-2丨交行-信远鸿业两家项目	2009-01-23	2012-01-23	110000.00	投资
12	A-1-2丨中信乾景套利型投资基金项目	2009-02-04	2015-02-04	21250.00	投资
13	S-1丨中信集团-中信机电项目0802期	2009-02-20	2010-02-19		贷款
14	S-1丨中信集团-中信深圳投资项目0901期	2009-02-20	2014-02-28		贷款
15	A-1-3丨中信信托精熙证券投资集合资金信托计划	2009-02-23	2014-02-23	2080.00	证券投资
16	A-1-1丨中信盛景天津区域发展基金集合资金信托计划一期	2009-03-05	2012-03-05	300000.00	贷款
17	S-1丨自然人-南京实盛项目	2009-03-05	2010-03-05		贷款
18	S-1丨交行-信托受让开行信贷资产项目0902期	2009-03-06	2009-04-29		贷款
19	S-1丨交行-信托受让开行信贷资产项目0904期	2009-03-06	2009-09-27		贷款
20	S-1丨交行-信托受让开行信贷资产项目0906期	2009-03-06	2010-01-12	6500.00	贷款
21	S-1丨交行-信托受让开行信贷资产项目0907期	2009-03-06	2010-01-23	145000.00	贷款
22	S-1丨交行-信托受让开行信贷资产项目0908期	2009-03-10	2010-01-14	7500.00	贷款
23	S-1丨交行-信托受让开行信贷资产项目0909期	2009-03-10	2010-01-15	15000.00	贷款
24	S-1丨交行-信远控股项目	2009-03-10	2009-07-07		贷款
25	S-1丨交行-中国新纪元项目0901期	2009-03-11	2009-05-11		贷款
26	S-1丨中信集团-中信华东项目0901期	2009-03-12	2014-02-18	50000.00	贷款
27	A-1-3丨中信信托全福分层型证券投资集合资金信托计划0903期	2009-03-17	2010-09-17	21375.00	证券投资
28	S-1丨中信银行-信托受让开行信贷资产项目0901期	2009-03-17	2010-02-26		贷款
29	A-1-3丨中信信托-从容稳健证券投资集合资金信托计划0902期	2009-03-18	2012-03-18	6318.00	证券投资
30	S-1丨建行-厦门港务项目0901期	2009-03-19	2009-07-20	70000.00	贷款
31	A-1-3丨中信信托汇利优选证券投资集合资金信托计划二期	2009-03-20	2014-03-20	3640.00	证券投资
32	A-1-3丨中信信托全福分层型证券投资集合资金信托计划0901期	2009-03-20	2010-09-20	23520.00	证券投资
33	A-1-3丨中信信托-星石12期证券投资集合资金信托计划	2009-03-23	2029-03-23	4420.00	证券投资
34	S-1丨交行-信托受让开行信贷资产项目0901期	2009-03-24	2009-08-11	0.00	贷款

续表

序号	产品名称	发行日	到期日	项目规模	投资方向
35	A－1－3│中信信托－从容稳健证券投资集合资金信托计划0903期	2009－03－25	2012－03－25	4743.00	证券投资
36	S－1│交行北分信托组合投资项目0901期	2009－03－26	2010－02－26	开放式项目	贷款
37	S－1│中行－恒逸石化项目	2009－03－26	2010－03－26		贷款
38	S－2－2│平南农信－广西金融投资项目0901期	2009－03－30	2014－03－29	20000.00	投资
39	S－1│中信银行－信托受让开行信贷资产项目0902期	2009－04－02	2010－02－26		贷款
40	A－1－3│套利通2号分层型证券投资集合资金信托计划0901期	2009－04－03	2011－05－03	105000.00	证券投资
41	A－1－4│中信达道1号搭桥贷款及并购投资集合资金信托计划	2009－04－09	2011－04－09	15000.00	投资
42	S－1│中信集团－中信国安项目0901期	2009－04－09	2010－04－08	4500.00	贷款
43	S－2－2│建行－昆明城投信托直接投资项目0901期	2009－04－09	2012－03－29	99958.50	投资
44	A－1－1│鄂尔多斯装备制造基地信托贷款集合资金信托计划	2009－04－10	2011－04－10	100000.00	贷款
45	A－1－3│中信信托全福分层型证券投资集合资金信托计划0904期	2009－04－10	2010－10－10	18075.00	证券投资
46	A－1－1│中信远景－宜华集团信托贷款集合资金信托计划	2009－04－14	2011－10－14	15000.00	贷款
47	A－1－4│中信同盈1号集合资金信托计划	2009－04－14	2012－04－14	34140.00	投资
48	S－1│首旅－金源时代项目0901期	2009－04－14	2010－04－14	40000.00	贷款
49	A－1－3│中信信托全福分层型证券投资集合资金信托计划0902期	2009－04－15	2010－10－15	10230.00	证券投资
50	S－1│中信银行－信托受让开行信贷资产项目0903期	2009－04－16	2009－10－16		贷款
51	S－1│交行－信托受让开行信贷资产项目0910期	2009－04－21	2010－01－19	40000.00	贷款
52	A－1－1│山东省潍坊市寒亭区基础设施建设贷款集合资金信托计划一期	2009－04－22	2011－04－22	5240.00	贷款
53	S－1│中信集团－中信网络项目0901期	2009－04－23	2010－04－23		贷款
54	A－1－3│中信信托－海达教育1期分层型证券投资集合资金信托计划0901期	2009－04－27	2011－04－27	5000.00	证券投资
55	A－1－3│中信信托全福分层型证券投资集合资金信托计划0907期	2009－04－28	2010－10－28	22381.50	证券投资
56	S－1│中信银行－四方电气项目0901期	2009－04－28	2010－04－28		贷款

续表

序号	产品名称	发行日	到期日	项目规模	投资方向
57	A－1－3|中信信托全福分层型证券投资集合资金信托计划0905期	2009－04－30	2010－10－30	22500.00	证券投资
58	S－1|深圳福雅和科技－中坤长业项目0901期	2009－04－30	2009－06－08		贷款
59	S－1|中信银行－信托受让开行信贷资产项目0904期	2009－04－30	2010－01－18	5700.00	贷款
60	S－1|中信银行－信托受让开行信贷资产项目0905期	2009－04－30	2010－03－26	43000.00	贷款
61	S－1|兴业银行－国电集团信托贷款项目0901期	2009－05－07	2010－05－07	300000.00	贷款
62	A－1－3|中信信托－从容稳健证券投资集合资金信托计划0901期	2009－05－08	2012－05－08	29800.00	证券投资
63	S－1|建行－振华建设项目0901期	2009－05－08	2010－05－07	2000.00	贷款
64	A－1－3|中信信托－江平超级价值证券投资集合资金信托计划0901期	2009－05－11	2029－05－11	4506.00	证券投资
65	A－1－3|中信信托－盈捷系列证券投资集合资金信托计划0901期	2009－05－13	2029－05－13	5300.00	证券投资
66	S－2－2|自然人－东宸国际项目	2009－05－14	2014－05－14		投资
67	A－1－3|中信信托－国弘1期证券投资集合资金信托计划0901期	2009－05－18	2012－05－18	5300.00	证券投资
68	A－1－4|乾景－汇联产权交易市场投资基金集合资金信托计划一期	2009－05－20	2011－05－20	11000.00	投资
69	S－1|中投证券－云南华能澜沧江项目	2009－05－20	2010－05－20	50000.00	贷款
70	A－1－3|中信信托－星石14期证券投资集合资金信托计划	2009－05－25	2029－05－25	5008.00	证券投资
71	S－2－2|建行－株洲高科项目0901期	2009－06－01	2012－06－01		投资
72	S－1|中信集团－中信红河项目0901期	2009－06－04	2010－06－04	4500.00	贷款
73	S－2－2|中信银行－重庆轨道交通项目0901期	2009－06－08	2012－06－08		投资
74	S－1|深圳福雅和科技－海津置地项目	2009－06－09	2010－06－09	4000.00	贷款
75	S－1|中信银行－京能集团信托贷款项目0901期	2009－06－09	2009－09－07		贷款
76	S－1|自然人－山东上正项目0901期	2009－06－09	2010－06－09		贷款
77	A－1－3|中信信托－星石15期证券投资集合资金信托计划	2009－06－10	2029－06－10	6600.00	证券投资
78	S－2－2|中信银行－重庆轨道交通项目0902期	2009－06－15	2012－06－15		投资
79	S－1|诸城服装－中电投信托贷款并转让债权项目0901期	2009－06－16	2012－06－16	50000.00	贷款
80	A－1－3|中信信托－柘弓一期分层型证券投资集合资金信托计划0901期	2009－06－19	2010－12－19	4800.00	证券投资

续表

序号	产品名称	发行日	到期日	项目规模	投资方向
81	A－1－3丨玺萌嘉祥分层型证券投资集合资金信托计划0901期	2009－06－19	2011－06－19	8550.00	证券投资
82	A－1－4丨中信信逸一号中小企业发展集合资金信托计划	2009－06－23	2012－06－23	30000.00	投资
83	S－1丨联合投资－湖北日报集团项目0901期	2009－06－23	2009－12－23	10000.00	贷款
84	S－1丨交行北分信托组合投资项目0902期	2009－06－30	2010－06－30	开放式项目	贷款
85	A－1－1丨张江－泰隆信托贷款集合资金信托计划	2009－07－03	2010－07－03	11000.00	贷款
86	S－1丨农行－中电投信托贷款项目0901期	2009－07－03	2010－07－03	300000.00	贷款
87	S－1丨自然人－上海东银信托贷款项目	2009－07－06	2009－10－06	2600.00	贷款
88	A－1－3丨中信信托全福分层型证券投资集合资金信托计划0906期	2009－07－07	2011－01－07	22385.00	证券投资
89	A－1－3丨鼎和海通证券股票收益权流动化集合计划0901期	2009－07－10	2011－01－10	66850.00	投资
90	S－1丨兴业银行－平正高速信托贷款项目0901期	2009－07－10	2010－07－12	30000.00	贷款
91	S－2－2丨兴业银行－国电集团信托直接投资项目0901期	2009－07－10	2011－07－09	192666.00	投资
92	A－1－3丨中信信托－和聚一期证券投资集合资金信托计划0901期	2009－07－14	2029－07－14	5000.00	证券投资
93	S－1丨中信银行－同方股份信托贷款项目0901期	2009－07－15	2009－12－25	50000.00	贷款
94	S－1丨中行－湘电集团信托贷款项目0901期	2009－07－15	2010－07－15		贷款
95	S－1丨农行－二滩水电信托贷款项目0901期	2009－07－16	2010－07－16	50000.00	贷款
96	S－1丨兴业银行－国电集团信托贷款项目0902期	2009－07－17	2010－07－16	150000.00	贷款
97	S－1丨农行－国电集团信托贷款项目0901期	2009－07－22	2012－07－22	500000.00	贷款
98	S－1丨中行信托受让信贷资产项目0901期	2009－07－22	2010－07－22	30000.00	贷款
99	S－1丨交行北分信托组合投资项目0903期	2009－07－24	2010－07－24	开放式项目	贷款
100	S－1丨农行－中铁工程信托贷款项目0901期	2009－07－24	2010－07－24	79000.00	贷款
101	S－1丨中信重工－宏泰城投信托贷款项目	2009－07－24	2011－07－25	20000.00	贷款
102	S－2－2丨交行－华利工体北信托直接投资项目	2009－07－28	2011－01－28	105430.00	投资
103	A－1－4丨中信兴云联合投资基金集合资金信托计划	2009－07－30	2014－07－30	120000.00	投资
104	S－1丨中信银行－武汉地产集团信托贷款项目0901期	2009－07－30	2010－07－25	40000.00	贷款
105	S－2－2丨东方巴黎－防城港信托直接投资项目	2009－07－30	2012－07－30	12500.00	投资
106	A－1－2丨中信锦绣三号股权投资基金集合资金信托计划	2009－07－31	2014－07－31	80000.00	投资
107	S－1丨建行－贵阳城投信托贷款项目0901期	2009－07－31	2010－04－27	30000.00	贷款

续表

序号	产品名称	发行日	到期日	项目规模	投资方向
108	S－2－2丨中信集团－中德安联信托直接投资项目0901期	2009－07－31		29400.00	投资
109	A－1－3丨中信信托＊稳健理财项目2期集合资金信托计划	2009－08－04	2012－08－04	328637.20	证券投资
110	A－1－1丨四川凯迈信托贷款集合资金信托计划	2009－08－05	2011－02－05	10900.00	贷款
111	S－1丨诸城服装－武汉城投信托贷款并转让债权项目0901期	2009－08－06	2015－08－06	200000.00	贷款
112	S－1丨诸城服装开放式信托贷款并转让债权项目0901期	2009－08－06	2015－08－06	开放式项目	贷款
113	A－1－3丨中信信托＊稳健理财项目3期集合资金信托计划	2009－08－10	2012－08－10	18956.00	证券投资
114	S－1丨中信银行－中冶成工信托贷款项目0901期	2009－08－12	2012－03－12	30000.00	贷款
115	S－1丨兴业银行－中交股份信托贷款项目0901期	2009－08－14	2010－08－13	50000.00	贷款
116	S－1丨中信银行－同方股份信托贷款项目0902期	2009－08－14	2012－06－08	20000.00	贷款
117	S－1丨天津轧一工会－天津轧一钢铁集团信托贷款项目	2009－08－17	2010－08－17	8678.00	贷款
118	S－1丨中信银行－中冶置业信托贷款项目0901期	2009－08－18	2012－08－18	70000.00	贷款
119	A－1－4丨华业地产股票收益权转让及回购集合资金信托计划0901期	2009－08－27	2010－08－27	80000.00	投资
120	S－1丨中信集团－中信锦铁信托贷款项目0902期	2009－08－31	2011－11－20	20000.00	贷款
121	S－1丨中信集团－中信锦铁信托贷款项目0901期	2009－09－02	2011－11－20	20000.00	贷款
122	S－2－2丨兴云诚－中核兴业信托直接投资项目	2009－09－02	2011－09－01	198.00	投资
123	A－1－3丨分层型证券投资集合资金信托计划16期	2009－09－09	2012－09－09	10000.00	证券投资
124	A－1－2丨中信天泰不动产投资信托基金集合资金信托计划	2009－09－10	2012－09－10	29670.00	投资
125	S－1丨中信银行－信托受让开行信贷资产项目0906期	2009－09－15	2010－06－16	39000.00	贷款
126	S－1丨中信银行－信托受让开行信贷资产项目0907期	2009－09－15	2010－06－30	49000.00	贷款
127	S－1丨中行信托受让信贷资产项目0902期	2009－09－15	2010－09－15	100000.00	贷款
128	A－1－3丨中信信托＊星石18期证券投资集合资金信托计划	2009－09－16	2029－09－16	3150.00	证券投资
129	S－1丨兴业银行－信托受让中行信贷资产项目0901期	2009－09－16	2010－01－15	70000.00	贷款
130	A－2丨深圳康泰年金项目	2009－09－22	2014－09－22	221.12	其他
131	S－2－2丨江苏天星－江苏百泽信托直接投资项目	2009－09－24	2012－09－24	5100.00	投资

续表

序号	产品名称	发行日	到期日	项目规模	投资方向
132	A－1－1|广东恒润华创信托贷款集合资金信托计划	2009－09－25	2010－09－25	50000.00	贷款
133	A－1－3|中信信托＊国弘2期证券投资集合资金信托计划0902期	2009－09－28	2029－09－28	5000.00	证券投资
134	A－1－3|中信信托＊彤源分层型证券投资集合资金信托计划0901期	2009－09－28	2029－09－28	13380.00	证券投资
135	A－1－3|中信信托＊星石19期证券投资集合资金信托计划	2009－09－28	2029－09－28	5400.00	证券投资
136	S－1|中行－国电大渡河信托贷款项目	2009－09－28	2010－03－28	78300.00	贷款
137	A－1－3|中信信托＊远策1期证券投资集合资金信托计划0901期	2009－09－29	2029－09－29	6245.00	证券投资
138	A－1－3|中信信托＊远策2期证券投资集合资金信托计划0902期	2009－09－29	2029－09－29	6266.00	证券投资
139	S－1|中行信托受让信贷资产项目0903期	2009－09－29	2010－02－26	202000.00	贷款
140	A－1－2|中信东单项目投资集合资金信托计划	2009－09－30	2011－09－30	40000.00	投资
141	S－1|农行－新兰得置业信托贷款项目0901期	2009－10－10	2010－10－10	20000.00	贷款
142	A－1－3|中信信托＊从容成长5期证券投资集合资金信托0901期	2009－10－16	2011－10－16	3325.00	证券投资
143	S－1|建行－湖南高速信托贷款项目0901期	2009－10－16	2010－04－15	99738.90	贷款
144	S－1|农行－山东交通厅信托贷款项目0901期	2009－10－16	2012－10－16	300000.00	贷款
145	S－2－2|建行－上海金叠信托直接投资项目	2009－10－19	2011－09－19	14500.00	投资
146	A－1－3|中信信托＊远策3期证券投资集合资金信托计划0903期	2009－10－20	2029－10－20	9596.00	证券投资
147	S－1|中信银行－信托受让开行信贷资产项目0908期	2009－10－20	2010－06－21	47000.00	贷款
148	S－1|中信银行－信托受让开行信贷资产项目0909期	2009－10－20	2010－05－19	22000.00	贷款
149	A－1－3|中信信托＊原君1期证券投资集合资金信托计划0901期	2009－10－21	2029－10－21	3000.00	证券投资
150	A－1－2|中信＊聚信汇金地产基金Ⅰ号集合资金信托计划	2009－10－27	2019－10－27	72004.00	投资
151	S－1|中信银行－信托受让开行信贷资产项目0911期	2009－10－27	2010－06－09	20000.00	贷款
152	S－1|中信银行－信托受让开行信贷资产项目0910期	2009－10－30	2010－06－25	39000.00	贷款
153	S－2－2|江阴利港－江阴利电信托直接投资项目	2009－10－30	2019－10－30	400.00	投资

续表

序号	产品名称	发行日	到期日	项目规模	投资方向
154	A-1-3|中信信托*远策4期证券投资集合资金信托计划0904期	2009-11-03	2029-11-03	12788.00	证券投资
155	S-1|中信集团-中信华东信托贷款项目0902期	2009-11-03	2010-05-02	18000.00	贷款
156	S-1|农行-国电大渡河信托贷款项目0901期	2009-11-09	2010-11-09	60000.00	贷款
157	A-1-4|中信同盈2号基金集合资金信托计划	2009-11-10	2012-11-10	30000.00	投资
158	S-1|易安天下-北京中烹协信托贷款项目0901期	2009-11-10	2011-11-10	600.00	贷款
159	S-1|中信重工-宏泰城投信托贷款项目0902期	2009-11-10	2011-11-10	50000.00	贷款
160	A-1-3|中信信托*嘉海1期分层型证券投资集合资金信托计划0901期	2009-11-13	2011-05-13	5100.00	证券投资
161	A-1-3|中信信托*金百镕1期证券投资集合资金信托计划0901期	2009-11-13	2029-11-13	5015.00	证券投资
162	A-1-1|陕西宝姜石化铁路贸易贷款集合资金信托计划	2009-11-16	2010-11-16	20000.00	贷款
163	S-1|中行信托受让信贷资产项目0904期	2009-11-18	2010-05-17	10000.00	贷款
164	S-1|农行-华润电力信托贷款项目0901期	2009-11-19	2010-11-18	100000.00	贷款
165	S-1|兴业银行-武汉市水务集团信托贷款项目0901期	2009-11-19	2010-11-19	8000.00	贷款
166	A-1-3|中信信托*鼎诺1期分层型证券投资集合资金信托计划0901期	2009-11-20	2011-11-20	15000.00	证券投资
167	A-1-3|中信信托*龙票1期分层型证券投资集合资金信托计划0901期	2009-11-20	2011-11-20	9750.00	证券投资
168	A-1-3|中信信托*喜马拉雅1期证券投资集合资金信托0901期	2009-11-20	2029-11-20	3420.00	证券投资
169	S-1|农行-广州城投信托贷款项目0901期	2009-11-23	2010-11-12	50000.00	贷款
170	S-1|交行-派格太合等6家信托贷款项目	2009-11-27	2010-11-27	2200.00	贷款
171	A-1-3|中信信托*彤源瑞华2期分层型证券投资集合资金信托计划0902期	2009-11-30	2011-11-30	29010.00	证券投资
172	S-1|建行-清源水务信托贷款项目	2009-11-30	2010-08-29	3000.00	贷款
173	S-1|中信集团-宁波集团信托贷款项目0902期	2009-12-01	2012-11-30	960.00	贷款
174	A-1-3|中信信托*星石17期证券投资集合资金信托计划	2009-12-03	2029-12-03	3310.00	证券投资
175	A-1-3|中信信托*理成1期分层型证券投资集合资金信托计划0901期	2009-12-04	2011-06-04	12930.00	证券投资

续表

序号	产品名称	发行日	到期日	项目规模	投资方向
176	A－1－3丨中信信托＊大雄风分层型证券投资集合资金信托计划 0901 期	2009－12－07	2011－06－07	8253.00	证券投资
177	A－1－3丨中信信托＊鼎诺秋实 1 期证券投资集合资金信托计划 0901 期	2009－12－07	2029－12－07	3200.00	证券投资
178	A－1－3丨中信信托＊柘弓 1 期证券投资集合资金信托计划 0901 期	2009－12－07	2029－12－07	4606.00	证券投资
179	S－1丨中信集团－中信房地产信托贷款项目 0901 期	2009－12－08	2012－12－08	20000.00	贷款
180	S－1丨中信集团－中信房地产信托贷款项目 0902 期	2009－12－08	2014－12－08	300000.00	贷款
181	S－1丨中行－浙江新湖信托贷款项目	2009－12－09	2010－12－03	53300.00	贷款
182	S－1丨交行北分受让信贷资产项目 0902 期	2009－12－10	2010－07－27	401996.00	贷款
183	A－1－1丨京大昆仑土地一级开发贷款集合资金信托计划	2009－12－11	2011－12－11	40000.00	贷款
184	A－1－3丨中信信托＊亿赢通 1 期分层型证券投资集合资金信托计划 0901 期	2009－12－11	2011－06－11	6390.00	证券投资
185	S－1丨兴业银行－中交股份信托贷款项目 0902 期	2009－12－16	2010－12－16	50000.00	贷款
186	S－1丨兴业银行－中交股份信托贷款项目 0903 期	2009－12－16	2010－12－16	50000.00	贷款
187	A－1－2丨中信＊聚信汇金地产基金Ⅱ号集合资金信托计划	2009－12－17	2019－12－17	91825.00	投资
188	A－1－2丨中信问道 1 号投资基金集合资金信托计划	2009－12－18	2019－12－18	1000.00	投资
189	A－1－3丨中信信托＊丰瑞世纪 1 期证券投资集合资金信托计划 0901 期	2009－12－18	2029－12－18	5655.00	证券投资
190	S－1丨迁安津安工会－津安钢铁信托贷款项目	2009－12－18	2010－12－18	18694.00	贷款
191	S－1丨农行－广州城投信托贷款项目 0902 期	2009－12－23	2010－12－22	50000.00	贷款
192	A－1－3丨中信信托＊好望角 3 期证券投资集合资金信托计划 0901 期	2009－12－25	2029－12－25	5920.00	证券投资
193	A－1－1丨三亚鹿回头贷款集合资金信托计划	2009－12－30	2010－06－29	80000.00	贷款
194	S－1丨三峡财务－信托受让中电投信贷资产项目	2009－12－31	2010－02－01	150000.00	贷款
195	S－2－2丨鼎新二号资源信托直接投资项目	2009－12－31	2010－12－31	25000.00	投资

数据来源：中信信托公司

表 3-68　2009 年华宝信托公司集合类信托理财产品发行情况表

单位：万元人民币

序号	产品名称	发行日	到期日	发行量	投资方向
1	2009JH002 - 结构化证券投资基金	2009-2-24	2011-2-23	5500	组合投资
2	2009JH006 - 结构化证券投资基金	2009-3-25	2011-3-24	20633	组合投资
3	2009JH007 - 结构化证券投资基金	2009-3-30	2011-3-29	8949	组合投资
4	2009JH011 - 信托贷款集合资金信托计划	2009-3-23	2010-1-22	3000	贷款
5	2009JH012 - 信托贷款集合资金信托计划	2009-4-2	2010-10-3	20000	贷款
6	2009JH013 - 债权投资集合资金信托计划	2009-3-27	2010-3-26	20000	其他
7	2009JH016 - 结构化证券投资基金	2009-4-17	2011-4-16	7430	其他
8	2009JH017 - 结构化证券投资基金	2009-4-29	2011-4-28	5753	组合投资
9	2009JH015 - 信托贷款集合资金信托计划	2009-5-15	2010-8-24	5970	贷款
10	2009JH020 华宝 - 信托贷款集合资金信托计划	2009-5-4	2010-5-3	35000	贷款
11	2009JH022 - 结构化证券投资基金	2009-6-15	2011-6-14	7310	组合投资
12	2009012211002 - 结构化证券投资基金	2009-6-23	2011-6-23	12000	组合投资
13	2009012222003 - 股权收益权投资集合资金信托计划	2009-7-13	2011-7-27	4000	其他
14	2009012211006 - 结构化证券投资资金信托计划	2009-8-11	2011-8-10	8449	组合投资
15	2009012211004 - 结构化证券投资资金信托计划	2009-8-31	2011-8-31	5220	组合投资
16	2009012211009 - 结构化证券投资资金信托计划	2009-9-18	2011-9-17	9000	组合投资

数据来源：华宝信托公司

表 3-69　2009 年证券公司集合资产管理计划发行情况表

单位：亿元人民币

序号	产品名称	管理人	投资类型	成立日	到期日	成立规模
1	长江超越理财 3 号	长江证券	混合型	2009-1-5	2014-1-4	2.69
2	中银国际中国红 1 号	中银国际证券	混合型	2009-1-20	2014-1-19	2.50
3	光大阳光 5 号	光大证券	债券型	2009-1-21	2017-1-20	12.91
4	长江超越理财增强债券	长江证券	债券型	2008-12-18	2013-12-17	1.97
5	海通季季红	海通证券	债券型	2009-1-19	2014-1-18	10.30
6	中信债券优化	中信证券	债券型	2009-1-6	2019-1-5	40.30
7	平安年年红债券宝	平安证券	债券型	2009-1-21	2017-1-20	1.55
8	银河金星 1 号	中国银河证券	股票型	2009-4-8	2014-4-7	16.42
9	兴业卓越 1 号	兴业证券	债券型	2009-3-27	2015-3-26	18.78
10	国都 2 号安心理财	国都证券	FOF	2009-3-27	2014-3-26	6.85
11	中金增强型债券	中金公司	债券型	2009-2-26	2017-2-25	7.38
12	华泰紫金鼎锦上添花	华泰证券	FOF	2009-3-19	2014-3-18	17.69
13	东方红 4 号	东方证券	混合型	2009-4-21	2016-4-20	6.30

续表

序号	产品名称	管理人	投资类型	成立日	到期日	成立规模
14	中信稳健收益	中信证券	债券型	2009－5－8	2017－5－8	23.28
15	中信积极配置	中信证券	混合型	2009－5－8	2017－5－8	9.43
16	中信优选成长	中信证券	股票型	2009－5－8	2017－5－8	4.31
17	中投汇盈债券优选	中国建银投资证券	债券型	2009－5－18	2017－5－17	7.66
18	华泰紫金优债精选	华泰证券	债券型	2009－5－12	2017－5－11	16.15
19	安信理财1号	安信证券	债券型	2009－5－22	2017－5－21	17.83
20	创业1号安心回报	第一创业证券	债券型	2009－4－17	2012－4－16	10.12
21	大通星海1号	大通证券	混合型	2009－6－30	2014－6－29	4.39
22	上海证券理财2号	上海证券	债券型	2009－7－10	2012－7－9	2.01
23	申银万国2号	申银万国证券	混合型	2009－7－17	2014－7－16	24.27
24	东北证券1号	东北证券	混合型	2009－7－20	2012－7－19	6.10
25	宏源内需成长	宏源证券	混合型	2009－7－6	2012－7－5	28.45
26	齐鲁金泰山	齐鲁证券	混合型	2009－8－13	2014－8－12	20.46
27	光大阳光基中宝	光大证券	FOF	2009－7－28	2019－7－27	67.57
28	长江灵活配置	长江证券	混合型	2009－8－5	2014－8－4	15.09
29	东海东风3号	东海证券	股票型	2009－8－21	2014－8－20	26.84
30	海通稳健成长	海通证券	混合型	2009－8－28	2014－8－27	11.80
31	国海债券1号	国海证券	债券型	2009－9－7	2014－9－6	10.04
32	华泰紫金现金管家	华泰证券	货币市场型	2009－8－25	2017－8－24	52.55
33	中金配置	中金公司	混合型	2009－8－17	2014－8－16	3.59
34	国泰君安君得惠债券	国泰君安证券	债券型	2009－9－24	2014－9－23	34.75
35	招商股票星	招商证券	股票型	2009－11－4	2017－11－3	11.24
36	平安优质成长中小盘	平安证券	股票型	2009－11－26	2014－11－25	2.08
37	民生金中宝1号	民生证券	混合型	2009－12－8	2012－12－7	4.51
38	安信理财2号	安信证券	混合型	2009－11－26	2014－11－25	15.07
39	南京神州2号	南京证券	债券型	2009－11－5	2012－11－4	10.16
40	中银国际中国红基金宝	中银国际证券	FOF	2009－12－10	2014－12－9	13.22
41	长江超越理财稳健增利	长江证券	债券型	2009－12－2		12.45
42	兴业卓越2号	兴业证券	股票型	2009－11－26	2015－11－25	15.00
43	东方红现金宝	东方证券	债券型	2009－11－13		2.97
44	光大阳光6号	光大证券	混合型	2009－12－28	2029－12－27	14.42
45	东莞旗峰1号	东莞证券	FOF	2009－12－22	2014－12－21	10.44

后　记

2010年4月8日，中国人民银行上海总部金融市场管理部在上海组织召开了"2010年银行理财产品业务座谈暨发展研讨会"，会议讨论中，相当一部分机构提出希望人民银行牵头组织各机构，对理财产品数据等形成一个翔实、客观、全面的信息载体。为此，金融市场管理部动议编辑《2009年中国金融理财产品市场年报》，得到了各机构的积极响应和支持。编辑过程中，金融市场管理部与各参编机构进行多次沟通和数据的反复核实，各机构不厌其烦，仔细校对，对编辑工作高度重视，特别是中国工商银行、中国农业银行、中国银行、中国建设银行、交通银行、华夏银行、光大银行、中信银行、兴业银行、民生银行、招商银行、中国邮政储蓄银行等金融机构对出版年报给予了大力支持。值得一提的是：工商银行资产管理部副总经理马续田、农业银行金融市场部副总经理彭向东、建设银行理财委办公室负责人马炼、华夏银行个人业务部副总经理李岷、民生银行金融市场部理财营销负责人潘高峰、中国邮储银行资金营运部总经理彭作刚、招商银行零售银行部高级经理周伟等同志在年报组稿中承担了部分工作，帮助解决编辑出版中存在的部分问题。

《2009年中国金融理财产品市场年报》为首次编辑，问题和错误在所难免。希望各机构多提宝贵意见。

《2009年中国金融理财产品市场年报》编委会
2010年6月